Ich sah die Toten, groß und klein

Silvia Grohs-Martin

Ich sah die Toten, groß und klein

Eine Schauspielerin überlebt den Holocaust

aus dem amerikanischen Englisch
von Isabell Lorenz

HENSCHEL

Silvia dankt Kati Meister und Janet Keller von der Shoah Foundation sowie Iris Rainer Dart, Sandra McDonald, Patti Kenner und Jutta Sayles für freundschaftliche Unterstützung.

Sie können uns 24 Stunden am Tag erreichen unter:

http://www.dornier-verlage.de
http://www.henschel-verlag.de

Die Deutsche Bibliothek – CIP-Einheitsaufnahme
Ein Titeldatensatz für diese Publikation ist bei
Der Deutschen Bibliothek
erhältlich.

ISBN 3-89487-416-3

Titel der amerikanischen Originalausgabe: Silvie

First published by Welcome Rain Publishers, New York
Negotiated through Literary Agency Diana Voigt, A – 1010 Vienna, Austria

Der Henschel Verlag ist ein Unternehmen der Verlagsgruppe Dornier.

Die Schreibweise entspricht den Regeln der neuen Rechtschreibung.

Lektorat: Stefan Pegatzky
Umschlaggestaltung: Zero Werbeagentur, München
Bild Umschlagrückseite: © Lee Salem
Titelbild: © Silvia Grohs-Martin
Satz und Gestaltung: Ingeburg Zoschke
Druck und Bindung: Wiener Verlag, Himberg
Printed in Austria

Gedruckt auf alterungsbeständigem Papier mit chlorfrei gebleichtem Zellstoff.

Inhalt

Einleitung

Es war ein herrlicher Tag. Vielleicht hatten die Bewohner Amsterdams eine besondere Vereinbarung mit dem Wettergott getroffen. Es war einfach ideal, und die Touristen waren beeindruckt. In der pittoresken Stadt drängten sich die Urlauber auf den engen Gassen mit dem Kopfsteinpflaster. Die meisten fotografierten sich gegenseitig. Große Menschenmengen sammelten sich an den Bootsanlegestellen und warteten ungeduldig auf eine Tour durch die malerischen Grachten. Weniger Unternehmungslustige fielen in die Straßencafés ein und genossen die Spätsommersonne, während sich umherschwirrende Kellner, denen der Schweiß in die Getränke tropfte, alle Mühe gaben, die durstigen Reisenden zufrieden zu stellen.

Ich beobachtete dieses sorglose Treiben und dachte: ›Wie sehr sich doch alles verändert hat.‹ Hier habe ich einmal gewohnt, und irgendwie hatte ich immer gewusst, dass ich eines Tages zurückkehren würde.

1943 hatte ich Amsterdam im Vorfrühling verlassen. Jetzt war es August 1964. Mehr als einundzwanzig Jahre waren vergangen. Nicht nur Jahre, sondern ganze Lebenszeiten. Während dieser Zeiten hatte ich in Amerika gelebt, war durch die Welt gereist – nie war ich lange an einem Ort geblieben, und nie hatte ich so recht gewusst, wieso.

Jetzt weiß ich es. Ich bin nach Amsterdam zurückgekehrt, weil hier mein Theater steht – die berühmte, prachtvolle Schouwburg, an der ich als Schauspielerin meine glücklichste und meine furchtbarste Zeit erlebte. Ein halbes Jahrhundert lang diente das 1891 errichtete Gebäude vielen international bedeutenden Künstlern, darunter auch der großen Sarah Bernhardt, als Schaubühne.

Als die Deutschen Amsterdam besetzt hatten, wurde im Frühjahr 1941 allen Juden der Zugang zu öffentlichen Einrichtungen verwehrt. Die speziell als jüdisches Theater etablierte Schouwburg war zum letzten und einzigen Ort gesellschaftlicher und kultureller Aktivitäten für Juden geworden.

Im Oktober 1942 ließ die »Endlösung der Judenfrage« – die Deportation in Konzentrationslager – den Vorhang abrupt und unwiderruflich fallen. Über Nacht war aus der Schouwburg Sammellager und Transitstelle geworden. Im Zuge massiver Razzien wurden die Juden hier abgeladen; die anderen Künstler und ich, auch wir gewaltsam festgehalten, erhielten die schreckliche Aufgabe, unser eigenes Publikum zu bewachen. Für viele Juden war dieses Theater der letzte Aufenthaltsort in der Heimat. Was dort geschah, hat mich verfolgt und nie wieder losgelassen.

An jenem sonnigen Augusttag 1964, als ich mich von der heiteren Stimmung der Stadt gefangen nehmen ließ und an der Seite von Fremden durch die alten vertrauten Straßen spazierte, sah ich mein Bild in einem Spiegel – fünfundvierzig Jahre schauten mich an. Und als ich auf diese fünfundvierzig Jahre zurückschaute, begriff ich plötzlich, dass ich mich nicht länger dem entziehen konnte, mein Leben noch einmal zu durchleben, meine Geschichte zu erzählen – und die Geschichte dieses Theaters.

I. Teil

Eine Welt des schönen Scheins

1.

Ich bin in Wien geboren, und ich erhielt den Namen Silvie. Ich wuchs auf mit unzähligen Wiener Walzern, dem betörenden Duft blühender Kastanien und einem ausgeprägten Geschmack am schönen Leben. Die Wiener stehen in dem Ruf, außerordentlich charmant zu sein, und ich gab mir alle Mühe, diesem Ruf gerecht zu werden. Mit romantischer Nostalgie geradezu geimpft, bin ich das Produkt einer Welt des schönen Scheins, Erbin einer ganz besonderen, bittersüßen Kultur.

Die engeren Mitglieder meiner Familie waren meine Eltern, meine ältere Schwester Käte, meine Zwillingsschwester Elli und unsere stocktaube Großmutter. Meine ungarische Mutter, die aus dem gehobenen Bürgertum stammte, war eine Vollblutfrau. Eine vollendete Dame. Mama hatte große Ausstrahlung, und sie war höchst bezaubernd, jedenfalls nach Papas Worten. Es hieß, ich sei ihr wie aus dem Gesicht geschnitten. Wir hatten beide leuchtend rotes Haar, die gleichen feinen Gesichtszüge und sehr helle, fast durchscheinende Haut. Mamas Augen waren graublau, meine grasgrün; und sie versicherte mir, dass grasgrüne Augen etwas ganz Besonderes seien. Meine Schwester Käte behauptete, dass die Ärzte beim ersten Blick auf mich meinen bekümmerten Eltern unverzüglich mitteilten, dass ich keine Überlebenschance hätte: »Zu kränklich, zu schwach, zu winzig.«

Unsere Familie lebte in einer wunderschönen Wohnung im vierten Stock eines eleganten alten Hauses mitten im Herzen von Wien. Es gab viele weitläufige Räume, zahlreiche hohe Fenster, geheimnisvolle, lange Flure und eine prachtvolle Aussicht. Von den Schlafzimmerfenstern aus schauten wir auf weite Teile der Stadt und auf einen riesigen blühenden Pfarrgarten. Von den Esszimmerfenstern aus sahen wir direkt auf den Donaukanal – aber die »schöne blaue Donau« ist, wie jeder Wiener Ihnen bestätigen wird, nie wirklich blau gewesen.

An meine ersten Lebensjahre erinnere ich mich überhaupt nicht. Und da über diese Zeit in meinem Gedächtnis nichts gespeichert ist, habe ich ernsthaft die Möglichkeit in Erwägung gezogen, ich sei im Alter von vier Jahren auf die Welt gekommen. Als ich vier war, setzte schlagartig mein Bewusstsein ein. Etwas Außergewöhnliches passierte: Ich wurde zur veritablen Schauspielerin. Der Übergang vom Nachahmen Erwachsener in Mamas Kleidern zum Auftritt auf der professionellen Bühne als Kinderdarstellerin geschah beinahe von heute auf morgen. Ich spielte in Komödien genauso wie in Tragödien, wenn ich auch nichts davon verstand – aber ach, wie liebte ich den Applaus und den ganzen Zauber. Leider hat mein geliebter Vater seinen kleinen Liebling nie auf der Bühne spielen sehen. Er starb ganz unerwarteterweise, als ich noch ein Kind war.

Ich war fünfzehn, als meine größte Chance kam. Eine große deutsche Produktionsgesellschaft bot mir eine Hauptrolle in einem Film an, der in Berlin gedreht werden sollte. Mama sollte mich begleiten. Es war alles arrangiert. Unsere Koffer waren gepackt; wir hatten uns von allen verabschiedet und warteten gerade auf das Taxi, als das Telefon klingelte. Der Anrufer bat uns, doch bitte vorbeizukommen und über einige kurzfristig vorgenommene Vertragsänderungen zu sprechen. Mama bat mich, das zu erledigen. Ich sollte den Mann vom Telefon in seiner Suite im Grand Hotel aufsuchen. Als ich dort eintraf, wartete ein untersetzter, Zigarre paffender Mann schon an der Tür auf mich. Er stellte sich weder vor noch sagte er: »Bitte treten Sie ein«, stattdessen ließ er gleich die Bombe platzen. Mein Vertrag sei annulliert! Und wieso? Weil ich Jüdin war!

Ich biss mir auf die Lippen, bis sie bluteten. Ein hagerer Mann mit Hornbrille brachte mir ein Glas Wasser. Ich bekam keinen Schluck herunter. Er brummelte, dass mein Agent beauftragt worden sei, mir die Gründe zu erklären. Der dicke Filmmogul dagegen war gnadenlos. Er zerriss nicht nur meinen Vertrag, sondern fühlte sich zudem verpflichtet, mir einen detaillierten Bericht über meine Abstammung zu geben. »Sie sind Jüdin, Ihre Mutter ist Jüdin, und Sie haben eine nicht-arische Großmutter.« Das war keine Aussage, das war eine Anklage. Ich sagte nichts, unterdrückte nur meine Tränen und ging.

Mama wartete vor unserem Haus auf mich, mit Taxi, Gepäck und allem. »Schick es weg, wir fahren nirgendwohin!« In der Wohnung warf ich mich dann auf mein Bett und schlug mit den Fäusten auf die Federkissen ein. Das verschaffte mir weder Genugtuung noch Erleichterung. Als Mama ins Zimmer kam, platzte alles aus mir heraus: »Sie haben mir die Rolle weggenommen, weil wir Juden sind und Großmama nicht arisch ist!« Ich wusste nicht einmal, was das zu bedeuten hatte.

Mamas Gesichtsfarbe wechselte von bleich zu rosa und schließlich zu kalkweiß. Sie war wie vor den Kopf gestoßen. Ein mechanisches Kopfschütteln war die einzige Reaktion, zu der sie imstande war. Ich schrie: »Sag mir bloß, wieso? Wieso ist meine größte Chance mit einem Mal geplatzt?« »Dummes Zeug«, sagte Mama. »Alles nur dummes Zeug.« »Wieso sagst du denen das nicht? Ich wette, dann ändern die ihre Meinung noch!«

Mama ging im Zimmer auf und ab, dann blieb sie direkt vor mir stehen. »Du willst eine Antwort. Ich weiß keine.« Dann sagte sie, in Deutschland seien die Dinge ein wenig außer Kontrolle geraten, aber es gebe keinen Grund zu der Annahme, dass das auf uns hier irgendwelche Auswirkungen haben würde. »Was für Dinge? Was ist außer Kontrolle geraten in Deutschland, und was hat das mit mir zu tun?«

»Nichts. Das sage ich doch gerade. Bloß Gerüchte! Die höre ich schon seit Jahren. Ich wollte nur einfach nicht glauben, dass etwas davon stimmt.«

»Was für Gerüchte?«

»Dass sie in Deutschland keine Juden wollen.«

»Wieso nicht? Haben wir denn etwas getan?«

»Natürlich nicht.«

»Und wer verdammt noch mal sind ›sie‹?«

»Die Nazis! Eine kleine Gruppe faschistischer, machthungriger Fanatiker, die den Antisemitismus schüren, um ihre Verbrechen zu kaschieren.«

»Was für Verbrechen?«

»Plündern. Juden bestehlen, Juden verfolgen und alle Schuld den Juden geben.«

»Aber hier machen die das doch nicht, oder?«

»Nein, die sind hinter den deutschen Juden her, nicht hinter uns.«

»Und wieso lassen die mich den Film dann nicht drehen? Ich bin doch keine Deutsche.«

»Weil es nicht geht! Sie werden uns die Visa streichen. Dabei versuchen die Leute, aus dem Land herauszukommen, nicht hinein.«

»Das ist ja schrecklich, einfach schrecklich. Wieso hast du mir das alles nicht schon längst erzählt?«

»Was hätte ich dir denn sagen sollen? Dass die neue Nazipartei bloß ein aufgebauschter übler Witz ist und sich vor deinem nächsten Geburtstag in Luft aufgelöst haben wird? Niemand glaubt, dass die sich lange halten werden. Die ganze Welt lacht über die.«

»Und die Juden in Deutschland, lachen die auch?«

»Nein.«

»Und wieso wehren sie sich nicht oder gehen fort?«

»Ich weiß nicht. Ich denke, manche wehren sich, aber sie haben keine Waffen. Und manche gehen auch fort.«

»Und was ist mit den anderen?«

»Die bleiben, weil es ihre Heimat ist, so wie Österreich unsere Heimat … In einem fremden Land ganz von vorn anfangen ist nicht so leicht.«

Mama war keine so gute Schauspielerin, wie sie immer vorgab. Ich weiß, sie gab sich alle Mühe, ruhig zu bleiben, aber sogar ihr beiläufig dahingesagtes »Es werden andere Filme kommen« und »Es wird sicher zu unserem Besten sein« überzeugte mich nicht.

Während die meisten Wiener durch die Faschingssaison tanzten und sich von Ball zu Ball im Walzertakt drehten, saß ich grübelnd zu Hause. Wie konnte ich Jüdin sein, wenn ich noch nie eine Synagoge von innen gesehen hatte? Gut, in der Schule hatten wir nach Konfessionen getrennten Religionsunterricht, wenigstens bis zu einem gewissen Grad. Doch es waren keine Pflichtstunden, und ich ging nur zweimal hin. Die Bibel hätte mich durchaus interessiert, denn ich mochte diese alten Geschichten, aber deswegen Hebräisch lernen und Sätze von rechts nach links lesen, das war nichts für mich. Kein Wunder, dass ich nichts vom Judentum und von meiner Religion wusste. Doch nun kamen mir immer wieder neue Fragen in den Sinn. Fragen, die ich vor langer Zeit schon hätte stellen sollen.

»Mama, du hast Papa doch auf einem jüdischen Friedhof beigesetzt.«

»Ja. Es gehörte sich so.«

»Wieso?«

»Weil wir Juden sind.«

»Glauben Juden an Gott?«

»Ja, allerdings.«

»Und wieso *du* dann nicht? Du hast gesagt, es gibt keinen Gott. Das habe ich selbst gehört.«

»Ich hatte meine Gründe.«

»Wegen Papa? Weil er gestorben ist, als er noch so jung war?«

»Ja.«

»Vielleicht mag Gott ja keine Juden.«

»So was darfst du nicht sagen! So was darfst du niemals sagen.«

»Die Juden in Deutschland sind ihm ja wohl ziemlich egal!«

»Schluss jetzt. Mach dich doch nicht verrückt wegen dem, was in einem anderen Land passiert! Du übertreibst maßlos!«

»Nein, gar nicht. Deswegen habe ich ja meine Filmrolle nicht bekommen.«

»Auch gut. Das sind Barbaren da drüben. Hier könnte so was nicht passieren. Nicht in Österreich! Das hier ist ein zivilisiertes Land.«

Mama gefiel diese Unterhaltung nicht. Sie bat mich inständig, das alles einfach zu vergessen.

»Eine Schauspielerin sollte nur Schauspielerin sein. Politik und Religion überlass nur getrost den anderen.«

»Henny ist Jüdin. Stella Birnbaum ist Jüdin. Ich weiß das, weil sie mir das gesagt haben.«

»Kannst du denn über gar nichts anderes mehr reden?«

»Das sind meine Freundinnen, und das sind doch nette Mädchen, oder?«

»Ja, sie sind nett, und sie kommen aus guten Familien.«

»Dann möchte ich bloß wissen, wieso Stella andauernd unseren Schinken aufisst, wenn sie zu uns zu Besuch kommt. Sie sagt, es ist wegen ihrer Eltern. Weißt du, was ich glaube? Ich glaube, die sind geizig. Die wollen einfach das Geld nicht ausgeben. Und ihrer armen Mutter sind ja auch die ganzen Haare ausgefallen, und jetzt muss sie eine Perücke tragen.«

Mama schien das komisch zu finden. Sie lachte sogar. »Das ist doch nicht zu fassen! Haben sie euch im Religionsunterricht denn überhaupt nichts beigebracht?«

»Über Stellas Mutter nicht, die wurde nie erwähnt.«

Ich lachte jetzt auch, einfach weil Mama lachte. Und dann sagte ich, sie wisse doch ganz genau, dass ich an diesen Übungen im »Von-rechts-nach-links-Lesen« nicht teilgenommen, sondern stattdessen Fußball gespielt habe. Daraufhin gab mir Mutter einen einminütigen Schnellkurs über das Judentum. Wir seien assimilierte, moderne Juden, aber die Birnbaums seien orthodox. Sie lebten noch immer nach den alten Gesetzen und Traditionen. Und eine davon habe eben damit zu tun, dass Frauen ihr Haar nicht in der Öffentlichkeit zeigen dürfen – und so weiter.

»Und deshalb isst Stella auch andauernd unseren Schinken auf?«

Mama, die schon viel bessere Laune hatte, schlug vor, ich solle doch einen Rabbi danach fragen, gab mir einen Kuss und verschwand.

Im Lauf der Zeit verblasste mein unschönes Erlebnis in der Filmwelt. Mama hatte immer ihr Möglichstes getan, um meine Karriere zu fördern. Nicht, dass sie eine penetrante Bühnenmutter gewesen wäre. Aber sie war davon überzeugt, dass eines Tages eine große Schauspielerin aus mir würde. Im Alltag müssen Mutters Bemühungen, mein ungezügeltes Temperament zu lenken, sehr anstrengend gewesen sein. Doch im Theater war ich so diszipliniert und gewissenhaft wie ein Profi. Mich verzehrte der glühende Wunsch, immer die Beste zu sein, und so verbrachte ich viel Zeit hinter der Bühne. Immer beobachtete ich, hörte zu, wollte lernen. Ich kann mich an keinen einzigen Augenblick erinnern, in dem ich der elektrisierenden Anziehungskraft des Theaters nicht erlag.

Ich war erst zehn, da hatte Mama mir bereits einen Einjahresvertrag an einem wunderbaren Theater verschafft, dem Neuen Wiener Schauspielhaus – einem riesigen Gebäude, das in Eleganz und Pracht erstrahlte. Es hatte zwei Ränge und üppige Logen aus blauem Samt. Der Mann, der dieses Theater mit seinem Wissen und Können zusammenhielt, war Leo Kraus, der nicht nur Direktor, sondern auch Erster Haus-Kapellmeister war und dem Publikum eine bunte Mischung aus Oper und Operette bot.

Es war eine große Ehre, Protegé von Leo Kraus zu sein. Er wachte über mir, als sei ich sein Retortenbaby – natürlich nur in künstlerischer Hinsicht. Ihm verdanke ich viel. Bis er mich unter seine Fittiche nahm, hatten sich die Rollen, die ich bekam, durch große Vielfalt ausgezeichnet, aber nicht unbedingt durch die künstlerische Leistung meiner Auftritte. Ich hatte einen Kobold in einem Märchenstück gespielt, ein Blumenmädchen in einer Operette und die Tochter eines Barons vom Lande, die in einem See ertrank. Die Rolle des kleinen Sohns in *Medea* war die einzige, die mir nicht gefiel. Sie war einfach zu grausam. In dem Stück nahm sich meine Bühnenmutter im Wahnsinn auf offener Bühne mit einem Messer das Leben – direkt vor mir und dem anderen Kind, das meinen kleinen Bruder spielte.

Was ich an dieser Rolle am meisten verabscheute, war die Tatsache, dass man mir die Haare abschnitt und mir Arme, Beine und Gesicht mit dicker brauner Schminke einrieb. Diese Vorbereitungen nahmen über eine Stunde in Anspruch. Und als ich dann endlich auf die Bühne durfte, hatte ich keine einzige Zeile zu sprechen. An einer Stelle riss Medea ihre »kleinen Söhne« so eng an sich und umarmte uns mit solcher Leidenschaft, dass sie mir fast die Rippen brach. Mutter Medea war sehr korpulent, sie musste ein Korsett tragen. Ich erstickte beinahe in ihren üppigen Formen und stieß mir ständig die Nase an den steifen Korsettstangen.

Ich hatte das große Glück, mit einigen der wirklich bedeutenden Schauspielerinnen und Schauspieler zusammenarbeiten zu dürfen. Auch ohne die Unterstützung eines Schauspiellehrers lernte ich bei ihnen die wichtigste aller Lektionen: Glaub immer an die Figur, die du darstellst, denn wenn du das nicht tust, glaubt auch das Publikum nicht daran. In meinen jungen Schauspielerjahren profitierte ich enorm vom goldenen Zeitalter des Theaters. Die Gala-Abende waren spektakulär. Aber das galt für alle Abende. Das Publikum stand unter Hochspannung. Die Akteure standen unter Hochspannung. Nichts war nur Routine, ganz gleich wie oft man eine Rolle spielte.

Ich bekam meine erste Hauptrolle, als ich noch nicht ganz elf Jahre alt war: in einer Komödie mit dem Titel *Ein kluger Junge*. Am liebsten hätte ich alle Leute auf der Straße angehalten und ihnen davon erzählt. Zum ersten Mal, seit Papa gestorben war, war Mama richtig aufgeregt und glücklich. Mein Partner in der männlichen Hauptrolle war der legendäre Karl Kneidinger. Alle wirklich witzigen Pointen hatte ich, und dieser erfahrene, große alte Schauspieler brachte mir bei, wie man andere an die Wand spielt und das richtige Gefühl fürs Timing bekommt. »Aber an die Wand sollst du Kollegen nur spielen«, sagte Karl Kneidinger, »wenn dir irgendein aufgeblasener Dummkopf die Pointen stehlen will oder die Lacher abwürgt, die dir gelten.«

In diesem Stück stand ich die ganze Zeit auf der Bühne. Ich hatte das erste und das letzte Wort! (Mama meinte, die Rolle sei mir auf den Leib geschrieben.) Als pfiffiger kleiner Junge in *Ein kluger Junge* durfte ich zum ersten Mal ganz allein zum Verbeugen vor den Vorhang treten. Da stand ich nun, gerade mal 1,20 Meter groß, und durfte mich ganz allein verbeugen. Der Vorhang hob und senkte sich, hob und senkte sich, und ich verbeugte und verbeugte mich. Und mir war, als wäre ich drei Meter groß. Als das Licht wieder anging, standen die Zuschauer auf und jubelten: »Bravo! Bravo!«, und mir war, als applaudierte mir die ganze Welt. Dr. Strauß hatte meiner Familie die besten Plätze im Haus gegeben, und ich sah, wie meine taube Großmutter stattlich wie eine Kaiserin dasaß, applaudierte und dem Publikum zuwinkte, als sei dies der Krönungstag ihrer Enkelin. Ich weiß, dass es auch ihr großer Abend war.

Im September 1937 nahmen die bevorstehenden gesellschaftlichen Ereignisse in den Wiener Zeitungen mehr Raum ein als die auf eine Katastrophe zutreibende Situation in Deutschland. Soweit ich mich erinnere, beachtete kaum jemand die Vorkommnisse im Nachbarland. Österreich zerbrach sich den Kopf über eigene politische Probleme, und welche Spielchen auch immer hinter den verschlossenen Türen der demokratischen Regierung gespielt wurden, sie wurden strengstens geheim gehalten. Ganz anders in Deutschland. Deutschland war von Propaganda geradezu überschwemmt, und die ganzen netten Leute da drüben schluckten das alles. Dank enormer Summen aus der Industrie und dank des ganzen Propagandarummels hatte sich der kleine österreichische Anstreicher mit seinen zweibeinigen Bluthunden in einen mächtigen Drachen verwandelt.

In meinem Heimatland sangen und tranken die charmanten Österreicher und waren munter wie eh und je. Ich arbeitete mit noch größerem Bienenfleiß. Fast jeden Abend trat ich in einem Theaterstück auf oder sang Chansons in einem von drei verschiedenen Kabaretts – wunderbare Chansons, die begabte junge Texter und Komponisten eigens für mich geschrieben hatten. Und nach diesen Auftritten paukte ich noch für das damals vorgeschriebene staatliche Schauspielexamen. Es scheint, dass auf einmal viel zu viele junge Leute als Schauspieler berühmt werden wollten. Daher wurde ein Staatsexamen mit recht strengen Anforderungen geschaffen. Mindestens zwei Jahre lang musste man eine Schauspielschule besucht haben – vorzugsweise die von Max Reinhardt, von Professor Ernst Wieland oder die Akademie.

Man musste zwanzig Stücke und zwanzig Rollen kennen und idealerweise auch alle diese Rollen auswendig beherrschen. Zwölf Klassiker und acht moderne Rollen. Dazu kamen noch europäische Literatur und Kenntnisse über Leben und Werk einzelner Dramatiker. Ohne bestandenes Staatsexamen konnte man in keinem Theater ein Engagement bekommen. Und kam die Prüfungskommission zu dem Schluss, dass der aufstrebende Neuling nicht genügend Talent besaß, gab es keine zweite Chance. Nicht einmal fünf Prozent bestanden die Prüfung.

Bühnenerfahrung hin oder her, ich verabscheute Tests und Prüfungen. Außerdem war ich etwas skeptisch wegen der Klassiker, die definitiv nicht zu meinen Stärken gehörten. Am alles entscheidenden Prüfungstag nahm mich Professor Wieland beiseite, und mit einer Stimme wie geschliffenes Glas sagte er, dass sein im Lauf seines Lebens erworbener Ruf und der Ruf seiner Schule jetzt auf meinen Schultern ruhten. Nicht gerade das, was ich hören wollte.

Doch dann gab mir der freundliche, stattliche, weißhaarige Mann einen Rat, den ich mein ganzes Leben lang beherzigt habe: »Schau sie direkt an. Vergiss, dass du sie schon als König Lear und Faust gesehen hast. Stell dir diese großen Männer lieber vor, wie sie mit heruntergelassenen Hosen auf der Toilette sitzen. Und kurz bevor du mit deiner Szene anfängst, sagst du dir: ›Ihr da unten, ihr könnt mich alle am Arsch lecken!‹« Das schockierte mich zwar, aber wie hatte er doch Recht … mit heruntergelassenen Hosen sieht jeder lächerlich aus.

Mein Staatsexamen fand im Burgtheater statt, und das allein wäre schon Grund genug gewesen, in Ohnmacht zu fallen. Denn dort hallten die Wände wider vom Echo der Worte eines Julius Cäsar, Hamlet oder Othello, tausendfach an diesem Haus gesprochen von den herausragenden Meistern der Schauspielkunst. Als mein Name aufgerufen wurde, holte ich lange und tief Luft und setzte die heiligen Kühe in der ersten Reihe noch schnell auf die Toilette, bevor ich ins Rampenlicht trat. Da saßen sie nun also in der Mitte der ersten Reihe, die Großen der Theaterzunft.

Und ich bestand die Prüfung! Ich bekam mein Diplom – und zugleich die freundliche Aufforderung, meine Gewerkschaftsbeiträge zu zahlen. Danke, Professor Wieland, nicht nur für Ihre wunderbare Ausbildung, sondern auch für Ihren großartigen Ratschlag. In manch heiklen Situationen hat mir dieser psychologische Trick schon hervorragende Dienste geleistet.

Anfang 1938 war eine große Tournee durch die Schweiz geplant, und der Produzent suchte nach einer jungen Frau, die singen, spielen und obendrein noch als erste Akrobatin in einem Tanztrio einsetzbar sein sollte – die Art Nummer, bei der man von dem einen in die Luft geworfen und von dem anderen hoffentlich wieder aufgefangen wird. Nach mehreren Proben kamen die anderen zwei Drittel des Trios zu dem Schluss, dass ich genau die Richtige sei. Mama unterschrieb den Vertrag, und ich bekam, was ich wollte: eine Nennung an erster Stelle im Programm. Das Duo kam vom Zirkus, und nach dem Training mit den beiden hatte ich das Gefühl, mich jetzt getrost dem Zirkus der Ringling-Brüder anschließen zu können. Mit größter Leichtigkeit flog ich durch die Luft – eine jüdische Schauspielerin ohne Trapez. Nur am Anfang und Ende bekam ich überhaupt Kontakt mit dem Bühnenboden. Ansonsten war ich bei der Nummer immer in der Luft! Fünf bis sechs Stunden am Tag schwitzte ich mir von meinem nicht gerade stattlichen Gewicht noch einige Pfunde herunter, und natürlich war ich grün und blau von Kopf bis Fuß.

Woran ich mich noch heute am meisten erinnere, ehe mein Zug am frühen Morgen aus dem Bahnhof rollte und mich davontrug, ist Mama, die auf dem Bahnsteig stand und mir hinterherwinkte. Ich wusste, dass ihr Blick den kalten Gleissträngen aus Stahl noch lange gefolgt war, nachdem der Zug längst davongerumpelt war. »Bis in sechs Wochen«, rief ich über das stetige Geratter des Zuges hinweg, aber Mama war bereits im Morgennebel verschwunden.

Man schrieb den 12. März 1938, als ich über die schweizerische Grenze rollte – und die Deutschen in Österreich einmarschierten. Aufgrund dieses gewaltsamen Ereignisses wurden aus meiner sechswöchigen Tournee sechsundzwanzig rastlose Jahre des Wanderns um die Welt.

Die Show, mit der ich ursprünglich auf Tournee gegangen war, erwies sich als Riesenerfolg. Die Kritiker betonten, wir hätten ihnen – vielleicht zum allerletzten Mal – den Zauber und den fröhlichen Herzschlag von Wien gebracht. »Jetzt, da Hitlers Irrsinn diese Stadt niedertrampelt und verschandelt«, schrieb einer von ihnen, »fragt man sich: Wird Wien je wieder singen?«

In den folgenden zwei Jahren war mein Zuhause überall dort, wo freundliche Behörden mir Aufenthalts- und Arbeitserlaubnis bewilligten. Mein Leben ähnelte sehr dem einer Zigeunerin, nur dass ich nicht aus dem Kaffeesatz las oder im Zelt schlief. Ich kam viel in der Welt herum, schlief in billigen Absteigen wie in Hochzeitssuiten und arbeitete in großen Theatern ebenso wie in verräucherten Spelunken, kleinen Kabaretts und schicken Luxus-Nachtclubs. Ganz gleich wo ich auftrat, die Kritiker ließen mich nie im Stich. Einer der angesehensten Rezensenten in Zürich verglich mich mit einer Märchenprinzessin. »Eine Stimme wie eine kleine goldene Violine, kindlich und doch auf beunruhigende Weise erregend und mit einer wachsenden Intensität, die Aufmerksamkeit heischt.« Mit jeder guten Kritik genoss ich meine triumphalen Erfolge und kam überhaupt nicht auf den Gedanken, dass mein Leben bereits völlig zerrissen war. Doch mein Pass zeigte es deutlich. Er war übersät mit Kurzzeitvisa: Eingereist – ausgereist – eingereist – ausgereist.

Als die Nazis nach Österreich kamen, um meinen gastfreundlichen Landsleuten zu zeigen, wie man die »verlausten Juden« loswird, hieß der größte Teil der Bevölkerung das neue Regime willkommen. Österreich war schon immer antisemitisch gewesen, wenn auch niemals demonstrativ. Der Antisemitismus war einfach da, wie eine Warze – der Nation als gefährlicher Geburtsmakel in die Wiege gelegt. Die Leute, die ich kannte, hatten darunter kaum zu leiden gehabt. Doch mein Erfahrungshorizont war nie sehr groß gewesen. Nun fanden die Liebhaber von Wein, Weib und Gesang nichts dabei, alte Männer durch die Straßen zu zerren und ins Gesicht zu treten, bis sie um Gnade bettelten. Die Frauen wurden verprügelt und als »dreckige Judenhuren« beschimpft. Leider berichtet die Geschichtsschreibung nicht die ganze Wahrheit über meine Landsleute. Nicht die Armeen des Teufels sind damals einmarschiert. Nein, es handelte sich schlicht und einfach um einen »Anschluss«.

Es muss unter jenen guten Christenmenschen natürlich auch solche gegeben haben, die sich widersetzten. Allerdings nicht allzu lautstark, denn eine echte Widerstandsbewegung gab es nicht. Die Mehrheit wurde bereitwillig Bestandteil der neuen Ordnung – ob aus Profit- oder Machtgier, spielt kaum eine Rolle. Und doch schlüpften den Nazis etliche Juden durch die Finger, zumindest in den ersten acht oder neun Monaten. Damals war das noch nicht allzu schwer. Es erwies sich als nützlich, sich die Ausreise durch Bestechung eines hilfreichen österreichischen Beamten zu erkaufen – vorausgesetzt, man verfügte über das Gewinnlos der Freiheitslotterie: ein Visum! So landeten viele schließlich in Schanghai.

Wiener Gemütlichkeit kann man sich in dieser ostchinesischen Hafenstadt nur schwer vorstellen. Doch unter den herrschenden Umständen war es wahrscheinlich sogar der beste Aufenthaltsort. Denn dort brauchte man kein Visum. Man wurde ins Land gelassen und durfte bleiben. So waren die bezaubernden Wiener Walzer in Zürich, Paris, Brüssel und sogar, so wage ich zu behaupten, in Schanghai zu hören. Aber in meiner Heimatstadt Wien spielte eine ganz andere Musik: Links, zwo, drei, vier – links, zwo, drei, vier …

Mama konnte darüber nichts schreiben. Aber jeder Neuankömmling brachte neue schlechte Nachrichten mit, die schwer zu verdauen waren, weil ihnen trotz des ganzen Antisemitismus ein verwirrendes Paradox zugrunde lag: Eigentlich verabscheuten die Österreicher die Deutschen, verabscheuten sie seit eh und je. Zwischen den Charaktereigenschaften und der Lebensart der Menschen der beiden Länder gibt es keinerlei Übereinstimmung. Nur die Ähnlichkeit der Sprache verführt oft dazu, sie irrtümlicherweise in die gleiche Kategorie einzuordnen. Wie also konnten die Österreicher diese grölenden, vorwärts stürmenden Deutschen derart in die Arme schließen? So schmerzlich die Erkenntnis auch sein mag, ich bin zu dem Schluss gekommen, dass die liebenswerten Österreicher einen schrecklichen Charakterfehler haben. Es ist meine feste und unumstößliche Überzeugung, dass sie unter der charmanten Oberfläche im tiefsten Innern Feiglinge sind.

Immer mehr in Wien gestrandete Künstler benötigten, um das Land verlassen zu können, Verträge über Engagements. Mein Produzent schickte etliche gefälschte Verträge nach Wien, die in Einzelfällen sogar hilfreich waren. Aber es reichte nicht. Wir konnten nur wenig tun. Wir lebten im Ausland ja selbst nur von einer Arbeitserlaubnis zur nächsten. Zwischendurch saßen wir in schäbigen Amtsstuben bei der Polizei und baten um noch eine Verlängerung – und dann noch eine, und noch eine …

Der Produzent und Regisseur meiner Show in der Schweiz hieß Otto Dürer, ein äußerst einfallsreicher Mann. Nachdem etwa 70 Prozent der ursprünglichen Besetzung das Ensemble verlassen hatten, verkaufte er die ganzen aufwendigen Kostüme und Kulissen. Er suchte nach neuen Talenten und stellte eine Art Kabarett zusammen, ein Revueprogramm, das man in großen Theatern wie in kleinen Häusern spielen konnte. Manchmal standen mehr Leute auf der Bühne als sich im Publikum befanden, was für unsere Finanzen zwar nicht so gut war, uns aber umso mehr Spaß machte.

Dürer kam aus einer hoch angesehenen und wohlhabenden Familie mit vielen Titeln und viel Geld. Doch jetzt war er, wie wir anderen auch, nur noch Jude. Er wollte mich vor den männlichen Wölfen schützen, die vor meiner Tür heulten. Leider war er wahnsinnig eifersüchtig. Fast drei Jahre lang rannte ich vor ihm davon. Wann immer es möglich war, versuchte ich, nach Budapest zu kommen – und zu Ferry. Ferry war derjenige, der in meinem Leben für Stabilität sorgte. Außer bei Papa fühlte ich mich bei niemandem sonst so sicher wie bei ihm.

Ferry lernte ich kennen, als ich fünf Jahre alt war. Wir begegneten uns am Wörthersee, wo meine Eltern im Sommer immer eine Villa mieteten. Die Erwachsenen amüsierten sich bestens dort, aber für kleine Leute wie mich gab es nicht viel zu tun. Die makellos gepflegten Rasenflächen, die sich kilometerlang am Ufer des großen Sees erstreckten, strahlten unmissverständlich die Aura des »Betreten verboten« aus, und die Blumen in den viel zu ordentlichen Rabatten standen viel zu sehr wie kleine Soldaten beim Zählappell da, als dass man sie hätte pflücken mögen.

Am letzten Urlaubstag jenes Jahres hinterließ ein ganz besonderes

Abendessen einen nachhaltigen Eindruck bei mir. In dem Hotel, in dem es stattfand, aßen wir oft, aber an diesem Abend war alles etwas anders. Ein besonderer Tisch war für uns reserviert. Mit gestärktem Tischtuch und gestärkten Servietten. Ich trug ein gestärktes Kleid, mit dem ich mich kaum setzen konnte. Alles gestärkt und gesteift. Wirklich eine sehr steife Angelegenheit.

Die Musiker spielten kitschige Lieder, und auf echt Wiener Art summten alle mit. Man fieberte dem Höhepunkt des Abends entgegen. Ich hatte die Augen auf die Verandatüren gerichtet und rechnete mit dem Auftritt eines orientalischen Königs (über solch einen König hatte ich in einem Märchenbuch gelesen) – mit kostbar glitzernden Geschenken für alle. Doch stattdessen gingen die Küchentüren schwungvoll auf, und hereinmarschiert kam ein großer, korpulenter Mann in weißer Uniform, mit weißen Handschuhen und einem riesigen weißen, ebenfalls gestärkten Hut. Anstelle von Geschenken trug er einen riesigen Topf, den er sorgfältig vor meinem Vater absetzte.

Der orientalische König (den die Erwachsenen Küchenchef nannten) langte in den heißen Topf und holte mit großer Kunstfertigkeit ein dampfendes, schrecklich aussehendes, hellrotes Etwas heraus, mit Furcht einflößenden Klauen, vielen Beinen, langen Fühlern und wachen Augen. Alle applaudierten. Auf mich wirkte diese Kreatur wie eine schreckliche rote Spinne. Ich sah sie auf mich zukrabbeln, und weil ich überzeugt war, dass ihre langen Kneifer es darauf abgesehen hatten, mich zu zwicken, rannte ich davon. Lange, nachdem meine Beine zu laufen aufgehört hatten, raste mein Herz noch weiter. Verwirrt und wütend setzte ich mich auf den kühlen Rasen mit der »Betreten-verboten-Aura« und verspürte äußerstes Selbstmitleid. Dass ich später erfuhr, dieses rote Etwas sei ein Hummer gewesen, importiert von wer weiß woher und deshalb dieser feierlichen Aufmerksamkeit würdig, konnte meine Empörung nicht dämpfen. Und ich bin sicher, auch der Hummer war meiner Meinung.

Ich war allein. Niemand war in der Nähe, nichts regte sich, nicht einmal ein verirrter Schmetterling. Ich fing schon wieder an, mich ganz elend zu fühlen, als ich plötzlich hinter einem Baum etwas Glänzendes entdeckte. Ich näherte mich mit großer Vorsicht und sah zu meinem außerordentlichen Vergnügen, dass es sich um ein brandneues Fahrrad handelte. Das wollte ich mir nun zu einer kleinen

Spritztour ausleihen. Eine großartige Idee, von zwei größeren Problemen abgesehen: Das Fahrrad war viel zu groß, und es handelte sich um ein Herrenfahrrad. Das eine Problem löste ich dadurch, dass ich mein gestärktes Kleid auszog. An der Größe des Rades allerdings ließ sich leider nichts ändern. Egal. Ich war fest entschlossen, es zu schaffen. Nach einigem Manövrieren ergriff ich den Lenker fest mit beiden Händen, und von da an konnte ich alles Weitere nur noch dem Rad überlassen, weil meine Füße nicht an die Pedale heranreichten.

Wir beide, das Fahrrad und ich, fuhren die weiten Serpentinen der Hotelauffahrt ganz bis ins Dorf hinab. Besser gesagt, fast ganz. Denn plötzlich stand ein großer Junge mitten auf der Straße, winkte und schrie: »Anhalten! Anhalten!« Nur Sekundenbruchteile später beendete ein Zusammenstoß meine Suche nach der Bremse. Der Junge wurde über den Haufen gefahren, das Fahrrad lag über ihm und ich wiederum auf dem Fahrrad. Während ich mit ein paar blauen Flecken und Schürfwunden davonkam, war das Fahrrad völlig verbogen, und der fluchende Fremde hatte einen gebrochenen Arm zu beklagen. Nachdem wir uns aus dem Durcheinander herausgewunden hatten, kamen Leute aus dem Hotel und aus dem Dorf herbeigelaufen. Es muss ein ergötzlicher Anblick gewesen sein: Ich stand da, fast nackt, nur in Unterhosen und Kunstlederschuhen und mit dem wunderschönen blauen Satinband, das mir traurig aus dem Haar hing. Er, fast dreimal so groß wie ich, jammerte und redete pausenlos in einer fremden Sprache, während er anklagend mit dem Finger auf mich zeigte. Als uns meine Eltern erreichten, sah mich Mama nur einmal kurz an, ehe sie in Ohnmacht fiel. Ich betrachtete die Menschenansammlung und wünschte mich nur noch zurück an den Esstisch mit dem Hummer.

Erst am nächsten Tag erfuhr ich, dass der Junge, den ich überfahren hatte (so jedenfalls drückte er das aus), mein vierzehnjähriger Cousin aus Budapest war. Er hieß Ferenc – kurz Ferry –, und das Fahrrad gehörte natürlich ihm. Auf seinem Weg in ein Ferienlager hatte er auf besonderen Wunsch seiner Mutter hier Station gemacht, um uns zu besuchen. Nun hatte er weder Sommerferien, noch konnte er ins Lager fahren. Ferry kam ins Krankenhaus und wurde anschließend mitsamt dem Fahrrad nach Budapest zurückverfrachtet. Nach diesem unschuldigen kleinen Missgeschick litt die enge Beziehung zwischen unseren beiden Müttern unter vorübergehenden Verstimmungen. Und Ferry weigerte sich, mir auch nur auf hundert Kilometer nahe zu kommen. Erst nach sechs Jahren sah ich ihn wieder – und da zerbrach ich ihm dann einen Ski.

Meine erste Reise nach Budapest im Alter von siebzehn Jahren war ein Geschenk von Mama, nachdem ich meinerseits einen gebrochenen Arm und anschließend ein rheumatisches Fieber überstanden hatte. Budapest war herrlich, nur gab es dort leider zu viele Verwandte. Man reichte mich herum wie den einzigen Salzstreuer an einem großen Esstisch. Oft hörte ich, wie über Ferry, meinen Cousin zweiten Grades, gesprochen wurde. Irgendwie hatte ich den Eindruck, dass er als gute Partie galt. Mit seinen sechsundzwanzig Jahren leitete er als Architekt und Bauunternehmer bereits die Firma der Familie.

Selbstverständlich hatte auch er eine Einladung zu dem Familientreffen im Hotel Gellert, dem ersten Haus am Platz, erhalten, bei dem ich Ehrengast sein sollte. Eine solche Einladung konnte er keinesfalls ablehnen. Doch stattdessen kamen drei Dutzend langstielige weiße Nelken mit einer höflichen Nachricht: »Es tut mir sehr Leid, aber ich muss wegen dringender geschäftlicher Angelegenheiten verreisen.« Ich dachte: ›Er hat es noch immer nicht vergessen, und darum kommt er nicht.‹ Natürlich wussten die Älteren nichts von unseren unerfreulichen Begegnungen in der Vergangenheit, aber so enttäuscht wie ich waren sie sicher auch. Wenn ich ihm tatsächlich im Alter von fünf Jahren das Fahrrad kaputtgemacht und ihm den Arm gebrochen hatte und wenn ich ihm tatsächlich mit elf einen Ski demoliert hatte, war er daran schließlich selbst schuld gewesen.

Dann rief Ferry einige Tage vor dem Familientreffen an. Er müsse nun doch nicht aus Budapest fort, und wenn es noch möglich sei, würde er gern dazukommen. Natürlich begab ich mich sofort zum Kleiderschrank und holte alle vier Kleider hervor, die ich mitgebracht hatte, und schließlich entschied ich mich für das neue, ausnahmsweise einmal nicht abgelegte, kornblumenblaue Lamé-Kleid. Für die hochhackigen Schuhe brauchte ich erst noch etwas Übung, aber die Mühe lohnte sich. Ich war fest entschlossen, ihn nach allen Regeln der Kunst zu beeindrucken.

Im Hotel Gellert saß Ferry mir direkt gegenüber. Ich erkannte ihn auf Anhieb wieder. Besser gesagt, ich spürte, dass er es war. Alle Verwandten unterhielten sich lebhaft. Ferry sagte kein Wort. Dass er sich sofort zu mir hingezogen fühlte, stand ihm ins Gesicht geschrieben, und er versuchte auch gar nicht, seine Gefühle zu verbergen – sehr zur Entrüstung meiner unverheirateten Cousinen. Sein Gesichtsausdruck war eine Mischung aus Verblüffung, Verzauberung und Faszination. Während um uns herum munter drauflosgeschnattert wurde, sprach er zu mir mit seinen Augen. Waldgrün waren sie, groß und ausdrucksvoll. Ferry sah auf unaufdringliche Weise einfach gut aus. Breitschultrig, sonnengebräunt und sehr sportlich. Vielleicht ein wenig zu schüchtern. In einer Gesellschaft wie dieser fühlte er sich offenbar nicht ganz zu Hause, aber auf mich wirkte er sehr erfrischend.

Die noch verbleibenden Tage verbrachten wir zusammen. Wir fuhren mit seinem Motorrad aufs Land hinaus, wo uns der Duft der üppig blühenden Obstgärten in die Nase stieg. Oder es ging hinauf in die Weinberge, mitten durch die Rebstöcke. Mit seinem Auto fuhren wir zu seinem Wochenendhäuschen am Fluss, wo wir schwammen, mit dem Boot hinausfuhren und in der Sonne Picknick machten. Wir aßen in malerischen, romantischen kleinen Restaurants, in denen Geiger Zigeunerweisen spielten, und anschließend tanzten wir die ganze Nacht. Es war eine sonderbare Romanze. Ständig hatten wir das Bedürfnis, uns zu sehen, und doch rührte er mich niemals an. Ich hatte das Gefühl, dass er etwas ganz Besonderes war. Aber mit siebzehn war ich weder klug noch reif genug, um zu erkennen, wie außergewöhnlich er wirklich war. Erst als es viel zu spät war, ging mir die grenzenlose innere Schönheit dieses Mannes auf. Er war der Bruder, den ich nie hatte, der Freund, der mir immer beigestanden hätte, der Liebhaber, der mich stolz darauf gemacht hätte, eine Frau zu sein. Er wäre der Ehemann gewesen, der einer Ehe Bestand verliehen hätte – auch einer Ehe mit mir. Nie wieder sollte ich so jung sein, so unschuldig glücklich.

Ferrys Mutter, Tante Shari, wollte, dass er nach Amerika ging, aber er weigerte sich. Sie fragte, ob ich wisse, dass Ferry und sein jüngerer Bruder Anatol nicht dem jüdischen Glauben angehörten: Sie habe beide bei der Geburt taufen lassen – in welchem Glauben, weiß ich nicht. Tante Shari erzählte mir vieles, was Ferry mir verschwieg. Dass er mich heiraten wolle, aber das Gefühl habe, mir meine Karriere nicht verbauen zu dürfen. Auch befürchte er, dass ich noch nicht bereit sei, sesshaft zu werden. Nur seine Frau zu sein würde mir sicher nicht genügen. Ich sei einfach noch zu jung! »Sag ihm, dass er Englisch lernen soll. Wenn du ihn darum bittest, wird er es tun.« Offen gesagt habe ich nicht verstanden, weshalb sie mit ihrer Familie aus Budapest fort wollte. Ihnen ging es doch bestens dort, und sie waren nicht einmal Juden.

Auf einer meiner Reisen nach Budapest besorgte ich mir selbst, ohne die Hilfe von Otto Dürer, einen Vertrag als Solosängerin und -tänzerin im Moulin Rouge. Den Vertrag nahm ich nur an, um in Ferrys Nähe zu sein. Beim Moulin Rouge handelte es sich um eine – nicht ganz so großartige – Kopie des berühmten Pariser Nachtclubs. Aber es gab dort viele gute internationale Nummern und viele Damen mit Fächern und Federkostüm, die ein wenig tanzten und viel tranken – meistens mit reichen, überarbeiteten Geschäftsleuten. Oberflächlich war alles nur Glanz und Glamour. Doch nur eine halbe Treppe höher lagen die in ganz Europa bekannten *chambres séparées*. Dort fanden die wirklich intimen Vorstellungen statt. Dort trafen sich ältere, wohlhabende, verheiratete Männer für ein Stündchen mit jungen, armen, kleinen Mädchen aus den Tanztruppen – oder mit ihren Geliebten. Alles wurde höchst diskret gehandhabt: der Champagner, der Kaviar und das Liebesspiel auf dem seidenbezogenen Sofa. Ein solches Etablissement hatte ich vorher noch nicht betreten.

Als der Vertrag, den man Mama zugeschickt hatte, unterzeichnet werden sollte, strich sie einfach alles Kleingedruckte durch, insbesondere den Passus, in dem es hieß, alle weiblichen Mitwirkenden müssten sich auch unter die Gäste mischen. Kluge Mama.

Mein Vertrag hatte eine Laufzeit von vier Wochen mit Verlängerungsmöglichkeit, aber er sollte erst in einigen Monaten in Kraft treten. Und das bedeutete, dass ich Ferry erneut verlassen musste. Immer musste ich gegen meinen Willen gehen, die ungarischen Visabeamten machten einem die Sache wirklich schwer. Ferry bemühte sich, die Zuständigen ausfindig zu machen, um mir dann eine Woche Aufenthaltsverlängerung zu kaufen. Manchmal hatte er Erfolg, manchmal auch nicht. Dann hieß es wieder: zurück in die Schweiz, zurück zu Otto! Noch mehr Kabarett-Auftritte, noch mehr Briefe von Ferry, noch mehr Leute, die aus Wien geflüchtet waren. Alle suchten sie nur das eine: einen Ort, an dem es kein Verbrechen war, Jude zu sein.

Als die Zeit für mein Engagement im Moulin Rouge gekommen war, kehrte ich nach Budapest zurück. Mama hatte Dokumente unterschrieben, die mich kraft Gesetzes für volljährig erklärten. Obwohl ich in Wirklichkeit noch nicht volljährig war, konnte ich jetzt meine eigenen Verträge aushandeln und unterzeichnen. Wenn ich auch froh war, wieder bei Ferry zu sein, war ich doch alles andere als begeistert über das Engagement im Moulin Rouge. Dieser ganze falsche Flitterkram gefiel mir nicht. Die Männer entkleideten mich mit ihren Augen; während ich sang, knallten die Champagnerkorken, und schon nach meiner ersten Nummer wollte der Geschäftsführer, dass ich mich unter die Gäste mischte. Ich zeigte ihm meinen Vertrag, in dem dieser Passus gestrichen war. Natürlich wollte er sich mit mir streiten. Aber der Vertrag war von beiden Seiten unterschrieben, und so konnte er nichts machen.

Jedes Mal, wenn ich Ferry verließ, fiel es uns schwerer, uns zu verabschieden, und es war auch immer ungewisser, wann wir uns wiedersehen würden. In der Schweiz erhielt ich dann einen Vertrag aus Holland, vom berühmten Princess-Operettentheater in Den Haag. Saisonbeginn war Ende September 1938. Zum ersten Mal, seit ich Wien verlassen hatte, konnte ich nun lange genug an einem Ort bleiben, um mir zu merken, wo sich Küche und Bad befanden. Den Haag war wunderbar, das Theater auch, ebenso die Wohnung, die ich gemietet hatte.

Julius, Kätes katholischer Mann, den sie ein Jahr, bevor ich Wien verließ, geheiratet hatte, gelang es, sich nach Rotterdam versetzen zu lassen. So wohnten sie jetzt auch in Den Haag, während Julius pendelte.

Schließlich konnte ich auch Mama aus Wien herausholen: »Besuchserlaubnis zum Besuch der Tochter«. Als Mama Wien verließ, gab sie ihren Hausschlüssel beim Hausmeister ab – und damit auch die gesamte Wohnungseinrichtung. Sie wusste, dass sie nie wieder in Papas Bett schlafen würde. Ihr Zuhause und Papas Grab zu verlassen fiel ihr sehr schwer. Mama konnte sich niemals wirklich von Wien lösen. Sie litt unter einer weit verbreiteten Krankheit: Heimweh. Ganz im Gegensatz zu mir. Je mehr ich über meine Landsleute erfuhr, desto weniger stand mir der Sinn danach, dorthin zurückzukehren. Ich schnitt das ganze Land aus meinem Leben wie einen Abszess, ließ den Eiter heraus und vergoss keine einzige Träne. Ich weiß nicht mehr, wessen Idee es war, aber wir beantragten Einreisevisa für die USA. Natürlich waren wir nicht die ersten. Das Kontingent war schon voll, und so mussten wir warten.

Unsere Operettenaufführungen waren unglaublich beliebt. In ganz Holland gab es keine Stadt, in der man uns nicht kannte und verehrte. Das Publikum ging immer fantastisch mit, und die Vorstellungen waren schon Monate im Voraus ausverkauft. Dieses Wunder hatte Hugo Helm, der Besitzer des Princess-Operettentheaters, zuwege gebracht. Dieser kleine, alte, hässliche deutsche Jude war ein Genie mit dem Herzen eines Giganten in der Brust. Niemals bin ich einem freundlicheren Mann begegnet. Unglücklicherweise fiel er einem schweren Herzleiden zum Opfer: der Liebe. In seinem Fall einer Tod bringenden Liebe. Bei der Liebe seines Lebens handelte es sich um eine hoch gewachsene, blonde, blauäugige Brünnhilde. Eine arische Deutsche. Die beiden lebten zusammen – schon seit Jahren, wie man mir sagte. Sie trug die prächtigsten Pelze und die kostspieligsten Diamanten. Natürlich vertraute er ihr vollkommen.

Ich bekam große Rollen, und eigentlich hätte ich zufrieden sein sollen, aber ich war es nicht. Einen Monat vor Saisonende bat ich Direktor Helm um die Auflösung meines Vertrages. Er hätte mich zum Bleiben zwingen können, tat es aber nicht. Er sagte, ich könne jederzeit wiederkommen und mich auf ihn verlassen, wenn es mir je an etwas fehlen sollte. Mein erstes Zipfelchen Sicherheit nach über einem Jahr, und ich warf es einfach achtlos über Bord!

Ich konnte bei einer anderen Show in der Schweiz anfangen, und Mama begleitete mich. Nach Ablauf einiger Monate musste sie nach Holland zurück, weil ihr Visum abgelaufen war. Sie zog bei Käte und Julius ein. Gemeinsam wollten die drei auf mich warten – und auf unsere Einreisepapiere für die USA.

Nach Beendigung meines Engagements fuhr ich abermals nach Budapest. Es sollte mein letzter Besuch dort sein. Nach den beiden ersten Wochen bewilligten mir die ungarischen Wichtigtuer nur noch eine einzige Verlängerung meines Visums. Hektisch versuchte Ferry, mir noch mehr Zeit zu kaufen. Doch ohne Erfolg. Nach vier Wochen zogen sie meinen Pass ein. Sie gewährten mir noch eine letzte Frist von drei Tagen und versicherten Ferry, ich könne mich darauf verlassen, dass sie mich höchstpersönlich verabschieden und in den Zug setzen würden.

Wie meistens wohnte ich bei Ferry. Die letzten Abende hatten wir verbracht, als ob uns noch tausend weitere zur Verfügung stünden. Beide versuchten wir, das Thema des erneuten Abschieds zu vermeiden. Er sah mir beim Packen zu, und dann sagten wir uns Gute Nacht. Ein Dutzend Mal oder öfter sagten wir uns Gute Nacht.

Nachdem ich eine Zeitlang alleine auf meinem Zimmer war, klopfte es an meine Tür. Ferry. Er fragte, ob ich vielleicht noch etwas Obst wolle. Nur in meinem weißen Seidennachthemd bekleidet ging ich zu ihm ins Wohnzimmer. Ich war nicht darauf aus, ihn zu verführen, es sollte nur keine Tür zwischen uns sein, niemals, und schon gar nicht in diesen letzten gemeinsamen Stunden. Er hatte meinen Stuhl so zurechtgerückt, dass ich ihm direkt gegenüber saß. Unsere Beine berührten sich, als wir Obststücke aßen, die wir beide im Grunde nicht wollten. Ich spürte, wie er mit sich rang. Immer wieder blickte er verstohlen zum Sofa und dann ganz schnell wieder zu mir zurück. Wir steckten einander Melonenstückchen in den Mund und lachten, auch wenn unser Lachen nicht allzu überzeugend klang. Wir erzählten uns komische Geschichten, die aber irgendwie nicht richtig komisch waren. Und dann war der Teller leer.

Ferry holte tief Luft und platzte dann damit heraus, wie dumm er doch eigentlich sei, dass er sich nicht gestattet habe zu tun, was ihm seine Gefühle schon die ganze Zeit nahegelegt hätten. Es mache ihn ganz verrückt, sich ständig im Zaum halten zu müssen. »Aber es ist besser so«, sagte er. »Andersherum wäre es sogar noch unerträglicher gewesen. Beide hätten wir dann keinen einzigen friedlichen Augenblick mehr gehabt.«

Er rang um jedes Wort. In ihm tobte ein heftiger Kampf zwischen Herz und Verstand. Ich wusste es und unternahm nichts. Die Uhr machte *ticktack*, und er streichelte mir übers Haar. *Ticktack.* Seine Hände strichen mir zärtlich über das Gesicht. Dann flüsterte mir die Nacht zu: ›Ich muss jetzt fort. Ich habe dir alle Zeit gegeben, die ich hatte. Und du hast sie nicht genutzt.‹ Wir hätten uns damals lieben sollen, bis wir nicht mehr hätten lieben können. Warum nur haben wir es nicht getan? Warum nur habe ich nicht die Hand nach ihm ausgestreckt?

Am nächsten Morgen brachte er mich mit dem Taxi zum Bahnhof. Mein Kopf ruhte auf seiner Schulter, und er hatte sein Gesicht in meinem Haar vergraben. Er umklammerte meine Hände ganz fest und doch so sanft. Als der Gepäckträger meine Koffer nahm, fragte Ferry, ob ich denn wirklich nach Amerika gehen würde. Ich sagte ihm, ich wisse es nicht. Vielleicht, vielleicht aber auch nicht ... Drei Ungarn, die wie ein damals sehr berühmtes Komiker-Trio aussahen, warteten bereits auf mich. Ferry riss dem Kahlköpfigen den Pass aus der Hand und rief etwas, das bestimmt in keiner Sprache der Welt nett gewesen wäre. Mein Pass wurde dem Schaffner übergeben, der ihn bis zur nächsten Grenze verwahren musste. Uns blieb nur noch etwa eine Minute.

Durch das offene Abteilfenster klammerte ich mich mit beiden Armen an Ferry. Er wirkte fassungslos. Als sich der Zug in Bewegung setzte, lief er mit und rief: »Hier ist es einfach nicht mehr schön, überhaupt nicht mehr schön. Wir treffen uns im März in der Schweiz zum Skifahren. Wirst du kommen? Ich schreib dir noch, wo!«

»Ja, ja, ja!« Und dann blies die Lokomotive ihren schwarzen Rauch in die Luft. Seine Finger glitten mir aus der Hand. Jemand schloss das Fenster.

Rumänien. Grenzkontrolle. Ich bekam meinen Pass zurück.

Jugoslawien. Grenzkontrolle. Sie wollten meinen Pass sehen.

Italien: Grenzkontrolle. »Passaporto, prego, Signora.« Noch ein Stempel, noch ein Land.

Schweiz, Frankreich, Luxemburg: Kontrolle, Kontrolle, Transitvisa, Durchreise-Erlaubnis.

Belgien: Aufenthalts- und Arbeitserlaubnis. Wenigstens eine Zeit lang.

Die Deutschen waren jetzt in Polen. Die Tschechoslowakei hatten sie gerade zermalmt. Otto Dürer wartete in Antwerpen. Er hatte gerade einen Pachtvertrag für ein Theater unterzeichnet.

Zu meinem Geburtstag schickte mir Ferry ein Dutzend langstieliger, purpurroter Rosen, verbunden mit dem Wunsch, ich möge immer so liebenswert und unschuldig bleiben, wie ich es bei ihm gewesen sei. »Denn das«, schrieb er (und ich besitze noch immer alle seine Briefe), »ist so wunderschön an dir. Ich fürchte, dass andere Männer dich nicht so sehen. Und obwohl mein Verlangen nach dir noch viel stärker ist, als ich je wagte, dir zu sagen, werde ich nichts in dieser Richtung unternehmen. Jedenfalls so lange nicht, bis wir sicher sein können, wie unser Leben verlaufen wird und dass wir zusammenbleiben dürfen, ohne ständig wieder Lebewohl sagen zu müssen. Wir sehen uns im März, und ich hoffe, dass bis dahin die Zeiten wieder spürbar besser sind. Ich verstehe nicht ganz, was da in Deutschland, in deinem Heimatland und in anderen Ländern vor sich geht. Ich weiß, dass es dir genauso geht. Gib gut Acht auf dich! Dein Ferry.«

Fünf Monate bis März: Das ist mehr als eine halbe Ewigkeit. Und was, wenn meine amerikanischen Papiere schon früher kämen? Dann warte ich eben. Das Visum gilt ein Jahr. Ferry und ich könnten dann zusammen in die Vereinigten Staaten gehen.

Nun war wieder ein Theater da, eine Bühne, und ich absolvierte wie üblich meine Auftritte – die verschiedensten Auftritte in verschiedenen Shows. Ich spielte in Antwerpen, Brüssel und in großen Hotels an der belgischen Küste, die das ganze Jahr über geöffnet waren.

Inzwischen breitete sich der lange Arm der göttlichen Ungerechtigkeit wie eine ansteckende Krankheit aus. Adolf, der mächtige »Pate«, hielt sein Versprechen und setzte gedungene Mörder auf alle Juden an. Damit hatten die Nazis genug zu tun, und das Mordgeschäft blühte. Während die kleinen Länder in Europa Deutschlands immensem Appetit zum Opfer fielen, wartete England ab und trank Tee. Die Vereinigten Staaten, die noch unter den Nachwehen der Weltwirtschaftskrise litten, inzwischen aber schon wieder den neuen Wohlstand genossen, waren viel zu weit entfernt, um das trübe Wasser zu erkennen, in dem ganze Nationen ertranken.

Und wie die meisten meiner Zeitgenossen sang auch ich weiter meine Lieder in Städten, die langsam alle Hoffnung fahren ließen, und verstand nichts. Schon über zwei Jahre hatte mich das Schicksal immer wieder aus der Gefahrenzone gesteuert. Als Hitler Österreich »befreite«, war ich bereits auf dem Weg in die Schweiz. Wenig später verschob sich, infolge einer schlimmen Kehlkopfentzündung, mein Engagement in Prag. So tanzte ich in irgendeinem anderen Land, als die Herrenrasse in die Tschechoslowakei einfiel.

Und jetzt Belgien. Auch dort lachte mir immer noch das Schicksal, und ich lachte mit. Jedesmal, wenn ich an mein geplantes Treffen mit

Ferry dachte, schlug mein Herz Purzelbäume. Ich dachte ständig daran und träumte davon, aber bis in die Schweizer Berge sollte ich es nicht schaffen. Vielmehr entschied mein Produzent und Aufpasser, dass wir jetzt auch Belgien so schnell wie möglich verlassen sollten. Ich war für die Schweiz. Doch dieses Land war inzwischen taub geworden gegenüber den Bitten Tausender und hatte einfach seine Türen verschlossen. Nur die Banken des Landes, die von der Fülle unanständigen Reichtums bereits überflossen, öffneten den internationalen Kriegstreibern ihre uneinnehmbaren Schatzkammern. Gestohlene Schätze und Blutgeld wurden dort bestens bewacht.

Was diese unmoralische Neutralitätspolitik für mich bedeutete, war auf einen überraschend einfachen Nenner zu bringen: Mir waren die Länder ausgegangen, in die ich hätte einwandern können. Holland war als einziges übrig geblieben. Nur die holländische Grenze konnte ich noch passieren. Dort lebte jetzt meine Familie, und wenn ich eines Tages wirklich noch eine echte Emigrantin werden und die Freiheitsstatue begrüßen wollte, ging das nur von Holland aus. Ich kam im Taxi in Den Haag an – den ganzen Weg von Brüssel aus. Auf diese Weise verpasste ich die deutschen Sturmtruppen um zwei Tage. Besser gesagt, sie verpassten mich.

Mama, Käte und Julius waren inzwischen in das Seebad Scheveningen bei Den Haag gezogen, und so bekam ich meine alte Wohnung in Den Haag zurück. Meine Zwillingsschwester Elli war jetzt in London. In den folgenden Wochen suchte ich nach einem Schlupfloch, aber es gab keines mehr. Wie ein wahnwitziges Karussell drehten sich meine Gedanken immer wieder im Kreis, bis mir die außerordentliche, lähmende Wahrheit schlagartig ins Bewusstsein drang: Ich war in einer Stadt gefangen, die noch unbesetzt war. Die Parks und Plätze, die ich so gut kannte, hatten sich plötzlich in geschlossene Kreise verwandelt, in ein Labyrinth, das im Nichts endete.

Ich wohnte direkt an der Ecke eines Platzes. Dessen Hauptanziehungskraft waren viele schöne Bäume und viele freundliche Hunde. Es war eine Gegend, in der angesehene, ruhige Leute wohnten. Die einzigen Freunde in meiner Nähe waren Walter, ein Komiker, und der berühmte Tenor Kurt Preger, der mit Ruth, einer liebenswerten, aber nicht ganz so berühmten Sängerin in wilder Ehe zusammenlebte. Gemeinsam hörten wir ständig wechselnde Gerüchte, die wie Pingpong-

Bälle hin und her gingen. Immer wieder hieß es in den offiziellen Nachrichtensendungen, im Gegensatz zu den inoffiziellen Gerüchten, wir müssten uns keine Sorgen machen. Irgendwie war das kein rechter Trost, zumal die ersten Bomben bereits gefallen waren. Während die Leute aus ihren Wohnungen auf die Straßen liefen und sich dabei umrannten, behaupteten die Stimmen im Radio nach wie vor, alles sei unter Kontrolle. Doch für meine Straße galt das sicher nicht. Der Platz, der sich schnell mit aufgebrachten Menschen füllte, ähnelte mehr und mehr einer Kolonie wütender Ameisen, deren Königin geflüchtet war.

Um die Ecke, nur einen Straßenblock entfernt, befand sich eine Kaserne. Ich hatte zuvor noch nie Soldaten dort gesehen, doch jetzt war sie offenkundig besetzt. Bleiche, sanft aussehende Jünglinge lungerten dort herum und taten so, als seien sie Soldaten. Während in der Stadt ein erstes großes Durcheinander herrschte, lernten sie noch immer, richtig zu marschieren.

Holland ist ein flaches Land. Große Wassermassen, die vom Meer in die Kanäle fließen, machen es zu einem Land der Brücken und Deiche. Jeder Versuch, das Land zu verteidigen, ist bestenfalls Selbstmord. Trotzdem kämpften die Holländer. Aus ihrer hoffnungslos schlecht ausgerüsteten Armee erhob sich eine Hand voll unglaublich mutiger Männer. Gegen unüberwindliche Hindernisse kämpfend, sprengte dieses Häuflein Brücken, öffnete Deiche und gab sein Leben bei dem verzweifelten Versuch, das Unausweichliche aufzuhalten. Vielleicht war gerade die Harmlosigkeit dieses friedliebenden Volkes für die völlig überholte Militärstrategie verantwortlich. Vielleicht wussten die Männer aber auch die ganze Zeit, dass jeder Widerstand zwecklos war, und dennoch kämpften sie.

Die einfache Logik der Holländer lag, zumindest wenn man ihren Nachrichtensendungen Glauben schenkte, darin anzunehmen, dass Hitlers Armeen nicht einmarschieren könnten, wenn es keine Brücken gab und die Kommandozentralen unter Wasser gesetzt waren. Auf geradezu unheimliche Weise behielten sie Recht. Tatsächlich wurde nur wenig marschiert. Als die deutschen Sturmtruppen von den Spielchen der Holländer genug hatten, ließen sie einfach fünfhundert Bomber kommen, ließen Rotterdam in Schutt und Asche legen und setzten ihre Invasion ohne weitere Behinderungen fort.

Die Belagerung begann am 10. Mai 1940 und dauerte fünf Tage. Meine Erinnerungen an diese düsteren Stunden sind größtenteils nur bruchstückhaft und vage. Was ich noch vor mir sehe, ist ein kurzes Aufblitzen vereinzelter Szenen – wie unscharfe Dias, die man hastig durch einen schadhaften Projektor laufen lässt. Ich war durcheinander und desorientiert.

Als alles vorüber und Rotterdam vom Angesicht der Erde ausradiert war, legte sich eine sonderbare Stille über das Land. Es war unerklärlich ruhig. Eine Zeit lang regte sich überhaupt nichts: Die Straßen waren leer, die Häuser verriegelt, die Fenster fest verschlossen, so dass sie aussahen wie implantierte Glasaugen – kalt und fahl. Hinter verschlossenen Türen hielt eine ganze Nation den Atem an.

Mit Walter, Kurt und Ruth verbrachte ich diese Tage in lähmender Stille, halb erstickt von Angst, aber auch zerfressen von Wut und Verzweiflung. In der Nacht, in den labyrinthischen Gängen der Schlaflosigkeit, hörte ich das Land selbst weinen.

2.

England – wir müssen nach England! Das klang ziemlich weit hergeholt, aber die Küste war immer übersät mit Fischerbooten. Und wir brauchten ja nur einen einzigen Fischer, der bereit war, uns hinüber zu bringen. An klaren Tagen konnte man vom Pier aus die Kreidefelsen von Dover sehen. Der Schock der vergangenen Tage war gewichen. An seine Stelle war ein überwältigender Überlebenswunsch getreten. Intuitiv spürten wir, dass wir hier vielleicht zum letzten Mal die Gelegenheit hatten, unser Schicksal in die eigene Hand zu nehmen. Das war aufregend.

Neue Lebensenergie durchdrang uns, verbunden mit dem diebischen Vergnügen, dass wir vier, Walter und Kurt, Ruth und ich, drauf und dran waren, den Häschern des Tyrannen ein Schnippchen zu schlagen. Detaillierte Pläne machten wir nicht – wir machten überhaupt keine Pläne. Der einzige vernünftige Abfahrtsort nach England von Den Haag aus war Scheveningen. Diese Tatsache sowie unser Vorhaben, am nächsten Tag aufbrechen zu wollen, war alles, was uns klar war.

Die ganze Nacht hatten die Sterne versucht, durch die Wolken zu dringen, aber die dichte graue Decke am Himmel lag ausgreifend und aufgequollen da und ließ weder Mond noch Sterne durchschimmern. Bei Tagesanbruch setzte feiner Nieselregen ein, nebelartige Feuchtigkeit, die sich zu dem zögerlichen Licht des neuen Tages gesellte.

Kurt hatte die letzten Stunden vor unserem Aufbruch mit dem Versuch verbracht, Ruth zu beruhigen, die sich unter Tränen entschlossen hatte, nicht mitzukommen. Walter, unser Kammerkomiker, hielt eine ähnliche Überraschung für uns bereit. Der komische kleine Mann erklärte uns, er wolle sich nicht auf die Suche nach seinem Schicksal begeben, sondern lieber darauf warten, dass sein Schicksal sich nach ihm auf die Suche machte. Folglich machten Kurt und ich uns allein auf den Weg nach Scheveningen. England schien uns nah wie nie – und gleichzeitig so fern wie nie.

Am Morgen des 20. Mai 1940 begannen Kurt und ich unsere improvisierte Flucht in die Freiheit. Es nieselte noch immer, und die Wolken verschwanden auch nicht vollständig. Um keinen Verdacht zu erregen, zogen wir uns leger an und reisten mit leichtem Gepäck. Nur mit Zahnbürste, Kamm und etwas Geld, das wir uns in die Taschen gestopft hatten. Und doch müssen wir aufgefallen sein. Wir gaben wohl ein recht seltsames Paar ab: Kurt war mindestens 1,85 Meter groß und wog fast zweieinhalb Zentner. Wenn er einen Schritt machte, brauchte ich energische vier Schritte, um mithalten zu können. Der Tenor mit dem Gold in der Kehle war erst Ende zwanzig, wirkte jedoch älter. Ich dagegen sah mit meinen nicht einmal 1,50 Metern und kaum 50 Kilo immer noch aus wie ein Kind.

Über zwei Stunden gingen wir an den Straßenbahnschienen entlang durch die Morgendämmerung, ohne auch nur einer einzigen Menschenseele zu begegnen. Kein Feind zu sehen. Kein Freund zu sehen. Es war eine gespenstische Expedition. Als wir am Strand ankamen, mussten wir feststellen, dass auch die paradiesischen Tage dieses sonst so geschäftigen Ortes zu Ende gegangen und den Kräften der Gewalt gewichen waren. Nirgendwo ein Lebenszeichen. Der Nebel war dicht und kalt. Wir standen herum, starrten ins düstere Wasser und warteten und hofften auf einen Mann und auf ein Boot, die uns nach Dover bringen würden. Als unsere Beine steif geworden waren, setzten wir uns auf eine Bank und warteten weiter.

Ein trüber Nachmittag setzte ein und verstrich, und wir warteten noch immer. Wir waren müde und ganz allein. Wir wussten beide nicht, was wir tun sollten. Wir standen von der Bank auf und trotteten ziellos die Promenade entlang, in die geräuschlose Nacht hinein. Meine Beine waren eingeschlafen, meine Kleider klamm und mein Magen sehr leer. Beklagen wollten wir uns nicht. Was auch immer für Gedanken uns kamen und was auch immer für Zweifel uns plagten, wir behielten alles für uns. Beharrlich schweigend gingen wir immer weiter, Kilometer um Kilometer um Kilometer.

Plötzlich ergriff Kurt meinen Arm. »Hör mal«, flüsterte er, »da kommt jemand.« Mir wurde ganz flau. Schritte kamen auf uns zu, ohne Eile und ganz gleichmäßig. »Das ist nur einer«, sagte Kurt atemlos. »Dann kann es kein verdammter Deutscher sein, die würden sich nicht trauen, hier allein langzugehen.«

Einen Herzschlag später traf uns der blendende Strahl einer Taschenlampe mitten ins Gesicht, und eine dröhnende Männerstimme stieß einen Schwall wüster Flüche aus. »Ihr habt mir eine Scheißangst eingejagt!« Ein fluchender Holländer! Er war nicht viel größer als ich und trug einen schweren Regenmantel und Gummistiefel. Seine Haut war gerötet und wettergegerbt. Seine Hände waren Arbeiterhände, rau und voller Schwielen. Er hätte auf dem Bau arbeiten und Maurer sein können. Oder vielleicht Fischer? Er überhäufte uns mit anstößigen Schimpfwörtern, die er wie verfaulte Zähne ausspuckte, während er uns im Lichtschein seiner Taschenlampe von oben bis unten musterte. Als er sich überzeugt hatte, dass wir keine Gefahr, sondern nur eine überraschende Unterbrechung seines einsamen Nachtspaziergangs darstellten, wurde sein Ton schon viel freundlicher. »He, du Riese, was machst du denn hier mit der Kleinen da?«

»Mach das verdammte Licht aus«, zischte Kurt. Die Taschenlampe ging aus. Und wir drei rückten in einer Geste wechselseitigen Vertrauens enger zusammen. Wir fragten den Fremden, ob er Fischer sei, und er sagte: »Ja.« Dieses eine Wörtchen ließ uns den ganzen lähmenden Tag vergessen, durch den wir uns mühsam gekämpft hatten – diese schrecklichen Stunden, in denen sogar die Seemöwen so getan hatten, als existierten wir überhaupt nicht. Wir erklärten dem Mann, warum wir hier waren: dass wir Juden seien und Hilfe bräuchten. Der Fischer hörte aufmerksam zu, schien jedoch äußerst nervös zu sein. Lange und scharf sah er uns an, jedes Wort schien er abzuwägen. Dann stieß er ein schneidendes »Nein« hervor.

Wir flehten, boten Geld. Ich weinte, aber es nützte alles nichts. Vor lauter Enttäuschung wurde Kurt ganz rasend. Er wollte nicht aufgeben. »Weshalb denn nicht? Weshalb wollen Sie uns nicht übersetzen?« Unerwartet hob der Fischer die Arme und wies direkt hinaus aufs Meer. Dann schrie er: »Weshalb nicht, wollen Sie wissen? Sie wollen wissen, was da draußen ist? Mein Bruder ist da draußen. Deshalb nicht! Gestern hat mein einziger Bruder mein Boot genommen und hat es bis zum letzten Platz besetzt mit Leuten wie Ihnen, und jetzt sind sie alle tot! Ich habe keinen Bruder mehr, und ich habe kein Boot mehr! Ich kann Ihnen nicht helfen.« Die Nase tropfte ihm, er schluchzte hemmungslos.

»O mein Gott, o mein Gott«, wiederholten wir die ganze Zeit nur, weil wir nicht wussten, was wir anderes sagen sollten. »Überall Minen – nichts als Minen. Ich habe die ganze Sache von da unten aus mitbekommen, es ist einfach alles in die Luft geflogen, und dann nur noch Feuer, jede Menge Feuer, sogar das Wasser hat gebrannt. Er war erst dreißig, mein Bruder, erst dreißig ...«

Es regnete immer weiter. Der arme Mann schien die Tragödie ständig wieder neu zu durchleben. Mit den Armen boxte er in die Luft, als schlage er den Feind. Minen: Wie konnte das sein? An Minen hatten wir niemals auch nur im Traum gedacht. Aber woran hatten wir überhaupt gedacht? Unser niedergeschlagener Freund unterbrach sein Schattenboxen lange genug, um uns zu sagen, dass wir eben zu spät gekommen seien. In den ersten Tagen nach der Invasion hätten er und seine Kumpel einigen nach drüben geholfen; da hatte es noch keine Minen gegeben. Wann sie gelegt worden seien, wüsste er nicht. Er komme jetzt gerade von der Frau seines Bruders, die überhaupt nichts mehr verstand. Sein Bruder hatte vier kleine Kinder hinterlassen, die wissen wollten, wann ihr Vater denn nach Hause komme.

»Geht heim«, sagte der Fischer leise. »Ich kann euch nicht helfen, geht einfach!« Ich wollte schreien. Ich wollte weglaufen. Ich wollte alles, nur nicht dem Fischer zusehen, wie er sich an sein gerade erlittenes Leid klammerte, resigniert wie ein Verurteilter. ›Er leidet‹, dachte ich. ›Er leidet so sehr, und ich weiß nicht, was ich tun kann.‹

Die nächtliche Begegnung am Pier ließ mich lange Zeit nicht los. Ein Kriegsgeschädigter, dieser Fischer, auch wenn er nicht Soldat war. Sein Bruder in Stücke zerfetzt, weil er Fremden das Leben retten wollte. Wie viele kleine Kinder in Dörfern und Städten mochten wohl fragen: »Wann kommt Papa nach Hause?«

Nach dem Zwischenfall in Scheveningen zerfiel unsere kleine Gruppe. Kurt kehrte zu seiner Freundin zurück, jedenfalls für kurze Zeit, und ich zog bei meiner Familie ein. Von da an hatten wir praktisch keinen Kontakt mehr. Nicht, dass wir uns nicht mehr hätten sehen wollen, aber Den Haag und Scheveningen waren zwei getrennte Städte geworden, und die Kommunikation wurde immer schwieriger. Solche abrupten Veränderungen im unmittelbaren Freundeskreis ergaben sich immer häufiger, sie waren geradezu typisch für die sonderbare Zeit, in der wir lebten. Ausschließlich aufgrund dieser Umstände bekam ich auch nicht mit, wie meine Freunde Aufstieg und Fall des Dritten Reiches miterlebten und überlebten. Das erfuhr ich erst, als alles längst vorbei war.

Kurt gab seine Versuche, aus dem Land zu kommen, nicht auf, und eines Tages wurden seine Bemühungen belohnt. Mit Hilfe des holländischen Untergrunds gelangte er in die Schweiz. Dort sang er sich vor einem unbewegten Publikum die Seele aus dem Leib und starb etliche Jahre später eines »natürlichen« Todes. In seiner Garderobe erlitt er zwischen dem zweiten und dritten Akt von *Madame Butterfly* einen Herzinfarkt.

Das Schicksal der weinenden Ruth ähnelt fast dem Märchen vom Aschenputtel. Hoch gewachsen, blond und blauäugig wie sie war, konnte sie sich gerade noch rechtzeitig etwas arisches Blut »erkaufen«. Das rettete nicht nur ihre helle Haut, sondern wirkte auch wahre Wunder, was ihre Karriere betraf.

Walter wurde doch noch von seinem Schicksal aufgespürt und fortgetragen. Eines Tages, so erzählen sich die Nachbarn, habe er das Haus verlassen und sei spurlos verschwunden. Der Komiker hatte seine bequeme, luftige Wohnung mit einer muffigen, feuchten und düsteren Dachkammer vertauscht. Während sich der Rest der Welt gegenseitig umbrachte, saß Walter den Krieg ganz allein einfach aus. Über zwei Jahre lang sah er kein menschliches Gesicht. Das Essen wurde ihm von den Leuten, die ihn versteckten, durch eine raffinierte, winzige Geheimtür hineingereicht. Schwere Holzplanken hielten ihm die Feinde vom Leib, wenn auch nicht das ganze Kriegsgetöse.

Erst viele Jahre später, erst als sich der vernarbte, zerschundene Kontinent die letzten Wunden leckte und das zerschlagene Antlitz fluchend zu Gott hochreckte, erst da sah ich Walter wieder. Endlich kamen auch ihm die Segnungen des Friedens zugute. Äußerlich hatte er sich kaum verändert, abgesehen von einem zunehmenden Zucken, dem schlimme Krämpfe folgten. Doch er überlebte. Als Komiker allerdings sollte er nie wieder arbeiten. Stattdessen umgab sich der kleine Mann mit philosophischen Büchern. Er heiratete nicht und blieb Einzelgänger. Wenn ihn jemand fragte, was er während des Krieges gemacht habe, sagte er nur: »Ich habe in einer Dachkammer auf einem Stuhl gesessen.«

Ich wünschte, ich hätte eine Erklärung für mein plötzliches Auftauchen um drei Uhr morgens zu Hause bei meiner Familie gehabt. Meine Flucht ins Nichts hatte mir nur Fassungslosigkeit und Erschöpfung eingebracht. Den Fischer hörte ich immer noch weinen, und vor meinem geistigen Auge brannte auch die Nordsee noch. Wie konnte ich jetzt nur ins Haus gelangen? Klingeln kam nicht in Frage – damit hätte ich die ganze Nachbarschaft geweckt. Ich klopfte, wartete, klopfte abermals. Keine Reaktion. Ich hätte mit Kurt zurückgehen sollen. Ich setzte mich auf die Treppe, machte mich ganz klein und schlief ein.

Am nächsten Morgen machte ein Nachbar meine Familie darauf aufmerksam, dass »ein kleines Mädchen« im Hauseingang schlafe. Schockiert und doch erleichtert bat Mama Julius, mich ins Haus und ins Bett zu tragen. Erst am späten Nachmittag wachte ich auf. Noch ehe Mama mich mit Fragen bombardieren konnte, sagte ich ihr, dass ich gekommen sei, weil ich es für vernünftiger hielt, dass wir alle zusammen seien. Und ich sei zu Fuß gekommen, weil das sicherer gewesen sei ... Natürlich hatte ich meine Sachen zurücklassen müssen. Und natürlich hatte ich mich verlaufen! Kein Wort über England, Fischer oder Minen.

Scheveningen war kaum wiederzuerkennen. Es ähnelte einer verlassenen Filmkulisse. Hotels, Restaurants und Cafés – alle geschlossen, es gab keine Gäste. Die Liegestühle blieben in den Stauräumen. Nur dem Sand, der träge in der Sonne schmorte, schien die gespenstische Stille nichts auszumachen.

Inzwischen lagen die Chancen für eine Auswanderung nach Amerika bei weniger als Null. Ich hatte jetzt alle Zeit der Welt, weiter Englisch zu lernen, hatte aber verständlicherweise keine große Lust dazu. Mama gab jetzt zu, dass die Zeiten beunruhigend seien; Julius hielt sie für historisch bedeutsam. Zur Abwechslung von meinem Englischunterricht informierte er mich über die gegenwärtige politische Lage, die die Verantwortlichen herbeigeführt hatten. Die Nachrichten am politischen Horizont waren alles andere als rosig. Im September 1938 hatte der große englische Staatsmann Neville Chamberlain das Münchner Abkommen unterzeichnet, und damit waren die Würfel gefallen. Indem er Hitler unterwürfig um einen »ehrenhaften Frieden« bat, lieferte er sein Land um Haaresbreite dem Demagogen aus. Chamberlain bekam weder Ehre noch Frieden. Im Jahr darauf wurde Churchill zum Ersten Lord der Admiralität ernannt, und Großbritannien und Frankreich erklärten dem Dritten Reich den Krieg. Das war die gute Nachricht. Die schlechte lautete, dass kein einziger englischer oder französischer Soldat in Deutschland stand, während die Deutschen allgegenwärtig waren. Bisher hatten sie sich noch nicht einmal die Mühe gemacht, den Krieg zu erklären, und das war wirklich beängstigend. »Trotzdem«, versicherte mein kluger Schwager, »wird England an Stärke gewinnen, und auch die Vereinigten Staaten werden ihnen zu Hilfe kommen.«

Aber wann? Das wusste er nicht zu sagen. Ebensowenig wie die BBC, deren Kristallkugel trüb geworden war. Während wir auf der Stelle traten und uns Hoffnungen machten, riet der amerikanische Botschafter in London, Joseph Kennedy (der Vater des späteren Präsidenten John F. Kennedy), seinem Präsidenten Roosevelt, sich aus dem Krieg herauszuhalten. Italien hatte Albanien den Krieg erklärt. Russland hatte sich einen Teil Polens unter den Nagel gerissen. Und Deutschland hatte sich bereits alles andere genommen. Die Stimmen im Radio redeten ohne Unterlass. Die BBC berichtete umsichtig, doch die verhasste Herrenrasse hatte die Kontrolle über die holländischen Radiosender übernommen und schickte dauernd ihr dröhnendes »Sieg Heil!« über den Äther, bis mir fast der Kopf platzte. Leibhaftig hatte ich immer noch keinen einzigen deutschen Besatzer gesehen, doch inzwischen stellte ich sie mir als Ratten und nicht als Menschen vor – als Ratten, die Hakenkreuze trugen und die ganz Europa mit der Pest infizierten.

In der Wohnung fiel mir die Decke auf den Kopf. Ich musste an die frische Luft. Irgendwohin, wo ich atmen konnte. Meine Familie schlug vor Entsetzen die Hände über dem Kopf zusammen. Wieder und immer wieder warnten sie mich vor den Gefahren »da draußen«. Aber ich konnte einfach nicht mehr dasitzen und warten und warten und warten und nichts als warten – also rannte ich an den Strand. Als ich allein am Wasser entlangging, fühlte sich die Luft so gut an … so beruhigend … so frei …

Ich ging auf dem Pier entlang. Dort war keine Menschenseele. Keine Menschenseele am Strand, der ganz allein mir gehörte, vorerst jedenfalls. Ich ließ meine Gedanken im Wind wandern, auf der Suche nach dem Ferienzauber des letzten Sommers. Wie schön war doch damals noch alles gewesen!

Evakuierung! Das Warten hatte ein Ende. Es ging los, die erste offizielle Anordnung der Nazis. An Laternenpfählen, in Läden, an Wänden und Türen hingen die Bekanntmachungen: Evakuierung. Juden zuerst! Wann? Im Morgengrauen. Wo? Auf dem großen Platz. Was dürfen wir mitnehmen? Einen Koffer und eine Tasche.

Julius hatte meine Habseligkeiten gerade noch rechtzeitig aus Den Haag geholt, damit ich sie nun hier zurücklassen durfte. Als wir zum Platz kamen, waren dort schon etliche Leute versammelt. Die Familien standen eng beisammen, wurden aber sofort getrennt. Wir sollten an unterschiedliche Orte kommen. Wohin? Ins Landesinnere. Wohin genau? Das wusste keiner.

Käte und Julius saßen immer noch auf ihren Koffern, als am späten Nachmittag ein Bus mit Mama und mir davonfuhr. Es dauerte Monate, bis wir herausfanden, dass Käte und Julius nach Südholland gebracht worden waren, nach Vught in der Nähe von S'Hertogenbosch. Sie hatten dort große Lager eingerichtet, die später als Kriegsgefangenenlager für holländische Soldaten und andere Feinde des Deutschen Reiches dienten, darunter auch für Christen, die Juden versteckt hatten, mitsamt den von ihnen versteckten Juden.

Mama und ich wurden mit dem Zug nach Enschede »verfrachtet«, nur noch ein ganz leises »Sieg Heil!« von der deutschen Grenze entfernt – die viel zu nah war, als dass wir uns hätten wohl fühlen können. Hätte man Hitler in dieses gottverlassene Nest locken können, hätte er sich wahrscheinlich schon viel früher das Leben genommen. Aus irgendeinem Grund schienen die Menschen hier ständig Beruhigungsmittel zu nehmen, jedenfalls wirkten sie wie Schlafwandler.

Sechs Tage verbrachte ich unter diesen Leuten in Trance, bis ich in Erfahrung gebracht hatte, wer hier das Sagen hatte. Es stellte sich heraus, dass es sich um einen netten, kleinen jüdischen Menschen in Trance handelte, dessen einziger Ehrgeiz darin bestand, unentdeckt und ungestört den Krieg zu verschlafen. Als ich ihm eröffnete, dass ich Schauspielerin sei und dieser Ort der Entfaltung meines künstlerischen Talents nicht gerade förderlich, und als ich ihn dann um Erlaubnis bat, meine Zelte anderswo aufschlagen zu dürfen, erwiderte er mit umnebelter Stimme: »Wollen Sie sagen, Sie fühlen sich hier nicht wohl?«

Ich vermute, dass ich ihn irgendwann mürbe gemacht hatte, denn er gab mir schließlich ein Stück Papier, aus dem hervorging, dass ich nach Utrecht reisen und mich dort »vorübergehend« niederlassen dürfe. Mama jedoch musste bleiben. Als ich sie nach fünf oder sechs Monaten endlich ebenfalls herausholen konnte, war ihre einzige Reaktion auf diesen öden Ort ein tiefer Seufzer, gefolgt von einem vielsagenden »Oy!«

Utrecht liegt so weit im Landesinnern, wie das in Holland nur möglich ist. Keine besonders aufregende Stadt, aber recht angenehm – bekannt für ihre Universität, ein großartiges Theater (jetzt leider geschlossen) und ganz allgemein für ihre Kultur. Dank meiner Tourneen mit dem Operettentheater kannte ich Utrecht gut.

Der Mann in Enschede hatte mir gesagt, ich solle mich sofort beim Jüdischen Komitee melden, dort werde man sich um mich kümmern. Die Leute dieser unterbesetzten und überlasteten Organisation hatten alle Hände voll zu tun mit zu vielen Neuankömmlingen, die alle untergebracht werden mussten. Das Hauptquartier befand sich in zwei kleinen Räumen im zweiten Stock eines alten Hauses, das besser unter dem Namen »Gerüchtefabrik« bekannt war. Die holländischen Juden aus Utrecht waren sehr entgegenkommend. Sie öffneten uns nicht nur ihre Häuser, sondern versorgten uns sogar mit Taschengeld. Damit das Ganze für uns nicht peinlich wurde, schickten sie das Geld an das Komitee, das die Verteilung übernahm. Ich traf dort viele Kollegen. Wir fachsimpelten, erzählten uns Geschichten und lachten mit schwerem Herzen.

Ich erhielt eine Bleibe in einem netten Haus bei einem jungen Ehepaar, Greta und Gus, und ihrem süßen Baby namens Bibi. Meine Gastgeber waren ziemlich sittenstreng und konservativ. Sie hatten keinen Humor, allerdings gab es ja auch kaum etwas zu lachen. Wie die meisten Holländer beherrschten sie mehrere Sprachen. Sie hatten mich schon öfter auf der Bühne gesehen und schätzten meine Arbeit. Aber auch das ersparte mir nicht die Tortur, Niederländisch sprechen zu müssen: »Du lebst in unserem Land«, beharrten sie, »dann musst du auch unsere Sprache sprechen.«

In der »Gerüchtefabrik« musste man in dem lauten, überfüllten Raum stundenlang warten, ehe man sich Aufmerksamkeit verschaffen konnte. Alle kamen her, weil man sonst nicht allzu viel zu tun hatte. Es war einfach die beste Klatsch- und Nachrichtenbörse der Stadt: »Der Schlachter hat mir erzählt … Ich weiß nicht, wo mein Bruder ist … Ich habe aus sehr zuverlässigen Quellen erfahren, dass wir bald wieder nach Hause geschickt werden …« Aber wo war jetzt noch ›zu Hause‹?

Zweimal in der Woche traf ich mich mit meinen Kollegen in einem Café und trank eine Tasse Kaffee und zwei Glas Wasser zu einem winzigen Stück Kuchen. Aus diesem »ungeregelten« gesellschaftlichen Leben entstand die Idee, wir sollten doch versuchen, wieder ein wenig in unserem Beruf zu arbeiten. Wir baten das Komitee um Erlaubnis, aber sie gewährten uns kaum Unterstützung. »Ihr habt keine Arbeitserlaubnis, und wir können uns nicht darum kümmern, also seid auf der Hut!« Ganz behutsam klapperten wir daraufhin die ganze Stadt ab, auf der Suche nach einem freundlichen Restaurantbesitzer mit einem kleinen Saal und einem großzügigen Herzen. Sehr sorgfältig sortierten wir dann all jene aus, die unpassend erschienen, weil sie geizig waren, bis wir endlich den richtigen Ort gefunden hatten.

Heimlich eröffneten wir dort unser »Cabaret International« und spielten zunächst vor leeren Stühlen. Konnte man überhaupt noch mehr auf der Hut sein? Reklame kam nicht in Frage. Der Verkauf von Eintrittskarten kam nicht in Frage. Darum blieb uns nur ein Publikum aus Kollegen, die genauso pleite waren wie wir, und gelegentlich einem Restaurantgast, der sich auf dem Weg zur Toilette verirrt hatte. So ging das »Cabaret International« wieder ein; nein, es war eigentlich nie richtig aus den Startlöchern gekommen. Doch ich erhielt auf diese Weise den nötigen Ansporn, etwas anderes zu versuchen.

Durch Greta, meine Gastgeberin, hatte ich etliche Utrechterinnen kennen gelernt, und es war offensichtlich, dass diese Damen wohl ein wenig Hilfe dabei brauchten, ihre durch Kartoffeln mit Soße angefutterten Pfunde wieder loszuwerden. Da war bestimmt Gymnastik das probate Mittel. Ich besprach die Sache mit Greta, die mir darin zustimmte, dass das eine großartige Idee sei. Dann rief ich beim Jüdischen Komitee an und sagte, sie könnten mein Taschengeld im Austausch gegen ein Tamburin behalten. Ich mietete einen leer stehenden Souterrain-Raum, der genauso zugig wie groß, dafür aber sehr preisgünstig war. Was an natürlichem Licht fehlte, wurde durch offen verlaufende elektrische Leitungen wettgemacht. Auf dem Flohmarkt kaufte ich ein paar zerbrochene Spiegel, überließ es Greta, die alle Welt kannte, die Werbetrommel zu rühren, und wartete dann gespannt darauf, dass die Soßenliebhaberinnen zu mir ins Souterrain strömten.

An meinem ersten Kurs nahm nur eine einzige Frau teil. Da ich für ein Maximum an Bewegung nur eine minimale Gebühr verlangte, war ich ganz sicher, dass ich innerhalb kürzester Zeit größere Räumlichkeiten brauchen würde. Nach ein paar Wochen hatte ich zehn Damen, denen sicher Hunderte von Muskeln schmerzten. Ihre Fettpolster wurden kleiner, und sie waren auch sehr dankbar dafür, aber sie brachten keine weiteren Soßenliebhaberinnen mit. Ich ließ die Gymnastikkurse weiterlaufen. Dadurch blieb ich bestens in Form, doch meine Finanzen litten. Es reichte hinten und vorne nicht.

Natürlich lebte ich in stetem Zwiespalt und wusste es. Meinem Leben fehlte die Substanz. Zwar lief eigentlich alles ganz ordentlich, aber meistens war ich innerlich wie weggetreten. Nichts war wirklich gut, nichts war wirklich schlimm. Alles war einfach bedeutungslos. Gegen meinen Willen musste ich mich treiben lassen, und das hätte immer so weitergehen, aber genauso gut auch ganz aufhören können.

Ein interessantes Phänomen waren die Holländer in Utrecht, die mit unnachgiebiger Sturheit an ihrer Alltagsroutine festhielten, als lebten die Bösewichter auf einem anderen Planeten und nicht praktisch vor ihrer Haustür. Dabei waren die Holländer in der Tat bestens informiert. Aber seit hundert Jahren hatten die Niederlande in Frieden gelebt, und Antisemitismus gab es dort nicht. Darum lief die rassistische Propaganda hier ins Leere. Die Juden in Holland waren Schuster, Schneider, Lehrer und Fabrikarbeiter, nicht nur Bankdirektoren und Industrielle. Auf den Gedanken, dass es die Todesschergen auch auf die holländischen Juden abgesehen haben könnten, kamen sie nicht.

Meine Wirtsleute waren ein perfektes Beispiel für diese beinahe rührende Naivität. In Kopenhagen hatten sich die Horrorbrigaden bereits an der Macht und am dänischen Bier berauscht, hatten Oslo geplündert und den Führer gepriesen. Doch bei Greta und Gus gab es immer noch pünktlich um sechs Uhr Abendessen. Während die Sturmtruppen in Paris einrückten und mit ihrem »Sieg Heil« die Champs-Élysées entlangmarschierten, tranken wir wie immer um acht Uhr unser *copje thee*. Frankreich hatte kapituliert. Die Deutschen tranken französischen Cognac und vergewaltigten französische Frauen, doch Greta goss uns wie immer unser *glasje melk* ein. Auch wenn sich schon Dunkelheit über die Stadt gesenkt hatte, ging Gus, bevor wir uns *welterusten* sagten, noch mit *dat lieve hondje evente wandelen*, ein wenig mit dem Hund Gassi.

Keine Post von Ferry. Ich schreibe und schreibe, aber wer weiß, ob ihn meine Briefe überhaupt erreichen. Ich traue mich nicht, ihm meine wahre Lage zu schildern, und da ich jedes Wort auf die Goldwaage lege, ehe ich es aufs Blatt bringe, ist mir, als schriebe ich auf Eierschalen und nicht auf Papier. Auch bei der Angabe meiner Adresse bin ich unsicher. Habe ich wirklich eine Adresse? Sein letzter Brief erreichte mich in Scheveningen. Vermutlich liegen dort auch noch weitere. Nachgesendet wird nichts. Mama ist immer noch in Enschede, und ich habe nicht die leiseste Ahnung, wo Käte und Julius sind. Na schön! Wenigstens meine Bildung hat von all dem profitiert. Dank Hitler und meinen Gastgebern spreche ich jetzt fließend Niederländisch.

Und schon wieder Geburtstag. Das vergangene Jahr war ein einziges Auf und Ab. Diesmal keine roten Rosen von Ferry, nicht einmal ein kurzer Brief. Er fehlt mir ja so! Greta besteht auf einer Geburtstagsparty für mich, obwohl ich den Tag am liebsten ganz vergessen würde. Was gibt es denn da zu feiern? Die ganze Woche backt sie schon im Akkord. Das ganze Haus riecht nach längst vergangenen Zeiten – nach Butterplätzchen und Schokoladenkuchen. Es riecht nach Kindheit ... nach unserer Küche in Wien. Greta hat einige meiner Kollegen und Kolleginnen sowie meine Gymnastikdamen eingeladen. Ich habe so manche Hand zu schütteln und mich so manches Mal zu bedanken.

Dann informiert mich Greta ein wenig verlegen, dass noch ein ganz besonderer Gast eingetroffen sei – mein eigentliches Geburtstagsgeschenk. Und da steht er nun in voller Lebensgröße im Flur, aber als Geschenk kann ich ihn beim besten Willen nicht betrachten: Otto Dürer, der Produzent. Aber er hat eine wunderbare Nachricht für mich. Wenn ich will, kann ich nach Amsterdam ziehen und dort arbeiten. Er hat wieder einmal ein Theater gepachtet und besitzt auch alle erforderlichen Papiere. Der holländische Polizeichef hat sein Einverständnis gegeben. Mich aufzufinden hat Otto keine Schwierigkeiten bereitet. Das Evakuierungskomitee verwies ihn nach Enschede, und dort gab man ihm meine Adresse in Utrecht. Sehr entgegenkommend. Der Gedanke, von Otto ausgelöst zu werden, ist mir zuwider. Seine Motive sind natürlich völlig eigennützig, aber das gilt auch für meine Entscheidung, mit ihm zu gehen. Otto sagt, in Amsterdam würden alle arbeiten und sich amüsieren. Was habe ich denn zu verlieren? Hier bin ich auch nicht sicherer. Jedermann in ganz Europa muss polizeilich gemeldet sein – nicht nur Ausländer, sondern jedermann. Das heißt, die Deutschen wissen sowieso, wo wir sind. Wo wir sind und was wir machen. Sie können uns hier schnappen, sie können uns dort schnappen ... Sie können uns überall schnappen.

Amsterdam – welch angenehme Veränderung! Ich kann gar nicht glauben, dass auch hier die Nazis sind. Alles sieht so normal aus. Ich liebe die Stadt – alles hier! Die Parks, die Blumen und die vielen Stunden im Rijksmuseum, mit mehr Rembrandts und anderen alten Meistern, als ich je zuvor gesehen habe. Im Concertgebouw erklingen immer noch Symphonien, keine Märsche. Die ganze Stadt ist malerisch und wunderschön. Die Cafés und Restaurants sind gut besucht, in den Einkaufsstraßen wimmelt es von Kauflustigen. Welche Lebendigkeit im Vergleich zu Enschede und dem spießigen Utrecht! Nun ist die deutsche Invasion schon fünf Monate her, und noch immer haben die Sieger keine einzige Synagoge in Brand gesteckt.

Es gibt noch weitere ermutigende Anzeichen. Die deutschen Juden, die gleich nach dem Beginn von Hitlers Wüten hierher kamen, sind alle wieder in Brot und Arbeit (im Textilbereich, als Kürschner, Diamantenschleifer oder Stahlarbeiter), und es geht ihnen sehr gut. Auch große Künstler gibt es hier – genug, um ein Dutzend Bühnen zu füllen. Pessimisten könnten sagen, diese betonte Fortsetzung der Alltagsroutine habe etwas Unheimliches an sich, aber zu denen gehöre ich nicht. Warum sollte ich mir über solche Dinge den Kopf zerbrechen? Ich habe genug mit meinen Proben zu tun und damit, Mama aus Enschede herauszuholen. Außerdem muss ich Ferry wissen lassen, dass ich jetzt wieder eine feste Adresse habe.

Das von Otto Dürer gepachtete Theater liegt ungefähr zehn Minuten vom Stadtzentrum entfernt an der Plantage Middenlaan Nr. 4. Es ist nach Beatrix benannt, einer der Enkelinnen von Königin Wilhelmina. Direkt gegenüber liegt ein altes katholisches Waisenhaus, und nur einen Straßenblock entfernt das nationale Einwohnermeldeamt. Auch der Zoo ist in der Nähe, und ein paar Häuser weiter liegt ein weiteres, noch größeres Theater, die Hollandsche Schouwburg. Dort tritt die etablierte Nelson-Revue auf, und sie sind uns immer eine Nasenlänge voraus. Bei uns läuft es ganz gut, aber ausverkauft sind wir nicht. An guten Tagen ist das Theater halb gefüllt, an schlechten Tagen schieben wir es auf das Wetter. Auch die Nelson-Revue ist nicht ausverkauft, aber sie geben uns die Schuld.

Halleluja! Mama darf nach Amsterdam kommen! Nachdem sich der holländische Polizeichef meine bescheidene Bitte angehört hatte, setzte er sich sofort nachdrücklich dafür ein. Als ich zum ersten Mal zu ihm ging, hatte ich noch keine Ahnung, dass er zur Widerstandsbewegung gehörte. Vielen hier ist bewusst, dass eine gut organisierte, starke Untergrundbewegung alles Mögliche tut, um die Deutschen nervös zu machen. Es wird sogar spekuliert, dass einige in hohen Ämtern sitzen, in denen sie Zugang zu den allerwichtigsten Informationen haben. Wer sind nun diese Männer und Frauen? Höchstwahrscheinlich kommen sie aus allen Gesellschaftsschichten, von den oberen Zehntausend bis zum Durchschnittsbürger. Ob sie nun als Spione oder Saboteure eigens ausgebildet sind, ob sie Geheimcodes entziffern oder geheime Dokumente abfangen, sie haben alle ein gemeinsames Ziel: Leben zu retten. Das sind meine Helden!

Die deutsche Invasion hatte uns einen österreichischen Gouverneur beschert, den Reichskommissar Arthur Seyß-Inquart, dazu die Wehrmacht, die Braunhemden und die Schwarzhemden (SA und SS), die Gestapo und wer weiß was noch alles. Alle hatten sie ein eigenes Hauptquartier, damit gleich klar wurde, wer wem was zu sagen hat. Die militärische Verteidigung wurde General Christiansen unterstellt, der auch für die Invasion zuständig war.

Unser Gestapochef hieß Blumenthal. Ein Jude konnte ohne weiteres verhaftet werden, wenn er solch einen Namen hatte. Kaltblütige, sadistische Monster wie Blumenthal spielten in Hitlers abscheulicher Terrorherrschaft eine bedeutende Rolle. Leider gab es auch eine holländische Nazipartei, die NSP. So mussten wir uns etliches merken und auseinanderhalten. Doch als ich endlich die Unterschiede kannte, war es schon zu spät. Da kam es auf Unterschiede nicht mehr an.

Gerade habe ich meinen ersten »Heil-Hitler«-Deutschen gesehen – er trieb auf einer der Grachten und war mausetot. Ein unbeugsamer Widerstandskämpfer hatte die verlockende Gelegenheit einfach nicht vorübergehen lassen können, dem Braunhemd einen Urlaubsschein für die Ewigkeit zu verpassen. Amsterdams Grachten waren der ideale Schauplatz für Tod durch Ertrinken, und dies war durchaus kein Einzelfall. Im Nebel lauerte der Widerstand, um Nazis zu packen und ins Wasser zu befördern. Inzwischen haben, wie wir gerüchteweise erfahren haben, Deutsche ohne Begleitung nach Einbruch der Dunkelheit Ausgangssperre. Sie unternehmen zwar immer noch Zechtouren, doch nur in Gruppen. Sie lassen sich voll laufen, statten den Huren im Rotlichtbezirk einen Besuch ab und tappen dann – mit ein wenig Nachhilfe seitens des Widerstands – in die nasse Falle. Am nächsten Morgen fischt man sie aus dem Wasser, wiederum in Gruppen. Sieg Heil!

Ich ziehe in ein schönes Hotel, das ich mir eigentlich nicht leisten kann. Aber was soll's, es gibt mir das Gefühl, ganz erwachsen zu sein, hier so ohne Beaufsichtigung zu wohnen – wenigstens so lange, bis Mama kommt. Schließlich bringe ich sogar in Erfahrung, wo sich Käte und Julius befinden. Es geht ihnen gut, aber Julius hat seine Arbeit bei der Canadian Pacific verloren. Sein Büro in Rotterdam existiert nicht mehr, weil die ganze Stadt nicht mehr existiert.

Herbert Nelson von der Nelson-Revue kam in eine Vorstellung, um mich anzuschauen und sich ein Urteil zu bilden, ob mein Talent und meine Fähigkeiten ein Gewinn für seine Truppe wären. Er ist acht Jahre älter als ich und sieht aus wie ein Diplomat. Er ist gebildet und kultiviert, geistreich und ein vollendeter Gentleman. Seine Liedtexte gefallen mir genauso gut wie sein Lächeln und seine klaren blauen Augen. Als die Nelsons mir den Vorschlag machen, Otto Dürers Truppe den Rücken zu kehren und zu ihnen zu kommen, sage ich schnell Ja.

Herbert und ich mochten einander. In der ersten Januarwoche des Jahres 1941, spät am Abend während der Fahrt in der letzten Straßenbahn, sagte Herbert: »Ich habe weder Geld noch Zukunftsaussichten, willst du mich heiraten?« Und ich, fasziniert davon, dass er mir so gar nichts zu bieten hatte, antwortete: »Ja.« Herbert wollte sofort heiraten, aber als wir das Aufgebot bestellen wollten, erfuhren wir, dass »sofort« schon zu spät war. Herberts Vater war hundertprozentiger Jude, seine Mutter reine Arierin. Damit war mein Verlobter jüdisch genug, dass ihm das Leben vermasselt wurde, und arisch genug, um eine Heirat mit mir unmöglich zu machen. Die Hochzeit war also abgeblasen, aber wenigstens sollte es eine Verlobung geben. Herberts Eltern war das egal, aber Mama war ein wenig enttäuscht, weil sie nun nicht bei meiner Trauung Tränen vergießen konnte.

Herbert und ich lebten kurze Zeit allein zusammen, und als wir dann eine größere Wohnung fanden, zog Mama zu uns. Mein zukünftiger Ehemann war nicht nur selbst ein außerordentlich talentierter junger Mann, sondern obendrein noch der Sohn von Rudolf Nelson, dem künstlerischen Grandseigneur, der jene Art Chansons komponierte, die anspruchsvolle Leute hören wollten, und der damit reich und berühmt geworden war. Die Nelsons stammten aus Berlin. Als Klaviervirtuose hatte Rudolf vor Kaiser Wilhelm und dem gesamten europäischen Adel gespielt. Rudolf Nelson war selber ein Star, machte aber seinerseits auch andere zu Stars. Er war der Schöpfer des intimen Kabaretts und besaß in Berlin sein eigenes Theater. Außer Marlene Dietrich sind seine Stars heute vergessen. Und doch waren sie der Spiegel eines Zeitalters, das einen glanzvollen Lebensstil voller Glamour und ohne alle Reue repräsentierte.

Als Rudolf Nelson Berlin 1933 verließ, nahm er seine Frau Käthe Erlholz, seinen Sohn Herbert und mehrere schöne Frauen mit. Er ging schnurstracks nach Amsterdam und nahm seine glamourösen Kabarettrevuen im Duschinski-Theater sofort wieder auf. Von Politik verstand er nichts. Rudolf Nelson dachte nicht einmal an Emigration, auch hielt er sich selbst nicht für einen Emigranten. Sein Aufenthalt in Amsterdam war für ihn nur ein vorübergehender Ortswechsel, und unter all den deutschen Juden dort hatte er immer noch sehr viele Fans. Jeden Nachmittag saß er, umgeben von seinen Getreuen, im Café Schiller an der Rembrandt Plein und hielt Hof. Kein einziges Mal gestattete er der Realität, in seine Welt einzudringen. Seine Sprache war die Musik, und Musik war seine Religion. Das Letzte, was ihm je in den Sinn gekommen wäre, war es, darüber nachzudenken, dass er Jude war.

Habe ich Herbert geliebt? Das muss ich wohl. Er war ein liebevoller, liebenswerter Mann. Nicht die große Leidenschaft meines Lebens, aber ich empfand eine tiefe Zuneigung zu ihm. Wir waren Freunde, wirklich gute Freunde, und er hat mich niemals im Stich gelassen.

Und Ferry? Hatte ich ihn schon vergessen? Nein, natürlich nicht. Ihn konnte ich genauso wenig vergessen, wie ich das Atmen vergaß. Man kann zwei Männer lieben – wenigstens ich konnte es. Ich wusste, das die meisten von Ferrys Briefen verloren gegangen waren, und als ich nach fast einem Jahr wieder von ihm hörte, war meine Welt bereits sehr klein geworden. Budapest und Ferry waren Millionen von Kilometern weit weg, und seine Briefe waren nur noch ein schwaches Echo aus einer fernen Vergangenheit. Mein Lebensradius war winzig geworden. Da waren nur noch Mama, Herbert und die Nelson-Revue in der Hollandsche Schouwburg.

Ich hatte mich in jeden Quadratzentimeter dieses Theaters verliebt: in die Wände, Sitze, Scheinwerfer und den zugigen Bereich hinter der Bühne. Ich konnte mir überhaupt nicht mehr vorstellen, dieses

Theater je wieder zu verlassen – meine Garderobe war mein Zuhause geworden. Sie war nicht einmal besonders gut ausgestattet, nur ein Spiegel, ein Schminktisch und ein Stuhl, aber sie war mein Reich. Mein Theater – als solches sah ich es inzwischen an – war wunderschön. Wie oft das Innere renoviert worden war, weiß ich nicht. Jedenfalls war alles hervorragend in Schuss. Die indirekte Beleuchtung unter den Marmorpaneelen verlieh ihm ein fast modernes Aussehen – ein schöner Kontrast zu den granatroten Teppichen und den bequemen Sitzen. Noch in der letzten Reihe im zweiten Rang verstand man jedes geflüsterte Wort. Kein Pfeiler nahm die Sicht, so dass man auch das kleinste Lächeln noch deutlich sah.

Das Publikum, das Wärme und Atmosphäre dieses Theaters in vollen Zügen einsog, genoss das Plaudern im Foyer, die breiten Treppenaufgänge zu den Rängen, die dekorativen Wandelräume und die dezente Eleganz. Und was für eine Bühne! Sie war sehr groß, tief und für jede Art von Aufführung bestens ausgerüstet. Es gab auch noch eine dritte Etage mit den Büros und den Magazinen für Kulissen und Kostüme. Die Garderoben lagen alle auf derselben Ebene wie die Bühne, also musste man keine Treppen steigen. Wie bei den meisten Theatern führte von der Straße aus eine lange, enge Gasse zum Bühneneingang. Doch im Gegensatz zu den meisten Häusern verfügte dieses Theater über einen kleinen, reizenden Innenhof.

Das Äußere der Schouwburg war von der Konstruktion her stark und solide. Eindrucksvolle handgemeißelte Rundbögen aus weißem Stein mit Blattornamenten und Lorbeerkranz-Verzierungen umgaben die schwarz lackierten Eingangstüren. Dadurch erhielten die strahlenden Lampen mit ihren Glasschalen über den Eingängen einen besonderen Akzent. Schlanke Säulen mit tiefen Rändern verliehen zusammen mit plastisch vorspringenden Quadraten und Dreiecken, die wie Stufen wirkten, der Fassade eine symmetrische Gestalt.

Die legendäre Geschichte der Schouwburg nahm im Sommer 1891 ihren Anfang, als durch die Plantage Middenlaan schlendernde Amsterdamer sahen, wie an der Frontseite eines großen Holzhauses eine Tafel angebracht wurde, auf der zu lesen stand, hier werde ein neues Operettentheater unter der Leitung der Herren Keef und Budermann entstehen. Gehört hatte dieses Haus dem verstorbenen Gründer des Zoos, Herrn Westermann. Diese unerwartete Nachricht war eine große Überraschung für alle und wurde sehr kontrovers aufgenommen. Denn nur wenige Schritte weiter gab es bereits zwei Operettentheater, die beide nicht gerade florierten. Warum also noch ein weiteres? Doch der äußerst ehrgeizige junge Architekt Bombach argumentierte, diese beiden Häuser seien veraltet, baufällig und nicht mehr sicher. Er bestand darauf, er werde die Schouwburg besser und solider bauen als vergleichbare Häuser in anderen Hauptstädten der Welt. Die Beharrlichkeit des Architekten zahlte sich aus. Es entstand ein geräumiges Theater mit ungefähr 750 Sitzplätzen, mit 28 Notausgängen und genügend Wasseranschlüssen, dass man im Brandfall leicht die ganze Nachbarschaft hätte unter Wasser setzen können. Dabei setzte er nur holländische Arbeiter und holländisches Kapital ein. Am 5. Mai 1892 wurde die Schouwburg unter großen Feierlichkeiten und zum noch größeren Stolz der Nation eröffnet. Der großzügige Bombach schenkte der Stadt Amsterdam sein Theater.

Bei der Premiere jubelte man: »Dieser Tempel ist für die Ewigkeit errichtet! Ganz gleich, was sonst noch fällt oder vergeht, die Schouwburg bleibt bestehen!« Theatertruppen aus ganz Europa kamen, um hier zu gastieren, die größten und die besten. Weil sich das Theater im Lauf der Jahre zu einer Art Nationaldenkmal entwickelt hatte, wurde der Name in Hollandsche Schouwburg (Holländisches Theater) geändert. Die auf dieser Bühne gesprochenen Sprachen waren jedoch so vielfältig wie das Repertoire: leichte Opern und Komödien, griechische Tragödien, selbst das berühmte russische Kabarett *Der blaue Vogel* aus Berlin – all das war in der Schouwburg zu sehen. Und als die große Sarah Bernhardt 1923, kurz vor ihrem Tod, hier ihre bewegende Abschiedsvorstellung gab, hatte das Haus seinen Ehrentitel »Tempel der Kunst« mehr als verdient.

Der Ruhm dieses Tempels dauerte nur ein halbes Jahrhundert, seine Geschichte allerdings wesentlich länger. 1941 wurde das Haus in Joodsche Schouwburg umbenannt – Jüdisches Theater. Und sogar als draußen vor den schweren Eingangstüren bereits der Krieg tobte und der Feind uns Tag und Nacht mit Argusaugen bewachte, sangen die Juden darin noch einige ungewisse Jahre lang ihre Lieder voller Hoffnung.

3.

Irgendwo in Amsterdam verstauben in Zeitungsarchiven vergilbte Artikel über das Jüdische Theater. Auch im Stadtarchiv setzen säuberlich geordnete Dokumente und Statistiken Staub an. Touristen gehen bei ihrer Besichtigung des Anne-Frank-Hauses mehr oder weniger achtlos an einigen ausgestellten Theaterprogrammen vorbei. »Joodsche Schouwburg« steht darüber, und das Datum lautet Oktober 1941 – siebzehn Monate nach der deutschen Invasion.

Anhand der historischen Unterlagen dieses Theaters mit seinen verblüffenden Wandlungen lassen sich die Ereignisse Jahrzehnte später nur spärlich und bestensfalls undeutlich verfolgen. Was sich allerdings hinter all diesen Statistiken verbirgt, die phänomenale Geschichte der Joodschen Schouwburg, ist bisher noch niemals erzählt worden: die Geschichte eines Theaters, das für viele Menschen zur Falle wurde.

Vielleicht möchten Sie mich auf meine Reise in das Jahr 1941 begleiten? Ich wünsche mir so sehr, die Türen dieses einst stolzen Tempels aufzuschließen und Sie hineinzuführen. Ich leihe Ihnen meine Augen und meine Ohren, so dass Sie sehen können, was ich sah, und hören können, was ich hörte. Mein Herz kann ich Ihnen nicht leihen, denn es blutet noch immer; auch meine Seele nicht, die allzu vernarbt ist, wenn auch frei. Und doch werden Sie Zeugen eines Schauspiels, wie es kein zweites gab, und das in einem Theater, wie es kein zweites gab. Sie werden es als Zufluchtsstätte erleben, voller Geister, die glücklich und frohgemut feiern. Sie werden es als Käfig erleben, voll von tausenden von Menschen, die innerhalb seiner klagenden Mauern gefangen sind. Aber weinen Sie nicht, denn dort wurden schon viel zu viele Kelche voller Kummer und Leid verschüttet. Für noch mehr ist dort kein Platz.

Gehen Sie nicht, es ist noch nicht vorbei. Jetzt sind Sie schon so weit gegangen, bleiben Sie doch bei mir, bis zum Ende. Und jetzt, nachdem ich Ihnen eine Vorschau gezeigt habe, nehmen Sie bitte Platz und sehen Sie den Vorhang aufgehen … und wieder fallen …

1941 war ein gutes Jahr für jugoslawischen Wein, für russischen Kaviar – und für jüdische Schauspieler in Amsterdam. Im Frühjahr 1941 verleibte sich das Dritte Reich Jugoslawien ein und biss sich ein Stück aus Russland heraus – das jetzt nicht mehr sein freundlicher Verbündeter war –, doch der Schouwburg konnte das zunächst nichts anhaben. Im Gegenteil, uns ging es mit unserem Theater richtig gut. Wir erbten nicht nur weitere gestandene Akteure, sondern auch viel Geld – dank Herrn Van Leer, einem wohlhabenden Unternehmer und bekannten Mäzen der Künste. Die Van-Leer-Stiftung bewilligte uns etliche Zuschüsse, und Van Leer stellte nur eine Bedingung: die Hälfte des Ensembles müsse aus Holländern bestehen. Vorstand der Stiftung war kein Holländer, sondern ein Dr. Levie, ein deutscher Jude. Sein Büro im dritten Stock des Theaters war zugleich das Stiftungshauptquartier. Und nicht nur als Verwalter leistete er hervorragende Arbeit, sondern auch als Schiedsrichter zwischen Rudolf Nelson und dem neu engagierten holländischen Star Henriette Davids. Sowohl Rudolf als auch Henriette wollten nämlich die künstlerische Leitung des Hauses, und sie konnten einander nicht ausstehen. Henriette verachtete Rudolf Nelson, weil er Deutscher und ein Snob war. Er seinerseits fand sie geschmacklos und vulgär und war überzeugt, ihr ungeschliffener Slapstick-Humor passe nicht in sein anspruchsvolles Kabarettprogramm. Sogar als um sie herum die Welt im Chaos versank, konnten beide an nichts anderes denken als daran, wer an erster Stelle auf Plakaten und Programmzetteln genannt werden müsse und wer bei der Produktion das letzte Wort haben solle.

Henriette hatte bei den Massen ungeheuren Erfolg. Sie kam aus der Amsterdamer Gosse und wusste genau, was der Mann von der Straße hören wollte und worüber er lachte. Die liebe Henriette war eine komische Königin des Varieté mit frechem Mundwerk, genauso tyrannisch wie Nelson und genauso stur. Sie war nur knapp 1,50 Meter groß, hatte kurze, dicke Beine und verkrüppelte Füße. Wenn Henriette lächelte, kamen zwei Reihen grauer Zahnstümpfe zum Vorschein. Und das war noch nicht alles. Als ich einmal unangemeldet in ihre Garderobe platzte, machte ich die unangenehme Entdeckung, dass sie völlig kahl war. Henriette trug Perücken, aber nicht, weil sie orthodox war, sondern einfach, weil sie kahlköpfig war. Trotzdem brauchte Henriette kein Mitleid. Sie war reich und berühmt. Auf ihre Weise immens talentiert, setzte sie ihr unmögliches körperliches Erscheinungsbild ganz gezielt ein.

Während der geduldige Dr. Levie versuchte, einen Waffenstillstand zwischen den beiden Altstars drinnen in der Schouwburg auszuhandeln, schickten draußen die Nazis ihr Fußvolk mit großen Plakaten durch die ganze Stadt. Überall an Zeitungskiosken, öffentlichen Gebäuden, Museen, in Parks und kleinen Cafés – kurz, an allem, was sich nicht bewegte – wurde ihre neueste Anordnung angebracht. Und für diejenigen, die kein Deutsch lesen konnten oder wollten, posaunten es Lautsprecher in allen Straßen aus:

ACHTUNG! GILT AB SOFORT!
Umgehend sind alle im Unterhaltungsgewerbe
beschäftigten Juden zu entlassen!
Juden ist es verboten, Theater, Konzerte oder
Lichtspielhäuser zu besuchen!

WARNUNG:
Wer sich dieser Anordnung widersetzt, wird verhaftet!

Diese Nachricht erreichte unser Theater mitten in einer Probe. Ich arbeitete gerade an einem neuen dramatischen Chanson, der *Legende vom unbekannten Soldaten*. Der Text war passend für die Zeit: »Wofür hast du gekämpft ... wofür bist du gestorben ... keiner schert sich einen Dreck darum ... keiner kennt deinen Namen ...« Und so war ich viel zu beschäftigt, um die Proteste und Flüche meiner Kollegen zu hören. Irgendwer stieß mich vom Klavier weg und brüllte mir ins Ohr: »Wir sind erledigt!« Ich brauchte ein paar Minuten, bis mir langsam dämmerte, dass sich gerade etwas Dramatischeres ereignete als die *Legende vom unbekannten Soldaten*.

Schließlich kam Dr. Levie auf die Bühne und bat uns, Ruhe zu bewahren. »Nehmen Sie sich zusammen!« Er sagte, wir sollten uns gedulden und auf seine Rückkehr warten. Es war um die Mittagszeit, als er ging. Obwohl wir nicht weiter darüber redeten, hatten wir zweifellos alle denselben Gedanken: ›Was sollen wir jetzt machen?‹

Es war schon früher Abend, als Dr. Levie wieder zurückkam. »Ich habe gute Neuigkeiten. Die Deutschen haben genehmigt, dass wir die Hollandsche Schouwburg weiter behalten. Von jetzt an wird dies ein jüdisches Theater sein, und Sie werden nur noch vor jüdischem Publikum spielen. Haben Sie mich verstanden? Wir haben es geschafft! Das Theater gehört uns!«

Aus dem Nichts waren plötzlich Champagnerflaschen und Gläser zur Hand. Die Korken knallten, die Gläser wurden gefüllt, und wir stießen miteinander auf die Schouwburg an. »Lechaim!« Wir umarmten und küssten uns, wir tranken Champagner, sangen, tanzten und riefen in einem fort: »Lechaim! Lechaim!«

Wir fragten nie und erfuhren auch nie, wie Dr. Levie das zuwege gebracht hatte. Hatte er etwa die prestigeträchtige Van-Leer-Stiftung als diplomatische Waffe eingesetzt, oder hatte er andere Kanäle auftun können? Aber im Grunde brauchten wir nur eine Bestätigung, das war alles. Stimmte es denn wirklich? Ja, es stimmte.

Später dachte ich weit weniger emotional über all das nach. Es kam mir in den Sinn, dass die Deutschen vielleicht ihre ganz eigenen Gründe dafür hatten, uns das Theater zu lassen. Soweit ich sehen konnte, hatte dies wenig mit Dr. Levie oder der Stiftung zu tun, dafür aber umso mehr mit der Lage der Schouwburg. Irgendwie waren die Nazis davon überzeugt, dass unser Tempel genau in der Mitte des jüdischen Ghettos stand. Wenn dort ohnehin weitgehend jüdische Schauspieler auftraten und wenn sich in der Nähe schon vor langer Zeit jüdische Ladenbesitzer niedergelassen hatten, wieso sollte man uns dann nicht alle da drüben zusammenhalten? »Da drüben« – zehn Minuten mit der Straßenbahn vom Stadtzentrum und von den sauberen, netten Bürgern entfernt. Ein ideales Ghetto – nur dass es so etwas in Amsterdam gar nicht gab, und schon gar nicht hier. Schließlich befand sich direkt gegenüber auf der anderen Straßenseite ein katholisches Waisenhaus, und auch die Tiere im Zoo passten nicht in dieses Schema, es sei denn, die schönen Giraffen und all die Affen seien Juden gewesen. Und ganz bestimmt weiß ich, dass in der Kneipe ein paar Häuser weiter – deren Besitzer gute Holländer waren, die regelmäßig in die Kirche gingen – keine koscheren Drinks zu haben waren!

Ironischerweise setzte die Entscheidung der Deutschen, uns das Theater zu belassen, der Fehde zwischen Rudolf Nelson und Henriette Davids ein Ende. Sie legten die Boxhandschuhe beiseite, gaben sich erstmals die Hand und einigten sich fröhlich, dass sie in Zukunft als künstlerische Leiter gemeinsam oben auf dem Programmzettel stehen wollten. Masseltov! Na denn viel Glück!

Den ganzen Sommer lang klopft ein endloser Strom von Künstlern bei Dr. Levie an die Tür. Dank der Deutschen haben wir jetzt das halbe Symphonieorchester bei uns im Theater, samt Solisten und dem Dirigenten, außerdem Ballerinen, Choreographen und die besten Bühnen- und Kostümbildner. Grenzenlos nun das Unterhaltungsprogramm, das wir bieten. Grenzenlos nun das Staraufgebot, das unserer Bühne Glanz verleiht. Wir können zaubern, unser Publikum verzaubern. Die Leute kommen mit solcher Begeisterung zu uns, dass sie uns inspirieren, uns ständig in Höchstform zu zeigen. Ungeachtet der Jahreszeit verwandeln unsere Zuschauer die Bühne in einen botanischen Garten. Wenn ich zum Applaus vor den Vorhang trete, umgibt mich ein Blumenmeer, dessen Duft ich einatme. Wenn ich dann wieder in der Garderobe bin, lese ich die kleinen, an die Sträuße gehefteten Kärtchen: »Danke, dass Sie uns die dunklen Tage aufhellen ... Solange wir Sie und die Schouwburg haben, werden wir nicht verzweifeln ...«

Alle unsere Vorstellungen sind ausverkauft. Und wenn das Theater dreimal so groß wäre, würde kein Sitz frei bleiben. Dank Dr. Levies perfekter Koordination ist die Spannbreite unserer Aufführungen enorm. Unser Publikum überhäuft uns mit Geschenken. Textilfabrikanten spenden edle Stoffe für die Gewänder, Kürschner schicken Pelze, und dank der Lederfabrikanten bekommen wir mehr als genug handgefertigte Schuhe und Taschen. Sogar meine Unterwäsche wird eigens für mich hergestellt – aus Crêpe de Chine, Satin und Seide. Ich muss überhaupt nichts mehr kaufen. So verrückt und paradox es ist, ich kann gar nicht anders, ich komme mir sehr reich vor. Bedauerlich ist eigentlich nur, dass ich nicht mehr dramatische Rollen bekomme. Kaum etwas Ernsthaftes wird mir angeboten. Ein oder zwei wehmütige Chansons, ein ruhiges Schlaflied, aber nichts, was gar zu traurig oder gar zu schwer wäre. Dr. Levie sagt, davon gebe es außerhalb des Theaters schon genug. Hier drinnen solle es nur Schönes geben, ohne politische Anspielungen ...

Ein großer, hagerer Nazi kommt jetzt jeden Abend und sieht uns zu. Er sitzt in der ersten Loge links von der Bühne und horcht aufmerksam auf jedes Wort. Aber wir haben viele holländische Chansons und Sketche in unseren Programmen, die er nicht versteht. Abend für Abend sitzt er steif wie ein Brett und ausdruckslos da. Es muss seine

Schuld sein, dass unsere Texte und Spielvorlagen jetzt zensiert werden. Plötzlich muss jedes einzelne Wort von der deutschen Intelligenz abgesegnet werden. Wörter wie »blond«, »blauäugig« und »hinreißend« werden gestrichen beziehungsweise geschwärzt. Denn Juden, so sagt die Herrenrasse, sind niemals blond, sind niemals blauäugig, und auch hinreißend dürfen sie nicht sein. Wir lachen über diese Torheit, und wir lachen über Henriette Davids, die den Deutschen anonym ihre blonden Perücken geschickt hat. Trotzdem ist die Sache natürlich ein Ärgernis. Doch solange die Presse – natürlich nur jüdische Blätter – weiterhin unser Loblied singt, solange unser Publikum weiter mit Mund-zu-Mund-Propaganda für uns wirbt, was soll's?

Die Nachfrage nach Karten ist so groß, dass schon im Oktober eine ganze Rolle mit Eintrittskarten auf dem Schwarzmarkt verkauft wird. Ich weiß nicht, wer sie verkauft, aber wer sie kauft, weiß ich sehr wohl, unsere nichtjüdischen Freunde. Auf dem Schwarzmarkt ist der Preis für einen Abend in der Schouwburg astronomisch hoch, doch das macht unseren Freunden nichts aus. Wir behalten das Geld nicht, es kommt alles dem Untergrund oder bedürftigen jüdischen Familien zugute. Natürlich finden wir diese heimlichen Besuche bei uns sehr aufregend, so aufregend deshalb, weil wir sehen, dass uns diese guten Leute nicht im Stich lassen.

Dass hier auch die Gerüchteküchen Hochkonjunktur haben, ist nicht verwunderlich. Ob in Cafés oder bei Freunden zu Hause, es gibt immer Leute, die etwas wissen, was andere noch nicht gehört haben. Gerade als ich für mich beschlossen habe, mir all das nicht mehr anzuhören, verkünden die Deutschen, dass der Führer Radios will. Unsere Radios! Alle Juden müssen ihre Geräte abliefern. Jetzt kann ich die BBC-Programme nicht mehr hören. Natürlich könnte ich zu Nachbarn gehen, sie haben mich eingeladen, aber das ist für sie und für mich zu riskant.

Ein paar Wochen darauf, immer noch im Oktober 1941, geben die Deutschen eine erstaunliche Erklärung heraus: Österreich gehört jetzt zu Deutschland, und die Österreicher sind jetzt Deutsche! Das heißt, dass ich meinen Pass jetzt in den Wind schreiben kann, das heißt, dass jetzt deutsche Pässe ausgegeben werden – an alle Arier. Ich werde, wie andere ausländische Juden, für unerwünscht erklärt, wodurch wir automatisch unsere Staatsbürgerschaft verlieren. Das ist mir, offen gesagt, völlig egal. Meine Heimat habe ich sowieso schon längst verloren. Doch Mama ist furchtbar wütend. Sie besteht nun darauf, dass sie Ungarin sei – als ob das irgendjemanden interessierte. Herbert muss seinen Pass ebenfalls abgeben, aber er bekommt ihn zurück. Rudolf Nelson dagegen nicht, wohl aber seine Frau. Offensichtlich wissen die Nazis immer noch nicht genau, wie sie sich im Fall von Mischehen verhalten sollen, also weiß ich auch nicht, wie es mit meiner Schwester Käte und ihrem katholischen Mann steht.

Wir, die Unerwünschten, müssen mit einer Ausweiskarte vorlieb nehmen, mit Foto und einem dicken, fetten »J« für »Jude«. Das Innenministerium liebt den Namen Sara so sehr, dass man ihn großzügig an alle jüdischen Frauen vergibt. Er wird allen Jüdinnen auf die Ausweiskarte gedruckt, damit sie ihn auch ja nicht vergessen. Ich heiße jetzt also Sara … und als mein Heimatland ist Deutschland angegeben, nicht Österreich, was mich nun zur unerwünschten Deutschen, statt zur unerwünschten Österreicherin macht. Soll das nun besser sein? Sie sagen uns, dass wir den Judenausweis immer bei uns tragen müssen. Manche Flüchtlinge bezeichnen das als böses Omen und reden davon, dass sich düstere Wolken am Horizont zusammenballen. Ich weiß nicht – das Klima verändert sich in der Tat. Seit kurzem hat sich die Luft merklich abgekühlt. Hitlerkühle …

Früher war der Dezember einer meiner Lieblingsmonate. Heute nicht mehr. Die Zukunft ist so schrecklich ungewiss geworden – ein schwarzes, versiegeltes Buch mit einem Hakenkreuz darauf. Ich würde mir gern Zeit für nostalgische Rückblicke nehmen, eine Zeit lang ganz still sein, um meinen Erinnerungen nachzuhängen, um an Papa zu denken, an Ferry. Denn ich will nicht alles vergessen, was in den vergangenen Jahren gut war. Aber ich bringe es einfach nicht fertig. Es passiert einfach zuviel.

Hitler hat den Vereinigten Staaten den Krieg erklärt. Und es gibt noch eine andere wichtige Nachricht aus der weiten Welt: Pearl Harbor! Irgendwo am anderen Ende der Erde, auf einer wunderschönen Insel, wo der Schatten von Palmen Schutz vor der Gluthitze des Tages bietet, haben die Japaner etliche Schiffe versenkt und dabei zahlreiche amerikanische Soldaten getötet. Dabei hatte ich immer geglaubt, Japaner seien sanfte, höfliche Menschen, die gern in Häusern aus

Reispapier inmitten ruhiger Gärten mit Lilienteichen und Bonsaibäumchen wohnen.

Es scheint etwas eitel und gefühllos zu sein, sich zu einer Zeit, da die Amerikaner um ihre Söhne trauern, Sorgen um den eigenen Schmuck zu machen. Doch seit der Sache mit den Radios müssen wir uns ernsthafte Gedanken um unsere Wertsachen machen. Sollten wir sie verstecken? Natürlich wollen wir nichts verlieren. Außerdem besteht die Möglichkeit, dass Lebensmittel knapp werden, und dann brauchen wir etwas zum Tauschen. Ich will einfach nicht, dass irgendein Hehler an meinen schönen Klunkern viel verdient. Alles, was Mama noch besitzt, sind entweder Erbstücke oder Geschenke von Papa – davon wird sie sich nie trennen.

Eine Woche vor Weihnachten lösen die tüchtigen Nazis auch dieses Problem für uns. Reich und festlich ist ihre Weihnachtszeit – dank der lieben Juden, die einen solch stattlichen Beitrag dazu geleistet haben. Stattlich schon, aber nicht vollständig. Vieles ist immer noch versteckt, und was wir nicht zu verstecken wagen, vertrauen wir Freunden an. Mein freiwilliges Opfer ist gering. Eine gute Freundin wird meinen Schmuck für mich aufbewahren. Nur ein Weilchen – bis die Amerikaner kommen. Und das kann doch nicht mehr lange dauern, oder?

Und noch eine Anordnung, noch ein Verbot: Juden haben keinen Zugang mehr zu Restaurants, Cafés und Bibliotheken! Sie beschneiden uns unseren Lebensraum, unsere Bewegungsfreiheit.

Die Kirchenglocken läuten das alte Jahr aus und das neue ein, und Dr. Levie hält eine Neujahrsansprache an unser Publikum. Die Joodsche Schouwburg wird nicht mehr beheizt. Unsere Kohlenrationen sind schon aufgebraucht.

Ich rede mir ein, dass die holländischen Winter ja nicht so schlimm seien. Irgendwie glaube ich, dass die Schouwburg uns Schutz bieten wird. Ihr Dach ist wie Mutters Decke: groß genug, um alle Kinder warm zu halten. Ich weiß nicht, ob Architekt Bombach noch lebt, aber ich bin sicher, dass er die Joodsche Schouwburg für uns gebaut hat.

Der Winternebel ist düster und bedrückend. Die Straßen sind nur spärlich erleuchtet. Ich mache lange Spaziergänge und lasse die

Feuchtigkeit meine Gesichtshaut reinigen. Manchmal halte ich an, sehe in den frostigen Himmel und warte – warte darauf, dass die amerikanischen Flugzeuge kommen. Ich möchte dabei sein, wenn sie landen. Ich möchte die Erste sein, die »Danke!« sagt – auf Englisch natürlich. »Thank you!« Aber sie kommen nicht. Worauf warten sie denn noch? Wann immer ich an einem Café vorbeikomme, presse ich mein Gesicht an die Scheiben und starre die Leute an, die drinnen sitzen. Unterscheiden sie sich denn so sehr von mir? Meine Füße sind nass. Ich würde ja so gern hineingehen, eine heiße Schokolade trinken und mich ein wenig ausruhen. Vielleicht nächstes Jahr. Vielleicht sitzt nächstes Jahr auch der hagere Nazi nicht mehr bei uns im Theater. Vielleicht hat dann ein gut aussehender Amerikaner seinen Platz eingenommen und lächelt mir zu.

Februar: Wir, die Unerwünschten, dürfen keinen Umgang mehr mit den Erwünschten haben. Wir dürfen nicht zu ihnen nach Hause und sie nicht zu uns. Wir dürfen nicht einmal mehr miteinander reden oder einander grüßen, wenn wir uns auf der Straße begegnen. Die holländischen Juden wollen immer noch nicht glauben, dass all diese Verbote auch für sie gelten, und unsere arischen Freunde ignorieren die Erpressungsversuche der Deutschen vollkommen. Sie kommen weiterhin in unser Theater, auch wenn das bedeutet, dass sie sich eine jüdische Ausweiskarte borgen müssen. Sie kommen auch nicht mehr nur, um unsere Vorstellungen zu sehen, sondern um uns ihrer Solidarität zu versichern, ihre Freundschaft wortlos zu bestätigen. Kein einziges Mal habe ich durch den Vorhang gespäht, ohne vertraute nichtjüdische Gesichter zu entdecken.

Unsere Kameraden in Industrie und Handwerk dürfen jetzt nicht mehr für sich selbst arbeiten. Das Dritte Reich hat Aufpasser geschickt, die auf sie und ihre Waren aufpassen sollen. In Fabriken und Werkstätten stolzieren jetzt Nazis herum. Für die Deutschen ist das ein gewinnbringendes Geschäft. Sie behalten die Waren, und die Juden machen die Arbeit. So was nennt man »Besitzergreifung«. Was könnte ergreifender sein? Man sagt, dass sie auch von vielen alten Meistern aus dem Rijksmuseum »Besitz ergriffen« haben.

März: Der Nervenkrieg geht weiter, und sie benutzen wieder die Lautsprecher. Jüdische Bildhauer und Maler dürfen ihre Werke nicht mehr in öffentlichen Galerien ausstellen. Die Künstler verlieren Ausstellungsmöglichkeiten und Kunden, nicht aber ihren Humor. In unserer Wochenzeitung erscheint eine ganzseitige Anzeige: »VERLOREN: Wände, um meine Bilder aufzuhängen. VERLOREN: Ausstellungsfläche für meine Skulpturen.« Dr. Levie schaltet eine Anzeige, die direkt darauf antwortet: »GEFUNDEN: Jüdische Wände zum Bilderaufhängen. GEFUNDEN: Jüdische Ausstellungsflächen für Ihre Skulpturen. Kommen Sie in die Joodsche Schouwburg.«

Jetzt haben wir also eine Kunstgalerie! Jetzt sind wir ein echtes Kulturzentrum – mit Symphonien, Konzerten, Operetten, Kabarett, Ballett und Kunstausstellungen. Und ist das etwa schon alles? Nein, denn unsere Leute brauchen ja auch einen Treffpunkt. Wohin sollen sie gehen, wenn alle anderen öffentlichen Einrichtungen für sie verboten sind? Natürlich in die Joodsche Schouwburg!

Die Wandelhalle im ersten Stock wird zum Café umfunktioniert, und unsere treuen Besucher kommen in Scharen durch die einzigen Türen, die ihnen noch offenstehen. In der Eingangshalle stellen wir ein Schild auf: »Gesellschaftsräume – nur für jüdische Club-Mitglieder – täglich 10 bis 13 Uhr und 15 bis 17 Uhr.« Im besten Sonntagsstaat drängen sich erwartungsfrohe Menschen im Treppenhaus und warten darauf, dass ein Tisch frei wird.

April: Wir schreiben den 1. April, aber was die Hitlerleute verkünden, ist kein Aprilscherz. Juden dürfen nicht mehr im Rathaus heiraten. Wohin können sie jetzt noch gehen, da die Synagogen geschlossen sind, die Thora verborgen und der Rabbi seines Tempels beraubt ist? Nur noch in die Joodsche Schouwburg. Wir haben ein kleines Vorzimmer direkt neben den Gesellschaftsräumen, das als Hochzeitskapelle bestens geeignet ist. Während wir im Theater unsere Stücke durchgehen und während Beleuchtungsproben stattfinden, während neue Gemälde mit Schildern versehen, Teppichböden gesaugt und Sitze abgestaubt werden, sprechen zahlreiche errötende Bräute und deren Bräutigame ihr Hochzeitsgelübde und hören die Worte: »... in guten wie in schlechten Tagen, ... bis dass der Tod euch scheide«.

Mai: Der Frühling ist da. Ich habe den Winter überstanden, ohne mir eine Lungenentzündung zu holen. Meine ganze Garderobe steht voll gelber Narzissen. Nicht gerade meine Lieblingsfarbe, aber die Deutschen scheinen sie zu mögen. Die giftige Grammophonnadel ist wieder in Aktion.

Alle Juden müssen nun einen gelben Davidstern tragen. Juden, die ohne Stern angetroffen werden, werden verhaftet. Der Stern muss gut sichtbar links über der Brust auf die Kleidung aufgenäht sein – nur wenige Zentimeter vom Herzen entfernt. Ich habe eine ganze Schublade voll von diesen gelben Flicken, dieser Davidsterne, aber ich kann mich nicht überwinden, der Schneiderin den Auftrag zu geben, die Sterne aufzunähen. Mama flucht auf Ungarisch. Herbert schüttelt unentwegt den Kopf, und Rudolf Nelson hat noch immer nicht mitbekommen, was gespielt wird.

Sie begnügen sich nicht mehr damit, uns einfach ein Radio oder einen schönen Ring wegzunehmen. Sie etikettieren uns, nehmen uns unsere Würde. Ich komme mir vor, als stünde ich auf dem Marktplatz am Pranger, während alle mit Fingern auf mich zeigen und schreien: »Sie ist Jüdin … Sie ist Jüdin … Rührt sie nicht an, sie ist eine Aussätzige.« Nein ich trage den Judenstern nicht. Ich will einfach nicht. Ich hasse sie!

Dr. Levie sagt: »Bloß keine schlafenden Hunde wecken. Bloß nichts tun, was dazu führen könnte, dass wir die Schouwburg verlieren. Nur schön ruhig bleiben.« Der gute Dr. Levie. Immer nur um unser Theater sorgt er sich. Will alles tun, um es zu retten. »Bitte trag deinen gelben Stern«, fleht er mich an. »Trag ihn!«

Mit den Taschen voll gelber Stofffetzen höre ich mir ein Nachmittagskonzert an. Und denke ständig daran, dass ich nicht einmal wusste, dass ich Jüdin bin, bis ich sieben war. Und auch dann hatte das keinerlei Bedeutung für mich. Bis heute habe ich keine Synagoge von innen gesehen. Hitler hat mich zur Jüdin gemacht.

Vor der Abendvorstellung ist noch eine Durchlaufprobe angesetzt. Ich bin furchtbar schlecht gelaunt, und Henriette Davids kommt zu spät. Dadurch hellt sich meine Stimmung ein wenig auf. Jetzt wird keine Zeit mehr sein, diese gelben Flicken zur Schneiderin zu bringen. Die anderen sehen unentwegt auf die Uhr – ein sicheres Zeichen, dass sie sich Sorgen machen. Henriette kommt sonst nie zu spät.

Vielleicht ist sie verhaftet worden: Sie hat eine derart spitze Zunge und nimmt kein Blatt vor den Mund.

Eine halbe Stunde später watschelt sie herein und kann sich vor Lachen kaum halten. »Das müsst ihr gesehen haben! Alle Amsterdamer tragen Judensterne. Nein, nicht die Juden, die anderen. Ich habe zwei Hochschwangere gesehen, die den Stern auf ihren dicken Bauch geheftet hatten, und einen Pudel, der den Stern stolz an seinem Schwanz spazieren führt!« Henriette ist vor Aufregung außer sich, sie schlägt sich auf die Schenkel, schreit und hopst herum. Ich glaube, sie bekommt gleich einen Anfall. »Schnell, kommt doch«, ruft sie. Sie winkt uns zur Tür und stürmt auf ihren kleinen, verkrüppelten Füßen voran.

Noch ehe Henriette die Straßenecke erreicht, heben und senken sich ihre unförmigen Arme, und sie schreit aus Leibeskräften: »Ik hou van jou ... Ik hou van jou« ... Ich liebe euch! Damit meint sie bestimmt ihr Heimatland und all diese tapferen Holländer. Wohin ich auch sehe, alle tragen den Davidstern. Sie singen und tanzen auf den Straßen, als sei der immer noch nicht absehbare D-Day, der Tag der amerikanischen Invasion, schon da. Diese Fremden haben aus der geplanten Demütigung von uns Juden ein Volksfest gemacht. Die Deutschen müssen fuchsteufelswild sein. Sie werden sich rächen, da bin ich mir ganz sicher. Doch nichts geschieht, niemand wird verhaftet.

An diesem Abend spielt das Orchester die holländische Nationalhymne und dann die *Hatikwa*, die Hymne der Juden. Es ist das erste Mal, und die Zuschauer sind ganz aus dem Häuschen. Sie tanzen auf den Gängen, klatschen in die Hände und singen, sie singen mit der Urgewalt eines ungezähmten Flusses. Gefühlvoll, feurig, leidenschaftlich. Ich bekomme eine Gänsehaut. Ich glaube, eine solche Jubelfeier hat dieses Theater noch nicht erlebt.

Es dauert eine ganze Weile, bis es wieder ruhig geworden ist und Dr. Levie seine Ansprache halten kann. Gefasst und voller Würde dankt er den Amsterdamern für ihre Unterstützung, und dann erklärt er, wir könnten uns glücklich schätzen, dass wir hier lebten und nicht in Deutschland, wo niemand einen Finger krümme, um den Juden zu helfen.

Die tapferen Holländer haben den gelben Stern nur einen Tag lang getragen, aber sie haben ihre Haltung unmissverständlich zum Ausdruck gebracht. Ich wenigstens habe ihre große Geste immer in Erinnerung behalten. Jetzt haben sie den Stern wieder abgenommen, wir haben ihn angenäht – und damit ist die Normalität wieder eingekehrt.

Amsterdam ist herrlich im Mai. Meine Augen ergötzen sich an den abertausenden von Blumen. Ich mag die milde, sanfte Jahreszeit. Die Gartenmöbel stehen bereit für die Gäste der Straßencafés – für diejenigen, die öffentliche Einrichtungen noch besuchen dürfen. Die Straßenverkäufer haben ihre Winterkleidung abgelegt und verkaufen frischen Aal und Hering, wie sie es schon seit frühester Jugend getan haben, wie auch ihre Väter und die ganzen Generationen vor ihnen. Fast könnte man glauben, dass die Bösen gar nicht mehr unter uns sind. Ich sitze gern auf der Parkbank und lasse mir die Sonne auf den Rücken scheinen. Ich sehe so gern, wie sich die Blüten öffnen, wie sie sich nach dem Licht strecken, wie winzige Babyfingerchen. Doch diese warmen, sonnendurchfluteten Augenblicke vergehen viel zu schnell. Sie verblassen zu dunstigem Nebel, während der schwarze Atem des Feindes den jungen, reinen Frühling vertreibt.

Jetzt müssen wir den Davidstern auch auf der Bühne tragen. An unseren Kostümen, auf Abendkleidern, Fräcken, Nachthemden und Ballettröckchen.

Sommer 1942: Juden dürfen nicht in Parks sitzen. Juden dürfen nicht auf den Straßen zusammenstehen. Juden dürfen sich nicht in Häusern versammeln. Juden dürfen nicht! Dürfen nicht! Dürfen nicht! Achtung … Warnung … Verboten …

Ich trage eine Fessel um den Hals, die mir langsam die Luft abschnürt. Aber so ist das nun einmal in der Stadt der Verbote. Was würde ich nur ohne die Schouwburg tun?

Käte ist da. Sie hat einen Tagespassierschein bekommen und will einen Arzt aufsuchen. Krank ist sie nicht, aber sie hat den Glanz aus den Augen verloren, ihr Gesicht ist ohne alle Farbe. Mama sagt, Käte habe es sehr schwer in dem gottverlassenen Nest, in das man sie gesteckt hat. Die Wohnverhältnisse sind sehr beengt, sie hat nicht einmal eine eigene Küche. Wenn sie etwas kochen will, muss sie ein Brett über die Badewanne legen und darauf einen Gaskocher mit zwei Flammen stellen. Ich bin sicher, dass sie sich elend und einsam fühlt, und ich weiß nicht einmal, wovon Julius und sie leben. Und doch will Käte trotz all dieser Unsicherheit ein Baby. Deshalb ist sie gekommen.

Käte ist froh, dass sie uns besuchen kann, aber ich spüre, dass sie mit so mancherlei Ängsten zu kämpfen hat. Das kommt von den vielen erfolglosen Arztbesuchen. Als sie jetzt von einem neuen Spezialisten zurückkommt, sieht sie sogar noch schlechter aus. Käte weint. Seltsam, ich habe sie noch nie weinen sehen. Ich versuche, mir etwas einfallen zu lassen, das sie aufmuntern könnte. Dann die Idee … Fannie. Natürlich, das ist es.

»Hör mal, Käte, wie wär's, wenn ich dich mit einer tollen Wahrsagerin bekannt mache? Sie legt Karten, aber nicht für Geld, und immer nur, wenn die Geister mit ihr sind. Sie heißt Fannie, und sie ist wirklich sehr nett.«

Käte sieht mich an, als hätte ich mir Fannie gerade eben erst ausgedacht, aber ich sehe, wie meine Schwester hellhörig wird und ein wenig auflebt. Schnell nehme ich dieses ermutigende Zeichen auf und erzähle ihr von den übersinnlichen Kräften dieser Frau. Natürlich erzähle ich ihr nicht alles. Das würde ich bei ihrem depressiven Zustand nicht riskieren. Ich verschweige ihr, dass meine Zukunft, als Fannie mir vor einem Jahr die Karten legte, reichlich bescheiden aussah. Ihre Prophezeiung lautete, dass ich auf eine lange, lange Reise gehen würde, dass ich ewig nicht zurückkehren und dass mir unterwegs unvorstellbar Schlimmes widerfahren würde. Und obwohl sie schwor, am Ende werde für mich alles gut ausgehen, hatte sie sich furchtbar aufgeregt und wurde ganz krank. Ich dachte immer wieder: ›Kein Wunder, dass sie kein Geld nimmt, solche Aussichten würden selbst eine Zwiebel zum Weinen bringen.‹ Das Schlimmste war, dass Fannie wirklich glaubte, was sie mir prophezeite. Das Beste war, ich glaubte es nicht. Wie sollte ich denn auf eine lange Reise gehen, wenn ich nicht einmal die Stadt verlassen durfte? Wie sollte mir denn woanders etwas Schlimmes zustoßen, wenn ich hier festsaß? Ich wollte damals Fannies Gefühle nicht verletzen, aber ich war mir sicher, dass sie die falschen Karten benutzt hatte.

Der einzige Grund, weshalb ich jetzt an Fannie denke, ist, dass sie im vergangenen Jahr bei meiner Schicksalsprognose erklärt hatte,

Käte würde innerhalb der nächsten zwei Jahre einen Sohn zur Welt bringen. Sie wusste gar nicht, dass ich eine Schwester hatte, und doch sagte sie immer wieder: »Die, die in Holland lebt, nicht die andere, die woanders wohnt.« Ich hatte Herbert gefragt, ob er Fannie vielleicht Fotos von uns gezeigt habe, aber das verneinte er.

Also dachte ich, was soll's, vielleicht hat sie ja doch wenigstens zur Hälfte Recht: Bei Käte stimmt's, bei mir nicht. Komisch, damals, als Fannie das sagte, hatte ich überhaupt keine Ahnung, dass Käte ein Kind wollte. Doch wenn man etwas unbedingt glauben will, dann glaubt man fast alles, und meine völlig deprimierte Schwester wollte jetzt daran glauben, wollte, dass diese Wahrsagerin ihr prophezeite, was die Ärzte ihr nicht sagen konnten.

Nachdem ich die beiden miteinander bekannt gemacht habe, warte ich im Salon und drücke die Daumen. Als meine Schwester herauskommt, weiß ich, dass Fannie für sie genau das Richtige gewesen ist. Die Karten sagen immer noch dasselbe: Nächstes Jahr ein Sohn. Mit ihrer dünnen, entrückten Stimme sagt Fannie zu Käte: »Freuen Sie sich!«, und meine Schwester, die noch nie an so etwas geglaubt hat, freut sich tatsächlich.

Sie fuhr zurück nach Vught und nahm Julius ihr ganzes freudestrahlendes Lächeln mit und die ganzen Hoffnungen, an die man sich wie an einen Strohhalm klammert. Als ich sie fortgehen sah, musste ich denken, dass es Hitler geschafft hatte, aus meiner schönen Schwester eine unscheinbare Durchschnittsfrau zu machen! Ich konnte mir nur schwer vorstellen, wie sie über der Badewanne kochte oder in einem mit schwarzen Luftschutz-Rollos abgedunkelten, schäbigen Raum saß und im Licht einer trüben Funzel auf den Sohn wartete, den ihr die Karten fest versprochen hatten.

Die hellen Tage sind jetzt vorbei, und das Jahr neigt sich schon wieder dem Ende zu. Die Bäume werfen ihr grünes Laub ab. In dem kleinen Innenhof hinter dem Bühneneingang steht eine vertrocknete Hecke in Graubraun, und der vergangene Sommer hat die lavendelblauen Winden verbrannt. Ich frage mich, ob uns das Dach der Schouwburg wieder wie eine Wolldecke vor dem Winter schützen wird.

Hinter der Bühne ist ein Besucher aufgetaucht. Ein großer, gut aussehender SS-Mann. Wie aus dem Nichts steht er plötzlich dort.

Als ich mein Chanson begann, war er noch nicht da. Doch irgendwie habe ich schon beim letzten Refrain gespürt, dass mich ein Augenpaar anstarrte, und als ich in die Kulissen schaue, sehe ich ihn dort stehen. Er ist ganz Ohr, ganz Auge, in seinem blanken, abstoßenden Gesicht ein breites Lächeln. Ich weiß überhaupt nicht, was ich davon halten soll, und eine Sekunde lang meine ich, ich hätte mir diesen Mann nur eingebildet. Aber als sich der Vorhang senkt, höre ich ihn applaudieren. Er pflanzt sich genau an der Stelle auf, wo ich meinen Abgang habe.

Zur anderen Seite kann ich nicht hinaus, die Bühnenarbeiter sind mit dem Aufbau für die nächste Szene beschäftigt. Mir bleibt also keine andere Wahl, ich muss direkt auf ihn zugehen. Als nur noch wenige Zentimeter zwischen uns liegen, salutiert der SS-Mann. Auch was ich davon halten soll, weiß ich nicht. Jedesmal, wenn ich mich verbeuge, lächelt er und tippt sich anerkennend an die Totenkopfmütze. Ich knickse ein letztes Mal, und als ich mich an der schwarzen Lederuniform vorbeidrücke, sagt er auf Deutsch: »Entschuldigen Sie bitte, ich hoffe, dass ich Sie nicht nervös gemacht habe.« Verblüfft, aber höflich erwidere ich, ebenfalls auf Deutsch: »Überhaupt nicht.« Er salutiert erneut und geht dann auf Zehenspitzen zur Seite, und ich fasse mir ein Herz und renne in meine Garderobe, wo ich am liebsten bleiben würde, bis der Krieg zu Ende ist.

Zehn Minuten später sehe ich ihn auf meinem Weg zur Bühne geräuschlos hinter den Kulissen am Bühnenhintergrund auf und ab gehen. Er fasst nichts an, scheint aber äußerst interessiert am Grundriss des Theaters zu sein. Auch einige meiner Kollegen haben ihn bemerkt und sind genauso verblüfft wie ich. Während ich auf mein Stichwort warte, wird mir bewusst, dass ich ihn anstarre. Er sieht aus, als hätte man ihn in seine mit Orden übersäte Uniform eingegossen, als ob Salutieren und Lächeln zur Uniform gehörten. Er gibt sich große Mühe, so unaufdringlich wie möglich aufzutreten. Direkt vor dem Finale höre ich das Quietschen seiner blank geputzten Stiefel vor meiner Garderobentür, wie das Piepsen winziger Mäuse, und dann das plötzliche Zuschlagen einer Tür.

Er ist verschwunden. Verschwunden in die Oktoberabenddämmerung. Ich weiß nicht, wer er ist, warum er kam, was er will und wann er wieder auftaucht. Nach der Vorstellung diskutieren wir alle über den ungebetenen Gast und den möglichen Zweck seines Besuchs. Ein paar sagen, er wollte wohl überprüfen, ob hinter dem feuersicheren Eisernen Vorhang etwas Illegales ablaufe – etwas, das dem blonden, hölzernen Nazi in der Loge vielleicht entgangen sei. Eine Untergrunddruckerei oder Sprengstoff zum Beispiel. Nicht bei uns. Nicht in diesem Tempel, unserem letzten Außenposten, unserer Zitadelle.

Sie war die Verkörperung der Venus, diese junge Frau im Fenster, die mit der Stimme einer Nachtigall sang und sich dabei auf der Gitarre begleitete. Ihre grauen Mandelaugen schienen stets zu lachen, ihre Stupsnase wirkte wie das Blütenblatt einer durstigen Blume, und ihre roten Lippen versprachen süßen Wein. Sie hatte diesen Körper mit den sinnlichen Kurven, den alle Männer begehren. Ihr gehörten die Tage, Stunden, Minuten, die von den Feldern kommen, auf denen das Glück wächst. Und sie war meine beste Freundin: Margit.

Sie wohnte direkt gegenüber, in der Maasstraat in Amsterdam Zuid (Süd). Ich hatte sie schon einige Monate mit ihrer Gitarre auf ihrer Fensterbank sitzen sehen und ihrem Gesang gelauscht, bevor wir uns kennen lernten. Es schien, als würden alle außer mir sie kennen. Die Frauen sagten: »Also, das ist Margit«, als könnten sie sich überhaupt nicht vorstellen, dass jemand Margit nicht kennen könnte. Immer wenn ich mein Fenster öffnete, war sie da, die schöne Nachtigall. Und jedesmal, wenn ich mich auf den Weg zum Theater machte, wünschte sie mir munter und fröhlich einen »schönen Tag«.

Margit hatte die zweiundzwanzig Jahre ihres Lebens im Zirkus verbracht. Geboren ist sie in einem wie Zuckerstangen-rosa-weiß gestreiften Zirkuswagen, und an ihre Eltern kann sie sich nicht erinnern. Sie ist mit ihrer Zirkustruppe in ganz Europa herumgereist, und die Truppe war ihre Familie geworden und sie deren Maskottchen. Entwöhnt hatte sie eine Schwertschluckerin, die später versucht hatte, ihr das eigene Metier beizubringen. Aber Margit wollte lieber auf den Schimmelhengsten reiten, lernen, wie man sich von Trapez zu Trapez schwingt, und über das Hochseil tänzeln. Sie war noch keine neun Jahre alt, da kletterte sie schon am Seil zum Trapez hinauf. Und sie balancierte bereits im Pailletten-bestickten roten Trikot auf dem Hochseil, als sie den Unterschied zwischen Jungen und Mädchen noch nicht kannte. Und sie war noch ein kleiner Knirps, als sie zum ersten Mal auf den stolzen Hengsten voltigierte und mit meisterhafter Eleganz die Berberpferde ritt. Die Zirkuswelt, betonte sie immer wieder, ist die herrlichste Umgebung, in der ein Kind aufwachsen kann. Denn die Ausrichtung am Praktischen ist die einzige Religion dort und Kameradschaft die Sprache, die alle sprechen und verstehen.

Als eine Freundin sie zum ersten Mal in unsere Wohnung mitbrachte, blickte ich in ihr strahlendes Gesicht und fragte mich, ob sie wohl jemals traurig war. Doch Margit hatte ihr Nirwana im Zirkuszelt mit seinen Sägespänen gefunden, und ihr Vorrat an vollkommener Gelassenheit und Zufriedenheit schien unerschöpflich. Das Leben war für sie ein einziges großes Abenteuer. Das Leben war Liebe, und Liebe war die Seele der Menschheit – jene Kraft, die Margits Leben beherrschte, jener Zauberteppich, auf dem sie schwebte, und das Emblem, das sie in Vornehmheit trug.

Margit wohnte bei unsichtbaren Holländern, die sie unter ihre unsichtbaren Fittiche genommen hatten, als ihr ebenfalls vom Krieg in Mitleidenschaft gezogener Zirkus schließen musste. Sie hatten schon lange nicht mehr auftreten können. Als es dann nicht mehr genug Futter für die Tiere gab und die Straßen nicht mehr sicher genug zum Umherreisen waren, und als für Margit die ganz reale Gefahr bestand, mit ihrem rosa-weiß gestreiften Zirkuswagen in einem deutschen Militärlager zu landen, wurden die Zelte endgültig abgebaut. Die meisten Tiere befanden sich mittlerweile in einem Zoo. Margits Zirkus-Adoptivfamilie war über ganz Europa verstreut, die meisten jedenfalls (einige landeten tatsächlich in Militärlagern). Und Margit selbst, die fließend Niederländisch sprach und wusste, wie man die Herzen der Niederländer erobert – Margit war nun hier.

Sie war mit dem unscheinbaren Sohn ihrer Pflegeeltern verlobt, und ich dachte mir, dass das sicher besser sei, als sich von geilen Soldaten nachstellen zu lassen. Ich glaube nicht, dass sie je ernsthaft vorhatte, den jungen Mann zu heiraten. Verlobt hatte sie sich wohl in erster Linie, um seinen tugendhaften Eltern einen Gefallen zu tun, deren sittenstrenge Grundsätze sie nicht verletzen wollte. Ich bin diesem harmlosen jungen Holländer nur ein einziges Mal begegnet. Er war sterbenslangweilig und hatte ungefähr so viel Humor wie eine griechische Tragödie. Aber er liebte sie und war ihr gegenüber äußerst fürsorglich.

Was dachte Margit über die nationalsozialistische Höllenbrut? Und über die Judenverfolgung? Was über die Einschränkungen, die sogar ihre eigenen Einschränkungen einschränkten? Sie lachte. »Die werden dir nichts zuleide tun. Ich weiß, diese Deutschen sind momentan ein bisschen verrückt, aber das hält nicht lange an. Wenn sie doch nur merken würden, dass es viel schöner ist, eine Frau im Arm zu halten als ein Gewehr, dann wäre dieser Krieg innerhalb kürzester Zeit vorbei!« Ich muss ein wenig verdutzt dreingeschaut haben, weil ich nicht recht wusste, was ich von ihrem verblüffenden Vorschlag zur Beendigung des Krieges halten sollte. Margit zwinkerte mir zu und sagte fröhlich: »Na was soll's, so ist es doch.«

Vielleicht sagte sie das nur, um mich aufzumuntern. Aber wer weiß? Sie berichtete mir nie von den Männern, die in ihre kleine Dachkammer hochgestiegen waren, von den Armen, in denen sie gelegen hatte, oder wer ihre Liebhaber waren. Doch ich konnte immer sagen, wann sie wieder »eine jener Nächte« hinter sich hatte. Ich konnte es ihr am Tag darauf am Gesicht ablesen. Dann waren ihre Wangen gerötet und ihre Stimme hatte ein sinnliches Tremolo, so als schwinge das Echo der Begegnung noch immer in ihr nach. Und nach jenen Liebesnächten war sie sogar noch schöner. Ob sich ihr Verlobter wohl im Schutz der nächtlichen Dunkelheit ebenfalls die Treppen zu ihrem Zimmer hinaufschlich, um unter dem Nachthimmel ihrer blau gestrichenen Zimmerdecke auf ihrem lila Satinlaken zu liegen? Ich glaube nicht. Wenn er daheim war, waren ihre schönen Wangen nie gerötet.

Margit und ich führten keine vertraulichen Gespräche von Frau zu Frau. Sie wusste, dass ich im Vergleich zu ihr noch Anfängerin war. Altersmäßig war sie mir zwar nur ein gutes Jahr voraus, aber auch in einem Jahr würde ich sie wohl höchstwahrscheinlich kaum eingeholt haben. Sie war viel größer als ich, hatte bezaubernde Sommersprossen und kastanienbraunes Haar, das glänzte, als seien hundert kleine Sternenlichter darin versteckt. Ihre Anziehungskraft, so hieß es, strahlte auf alle Männer im Umkreis von mehr als hundert Kilometern aus. Nun, das kann ich nicht beurteilen.

Dagegen weiß ich, dass sie eine wunderbare Freundin war. Sie zu kennen bedeutete, mitten in einem Unwetter die Wärme des Sommers zu spüren oder aus der Dunkelheit ans Licht gezogen zu werden.

Ihre strahlende Freude an allem, was sie roch, schmeckte und berührte, war so vollkommen, so natürlich, dass es schlichtweg unmöglich war, nicht von ihr fasziniert zu sein.

Jeden Morgen kam sie mit ihrer Gitarre, setzte sich, während ich badete, auf den Badewannenrand und sang mir etwas vor. Kleine, von ihr selbst vertonte Gedichte. Lieder über die Liebe und ihre Tage auf dem Rücken der Schimmel. Ich hatte ihr meinen Schmuck zur Aufbewahrung bis nach dem Krieg gegeben, sie gab mir ein Buch mit Gedichten, das ich behalten sollte. Ich ließ sie meinen Silberfuchs tragen, wenn sie ausging, und sie schenkte mir einen goldenen Talisman: zwei filigran gearbeitete, ineinander gefügte Hände mit der Inschrift »Freundschaft«.

Margit schüttelte die Tage des in der Luft liegenden Unheils einfach ab, als wären sie kleine Flusen. Sie war keine Kämpfernatur. Für Wörter wie »Hass« und »Feind« war in ihrer mitfühlenden Seele kein Platz. Im Gegensatz zu mir wollte sie den »Drachen« nie zur Strecke bringen. Sie wollte einfach nur helfen. Ihr unerschütterlicher Glaube an die Menschheit und ihre Loyalität zu ihren Freunden führten sie auf den Weg der »stillen Helden, deren Loblied nie erschallte«. Als sie anfing, Risiken einzugehen, war das für sie zunächst nur ein Spiel – nach dem Motto »Was können die mir denn schon groß tun?«, etwa wenn sie, als es schon längst verboten war, immer noch zu uns ins Haus kam. Und sie ließ keine Woche vergehen, ohne mit der jüdischen Ausweiskarte, die Toni, meiner anderen engen Freundin, gehörte, in die Schouwburg zu kommen. Sie kümmerte sich um alte, eingeschüchterte Juden, die sich nicht mehr aus ihrer Wohnung trauten. Sie zündete ihnen die Sabbatkerzen an und suchte in der ganzen Stadt, um für sie ein gutes, preiswertes koscheres Hühnchen zu finden. Das war – anfangs – alles nicht viel mehr als ein Spiel für sie.

Nur fünf Minuten von unserem Haus entfernt wohnte Toni. Sie hatte Margit damals mit zu uns gebracht. Zusammen waren wir die weiblichen »Drei Musketiere«. Die hinreißende Toni war ein richtiger Schmetterling des Gesellschaftlslebens, ein Jetset-Mitglied, das nicht mehr vom Boden abheben durfte, sich aber dennoch nicht entmutigen ließ. Vor nicht allzu langer Zeit hatte sie noch in Rom diniert, an der französischen Riviera auf einer Jacht logiert, war Gast eines Kilt tragenden Herzogs auf dessen Schloss in Schottland gewesen, und war mit einem halben Dutzend spanischer Stierkämpfer an ihrer Seite im sonnigen Algier durch die Kasbah gestreift. Toni und Margit waren schon sehr lange befreundet.

Toni hatte zwei große Begabungen: Zum einen schaffte sie es, keinen einzigen Tag in ihrem Leben arbeiten zu müssen, und zum anderen machte sie sich einfach um nichts Sorgen. Als die Hitler-Ganoven, wie sie sie nannte, Tonis auf Hochtouren laufenden Motor ausbremsten, zog sie einfach die Tanzschuhe aus und kam nach Hause zurückgeflattert.

Vor langer, langer Zeit gab es diesen Krieg, den sie den Ersten Weltkrieg nannten, den jemand verlor und jemand anderes gewann, doch auch als die Kanonen schon schwiegen und das Blut der verwundeten Soldaten getrocknet war, weinten immer noch etliche hungernde Kinder. Und eines dieser Kinder war Toni. Ihr Papa kam einfach nicht zurück aus den Schlachten, die er so tapfer für sein österreichisches Vaterland geschlagen hatte. (Die Deutschen hatten die sich im Walzertakt tanzenden Österreicher auch schon in diesen Krieg mit hineingezogen.) Und ihre Mama, die der Verlust des Ehemanns genauso traurig machte wie der hungrige Blick in den Augen ihres Babys, schickte die Kleine nach Holland, ein Land, in dem viele abgemagerte Kinderkörper wieder zu Kräften kamen, weil es dort genug zu essen gab.

Dort hatte Toni ihre neuen Pflegeeltern gefunden, die Cohens. Das warmherzige jüdische Ehepaar mittleren Alters, das selber kinderlos geblieben war, hatte das winzige Mädchen mit den großen schwarzen Augen und dem dichten schwarzen Haar wie eine eigene Tochter bei sich aufgenommen. So wuchs Toni in Wien und Amsterdam auf. Die frühe Schulzeit verbrachte sie bei ihrer leiblichen Mutter, einer Frau Mausner, und die Ferien bei ihren Pfegeeltern.

Dass Tonis Ausstrahlung und Charme von ihrer Mutter stammten, ist mehr als unwahrscheinlich. Auf Fotos sah Frau Mausner nicht gerade sonderlich beeindruckend aus, irgendwie dauernd niedergeschlagen. Auch glaube ich nicht, dass Tonis Leben bei den Cohens sie zum Mitglied des Jetsets prädestinierte. Da waren es schon eher die reichen Debütantinnen, mit denen sie in der Schweiz gemeinsam das Höhere-Töchter-Pensionat besucht hatte, die ihr die Tür zur Glamourwelt öffneten. Tonis leiblicher Mutter bin ich nie begegnet, aber mit ihren Pflegeeltern schloss ich Freundschaft. Sie führten ein einfaches Leben. Alles drehte sich um das Textil- und Kurzwarengeschäft, das sie besaßen und betrieben, um den täglichen Weg hin und zurück – und natürlich um Toni. Zu Tonis gesellschaftlicher Sphäre fehlte ihnen der innere Zugang; aber sie hätten Toni die ganze Welt gekauft, wenn die sie darum gebeten hätte. Wirklich freundliche, großzügige Leute. Jeder Gulden, den sie sparten, war für Toni bestimmt. So kamen viele, viele Gulden zusammen. Frau Cohen sagte oft: »Wir haben Toni ein schönes Zuhause geschaffen, damit sie sich niemals Sorgen machen muss.«

Ein paar Monate bevor die Deutschen über das Land herfielen, verkauften die Cohens ihr Geschäft. Das hatte nichts mit weiser Voraussicht zu tun, sondern mit Frau Cohens geschwollenen, schmerzenden Füßen. Fünfundvierzig Jahre lang hatte sie als Verkäuferin auf dem harten Zementboden gestanden, und jetzt versagten ihr die Füße den Dienst. Nun saß sie im Rollstuhl, und wenn es das Wetter zuließ, schob Herr Cohen sie um den Block, auf demselben Weg, den die beiden schon seit fünfzig Jahren gegangen waren. So lange waren sie nun schon verheiratet. Natürlich begriffen sie nicht, wieso der Krieg in ihr friedliches Land eingezogen war oder wieso dieser Hitler keine Juden mochte. Ansonsten waren sie aber eigentlich recht zufrieden. In ihrem Herzen empfanden sie eine große Liebe zueinander, und eine noch größere für Toni.

Und Toni hing sehr an ihnen. Sie brachte viel Lachen und Frohsinn in ihre alten, ungetrübten Jahre. Sie war ein lebhaftes, munteres Mädchen mit Freude am Leben und dem Schalk im Nacken – feurig wie ein Vollblutrennpferd und zurechtgemacht wie ein Haute-Couture-Mannequin. Wenn sie mit ihren hochhackigen Klick-Klack-Schuhen, in den Pariser Kostümen und mit strahlendem Lächeln die Straße entlangging, sah sie eher aus wie eine vornehme Señorita aus Spanien oder die italienische Mätresse eines Adligen, aber kaum wie eine Wiener Jüdin in banger Erwartung ihres verhängnisvollen Schicksals. Doch dem verhängnisvollen Schicksal widmete sie ohnehin keinen Gedanken.

Alle Welt war ihr Freund, und sie hatte überall Freunde. Wie viele Herzensaffären sie ihrem Tagebuch anvertraute, wenn sie überhaupt eines führte, konnte ich nicht einmal ahnen. Als die Nazis anfingen, sich wie der letzte Dreck aufzuführen, hatte Toni gerade keinen festen Liebhaber. Das weiß ich genau, weil sie mehrfach sagte, dass sie diese Atmosphäre als der Liebe nicht gerade zuträglich empfinde. »Heutzutage«, sagte sie, »haben zärtliche Worte wie ›Ich bete dich an‹ keine Konjunktur. Stattdessen heißt es jetzt: ›Mach schnell, ich muss vor Beginn der Ausgangssperre wieder zu Hause sein.‹ Was soll ein Mädchen denn da noch machen, sich etwa in eine Stoppuhr verwandeln?« Warum sonst hätte sie auch sagen sollen: »Die Liebe gedeiht nicht allzu gut, wenn dein Liebster nichts weiter von dir will als Lebensmittelmarken! Hast du noch etwas Honig für mich?«

Mama freute sich sehr, zwei neue Töchter zu haben, und Herbert wurde von allen Männern glühend beneidet. Drei schöne Frauen an seiner Seite! Kann man da noch von schlechten Zeiten reden? Außer nachts zum Schlafen wohnten Margit und Toni praktisch mit bei uns. Herbert war für sie wie ein Bruder, und Herbert war mit diesem Arrangement durchaus sehr zufrieden.

4.

> Der Stein in der Wand und das Holz im Boden sollen aufschreien, wann immer ein Unrecht geschieht.
>
> aus dem *Alten Testament*

Im Kalender war dieser Tag nicht besonders vermerkt. Es war nicht einmal Freitag, der dreizehnte. Ich musste um zehn Uhr zur Probe, und als ich ins Theater lief, fiel mir ein, dass ich auch noch eine Kostümprobe einschieben musste. Es war der Tag, nachdem uns der SS-Mann einen Besuch hinter der Bühne abgestattet hatte … Es war der Tag, an dem der letzte Vorhang fiel, denn an dem Tag verwandelte sich die Joodsche Schouwburg in das Eingangstor zur Hölle.

Schon als ich das Gebäude betrat, wusste ich, dass das Unglück zugeschlagen hatte. Die Bühne, völlig ohne Kulissen und ohne Requisiten, wirkte wie ein Haus, in das man eingebrochen hatte, und die Seile, die vom Schnürboden herabhingen, erinnerten an die Stricke eines Henkers. Alle Gemälde und Skulpturen waren verschwunden. Die Sitzreihen in Orchestersitz, Logen und Parkett waren aus ihrer

Verankerung gerissen und seitlich an den Wänden entlang aufgestellt worden. Die Stühle standen sich nun, mit geringem Abstand zwischen den Reihen, gegenüber – fünf Reihen auf der einen, fünf Reihen auf der anderen Seite. Mit Ausnahme der Beleuchtungen über den Notausgängen, die wie blutrote Glühwürmchen aussahen, war das Theater in Dunkelheit getaucht. Meine Kollegen hatten sich wie Gespenster kaum sichtbar um den Flügel versammelt, aber ich wusste ohnehin, wer da beisammen stand: Martin Roman, unser Musikarrangeur; Bert van Dongen, mein gut aussehender Partner und Hollands beliebtester Unterhaltungssänger; Henriette Davids; Sylvain Poons, Henriettes komischer Konterpart; und zwei große alte deutsche Stars, Otto Wallburg und der vitale Kurt Gerron.

Ich ging zu ihnen hinüber. Auf halbem Weg schon hörte ich Martin flüstern: »Er ist wieder da. Der Nazi, der gestern hier war, ist wieder da.« Noch bevor ich fragen konnte, warum unser Theater so zerstört worden sei, erzwang der schwere Tritt von Stiefeln meine Aufmerksamkeit. Kurz darauf blickte ich erneut in die stahlgrauen Augen dieses Unheilsboten. Er war mitten auf der Bühne stehen geblieben, direkt unter dem Henkerstrick. Diesmal knallte er die Hacken nicht zusammen, diesmal salutierte er nicht. Breitbeinig stand er da, die Hände hinter dem Rücken verschränkt, mit ordengeschmückter Brust. Er ließ seine Augen umherschweifen, kniff sie zusammen und fixierte dann etwas mit seinen Blicken, das nur er allein sehen konnte. Eine misstrauische Stille hing über uns.

»Ich bin Obersturmführer aus der Fünten. Dieses Theater ist von den deutschen Besatzungstruppen übernommen worden und dient jetzt als Sammelstelle für die jüdische Bevölkerung. Sie bleiben hier und werden die Juden beaufsichtigen, die hierher gebracht werden. Sie dürfen keinen Kontakt zu Ihren Familien und Freunden aufnehmen. Sie dürfen keine Fragen stellen oder beantworten. Und Sie haben die Aufgaben zu erledigen, die ich Ihnen zuweise, sofort und ohne Widerspruch.«

»Sie! Sie! Sie, Sie und Sie! Sie bringen die Juden in Reih und Glied!« »Halten Sie sie von den Türen fern!« »Lassen Sie sie nicht auf die Bühne!« »Sorgen Sie dafür, dass sie auf ihren Sitzen bleiben!« »Sorgen Sie für Ruhe! Bringen Sie alle Wertsachen hierhin! Teilen Sie Suppe aus! Spülen Sie das Geschirr! Putzen Sie die Toiletten!«

In schneller Folge schossen seine Worte heraus, wie Kanonenkugeln. Er zeigte niemals mit dem Finger auf jemanden, sondern dirigierte seine mit dem »Sie« hervorgestoßenen Befehle mit den Blicken. Ich starrte zur Beleuchtungsbrücke über der Bühne mit den schweren Scheinwerfern hoch und wünschte mit aller Macht, dass sie herunterkrachen und den Nazi unter sich begraben sollten. Ich starrte immer noch nach oben, als er sagte: »Und wem es nicht passt, hier zu bleiben, der kann schon heute Abend mit dem ersten Transport abfahren.« Dann marschierte er davon. Keiner sagte ein Wort.

Stunden vergingen. Wir saßen herum und versuchten, das Unverdauliche zu verdauen. Aber es nützte nichts. Wir konnten keine Antworten finden. Und als ich trübsinnig den traurigen Zustand unseres Theaters betrachtete, wurde mir auf einmal bewusst, dass ich gerade Zeugin des Untergangs der Joodschen Schouwburg wurde.

Am frühen Nachmittag schoss der erste Strom panischer Opfer durch die Türen der Schouwburg. Sie kamen auf Lastwagen an – zu hunderten und aberhunderten. Manche besaßen nur noch, was sie am Leib trugen. Sie waren auf der Straße aufgegriffen worden, ohne zu wissen, wie ihnen geschah. Andere, die man aus ihren Häusern geholt hatte, schleppten ihren halben Hausrat hinter sich her – Lampen, Teppiche, Daunendecken, alte Kerzenleuchter. Das hier war unser Publikum gewesen. Für diese Leute hatten wir gesungen und getanzt, mit ihnen hatten wir so manche dornenreiche Saison hindurch gemeinsam gelacht.

Kaum eine Stunde, nachdem die ersten Opfer eingetroffen waren, war die geschundene Schouwburg ein einziges heilloses Durcheinander. Die Razzien, von den Deutschen befohlen und von der NSP, den holländischen Nazis, durchgeführt, erwiesen sich als eine veritable Hexenjagd. Die meisten dieser Kopfjäger (fünf Gulden pro Jude) waren Freiwillige. Sie räucherten die Juden aus und trieben sie in die Schouwburg. Die Aktion löste sofortige Verwirrung und eine Atmosphäre ungläubigen Staunens aus. Wir wurden mit endlosen Fragen belagert: »Wieso sind wir hier? … Wo kommen wir hin? … Wann werden sie uns Bescheid sagen?« Ein ganzes Meer verwundeter Augen flehte uns um Antwort an. Ein Chor bedrückter Stimmen wollte wissen: »Was wird mit uns geschehen?«

»Es wird schon alles gut werden«, sagten wir ihnen. »Es wird schon alles gut werden …« Wir hatten für diese Leute gesungen, wir hatten für diese Leute getanzt, und wir hatten mit diesen Leuten gelacht, und alles, was wir jetzt noch für sie tun konnten, war sie anzulügen.

Mitten in diesem Chaos schleppten wir ihr Gepäck, trugen ihre Babys, machten Platz für fußkranke alte Männer und brachten denjenigen Wasser, die Durst hatten. In all das Geschrei und Gejammer, in all das Geschiebe und Gedränge versuchten wir, ein wenig System hineinzubringen, etwas Würde und Ordnung aufrecht zu erhalten. Es war ein hoffnungsloses Unterfangen. Immer wieder verloren Eltern ihre Kinder, brachen Schwache auf der Treppe zusammen, und kaum rührte ich mich, schon ergriff jemand meinen Arm – als sei ich ein Rettungsfloß. Mit jeder weiteren menschlichen Wagenladung, die die Kopfjäger in unser Theater kippten, wurden die hygienischen Verhältnisse katastrophaler. Am Abend standen die verstopften Toiletten unter Wasser, Gestank wie von offenen Abwasserleitungen durchzog die Schouwburg.

Es gab nichts zu essen, keine warme Milch für die Babys. Keine warme Suppe für die Alten. Keine Betten für die Kranken. Ringsum nur zerschlagene Hoffnungen. Und als die Dunkelheit durch die Türen zu kriechen begann, kletterten 1037 Männer, Frauen und Kinder auf Lastwagen und verschwanden in der feindseligen Nacht.

Gegen zwei Uhr morgens waren die letzten Abschiedsgrüße verhallt. Ich war wie betäubt. Ich spürte keinen Kummer. Ich spürte nicht einmal die eigene Erschöpfung – obwohl meine Füße geschwollen, mein Magen leer und meine Augen vom Rauch und von der schneidenden, übel riechenden Luft rot und verquollen waren. Rings um mich herum Hinterlassenschaften der Abtransportierten. Ein Schal, ein Hut, ein Zigarettenetui mit der Inschrift »Zum Zeichen meiner Liebe«. Handschuhe, ein Paar Pantoffeln, eine Babyrassel und etliche andere Dinge. Souvenirs. Das Strandgut des Lebens.

Es gibt eine Art von geistigem Schwebezustand, in den man sich treiben lassen und in dem man eine Zeit lang verweilen kann, ein Zustand, in dem Bewusstsein und Unterbewusstsein eins sind. Eine Art selbst verabreichte Narkose. Dieser Zustand stumpft die Sinne ab, betäubt den Schmerz, und doch weiß man ganz genau, was geschehen ist. Ich glaube, dass ich in diesen Dämmerzustand verfiel, als die Lastwagen abgefahren waren und in der Schouwburg wieder Stille herrschte. Eine Zeit lang, ich weiß nicht, wie lange, hielt mich die Einsamkeit der Leere aufrecht. Doch dann erhob sich dieser schreckliche Tag erneut und blitzte vor meinem inneren Auge auf, so als wäre eine Kamera mit Mikrofon und automatischem Verschluss in Aktion: Sie nahm bestimmte Bilder auf, brachte Echos zurück, lieferte Großeinstellungen von Gesichtern und spielte aufgezeichnete Stimmen ab – Stimmen und Gesichter, die ich gut gekannt hatte.

Olga und Sam Moskowitz waren die ersten Freunde, auf die ich in diesem Chaos gestoßen war. Es gab eine traurige Begrüßung. Sie trugen nur einen kleinen Koffer bei sich, Zeugnis eines Lebens, in dem es immer nur um Entkommen und Verstecken gegangen war. Ihr ramponierter Koffer hatte Olga schon begleitet, als russische Kosaken ihr Elternhaus in Kiew, in dem sie zur Welt gekommen war, in Brand gesteckt hatten. Ihre Kindheit war eine einzige Flucht vor Verfolgung gewesen. Erst russische Pogrome, dann polnische Pogrome und schließlich die Deutschen. Als Olga und Sam heirateten, sollte sie ihm in der Hochzeitsnacht versprechen, ihren Reisekoffer und all die traurigen, alten Erinnerungen zurückzulassen. Doch das konnte Olga nicht. Der Koffer war ihre Verbindung zur Vergangenheit und eine Warnung vor der Zukunft. Niemals konnte sie einschlafen, ohne sich vorher überzeugt zu haben, dass der Koffer noch unter ihrem Bett lag. Nur sie allein wusste, was sich darin befand. Olga war Mamas Freundin. Die beiden waren sich im Laden von Olgas Mann begegnet, als Mama einige Kleider zum Ändern dorthin gebracht hatte. Sam Moskowitz trug eine Hornbrille, war ein schlanker, ruhiger Mann, ein deutscher Schneider polnischer Abstammung. Seine Frau war dagegen recht füllig, eine Quasselstrippe mit tiefer Stimme und lustigem Backenhörnchengesicht. Für Emigranten war ihre Wohnung so etwas wie die Grand Central Station, der große New Yorker Bahnhof, im Miniaturformat. Olga versammelte alle Heimatlosen um sich.

In Frankfurt hatten die beiden ein großes Haus und mehrere Läden besessen. Hier in Amsterdam waren es nur noch ein kleiner Laden und ein bescheidenes Haus gewesen. Als 1933 einige Hitlerjungen Sam das Nasenbein zertrümmerten und seine Läden plünderten, erlitt er einen Herzinfarkt, von dem er sich nie mehr völlig erholte. Trotzdem arbeitete er unentwegt. Zum Glück waren ihre beiden Söhne in England: zum Studium dorthin gegangen und dann dort geblieben. Jetzt waren sie Piloten bei der Royal Air Force, und jedesmal, wenn Olga von ihnen sprach, funkelten ihre russischen Augen. Als sie mich nun in der Schouwburg sah, dachte sie, die Kopfjäger hätten auch mich gefangen, und fing an zu weinen. Nur mit großer Mühe konnte ich sie davon überzeugen, dass das nicht stimmte, dass ich »frei« sei. Erst in der Woche zuvor hatte sie uns Borschtsch und einen neuen Teekessel gebracht, weil bei unserem alten die Flöte nicht mehr funktionierte. Immer war sie für andere da, immer brachte sie etwas mit oder schenkte etwas.

Und jetzt waren die beiden hier. Ihr kleiner Koffer musste erneut auf Reisen gehen. »Sam ist erschöpft«, sagte Olga. »Ich glaube, er schafft es nicht. Er hatte sich zu Hause gerade hingelegt, wollte etwas ausruhen, als sie kamen. Sie haben ihn herumgestoßen. Wieso nur? Solche großen Kerle, und dann schubsen sie meinen guten alten Sam herum. Wusstest du, dass sie Geld für uns bekommen? Diese Kerle haben sogar noch damit angegeben, dass die deutschen Nazis ihnen fünf Gulden für jeden ausgelieferten Juden zahlen. Ist das alles, was ich noch wert bin? Fünf Gulden.« Jetzt drang ihr jiddischer Akzent durch – und damit der tragische Humor, der für weise alte Juden so typisch ist.

Olga sah sich die Massenkonfusion an, stieß einen schrecklichen Seufzer aus und ließ sich auf einen Stuhl fallen. »Sieh dir das an«, rief sie. »Sieh dir doch nur an, was sie mit eurem schönen Theater gemacht haben! Sieh dir nur all diese armen Menschen an! Schönes Erbe, das unsere Vorväter uns hinterlassen haben. Zweitausend Jahre Elend. Ich sage dir, es reicht! Die sind ja meschugge! Silvie, nimm dich bloß in Acht. Pass nur ja auf, dass diese Schweine dich nicht auch noch drankriegen.« Sie sah kurz nach ihrem zusammengekauerten Ehemann. »Meinst du, du könntest vielleicht für meinen Sam eine Decke auftreiben? Er sieht gar nicht gut aus, nicht wahr? Oy, was haben sie dir da nur für eine Arbeit aufgeladen! So einer prachtvollen Schauspielerin wie dir. Lassen sie dich ihre ganze Drecksarbeit machen! So eine Schande! Geh doch schon … Geh doch schon! Hol mir eine Decke, und dann geh und hilf den anderen.« Sie umarmte mich und flüsterte mir zu: »Deine Mama, du wirst dich doch um deine Mama kümmern, ja?« »Ja, bestimmt.« »Gott segne dich, mein Kind. Gott segne dich.« Und dann gab sie mir Zeichen, dass ich gehen sollte. Im Weggehen sah ich, wie sie ihre Arme um Sam legte. Wie ein Kind wiegte sie ihn in den Armen.

Sam und Olga Moskowitz waren nicht die einzigen aus meinem Bekanntenkreis, die man an diesem Tag aufgegriffen hatte. Auch Bonnie Sterkenberg war unter den Opfern, meine Friseuse, und ihr Mann Georg. Sie begrüßten mich mit einem breiten Lächeln und einer Umarmung. Beide hatten die bitteren Besatzungsjahre bisher mit Courage, Humor und ungetrübtem Optimismus überstanden. Beide glaubten an einen gerechten Gott, dem sie vertrauten. Sie glaubten, dass der Mensch im Großen und Ganzen gut sei und dass das Böse die Welt letztlich nicht regieren könne, weil es – im Gegensatz zum Guten – nicht belohnt würde. Sie glaubten, dass ihnen in ihrem ganzen Leben nur Gutes zuteil geworden war. Das Glück sei immer mit ihnen gewesen. Georg war Diamantenschleifer, jung, attraktiv und ein eifriger Witzesammler. Bonnie war jung, attraktiv, Friseuse und schwanger.

»Wir werden zurück sein, ehe unser Kind zur Welt kommt«, sagte Georg mit ungebrochener Überzeugung. »Wo auch immer sie uns hinschicken, wir werden uns nützlich machen können. Eine Friseuse wird immer gebraucht, und Bonnie ist die beste. Und wenn sie nicht wollen, dass ich Diamanten schleife, dann schleife ich eben etwas anderes.«

Sie waren mit zwei großen Koffern gekommen. Ich fragte mich, welcher der beiden wohl mit Windeln gefüllt war. Stundenlang saßen sie geduldig da. Ergeben stiegen sie auf die Lastwagen ... Ich habe sie nie wiedergesehen. Die Razzien hielten jenen kalten Oktober über an. Vier weitere Tage und vier weitere Nächte wateten wir in der Menschenflut, die sich in die Schouwburg ergoss. Im Inneren des Hauses gab es keine Bewacher. Das war allein unsere Aufgabe. Draußen auf der Straße hielten dagegen zwei große NSP-Rüpel die ängstliche, gleichwohl aufgebrachte Menge mit wütenden, obszönen Flüchen, Fausthieben und Tritten in Schach.

Am zweiten Tag des Infernos entdeckte ich Margit in der Menge auf der Straße. Die Kopfjäger hatten gerade ihren neuesten Fang abgeladen, als ich Margit durch die offene Tür erspähte. Ich rief ihren Namen, und sie rief zurück: »Alles in Ordnung bei dir? Ich habe dir Wäsche zum Wechseln und was zu essen mitgebracht. Fang auf!« Sie warf eine große Papiertüte durch die Luft, doch noch ehe ich sie fangen konnte, hatte der baumlange NSP-Mann sie abgefangen und wie einen Fußball in die versammelte Menge geschossen. Dann drehte er sich um, packte mich und schleuderte mich wie einen Speer in die überfüllte Schouwburg. Das alles war blitzschnell gegangen. Ich landete auf mehreren Leuten, die mit mir zu Boden gingen. Der Mann direkt neben mir blutete. Ein dünnes rotes Rinnsal lief von seiner linken Schläfe zum Augenlid. Ich sah, wie er sich das Blut mit einem eleganten weißen Taschentuch abwischte. Er schien eher verblüfft als verletzt zu sein. Ich verspürte ein starkes Verlangen zu weinen, leichte Schmerzen in meiner linken Hüfte und das überwältigende Bedürfnis, diesen Nazibastard zu erwürgen.

Die meisten, mit denen ich zusammengestoßen war, waren nett und freundlich. Aber nicht alle. Ein griesgrämig dreinschauendes Mädchen war fuchsteufelswild. In einem fort schrie sie, ich hätte ihre Brille zerbrochen und ohne Brille könne sie überhaupt nichts sehen: »Sie haben mich umgerannt! Wie konnten Sie nur so ungeschickt sein?« Ein junger Mann mit Bart versuchte ihr zu erklären, dass ich den Zusammenstoß ja nicht mit Absicht herbeigeführt hatte, doch das schien sie nicht im Geringsten zu interessieren.

Otto Wallburg war hinter der Bühne. Er sah fürchterlich aus, leichenblass und abgespannt. Der Gute wollte wissen, wie lange dieser Wahnsinn noch weitergehen sollte. Das konnte ich ihm beim besten Willen nicht sagen. Er wiederholte unablässig, dass er mit diesem Albtraum nicht fertig würde und auf jeden Fall von hier verschwinden werde, komme, was da wolle. Er schien gar nicht mehr richtig Luft zu bekommen. Er keuchte. An dem Abend, kurz bevor abermals rund tausend Menschen auf Lastwagen weggekarrt wurden, erlitt Otto Wallburg einen Herzinfarkt. Die furchtbare Ironie bestand schließlich darin, dass er diese Herzattacke zwar überlebte, dass ihm jedoch zwei NSP-Rüpel, nachdem er nur wenige Tage zu Hause verbracht hatte, die Wohnungstür eintraten und ihn fortschleiften – das überlebte er nicht. Ein Jahr später wurde er in Auschwitz ermordet.

Ich hatte einen Bluterguss an der Hüfte – nichts Schlimmes, aber es tat weh. Morgen wird alles grün und blau sein, sagte ich mir. Doch plötzlich ging mir auf, wie verhängnisvoll dieses Wörtchen »morgen« inzwischen klang. »Morgen«, das war in dem Durcheinander, das hier herrschte, überhaupt nichts mehr, woran ich ernsthaft denken konnte. Allerdings dachte ich an Margit. Wenn ich doch nur mit ihr hätte reden können! Sie wusste wenigstens über die Razzien Bescheid. Vermutlich wussten alle darüber Bescheid. Was sonst mochten sie noch wissen? Wussten sie von den demoralisierenden Zuständen hier drinnen? Oder wussten sie, wie viele Juden die Nazis als entbehrlich eingestuft hatten? Waren wir *alle* »dran«, oder nur ein paar tausend von uns? Mein Gott! »Nur« ein paar tausend. Unfassbar!

Am dritten Tag des Infernos kamen große Tellerstapel und große Kübel mit Suppe an. Unsere Leute brachten alles in den ersten Stock, und ein erschöpfter Kurt Gerron teilte mir mit, dass ich zum Küchendienst eingeteilt sei. Dort oben, in unserer ehemaligen Hochzeitskapelle, die jetzt als Suppenküche diente, sah ich einen großen, hageren Mann über die Kübel gebeugt: einen weiteren guten Freund, meinen Hausarzt Dr. Peters. Statt eines Arztkittels trug er eine Schürze, statt seines Stethoskops eine Schöpfkelle. Dr. Peters gab Suppe aus, als handele es sich um ein medizinisches Tonikum. Er war ein wahrer Heiler, der nicht nur kranke Körper, sondern auch melancholische Seelen heilte. Sein grenzenloses Mitgefühl hatte schon so manche verwundete Seele gerettet.

Wir verteilten die Suppe an alle, die etwas haben wollten. Die Schlangen waren lang – und die Hände, die die Teller hielten, waren die von Freunden und von Brüdern. Oft hörte ich ein schüchternes »Danke«, oft auch ein »Bitte helfen Sie mir«. Die Stunden vergingen. Die Suppe war alle, doch die Schlangen noch immer lang. Und auch als wir ihnen sagten, dass nichts mehr da sei, warteten die Leute weiter. Und warteten, bis es Nacht wurde, bis in Dunkelheit und Nebel die unheilschwangeren Lastwagen kamen … und dann warteten sie nicht mehr. In dem kleinen Spülbecken in unserem ehemaligen Café spülten wir die Teller ab – und tilgten die Spuren von tausend weiteren Juden.

Dr. Peters war weder aufgegriffen worden, noch hielt man ihn – wie mich – gegen seinen Willen hier fest. Er war auf eigenen Wunsch hier. Von den Deutschen hatte er die Erlaubnis erbeten und erhalten, sich um die Kranken in der Schouwburg zu kümmern. Sie hatten ihm einen Ausweis gegeben, dem zufolge er »vorübergehend vom Transport in ein Arbeitslager freigestellt« war. In den darauf folgenden Wochen wurde ein solches Papier (Codename: »Hinrichtungsaufschub«) zum begehrtesten Schwarzmarktartikel. Unerklärlicherweise – schließlich druckten Fälscher jede Menge falscher Personalpapiere – kam man an dieses spezielle Papier nur sehr schwer heran. Der Dr. Peters ausgestellte Ausweis war das erste Dokument seiner Art gewesen, das die Deutschen herausgegeben hatten, und eine Zeit lang besaß es unschätzbaren Wert.

Für die Kranken konnte Dr. Peters allerdings nicht viel tun. Nicht in dem heillosen Durcheinander und der allgemeinen Bestürzung hier. Doch wenn er nicht dort gewesen wäre und wenn er ihre Gesichter nicht gesehen und die beklemmende Atmosphäre der Angst in der Schouwburg nicht aufgesogen hätte, wäre er wahrscheinlich nicht zum Judenschmuggler geworden. Was an jenem bitteren Abend im Theater als Ein-Mann-Kreuzzug begann, wuchs sich im Lauf der Jahrzehnte, auch nach Beendigung des Krieges, zu einem mächtigen Untergrund-Netzwerk aus. Einem ausgedehnten Netzwerk, das weit über Peters' erste Pläne der illegalen Flucht von Juden durch geheime Kanäle in Europa nach Israel hinaus reichte. Details seiner anderen Rettungsmissionen oder der Waffen, die er sich in seinem Kampf ums Überleben der Juden zunutze machte, kenne ich nicht. Doch ich weiß, dass seine Arbeit immer noch nicht beendet ist. Und weil das so ist, weil er da draußen noch immer seinen niemals endenden Kampf gegen die Erben Hitlers kämpft, wage ich auch nicht, hier seinen wahren Namen preiszugeben. Lassen Sie mich nur so viel sagen: Wenn es ihn nicht gegeben hätte, wären wesentlich mehr Juden den Schlächtern zum Opfer gefallen.

Erst zweiundzwanzig Jahre später, erst als mich die ausführlichen Recherchen für mein Buch zwangen, die Vergangenheit mit all ihren Narben Schicht für Schicht abzutragen, nahm ich seine Fährte wieder auf. Eine Fährte ehrfürchtig geflüsterter Hinweise, die mich auf direktem Weg zu diesem unerschrockenen Mann führte. Die Tür seiner Freundschaft stand mir weit offen und wir tauschten Erinnerungen an die Vergangenheit aus. Ich empfand ihn als klug und zielstrebig, als einen umsichtigen, tapferen Visionär. Als einen Mann hoher moralischer Ansprüche, einen Menschen voll Ruhe und Kraft. Immer noch war er ein Heiler, der sich um andere sorgte. Gemeinsam genossen wir herrliche Sommertage mit Wein und Musik, seine Geheimnisse dagegen behielt er für sich.

Am vierten Tag des Infernos konnten keine wütenden oder neugierigen Bürger mehr in die Nähe der Schouwburg gelangen. Die Straße war abgesperrt worden. Nur die Lastwagen mit ihrer Fünf-Gulden-Fracht kamen an und fuhren davon. In unserem düsteren Lagerhaus hatte der Mangel an Frischluft und Hygiene einen neuen schlimmen Höhepunkt erreicht. Auf der verzweifelten Suche nach einem halbwegs sauberen Fleckchen trugen junge Männer gebrechliche Körper hin und her. Es gab Augenblicke, in denen ich am liebsten ohnmächtig geworden wäre, und ich wunderte mich wirklich, warum es nicht dazu kam.

Um die Mittagszeit hatten wir unseren ersten Selbstmordfall. Mit zerschmetterten Knochen lag ein Mann auf der Gasse beim Bühneneingang. Ein Fenster im dritten Stock war sein Ausweg gewesen. Ich hatte ihn nicht springen sehen, andere aber wohl. Ich hatte nur die Schreie gehört. Die Leute strömten zum Unglücksfenster, riefen nach dem Mann und streckten ihre Arme aus, als könnten sie ihn damit noch erreichen und zum Durchhalten bewegen. Als hätte er durchhalten können oder wollen ... Wie klein er doch von hier oben aussah! Wie ein verkrumpeltes Stoffbündel. Dr. Peters war hinter mir die Treppen hinaufgestürmt. »Wir müssen uns vergewissern«, sagte er. Also rannten wir hinunter, um uns ein Bild von der Lage zu machen.

Es war kein Stoffbündel. Es war ein Mann. Sein Kopf war zur einen Seite hin stark abgeknickt, sein Gesicht schien wie verzerrt von Schmerz, und seine Augen hatten den Ausdruck eines gehetzten Tieres, eines Tieres, das nicht mehr weiterlaufen kann. Dr. Peters fühlte nach dem Puls, konnte aber keinen mehr ertasten. Sanft schloss er dem Fremden die Augen und deckte ihn mit seinem Mantel zu. Die Schuhe und eine Hand ragten darunter hervor. Schöne schwarze Schuhe mit sorgfältig gebundenen Schnürsenkeln und eine gepflegte Hand ohne Ring. An diesem Mann war nichts Ungewöhnliches – außer dass er sich das Leben genommen hatte. Ich wünschte, er hätte im kühlen Gras einer Wiese seine letzte Ruhestätte gefunden, und nicht auf einer Gasse, nicht auf den harten Steinen. Ein gar zu elender Tod. Ein gar zu kaltes Totenbett.

Die neuesten Anstrengungen der Kopfjäger führten uns ganze Wagenladungen alter Leute zu. Die meisten brachten außer ihrem Alter kaum etwas mit. Zeit zum Packen hatte man ihnen nicht gelassen. Unter den Leuten war auch ein Mann, der eine deutsche Uniform aus dem Ersten Weltkrieg trug. Statt eines Mantels trug er Orden, statt eines Stockes ein glänzendes Schwert. Natürlich erregte er einiges Aufsehen. Einst war er ein tapferer Soldat gewesen. Er hatte es zum Oberstleutnant gebracht, und sein Vaterland hatte ihn geehrt. Für seine treuen Dienste hatte er zwei Belohnungen erhalten: das Eiserne Kreuz und eine Stahlplatte für seine Kopfschusswunde. Mit dieser »Visitenkarte« als Entree wünschte er den zuständigen Offizier zu sprechen, um sofortige Freilassung für sich und seine Frau zu erbitten. Wir mussten ihm sagen, dass die Operation Schouwburg keine Militäraktion sei. Aber er wollte nicht locker lassen. Er sprach mit leiser, schwacher Stimme, so als läge er immer noch im Schützengraben und habe Angst, der Feind könne ihn hören.

Auf gar keinen Fall wollte er die Tatsache akzeptieren, dass das Deutschland, das er liebte und bewunderte, nicht mehr existierte, dass jene, die einst für dieses Land gekämpft hatten, längst vergessen waren. Auch konnte er nicht fassen, dass jenes Land, das er immer noch seine Heimat nannte, jenes Land, das Goethe, Heine, Schiller, Bach, Beethoven und Brahms hervorgebracht hatte, jetzt eine Nation von Rassisten war. Er war ein Mann, der nicht mehr in dieser Zeit lebte. Seine Frau versuchte nach Kräften, ihn von seinem Mitleid erregenden Auftritt abzubringen. »Vati«, sagte sie nachsichtig, »setz dich lieber mal hin und ruh dich ein wenig aus. Du siehst ja ganz erschöpft aus.« »Das mache ich schon noch, Mutti, das mache ich schon noch, aber erst muss ich doch mit dem Kommandeur reden. Und dann gehen wir wieder nach Hause.« Er gab ihr ein liebevolles Küsschen auf die Wange und marschierte davon.

»Was meinen Sie wohl, was er zu Hause macht?« fragte mich seine Frau. »Er schreibt seinen alten Kameraden Briefe. Er schreibt die Briefe, schickt sie aber nie ab. Dann geht er und kauft sich Zeitungen, die er nie liest. Sie sollten sein Zimmer sehen. Bilder vom Kaiser, Fotos aus seiner Militärzeit, seine Universitätsdiplome und die alten Möbel seiner Großmutter. Alles voller Gerümpel. Er macht sich ja so gern was vor. Er macht sich vor, es sei alles noch wie früher, Deutschland sei immer noch groß und angesehen und die Nazis gäbe es nicht. Ich frage ihn: ›Wer hat dir denn dein Haus und dein Geschäft weggenommen? Wer hat denn dafür gesorgt, dass dein Sohn nicht Professor an der Universität werden konnte? Wer hat Laura das Herz gebrochen? Weißt du das denn alles nicht mehr?‹ Das frage ich ihn. So ein netter Junge, hast du gesagt, na klar, dieser *Goy* von einem Papa hat ihm einen tollen Posten bei den Nazis besorgt, da kann er jetzt auf seinem faulen *toches* sitzen und braucht sich nicht anzustrengen. Den einen Tag liebt er Laura, und den nächsten will uns dieser nette Junge allesamt nicht mehr kennen. Nazis! Und du sagst, es gibt keine Nazis! Na schön!« Es entsteht eine Pause. Ich habe das Gefühl, etwas sagen zu müssen, aber mir fällt nichts ein, was sie nicht ohnehin schon weiß. Ihre runden, braunen Knopfaugen schweifen schnell über die Menge. »Na, ich will mal lieber nach meinem tapferen Soldaten sehen, sonst versucht er am Ende noch, alle für den Krieg von 1914 zu rekrutieren.«

Am fünften Tag des Infernos luden die Kopfjäger ein ganzes Genesungsheim bei uns ab. Manche konnten nicht laufen, andere nicht stehen, und alle brauchten Wasser und Decken. Die Schwächsten trugen wir in den Orchestergraben und legten sie hin. Der Fußboden war eiskalt. Es gab kein Feuer, das sie hätte warm halten können. Doch sie beklagten sich nicht. Nachdem wir sie »gebettet« hatten, gingen wir in eine Ecke und bemitleideten sie gemeinsam. Wie viele unterschiedliche Rollen wir doch in diesem letzten und größten Drama der Schouwburg schon gespielt hatten!

Als wir unsere jeweiligen Erfahrungen austauschten, erfuhr ich, dass nicht alle aus meiner Gruppe die Anordnungen aus der Füntens befolgt hatten. Henriette Davids zum Beispiel verriet, dass sie kein Gepäck mehr schleppte. Sie hatte eine bessere Form der Hilfe gefunden: Sie spielte jetzt wieder für ihr trauriges, aber treues Publikum den Clown. Ihre Augen waren aufgedunsen und verquollen, aber ihr Publikum sah nur ihr lustiges Gesicht und hörte nur ihre drolligen Späße. Jede ängstliche Minute hatte sie mit Lachen überdeckt, denn das Lachen war ihr Geschäft.

Sylvain Poons hatte sich zunächst bemüht, aus der Füntens Anweisungen Wort für Wort zu befolgen und die Menschen samt ihrer

Wertsachen mit Namensschildern zu versehen. Er gab sich alle Mühe, aber die Menschenmenge war viel zu groß, die stetig anwachsende namenlose Masse viel zu unübersichtlich und verwirrend, als dass er ihrer mit Schildchen hätte Herr werden können. Er warf die Etiketten fort und kümmerte sich stattdessen um das, was ihm am meisten am Herzen lag: die Kinder. Er zeigte ihnen Zaubertricks und erzählte ihnen Geschichten mit glücklichem Ausgang. Die Kleinen mit den Tränen in den Augen ließ er, auf allen Vieren kriechend, auf seinem Rücken reiten. Und er betete mit ihnen: »Müde bin ich, geh' zur Ruh', schließe beide Äuglein zu. Vater, lass die Augen dein über meinem Bette sein …« Der humorvolle Sylvain mit seiner Körperfülle der mittleren Jahre und seinem aufgesetzten Mondgesicht – er sah erledigt aus, alt und gebrochen. Ein trauriger Komiker.

Und mein gut aussehender Sängerkollege Bert sah inzwischen auch nicht mehr gut aus. Sein Gesicht war mit schmutzigem Schweiß verschmiert, und er brauchte unbedingt etwas Alkoholisches. Noch nie hatte er es so lange ohne Schnaps ausgehalten. Bert hatte Bettzeug, Teppiche, Schaukelstühle und tonnenweise Bücher geschleppt. Doch jetzt hätte er keine Stecknadel mehr aufheben können. Noch nie zuvor hatte Bert ernsthafte Sorgen gehabt, und auch die Verzweiflung anderer war ihm noch nie so nahe gekommen, aber er gab nicht klein bei. Tapfer widmete er sich überlaufenden Toiletten, tapfer kämpfte er mit der erzwungenen Nüchternheit. Armer Bert. Was für eine Zeit zum Nüchternsein.

Unser unbekümmerter Musiker Martin gab freimütig zu, sich nicht einmal bemüht zu haben, den Befehl, »die Leute von der Bühne fernzuhalten«, auszuführen. Martin war immer noch zu benommen, um die niederdrückenden Pflichten zu erfüllen, die ihm aufgetragen worden waren. Alles, woran er sich mit Sicherheit erinnern konnte, war, dass er Klavier gespielt hatte, dass er für *Les Misérables* improvisierte Klavierkonzerte gegeben hatte. Mit Ausnahme seiner Musik hatte Martin noch nie etwas ernst genommen. Und im Gegensatz zu vielen seiner Landsleute hatte er nicht ausgeharrt, als der Hitler-Terror in Berlin wütete. Er war geflohen.

Da kauerten wir sechs also nun wie Diebe in einer Ecke und versuchten, dem Ganzen einen Sinn abzugewinnen. Immer noch bemühten wir uns zu begreifen, weshalb unsere Schouwburg uns nicht beschützt hatte und weshalb wir die Schouwburg nicht länger hatten beschützen können. Müde und mit Tränen in den Augen, erschüttert und wie erstarrt hockten wir da, meine Kollegen und ich. Sogar der glänzende Kurt Gerron hatte seinen Glanz verloren. Kurt Gerron und Otto Wallburg, der jetzt in irgendeinem Krankenhaus um sein Leben rang, waren ungefähr gleich alt, und ich hatte die beiden oft über ihre Tage in Berlin reden gehört. Ihre Erinnerungen waren wie der Abglanz ihres bunt bewegten Lebens. Jeder hatte seine eigene Lieblingsgeschichte. Wallburg wurde nicht müde, von seinem berühmten Debüt als Schauspieler in der Bühnenversion von Oscar Wildes *Das Bildnis des Dorian Gray* zu erzählen. Als Anfänger hatte er nur einen einzigen Satz zu sagen: »Es ist angerichtet!« »Nun ja«, meinte Wallburg, »wir müssen ja alle mal irgendwo anfangen.«

Kurt Gerron kam immer wieder auf die aufregenden Ereignisse seiner eindrucksvollen Karriere zurück, zum Beispiel auf die sensationelle Premiere der *Dreigroschenoper* im Jahre 1928, durch die Lotte Lenya über Nacht berühmt wurde. Kurt war sich nie ganz sicher, wie oft er in der *Dreigroschenoper* aufgetreten war, aber es muss wohl weit über eintausend Mal gewesen sein. Er hatte an der Original-Schallplattenaufnahme mitgewirkt, in der Verfilmung mitgespielt und war natürlich auch weiterhin im Theater aufgetreten, – so lange, bis Hitler die Aufführung des Stückes verbieten ließ. Am Abend der letzten Vorstellung überraschten die Hitler-Ganoven die Truppe mit matschigen Tomaten und faulen Eiern. Die Nazis zielten gut, und so waren die Mitwirkenden über und über besudelt. Kurt rannte mit Ei im Gesicht zur nächsten Toilette, doch darin hatten sich schon Lotte Lenya und ihr Ehemann Kurt Weill eingeschlossen. Also ging Kurt tapfer auf die Bühne zurück und wollte weitermachen. Aber der Vorhang war schon heruntergegangen. Das Publikum schrie und suchte das Weite. Und soweit Kurt sich noch einigermaßen deutlich erinnern konnte, prügelten sich die Schauspieler mit den Nazis.

Jetzt, in den Todesstunden der Schouwburg, hatte Kurt das Fundbüro unter sich. Ein weiterer hoffnungsloser Kampf. »Finden Sie bitte ein Versteck für mich«, hatten ihn die verlorenen Seelen angefleht. »Sie müssen doch wenigstens einen Ort wissen, an dem wir sicher sind.« Und Kurt hatte sorgenvoll den Kopf gesenkt, denn er kannte keine Geheimecken, keine Verstecke hinter den Wandverkleidungen, wusste keine Möglichkeit, wie er auch nur ein paar Unglückliche hätte retten können. Im schummrigen Dämmerlicht stand mein mächtiger Freund und Leidensgefährte zitternd und verloren da. Mächtig war er nun nicht mehr.

»Sind Sie für dieses Haus hier zuständig?«, fragte eine ältliche Frau mit Rosinenaugen und dem Gesicht eines alten Cockerspaniels. »Ja, vermutlich sind wir das jetzt«, antworteten wir. »Letzte Woche waren wir noch Schauspieler.« »Letzte Woche«, so die brüchige Stimme weiter, »da hatte ich noch ein warmes Bad und ein weiches Bett. Wo bin ich denn hier eigentlich?« »In einem Theater.« »Was Sie nicht sagen! Was haben Sie hier denn gespielt, Komödien?« »Ja, meistens.« »Sagen Sie, das ist hier nicht zufällig die Joodsche Schouwburg?« »Doch.« »Na so was! Zwei Jahre lang habe ich mir nichts sehnlicher gewünscht als einmal herzukommen, aber ich war bettlägerig. Mein Arzt hat immer wieder gesagt: ›Warten Sie, bis es Ihnen besser geht.‹ Also habe ich gewartet. Und jetzt bin ich hier. Was meinen Sie, heißt das vielleicht, es geht mir jetzt besser? He, Rosa«, rief sie einer zusammengesunkenen Gestalt zu, die am Souffleurkasten lehnte. »Wir haben Orchestersitze!«

Draußen regnete es in Strömen. Allein der Himmel weiß, wie viele völlig durchnässte, zitternde Menschen in die Schouwburg geströmt waren. Ihre ganze Habe war durchgeweicht. Das Foyer, die Sitze und Teppiche, alles durch und durch nass. Da waren hässliche dunkle Flecke auf den roten Teppichen und Polsterstühlen, wie infektiöses Blut sah das aus. Noch ein Problem mehr, noch eine Gesundheitsgefahr mehr. Praktisch ohne Frischluft und ohne angemessene sanitäre Einrichtungen ließ sich eine Grippe-Epidemie auf Dauer wohl kaum vermeiden.

Noch mehr Leute kamen an. Immer mehr. Sie hörten einfach nicht auf damit, immer mehr Leute hier abzuladen. Und keine dieser vom Regen durchnässten Gruppen wurde direkt aus ihren Häusern zu uns gebracht. Ihre Häscher hatten sie zunächst einmal auf offenen Lastwagen in der ganzen Stadt herumgefahren.

Wie lange er da schon so unaufdringlich und schüchtern gesessen hatte, kann ich nicht sagen. Wie lange er mir schon mit seinen Augen gefolgt war, weiß ich nicht. Ich muss vorher schon an ihm vorbeigekommen sein. Direktor Hugo Helm! Das hätte ich mir niemals träumen lassen, dass auch er hier enden würde. Als ich vor über drei Jahren sein Princess-Operetten-Theater in Den Haag verlassen hatte, war er ein äußerst erfolgreicher, glücklicher Mann gewesen.

»Direktor Helm«, platzte ich heraus, »was um alles in der Welt machen Sie denn hier? Wann sind Sie nach Amsterdam gezogen? Und wie geht es Ihnen überhaupt?« Mir war nur allzu bewusst, wie außerordentlich albern eine solche Begrüßung unter derartigen Umständen geklungen haben muss, aber was hätte ich sonst schon sagen sollen? Ich kniete mich vor ihn hin und schaute in sein kluges, altes, verknittertes Gesicht. »Ist mit Ihnen alles in Ordnung?«

»Mir geht es gut, mein Kind«, antwortete er ohne große Gemütsbewegung und knöpfte sich den durchnässten Regenmantel auf. »Schau mich nicht so verwirrt an, mir geht es recht gut.« Er war so herzlich wie eh und je, bescheiden und gefasst, aber in Anbetracht dieser schwierigen Lage viel zu ruhig. Seine Reglosigkeit beunruhigte mich. »Was machen Sie denn hier?« wiederholte ich meine Frage. Er lächelte wehmütig und ließ dann langsam den Blick über die Gesichter der zusammengepferchten Masse schweifen: »Und was machen all diese Menschen hier?«

Die Feuchtigkeit seiner Kleidung und des Schmutzes an seinen Schuhen stieg mir in die Nase. ›Verdammt noch mal‹, dachte ich, ›wieso ist er denn nicht in Den Haag geblieben?‹ »Wieso sind Sie nicht in Den Haag geblieben? Dort ist es doch sicherer, oder?« »Für mich nicht, Silvie, für mich nicht.« In seiner Stimme lagen weder Traurigkeit noch Bitterkeit oder Empörung. Nichts. Seine entrückte Gelassenheit inmittten all dieses Grauens brachte mich aus der Fassung. Seltsam, aber er schien überhaupt nichts von der Anspannung und Bestürzung um sich herum mitzubekommen – so als wäre nur sein Körper noch hier und er selbst schon im Jenseits, ohne dass jemand um ihn trauerte.

»Waren die Nazis in Den Haag hinter Ihnen her?« »Nein.« »Weiß irgendjemand, wo Sie sind?« »Nein.« »Soll ich nicht vielleicht versuchen, jemanden zu benachrichtigen?« »Nein.« »Wartet denn niemand auf Sie?« »Niemand.« Niemand … Niemand … Es klang wie das Echo einer verlorenen Seele. Er, der so vielen freundschaftlich verbunden war, sollte jetzt auf einmal keinen einzigen Freund mehr haben? Natürlich hatte er Freunde. Nur den einen Menschen, auf den er so sehr gezählt hatte, den hatte er nicht.

Komm in mein Zimmer, sagte die Spinne zur Fliege – und die dumme Fliege nahm die Einladung an. Hugo Helms Spinne war seine langjährige Freundin Brünnhilde. Sie war eine schlaue Spinne, denn sie hatte genau gewusst, wann sie ihr trickreiches Netz spinnen musste. »Liebe Fliege«, hatte sie eines Tages verführerisch gegurrt, »ich glaube, dass die Nazis dir dein Theater wegnehmen werden. Du solltest es lieber auf meinen Namen überschreiben lassen.«

Und weil das eine so gute Idee zu sein schien, hatte er es getan. Bald darauf hatte sie ihn – natürlich nur, weil ihr sein Wohl so sehr am Herzen lag – dazu gebracht, auch sein übriges Vermögen auf ihren Namen umschreiben zu lassen. ›Und wieso nicht?‹ hatte er sich gefragt. War sie nicht immer seine geliebte Gefährtin gewesen, die ihm den Herbst des Lebens so bereichert hatte, und hatte sie nicht durch all diese fetten, diamantenglitzernden Jahre zu ihm gehalten? Wem sonst hätte er trauen sollen, wenn nicht ihr? Hätte er ihre Redlichkeit in Frage stellen sollen? Natürlich nicht! Das war ihm nie in den Sinn gekommen. Als Brünnhilde dann aber tatsächlich die Verfügungsgewalt über seinen Besitz hatte, erwies sie sich als recht gnädig. Sie fraß ihren Gefährten nicht, wie Schwarze Witwen das für gewöhnlich taten, sie warf ihn einfach hinaus. Den Verlust seines Vermögens und der Liebe seines Lebens hätte Helm wohl verschmerzen können, nicht jedoch Brünnhildes Verrat.

Jeder, der Hugo Helm kannte, mochte und respektierte ihn. Sein Können und seine feine Art hatten ihm überall hohes Lob eingebracht. Er hätte mit Sicherheit Zuflucht bei Gleichgesinnten finden können, die Menschlichkeit nicht gegen einen Sack voll Gold eintauschen würden. Aber seine Selbstachtung war zerstört. Sich bei seinen Freunden blicken zu lassen, dazu schämte er sich zu sehr; sich bei den Nazis blicken zu lassen, dazu hatte er viel zu große Angst. Entmutigt und enttäuscht versteckte er sich in dunklen Einfahrten, statt an freundliche Türen zu klopfen. Ziellos streifte er umher, bis er sich unbeabsichtigt auf dem Weg nach Amsterdam befand … Landstraßen, Feldwege, Äcker, kleine Dörfer, düstere Bahnhöfe. Am Ende war es egal, welchen Weg er nahm, früher oder später führten sie alle in die Joodsche Schouwburg. Hugo Helm wurde aufgegriffen, noch ehe er die Innenstadt Amsterdams erreicht hatte. Und er war wohl froh, dass man ihn gefangen hatte, so ausgebrannt und mutlos und ohne alle Kraft, wie er war. Er war am Ende seines Weges angekommen – der Ewige Jude brauchte nun nicht mehr weiterzuziehen.

Hugo Helm war alles andere als ein geschwätziger Mann. Er verspürte nicht das Bedürfnis, voller Wehmut über die traurige Ouvertüre zu berichten, die zu seiner Verhaftung geführt hatte. Auf all meine Fragen nach dem Wie, Wann und Wieso erhielt ich nur philosophische Zitate, versteckte Hinweise und Andeutungen als Antwort. Er sagte wirklich nur sehr wenig. Was er selbst um jeden Preis vergessen und verdrängen wollte, sammelte ich für ihn und bewahrte es in meinem Gedächtnis auf.

Ich hatte seine Hände gehalten. Ich hatte ihm die Finger warm gerieben. Ich hatte gesehen, wie seine glanzlosen Augen mir Lebewohl sagten. Ein langes, melancholisches Lebewohl ... Er wirkte wie der traurigste Mann der Welt.

Von da an mied ich jede persönliche Begegnung mit denjenigen unter den Opfern, die ich kannte. Egal welches Unglück oder Missgeschick sie hierher gebracht hatte, egal wie tapfer sie ihr Schicksal ertrugen – früher oder später stellten sie alle dieselbe Frage: »Kannst du mich hier rausbringen?« Sogar Direktor Helm. Doch er meinte es nur im Scherz. Im Gegensatz zu den anderen. Helm hatte gesagt: »Ich bin froh, dass du keine Möglichkeit hast. Sieh mal, ich kann doch sowieso nirgends hin.« Dafür hatte er mich um Hilfe für die beiden jungen, verängstigten Liebenden gebeten, die ihm gegenüber saßen. Zwei junge Leute, die er persönlich überhaupt nicht kannte. »Genau wie Romeo und Julia«, hatte mein alter Direktor leise gesagt. »Auch sie wurden ins falsche Jahrhundert hineingeboren.«

Als die unbarmherzigen Stunden den Tag ausgelöscht hatten und als die regenreiche Nacht gekommen war, um ihre Fracht wieder einzusammeln, stand ich an der Tür. Als die Verdammten in die mondlosen Tiefen marschierten, stand ich an der Tür. Ich hatte niemandem Adieu gesagt. Ich hatte kein Baby geherzt, keinen Freund geküsst, auch nicht den Arm um einen weinenden Bruder gelegt. Ich stand einfach nur an der Tür.

Es ist immer so still, wenn sie gegangen sind. Ich stand da, in Kälte gehüllt – wie mein Theater, das Stück für Stück endgültig starb.

»Sind Sie für dieses Haus hier zuständig?« hatte die alte Frau im Orchestergraben gefragt, und wir hatten gesagt: »Ja, vermutlich sind wir das jetzt.« Doch dieses »Haus«, wie sie es nannte, die Joodsche Schouwburg, war jetzt kein Haus mehr, auch kein Theater. Es war nur noch ein Grab für die utopischen Hoffnungen guter Menschen … und ich eine der zuständigen Grabwächterinnen.

Am sechsten Tag des Infernos übernahm das Jüdische Komitee das Haus, und uns sagte man, wir sollten jetzt gehen. Herr Asscher (der ehemalige Präsident von Amsterdams großem Diamantenzentrum) und Herr de Cohen (der ehemalige Präsident einer ebenso bedeutenden Organisation), die jetzt beide an der Spitze des Jüdischen Komitees standen, hatten endlich Freiwillige geschickt, die uns ablösen sollten – natürlich mit Billigung der Deutschen.

Als ich auf einem Stuhl zusammengesunken dasaß, kam einer jener Freiwilligen zu mir und sagte, ich solle nach Hause gehen. Und ich, benommen und übermüdet, mit schweren Augen, stand auf und ging. Ich ging nach draußen. Nach fünf schrecklichen Tagen und Nächten hatte es ganz einfach geheißen: »Gehen Sie nach Hause!«

Der Regen hatte aufgehört. Ein kalter Morgen hatte die Straßen mit winterlichem Frost überzogen. Die Luft war so kalt wie der Tod. Auf den Straßen herrschte Friedhofsruhe. Apathisch und geschwächt trottete ich dahin. ›Bald wird es wieder losgehen‹, dachte ich. ›Die Razzien, die tägliche Jagd, die Erniedrigung der Menschen. Na, wenigstens bin ich erst mal draußen. Und ich will auch nicht, dass Mama und Herbert mir allzu viele Fragen stellen, wenn ich zurückkomme. Ich möchte jetzt nicht darüber sprechen. Ich möchte vielleicht nie darüber sprechen.‹

Mütter wissen immer, wann ihre Kinder nach Hause kommen. Immer! Niemand hatte ihr gesagt, dass man mich freigelassen hatte, und doch wusste sie es. Ich sah sie schon im Hausflur stehen, zusammen mit Herbert. »Ich bin wieder da«, rief ich. Das klang, als käme es von einer Bauchrednerin. Sie umarmten mich, und wir gingen ins Wohnzimmer. Im Kamin brannte ein Feuer, aber die Wohnung war kalt. Mama seufzte, sagte, ich sei ja so dünn geworden, so dünn, und dann sagte sie etwas von Hühnersuppe und einem heißen Bad. Herbert berichtete, dass die Kohlenrationen immer spärlicher würden, dass es eindeutig nicht genug Lebensmittel gebe und dass es Mama Nelson nicht allzu gut gehe.

Ich sagte überhaupt nichts, umarmte sie nur flüchtig und ging gleich in mein Zimmer. Ich fühlte mich innerlich leer. Wie mein bleiches, verschwommenes Gesicht im Spiegel. Lange saß ich auf meinem Bett und strich sanft über die weißen Laken. Dann fielen mir die Augen zu, und die Welt um mich herum versank. Ich schlief ein. Und als die Natur meine Energiereserven wieder aufgefüllt hatte, wachte ich auf. Die Zeiger meiner Uhr standen auf sieben – ob es Tag oder Nacht war, welcher Tag oder welche Nacht, wusste ich nicht …

Mütter wissen auch, wann ihre Kinder aufwachen. Mama kam, um mir zu sagen, dass das Abendessen fertig sei. Ob sie mir das Essen auf einem Tablett bringen solle oder ob ich mich kräftig genug fühle, um im Esszimmer zu essen, wo Toni und Margit schon auf mich warteten? Sie seien nun schon zum sechsten Mal zu uns gekommen. Es war also der sechste Abend, der Abend des sechsten Tages des Infernos …

Ich lief hinaus, um sie zu begrüßen, und aß nach etlichen Umarmungen, was von einem mageren Hühnerbein noch übrig geblieben war. Dann nahm ich in einem sehr kalten Badezimmer ein heißes Bad. Oberflächlich betrachtet hatte sich nicht viel verändert. Mama sprach immer noch von dem ungarischen Bäcker, der ihr Zucker und Mehl versprochen hatte, und Herbert durchkämmte immer noch die Stadt auf der Suche nach Milch und Honig, den Dingen, die einst in diesem Land so reichlich geflossen waren. Toni hatte vor den Hitlerbanden immer noch keine Angst, und Margit spielte immer noch Gitarre – und ihr Spielchen »Was können die mir denn schon groß tun?«. Genau wie vorher. Nur die Einsätze waren höher, die Risiken viel größer, und ein Spiel war es auch nicht mehr. Doch Margit ließ mich fast als Erstes wissen, dass sie jetzt vorhabe, in ihrer Wohnung Juden zu verstecken. Natürlich versuchte ich ihr das auszureden, konnte damit aber überhaupt nichts erreichen. Ihr Entschluss stand fest. Ganz gleich, wie laut die Trommeln Alarm schlugen, sie hörte nur die Stimme ihres eigenen Gewissens, die einzige Stimme, auf die sie hörte. Liebste Margit … liebste verspielte Freundin mit der unschuldigen Seele …

Am nächsten Morgen wollte mir Margit unbedingt ihr Versteck zeigen. Mit kaum verhüllter Skepsis folgte ich ihr. Wo kann man sich denn, fragte ich mich unentwegt, in einem Zimmer verstecken, das nicht viel größer ist als eine Puppenstube? Das von Margit ins Auge gefasste Versteck war ausgerechnet ihr Kleiderschrank. Dazu fiel mir nichts anderes ein als »Du willst mich doch wohl auf den Arm nehmen?« Doch was änderte das schon? Sie hätte ohnehin nicht auf mich gehört. Sobald wir in ihr kleines, behagliches Nest gekommen waren, forderte sie mich auf, alles ganz genau zu durchsuchen. Ich kam mir dabei entsetzlich dumm vor, aber ich tat, was sie wollte. Weil ich wusste, dass sie genau das von mir erwartete, krempelte ich alles um. Ich wühlte ihre Kleider durch, stöberte herum und hinterließ ein völliges Chaos in ihrer ansonsten so ordentlich aufgeräumten Garderobe – und fand nichts.

Meine Freundin triumphierte. Diesen Augenblick genoss sie wirklich aus vollstem Herzen. Und nachdem wir zusammen ein Glas Schwarzmarktwodka getrunken hatten, lüftete Margit ihr Geheimnis: Sie hatte in die Rückwand ihres Einbauschrankes eine Geheimtür eingebaut. Diese Tricktür, raffiniert hinter beweglichen Schuhregalen verborgen und mit Schuhen vollgestellt, führte zu einer abgeschlossenen, leeren Ecke des Raumes, die früher einmal Teil einer jetzt anscheinend nicht mehr zugänglichen Dachkammer gewesen war. Sogar als sie mir alles erklärt hatte, konnte ich den Hebel immer noch nicht finden, der die Geheimtür öffnete. Zweifellos war ich beeindruckt und überdies überzeugt, dass niemand dieses Versteck entdecken könnte, wenn sogar ich es nicht geschafft hatte. Am allerwenigsten die Kopfjäger, die eindeutig nicht schlau genug waren, um sich etwas Derartiges auch nur vorzustellen.

Nachdem ich mich von Margits Erregung hatte anstecken lassen und selbst sehr neugierig geworden war, probierte ich die Geheimtür aus. Prompt blieb ich darin stecken. Sie war beängstigend klein, man konnte sich kaum hindurchzwängen. Nach mehreren Versuchen schaffte ich es jedoch, mich hindurchzuwinden. Der leere Raum dahinter, so stellte ich fest, war genauso niedrig wie beengt. Ich krümmte mich wie eine Brezel und hatte dabei das beunruhigende Gefühl, in ein Miniatur-Verlies eingesperrt zu sein, und wand mich ganz schnell wieder hinaus.

»Das ist ja wirklich was«, sagte ich mit ein wenig bemühter Begeisterung, während es mich bei dem Gedanken schauderte, ich müsste jemals selbst von diesem Versteck Gebrauch machen. Nach einem weiteren Glas Schwarzmarktwodka ließ ich Margit wissen, dass ich mich extrem beengt gefühlt hatte und mir Sorgen um die Frischluftzufuhr machte. Doch Margit war nicht im Geringsten besorgt. Sie war vollkommen überzeugt, dass die stecknadelgroßen Löcher, die sie in die Rückwand des Schrankes gebohrt hatte, ausreichen würden. Außerdem würde der Erfolg des Unternehmens gar nicht vom Sauerstoffvolumen des Verstecks oder von der Größe der Geheimtür abhängen, so erklärte mir meine Freundin, denn schließlich solle sich ja niemand lange darin aufhalten. Das nahm ich mit spürbarer Erleichterung zur Kenntnis.

Margits Trumpfkarte, wie sie sich ausdrückte, war die Lage ihres Zimmers. Ganz oben unter dem Dach, vierundsechzig Treppenstufen zu erklimmen, bevor man an ihre Tür kam: alte, knarrende Holzstufen. Das ließ ihr Zeit – eben die Zeit, die man für vierundsechzig Stufen brauchte. Jeder, der sich in ihrer Puppenstube versteckt hielt, hätte also bestimmt Zeit genug, rechtzeitig in das Miniatur-Verlies zu gelangen. Außerdem würde es ja auch Warnzeichen geben. Wenn sich die Hitler-Anhänger nicht durch Klingeln an der unteren Wohnungstür oder durch Zuschlagen der Haustür verrieten, wären zumindest ihre Stiefeltritte auf der Treppe ein sicheres Alarmsignal.

Und falls es die Verfolgten einmal wirklich nicht durch die Geheimtür schafften, beabsichtigte Margit, dass die Frauen – nie mehr als zwei auf einmal – im Bett liegen bleiben und sich krank stellen sollten. Die Männer dagegen – nie mehr als einer – sollten bei einer leidenschaftlichen Umarmung mit Margit im Bett angetroffen werden … einer Umarmung, bei der sie sich höchstwahrscheinlich nicht verstellen müssten.

Als Dauerlösung war Margits Wohnung ungeeignet; dort oben hätte man den Krieg kaum aussitzen können. Doch vorübergehend sollten viele Gejagte in Margits Zimmer unter dem Dach Zuflucht finden können.

Seit dem Fall der Schouwburg war weniger als ein Monat vergangen, und wer immer gedacht hatte, jetzt könne es ja kaum noch schlimmer kommen, hatte sich bitter getäuscht. Die Razzien gingen nicht nur weiter, sondern wurden sogar noch intensiviert. Zunächst hatten die

Fünf-Gulden-Kopfjäger ihre Opfer auf den Straßen aufgegriffen. Weil sich jedoch inzwischen nur noch sehr wenige Juden auf die Straße trauten, kamen die Jäger nun in die Häuser. Wann immer dies möglich war, informierte uns der holländische Widerstand im Voraus über die Razzien. Manchmal war es ein tapferer Kurier, der uns die schlimme Nachricht brachte, manchmal auch die Flüsterpropaganda. Doch letztlich lief es immer auf dasselbe hinaus: verschwinden, untertauchen!

Und dann tauchten die Juden unter, flüchteten einfach in andere Stadtteile, in denen sie ein bis zwei Tage, manchmal auch eine Woche lang sicher waren. Ein andermal wurden Warnungen jedoch fehlgeleitet, abgefangen oder kamen zu spät, und dann machten die Kopfjäger reiche Beute. Sie holten die Juden heraus, fuhren sie auf Lastwagen fort und kassierten ihr Blutgeld ... Dann war es in meinem alten Theater wieder ein oder zwei Tage lang gerammelt voll, manchmal auch eine Woche lang.

Es war ein höllischer Winter, dieser brutale Winter 1942/43. Die Moral sank, die Schwarzmarktaktivitäten nahmen zu. Wer Nahrungsmittel, Zigaretten, Toilettenartikel, Feuerholz oder Kohlen gehortet hatte und verkaufte, wurde entweder erwischt oder sehr reich. Wer etwas auf diese Art kaufte, wurde entweder erwischt oder sehr arm. Und wer weder kaufte noch verkaufte, musste hungern und frieren. Wirklich höllisch, dieser brutale Winter 1942/43.

5.

Die Möbel aus Herrn Sterns Esszimmer waren schnell auf den Speicher gebracht, um Platz für Nähmaschinen zu schaffen – für vierundzwanzig Maschinen, um genau zu sein. Die Deutschen liehen Herrn Stern diese Maschinen aus, damit auch er seinen Anteil zu den Kriegsanstrengungen beitragen konnte. Dass ihm die Maschinen ursprünglich gehört hatten, war zwar paradox, aber kaum überraschend. Eigentlich wären mir Herr Stern und seine Nähmaschinen auch vollkommen egal gewesen, doch einige Wochen lang hatten wir ein gemeinsames Interesse: Krawatten. Die Art Krawatten, die Männer zu Uniformen trugen – deutschen Uniformen.

Herr Stern hatte erfahrene Näherinnen gesucht. Und das hatte Toni, die ihn gut kannte, auf die Idee gebracht, ihm vorzuschlagen, er solle doch mich einstellen. Er sagte nein; und als Toni ihre Idee mir vortrug, sagte auch ich nein. Schließlich änderten wir aber beide unsere Meinung. Er, weil er Toni gern hatte, und ich, weil zu der Arbeit auch ein willkommenes Papier gehörte: jenes, das dem Inhaber bescheinigte, dass er oder sie »vorübergehend vom Transport in ein Arbeitslager freigestellt« sei. Nichts anderes hätte mich dazu bringen können, morgens um sechs Uhr meine Wohnung zu verlassen und mich der Plackerei mit den Nadeln auszusetzen, die pünktlich um sieben Uhr begann. Jeder Augenblick dieser lächerlichen Farce war mir verhasst. Doch das besagte kostbare Papier in meiner Tasche erlaubte mir, mich wesentlich sicherer zu fühlen. Durch diese neue Erfahrung lernte ich sogar etwas – etwas, das allerdings mit Nähen nichts zu tun hatte. Ich gebe gern zu, dass ich mit den Nähmaschinen die ganze Zeit auf Kriegsfuß stand. Meine Nadel blieb stecken, nähte im Zickzack oder brach sogar ganz ab. Und das Stück Stoff, das ich manchmal retten konnte, hatte mit einer Krawatte auch nicht die entfernteste Ähnlichkeit.

Insgesamt dauerte diese idiotische Arbeit kaum fünf Wochen. Nein, Herr Stern entließ mich nicht. Herr Stern wurde seinerseits von den Deutschen entlassen. Vielleicht hatte er zu viele Krawatten produziert, vielleicht auch zu wenig. Vielleicht hatte man für Sterns Maschinen auch einen besseren Verwendungszweck gefunden. Ich weiß nur, dass an einem elenden Morgen ein aufgeblasener Nazi kam, die Werkstatt dicht machte und mir mein Freistellungspapier wegnahm.

Was Herrn Stern betrifft, so überlebte er die Nazis vielleicht mit ein wenig Glück. Anfangs mochte ich ihn, offen gesagt, überhaupt nicht. Mit seinem nervösen Gehabe machte er auch mich nervös. Auch sah er ganz bestimmt etwas seltsam aus. Stern trug immer dieselbe alte Brille und dazu dasselbe einfältige Grinsen und denselben unterwürfigen Gesichtsausdruck. Auch seine Kleidung wirkte komisch. Man wusste nie genau, ob seine verkrumpelten Anzüge zu groß waren oder ob er selbst kürzlich kleiner geworden war. Natürlich hielt ich ihn für einen Speichellecker und Narren. Schlimmer noch – ich hielt ihn für einen Kollaborateur. Nicht gerade jemand, den zu kennen ich gern zugab.

Erst viel später erfuhr ich, dass er weder das eine noch das andere war. Stern hatte den Narren nur gespielt, um die Feinde zum Narren zu halten. In Wahrheit war er ein brillanter, trickreicher Mann, ein listiger, schlauer Jude … Und jemand, dessen Bekanntschaft einem zur Ehre gereicht hätte.

Unsere Wege kreuzten sich nie wieder. Und hätte mir Herr Cohen, Tonis Pflegevater, der Stern sein ganzes Leben lang gekannt hatte, nicht einiges über ihn erzählt, dann würde ich Stern wohl heute noch für einen vollkommenen Trottel halten. Doch durch alte Fotos, die Tonis Pflegeeltern in ihren Schubladen aufbewahrten, Fotos, die so vergilbt und verblichen waren wie die Tage ihrer Jugend, und durch die Erzählungen von Vater Cohen – durch all das lernte ich den wahren Marcus Stern kennen, den Marcus Stern, der seine Karriere im winzigen Hinterzimmer eines heruntergekommenen Ladens in Amsterdam begonnen hatte, wo er mit Spitzen verzierte Taftunterröcke für Bräute und weniger jungfräuliche Damen entwarf und verkaufte.

Die Damen müssen, laut Papa Cohen, seine Arbeit und ihn selbst sehr geschätzt haben, denn sie machten ihm viele Komplimente und zahlten ihm viel, viel Geld. Er vergrößerte sein Geschäft, kaufte ein riesiges Gebäude, renovierte es und richtete darin Bürosuiten, elegante Ausstellungsräume und eine Fabrikationshalle mit brandneuen Maschinen ein. Als ihm ein paar Jahre später Anna, das hübsche Mannequin, das er geheiratet hatte, zwei wunderschöne kleine Mannequins geboren hatte, waren all seine Träume wahr geworden. Marcus Stern liebte seine Arbeit, seine Familie, seine Königin und das Land der Tulpen und Windmühlen, das so gut zu ihm gewesen war. Sein Land!

Dann kam der Krieg. Dann kamen die Nazis. Dann kam die Unterdrückung. Doch Marcus Stern hielt seine Fabrik in Gang. Seine Freunde flohen. Die Nachbarn flohen. Der Rabbi seiner Synagoge floh. Doch Marcus Stern hielt seine Fabrik in Gang. Erst nach vielen, vielen Monden, als immer noch kein Ende des Krieges in Sicht war, entschied er sich, sein Geschäft zu verkaufen. Es florierte ohnehin nicht mehr, war allerdings immer noch sehr viel wert. Weshalb sollte er es sich von den Nazis stehlen lassen?

»Zeit, den Laden zu verkaufen«, sagte er eines Morgens am Frühstückstisch zu seiner Frau, als sich draußen die ersten Blätter gerade zu verfärben begannen. Sie gab ihm Recht.

»Ich kann keine neuen Stoffe mehr bekommen, und meine besten Kunden haben ihre Aufträge storniert«, seufzte er entmutigt. »Ich muss einen Käufer finden und verkaufen, ganz schnell verkaufen«, sagte Marcus an einem Spätnachmittag zu seiner Frau, als die letzten Herbstblätter zu Boden fielen. Sie nickte mit ihrem schönen Kopf.

»Ich habe kein einziges anständiges Angebot bekommen. Niemand will mir auch nur einen Gulden dafür geben. Dabei ist der Laden ein Vermögen wert. Warum nur kann ich niemanden finden, der das Geschäft übernimmt?«, fragte er seine Frau, als die bläuliche Winterkälte schon über die Erde kroch. Und sie sagte gar nichts mehr …

Papa Cohen konnte nie verstehen, wieso sein Jugendfreund den Laden nicht einfach zumachte und wegging. »Was für ein sturer Jude!«, pflegte er mit einem plötzlichen Gefühlsausbruch zu sagen, und dann: »Ich glaube, er konnte einfach nicht loslassen.«

Jeden Tag ging Stern in seine Fabrik, wanderte durch die leeren Hallen und wartete. Sogar am Sonntag. Er wartete auf ein Angebot, auf jemanden, der bereit war zu übernehmen … Papa Cohen konnte sich nicht mehr erinnern, wann es schließlich soweit war. Er wusste nur, dass eines Tages am frühen Morgen die »Übernahme« stattgefunden hatte. Ein Inspektor Bull war gekommen und hatte Stern für sein Gebäude, die Ausstattung und das letzte Dutzend Seidennachthemden nicht viel mehr als einen Dreck angeboten. Inspektor Bull hatte nicht lange gefackelt, wie sich der alte Mann erinnerte. Er hatte sofort alles, einschließlich des Besitzers Marcus Stern, zum Eigentum des Dritten Reiches erklärt. Und noch ehe sich der arme Marcus den Schweiß von der Stirn wischen konnte, war schon ein brandneues Geschäft angelaufen: Jetzt sollte hier eine Fallschirmproduktion aus dem Boden gestampft werden.

Papa Cohen bestand darauf, dass sein Freund Stern eher über den Verwendungszweck der Fallschirme und deren Ziel als um sein eigenes Schicksal besorgt war. Letzteres, pflegte Stern zu sagen, liege ohnehin in Gottes Hand.

Die geplante Fließbandproduktion, die in Nullkommanichts anlaufen sollte, war anscheinend doch mit erheblichen Problemen verbunden. Grund für diese Probleme waren Sterns auf Spitzenwäsche und Feinarbeit eingerichtete Nähmaschinen, die mit dem schweren

Stoff nicht zurechtkamen, der für die Fallschirme benötigt wurde. Ergebnis: Der Terminplan der Nazis brach vollständig zusammen. Der für die Übernahme der Fabrik Verantwortliche musste also, statt in Rekordzeit Fallschirme zu Tausenden auszustoßen, erst einmal abwarten, bis seine Untergebenen eine Möglichkeit gefunden hatten, anderswo schwerere Maschinen zu stehlen.

Stern erschien die Tatsache, dass Bull mit seinen konfiszierten Nähmaschinen nichts mehr anfangen konnte, als ein Zeichen des Himmels, dass doch noch nicht alles verloren war. Mit Köpfchen und einer großen Portion Chuzpe überredete der nervöse kleine Mann mit der Brille und dem zerknitterten Anzug Inspektor Bull, ihm seine Maschinen auszuleihen, damit sie – wie er selbst – dem guten Inspektor andere Dienste leisten könnten. Bull war einverstanden. Auf geradezu lächerliche Weise ergab dieses neue Arrangement ja durchaus einen Sinn: Marcus Stern wusste alles über Material und Stoffe, Bull dagegen überhaupt nichts. Überdies hatte es jeder Nazi gern, mit dem Gefühl zu leben, einen kleinen Juden in der Tasche zu haben.

Auf diese Weise kam die seltsame Allianz – oder wie Papa Cohen es ausdrückte, das Schachspiel – zwischen Inspektor Bull und Marcus Stern zustande. Man braucht allerdings wohl nicht lange zu raten, wer dabei die Dame und wer die Bauern führte …

Nebenbei bemerkt: Toni gesellte sich nie zu dem reizenden Nähkränzchen des Herrn Stern und nutzte auch keine andere Möglichkeit, sich eine Arbeit zu beschaffen, die ihr eine vorübergehende Freistellungsbescheinigung eingebracht hätte. Sie hatte wirklich eine unüberwindliche Abneigung gegen Arbeit. Stattdessen ließ sie sich kurz darauf von einem Unbekannten Margits Personalausweis kopieren – mit einem Foto von ihr selbst. Nun gab es *zwei* Frauen namens Margit Heinrich.

Irgendwann waren in Amsterdam Juden schwerer zu finden als Stecknadeln im Heuhaufen. Entweder hatte man sie bereits abtransportiert, oder sie waren schon früh geflohen, versteckt oder im Besitz falscher Papiere. Schwer vorzustellen, dass die Inhaber gefälschter Papiere so verrückt sein sollten, dass sie ihre Entdeckung allein wegen eines Spaziergangs im Park oder eines unbedachten Einkaufs in einem Modegeschäft riskiert hätten. Schwer vorzustellen, und doch taten meine beiden Freundinnen Toni und Margit genau das. Nicht, dass die eine zu Hause geblieben wäre, während die andere draußen herumlief. Sie gingen beide gleichzeitig aus. Spazierten Hand in Hand die Lieblings-Allee der Nazis entlang. Untrennbar fast wie siamesische Zwillinge, beide waren sie die eine und beide ebenso gut die andere. Was mochte sie nur auf die Idee gebracht haben, dass zwei Exemplare desselben Ausweises besser waren als keiner?

Lange bevor meine Freundinnen ihr Bestes gaben, um sich mit solch einer Dummheit in größte Schwierigkeiten zu bringen, hatte ich eine vergleichbare Dummheit schon hinter mir. Meine Eskapaden waren genauso »verboten« wie ihre. Es war ja alles »verboten«. Aber meine Ausflüge waren strikt geschäftlicher Natur – ich verließ das Haus immer allein und ohne Papiere. Begonnen hatten meine Dummheiten mit Piet. Piet war ein bettlägeriger junger Invalide – Kinderlähmung hatte er, glaube ich. Piet hatte – woher, das weiß ich nicht – jede Menge Zigaretten, die er nicht rauchte, und einen Heißhunger auf Süßes, aber keine Süßigkeiten. Ein alter ungarischer Bäcker hatte hinter seinen leeren Regalen versteckt etliche Süßigkeiten, die er gar nicht haben wollte, dafür aber nicht die Zigaretten, nach denen er sich so sehnte. Herbert kannte den Invaliden, Mama den Bäcker, und so fand ich mich, die ich weder den Invaliden noch den Bäcker kannte, auf dem Fahrrad meines Nachbarn wieder, und radelte durch den Schneematsch der Amsterdamer Straßen. Eine in Öltuch gut verpackte Ladung Zigaretten für den Bäcker, eine Ladung Süßigkeiten für den Invaliden, immer hin und her, hin und her. Für seine Einfädelung dieses Tauschhandels bekam Herbert einen Sack Kohlen, Mama bekam Zucker und Mehl, und ich bekam – vom vielen In-die-Pedale-Treten – Wadenkrämpfe.

Ich erinnere mich noch lebhaft an jede einzelne illegale Fahrradtour. Deutsche rasten in ihren Autos an mir vorbei und bespritzten mich von oben bis unten. Pfützen und Schlaglöcher waren zu überwinden, und unmittelbar vor mir kreuzten die verhassten Streifenwagen die Straße. Mein rundes Dutzend Kurierfahrten kam zu einem Ende, als dem Invaliden die Zigaretten ausgingen, dem Bäcker die Süßigkeiten und als mein Nachbar sein Fahrrad wiederhaben wollte. Ich dachte in diesem Zusammenhang nie an Schwarzmarkthandel, für mich war es ein Handel zwischen Freunden, der es rückblickend nicht wert gewesen war, dafür Kopf und Kragen zu riskieren.

Gegen Mittag klopfte es an der Tür. Zweimal kurz, stakkatohaft. Herbert, der mit der Lieferung von einem Dutzend Eiern als Gegenleistung für die Auftragskomposition eines Chansons rechnete, öffnete die Tür, und herein kamen zwei wahrhafte Hünen. Kopfjäger. Schon seit über einer Woche hatten keine Razzien mehr stattgefunden, und auch für diesen Tag war eigentlich nicht damit zu rechnen. Laut Flüsterpropaganda war die Luft rein, ein schöner Tag, ideal für das Beisammensein mit Freunden oder Verwandten, vorausgesetzt, man hatte noch welche.

Bei uns zu Hause waren immer Leute zu Besuch. Freunde kamen einfach vorbei – noch lange, nachdem es »verboten« war. An dem Tag, als die Kopfjäger zu uns kamen, war es nicht anders. So befanden sich sieben Leute in unserer Wohnung: drei Juden, ein Halbjude (oder Halbarier) und drei »reine Arier«. Eine sehr gemischte Gesellschaft bei einem sehr »verbotenen« Treffen. So gesehen kein guter Tag. Die beiden NSP-Hünen pflanzten sich schnurstracks vor der offenen Wohnzimmertür auf. Robert, unser Freund und Vermieter, ein »Arier«, erhob sich als Erster. Unverzüglich fragte er die beiden holländischen Nazis in einem Ton, der mir als sehr trotzig erschien, was sie hier zu suchen hätten. Er wartete ihre Antwort gar nicht erst ab, sondern ließ sie wissen, dass dies sein Haus und ihre Gegenwart nicht erwünscht sei. Er zeigte ihnen seinen offenbar sehr beeindruckenden Personalausweis und verlangte, dass sie das Haus verließen. Doch sein tapferer Auftritt war, wie ich befürchtet hatte, vergeblich: Sie wichen nicht von der Stelle. Als Nächstes versuchte Robert zu erklären, dass seine gleichfalls anwesende Schwester Martha sich überhaupt nicht wohl fühle; sie sei so geschwächt, dass sie keinerlei Aufregung vertrage. Martha, eine unverheiratete Klavierlehrerin, war gerade im Begriff, ein kleines Klavierkonzert zu geben. Darum bat Robert jetzt seine schweigsame Schwester, sich einfach ans Klavier zu setzen und zu spielen. Die arme Martha jedoch blieb an ihrem Stuhl kleben, ohne einen Mucks von sich zu geben und ohne auch nur eine Geste zu wagen, außer, dass sie mit zitternden Händen an ihrem Rock herumzupfte. Mir ging es nicht besser als Martha, auch ich schien an meinem Stuhl zu kleben. Meine Augen und Ohren waren aber, im Gegensatz zu meinem übrigen Körper, hellwach. Ich sah, wie Herbert auf das Klavier zusteuerte, und hörte, wie er sich nervös räusperte. Ich hörte, wie Margit die Saiten ihrer Gitarre zupfte, und ich hörte Mamas Ausruf »O Gott!«.

Das NSP-Gespann, vierschrötige Kerle alle beide, hatte sich keinen Zentimeter vom Fleck gerührt. Mir war aufgefallen, dass der Ältere der beiden in der rechten Hand ein weißes Blatt Papier hielt, das wie eine Namensliste aussah. Und so war es auch: Mein Name stand auf dieser Liste, und ohne alle Gefühlsregung rief der Nazi ihn auf. Immer und immer wieder las er meinen Namen vor, als wäre er der einzig lesbare von den Namen oder gar der einzige überhaupt auf der ganzen Liste. Der andere, wesentlich jüngere Mann sagte die ganze Zeit kein einziges Wort. Er blies nur unentwegt Rauchringe in die Luft.

Durcheinander und verwirrt wie ich war, fielen mir nur die abwegigsten Fluchtmöglichkeiten ein. Doch ironischerweise verhalf mir, als die Zeit verging, die endlose Wiederholung meines Namens durch den Kopfjäger zu einem klaren Kopf. Plötzlich wurde mir klar, dass keiner der beiden wusste, welche der vier anwesenden Frauen ich war, ja nicht einmal, ob ich überhaupt anwesend war. Was, wenn ich mich nun ruhig verhielte? Was, wenn die anderen zum Beispiel sagten, sie wüssten nicht, wo ich sei, dass ich fortgegangen sei, dass ich ausgezogen sei, dass ich einfach nicht zu Hause sei? Würden sie ihnen das glauben? Worum auch immer es bei dieser Aktion ging, eines war klar: Es handelte sich dieses Mal nicht um eine der üblichen Fünf-Gulden-pro-Jude-Razzien. Worauf waren sie also wirklich aus?

Letztlich war es die ernüchternde Angst, dass diese beiden, wenn sie keine Lust mehr hatten zu warten, uns einfach allesamt verhaften würden, und diese Angst veranlasste mich schließlich, die Hand zu heben und meinen Namen zu nennen. Kurz darauf machte der ältere Mann der Spannung ein Ende, indem er mir eröffnete, dass ich verhaftet sei und mitkommen solle. »Und zwar sofort!«, brüllte er und strich meinen Namen auf der Liste aus.

Ich schaute zu Herbert hin, dessen Gesicht weißer war als das Laken, auf dem ich geschlafen hatte. Margits Gitarre verstummte, und kurz bevor die Männer mich aus dem Zimmer trieben, entfuhr Mama noch ein weiteres »O Gott!«. Im Flur griff ich noch schnell meinen Mantel, und dann rannte ich mit weichen Knien, die Männer direkt hinter mir, aus dem Haus.

Unten auf der Straße wartete ihr offener Lastwagen. Ich kletterte hinauf und wir fuhren fort. Auf dem Weg zu unserem Ziel, das ich nicht kannte, machten wir noch mehrfach Halt, ein rundes Dutzend Mal. Jedesmal, bevor sie an einer weiteren Tür klingelten, sah ich sie auf ihre Liste schauen. Und alle, nach denen sie suchten, fanden sie auch. Von den anderen kannte ich niemanden. Wir nickten einander zu, aber redeten kein Wort.

Ich hatte nicht gedacht, dass ich es je wiedersehen würde; ich hatte nicht gedacht, dass ich den Anblick jetzt noch ertragen würde. Ach, mein geliebtes Theater! Sie haben mich zu dir zurückgeschickt: Nicht als den aufstrebenden Star, den du früher einmal mit deinen Lichtern überflutet hattest, nicht als die Nachtigall, die ihre lieblichen Lieder in deinem hell erklingenden Echo noch lieblicher fand. Nicht als die Wächterin deiner heiligen Hallen, deiner grandiosen Vergangenheit, nicht als eine Zeugin deiner brutalen Verschandelung und Entweihung. Ich bin jetzt das Opfer. Wie all jene vor mir, wie all jene, die mir noch folgen werden.

Die bittere Ironie, dass ich von allen denkbaren Orten ausgerechnet in meinem alten Theater abgeladen wurde, lähmte meine Gedanken. Mit scharfem Bewusstsein für meine Umgebung ging ich an der Wand entlang, doch meiner selbst war ich nicht bewusst. Weil ich mich zur Bühne hingezogen fühlte, wählte ich einen Sitz in Bühnennähe. Wie nackt doch alles dalag – wie ein unfruchtbarer Streifen unbewohnter Erde, der als einziges von einer zerstörten Welt noch übrig geblieben war.

Seit meinem letzten Aufenthalt hatten sie die Verfahrensweise geändert. Jetzt wurden die Habseligkeiten im Foyer aufgetürmt, und ein deutscher Soldat stand Wache. Die meisten Sitzreihen waren noch leer. Bislang waren nur wenige Leute eingeliefert worden. Gegen zwei Uhr nachmittags kamen weitere Leute, dann mehr und immer mehr. Und so viele Kinder darunter. Wer weiß, ob meine gelähmten Gedanken sich je wieder aus ihrem geistigen Rollstuhl erhoben hätten, wenn ich nicht dann und wann Gesprächsfetzen aufgeschnappt hätte, in denen es um diese Liste ging. Was für eine Art Liste war es? Und warum stand mein Name darauf? Ich wollte einen der jüdischen Freiwilligen danach fragen, stand jedoch durch meine Verhaftung immer noch zu sehr unter Schock, als dass ich mich dazu hätte aufraffen können, so dass ich den Gedanken wieder fallen ließ. Ich werde es schon noch früh genug herausfinden, sagte ich mir – noch früh genug.

Am frühen Abend fiel mir ein Mann auf, der mich eingehend musterte. Er war um die dreißig, mittelgroß und hatte einnehmende Gesichtszüge. Allerdings war er für eine derart unglückselige Gelegenheit etwas zu gut gekleidet – mit englischem Tweed und so weiter. Er hatte mich angelächelt, und ich hatte sein Lächeln halbherzig erwidert, ohne recht zu wissen, was ich davon halten sollte. Nachdem er sich ein paar Mal an mir vorbeigedrückt hatte, setzte er sich neben mich und flüsterte mir ohne große Einleitung schnell zu, er wisse, wer ich sei, und er sei gekommen, um mir zu helfen.

Sein Name war Lou. Er arbeitete als Freiwilliger mit dem Jüdischen Komitee zusammen – wie die anderen, die damals all die bitteren Pflichten von mir und meinen Kollegen übernommen hatten, als sie uns ablösten. Lous wahre Aufgabe bestand jedoch darin, den Nazis jüdische Prominente aus den Klauen zu reißen. Er wusste von dieser und anderen Listen und kannte alle Namen, die darauf standen. Es waren die Namen jüdischer Gelehrter, Wissenschaftler, Ärzte, Lehrer und Künstler. Namen, die für alle Bereiche und für jede Faser jüdischen Intellekts und jüdischer Kultur standen, die die Nazis zu vernichten entschlossen waren, während die jüdischen Führer ebenso entschlossen waren, sie zu retten. Lou hatte angedeutet, dass schon seit einiger Zeit über eine Art Abkommen zwischen den Deutschen und den jüdischen Führern verhandelt würde. Eine Art Tauschgeschäft. Unter folgender Bedingung: Sicherheit für die Personen auf der Liste gegen Preisgabe der immer noch versteckten, immensen jüdischen Vermögenswerte. Ob es letztlich dazu kommen werde, wisse er nicht.

»In der Zwischenzeit tun wir alles, was in unserer Macht steht«, sagte er. »Wir warnen, wen wir warnen können, und wenn das nicht geht, versuchen wir sie eben einzeln wieder hier herauszuholen. Sehen Sie«, fügte er mit einem wehmütigen Lächeln hinzu, »der tragische Witz an der Geschichte ist, dass die Nazis und wir dieselben Listen haben. Schlimmer noch, wir haben sie ihnen selbst gegeben. Uns blieb keine andere Wahl. Sie waren drauf und dran, jedes einzelne Haus niederzubrennen. Wie dem auch sei, machen Sie sich bitte keine Sorgen. Ich werde nicht zulassen, dass die Sie kriegen. Nicht heute

Nacht. Tun Sie genau, was ich Ihnen sage, und alles wird gut für Sie werden. Das verspreche ich Ihnen.«

Er hatte mir keine Gelegenheit gegeben, sacken zu lassen, was er mir gesagt hatte. Das meiste war atemlos an mir vorbeigerauscht. Erst nachdem er aufgestanden und weggegangen war, begannen seine unverblümten Eröffnungen langsam in die Tiefen meines Bewusstseins vorzudringen. Natürlich kam mir auch der Gedanke, der Mann könnte ein Irrer mit einem perversen Sinn für Humor sein, und nicht ein Mann, der alles riskierte, um einen weiteren Juden zu retten. Aber das glaubte ich einfach nicht.

Die Instruktionen, die er mir gegeben hatte, waren viel zu detailliert und zeugten von viel zu genauer Planung, als dass es sich nur um einen bösen Scherz handeln konnte. Ich sollte meinen gelben Davidstern abmachen, mein Make-up abwischen und mein schulterlanges rotes Haar unter einem Schal verbergen. Unauffälligkeit lautete die Devise. Wenn man mich nicht mehr erkennen könnte, sollte ich mir in der Nähe des Foyers einen Platz in der letzten Reihe suchen, von dem aus ich die Treppe gut sehen könnte. Dort sollte ich mich hinsetzen, mit niemandem sprechen und, was ganz besonders wichtig war, meinen Platz keinesfalls verlassen, ganz gleich, wer mich dazu aufforderte – bis ich wieder von ihm hörte.

Das war alles – jedenfalls fürs erste. Lou wollte erst um 23.00 Uhr wieder Kontakt mit mir aufnehmen. Dann würde er am Fuß der Treppe stehen und mir von dort weitere Instruktionen signalisieren. »Behalten Sie die Treppe unbedingt immer im Auge«, hatte er mehrfach betont.

Es war 18.00 Uhr. Mir blieben also noch fünf Stunden. Fünf Stunden, um mich meines Make-ups zu entledigen, aber ich hatte nichts, womit ich die Schminke abwischen konnte. Keine Reinigungscreme, keine Seife, kein Wasser und auch weder Kamm noch Spiegel. Den gelben Stern hätte ich liebend gern von meinem Mantel abgerissen, aber das ging nicht. Nichts von dem, was Lou mir aufgetragen hatte, konnte ich tun. Bei meinem hastigen Aufbruch von zu Hause hatte ich sogar meine Handtasche zurückgelassen. Ich war mit nichts hierher gekommen. Nun saß ich hier, und nur die nackte Bühne trennte mich von meiner alten Garderobe. Die nackte Bühne …

Ich musste wohl eingenickt sein. Geweckt wurde ich von dem unbewussten Gefühl, jemand habe mir etwas in den Schoß fallen lassen. Ich war schläfrig, mein Blick etwas verschwommen, aber es gab keinen Zweifel: Da lag sie, eine Papiertüte, die alles enthielt, was ich für meine Maskerade benötigte. Dicke Haarnadeln für mein volles Haar, eine Schere, ein eingeseifter Waschlappen und ein großer, schwarzer, etwas zerschlissener Schal. Von da an hatte ich keinen Zweifel mehr, dass Lou wirklich der war, für den er sich ausgegeben hatte, und dass mein Leben kaum in besseren, vertrauenswürdigeren Händen hätte liegen können.

Ich befolgte Lous Anweisungen sorgfältig. Wusch mir die Schminke ab, verbarg mein Haar unter dem zerschlissenen Schal und schnitt mir dann den verhassten gelben Stern ab. Und doch verursachten mir die vor mir liegenden Stunden, die überhaupt nicht vergehen wollten, beträchtliche Angst. Sollte ich bleiben, wo ich war, und darauf warten, dass das Zittern aufhörte? Oder sollte ich mich schon einmal nach dem Sitz umsehen, auf dem Lou mich haben wollte, wenn es soweit war? Vielleicht würde die Zeit dort schneller vergehen. Die Frau neben mir betete. Ich beneidete sie um ihren Glauben. Ich hatte keinen. Auch sie war allein hier. Allein mit ihrem Gott. Früher, als ich noch klein war, hatte auch ich viel gebetet, damals, als Papa noch lebte … Nach seinem Tod habe ich nicht mehr gebetet.

Vor den Toiletten hatten sich lange Schlangen gebildet, ebenso bei der Suppenausgabe. All die anderen Niedergeschlagenen warteten einfach nur. Ich konnte keinen leeren Platz an der richtigen Stelle finden. Im Schneckentempo wurden aus Minuten Stunden, von denen sich eine so quälend dahinschleppte wie die nächste. Den ganzen Abend stand ich da und beobachtete, wie die Schwachen sich ihren Sorgen hingaben und weinten. Den ganzen Abend stand ich da und beobachtete, wie die Starken ihren Geist mit der Glut der Hoffnung befeuerten.

Kurz nach 22.00 Uhr fand ich einen unbenutzten Klappstuhl. Ich trug ihn über die Köpfe der anderen hinweg an den Platz, an dem ich mich einfinden sollte, und setzte mich. Es war ein angenehmes Gefühl, nicht mehr stehen zu müssen. Ich war müde, aber unfähig, mich zu entspannen. Ich musste stets daran denken, dass ich auch jetzt, nach fünf Stunden, nicht mehr über Lous geheimnisvollen Rettungsplan wusste als am Anfang.

Um 22.30 Uhr begann ich den Treppenaufgang ins Visier zu nehmen. Der Zugang zur Treppe vom Foyer aus war immer noch mit Seilen abgesperrt. Ich versuchte mich zu erinnern, um welche Zeit früher die Höllenjäger in der Nacht gekommen waren, um die Beute des Tages abzuholen. Welche Stunde war die wahre Geisterstunde? Ich wollte es unbedingt auf die Minute genau wissen, aber es gelang mir nicht. Ich wurde ganz benommen, wenn ich nur daran dachte.

Die Stunde Null schlug um 23.07 Uhr. Und es war so, als würde ein alter Film wieder vor mir ablaufen: Ich hatte alles schon einmal gesehen, das Durcheinander, die Angst, den Trotz und die Resignation. Wenn sich die Türen der Schouwburg an solchen Abenden öffneten, gingen sie erst wieder zu, wenn das ganze Theater geleert war.

Lou stand auf der dritten Treppenstufe, als unsere Augen Kontakt miteinander aufnahmen. Vielleicht wollte er nicht riskieren, die Aufmerksamkeit auf sich zu ziehen, denn nur eine Sekunde nach unserer ersten stummen Verständigung bückte er sich, was es mir praktisch unmöglich machte, seine Zeichen zu sehen. Auch als ich mich auf die Zehenspitzen stellte, erkannte ich nicht mehr. Ich kletterte also auf meinen Stuhl. Von dort sah ich über das wogende Meer der Gesichter hinweg, wie er mir hektisch zuwinkte und signalisierte, ich solle so schnell wie möglich zu ihm kommen.

Wieder von meinem Stuhl hinabzusteigen war einfach, der Rest allerdings nicht. Ich musste mir meinen Weg durch die drängende Menge bahnen und wurde dabei gleichzeitig vor und zurück gestoßen. Gerade als ich schon dachte, ich würde es nie und nimmer schaffen, spürte ich, wie Lou meinen Arm ergriff. Er zog mich von der Tür fort, weg von den Leuten mit der ungewissen Zukunft. Lou schob mich unentwegt auf das Absperrseil zu, schleuderte mich mit einem Schwung darüber und zog mich die Stufen hinauf, an der Wandelhalle vorbei, noch eine weitere Treppe hinauf und noch eine. Dabei ließ er meine Hand nicht los.

Als wir den großen Flur im dritten Stock erreicht hatten, hörten wir auf zu laufen. Wir waren ganz außer Atem. Wir standen da und sahen uns an – ich immer noch schwindlig, er mit einem leichten Lächeln. Ich hätte den Augenblick gern ein wenig genossen und Lou eine Menge Fragen gestellt. Aber ich spürte, dass ich keine Antwort bekommen würde.

Lou versicherte mir nur immer wieder, dass alles in Ordnung sei und ich in Sicherheit – zumindest für heute Nacht. Ich würde die Nacht direkt hier, in meinem alten Theater verbringen. »Sehen Sie nur zu, dass Sie vor Tagesanbruch verschwunden sind. Und was immer Sie tun, kommen Sie auf keinen Fall wieder nach unten. Bleiben Sie unbedingt oben. Unter allen Umständen. Sonst kann ich für Ihre Sicherheit nicht garantieren.«

Nach gelungener Flucht sollte ich, so Lous ausdrücklicher Rat, nach Hause gehen und ein paar Tage dort bleiben. Er rechnete damit, dass sie mich jetzt, da mein Name von der Liste gestrichen war, zu Hause als allerletztes suchen würden. Außerdem: Wie sollten sie wissen, dass ich nicht mit dem heutigen Transport gefahren war? Trotzdem gab es natürlich keine Garantie, dass sie nicht durch einen unglücklichen Zufall herausbekamen, dass ich immer noch frei herumlief. Vielleicht nicht sofort – aber später. Doch was später passieren könnte, machte Lou nicht die geringste Sorge. Dafür hatte er bereits Vorkehrungen getroffen. Er hatte mir Arbeit in dem katholischen Waisenhaus direkt gegenüber dem Theater besorgt. Die Mutter Oberin erwartete mich schon. Ich würde kein Geld bekommen, aber jenes kostbare Dokument der vorübergehenden Freistellung. Lou versicherte mir, dass ich der Mutter Oberin trauen könne; sie wisse alles über mich und habe volles Verständnis. Über meine Arbeit dort – ob ich den Kindern Singen und Tanzen beibringen, vielleicht sogar Geschichten erfinden sollte, die sie selbst aufführen könnten – wusste Lou überhaupt nichts. »Was immer verlangt wird«, sagte er, »Sie werden es tun.«

Für Lou wurde es Zeit zu gehen. »Ich muss sehen, dass ich zurückkomme, bevor man mich vermisst«, sagte er etwas widerstrebend. »Alles wird gut. Versuchen Sie einfach, sich zu entspannen und das Ganze leicht zu nehmen.« Als wir zusammen den Flur entlanggingen, fragte er, ob ich mich noch an Dr. Levies Büro erinnern könne. »Dort werden Sie die Nacht verbringen.« Dann erklärte er, das Fenster hinter dem Schreibtisch werde mir als Weg nach draußen dienen. Und mit dieser erstaunlichen Ankündigung nahm er mir den Schal weg, den ich in meinem Schoß gefunden hatte. Schon morgen könnte ihn schließlich jemand anders dringend brauchen.

Ich hatte bei der ganzen Sache das seltsame Gefühl, dass dies nur der Anfang sei. Wenn ich erst angefangen hätte, mich zu verstecken und wegzulaufen, würde ich mich ständig verstecken und ständig weglaufen müssen und dabei Verkleidungen und Requisiten wie diesen Schal benötigen, wenn ich es schaffen wollte. Das würde ich also brauchen, um durchzukommen? Verkleidungen und Requisiten und Fenster, aus denen man hinausklettern konnte, und Männer wie Lou. Mit einem Mal wurde ich ganz traurig. Vielleicht sah Lou den Weltschmerz in meinen Augen, denn er nahm meine Hände fest in die seinen und sagte mit warmer und zärtlicher Stimme: »Seien Sie nicht traurig und verzweifeln Sie nicht. Eines Tages werden Sie zurückkommen – und zwar nicht, um sich zu verstecken, sondern um wieder zu singen. Und ich werde Ihnen wunderschöne Blumen schicken – und diesen Schal, dann können Sie ihn behalten. Dann werden Sie sich doch an mich erinnern, ja?« Sanft führte er seine Lippen zu meinem Mund, und einen flüchtigen Augenblick lang hielt er mich in seinen Armen. In diesem Moment wurde der Fremde, den ich niemals wiedersehen sollte, zu meinem vertrautesten Freund.

Wir gingen den Flur zu Dr. Levies privatem Büro entlang, als ich plötzlich einen deutschen Soldaten sah, denselben, der im Foyer Wache gestanden hatte, als mich die Kopfjäger eingeliefert hatten. Während ich mich an Lou klammerte, grüßte dieser den Soldaten mit einem freundlichen »Guten Abend, Resnick (ich glaube, so lautete der Name). Sind Sie Ihre Erkältung losgeworden?«

Resnick antwortete leise, dass er sich schon wesentlich besser fühle, und ging diskret fort. Ich war sprachlos. Lou flüsterte in einem fort: »Nur keine Panik, nur keine Panik« und erläuterte mir dann, dass seine Gruppe im Auftrag des Jüdischen Komitees diesen deutschen Soldaten gekauft habe und dass Resnick jetzt für sie arbeite. Resnicks Aufgabe bestand nun, wenigstens für diese Nacht, darin, sich um mich zu kümmern. Lou fügte hinzu, Dr. Levies Büro sei jetzt Resnicks Quartier. Dort würde ich die Nacht verbringen – drinnen, während der Soldat, rekrutiert sowohl für die Deutschen als auch für die Juden, vor meiner Tür Wache stehen würde.

»Schlafen Sie«, sagte Lou mit Nachdruck. »Sie müssen unbedingt schlafen. Und wenn Sie nicht schlafen können, dann ruhen Sie wenigstens. Versuchen Sie's. Resnick wird sich um Sie kümmern und Sie vor Tagesanbruch wecken.« Dann öffnete Lou die Tür, ließ mich hinein und wies auf das Fenster. »Sehen Sie sich gut um. Und denken Sie daran, es ist Ihr einziger Weg nach draußen.« Er flüsterte noch ein kurzes »Gott schütze Sie«, und dann war er fort.

Ich kannte den Raum, kannte ihn gut. Früher war dies Dr. Levies Allerheiligstes gewesen. Jedes Möbelstück darin war damals aus seinem Privathaus gekommen: der große Mahagonitisch am Fenster mit dem dazu passenden Drehstuhl, der tabakfarbene Ledersessel, der schöne elfenbeinfarbene Seidenschirm mit dem weißen Marmorlampenfuß sowie die Chaiselongue im Farbton gebrannter Umbra, darauf der dicke Perserteppich mit arabischen Mustern. Alles sehr vornehm und gemütlich. Ich glaube, die meisten Pläne, die sich Dr. Levie für uns und die Schouwburg ausgedacht hatte, waren hier, in diesem Raum, entstanden. Immer wieder war ich in den Pausen hochgelaufen, um mir die Bilder anzuschauen, die seine Wände schmückten: Fotos von uns, seinen Schauspielerinnen und Schauspielern, aufgenommen bei Proben und während des Beifalls vor dem Vorhang nach Galapremieren, Bilder, auf denen Blumen und lächelnde Gesichter dominierten.

Doch jetzt sah alles ganz anders aus. Der Raum war spartanisch eingerichtet wie eine Mönchszelle. Es gab nur einen hölzernen Küchentisch mit einem Stuhl, einen alten Papierkorb, eine kaputte Stehlampe mit einem verschmutzten, vergilbten Schirm und ein kleines Bett. Kein Teppich auf dem Boden und kein einziges Foto an der Wand. Direkt über dem Bett hing ein großes Gemälde: der Führer in seiner Lieblingspose, »Sieg Heil«.

Da war ich nun, vor mir nichts als die Nacht und keine Menschenseele in der Nähe außer diesem deutschen Soldaten, der dank seines bestechlichen Herzens während der nächsten sechs Stunden auf mich aufpassen sollte. Er hatte keine Naziuniform getragen. Ich konnte wirklich nicht sagen, welcher militärischen Abteilung er angehörte und ob er überhaupt einen nennenswerten Rang bekleidete. Höchstwahrscheinlich war er ein ganz gewöhnlicher Unteroffizier oder Gefreiter, der sich als Leibwächter für Juden ein bisschen was nebenher verdiente. Sein Quartier war viel zu schlicht, als dass es die Behausung eines ordengeschmückten Nazis hätte sein können.

Trotzdem empfand ich die Situation als sehr anstrengend. Schlafen … ruhen? Im Bett dieses deutschen Soldaten, mit Hitlers Bild direkt über mir? Ich hatte in Hitlers Augen gesehen, in diese durchdringenden, verrückten Augen, die so teuflisch lebendig wirkten. Wie sehr ich mir doch eine andere Möglichkeit wünschte, diese Nacht zu überstehen, eine etwas weniger Furcht erregende, etwas weniger bizarre Variante! Es war nichts zum Lesen da, nicht einmal eine ihrer Ekel erregenden Propagandabroschüren oder eine Zeitung mit ihren neuesten Lügen von siegreichen Eroberungen. Auch ein Radio gab es nicht.

Wie absurd und lächerlich diese ganze Situation doch war! Zuerst bezahlten die Deutschen den holländischen NSP-Leuten fünf Gulden für jeden gefangenen Juden. Als Nächstes zahlten dann die Juden den Deutschen, den Resnicks ihres Landes, zehnmal so viel für nur einen einzigen Juden und eine einzige Nacht Schutz. Und schließlich finanzierten die Nazis, die in ganz Europa Juden durch Plünderungen und auf andere Weise ihres Eigentums beraubten, getreu ihrer teuflischen Prinzipien und in wesentlich größerem Maßstab ihren gesamten Krieg gegen die Juden mit dem Besitz, den sie den Juden gestohlen hatten. Vielleicht könnte ich eines Tages über diese Tragikomödie sogar lachen. Eines Tages … jetzt allerdings nicht …

Ich hatte das Fenster aufgemacht, es mehrmals geöffnet und wieder geschlossen, um sicher zu gehen, dass es funktionierte. Ich hatte den Arm hinausgehalten, hinaus in die mondlose Nacht, um draußen das Dach zu ertasten. Der First lag um mehr als eine Armeslänge tiefer als die Fensterbank. Im Grunde kein Problem, solange das Dach flach war. Die meisten Dächer in Amsterdam waren flach.

Mein Magen knurrte. Ich merkte, dass ich vergessen hatte, das Sandwich zu essen, das Lou mit in die braune Papiertüte gelegt hatte. Ich bekam furchtbare Kopfschmerzen, im Krieg eine chronische Krankheit. Schwäche konnte ich mir jetzt nicht leisten. Das Einzige, was mir einfiel, war, den Soldaten Resnick um etwas zu essen zu bitten. Lou hatte mir nicht verboten, mit ihm zu sprechen. Als ich die Tür öffnete, gerade weit genug, um seine Aufmerksamkeit zu erregen, kam keine Reaktion. Also öffnete ich die Tür noch etwas weiter und dann ganz. Immer noch nichts. Schließlich trat ich in den Flur hinaus, doch auch hier war niemand zu sehen. Wie im ganzen übrigen Theater herrschte Totenstille. Kein Lebenszeichen vom Soldaten Resnick. Er war fort, und ich war allein.

Ich geriet nicht in Panik. Ging nur schnell wieder ins Zimmer und schloss die Tür. In meinem Kopf pochte es heftig. Hatte er mich etwa vergessen? Oder war es ihm nur langweilig geworden, so dass er irgendwo ein Bierchen trinken wollte? Unwahrscheinlich. Auch für das Militär galt eine Sperrstunde. Allerdings hatte ich nicht die geringste Ahnung, wie lange Soldaten sich draußen aufhalten durften. Sicher länger als wir Einheimischen. Aber es war eigentlich auch egal. Denn wenn ich nicht einschlief, brauchte ich mir auch keine Gedanken darum zu machen, wer mich vor Tagesanbruch wecken würde. Und mit dem Führer im selben Zimmer schlafen, das konnte ich nicht, auf gar keinen Fall, und mit leerem Magen schon gar nicht. Ich brauchte auch nicht auf meine Uhr zu sehen, um zu wissen, dass die Morgendämmerung noch viele Stunden entfernt war. Ich wünschte nur, ich hätte die Kirchenglocken davon abhalten können, in der Nacht zu schlagen. Es klang so einsam – als würde nie wieder eine Nacht kommen. Wozu war der Glockenschlag überhaupt gut – mussten diejenigen, die schon schliefen, unbedingt wissen, wie spät es war?

Pausenlos stellte die kleine paranoide Stimme in mir Fragen wie: Was, wenn du zwar aus dem Fenster kommst, aber nichts sehen kannst, weil der Nebel zu dicht ist? Oder wenn kein Nebel herrscht und du draußen zwar alles sehen kannst, aber auch alle *dich* sehen? Was, wenn das Dach des nächsten Hauses nicht flach ist, sondern steil, und wenn es gar nicht mit irgendeinem Nachbardach verbunden ist? Was, wenn du ausrutschst, fällst oder dich verirrst? Und was, wenn du nicht ausrutschst, fällst, dich verirrst, aber kein offenes Fenster findest, um in ein anderes Haus zu gelangen? Und was, wenn du ein offenes Fenster findest, aber statt in einem Treppenhaus im Schlafzimmer von jemandem landest? Und wenn dieser Raum dann voller Deutscher ist?

Es klopfte an der Tür. Etwas benommen und leicht schwindlig, wie ich mich fühlte, war ich nicht in der Lage, mich zu entscheiden, ob ich zum Fenster oder zur Tür stürzen sollte. Ich tat keines von beiden. Als ich hörte, wie die Tür geöffnet wurde, drehte ich mich um, und da war er: Soldat Resnick. In der einen Hand trug er eine Feldflasche, in der anderen einen kleinen, in Papier gewickelten Karton. Wortlos ging er zum Tisch, setzte dort alles ab, packte es aus und nahm ein Stück Wurst und eine Scheibe Brot heraus. Er goss Kaffee aus der Feldflasche in einen Becher und gab mir mit Zeichen zu verstehen, ich solle mich setzen und essen. Dabei hatte er mich weder angesehen noch ein einziges Wort gesprochen. Während ich ein Dankeschön murmelte, mich hinsetzte und aß, schaute er aus dem Fenster. Als ich fertig war, dankte ich ihm nochmals, und er reagierte darauf mit einem leichten Nicken. Dann ging er vom Fenster weg zu seinem Feldbett und sah nach unten, als ringe er mit sich, was er nun als Nächstes tun wolle. Ein paar Sekunden später lockerte er seine festgezurrten Wolldecken. Ich sah ihm zu, wie er die Decken zurückschlug, die Kissen aufschüttelte und das Laken glatt strich.

Erst als er seine Krawatte abgenommen hatte und anfing, sich die Uniform aufzuknöpfen, verwandelte sich meine Dankbarkeit in kalte Panik – er wollte mich vergewaltigen! Das war das Einzige, woran ich überhaupt nicht gedacht hatte. Wie konnte mir das nur passieren? »Ich bin Jüdin«, rief ich – als ob er das nicht schon gewusst hätte und als ob mich diese magischen Worte retten könnten! Ich rannte auf die Tür zu, aber er war schneller. Er schwenkte mich herum, und als wir einander zum ersten Mal richtig ansahen, merkte ich, dass er noch mehr Angst hatte als ich.

Ich weiß nicht, wie lange wir so dastanden. Ich kann mich nur daran erinnern, dass ich dachte: ›Das ist ja noch ein richtiger Junge! Ein Junge, der höchstwahrscheinlich umkommt, ehe er überhaupt zum Mann wird.‹ Soldat Resnick, der Sohn von jemandem ... der Bruder von jemandem ... der Freund von jemandem. Aber nicht von mir. Wir waren Feinde, weil sein Führer ihm befohlen hatte, die Juden zu hassen.

Resnick knöpfte sich die Uniform wieder zu, band sich die Krawatte, machte einen Schritt zurück, und indem er auf das Bett zeigte, sagte er: »Sie brauchen keine Angst zu haben!« Dann marschierte er zur Tür, schaltete das Licht aus und ging. Ich war völlig erschöpft. Im Dunkeln tastete ich mich zum Bett, kroch hinein und schlief ein – mit Adolfs Bild über mir.

Die Nacht näherte sich gerade erst ihrem Ende, als der Soldat an die Tür klopfte. Ich öffnete die Augen, sah Adolfs Bild und stand sofort auf. Ich eilte zum Fenster, öffnete es und schwang mich beim ersten Anzeichen der Morgendämmerung über das Fenstersims nach draußen.

Das Dach war flach, aber der Kies unter meinen Füßen ließ meine Schritte wie Zähneknirschen klingen. Ich musste langsamer machen. Das Wetter und mein Orientierungssinn waren von derselben Qualität – schlecht! Der schmutzige Himmel hing über mir, als hätte er sich noch nicht entschieden, ob er mich verschlingen, mit Regen durchnässen oder ob er die Wolken wegblasen solle, damit ein wenig von der Wintersonne durchkäme. Ich konnte genug sehen, um zu erkennen, wo ich ging; nur wohin ich gehen sollte, das wusste ich nicht. Ich ging mal hierhin, mal dorthin, vor und zurück; ich sprang von Dach zu Dach, immer und immer wieder im Kreis herum, wie auf einem Karussell.

Die Fenster, die ich auf diesen Dächern sah, wirkten nicht gerade einladend. Sie waren alle eingeklinkt und verriegelt. Überall waren die schwarzen, zum Schutz vor Fliegerangriffen gedachten Verdunkelungsrollos heruntergezogen. Ich probierte es überall. Meine Hände, steif und wund vom Frost, drückten gegen alle Fensterrahmen, aber keiner wollte nachgeben. Ich war schon weit gekommen, zu weit, um noch umzukehren. Außerdem, was hätte mich denn dort erwartet? Überdies hatte das Tageslicht die Dämmerung schon vertrieben, und ich musste unbedingt einen Weg finden, um von diesen viel zu gut einsehbaren Dächern herunterzukommen.

Nach zahllosen enttäuschenden Sprüngen entdeckte ich schließlich eine Gruppe kleinerer Häuser. Als ich eines mit sehr niedrigem Dach ausmachte, sprang ich sofort. Es schien weit nach unten zu gehen, aber eine sichere Landung war meine geringste Sorge. Ich hatte schon viel Zeit verloren, aber kaum etwas erreicht. Kein unverschlossenes Fenster. Schließlich nahm ich Zuflucht zu einer etwas drastischeren Methode: Mit dem Absatz meines Schuhs schlug ich das erste erreichbare Fenster ein, langte mit der Hand, um die ich mir das untere Ende des Ärmels gezogen hatte, ins Innere und öffnete den Riegel. Mit der Lautstärke eines Geläuts von tausend, von heftigem Wind in Bewegung versetzten Glocken fielen die Glasscherben zu Boden. Als ich erst einmal im Innern des Hauses war, fand ich schnell das Treppenhaus und rannte zur Eingangstür hinunter. Sie war verschlossen – drei verschiedene Schlösser und nicht ein einziger Schlüssel! Mein geräuschvoller Einbruch hatte die Hunde in der Nachbarschaft geweckt. Ihr Bellen und Heulen, im Zusammenklang mit dem schrillen Miauen einiger Katzen, die sich einmischen mussten, übertönte die Sirenen in der Ferne.

Doch dieses Haus war still und leer. Ich ging von einem Raum zum anderen. Es sah nicht so aus, als hätten die Bewohner es in aller Eile verlassen. Alles schien an seinem Platz zu sein, aber es fehlte das Persönliche, der menschliche Geruch. Früher musste das Haus wohl voller Musik gewesen sein – im Wohnzimmer stand ein prächtiger Flügel mit einer Mozartbüste darauf, daneben ein Foto, auf dem eine Braut und ein Bräutigam ihre Hochzeitstorte anschnitten. Die alte, handgefertigte Standuhr im Esszimmer war ebenfalls verstummt. Nur die Menora, der siebenarmige Leuchter auf dem Kaminsims, ließ erkennen, dass dieses Haus von Juden bewohnt worden war. Meine Reaktion war seltsam – ich fühlte mich unbehaglich, beinahe schuldig, so als wäre ich in ihr Leben eingebrochen und nicht in ihr Haus. Wer auch immer sie gewesen sein mochten, jetzt waren sie fort.

Ich kletterte durch das Fenster des Arbeitszimmers nach hinten in den Hof hinaus, erleichtert, wieder festen Boden unter den Füßen zu haben, obwohl es bis nach Hause und in die Freiheit noch ein weiter Weg war.

In Amsterdam gibt es doppelt so viele Höfe und Gärten, die in andere Höfe und Gärten übergehen, wie Dächer, die miteinander verbunden sind. Nur an den Zäunen kann man erkennen, wo das eine Grundstück zu Ende ist und das nächste beginnt. Ich sah Zäune jeglicher Größe, Farbe, Stilrichtung und Höhe. Was ich hingegen nicht sah, war ein kleines Gartentor, durch das ich ganz lässig hätte hindurchspazieren können. Außerdem heulte inzwischen die gesamte Hundebevölkerung wie ein Rudel Wölfe, so dass es nur noch eine Frage der Zeit war, bis sich das erste Fenster öffnen würde oder bis etliche Leute durch ihre Vorhänge spähten – und vielleicht noch, wer zuerst die Polizei rufen würde.

Als ich über den vierten Zaun sprang, landete ich in einer Dornenhecke. Ich wurde ohnmächtig, und damit war mein Hürdenlauf erst einmal beendet. Als ich wieder zu mir kam, leckte mir ein Irish Setter mit seiner feuchten Zunge das Gesicht ab, während zwei stämmige Frauenarme versuchten, mich aus den Dornen zu befreien. Die Frau, zu der diese Arme gehörten, stand vor dem Dilemma, mich entweder zu verfluchen oder mich einfach der Polizei zu übergeben.

Mit Hilfe der Frau rappelte ich mich auf. Bestimmt trug mein jämmerliches Erscheinungsbild mehr dazu bei, ihr Herz zu erweichen, als irgendein Erklärungsversuch, der mir womöglich in den Sinn gekommen wäre. Sie nahm mich mit in ihr Haus, ließ mich ihr Bad benutzen, leistete erste Hilfe bei den Kratzern auf meinem Gesicht und meinen Händen und machte mir dann einen Tee. Dann fragte sie, ob ich noch ein Weilchen bleiben wolle. Doch ich schüttelte den Kopf, bedankte mich bei ihr und verließ das Haus durch die Vordertür.

Draußen schlugen mir Hagelkörner so groß wie Taubeneier und ein bösartiger Wind ins Gesicht, und so war es schwierig, Straßenschilder zu entziffern. Inzwischen war die Stadt erwacht. Vereinzelt zeigten sich schon Leute auf den Straßen dieses Stadtteils, den ich kaum kannte. Ich traute mich nicht, nach dem Weg zu fragen, sondern stapfte alleine weiter. Stapfte über Plätze, durch Parks und über Brücken, Kilometer um Kilometer. Ich weiß wirklich nicht mehr, wie ich nach Hause zurückgekommen bin. Aber ich kam nach Hause zurück. Irgendwie schaffte ich es ...

6.

Das Gebäude, in dem das Waisenhaus untergebracht war, hatte schon viele Jahrhunderte und viele Waisenkinder kommen und gehen sehen. Es war uralt, was sich an den Rissen an Wänden und Decken und an den ausgetretenen und verblichenen Steinfliesen auf dem Boden zeigte. Alte Heizkörper, rostig und ohne Dampf, standen unnütz herum. Die Holztreppen hatten unter der Last des Alters und der Vernachlässigung Glanz und Geschmeidigkeit eingebüßt. Hohe, schmale Fenster, die ihre gläsernen Öffnungen störrisch verschlossen hielten, bedachten die Welt da draußen mit spöttischem Blick. Es war kein freundliches Haus.

Drei Tage nach meiner Flucht über die Dächer hatte ich die Mutter Oberin aufgesucht, die mir jedoch mit offener Feindseligkeit begegnete. Ohne zu zögern, ließ sie mich wissen, wie wenig sie von meinem Beruf und von all jenen hielt, die ihn ausübten. Ihrer Meinung nach war eine Schauspielerin entweder eine Hure oder die Mätresse eines reichen Mannes, keinesfalls aber jemand, der einem ehrlichen Tagwerk nachging. Sie hatte mich zwar erwartet, aber im Grunde war sie nicht davon überzeugt, dass ich, eine Frau, in der sie bestenfalls ein verwöhntes Theaterpüppchen sah, den Schutz ihres makellosen Waisenhauses verdient hatte.

Sie war streng, diese barsche, weißhaarige Matrone – streng, aber imponierend. Energisch, entschieden und stark. Eine Autoritätsperson in jeder Hinsicht. Obwohl ich stehen musste – sie bot mir die ganze Zeit über keinen Stuhl an – und sie hinter einem riesigen Schreibtisch saß, schien sie mich zu überragen.

Merkwürdigerweise fanden sich in ihrem Allerheiligsten keine religiösen Gegenstände: kein Kruzifix, keine Statue der Jungfrau Maria. Die Mutter Oberin trug auch kein Nonnenhabit, sondern eine blau-weiß gestreifte Tracht mit gestärktem Kragen und gestärkten Manschetten. Das einzige religiöse Symbol hing am Hals dieser zölibatären Dame: ein silbernes Schmuckkreuz.

Mein Vorstellungsgespräch bei der Mutter Oberin verlief sehr einseitig. Sie redete, und ich hielt den Mund. In ihrer brüsken, aber ehrlichen Art ließ sie mich wissen, dass sie als gläubige Christin nicht anders könne, als allen zu helfen, die die Qualen der Verfolgung erlitten, ganz gleich um wen es sich handelte. Aber als Vorsteherin des Waisenhauses, auch das sagte sie in aller Deutlichkeit, hätten für sie die ihr anvertrauten Kinder oberste Priorität. Außerdem könne ich nicht mit Vergünstigungen oder einer Vorzugsbehandlung rechnen, denn die einzigen Sterne, die sie bewundere, fänden sich am Firmament, nicht am Theaterhimmel. Nach einer Reihe ungnädiger Bemerkungen zu meinem »irregeleiteten, unkeuschen« Leben kam sie auf die bitteren Tatsachen zu sprechen, die mit meiner Arbeit zu tun hatten.

Sie wies mich an, am nächsten Morgen in aller Frühe wiederzukommen – es sei denn, ich hätte meine Meinung geändert –, und zwar in Schwesterntracht, mit einem »anständigen Paar Schuhe« und der richtigen Einstellung. Bevor sie mich entließ, überreichte sie mir das Dokument, dem zufolge ich »vorübergehend vom Transport in ein Arbeitslager freigestellt« war, und bemerkte dazu, dieses Papier würde mir nur einen Aufschub bringen, nicht aber die endgültige Rettung. Die Mutter Oberin schlug vor, ich solle es mit Beten versuchen.

Die gewünschte Tracht und die »anständigen« Schuhe besaß ich zum Glück in meinem Theaterfundus daheim. Dort hatte ich Kostüme für alle Gelegenheiten – Kostüme, von denen ich nie gedacht hätte, dass ich sie einmal benötigen würde, um gegen den Abtransport in ein Arbeitslager anzuspielen. Ich weiß noch, dass ich dachte, das »Unternehmen Waisenhaus« könne wie Herrn Sterns »Nähkränzchen« sicher nicht von langer Dauer sein.

Am nächsten Morgen fing ich im Waisenhaus an, wurde aber nicht in die Nähe der Kinder gelassen. Auf die passten drei Nonnen auf. Ich bekam stattdessen einen Scheuereimer und eine Bürste sowie die Arbeitsanweisung, die Fußböden zu schrubben. Die Mutter Oberin verließ ihr Büro nur selten, doch ich wusste, dass sie mich beobachtete. Ich bin vollkommen überzeugt davon, dass sie nur darauf wartete, dass ich aufgab. Sie hatte sich nicht die Mühe gemacht, mir bei unserer ersten Begegnung zu sagen, welcher Art die von mir zu verrichtende Arbeit sein würde. Nie und nimmer hätte ich die Betreuung von Waisenkindern mit einer solch entwürdigenden Tätigkeit in Verbindung gebracht. Ich war wütend auf sie, weil sie mich so grob behandelte. Weil sie mein ohnehin schon schweres Leben noch schwerer statt leichter machte. Weil sie mir Demut beibringen wollte. Mir, einem Star.

Und die Kinder? Die bekam ich immer nur flüchtig zu sehen. Wenn ich morgens zur Arbeit kam, waren sie schon auf dem Weg in die Schule. Und wenn sie zurückkamen, schrubbte ich immer noch die nach Chlor stinkende Seifenlauge in die unerbittlichen Steine. Ich wusste nicht einmal, wie vielen Kindern dieser schreckliche Ort als Zuhause diente. Ich nehme an, die Kleinen wurden ordentlich behandelt. Trotzdem taten sie mir Leid. Vielleicht, weil ich mich noch gut daran erinnerte, wie es war, als Papa starb und ich Halbwaise wurde. Ich hatte mich damals so einsam und verlassen gefühlt. Ich wünschte, diese Kinder hier hätten meinen Papa kennen gelernt. Er hatte ein Waisenhaus wie dieses hier unterstützt, und alle Kinder dort hatten ihn ihren guten Patenonkel aus dem Märchen genannt. Er ging mit ihnen in den Park, kaufte ihnen Eis und Brause, Süßigkeiten und Spielzeug, und ließ sie mit dem Karussell oder dem Riesenrad fahren. Meine Zwillingsschwester und ich durften noch nicht mit; wir waren damals noch zu klein, aber Käte durfte. Sie wurde nicht müde, uns zu berichten, wie glücklich er diese armen Kinder gemacht hatte. Vielleicht waren es ja nicht nur die Karussellfahrten und die Süßigkeiten, die etwas Glanz in die Augen dieser Kinder brachten; vielleicht war es auch das Gefühl, wenigstens einmal in der Woche für kurze Zeit einen Papa zu haben.

Meine Entschlossenheit, trotz wunder Knie und rissiger Hände durchzuhalten, zahlte sich aus. Die Mutter Oberin musste schließlich einräumen, dass ich tatsächlich über Willenskraft verfügte, und beförderte mich von der Putzfrau zur Kinderschwester. Schwester Agnes sollte mich einweisen. Schwester Agnes, zuständig für Beten und »Requisiten«, war sehr entgegenkommend, aber so fromm, dass es frömmer schon nicht mehr ging. Schwester Agnes, deren Gesicht mit Pockennarben übersät war, lebte ganz aus dem Glauben: Dem Herrn Jesus zu dienen war ihr ganzer Lebenszweck. Ihr einziger Fehler war ihre Vergesslichkeit. Die nervöse, ängstliche Schwester Agnes konnte sich einfach nicht merken, was sie erledigen sollte oder was sie hatte sagen wollen. Ihre Zerstreutheit war ihr selber äußerst peinlich.

Als ich ungefähr drei Wochen dort war, verschwand Schwester Agnes. Besser gesagt, sie kam, nachdem sie mit den anderen Schwestern die Kinder zur Schule gebracht hatte, nicht mehr zurück. Auch die anderen Schwestern und die Kinder kamen nicht wieder. Zunächst machte ich mir noch keine ernsthaften Sorgen, aber als sie am späten Nachmittag noch immer nicht zurück waren, wurde mir doch etwas unbehaglich zumute. Ich konnte mir gar nicht vorstellen, was ihnen zugestoßen sein könnte. Ich war mir nicht sicher, was ich tun sollte, tun wollte ich aber auf jeden Fall etwas, also machte ich mich auf die Suche nach Hinweisen. Als ich in den Spinden der Kinder nachsah, stellte ich fest, dass sie leer waren. Ihre wenigen Habseligkeiten waren wie die der Schwestern verschwunden.

Ich wartete nicht erst das Ende meiner Schicht ab, um zur Mutter Oberin zu eilen und mit ihr zu sprechen. Sie würde mich schon beruhigen können, und in dieser Erwartung klopfte ich an ihre Tür. Ich klopfte mehr als nur einmal. Aber entweder war sie nicht in ihrem Zimmer, oder sie wollte nicht gestört werden. Unter ihrer Tür kam ein Lichtschein hervor, aber ich hatte nicht den Mut, einfach hineinzugehen.

Zu Hause verbrachte ich eine sehr unruhige Nacht. Das Verschwinden sämtlicher Bewohner des Waisenhauses war alles, woran ich denken konnte. Gegen Morgen, nachdem ich alle möglichen Theorien als wenig plausibel wieder verworfen hatte, fiel mir die einzige ein, die mir sinnvoll erschien: Wahrscheinlich waren alle in ein anderes Waisenhaus gebracht worden, weil dieses hier geschlossen werden sollte. Diese plausibelste Möglichkeit war für mich aber auch die deprimierendste. Wenn ich Recht hatte, würde ich meine Freistellungsbescheinigung abermals verlieren.

Entschlossen, die Wahrheit herauszufinden, ging ich am nächsten Morgen wieder ins Waisenhaus. Ich weiß nicht, wann die anderen Kinder gekommen waren. Sie mussten eingetroffen sein, nachdem ich am Vorabend gegangen war, um zu Hause über den Vorfall nachzugrübeln. Was mir sofort auffiel, als ich das Gebäude betrat, waren die überladenen Kleiderständer in der Eingangshalle. Wo bisher die eintönigen, knappen, blau-schwarzen Mäntel der Waisen in Reih und Glied gehangen hatten, hingen jetzt ganze Haufen bunter Kinderwintersachen ohne Rücksicht auf Größe und Ordnung. Beinahe so, als hätte man hier alles Mögliche hastig für einen Ausverkauf zusammengesucht.

Die Tür der Mutter Oberin stand weit offen. Höchstwahrscheinlich hatte sie mich schon erwartet. Sie wirkte ganz anders – vielleicht weil sie mir noch nie zuvor einen Stuhl angeboten hatte, vielleicht aber auch, weil ich sie nur in einer entschlossenen Sitzhaltung kannte, beide Ellenbogen fest auf den Tisch gestemmt. Nicht so an diesem Morgen. Sie hielt die Hände schützend über die Augen, als sei sie von einem unsichtbaren Lichtschein geblendet, mit den Fingern rieb sie sich andauernd die Stirn, als wollte sie die Gegenwart wegreiben. Einige unerträglich lange Minuten saßen wir schweigend beisammen. Und als sie endlich etwas sagte – die Hände lagen nun nicht mehr über ihren Augen –, wirkte sie auf mich gealtert. Ihre Stimme klang ermüdet und angestrengt. Gar nicht mehr sie selbst, dachte ich. Sie hatte, mehr als alle anderen, mit denen ich in den vergangenen Monaten zu tun gehabt hatte, nie erkennen lassen, dass die Ereignisse in ihrer unmittelbaren Umgebung irgendeinen Eindruck auf sie machten. Als hätte ihr religiöser Keuschheitsgürtel sie von einer Welt isoliert, die aus den Fugen geraten war.

Die Mutter Oberin wusste nicht, dass niemand mir gesagt hatte, ihre Kinder und Schwestern würden nicht zurückkommen. Sie hatte Schwester Agnes eigens beauftragt, mir Bescheid zu geben, und hatte sich darauf verlassen, dass sie es dieses eine Mal nicht vergessen würde. Natürlich hatte sie es doch vergessen. »Es war einfach keine Zeit mehr«, rief die Mutter Oberin aus. »Der Befehl kam ... und ... Sie wissen ja selbst, wie die sind. Ja, alle sind in ein anders Waisenhaus gekommen. Aber machen Sie sich trotzdem keine Sorgen, dieses Haus wird nicht geschlossen. Ich bete, dass dies nie geschehen wird. Ich will meine Kinder und die Schwestern auf jeden Fall wiederhaben.«

So viel hatte die Mutter Oberin mit mir noch nie auf einmal geredet. Sie tat ihr Bestes, um mir zu verdeutlichen, welch drastische Veränderungen sich in den letzten vierundzwanzig Stunden in ihrem Waisenhaus ergeben hatten. Ein hochrangiger Nazi war zu der Überzeugung gelangt, dass die Schouwburg in ihrem gegenwärtigen Zustand für Kinder ungeeignet sei – sogar für jüdische Kinder. Er wollte, dass man sich um die Kinder in angemessener Weise kümmere. Und er kam zu dem Schluss, dass das Waisenhaus der wesentlich geeignetere Ort sei. So kam es, dass die jüdischen Kinder, die erst am gestrigen Tag zusammen mit ihren Eltern aufgegriffen und wie all die anderen im Theater abgeladen worden waren, nun von den Eltern getrennt und ins Waisenhaus gebracht wurden.

Die Mutter Oberin, bei der die mit einem Hakenkreuzstempel versehene, offizielle Anordnung erst am frühen Morgen des gestrigen Tages eingegangen war, hatte umgehend für den Umzug ihrer Schützlinge und Schwestern gesorgt. Dann hatte sie Kontakt mit den Deutschen und mit dem Jüdischen Komitee aufgenommen und um Nahrungsmittel gebeten. Der kinderliebe Nazi war leider nicht zuständig – jedenfalls nicht für Vorräte, nur für dumme Kommentare –, doch einige Mitglieder des holländischen Untergrunds, gemeinsam mit jüdischen Freiwilligen, plünderten in der darauf folgenden Nacht ein Lagerhaus und gaben, ebenfalls im Lauf der Nacht, ihre Beute im Waisenhaus ab.

Die neuen Kinder blieben nur kurze Zeit bei uns. Niemals lange genug, dass sie sich wirklich einlebten, niemals lange genug, dass wir sie richtig kennen lernten. Die Nacht des Abtransports mit unbekanntem Ziel kam für sie wie für ihre Eltern immer viel zu früh.

Hatte es im Waisenhaus auch vorher schon zu wenig Personal gegeben, so waren wir jetzt noch viel schlechter dran. Anstelle der Schwestern bekamen wir drei jüdische Mädchen – und diese ihre Freistellungsbescheinigungen. Das war nicht das Problem. Das eigentliche Problem war der große Altersunterschied zwischen den Kindern. Allein schon die Ernährung war ein fast unmögliches Unterfangen. Zwar ließ uns der Untergrund Wiegen, Kinderbetten und andere Ausstattungsgegenstände zukommen, aber die Babys schrien unentwegt nach Muttermilch. Kleinkinder, die mit dem Löffel gefüttert wurden, krabbelten pausenlos überall herum, und Kinder, die den Windeln schon lange entwachsen waren, wurden wieder zu Bettnässern. Da an einen geordneten Tagesablauf überhaupt nicht zu denken war, improvisierten wir von einer Stunde auf die andere.

Manchmal, wenn das Wetter nicht gar zu scheußlich war, ließen wir die Kleinen im Hof spielen – wenn man die kleinen von Stein eingefassten Quadrate zwischen den Häusern aus Ziegelstein und Zement denn so nennen wollte. Irgendwie war es dort immer dunkel. Die vorspringenden Dächer schluckten das ganze Licht. Man hatte Mühe, ein winziges Stückchen Himmel zu erkennen.

Ihr Name war Frieda, und sie war erst zwei Jahre alt. Sie hatte lockiges, rotes Haar, Sommersprossen und blau-grüne Augen voller Tränen. Als ich in dem Alter gewesen war, hatte ich genauso ausgesehen, so winzig und so blass. Und so schrecklich verängstigt. Sie schluchzte, als sie gebracht wurde, als sie nach oben getragen wurde, und sie schluchzte, als man sie in das kleine Kinderbettchen legte.

So viele Kinder habe ich kommen und gehen sehen – zu viele, um mich an alle Gesichter und Namen zu erinnern. Ich fühlte mit ihnen allen, doch so nachdrücklich wie Frieda ist mir keines der Kinder im Gedächtnis geblieben. Der Gedanke an sie verfolgte mich noch, als sie schon längst wieder fort war. Wieso hat mich dieses Kind so tief berührt? Was war das Besondere an diesem winzigen Mädchen – an der Art, wie es mir die kleinen Ärmchen entgegenstreckte? Der zarte und zitternde Körper der Kleinen kam nur zur Ruhe, wenn ich sie hielt. Voller Verzweiflung klammerte sie sich an mich. Essen wollte sie nur, wenn ich sie fütterte. Schlafen wollte sie nur, wenn ich den Kopf zu ihr aufs Kissen legte. Nie lachte sie, nie lächelte sie. Weinte immer nur, weinte dicke Tränen. Sie tat mir ja so Leid. Ich wusste, dass sie nicht die geringste Chance hatte zu überleben. War sie nicht wie die Kerze auf einer Geburtstagstorte, die mit Freude und voller Erwartung angezündet wurde, aber deren Bestimmung es war, nur diesen einen Moment hell zu brennen und dann gleich ausgelöscht zu werden, auch wenn sie noch so viel Licht in sich gehabt hätte? Arme kleine Frieda.

Ich weiß nicht mehr, wann wir anfingen, in Zwölf-Stunden-Schichten zu arbeiten, auch nicht, wann uns erlaubt wurde, mit den Kindern am frühen Nachmittag spazieren zu gehen. Es muss gegen Ende des Winters gewesen sein. Die Mutter Oberin hatte um Genehmigung hierfür gebeten, aber wir hatten nicht damit gerechnet, dass man sie ihr erteilen würde. Als wir schließlich dreimal mit ihnen um dieselben vier Häuserblocks gehen durften, war meine kleine Frieda schon nicht mehr bei mir. Sie war auch nicht mehr bei mir, als ich mich freiwillig für die Nachtschicht meldete. Ich hatte sie nur so kurze Zeit bei mir gehabt, hatte sie so geliebt und hatte nichts tun können, um sie zu retten. Ihre Schreie hörte ich noch, nachdem man sie längst auf dem Lastwagen abtransportiert hatte. Ich hörte sie in der Kinderkrippe, auf der Treppe, im Flur und in dem düsteren Hof, wenn ich allein in der Nacht hinausging, weil ich kurz an die frische Luft musste … als riefe sie nach mir. Die winzige Frieda, die das winzige Stückchen Himmel nun nicht mehr zu sehen bekam.

Die Bombe schlug um Mitternacht ein. Ich hatte die Kirchenglocken siebenmal schlagen hören, ehe die Explosion den Himmel erhellte und die letzten fünf Schläge der Geisterstunde übertönte. Ich hatte in der behelfsmäßigen Kinderkrippe im dritten Stock gerade meine Runde beendet, als die Explosion mich zu Boden schleuderte. Das Waisenhaus erzitterte und erbebte, überall herabgefallener Putz und zerbrochene Fensterscheiben. Zerschmetterte Fensterläden, die wild im Wind klapperten, kämpften mit den gelben Flammen, die sich züngelnd ihren Weg vom Nachbargebäude zu uns bahnten.

Ich war allein in jener Nacht, allein mit achtundsiebzig Kindern. Kinderschwester Judy, die mit mir Dienst gehabt hätte, war nicht erschienen. Als ich mich wieder aufgerappelt hatte, griff ich in das erstbeste Bettchen und holte ein Baby heraus, dann noch eins, und rannte mit ihnen ins Treppenhaus. Ich rief nach den älteren Kindern, deren Schlafzimmer auf der anderen Seite des Flurs lag, und forderte sie auf, ins Erdgeschoss zu laufen. Die meisten waren ohnehin schon die Treppen hinuntergesprungen, ohne auf meine Anweisungen zu warten. Ich sorgte dafür, dass sie in Fünfergruppen zusammenblieben. Die Älteren sollten auf die Jüngeren aufpassen, und sie sollten sich an den Händen fassen, damit sie sich sicherer fühlten, und dann in den Keller laufen. Wir, einige sehr tapfere ältere Jungen und ich, rannten die alten Treppen rauf und runter, rauf und runter. Wir trugen die Babys und Kleinkinder, bis alle in Sicherheit waren.

Amsterdam war vorher noch nicht bombardiert worden. Weitere Luftangriffe gab es in jener Nacht nicht. Es waren keine Flugzeuge über die Stadt geflogen, und ich hatte auch keine Luftschutzsirenen gehört. Warum also diese Bombe? Und warum wurde ausgerechnet das Gebäude nebenan getroffen, das, soweit ich wusste, nichts Bedrohlicheres enthielt als alte Möbel von Familien, die schon lange ausgezogen waren? Irgendein Stümper musste auf dem Rückweg von Angriffen auf militärische Ziele diese Bombe aus Versehen abgeworfen haben. Ein paar Tage später wurde der Schutt nebenan weggeräumt. Als gespenstische Erinnerung blieben nur von Rauch und Ruß geschwärzte, zerborstene Wände, die wie enthauptete Riesen in schwarzen Trauergewändern aussahen.

Ob sie in den Keller geschlüpft waren, bevor die Bombe fiel, oder direkt danach, weiß ich nicht. Sie waren einfach da: drei fremde Männer. In all dem Durcheinander war mir die Gegenwart dieser Männer weniger wichtig als die neue schwierige Lage mit den Kindern. Als ich die drei Männer ernsthaft wahrnahm, hatten sie mir die Kinder bereits abgenommen, sie neu gebettet, getröstet und beruhigt.

Es handelte sich um Holländer, die mit Amsterdamer Akzent sprachen – große, muskulöse, blauäugige und unrasierte Männer im Alter zwischen Zwanzig und Vierzig. Sie trugen schwere Matrosenjacken und marineblaue Wollmützen, die sie tief ins Gesicht gezogen hatten. Sie konnten gut mit den Kindern umgehen, und ihre starken Hände wussten, wie sie die Kleinen halten mussten, damit diese keine Angst bekamen. Nur einer von ihnen hielt eine erkaltete Tabakspfeife im Mund. Nur einer sprach mich mit Namen an. Wie zuvor schon

Lou wussten sie alles über mich. Diese drei ganz normalen Männer mit ganz normalen Namen, Jan, Cor und Gus, die aber einen gar nicht normalen Krieg führten – waren gekommen, um mich anzuwerben. Diese kleine Gruppe aus der heldenhaften holländischen Untergrundbewegung suchte meine Hilfe bei der Rettung dieser Kinder.

Sogar in meinem etwas benebelten Zustand war mir völlig klar, dass sie auch diesen feuchten, spärlich beleuchteten Keller gut kannten. Sie hatten mich auf eine alte Truhe aufmerksam gemacht, die mit Decken gefüllt war, und auf einen Schuhkarton voller Kerzen und Streichhölzer. Höchstwahrscheinlich hatten sie diese Dinge überhaupt erst dorthin gebracht.

Nicht zu fassen, wie anpassungsfähig die meisten Kinder doch waren. Elfjährige Jungen kümmerten sich um die Sechsjährigen, während sechsjährige Mädchen spontan die Mutterrolle übernahmen. Sie umarmten die Kleinkinder, herzten die Babys und hielten sich die ganze Nacht in den Armen oder bei den Händen.

Zu den vielen Lektionen, die mir die Schreckensjahre schon beigebracht hatten, gehörte die eine, niemals zu viele Fragen zu beantworten und erst recht nicht zu viele Fragen zu stellen. Auf die gegenwärtige Situation angewandt, hieß dies, dass ich gegenüber den drei Eindringlingen eindeutig im Nachteil war.

Ihre Anwesenheit im Keller war weder zufällig, noch hatte sie irgendetwas mit der Bombe zu tun. Sie waren gekommen, um Kontakt zu mir aufzunehmen, und sie hätten mich auf jeden Fall in dieser, der nächsten oder übernächsten Nacht gefunden. Ich hatte auf ihrer Liste gestanden, seit der kinderliebe Nazi das Waisenhaus in ein behelfsmäßiges Durchgangslager verwandelt hatte.

Wir vier saßen um den stabilen Holztisch herum, auf nicht ganz so stabilen Küchenstühlen. Ich beobachtete das warme, weiche Kerzenlicht, wie es, einer Tänzerin in blauen Schleiern ähnlich, aus der Dunkelheit aufstieg. Und mit Stolz und Demut zugleich nahm ich zur Kenntnis, dass diese Widerstandskämpfer mich zu einer der ihren machen wollten. Obwohl sie mich vor der Gefahr warnten, zögerte ich nicht einen Augenblick, mich ihnen anzuschließen.

Die Einweisung war detailliert und konkret. Als die Kerze mit der blauen Flamme verloschen war, war ich mit der Aktion und der Rolle, die ich darin spielen sollte, so vertraut, als hätte ich mir das alles selbst ausgedacht – theoretisch jedenfalls. Ich sollte möglichst schnell wieder in die Tagesschicht wechseln, aber sonst sollte zunächst alles beim Alten bleiben. Ob die Mutter Oberin von dieser Aktion wusste, ihr ihren Segen erteilt hatte oder gar half, wo sie konnte, blieb ein Geheimnis.

Hauptziel der Aktion war es, so viele Kinder wie möglich zu »verlieren«, ehe sie abtransportiert wurden. Wenn alles nach Plan verlief, sollten sie eine neue Identität bekommen – und eine Zeit lang auch neue Eltern. Mit Hilfe des Untergrunds sollten sie in Städte, Dörfer und auf Bauernhöfe im ganzen Land vermittelt werden – überallhin, wo anständige Menschen ihnen ihre Herzen und Türen öffneten.

Meine Aufgabe bestand in drei Schritten: Erstens sollte ich, nach meinem Wechsel zurück in die Tagesschicht, dafür sorgen, dass bei geeignetem Wetter die Kinder immer ihren täglichen Spaziergang machten und dass ich immer dabei war. Zweitens sollte ich niemals vorne gehen, sondern immer wie Leim am hinteren Ende der Gruppe kleben, bei den Kleinen in der allerletzten Reihe. Und drittens sollte ich vier bis fünf Kinder pro Ausgang verlieren, niemals mehr. Sonst wäre nicht nur das Risiko, entdeckt zu werden, zu groß, sondern die ganze Operation mitsamt allen Beteiligten gefährdet.

Ungefähr sechs Meter von der südwestlichen Ecke entfernt, der letzten, bevor wir wieder zum Waisenhaus zurückkamen, stand etwas zurückgesetzt von der Straße ein kleines Haus. Weil dessen Eingangstür durch Torbögen vollkommen verdeckt und praktisch uneinsehbar war, hatten meine drei Widerstandskämpfer diesen Punkt als den Ort vorgesehen, an dem die Kinder abgesetzt werden sollten. Gus wollte dort auf sie warten. Und wenn ich sie ihm übergeben hatte, war der gefährlichste Part meiner Aufgabe erledigt.

Die Übergabe sollte stattfinden, wenn wir den Block bereits zweimal umrundet hatten, ehe wir zum dritten Mal an dem Haus vorbeikamen. Dann sollte ich mit den Kleinen in der letzten Reihe das Tempo verlangsamen, zurückbleiben und so die Entfernung zwischen uns und dem Rest der Gruppe vergrößern. Um vollkommen aus dem Blickfeld zu sein, musste ich die anderen erst um die Ecke biegen lassen und dann die Kinder aus der letzten Reihe blitzschnell an Gus weiterreichen. Wenn die Berechnungen meiner Kameraden stimmten, hatte ich nur knapp fünfzehn Sekunden Zeit, um die Kinder Gus zu übergeben, sie hinter den Torbögen verschwinden zu sehen, zum Rest der Gruppe aufzuschließen und gemeinsam mit den anderen wieder im Waisenhaus anzukommen.

Bevor ich die Nachtschicht übernommen hatte, war ich nur wenige Male mit den Kindern spazieren gewesen. Ich konnte also nicht wissen, ob etwas an dem geregelten Tagesablauf geändert worden war. Ich konnte nur hoffen, dass sich nichts geändert hatte. Eine andere Betreuerin und ich hatten die Kinder immer am frühen Nachmittag ausgeführt. Wenn wir zu viele Kinder hatten, teilten wir sie in zwei Gruppen auf. Erst hinaus mit der einen Gruppe, dann wieder zurück, dann hinaus mit der zweiten und wieder zurück, eine von uns vornweg, die andere am Ende. Jeden Tag dieselbe Richtung, dieselben vier Straßenblocks um den Platz, derselbe Ablauf, nur gezählt hatten wir die Kinder nie. Das hatte auch keiner von uns verlangt – es war allen egal. Und genau darauf bauten jetzt meine drei Kameraden vom Widerstand: Wo nicht gezählt wurde, konnte auch keiner vermisst werden.

Leider war damit noch nicht das Problem gelöst, was wir ihren Eltern sagen und wann wir sie informieren sollten. Welcher Weg am besten war, ließ sich nur schwer vorhersagen. Weit im Voraus konnten wir es ihnen ja nicht sagen, weil wir selbst nicht so zeitig wussten, welche Kinder es treffen würde. Andererseits konnten wir auch nicht bis zur letzten Minute warten und das Risiko eingehen, ihre Eltern zu fragen, ob sie wirklich damit einverstanden seien, dass ihre Kinder ausgewählt wurden. Nach reiflicher Überlegung beschlossen wir, die Eltern überhaupt nicht zu fragen, sondern ihnen lediglich mitzuteilen, dass ihr Nachwuchs an Orte gebracht worden sei, wo er in Sicherheit sei und gut versorgt würde.

Die Kinder trugen Namensschilder, wie die Erwachsenen auch. In diesem Fall war es sogar sinnvoll. Denn so konnte Gus den Kleinen nach der Übergabe die Namensschilder abnehmen und sie Cor oder Jan geben, die sie wiederum den Mitarbeitern dieser Rettungsaktion in der Schouwburg zuspielen konnten. Weil unsere Nachmittagsspaziergänge nie länger als bis vier oder halb fünf Uhr dauerten und die Lastwagen nie vor elf Uhr abends kamen, blieb ausreichend Zeit, um die Eltern ausfindig zu machen und ihnen zu erklären, was wir ihnen mitteilen konnten und was sie wissen durften. Wir alle konnten uns nicht einmal annähernd vorstellen, wie die Eltern aufgrund des traditionell engen Zusammenhalts in den jüdischen Familien reagieren würden.

Es war schon Tag, als wir auseinandergingen. Die drei hatten mir noch geholfen, die Kinder wieder nach oben zu bringen, hatten Glasscherben weggeräumt und die zerbrochenen Fenster mit Decken zugehängt. Bevor sie gingen, hatten sie gefragt, welchen Codenamen wir unserer Operation geben sollten. Ich bat sie, den Namen »Frieda« zu wählen. Sie fragten nicht weiter, sondern sagten nur, Operation Frieda werde schon am nächsten Tag anlaufen. Gus wollte ab ein Uhr am vereinbarten Übergabepunkt warten, bei jedem Wind und Wetter. Bei Änderungen oder im Notfall werde man Kontakt mit mir aufnehmen.

Nachdem sie – durch die Eingangstür – verschwunden waren, ging ich direkt zur Mutter Oberin. Sie trank gerade ihren allmorgendlichen Tee und hatte sich, wie ich ihren Äußerungen entnehmen konnte, schon ein Bild von den Schäden im Nachbarhaus gemacht. Unsere eigenen Schäden hatte sie noch nicht in Augenschein genommen, sondern wollte erst meinen Bericht abwarten. Ich erzählte ihr alles, soweit es möglich war, ohne meine Kameraden oder die Operation zu verraten. Ergebnis meines Berichts war, dass Schwester Judy entlassen und ich wieder für die Tagesschicht eingeteilt wurde, ohne erst darum bitten zu müssen.

Mir war vorher nicht aufgefallen, dass die Mutter Oberin gar nicht im Waisenhaus wohnte. Ohne die Bombe und die ernüchternde Erfahrung, dass sie im Augenblick der Krise nicht da war, hätte ich darüber auch nie weiter nachgedacht. Doch jetzt informierte mich die Gute nicht nur über meinen Schichtwechsel, sondern gleichzeitig darüber, dass sie vom heutigen Abend an immer da sein werde. Weil ich nicht wusste, wie sie zur Operation Frieda stehen würde, nahm ich ihre Ankündigung mit gemischten Gefühlen auf. Sie sagte, sie wolle sich ein Bett ins Zimmer stellen lassen und mir etwas von meiner Last abnehmen. Doch ganz gleich was sie wusste oder nicht wusste, ihr Gesichtsausdruck und der Ton ihrer Stimme hatten sich, wenn sie mich jetzt ansprach, drastisch verändert – als hätte sie plötzlich Respekt vor mir.

An jenem Morgen war keine Menschenseele auf der Straße. Es roch nach dem versengten Schutt der vergangenen Nacht, vermischt mit dem Geruch nahenden Frühlings. Ich hätte eigentlich direkt nach Hause gehen sollen, um Mama und Herbert nicht zu beunruhigen und um etwas dringend benötigten Schlaf zu bekommen, aber ich konnte einfach nicht fortgehen, ohne die Sache wenigstens einmal geprobt zu haben – ohne die Kinder, ganz allein. Denn ich wusste, dass wir alle umso sicherer sein würden, je besser ich mich vorher mit jedem Quadratzentimeter dieser vier Straßenblocks vertraut gemacht hatte.

Das Waisenhaus lag nach Westen. Im Uhrzeigersinn, so wie ich später mit den Kindern gehen würde, ging ich langsam zur nordwestlichen Ecke. Ich sah mir jeden Torweg, jeden Eingang genau an, ich schaute über die Schulter zurück, zur Seite und geradeaus nach vorn. Ich blieb stehen, ging weiter, blieb wieder stehen, ließ den Blick schweifen, aber es war nichts zu sehen. Früher war dies einmal ein schöner Platz gewesen, nur wenige Straßenbahnhaltestellen vom Stadtzentrum entfernt. Doch jetzt schienen die meisten Häuser leer zu stehen.

Der kleine Park um die Ecke, an der Nord- und Ostseite des Straßenblocks, war nie mehr gewesen als ein Rastplatz für müde Füße: ein paar Bänke zum Sitzen, ein paar Bäume, die im Sommer Schatten spendeten, und Blumen, je nachdem, was die Jahreszeit gedeihen ließ. Ein ruhiges Plätzchen für ruhige Leute, damals wie heute. Kein Grund zur Sorge. Die zweite und dritte Seite des Straßenblocks waren leicht im Auge zu behalten, weil alle Häuser dort auf ein und derselben Straßenseite lagen. Im Norden waren sie auf den Park ausgerichtet, im Osten auf den Zoo, besser gesagt, auf die große Steinmauer, die ihn umgab. Der Zoo war geschlossen – aufgrund der Jahreszeit, nicht wegen des Krieges. Ich erinnere mich noch, dass ich den Kindern, als wir dort vorbeikamen, erzählte, dass die Tiere jetzt alle schliefen. Doch die Kinder konnten nicht widerstehen, sie mussten einfach einen Blick durch das schwere schmiedeeiserne Tor werfen, das mit schweren Ketten doppelt gesichert war. Das Tor reichte fast bis zur südwestlichen Ecke. Wenn ich davor stand, konnte ich nicht nur beide Seiten des vierten Straßenblocks überschauen und sogar noch weiter sehen als bis zu dem Haus, bei dem Gus warten würde, sondern auch den ganzen Weg bis zur südwestlichen Ecke, dem letzten und kritischsten Abschnitt des Rundgangs.

Diese Straße am vierten Block war breiter als die anderen, fast schon ein Boulevard. Sie ging leicht bergauf und war wesentlich belebter – wegen des zentralen Einwohnermeldeamtes, das sich mitten auf der Südseite der Straße über den halben Block erstreckte. Wie die meisten Regierungsgebäude war auch dieses von der Architektur her uninteressant, trist und hoffnungslos groß. Dort sah ich die ersten Menschen an diesem Morgen, ein paar Frühaufsteher, die darauf warteten, dass das Amt seine Pforten öffnete. Das Haus mit dem Torbogen, in dem die Kinder in Sicherheit gebracht werden sollten, lag direkt gegenüber.

Von allen Regierungsgebäuden, die ich je gesehen oder betreten hatte, ist mir dieses wohl am besten in Erinnerung geblieben. Vor gut zwei Jahren hatte man Herbert und mir darin nämlich die Heiratserlaubnis verweigert, und zwar mit dem Argument, ich sei zur Gänze jüdisch, Herbert dagegen nur zur Hälfte. Ich hätte den Beamten damals fragen sollen, ob er uns nicht eine halbe Erlaubnis für eine halbe Ehe geben könne.

Ich war dem Einwohnermeldeamt schon lange nicht mehr so nahe gekommen und hatte bis dahin auch nicht darüber nachgedacht, welche katastrophalen Auswirkungen die Unterlagen dieser Meldebehörde nach dem Einmarsch der deutschen Besatzer auf alle Betroffenen gehabt haben. Denn in diesem Gebäude waren, säuberlich auf Karteikarten getippt und alphabetisch in Kästen sortiert, alle Einzelheiten über jeden Mann, jede Frau und jedes Kind in der Stadt erfasst: Konfession, Lebensdaten, Adresse, alles in perfekter Ordnung und griffbereit für die Hitler-Plage.

Warum nur haben sie diese Unterlagen nicht alle verbrannt? Wie die Belgier das gemacht hatten. In allerletzter Minute vor dem Einmarsch von Hitlers Armee in Brüssel und Antwerpen hatte der belgische König Leopold III. angeordnet, alle Dokumente und Papiere des Zentralregisters zu vernichten. Auch dadurch konnten zwar nicht alle Juden gerettet werden, aber sie hatten wenigstens mehr Zeit, ihre Flucht zu planen, sich zu verstecken oder offen mit falschen Papieren zu leben. Jedenfalls brauchte das Dritte Reich viel länger, um einen belgischen Juden zu fassen als einen holländischen.

Die schmückenden Girlanden aus Efeu und Tannenzapfen, die vom Torbogen des kleinen, für die Operation Kindersicherheit vorgesehenen Hauses herunterhingen, sorgten für perfekte Deckung. Sie verbargen die zurückliegende, unverschlossene Eingangstür vollständig. Ich schlüpfte schnell hinein. Das Haus stand eindeutig leer. War es der reizvolle Hof mit dem Kopfsteinpflaster, waren es die winzigen, altmodischen Fenster zu beiden Seiten und das kleine Tor am entfernten Ende des Hauses, die mich an ein kleines Kloster oder ein Pfarrhaus denken ließen? Vielleicht war es aber auch nur die hier herrschende Stille, die das Haus wie ein Relikt aus einer anderen Zeit erscheinen ließ. Ich untersuchte das kleine Tor nicht weiter, aber ich wäre keineswegs überrascht gewesen, wenn ich entdeckt hätte, dass zwischen diesem Tor und dem Keller des Waisenhauses eine Verbindung bestand.

Ich verbrachte nicht mehr als ein paar Minuten in dem Haus und überquerte dann die Straße, um es vom Einwohnermeldeamt aus zu betrachten. Für die Leute, die dort warteten, konnte meine Anwesenheit eigentlich nichts anderes bedeuten, als dass auch ich auf die Öffnung des Amtes wartete. Nachdem ich auf die andere Straßenseite geschaut hatte, hin und her gegangen war und nochmals hinübergeschaut hatte, beschloss ich, es vorerst gut sein zu lassen. Ich hatte genug gesehen, um zu wissen, dass man nur mit einem Fernglas etwas erkennen konnte und selbst dann schon genau wissen musste, wonach man suchte. Im Übrigen musste ich davon ausgehen, dass meine drei Kameraden dieses Haus aus gutem Grund ausgewählt hatten. Wahrscheinlich hielten sie eine belebte Straße für viel sicherer als eine ruhige. Wer würde sich schon darum kümmern, wenn Kinder in einem Haus verschwanden, das man kaum sehen konnte? Nach meinem Erkundungsgang verspürte ich neuen Eifer, ich wollte, dass es endlich losging. Ich war angespannt wie eine überdrehte Uhr.

Mama und Herbert würden sicherlich froh sein, wenn sie mich jetzt wieder zu normalen Zeiten bei sich zu Hause hätten. Ihnen war es nie lieb gewesen, dass ich nachts fort war. Zu schade, dass ich ihnen nicht die Wahrheit über die letzte Nacht sagen konnte, ebenso wenig wie über die neue Verpflichtung, die ich eingegangen war. Nicht, dass sie etwas dagegen gehabt hätten – natürlich hätten sie nichts dagegen gehabt. Sie wären stolz gewesen, aber auch fürchterlich besorgt. Also wieso den verdrießlichen Minuten, die sie bereits durchlebt hatten, noch weitere hinzufügen?

Der Himmel war auf unserer Seite, als der erste Tag der Operation Frieda gekommen war. Schon als ich zum ersten Mal aus dem Fenster schaute und den wolkenlosen, meerblauen Himmel sah, wusste ich, dass dies ein gutes Omen war. An jenem Morgen war ich hellwach und platzte vor Energie. Ich machte mich fertig, rannte aus dem Haus und eilte mit einem Tempo zum Waisenhaus, das mich selbst in Erstaunen versetzte. Im Rückblick muss ich sagen, dass diese Eile eigentlich zwecklos war. Denn ich musste ja mit den Kindern erst noch frühstücken, zu Mittag essen, spielen und den Mittagsschlaf der ganz Kleinen abwarten, ehe es losging – und über all dem verging die Zeit kein bisschen schneller.

Außerdem hatte man an diesem Morgen die beiden an die Eingangshalle grenzenden kleinen Räume – einst als Refugium für Schwester Agnes und eine andere Schwester, dann als Krankenzimmer genutzt – mit Kinderbetten vollgestellt, die teils leer, teils mit Babys und Kleinkindern belegt waren. Die Mutter Oberin hatte als Vorsorgemaßnahme für den Fall eines weiteren Bombenangriffs auf dieser Neuordnung bestanden, weil jene Räume näher am Keller lagen. Zu meiner immensen Erleichterung erwartete sie jedoch nicht, dass wir auch diese Kinder ausführten. Der kinderliebe Nazi hatte entschieden, alle noch stillenden Mütter aus der Schouwburg sollten einzeln und nacheinander in das Waisenhaus gehen und ihre Babys dort füttern.

Ich brauchte nur einmal hinzusehen – mir anzuschauen, wie eine Mutter die Schouwburg verließ und, ihre Augen starr auf die verriegelten Fenster des Waisenhauses gerichtet, die verlassene Straße überquerte –, um zu wissen, wie verzweifelt sie sich nach ihrem Baby sehnte. Ich brauchte nur einmal hinzuschauen – nur einer einzigen Mutter ins Gesicht zu schauen, wie sie, befreit von Angst und Schmerz, diesen Säugling freudig und mit so viel Liebe und Hingabe in ihren Armen hielt –, um zu wissen, dass ihnen in diesem Augenblick nichts Hässliches etwas anhaben konnte. Ich brauchte nur einmal hinzuschauen und zu sehen, wie das Lächeln eines einzigen Babys den ganzen Raum erhellte, wie die Freudentränen einer Mutter die Ängste ihres kleinen Lieblings wegwuschen, ich brauchte nur einen

Augenblick die friedliche Aura dieser beiden zu spüren, um zu wissen, dass ihre Reise, wo immer sie enden würde, gemeinsam enden musste. Denn sie waren eins.

Mit Ausnahme meiner Trauer um die kleine Frieda hat mich nichts in meiner Zeit im Waisenhaus tiefer berührt als diese magische Einheit von Mutter und Kind. Damals wusste ich es noch nicht, aber auf seltsam verdrehte Weise verhalf ausgerechnet die Laune dieses geheimnisvollen Nazis, der den Müttern erlaubte, ins Waisenhaus zu gehen, der Operation Frieda zum Erfolg.

Es war zwei Uhr, als wir begannen, die Kinder für den Ausgang aufzustellen. Weil das Wetter ungewöhnlich schön war, wollten alle mit. Wir hatten zu wenig Personal, aber mehr als genug Kinder. Das hieß, ich hatte mehr als eine Gruppe auszuführen und konnte Gus mehr als nur vier oder fünf Kinder übergeben.

In meiner Aufregung hatte ich noch gar nicht darüber nachgedacht, welche Kinder denn nun die glücklichen sein sollten. Auch war mir nicht klar gewesen, dass man von mir erwartete, diese Auswahl zu treffen. Als mir diese Verantwortung bewusst wurde, konnte ich den Kindern nicht länger in die vertrauensvollen, unschuldigen Augen schauen. Ich knöpfte ihnen die Mäntel zu, zog ihnen die Handschuhe an, band ihnen die Schals, aber als die Entscheidung getroffen werden musste, ging ich in die Küche. Lieber sollte jemand anders die Entscheidung treffen, nicht ich – jemand, der von all dem nichts wusste und dem man keine Vorwürfe machen konnte. Ich blieb also in der Küche, bis Schwester Louise mir zurief, dass die erste Gruppe zum Abmarsch bereit sei.

Zum Glück trafen die Kleinen die Auswahl selbst. Die meisten von ihnen wollten Erster sein. Wie Vögel im Käfig, denen man die Tür zur Freiheit öffnet, konnten sie gar nicht schnell genug herauskommen. Louise hatte an der Tür alle Hände voll zu tun, um sie unter Kontrolle zu halten. Ich ließ die Kinder an mir vorbeistürmen, ohne sie zu zählen – dieselbe Gruppe, die ich in der Bombennacht betreut hatte. So waren Louise und ihre Gruppe vorneweg, wie ich es erhofft hatte.

Die kleinen Hände, die sich an mich klammerten, gehörten zu den ängstlichen und schüchternen Kindern, die das Schicksal mir überlassen hatte, um sie zu Gus zu bringen. Es waren drei Jungen und zwei

Mädchen. Je ein Mädchen hatte ich zu beiden Seiten fest an der Hand, neben ihnen die Jungen im Alter zwischen Vier und Zehn. Dem Mädchen zu meiner Linken lief ständig die Nase, das Mädchen zu meiner Rechten stolperte immer wieder über seine offenen Schnürsenkel. Und dieses Kind löste das Problem des Zurückbleibens viel besser als alles, was ich mir hätte ausdenken können.

Bei unserer ersten Runde sah ich Gus aus den Augenwinkeln, wie er sich gegen einen der Torbögen presste. Ich verriet mit keinem Zeichen, dass ich ihn bemerkt hatte, und lenkte auch die Aufmerksamkeit der Kinder weder auf ihn noch auf das Haus. In der zweiten Runde nutzte ich als Verzögerungstaktik die zahlreichen Kämpfe des kleinen Mädchens mit seinen Schnürsenkeln, die trotz eifriger Bemühungen der Kleinen, selbst eine Schleife zu binden, immer wieder aufgingen. Während die Kinder vor uns versuchten, mit den Vorangehenden Schritt zu halten, wobei sie munter miteinander redeten, sagten meine Kinder kaum ein Wort. Ich selbst stand unter Hochspannung – letztlich, weil ich viel mehr tun wollte als das, was man von mir verlangt hatte.

Jedesmal wenn wir um eine Ecke kamen, verspürte ich diesen überwältigenden Drang, Louise zuzurufen, sie solle die Kleinen anstelle des geruhsamen Gehtempos doch laufen lassen. Ich wünschte mir so sehr, dass sie zum Waisenhaus zurückrannten. Die gesparten Minuten wollte ich wie kostbare, geschenkte Zeit darauf verwenden, noch mehr Kinder zu retten.

In der dritten Runde kniete ich mich kurz vor der Übergabe hin, um dem kleinen Mädchen die Schnürsenkel selbst zu binden. Zu diesem Zeitpunkt waren die ersten Kinder bereits um die Ecke gebogen. Damit war die Distanz zwischen uns und den anderen mehr als ausreichend, um meine Kinder Gus zu übergeben.

Der letzte Schritt geschah viel schneller, als ich es für möglich gehalten hatte. Gerade hatte ich noch dagestanden, die Arme um die Kinder gelegt, und ihnen erzählt, der Mann, der da im Torweg des kleinen Hauses stehe, sei von ihren Eltern geschickt, um ihnen dabei zu helfen, den Nazis zu entkommen. Und kurz darauf waren die Kinder schon bei ihm. Vielleicht ging es deshalb so leicht, weil sich zwei der Jungen noch von der Nacht im Keller her an Gus erinnerten, auch an seine Freundlichkeit, und ihm daher vertrauten. Aus welchem

Grund auch immer, keines der Kinder zögerte oder zweifelte auch nur eine Sekunde.

Gus nickte mir zu, die Kinder winkten, und ich machte, dass ich zu den anderen aufschloss, ohne mich noch einmal umzusehen. Ich erreichte das Waisenhaus gemeinsam mit ein paar älteren Jungen, die am liebsten auf eigene Faust verloren gegangen wären. Während Louise sie an der offenen Tür zu besserem Gehorsam anhielt, schlüpfte ich an ihr vorbei ins Innere des Hauses.

Wer alt genug war, um stehen zu können, stand jetzt im Flur. Man konnte unmöglich sagen, welche Kinder gerade zurückgekehrt waren und welche zur zweiten Gruppe gehörten. Als es ums An- und Aufstellen ging, stellten sich alle wieder auf, auch die beiden Jungen, die gerade auf eigene Faust hatten verschwinden wollen. Irgendwie schafften wir es, die zweite Gruppe aus dem Haus zu bekommen. Die Mutter Oberin blieb mit der Aufgabe zurück, die anderen zu bändigen, ob sie nun schon draußen gewesen waren oder nicht.

Diesmal waren die Kinder unruhig. Es gab in dieser Gruppe keine Ängstlichen. Es lief auch nicht ganz so glatt wie beim ersten Mal. Das Hauptproblem bestand natürlich darin, dass ich Louise nicht einweihen konnte. Leider hatte sie nicht das geringste Interesse an noch einem weiteren Ausgang, und für die aufgestauten Energien und tieferen Ängste der Kinder hatte sie so wenig Verständnis, wie ich es für die Frömmigkeit von Schwester Agnes aufgebracht hatte. Die Kinder wollten die Plätze miteinander tauschen; Louise erwartete von ihnen, dass sie wie kleine Soldaten marschierten. Am Ende aber schaffte ich es trotz Louise – und auch ohne die zuvor nicht geprobte Verzögerungstaktik mit den Schnürsenkeln –, Gus vier weitere Kinder zu übergeben. Allerdings nicht die Kinder, mit denen ich losgegangen war.

Die fünf, mit denen ich aufgebrochen war, waren gut zu Fuß und wollten nicht zurückbleiben. Die vier, mit denen ich ankam, hatte ich dabei entdeckt, wie sie eifrig auf dem eisernen Tor des Zoos herumkletterten. Vier kleine Äffchen, die sich noch einmal unschuldig vergnügen wollten, bevor sie für die Nacht eingesperrt wurden – oder ihnen gar Schlimmeres drohte. Zwei der Kinder waren Jungen, die anderen beiden Mädchen, die genauso wild und ungebärdig waren wie sonst nur Jungen, alle vier nicht älter als acht oder neun.

Wir schafften tatsächlich noch einen dritten Ausgang. Die Mutter Oberin hatte dem verbliebenen Rest einen Spaziergang vor Einbruch der Dunkelheit versprochen. Inzwischen war Louise jedoch zu erschöpft für ein strammes Marschtempo, und die Kinder waren überdreht und müde. Diesmal wichen meine drei kleinen Mädchen – zwölf, zehn und vier Jahre alt – nicht von meiner Seite. Wie junge Hunde suchten sie meine Nähe, gingen in meinem Tempo und blieben stehen, wann immer ich stehen blieb. Sie vermissten ihre Eltern sehr, und das war auch alles, worüber sie sich unterhielten. Als es soweit war, dass ich ihnen eröffnen musste, warum ich sie bei mir zurückgehalten hatte, verstanden auch sie sofort, mit Ausnahme der Vierjährigen, die sich an Gus nicht mehr erinnerte. Aber auch sie ging mit, weil es die beiden anderen taten.

Ich wusste, dass Gus zufrieden war, denn er nickte mir zu, wann immer ich vorbeikam. Ein guter Tag. Ein großartiger Tag – ein Dutzend Kinder gerettet! Wenn sich das Wetter hielt, würde es gut laufen.

Und es lief wirklich gut an jedem regenfreien Nachmittag – ob es nun windig war oder nicht, ob der Himmel klar war oder nicht. Natürlich gab es unterwegs auch unvorhergesehene Probleme – mal mussten ein paar meiner Nachzügler zum ungünstigsten Zeitpunkt dringend zur Toilette, mal hatte ein Kind Louise geschlagen und war zu mir nach hinten geschickt worden, obwohl ich meine Quote von fünf Kindern schon voll hatte, mal schrie ein Kleiner, er wolle unbedingt zu seiner Mama in die Schouwburg. Im Allgemeinen jedoch verhielten sich die Kinder wie Profis. Und von den Erwachsenen im Waisenhaus machte sich nie jemand die Mühe herauszufinden, warum beim Abendessen auf einmal weniger Kinder da waren als beim Mittagessen.

7.

Operation Frieda endete in der letzten Aprilwoche des Jahres 1943. Eines Nachmittags, als wir wieder auf unserem üblichen Weg waren und an demselben Haus vorbeikamen, wartete kein Gus mehr auf die Kinder. Auch kein Jan oder Cor. Ich hatte keine Warnung erhalten, auch keine Anzeichen gesehen, dass etwas nicht in Ordnung war oder demnächst schiefgehen würde. Doch die Tatsache, dass Gus nicht an seinem Platz stand, war das sicherste Zeichen, dass alles vorbei war. Nicht einen Augenblick dachte ich, dass vielleicht ein Anflug von Grippe Gus oder seine Kameraden ferngehalten hätte. Nichts hätte sie abgehalten, solange noch ein einziges Kind hätte gerettet werden können. So blieb nur die Erklärung, dass Gus die Sache nicht mehr in seiner Gewalt hatte und er selbst auf der Flucht war.

Ich hatte von Anfang an gewusst, dass eines Tages das Ende kommen würde. Ich wusste nur nicht, wie oder wann. Es tat weh, die Kleinen vollzählig wieder zurückbringen zu müssen, wenn überhaupt keiner sie zählte. Nicht zu wissen, was Gus und den anderen zugestoßen war, tat sogar noch mehr weh.

Wie viele Kinder hatte er an sich genommen? Rund hundertdreißig oder hundertvierzig. Mit den Geretteten hätten wir vielleicht fünf Klassenzimmer füllen können. Aber wie viele Klassenzimmer, Schulen, Parks hätten all jene Kinder gefüllt, die wir nicht hatten retten können?

Innerlich noch ganz mit den Ereignissen des Tages beschäftigt, sah ich Gus wie ein Trugbild in jeder Einfahrt stehen, an der ich auf dem Nachhauseweg vorbeikam. Wie würde der morgige Tag ohne ihn aussehen, ohne diesen tapferen jungen Mann, den ich nie richtig kennen lernen durfte?

Der alte Mann, der seinen Blumenkarren auf den Bürgersteig schob, kam direkt auf mich zu. Es war schwer zu sagen, ob er mir etwas verkaufen oder mich überfahren wollte. Ich war erst einige Straßenblocks vom Waisenhaus entfernt, als er plötzlich aus dem Nichts auftauchte.

An jedem anderen Tag hätte ich mich über ihn und seine Blumen in diesem verlassen Teil der Stadt gewundert, zumal nach Sonnenuntergang. Aber nicht heute. In Gedanken war ich noch viel zu sehr mit den letzten Stunden beschäftigt und nahm ihn daher kaum wahr. Sogar dass ich zurücktrat, um ihn vorbeigehen zu lassen, war mehr ein Reflex als eine wohl bedachte Handlung. Aber er brachte seinen Wagen genau dort, wo ich stand, abrupt zum Stehen und versperrte mir praktisch den Weg.

Ein plötzlicher Hagelsturm mitten im Sommer hätte mich nicht unvermittelter aus meinen Gedanken reißen können. Ehe ich überhaupt begriff, was da los war, fand ich mich mit einem Strauß Tulpen wieder, den er von seinem Wagen genommen und mir in den Arm gelegt hatte. Er flüsterte mir zu, ich solle nicht ins Waisenhaus zurückkehren und auch nicht nach Hause gehen. Dieser graubärtige, schlaksige Mann mittleren Alters mit seiner angestaubten Jacke, den abgetragenen Hosen und kniehohen Gummistiefeln sah auch ohne die schlimme Nachricht, die er mir überbrachte, übel aus. Er brachte keinen Satz zu Ende und verkürzte die Worte wie in einem Telegramm. Alles an seiner Stimme signalisierte Dringlichkeit.

»Gut, Sie erwischt zu haben.« Solche Worte konnte ich immer weniger leiden. »Nicht wiederkommen. Sie wissen alles. Freunde okay, untergetaucht. Tun Sie's auch.« Er setzte seinen Karren wieder in Bewegung, zurück auf die Straße, und machte sich davon.

Ich blieb stehen, wo ich gestanden hatte, und starrte intensiv auf die scharlachroten Tulpen in meinen Armen, ohne die leiseste Ahnung, was ich als Nächstes tun sollte. Obwohl mir immer noch einiges unerklärlich war, erkannte ich ganz nüchtern, dass ich mal wieder in einer Sackgasse angelangt war und wie prekär meine Lage war.

An diesem Punkt hatte ich praktisch keine Alternativen mehr. Ich dachte daran, vielleicht Freunden in einem anderen Stadtviertel ins Haus zu fallen, erwog sogar, ein Weilchen dort zu bleiben, um in Ruhe über alles Weitere nachzudenken. Doch leider musste man in diesen Tagen damit rechnen, dass ein unerwarteter Herzanfall die Folge war, wenn man jemandem unerwartet ins Haus fiel. Nicht unbedingt das, was man seinen Freunden gern antat …

Stehen zu bleiben, bis meine Beine aufgaben, hätte mich nur noch mehr ermüdet, aber bestimmt nicht klüger gemacht, und so beschloss ich, trotz der Warnung nach Hause zu gehen. Hauptsächlich wegen eines äußerst wichtigen Briefes, den der Postbote noch nicht gebracht hatte, den wir jedoch alle sehnlichst erwarteten. Wegen eines Briefes, der auch den Schlüssel zu meiner zukünftigen Sicherheit enthalten konnte. Wenn es je eine Zeit gab, in der das Eintreffen eines Briefes wichtiger sein konnte als die Essensration für den ganzen nächsten Monat, dann diese.

Die Idee stammte von Herbert. Er war zu der Überzeugung gelangt, dass ich, nachdem das Dritte Reich mich ausgestoßen hatte, mehr als nur vorübergehenden Schutz brauchte. Und weil die Chancen dafür mit einem arischen Elternteil wesentlich besser standen als in meinem Fall (obwohl es dafür natürlich keine Garantie gab), hatte er sich einen Plan zurechtgelegt, wie auch ich in den Besitz eines jener unbezahlbaren arischen Elternteile gelangen könnte, wenn nur alles mit größtem Feingefühl gehandhabt wurde. Weil Mama noch nie zuvor in Holland gewesen war, konnte man in diesem Land nicht nach einem falschen, aber arischen Vater für mich Ausschau halten. Sogar wenn man hier auf dem Schwarzmarkt, wo so gut wie alles zu haben war, arische Väter angeboten hätte, mussten doch die Namen, Daten, Orte und die authentische Unterschrift eines Standesbeamten mit allen offiziellen Stempeln rechtskräftig sein. Weil ich überdies keinem meiner österreichischen Landsleute mehr traute, blieb mir nur die Möglichkeit, einen arischen Vater in Budapest ausfindig zu machen.

Ein vernünftiger Vorschlag: Mama hätte nur einen Bekennerbrief an Tante Shari schreiben müssen, natürlich auf Ungarisch, mit der Bitte, sie möge den Mann ausfindig machen, mit dem Mama damals eine Affäre gehabt hatte. Den Mann, der mich gezeugt hatte. Mamas Brief hätte ungefähr Folgendes enthalten müssen: Papa fort bei der Handelsmarine, Mama einsam, zu Besuch bei Tante Shari, Begegnung mit einem gut aussehenden Fremden und so weiter und so fort.

All das völlig glaubhaft klingen zu lassen, ohne dass meine tugendhafte Tante schon bei der Lektüre eines solchen Briefes einen Herzinfarkt erlitten hätte, war keine leichte Aufgabe. Irgendwie mussten wir sie davon überzeugen, dass heutzutage eine strenge Sexualmoral keinem das Leben rettete, ein einziger mittelloser, dafür aber glaubwürdiger ungarischer Arier männlichen Geschlechts aber sehr wohl. Natürlich musste er bereit sein, vor einem Amtsrichter – oder sogar vor dem Teufel selbst – zu schwören, dass er mein leiblicher Vater sei. Diese ganze Farce in Briefform war erforderlich, weil die Post recht häufig unbefugt geöffnet wurde und daher äußerste Vorsicht geboten war.

Als Herbert zum ersten Mal mit Mama über seinen Plan sprach, mich zum unehelichen Kind erklären zu lassen, gab sie ihm nur eine Ohrfeige und verließ den Raum. Das war kurz nachdem sich meine Arbeit an der Nähmaschine in Luft aufgelöst hatte. Mama konnte nicht einmal den Gedanken zulassen, sie könne Papa betrogen haben, obwohl ihr die Notwendigkeit für eine solche Lüge doch viel einsichtiger hätte sein müssen als irgendjemandem sonst. Ich glaube, es war gar nicht einmal die angedeutete Untreue, die sie so aufbrachte, sondern eher der Gedanke, dass auf diese Weise die Erinnerung an Papa befleckt würde, die sie lebendig, unberührt und heilig gehalten hatte.

Mama schrieb Tante Shari schließlich doch, aber erst nachdem ich verhaftet worden war. Denn da ging ihr auf, dass trotz erfolgreicher Flucht das Licht am Ende des Tunnels für ihre Tochter immer schwächer wurde.

Meine Verhaftung muss sie wirklich in Angst und Schrecken versetzt haben. Eines Tages kam ich dazu, wie sie im Esszimmer saß und unter Tränen den Brief schrieb und dabei leise vor sich hinsprach: Papa würde sich bestimmt im Grab umdrehen, wenn er das wüsste. Ich wollte ihr antworten, dass Papa, dessen Andenken bei uns beiden immer noch sehr lebendig war, gar nicht in seinem Grab sei, sondern bei uns, so wie immer – und dass er das Ganze sicher verstanden hätte, so wie er immer alles verstand. Aber ich sagte es nicht, weil ich wusste, dass ihre Einstellung sich doch nicht ändern würde. Für Mama war dies der schwierigste Brief, den sie je zu schreiben hatte.

Am selben Abend schrieb ich an Ferry. Im Lauf der Jahre hatten wir beide gelernt, zwischen den Zeilen zu lesen. Und er würde besser als jeder andere wissen, wie man den richtigen Kandidaten fand. Seine Gefühle für mich hatten sich nicht geändert. Doch selbst wenn das der Fall gewesen wäre, hätte er mich nicht im Stich gelassen und alles ihm Mögliche unternommen, um mir zu helfen. Das wusste ich genau.

Dies also war der Grund, weshalb ich vom Waisenhaus unbedingt nach Hause gehen musste. Ich musste einfach wissen, ob zur Abwechslung auch mal eine gute Nachricht auf mich wartete. Zum Glück hatten meine Tante und Ferry unsere Briefe erhalten und bestätigt, dass sie verstanden hätten. Ferry wollte alles unternehmen, um diesen verlorenen Verwandten für mich zu finden. Es würde allerdings ein Weilchen dauern. Ich müsste mich einfach in Geduld fassen und warten … Also wartete ich.

In seinem letzten Brief, der vor weniger als einer Woche angekommen war, hatte Ferry geschrieben, er habe den fraglichen »Verwandten« aufgespürt und sei fast sicher, dass es sich tatsächlich um den

Gesuchten handele. Er müsse aber noch einige Erkundigungen einziehen und werde es in ein paar Tagen ganz sicher wissen. Als mir die Warnungen des Blumenmannes wieder einfielen, musste ich mich unwillkürlich fragen, ob ich diese paar Tage überhaupt noch hatte. Wie viele Tagen sind »ein paar« denn genau?

Ich trug die Tulpen noch immer im Arm, hatte genug von meinem Zickzack-Kurs und versuchte nach wie vor, potentielle Verfolger, die mein müder Geist sich ausgedacht hatte, abzuschütteln, als ich meine Straße erreichte.

Immer wenn ich Margit sah, bekam ich gute Laune, und das war noch nie anders gewesen. An diesem Nachmittag wartete sie auf mich an der Straßenecke – was sie noch nie zuvor getan hatte. Und da wusste ich, dass dieser schlimme Tag noch lange nicht vorüber war. Sie war schon über eine Stunde auf und ab gegangen, um mich auf jeden Fall abzufangen, bevor ich unser Haus erreichte.

Als sie mich voller Herzlichkeit umarmte, wiederholte sie die Warnung des Blumenmannes: Geh nicht nach Hause. Vom Waisenhaus erwähnte sie nichts, sondern sagte nur, dass man auch mit Herbert Kontakt aufgenommen und ihm gesagt habe, ich solle mich fern halten. Obwohl die beiden nicht wussten, was wirklich los war, wollten Mama und Herbert, dass ich erst einmal bei Margit blieb, wenigstens für diese Nacht. Und leider war, wie ich hörte, der erwartete Brief immer noch nicht eingetroffen. Heute war überhaupt keine Post gekommen … Morgen vielleicht …

Margit hatte mir die Blumen abgenommen. Nach einem koketten Dankeschön, zur Ablenkung eventueller neugieriger Passanten, gingen wir gemeinsam weiter. Sie hatte mir den Arm um die Schulter gelegt, und während wir die letzten Strahlen der untergehenden Sonne hinter uns ließen, betraten wir ihr Haus. Im Treppenhaus war es dunkel. Die meisten Häuser dieser Art hatten unten und oben an jedem Treppenabsatz Lichtschalter. Doch in diesem Haus gab es nur Schalter, kein Licht. Margit hatte alle Birnen herausgedreht. Wie sie sagte, sollten »die« nicht wissen, dass wir hier waren.

Vierundsechzig Stufen. Als wir das erste Stockwerk erreicht hatten, zog sich meine Freundin die Schuhe aus und forderte mich auf, dasselbe zu tun. »Weniger Lärm«, flüsterte sie.

Manchmal wusste Margit auf fast unheimliche, aber wunderbare Weise, was ich gerade dachte. Dann überraschte sie mich mit der Antwort auf eine Frage, die ich noch gar nicht gestellt hatte. So auch jetzt, kurz bevor wir ihre Wohnungstür erreicht hatten. Ich hatte mich gefragt, warum Mama und Herbert nicht aus dem Fenster geschaut hatten, um mich und Margit auf dem Bürgersteig zu sehen und zu wissen, dass alles in Ordnung war. Bevor wir das Haus betraten, hatte ich auf die andere Straßenseite geschaut, in der Hoffnung, sie wenigstens flüchtig zu sehen. Aber die Vorhänge waren zugezogen gewesen. Als wären mir meine Gedanken auf die Stirn geschrieben, sagte Margit leise: »Ich habe ihnen gesagt, sie sollten nicht rausschauen – für den Fall, dass uns jemand beobachtet.« Sie hatte tatsächlich geflüstert, obwohl uns niemand hätte hören können. Und dann wollte sie wissen, ob das neu erwachte Interesse der Nazis an meiner Person etwas mit meiner Arbeit im Waisenhaus zu tun hätte. Ich sagte ihr, das Waisenhaus würde geschlossen und ich würde dort nicht mehr gebraucht. Von den Kindern, denen ich zur Flucht verholfen hatte, von Gus oder den anderen sagte ich nichts. Es war schwer, nicht die Wahrheit sagen zu dürfen und mich weder ihr noch meiner Familie anvertrauen zu können – schwer für mich, aber sicherer für sie.

Wir standen im dunklen Flur, mit den Schuhen in der Hand. Margit fragte sich bestimmt, was mein Geheimnis sein mochte. Und ich wurde immer unsicherer, wann und ob ich überhaupt wieder nach Hause konnte. Zum Öffnen der Tür benutzte Margit nicht ihren Schlüssel. Sie klopfte dreimal leise an, horchte, stampfte mit dem Fuß auf und klopfte nochmals. Ich nahm an, dass ihr neuester Liebhaber, ein Löwenbändiger, noch in der Wohnung sei, doch als die Tür aufging, sah ich anstelle ihres goldhaarigen, großartigen Löwendompteurs ein großes, schlankes Mädchen mit goldenem Haar: Rainer.

Wir waren uns früher schon einmal begegnet. Ich wusste nicht viel über sie, aber ich mochte sie. Mit ihrem Aussehen erinnerte sie mich an die Lorelei, die mit ihrem Gesang Rheinschiffer betörte und ins Verderben riss. Nicht dass Rainer etwa Seeleute betört hätte, aber sie hatte dichtes, offenes, goldenes Haar, das ihr bis zur Taille reichte und wie reifer Mais glänzte. Rainer war irdisch-sinnlich. Sie kannte keinerlei Hemmungen und war wunderbar komisch. Sie war so alt wie Margit und Amsterdamerin durch und durch – herzerfrischend.

In Margits Zimmer, in dem kleinen Alkoven am Fenster, befand sich noch eine andere junge Frau. Sie saß, eine Zigarette rauchend, auf einem der beiden Stühle, die mit dem Tisch dazwischen die »Sitzgruppe« für Wohn- und Esszimmer bildeten. Die Luftschutzrollos waren heruntergezogen. Nur die kleine blaue Lampe auf Margits winziger Frisierkommode brannte. Die Birne unter dem blauen Lampenschirm war ebenfalls blau – wie die Rauchringe, die das Mädchen in den sehr blauen Himmel von Margits angemalter Zimmerdecke blies. Ein saphirblauer Raum voller Geheimnisse.

Diese andere junge Frau kannte ich auch. Sie hieß Betty und war Rainers beste Freundin. Weil Margit unser aller beste Freundin war, war sie logischerweise auch ihre beste Freundin. Mir erschien es allerdings seltsam, dass Rainer und Betty so eng miteinander befreundet waren. Denn sie waren völlig verschieden. Betty war arrogant und egozentrisch. Auch sie war schön, aber im Gegensatz zu Rainer drehte sich Bettys ganzes Leben um ihr Aussehen. Rainers Augen waren fuchsbraun mit Einsprengseln von Smaragdgrün, Bettys Augen taubengrau und auffallend. Betty hatte eine vollkommene Nase, einen vollkommenen Mund, vollkommene Zähne, die vollkommene Größe, das vollkommene Gewicht und die vollkommene Frisur. Kein einziges ihrer nußbraunen Haare tanzte je aus der Reihe. Ihre Haltung, ihre Manieren und sogar das Timbre ihrer Stimme waren vollkommen. Es konnte einem übel werden, so vollkommen war sie.

Ich machte mir nicht viel aus ihr, und ich vertraute ihr nicht. Ich habe noch nie jemandem trauen können, der nicht wenigstens ein paar Gemütsregungen zeigte. Kalt wie eine Hundeschnauze, diese Betty. Auf ihren vollkommenen Schultern saß ein kluger Kopf, den sie zweifellos häufiger benutzte als ihr Herz. Ihre Einstellung »Gut ist, was für Betty gut ist« war in jenen Tagen sicher ganz nützlich – aber nur für sie. Ich war einigermaßen überrascht, dass Margit diese beiden Frauen eingeladen hatte. Wenn meine Anwesenheit strikt »unter uns« bleiben sollte, was sollte dann dieser Kaffeeklatsch?

Die Zeit verging nur langsam, die Unterhaltung war leeres Gerede. Ich wünschte mir ja so, dass es diesen Tag nie gegeben hätte, wünschte, dass ich zurück ins Waisenhaus gehen und noch mehr Kindern – und mir selbst – helfen könnte. Ich kannte viele Leute, die sich den ganzen Tag etwas wünschten, meistens Wunder. Doch in Kriegszeiten sollte man sich höchstens das wünschen, was man auf dem Schwarzmarkt kaufen konnte.

Später am Abend machte Margit Sandwiches, die einigermaßen essbar waren, und stellte eine Flasche Rotwein hin, die einigermaßen trinkbar war. Wir, die wir Margit gut kannten, wussten sehr wohl, dass ihre eigenen Essensrationen immer den Weg in die Taschen anderer fanden. Margit glaubte unbeirrt, dass andere sie nötiger brauchten. Der Abend verging mit Geplauder. In der rauchgeschwängerten Intimität des Zimmers blieb kein Raum für Privates. Die Ausgangssperre, die lange vor Einbruch der Dunkelheit begann, kam und ging, aber immer noch saßen wir alle zusammen. Inzwischen war ziemlich klar, dass auch Rainer und Betty die Nacht hier verbringen würden. Ich konnte mir nicht erklären, weshalb. Mit Sicherheit war niemand hinter ihnen her. Waren sie überhaupt Jüdinnen? Ich hatte sie nicht dafür gehalten. »Seid ihr's?« fragte ich sie schließlich direkt. »Ja«, sagte Rainer sofort. Betty musste erst nachdenken – sie beantwortete keine Frage, ohne vorher gründlich überlegt zu haben.

Der Wein hatte mich schläfrig gemacht. Oder war es, weil das Fenster geschlossen war? Ich konnte die klare Nachtluft mit ihren Frühlingsdüften nicht einatmen, konnte kaum diejenige erkennen, die mir direkt gegenüber saß. Endlich zündete Margit eine Kerze an, damit der Rauch aufgezehrt wurde. Aber auch so konnte ich von den anderen nur die Umrisse sehen.

Das explosive Läuten der Türglocke im unteren Stock ertönte lange nach Mitternacht. Es war nicht unbedingt das Klingelgeräusch in der Stille, das mich total in Angst und Schrecken versetzte, sondern die Tatsache, dass es überhaupt nicht wieder aufhörte. Als ob der Klingelknopf stecken geblieben wäre oder jemand sich gegen die Klingel gelehnt hätte. »Ein Betrunkener«, sagte Margit leise, aber sie atmete dabei viel zu schwer. »Ein Betrunkener«, kam das Echo von Rainer, die fast gar nicht atmete. Betty blies die Kerze aus, löschte das blaue Dämmerlicht und sagte gar nichts. Ich presste mir die Hände auf die Ohren und versuchte verzweifelt, den Ohren betäubenden Lärm auszuschalten. Mir zitterten die Hände. Das ist kein Trunkenbold, sagte ich mir, das ist unmöglich. Jeder wusste doch, dass die Sperrstunde auch für Kneipenbesucher mit Hakenkreuz galt.

Ich weiß nicht mehr, wie lange wir vier einfach dasaßen und der leidenschaftslos weiter ertönenden Glocke zuhörten. Irgendwann flüsterte Margit: »Wim«. Wilhelm, ihr Verlobter. »Das muss Wim sein! Wahrscheinlich hat er seinen Hausschlüssel vergessen.« Ich bin nicht sicher, wie es den beiden anderen erging, aber ich glaubte kein Wort davon. Wenn es Wim war, warum flüsterte Margit dann? Und was machte er so spät noch auf der Straße? Wieviel Wim über Margits Privatkrieg gegen die Übeltäter wusste, ist schwer zu sagen. Aber er muss, wenn schon keine Beweise, so doch einen wachsenden Verdacht gehabt haben. Aber ob er nun an ihre großartigen Überzeugungen und an ihre Treue glaubte oder nicht, er hätte niemals zugelassen, dass jemand Margit etwas antat.

Es hatte aufgehört! Endlich war der schreckliche Lärm zu Ende. Die nachfolgende Stille, in der man eine Stecknadel hätte zu Boden fallen hören, lähmte uns. Was für eine lange, schreckliche Pause! Ist das die Stille, bevor ein Hurrikan losbricht oder bevor einen die Erde verschlingt? Ich hörte keine Fußtritte unten auf der Treppe, keine Geräusche von der Rückseite des Hauses, kein Stiefelstampfen gegen die Haustür. Auch die anderen hörten nichts. Und doch hatte irgendjemand die Haustür aufgeschlossen, um die nächtlichen Eindringlinge hereinzulassen. Erst als Margit auf Zehenspitzen zu ihrer Tür geschlichen war und sie ein wenig geöffnet hatte, um zu lauschen, hörten wir gedämpfte Stimmen. Betty zündete sich ihre letzte Zigarette an und verkündete, nun müssten wir sicher nicht mehr lange warten. Worauf, sagte sie nicht. Rainer leerte ein weiteres Glas des ungenießbaren Weins auf einen Zug und murmelte: »Schrecklich, schrecklich«, wobei sie es uns überließ herauszufinden, ob der Wein oder die ungebetenen Besucher gemeint waren.

Ganz plötzlich wurden die gedämpften Stimmen furchtbar laut und grob. Ich konnte sie nicht auseinanderhalten – nicht erkennen, wie viele es waren, oder zu wem sie gehörten. Wer immer da unten zugange war, das Geschrei ging weiter, und es wurde kräftig geflucht. Die lautstarke Auseinandersetzung, auf Niederländisch, ging weiter und immer weiter. Obwohl ich bei dem Geschrei kaum ein Wort verstand, sagte mir mein Gefühl, dass kein einziger betrunkener Seemann oder Soldat dabei war. Diese Männer wussten genau, wo sie klingeln mussten, in welches Haus sie zu gehen und wen sie zu suchen hatten. Sie kannten die Wahrheit, die wir voreinander verborgen hatten.

Das Nerv tötende Stiefelgeräusch auf knarrenden Treppenstufen setzte allen Vermutungen ein Ende. Wenn Margits Verlobter und seine Eltern versucht hatten, die Eindringlinge davon abzuhalten, zu unserem Turm hinaufzuklettern – und ich bin überzeugt, sie haben es versucht –, dann waren ihre tapferen Bemühungen erfolglos geblieben. Doch Wim gab nicht so einfach klein bei. Er folgte ihnen auf dem Fuße und schrie nach Leibeskräften. Seine Lungen würden sicher bald platzen. Er sagte ihnen wieder und immer wieder, dass da oben nichts weiter sei als eine kaputte Treppe mit losen Brettern und rostigen Nägeln und dass im ganzen Haus nur er und seine verschreckten Eltern wohnten. Sie brüllten zurück, er solle den Mund halten. Armer, verliebter Junge! Tapferer Wilhelm – bereit, sein Leben aufs Spiel zu setzen, um Margit davon abzuhalten, ihr Leben zu gefährden! Ich hörte, wie sie die unbeleuchtete Treppe verfluchten, die schmalen Stufen, die nicht für ihre großen Stiefel geschaffen waren. Ich hörte sie ihre unzureichenden Taschenlampen verfluchen, weil sie nicht hell genug waren und nicht weit genug reichten. Ich hörte sie nach oben stolpern, immer weiter die Treppe hinauf, immer näher heran, und als ich sie nicht mehr hörte, wusste ich Bescheid.

Ich wusste es genau, als der Erste das obere Ende der Treppe erreicht hatte. Ich hätte es auch gewusst, wenn er nicht wie ein trotziges Kind mit dem Fuß aufgestampft hätte – auch dann, wenn Margit ihre Tür nicht wieder zugemacht hätte. Ich roch seinen Atem durch den Spalt unter der Tür, spürte, wie es sich im Zimmer vor eisiger Furcht abkühlte, und nahm noch immer das zitternde Echo der Jäger wahr, die draußen mit ihren Fäusten die Wand nach der Geheimtür absuchten.

»Verdammte Bande! Mistkerle, dass sie einen immer für so was aus dem Bett holen müssen!«, brüllte der eine. »Hier oben ist es ja dunkler als in der Hölle. He, Jude, wo bist du? Ich krieg' dich. Ich krieg' dich schon noch.« Die letzten Worte, mit ruhigem Sarkasmus gesprochen, ließen es mir kalt den Rücken runterlaufen. ›Krieg' mich doch, na los!‹ schrie meine Kehle tonlos.

»Komm wieder runter! Was ist denn los mit dir? Bist du verrückt geworden?« Einer der Jäger hatte jetzt die Nase voll. Er war ein

Stockwerk tiefer stehen geblieben und ließ seine wütende Stimme die Stufen hinaufdröhnen. Von weiter unten bellte der Dritte, er werde jetzt wieder nach Hause gehen. Er sei es leid, jede Nacht auf Judenhatz zu gehen. Dann war wieder Wilhelms Stimme zu hören, der zum wiederholten Mal erklärte, dass da oben niemand sei. Ob er nicht lieber wieder runterkommen und einen trinken wolle? Im selben Augenblick füllte plötzlich ein gedämpftes Poltern und Krachen mein Ohr, als fiele jemand die Treppe hinunter. Es folgte ein donnerndes »Verdammt noch mal, ich glaube, ich hab mir das Bein gebrochen!« Der Rest ging in wüstem Gebrüll unter, in Grunzen und Stöhnen, in schwerfälligen Tritten mehrerer Leute auf der Treppe. Kurz darauf flog unten die Haustür auf und wurde sofort wieder zugeknallt. Wir vier blieben so verblüfft und gebannt zurück, dass wir überhaupt nichts tun oder sagen konnten. Erstarrte Silhouetten in erstarrter blauer Nacht.

Als in diesem Augenblick der Lähmung die pulsierenden Sinne sich ganz allmählich wieder zu regen begannen, wusste ich, dass ich eine solche Nacht nicht noch einmal ertragen könnte. Ob hier oder anderswo, darauf kam es nicht an. Der Ort spielte keine Rolle, das Warten auf Schritte auf der Treppe, Nacht für Nacht, das hätte mich in den Wahnsinn getrieben. Wie in einem Gefängnis ohne Wärter, trotzdem eingeschlossen, abgeschlossen von der Welt; allein oder nicht – ich würde auf jeden Fall ausbrechen …

Wie seltsam, dass ich nicht schon vorher daran gedacht hatte, dass auch ich mich eines Tages möglicherweise für lange, lange Zeit verstecken müsste. Die reine Wahrheit ist, dass mir dieser Gedanke bisher einfach nicht gekommen war. Doch jetzt drang aus dem nebligen Zwielicht, das voller Ereignisse war, die ich niemals ganz verstanden hatte, ein neues Bewusstsein an die Oberfläche. Mir wurde allmählich klar, dass es wirklich so hatte kommen sollen. Wie sonst hätte ich wissen können, dass freiwilliges Gefangensein nichts für mich war?

Ich musste auf die Toilette und kam gerade noch rechtzeitig zurück, um Betty sagen zu hören: »Das war knapp«, und Rainer, mit rauer Stimme: »Hoffentlich hat sich das Schwein beide Beine gebrochen. Ich verstehe das einfach nicht. Sie *konnten* doch gar nicht von uns wissen.« Wen meinte sie mit »uns«? Endlich hatte ich von all der Geheimnistuerei genug und sagte, dass sie höchstwahrscheinlich nach mir gesucht hätten. Margit nickte und bestand, zu Rainer und Betty gewandt, darauf, dass sie mir erzählten, warum sie gekommen seien, wann sie aufbrechen und wohin sie von hier aus gehen wollten.

Rainer hatte nichts dagegen, ihr Geheimnis mit mir zu teilen. In ihrer übersprudelnden, witzigen Art berichtete sie mir kurz von ihrem bevorstehenden Abenteuer – mit der Begeisterung und Unschuld eines Kindes, das zum ersten Mal zu einem Picknick geht. Die reservierte Betty war mit ihrem Bericht ein wenig ernsthafter und natürlich auch vorsichtiger. Trotzdem war sie genauso überzeugt, dass sich eine solche Gelegenheit nicht wieder bieten würde. Die Sache sei erprobt, narrensicher, und nicht einmal Gott höchstpersönlich könne sie noch davon abbringen. Sie schloss ihren Bericht mit der Aufforderung, wenn ich nur etwas Grips im Kopf hätte, dann solle ich mich anschließen.

Der Stimmungsumschwung in der letzten halben Stunde bis zu ihrem Geständnis war phänomenal. Als ob eine unsichtbare Macht alle Angst hinweggefegt und stattdessen nur Optimismus und Überschwang hinterlassen hatte. Hätte mir noch am frühen Abend jemand prophezeit, ich würde, noch ehe die Nacht zu Ende sei, meine Zukunft in Rainers und Bettys Hände legen, ich hätte ihm nicht geglaubt. Und doch tat ich genau das.

Die beiden brachen am nächsten Morgen mit himmelstürmender Begeisterung auf, und ich folgte ihnen auf dem Fuße – mit jener Überschwänglichkeit, die es nur in Verbindung mit neuer Hoffnung gibt. Ich wäre ihnen bis ans Ende der Welt gefolgt, um ein Land zu erreichen, das von Krieg und Verfolgung noch unberührt war. Ich hätte mein Ein und Alles für diesen süßen Duft der Freiheit gegeben. Was folgte, sollte das Leben derer, die mir nahe standen, für eine erschöpfend lange Zeit verändern – mein eigenes aber für alle Zeit, auf ewig unumkehrbar.

Der wahre Grund, weshalb Rainer und Betty die Nacht bei Margit verbracht hatten, war Harry. Ohne Harry hätten sie sich nicht auf den Weg gemacht. Harry, der führende Kopf des weit reichenden, auch mit dem belgischen Untergrund verbundenen holländischen Widerstands, wollte sie über die Grenze nach Belgien bringen. Von dort würde sein belgischer Kontaktmann sie in die Schweiz schleusen, wo ihre Einreise ebenfalls schon arrangiert und sichergestellt sei. Sie sollten Harry um Punkt elf Uhr vormittags in einer Gaststätte treffen, die auf halbem Weg zwischen unserer Straße und dem Hauptbahnhof lag. Weil beide Mädchen von diesem Treffpunkt zu weit entfernt wohnten, hatten sie es für das Beste gehalten, ihre Wohnungen schon am Vortag zu verlassen und ihre letzte Nacht in Amsterdam bei Margit zu verbringen. Natürlich hatten sie sich auch von ihr verabschieden wollen.

Die Mädchen durften nur einen kleinen Koffer mitnehmen, aber alle Schmuckstücke und alles Bargeld, vorzugsweise in ausländischen Währungen, dessen sie habhaft werden konnten – soviel sie tragen konnten. Außerdem mussten sie pro Person zweitausend Gulden bezahlen, für Reisekosten, falsche Papiere und verschiedene andere Ausgaben. Bargeld und Schmuck galten als kostbare Überlebensausrüstung. »Wenn Sie nichts haben, was Sie verkaufen oder tauschen können«, hatte Harry ihnen gesagt, »können Sie auch nichts kaufen.«

Natürlich wollte ich unbedingt wissen, wie sie überhaupt von Harry erfahren hatten und was denn der hieb- und stichfeste Beweis sei, den sie angeblich in Händen hielten. Woher sie denn wüssten, dass er und dieses ganze Geschäft wirklich sauber und Erfolg versprechend seien? Rainer machten meine Fragen absolut nichts aus, aber Betty war eindeutig verärgert. Ob ich vielleicht meinte, dass man sie so leicht über den Tisch ziehen könne? Dass sie ihr Geld jedem Dahergelaufenen überließe und solch enorme Risiken auf sich nähme, nur weil sich das alles ganz gut anhörte? Nie und nimmer.

Dann erläuterten beide, dass sehr enge Freunde von ihnen von wieder anderen Freunden etwas über Harry gehört hatten – Freunden, die ihrerseits zuvor mit Harry außer Landes gegangen waren. Dabei sei alles bestens gelaufen. Daraufhin seien auch ihre Freunde gegangen und sicher nach Brüssel gelangt. Inzwischen befänden sie sich auf dem Weg in die Schweiz. Und woher sie das denn wüssten, fragte ich sie. Weil Rainer und Betty von diesen Freunden eine Postkarte mit einer zuvor verabredeten verschlüsselten Nachricht bekommen hatten – so wie diese Freunde zuvor eine entsprechende Nachricht von ihren Freunden erhalten hatten, und deren Freunde davor auch schon. Auch Rainer und Betty hatten sich eine einfache verschlüsselte Nachricht ausgedacht, die nur sie und ihre inzwischen abgereisten Freunde kannten, und dann auf eine handgeschriebene Postkarte gewartet. Wenn die richtige Botschaft draufstand, hieß das soviel wie »Ihr könnt nachkommen.«

Besagte Freunde hatten Rainer und Betty Harrys Vornamen genannt, seine Telefonnummer gegeben und alles hinsichtlich Geld, Schmuck und anderer Dinge erklärt. Als Allerletztes vor ihrer Flucht hatten sie den Mädchen gesagt, sie sollten erst ihre Postkarte abwarten, bevor sie Harry anriefen. Genau das hatten sie getan. Vor drei Tagen war die Postkarte eingetroffen, und vor drei Tagen hatten sie Harry angerufen. Betty prahlte, sie hätten sogar zwei Postkarten bekommen, eine aus einem kleinen belgischen Dorf und eine aus Brüssel. Nach Erhalt der ersten Karte hätten sie ihr Geld zusammengesucht, sich ihren Schmuck geholt und sich noch etwas mehr von Familie und Freunden erbettelt und geborgt. Jetzt warteten sie, verständlicherweise voller Nervosität, auf ihre Abreise.

Ich wurde von Minute zu Minute unruhiger. Besonders nachdem ich mit Hilfe von Bettys Feuerzeug die beiden Karten der Freunde gesehen und gelesen hatte. Wahrscheinlich ging ich Rainer und Betty ziemlich auf die Nerven, weil ich andauernd dieselben Dinge fragte und einfach nicht bedachte, dass sie selbst kaum etwas wussten, weil sie Harry noch gar nicht getroffen hatten.

Rainer, die mit Harry telefoniert hatte, sagte, dass er ziemlich einsilbig sei. Er hatte ihnen nur das Datum angegeben und gesagt, wann sie wo sein sollten, hatte sich vergewissert, dass sie über Geld und Wertsachen Bescheid wussten, und sich nach Alter, Größe, Gewicht und Augen- und Haarfarbe der beiden erkundigt – für die falschen Ausweise. Das Gespräch hatte er mit der halb scherzhaften Ermahnung beendet, ja nicht zu spät zu kommen. Lange vor Tagesanbruch hatten wir vier einen Code vereinbart, den die beiden benutzen sollten, wenn sie mir eine Postkarte schrieben. Und lange vor dem Treffen der beiden in der Gaststätte verließ ich Margits Zimmer unter dem Dach mit Harrys Telefonnummer in der Tasche und ging nach Hause.

Die Nachricht, dass ich aus Amsterdam fort und Holland ganz verlassen wollte, fast drei Jahre nach der Invasion und zu einem Zeitpunkt, da auch alle Nachbarländer besetzt waren, rief bei meiner Familie nicht gerade Begeisterung hervor. »Was immer für dich am besten ist, mein Kind«, sagte Mama und blickte trübsinnig drein. Mama sagte immer »mein Kind«, wenn sie gezwungen war, sich mit den Unwägbarkeiten einer neuen Situation auseinanderzusetzen. Herbert sagte gar nichts, er biss sich nur auf die Lippe – ein sicheres Zeichen, dass er tief beunruhigt war. Ich weiß nicht, weshalb ich gedacht hatte, sie würden genauso glücklich sein wie ich. Ich vermute, Herbert wollte einfach nicht, dass ich allein, ohne ihn, irgendwohin ging. Und Mama – nun ja, vielleicht fragte sie sich, ob sie je den Tag erleben würde, an dem sie aufhören könnte, sich Sorgen um ihr Sorgenkind zu machen.

Als Herbert merkte, dass seine blutige Lippe mich weder zu einer Meinungsänderung veranlassen noch sonst eine Lösung bringen würde, fing er an, mich daran zu erinnern, wie nahe ich doch daran sei, meine rettenden Papiere aus Ungarn zu bekommen. Er hielt mir vor, wieviel Rennerei Ferry sicher damit gehabt habe und wieviel Geld er für meinen neuen Vater wohl schon hätte zahlen müssen. Ob ich denn nicht auch meinte, in Anbetracht dessen noch etwas länger warten zu müssen? Und Mama? Ob ich denn schon vergessen hätte, wieviel Kummer ihr die ganze Angelegenheit bereitet hatte?

Nein, das hatte ich nicht vergessen. Ich wusste, wieviel die Verwandlung dieser Lüge in eine unkonventionelle Wahrheit ihr abverlangt hatte. Wie schuldig sie sich gefühlt hatte und wie sehr diese Schuldgefühle sie immer noch quälten. Und doch hatte ich sie trotz dieses Kummers beneidet. Ich war neidisch darauf, dass sie jung gewesen war, als es noch genug Zeit für die Liebe gab. Offen gesagt, ich fühlte mich betrogen. Weshalb war mir diese Art Liebe nicht vergönnt gewesen, die sie mit Papa erlebt hatte? Ich dachte an Ferry … zu viele Abschiede … zu viele Abschlüsse, ohne dass wirklich etwas zum Abschluss gekommen wäre … Ich dachte auch an Herbert. Liebe gedeiht einfach nicht, wenn man ständig auf dem Sprung ist.

Wir waren erschöpft, und es war alles gesagt. Jedenfalls für den Augenblick. Ich bin sicher, dass ich nicht die Einzige war, die in jener Nacht kein Auge zutat. Eigentlich hatte ich nicht vorgehabt, ihnen von dem unerwarteten Schrecken der vergangenen Nacht zu erzählen und dass ich um Haaresbreite erneut abgeholt worden wäre. Ich hätte auch lieber nicht erwähnt, dass ich in meiner Panik nicht einmal an das Versteck im Kleiderschrank gedacht hatte, an die Geheimtür, die

Margit eingebaut hatte; auch nicht, wie sehr ich mich in der Falle gefühlt hatte. Doch als die Probleme nach unserer Ruhepause immer noch in der Luft lagen, erzählte ich ihnen alles. Mir fiel ein, dass ich erst verhaftet werden musste, bis Mama bereit gewesen war, bei der Geschichte mit dem gefälschten Vater mitzumachen. Darum wusste ich jetzt, dass mir nur ein detaillierter Bericht des ganzen Zwischenfalls, der mich in Angst und Schrecken versetzt hatte, etwas nützen konnte. Ihr Widerstand schmolz dahin. Sie baten mich nur noch um das Versprechen, dass ich jene Lösung wählen würde, die sich als erste anböte. Ich stimmte zu.

Doch vorerst musste ich mich irgendwo in Sicherheit bringen. Vollkommen von der Bildfläche verschwinden. Der Beschluss lautete, dass ich die Tage in unserer Wohnung im ersten Stock verbringen sollte, die Nächte in unseren Gästezimmern, oben im dritten Stock. Mama und Herbert vermieden es, von meiner Unterbringung im dritten Stock als einem Versteck zu sprechen. Sie wussten, wie panisch ich auf das Wort »verstecken« reagierte. Im Übrigen war es dort oben eigentlich ganz nett. Der Raum selbst, ganz in Weiß gehalten, war hell und luftig. Ich musste an einen Raum denken, in dem früher einmal, in einem anderen Jahrhundert, ein junges Mädchen hätte liegen und sich seinen Jungmädchenträumen hingeben können.

Vor dem Fenster erstreckte sich in südlicher Richtung das Dach. Ein Flachdach. Ich hätte durch das Fenster, das fast bis zum Boden reichte, oder aber durch die Tür neben der Treppe hinausgelangen können. Ich bin sicher, dass allein schon dieser Umstand dafür sorgte, dass ich mich dort oben wohler fühlte als in Margits Zimmer. Margits Fenster war klein, und wäre man dort hinausgeklettert, dann wäre man drei Stockwerke tief zu Boden gefallen. Es gab keine Verbindung zu irgendeinem Dach. In meinem Zimmer aber wohl. Es hatte sogar eine Klingel, die schon seit ewigen Zeiten nicht mehr gebraucht worden war, aber immer noch funktionierte, um mich von unten vor Fremden zu warnen. Zum Glück läutete sie kein einziges Mal. Nur einmal, als ich am frühen Morgen drei holländische Nazis von der NSP auf dem Dach vor meinem Fenster wie Pfauen entlangstolzieren sah, erlebte ich eine unwillkommene Aufregung. Aber sie warfen nicht einmal einen Blick zu mir hinein. Sie lachten und schwatzten wie alberne Jugendliche. Ihre Exkursion auf das Dach hatte nichts mit ihrem Dienst oder mit der Judenhatz zu tun. Sie hatten wahrscheinlich nur in der Nachbarschaft mit ein paar Freundinnen die Nacht verbracht.

Herbert ließ fast das Frühstückstablett fallen, als ich ihm davon berichtete. Doch insgesamt verbrachte ich da oben überraschend friedliche Tage. Ab und zu blieb ich abends lange auf und ging in dem kleinen Nebenzimmer herum, in dem ich meine Theaterkostüme aufbewahrte. Wenn ich so meine Gewänder zählte und eine Inventur all meiner großartigen Kostüme machte, der Abendkleider aus Satin und Seide, der Federboas und Unterröcke, der Hüte und Schleifen, einfach all meiner Schätze, dann hatte ich das Gefühl, dass meine geliebte Bühne mit ihren fantastischen Maskeraden doch nicht gar so weit entfernt war. Meine Theaterkostüme sind für mich niemals nur Verkleidung gewesen. In Schulterträgern oder Samtfalten wird für mich immer das Echo der dazu gehörigen Stücke und Melodien weiterleben.

Ich weiß nicht, wer alles finanzielle Beiträge zu meinem Aufbruch in die Freiheit leistete, aber das Geld floss reichlich. Und als jene, die wir am besten kannten und denen wir am meisten vertrauten, herausfanden, wofür das Geld gedacht war, brachten sie uns auch noch ihren versteckten Schmuck, ihre Dollars und Pfundnoten, damit ich sie mitnahm. »Nimm es mit in die Schweiz und bewahr es für uns auf«, sagten sie. »So wissen wir wenigstens, dass wir noch etwas haben, wenn der Krieg aus ist. Nimm es, bitte nimm es einfach.« Nach wenigen Tagen hatte ich die gar nicht so kleinen Barschaften und Besitztümer von wenigstens einem halben Dutzend Bekannter, Mama und Käte nicht eingerechnet. Mama gab mir alles, was sie noch von Papa und Großmutter besaß. Herberts Mutter gab mir ihre exquisiten Perlen und ihren Verlobungsring mit Diamanten. Käte, die gekommen war, nachdem Mama sie angerufen hatte, vertraute mir ihr herrliches Rubinarmband an.

Zu einer Zeit, als reizende Ansichtskarten schon fast ein Ding der Vergangenheit waren – wer fuhr denn schließlich noch in Urlaub? –, kam eine solche Karte an. Eine Fotografie von blühenden Bäumen. Ich hatte die Karte lange in der Hand gehalten und hatte mich nicht getraut nachzusehen, woher sie kam und was darauf stand. Als ich sie nach einer ganzen Zeit immer noch nicht gelesen hatte, fragte Herbert, ob ich vielleicht darauf warten wolle, dass die Blüten abfielen. Mama, die uns beide nicht beachtete, erklärte klipp und klar, aus Budapest könne die Karte nicht kommen, weil weder Tante Shari noch Ferry je Ansichtskarten geschrieben hätten. Und sie hatte Recht. Auf der Rückseite hieß es: »Frühling im Park von Brüssel«. Die Karte kam von Rainer und Betty. Rainer hatte sie geschrieben, aber unterzeichnet war sie von beiden. Der Text lautete: »Wir haben neun Tage bis hierher gebraucht. Wetter ideal, kein Tropfen Regen, bitte schreib.« Das vereinbarte Codewort hieß »schreib«. Im Klartext: »Komm nach.«

Nachdem wir drei die Karte mehrfach gelesen und intensiv betrachtet hatten und nachdem Mama – vergeblich – mit den Worten »Lass uns doch erst noch die nächste Karte abwarten« mehrfach zur Vorsicht gemahnt hatte, rief ich Harry an. Ich nannte meinen Namen nicht, sondern sagte nur, dass ich eine Freundin von Rainer und Betty sei und dass sie auf mich warteten. Harry antwortete »Gut« und wollte wissen, ob ich Geld und Wertsachen beisammen hätte und reisefertig sei. Als ich das bejaht hatte, ließ er sich mein Äußeres beschreiben und erklärte mir schließlich noch in aller Ausführlichkeit, was ich mitbringen solle: einen kleinen Koffer, einmal Kleidung zum Wechseln, Nachtwäsche, Toilettenartikel und so weiter. Ich wusste das alles schon längst auswendig, denn den Koffer hatte ich in Gedanken schon hundertmal gepackt, jeden Tag, jede Nacht. Außerdem sollte ich alles so aussehen lassen, als führe ich nur übers Wochenende fort. Auch das wusste ich schon.

Ich sollte Harry übermorgen pünktlich um elf Uhr vormittags in der »Blauen Laterne« am Hafen treffen. Der dritte Jahrestag der deutschen Invasion in den Niederlanden war nur noch eine Woche entfernt, und beinahe drei Jahre sollte auch der Krieg noch dauern. Ich war mir nicht ganz sicher, was ich von unserem Gespräch und von Harry halten sollte. Es war nicht das, was ich erwartet hatte, obwohl ich eigentlich nicht recht wusste, was ich erwarten sollte. Vielleicht hatte ich gedacht, Harry wäre etwas weniger nüchtern, nicht ganz so distanziert. Sein unverkennbar gewöhnlicher Dialekt, so als gehörte er selbst zum Hafenmilieu, sorgte für zusätzliche Verwirrung. Doch tief in meinem Innern wusste ich, dass jetzt nur noch eines wirklich zählte: die Tatsache, dass es jetzt losgehen sollte.

Am Tag vor meiner Abreise spielten wir alle ein wenig verrückt. Angefangen von Mama, die noch unbedingt zum Hauptpostamt gehen wollte, um auch ganz sicher zu sein, dass meine ungarischen Papiere nicht irgendwo herumlagen, bis hin zu Robert, unserem Hauswirt, der unbedingt eine Abschiedsparty für mich geben wollte. Margit wollte, dass ich ihre Gitarre mitnahm; ich könne entweder darauf spielen oder sie versetzen. Auf jeden Fall war sie nach Margits Meinung das ideale Täuschungsmanöver. Sie war vollkommen überzeugt, dass ein Mädchen, das mit einer Gitarre unterwegs war, niemals Verdacht erregen würde. Ich nahm die Gitarre nicht mit. Toni kam mit einem schweren Lederkoffer voll seltener alter Münzen, die ihren Pflegeeltern gehörten, aber leider viel zu schwer waren, außerdem brachte sie Edelsteine. Bis zum Nachmittag sahen all die Reichtümer, die man mir gebracht hatte und die nun auf dem Esszimmertisch ausgebreitet waren, wie ein Piratenschatz aus. Ich hatte keine Ahnung, wo ich das alles lassen sollte.

Zum Glück kam Käte noch einmal vorbei, gerade rechtzeitig. Sie machte kleine Säckchen, füllte sie mit Edelsteinen und nähte sie sorgfältig im Futter meines Mantels ein, größtenteils unten am Saum. Das Geld nähte sie in meine Innentaschen ein. Schon lange bevor die Postkarte angekommen war, hatten wir darüber gesprochen, dass auch meine Familie und Freunde nachkommen sollten, wenn ich es geschafft hatte. Doch dann hatten wir es immer bei der Devise »Abwarten und Tee trinken« belassen. Jetzt, da sie den tatsächlichen Beweis konkret vor Augen hatten, wurde die Möglichkeit plötzlich ganz real und auf verblüffende Weise aufregend. Alle wollten gehen. Nachdem Herbert verschiedene Freunde und seine Eltern angerufen hatte, um ihnen zu sagen, dass das Warten ein Ende habe und ich mich »den Mädchen anschließen« würde, begann es in der Gerüchteküche regelrecht zu brodeln. Unser Telefon stand überhaupt nicht mehr still – Freunde, deren Freunde, die Freunde von Freunden, sie alle wünschten mir viel Glück. Alle wollten mich wissen lassen, dass sie hofften, ich würde recht bald schreiben. »Schreiben« – dasselbe Zauberwort auf einer anderen Zauberkarte.

Ich schaute mich nur ein einziges Mal um, hatte all den Gesichtern im Fenster zum Abschied zugewinkt, dann ging ich schnell über die Straße und bog um die Ecke.

II. Teil

Grenzenlose Grenzen, endlose Reise

1.

Es war Punkt 10.55 Uhr, als ich in der »Blauen Laterne« eintraf. Das Lokal selbst, eine Art Mischung aus volkstümlichem Kaffeehaus und Gaststätte, war nichts Außergewöhnliches. Die Gäste waren ein paar alte Männer, die Bier tranken und Karten spielten, einige Schachspieler und eine grauhaarige Frau, die Zeitung las. Ich setzte mich gleich an den ersten Tisch, den Blick auf den Eingang gerichtet, bestellte Kaffee bei einem hinkenden, desinteressierten Kellner und wartete. Käte hatte ausgezeichnete Arbeit geleistet, als sie mir die Schmuckstücke und ausländischen Banknoten in den Mantelsaum genäht hatte; trotzdem kam ich mir schwerfällig und ungeschickt vor. Beim Gehen hatte ich versucht, mich davon nicht behindern zu lassen, hatte versucht, mir einzureden, dass mein federleichter grauer Wollmantel mit dem losen Schnitt ideal für den Zweck war. Aber ich wusste, was ich mit mir trug, und dieses Wissen allein machte mich schon unsicher. Das Geld für Harry, dazu etliche Gulden und belgische Francs, hatte ich in zwei getrennten Umschlägen in den Manteltaschen.

Das Café, das sich auf halber Strecke zwischen meinem Haus und dem Hauptbahnhof befand, lag an einer der zahlreichen Grachten, für die Amsterdam so berühmt ist. Doch trotz des herrlichen Frühlingsmorgens sah man auf den Wasserstraßen der Stadt keine Touristenboote. Fünfzehn Minuten hatte ich für den Weg zum Café gebraucht, Zeit genug, um mich zu fragen, wieso Harry kein Foto von mir verlangt hatte, wo doch jeder Ausweis eines haben musste; er hatte nicht einmal gewollt, dass ich eines bei mir trug. »Nur nichts, wodurch man Sie identifizieren kann«, hatte er mich gewarnt. »Das Neue bekommen Sie in der ›Blauen Laterne‹.«

Um Punkt elf betrat ein Mann das Lokal. Er war Anfang dreißig, mittelgroß, untersetzt, hatte rotblondes Haar und eine rötliche Gesichtsfarbe. Ohne einen Augenblick zu zögern, trat er an meinen Tisch und setzte sich. Harry! Er sagte nicht Hallo, nickte mir nicht zu, rief nur den Kellner und bestellte sich ein Bier. Dann schob er seinen Stuhl so zurecht, dass er mir genau gegenüber saß, und während er mir direkt in die Augen schaute, verlangte er die zweitausend Gulden. »Unterm Tisch«, flüsterte er und stützte beide Ellenbogen auf das rotkarierte Tischtuch. Ich war noch dabei, in die rechte Manteltasche zu greifen, als ich merkte, dass Harrys Arm schon unter dem Tisch verschwunden war. Sein starker Amsterdamer Dialekt passte zu der Schnelligkeit seiner Bewegungen.

Harry war ganz ohne Zweifel Profi. Er wusste, dass ich ihm Fragen stellen würde, und kannte diese Fragen auch, offensichtlich dieselben Fragen, die er immer wieder zu hören bekam und beantworten musste. Nur die Namen der Freunde, nach denen die Leute sich erkundigten, wechselten, und Harry erinnerte sich an alle.

Als ich ihn nach Rainer und Betty fragte, sagte er, es gehe ihnen gut und sie könnten es kaum erwarten, mich wieder zu sehen. Und als ich wissen wollte, ob sie bereits in der Schweiz seien, antwortete Harry: »Noch nicht.« Beide Mädchen seien noch in Brüssel, und während sie auf mich warteten, amüsierten sie sich prächtig. In ein paar Tagen wäre ich bei ihnen.

Einmal griff Harry nach meinen Händen, hielt sie einen Augenblick, und ich dachte: ›Was für eine nette Geste.‹ Während ich das für ein Zeichen von Freundschaft und Verständnis hielt, hielt Harry es für die beste Möglichkeit, mir meinen neuen Ausweis zuzustecken – nachdem ich ihm unter dem Tisch den Umschlag mit den zweitausend Gulden gereicht hatte, den er verschwinden ließ, ohne dass ich Gelegenheit hatte zu sehen, wohin.

Was das Foto in meinem neuen gefälschten Ausweis betraf, so erklärte mir Harry, dass die Ähnlichkeit mit mir sehr groß sei. Das Foto entspreche der Beschreibung, die Rainer, Betty und ich ihm gegeben hatten. Bestätigen konnte ich das nicht, aber genauso wenig abstreiten, denn er hatte mir nicht erlaubt, den Ausweis anzusehen, sondern hatte mich ihn gleich in die Handtasche stecken lassen. Dann instruierte er mich in kurzen, abgehackten Sätzen über meine neue Identität: Mein neuer Name sei Gerda van Raal, mein Reiseziel Roosendaal, die letzte Stadt vor der belgischen Grenze; angeblich wolle ich dort meine Großmutter besuchen; ich sei in Groningen geboren, wohnte jetzt in Amsterdam; von Beruf sei ich Studentin.

Nach dieser Einführung in mein neues Leben erklärte Harry, ich würde mit dem Zug reisen und wir sollten uns jetzt lieber auf den Weg zum Bahnhof machen. Er schob den Stuhl zurück, ließ eine Hand voll Kleingeld auf dem Tisch, bedeutete mir aufzustehen, dann nahm er mich beim Arm, hob meinen Koffer auf, und wir gingen schnell hinaus.

Ich hatte noch viel mehr Fragen an ihn, wichtige Fragen wie diese: Wie lange wäre ich unterwegs? Wie hieß meine Großmutter? Was war mit der Unterschrift auf meinem neuen Ausweis? Und noch viel mehr. Aber Harry wollte einfach nur zum Bahnhof. Immer wieder versicherte er mir, dass ich mir, wenn ich erst einmal im Zug säße, überhaupt keine Sorgen mehr machen müsste. Nachdem wir ein paar Häuserblocks weit gegangen waren, schlug Harry vor, dass ich ihn auch das andere Geld tragen ließ, nur für den Fall, dass man uns anhielt. Es kam mir gar nicht in den Sinn, ihn zu fragen, weshalb er glaubte, das Geld sei sicherer bei ihm; ich gab es ihm einfach, den prall gefüllten Umschlag mit all den Gulden und Francs. Er verschwand genauso schnell wie der erste. Nur dass ich diesmal gesehen hatte, wohin er verschwand – in die Innentasche seines Regenmantels.

Er hatte mich untergehakt, und so gingen wir zum Bahnhof, fast wie zwei frisch Vermählte auf dem Weg in die Flitterwochen. Als wir an anderen Paaren vorbeigingen, kam mir ein merkwürdiger Gedanke. Diese anderen, die auch Arm in Arm gingen, kannten sich sicher schon eine ganze Weile, während ich vor nicht einmal zwei Wochen keine Ahnung gehabt hatte, dass der Mann an meiner Seite überhaupt existierte. Bis vor knapp zwanzig Minuten hatte ich ihn nie gesehen. Aber jetzt trug dieser Harry, ein Fremder, meinen Koffer, mein Geld, die Verantwortung für mein Leben.

Auf dem Bahnhof wimmelte es von Menschen. Ich glaube nicht, dass ich je solch hektisches Getriebe gesehen habe, es schien, als würden alle, ob nun mit oder ohne Reiseerlaubnis, aus der Stadt flüchten. Harry zog mich den ganzen Weg durch die lärmende Menschenmenge mitten auf den Bahnsteig. Dann hielt er unvermittelt inne vor einem großen, hageren Mann, der neben einer Gruppe nervös wirkender Leute stand. Sie alle erweckten stark den Eindruck, als wären sie lieber woanders. Der hagere Mann kam sofort auf uns zu, begrüßte Harry mit einem vertraulichen Klaps auf den Rücken, dem ein tiefer Seufzer der Erleichterung folgte, und dann sagte er, wie sehr er sich freue, dass wir rechtzeitig gekommen seien. Dann gab mir Harry meinen Koffer, und die beiden verschwanden in der Menge.

Da stand ich nun, mit dem Rücken an die hölzerne Seitenwand eines Kiosks gelehnt, mit meinem Koffer, aber ohne meine Reiseerlaubnis, ohne meine Fahrkarte und ohne mein Geld. Ich wusste nicht, wie es jetzt weitergehen sollte. Es schien eine halbe Ewigkeit zu dauern, bis ein distinguiert wirkender älterer Herr mit silbergrauem Haar aus der Gruppe, die mir aufgefallen war, auf mich zukam und mir versicherte, dass John – »Er ist Belgier, wissen Sie« – gleich wieder zurück sein werde. »Wir wissen auch nicht, welchen Zug wir nehmen müssen«, sagte der vornehme Herr.

Sie kamen tatsächlich zurück – Harry, um mir Glück zu wünschen, und der etwa vierzigjährige John mit seinem unverkennbar flämischen Akzent, um mir zu sagen, welchen Zug ich nehmen und wo ich aussteigen müsste. Danach verschwand Harry wieder, diesmal für immer.

John, der plötzlich dicht neben mir stand, drückte mir zwei Umschläge in die Hand, leider waren es nicht die Umschläge mit meinem Geld, dafür enthielten sie aber glücklicherweise meine Reiseerlaubnis und meine Fahrkarte. Dann schob er mich blitzschnell hinter den distinguierten älteren Herrn und erklärte, dass wir lieber nicht das Risiko eingehen sollten, gemeinsam zu reisen, und dass der Zug, der vor mir gerade im Begriff war abzufahren, der Zug sei, mit dem ich reisen sollte.

Johns Satz »Wir sind direkt hinter Ihnen!« klang mir noch im Ohr, als ich entweder vorwärtsgestoßen oder in der ungestümen Menge, die in den Zug drängte, mitgerissen wurde. Ich war im Zug, aber John und die anderen nicht. Der Zug war gerammelt voll, kein einziger Sitzplatz frei, und Platz genug zum Stehen gab es auch kaum. Mit dem Koffer zwischen den Beinen stand ich eine endlos scheinende Zeit lang so fest da, wie die Umstände es zuließen.

Schnaufend bahnte sich die Lokomotive ihren Weg durch Städte und Dörfer, durch Wiesen und Felder. Sie hielt kurz in winzigen

Nestern, ruckelte in Bahnhöfe hinein und wieder heraus, während ich mir alle Mühe gab, mich festzuhalten. Während ich in Gedanken noch versuchte, die Situation zu erfassen, bereitete ich mich innerlich schon auf die nächste Serie unerwarteter Ereignisse vor. Bis jetzt hatte ich mir noch nicht einmal meinen neuen Ausweis ansehen können, eine beängstigende Tatsache in Anbetracht der großen Zahl uniformierter Kriegsteilnehmer überall in diesem Waggon. Dann war da noch die Sache mit meinem Geld, das jetzt Harrys Geld war, wenn er es nicht doch an John weitergegeben hatte, was mich allerdings auch nicht aufheitern konnte, denn schließlich war von John weit und breit nichts zu sehen. Ich hatte nur holländisches Geld bei mir, allerdings nicht viel, und in der Handtasche noch ein paar Münzen. Für eine Tasse Tee und ein Sandwich reichte es, aber nicht, um wieder nach Hause zu fahren.

Irgendwann kam der Schaffner vorbei und wollte meine Fahrkarte sehen. Während er die Fahrkarte lochte, sagte er mir, dass ich umsteigen müsse. Bei dem geräuschvollen Rumpeln des Zuges und dem ganzen Stimmengewirr um mich herum gingen seine Worte unter. John, da war ich ganz sicher, hatte nichts von Umsteigen gesagt. Trotzdem kämpfte ich mich bis ans Ende des Waggons, wo der Schaffner stand. »Wo?« fragte ich noch einmal. »Nächste Station«, sagte er und nickte freundlich. »Steigen Sie an der nächsten Station aus.«

Es war ein sehr kleiner Bahnhof. Die Reisenden, die mit mir ausgestiegen waren, gingen schnell auf das Schild mit der Aufschrift »Ausgang« zu und verschwanden einer nach dem anderen. Ich war wohl die einzige hier, die nach Roosendaal wollte. Mit dem Koffer und der fast leeren Handtasche setzte ich mich auf eine Bank. Und da saß ich dann und saß.

Einmal raste ein Zug durch, und diesen kurzen Augenblick war der kleine, in schwarzen Rauch gehüllte Bahnhof erfüllt von dem weithin tönenden Rumpeln schwergewichtiger Räder, die mit gewaltigem Druck über die geduldigen Gleise fuhren. Ich spürte, wie die Bank und mein Koffer, beide von der Vibration erfasst, in rhythmischem Gleichklang zitterten.

Mein Blick hing wie angewurzelt auf den glänzenden Jackenknöpfen des Bahnhofsvorstehers, das einzig Neue und Glänzende an der Uniform wie auch an dem Mann, der sie trug. »Der hat wieder Verspätung«, beschwerte sich seine verbrauchte Stimme. »Der Zug nach Roosendaal. Meinen Sie den?« fragte ich leise und ängstlich. »Alle, meine ich. Heutzutage grenzt es schon an ein Wunder, wenn sie überhaupt kommen. Andauernd leiten die sie um, aber kein Mensch sagt mir mehr was. Na ja, das ist ja auch nicht nötig. Ich bin ja nicht blöd, ich weiß, was hier los ist. Vergangene Woche haben hier nur drei Passagierzüge gehalten. Es heißt, in den Großstädten ist es noch schlimmer. Militär, wissen Sie. Die brauchen die Züge fürs Militär, jedenfalls sagen sie das.« Er brummelte sich etwas in die kurzen Stoppeln seines unrasierten Gesichts, das ein Gebet hätte sein können. »Wissen Sie, was mir am liebsten wäre, junge Frau?« Dann kam er näher heran und sagte vertrauensvoll: »Mir wäre am liebsten, die vom Militär würden für immer verschwinden, die und die anderen auch! Sie wissen schon, was ich meine, oder?«

»Natürlich«, stimmte ich ihm zu und war dankbar für die Unterbrechung und das Gespräch. Er rülpste, seufzte und zuckte mit den herunterhängenden Schultern. »Sie müssen eben Geduld haben und das Beste hoffen. Das müssen wir alle.« Er trottete davon.

Leute kamen. Die meisten waren Bauern auf dem Weg in die Stadt. Die Frauen trugen Körbe, die Männer Säcke aus Sackleinen. Ich musste daran denken, ob da wohl vielleicht eines meiner Kinder gelandet war. Schließlich preschte der Zug mit gewaltigem Donnern in den Bahnhof, hielt an und fuhr fast im selben Augenblick mit immer noch quietschenden Rädern wieder an. Nur die Bauern, die mit dem Ablauf offenbar vertraut waren, standen bereit.

»Roosendaal?« fragte ich einen strammen jungen Mann, der mit einem Sack über der Schulter an mir vorbeilief. »Ja, stimmt«, und damit lief er schon weiter zum vorderen Ende des Zuges. Ohne lange zu überlegen, lief ich ihm hinterher. Hätte mich in dem Augenblick jemand gefragt, was ich bei meiner Ankunft in Roosendaal zu tun gedachte, hätte ich keine Antwort gehabt. Der Bahnhofsvorsteher hatte sein letztes »Alles einsteigen« gebrüllt, als ich auf einmal, ich lief immer noch dem jungen Mann hinterher, spürte, wie ich in einen der Waggons hochgehoben wurde – John!

Ich wusste nicht, ob ich ihn schlagen oder küssen sollte. Mir war nach Weinen zumute, am meisten aber danach, Harry zu erwürgen. John gab sich ernsthaft Mühe, diese unglückselige Panne zu erklären.

Der Wortschatz des Belgiers war voller flämischer Slang-Ausdrücke; ihn zu verstehen, war also eine Aufgabe für sich. Zu allem Überfluss hielt er sich viel auf seinen Humor zugute, der hauptsächlich darin bestand, nach jeweils ein paar Wörtern in krähenkrächzendes Gekicher auszubrechen, zweifellos um mich aufzuheitern. Das gelang ihm allerdings nicht.

Nun, John und die anderen hatten den Zug verpasst, was John zwang, mich allein ins Ungewisse zu schicken. Seinem Bericht zufolge hatte der Ärger begonnen, als er, nachdem er sich unter Einsatz der Ellenbogen ans vordere Ende eines Waggons vorgearbeitet hatte und davon ausging, dass sich die Gruppe »direkt hinter ihm« befand, einen seiner Leute rufen hörte: »Moment. Moment bitte. Meine Frau ist nicht mehr da!« Genau in dem Augenblick fuhr der Zug ab, und keiner wusste, ob die fehlende Frau und ihr acht Monate altes Mädchen sich möglicherweise bereits im Zug befanden oder nicht. John behauptete, dass der Mann dann anfing, auf ihn einzuschlagen und schrie, dass seine Frau nicht in dem Zug sein könne. Stolz stellte John eine blutige Lippe zur Schau, angeblich ein Souvenir von dem verzweifelten Ehemann. Als ich das sah, freute ich mich. Offenbar war die kleine Frau vorher noch nie auf sich gestellt gewesen, und der Ehemann musste annehmen, dass sie sofort in Panik geraten würde.

Es erwies sich als schier unmöglich, John – der während seines Berichts kein einziges Mal gekichert hatte – zu unterbrechen. Er erwähnte immer neue Einzelheiten, wie Bernie, der Ehemann, wieder und wieder erzählte, dass das Baby den ganzen Vormittag schon reizbar und wie verzweifelt und verängstigt seine Frau Rebecca gewesen sei. Mehr als einmal hatte Bernie seine Koffer genommen und war Richtung Ausgang gelaufen. Und immer wenn John hinterher ging, hatte Bernie das Gepäck John auf die Füße fallen lassen. Doch meist hatte er gebetet, Rebecca möge nicht in dem Zug sein. Als man ihn schließlich fragte, weshalb er ihretwegen so panisch reagierte, hatte Bernie John die Fahrkarten gezeigt – seine und ihre. Er hatte beide. Sie hatte nichts weiter als ihren neuen Ausweis, höchstwahrscheinlich das Baby und ein paar saubere Windeln. »Was glauben Sie wohl, wie weit wird sie mit zwei Windeln kommen?« hatte Bernie gezischelt.

Und da war dann die Frau des silberhaarigen distinguierten Herrn schnell zur Damentoilette gelaufen, und wen hatte sie da gefunden?

Natürlich Rebecca, die dem Baby eine saubere Windel anlegte. An dieser Stelle in Johns Geschichte hätte ich liebend gern jemandem einen Koffer auf die Füße fallen lassen. Nun, im günstigsten Fall diente der Vorfall uns als allzu lebhafte Mahnung, wie leicht etwas, wenn nicht sogar alles, schiefgehen konnte.

Am frühen Abend trafen wir dann in Roosendaal ein. Wenn man bedenkt, dass die Entfernung zwischen Amsterdam und Roosendaal etwa hundertzwanzig Kilometer beträgt, hätte die Reise etwa eine Stunde dauern müssen. Ich wundere mich immer noch, dass ich damals gar nicht darüber nachdachte, auf was für einem wahnsinnigen Umweg wir uns befanden. Was war in den sieben Stunden zwischen Amsterdam und der Grenzstadt geschehen?

Als wir alle zusammensaßen und eine Weile auch keine Züge mehr erreicht werden mussten, stellte John mich den anderen vor. Bis zu dem Augenblick hatte ich nicht ernsthaft geglaubt, dass auch sie sich auf demselben Weg befanden wie ich. Wir schüttelten uns die Hand, lächelten und wünschten einander Glück. Rebecca, die kleine Mutter, die um sich herum nichts wahrnahm, was nicht unmittelbar mit ihrem Mann oder ihrem Baby zu tun hatte, war genauso, wie sie mir geschildert worden war: naiv, verletzlich, scheu und nervös. Sie war schlank, hatte langes, welliges braunes Haar und große braune Augen, ebenmäßige Gesichtszüge, einen farblosen Teint und eine farblose, kindliche Stimme. Ich glaube nicht, dass ihr bewusst war, welchen Ärger sie verursacht hatte. Mir war sofort klar, dass ihr Mann Bernie sich um mehr als ein Baby sorgen musste. Abgesehen davon, dass er hoch nervös und Kettenraucher war, wirkte er ausgesprochen sympathisch. Ihr Baby, die kleine Erika, war ein Beweis für die Idiotie von Hitlers Rassentheorie. Erika hatte, was Hitler als rein arisches Äußeres pries: von der Sonne geküsstes blondes Haar, kornblumenblaue Augen, eine makellose Nase und die Bäckchen eines Engels. Dieses wunderhübsche Püppchen, das aussah, als sei es aus feinstem Porzellan gemacht, ähnelte dem Vater und war, wie der Vater, furchtbar unruhig.

Die kleine Erika, die ständiger Aufmerksamkeit bedurfte, wurde zum Dreh- und Angelpunkt unserer Gruppe. Das bedeutete, dass wir alle sie abwechselnd auf dem Arm herumtrugen und versuchten, sie in den Schlaf zu wiegen. Das hatte keiner von uns verlangt, wir taten es einfach.

Wir waren sechs Erwachsene in der Gruppe. Bernie und seine Frau Rebecca; die de Hartogs – der silberhaarige, distinguierte ältere Herr mit seiner Frau, nettere und liebenswertere Leute als Begleiter auf dieser seltsamen Reise hätte ich mir kaum wünschen können. Und dann war da noch Millie, eine unscheinbare, altjüngferliche Grundschullehrerin Ende dreißig, von durchschnittlichem Aussehen und Intellekt.

John, der uns angewiesen hatte, beim Spaziergang durch die Stadt nicht in der Gruppe zu bleiben, klebte wie Leim an mir. Dass er meinen Koffer trug, störte mich genauso wenig wie seine aufgekratzte Stimmung, auch sein Süßholzraspeln störte mich nicht, aber als er anfing, mich zu betatschen, wurde ich böse. Er erklärte, es liege nun einmal in seiner Natur, zärtlich zu sein. Ich erwiderte, seine Natur habe damit gar nichts zu tun und er solle sich lieber um seine eigenen Angelegenheiten kümmern. Daraufhin meinte er, dass ich seine Angelegenheit sei, womit sich mir die ideale Gelegenheit bot, ihn nach dem Verbleib von Harry und meinem Geld zu fragen. Erstaunlich, wie schnell seine knochigen Finger von meiner Taille abließen und wie schnell sein auf Abwegen wandernder Arm wieder auf den rechten Weg zurückfand. Von seinem Körpereinsatz her erinnerte er mich an einen Schlangenmenschen – äußerst gelenkig, schlaksig, federnd und elastisch –, was zu seinem doppelzüngigen Gerede passte. Nachdem ich ihn zum vierten Mal nach dem Verbleib von Harry und meinem Geld gefragt hatte, kam tatsächlich eine Art Dialog zustande.

»Wieso ist Harry getürmt?«

»Was?«

»Sie haben mich sehr wohl verstanden. Wieso ist er abgehauen?«

»Wer?«

»Harry.«

»Weshalb fragen Sie ihn denn nicht?«

»Er ist nicht hier, deshalb frage ich Sie!«

»Der kommt immer nur bis zum Bahnhof mit. Der macht seine Arbeit, ich meine. Sie brauchen Harry nicht. Sie haben doch mich!«

»Wer hat mein Geld?«

»Was?«

»Mein Geld! Wer hat mein Geld?«

»Was denn für Geld? Ich weiß nix von irgendwelchem Geld.«

»Ich habe ihm zwei Umschläge mit holländischen und belgischen Banknoten gegeben!«

»Warum das denn?«

»Er hat mich darum gebeten. Er hat gesagt, es sei sicherer bei ihm. Darum!«

»Ich weiß nix von irgendwelchem Geld!«

»Sind Sie sicher?«

»Klar bin ich sicher, ich bin immer sicher. Sie halten sich an mich, morgen Abend in Brüssel gehen wir tanzen. Nur wir zwei.«

»Was ist mit Rainer und Betty. Ich würde sie gern sehen.«

»Morgen, die werden Sie morgen sehen, alles morgen! Wir gehen tanzen, Sie, ich. Alle gehen tanzen … morgen!«

Diesmal hielt ich es für besser, nicht weiter auf dem Thema zu beharren. Johns größter Vorteil uns gegenüber war sein Akzent. Er wusste genau, dass wir Mühe hatten ihn zu verstehen. Wenn wir etwas fragten, das er nicht so gern beantworten wollte, stellte er sich einfach dumm oder behauptete, er habe uns das schon gesagt und wir hätten nur nicht richtig aufgepasst.

»Wenigstens lächelt er«, sagte Herr de Hartog dann immer fröhlich. »Immer noch besser, als mit einem Miesepeter zu tun zu haben. Außerdem haben wir nur ihn. Ich bin sicher, er ist völlig harmlos. Er gibt einfach gern ein bisschen an. Er ist Belgier, wissen Sie?« Diese Tatsache betonte der nette Herr immer wieder, als sei sie von entscheidender Bedeutung. Seine Frau bezeichnete John als unseren Erlöser.

Es war Abendessenszeit für die Leute in Roosendaal. Die Läden waren schon geschlossen, und alle schienen zu Hause zu sein, mit Ausnahme von einigen Männern und Frauen, die mitten auf dem großen Platz um den Brunnen herum saßen. Die Männer trugen Arbeitskleidung und rauchten Meerschaumpfeifen; die fülligen Frauen mittleren Alters saßen einfach da und machten einen entspannten, leicht schläfrigen Eindruck. Unsere Schritte hallten auf dem Kopfsteinpflaster wider, was eine der Frauen veranlasste, den Kopf zu drehen und zu horchen, als ob sie am Klang allein schon erkennen könnte, wer wir waren. Sie starrte mich an, und als wir vorbeigingen, starrte sie hinter mir her. Es kam mir merkwürdig vor, dass wir mitten durch die Stadt gingen, statt uns an die Seitenstraßen zu halten und uns möglichst wenig zu zeigen. Vielleicht war es ja eine Abkürzung?

Die blank geschrubbten Straßen, die sauberen und gemütlichen Häuser vermittelten den Eindruck eines Ortes, der vom Krieg vergessen worden war. Aber das konnte unmöglich sein, nicht so dicht vor der Grenze. Dann endlich lag die Stadt hinter uns. John bestand darauf, dass wir langsam gingen. »Tun Sie so, als seien Sie Touristen«, hatte er gesagt. »Schauen Sie sich die Sehenswürdigkeiten an. Sie können nicht durch die Straßen laufen, als wenn einer hinter Ihnen her ist. Übrigens haben wir jede Menge Zeit.« Dann, nach längerer Pause: »Vor Mitternacht gehen wir sowieso nicht über die Grenze.«

Diese Erklärung brachte sogar die freundlichen und geduldigen de Hartogs aus der Fassung. Auf ihre ängstlichen Fragen antwortete John: »Nur keine Sorge, das ist alles geregelt.« Er erzählte uns dann schließlich doch noch, dass die Grenze etwa elf Kilometer von Roosendaal entfernt war. Ob das bedeutete, elf Kilometer von der Stadtmitte oder von den Außenbezirken an, das behielt er für sich. Wie auch immer, elf Kilometer nach solch einem ermüdenden Tag waren eine lange, lange Strecke für uns alle. Wir waren alle erschöpft. Aber wir gingen, über eine breite Landstraße mit Weideland und Vieh zu beiden Seiten, soweit das Auge reichte.

Es wurde dunkel. Wir gingen. Ein kleines bisschen Mondlicht schien auf uns herunter. Wir gingen. Millie trug das Baby. Die kleine Erika wachte auf, schrie, schlief wieder ein. Wir gingen. Später trug Frau de Hartog die Kleine, dann Bernie, dann ich.

Es war unheimlich so ganz allein auf dieser breiten und menschenleeren Straße. Nur die Kühe auf der Weide und wir. Nachdem wir ein beträchtliches Stück gegangen waren, machten wir Rast. John, der Tafeln Schokolade verteilte, meinte, wir würden später etwas Richtiges zu essen bekommen. Ich hatte solchen Hunger, dass ich beinahe das Papier mitaß. Und ich war furchtbar erschöpft. Die de Hartogs neben mir, er hatte ihr den Arm um die Schulter gelegt, sie den Kopf an seine Brust gelehnt, sahen ganz zerschlagen aus. ›Und so beginnt nun der Herbst ihres Lebens‹, dachte ich, ›auf einer menschenleeren Straße, und davonlaufen müssen sie wie Diebe in der Nacht …‹

Es wurde kühl. Nebel stieg auf, verdeckte die Weiden zu beiden Seiten der Straße und hüllte die Kühe ein, bis nicht einmal mehr ihre

Umrisse zu erkennen waren. Nur noch ihr lang gezogenes, tief tönendes Gemuhe, das durch die Luft herüberdrang, war Zeichen, dass Lebewesen dort draußen waren. Wir gingen weiter. Wegen des Nebels blieben wir dichter zusammen, die Schritte der anderen, das ruhige Geräusch des Atems der anderen hatten etwas Tröstliches für uns.

Wind kam auf, ein kalter, aber leichter und verspielter Wind. Zeitweise blies er den Nebel fort und gab uns den Blick frei auf die Straße vor uns und den weiten Himmel über uns. In einem solchen Augenblick vertrieb die in Federwolkenkissen gebettete Sichel des Mondes für eine Weile die Dunkelheit. Auf einmal befahl uns John, von der Straße herunter und in den Graben zu gehen. Wie ein Aal schlitterte er vor mir hinunter, griff das Baby und half mir dann nach unten. Wenn man nicht unmittelbar am Straßenrand stand, konnte man den Graben nicht sehen, und umgekehrt auch die Straße nicht vom Graben aus. John hatte mir gesagt, ich solle »ruhig liegen bleiben«, das Baby ruhig halten und auf sein Zeichen zum Weitergehen warten. Sonst kam keiner mit runter. Ich sagte mir, dass die anderen wahrscheinlich auf der anderen Straßenseite im Graben lagen. Außerdem suchte ich nach einer Erklärung dafür, dass John nach all der Zeit jetzt auf einmal uns außer Sichtweite haben wollte, wo wir doch, seit wir Roosendaal verlassen hatten, keiner Menschenseele begegnet waren.

Es war sehr anstrengend, immer nur mutmaßen zu können, warum unser furchtloser Führer tat, was er tat. Selbst unter günstigsten Umständen ist ein Graben nicht gerade der Ort, an dem man gern »ruhig liegen« bleibt. Die Erde war noch vom letzten Regen feucht und schlammig. Wie sehr ich mich auch bemühte, es dem Baby und mir bequem zu machen, so war das doch mit Aussicht auf eine lange Wartezeit einfach hoffnungslos. Der Schlamm klebte an meinen Schuhen und an meinem Mantel, und die Kleine, die völlig erschöpft war und meine Anspannung spürte, schrie sich die Lunge aus dem Leib. Ich hielt sie ganz fest, ließ sie an meinem Haar ziehen und auf meinem Seidenschal kauen. Ich summte sogar das Wiegenlied von Brahms, aber auch das wollte nicht helfen. Es war wirklich furchtbar. Nach kürzester Zeit schlief mir der rechte Arm ein, was ich von der kleinen Erika leider nicht behaupten konnte; sie wollte und wollte nicht schlafen. Wieviel Zeit über dem »ruhig liegen bleiben« verloren ging, war mir genauso schleierhaft wie der Grund dafür, dass wir uns überhaupt hier im Graben befanden.

Das Zeichen kam in Gestalt eines lang gezogenen, hohen Pfeiftons gefolgt von einem zweimaligen »Pst«, und schließlich zeigte sich John selbst. Er lag flach auf dem Bauch, die untere Körperhälfte befand sich oben auf der Straße, der Oberkörper hing herunter, er sah aus, als hätte ihn ein verärgerter Flüchtling in zwei Hälften gesägt. Er kicherte, was sich in dieser Stellung anhörte, als würde er die Schokolade hochwürgen.

»Jetzt ist es bald soweit«, sagte er leise. »Gehen Sie hundert Meter, aber bleiben Sie unten, dann klettern Sie rauf, ich werde Ihnen helfen. Vergessen Sie das Baby nicht.« Und da war wieder sein Gekicher. Wie sollte ich hundert Meter gehen und gleichzeitig unten bleiben? Und woher um alles in der Welt sollte ich wissen, wieviel hundert Meter waren? »Zählen Sie«, rief er. »*Een, twee, drie*. Bleiben Sie auf Händen und Knien.«

Der Gipfel der Ironie bestand darin, dass ausgerechnet dieses lächerliche Kriechen auf allen Vieren, bei dem mein Mantel im Schlamm schleifte, Erika dazu brachte, mit dem Weinen aufzuhören. Ich war sicher, dass ich weit mehr als einhundert Meter gekrochen war, bevor John mir flüsternd den Befehl gab anzuhalten. Er schlitterte herunter, nahm mir das Baby ab und war im nächsten Moment schon wieder auf der Straße. Übung, dachte ich, er musste wohl viel Übung darin haben. Ich war als letzte wieder oben. Die anderen standen schon alle auf der Straße. Wie verwurzelte Schatten, schweigsam und reglos, standen sie da und schauten in die Richtung, aus der wir gekommen waren. Nachdem nun nur noch ein paar Schritte zu gehen waren, bevor sie endgültig ihre Heimat verließen, wollten sie vielleicht noch einmal zurückschauen, hatten vielleicht noch einmal das Bedürfnis, sich von all dem zu verabschieden, was sie hinter sich ließen. Um ihret- und um meinetwillen hoffte ich, dass sie es sich nicht anders überlegt hatten, schwach wurden oder ihre Entscheidung bereuten.

»Also, ich will jetzt Folgendes von Ihnen«, sagte John und durchbrach das Schweigen. »Hören Sie mir ganz genau zu und tun Sie alles, was ich Ihnen sage.« Die Schatten drehten sich langsam um, bildeten einen Kreis um John und hörten zu. »Also Folgendes: Nehmen Sie Ihr

Gepäck und bilden Sie eine Reihe. Einer hinter dem anderen. Wenn ich sage: losgehen, dann gehen Sie los, immer geradeaus. Nicht zu schnell, nicht zu langsam, normal eben. Schauen Sie nicht hoch, schauen Sie nicht runter, schauen Sie nicht zur Seite. Gehen Sie einfach. Reden Sie nicht, tun Sie nichts anderes außer gehen.«

Dann gab er Bernie das Baby und sagte ihm, er solle sich als zweiter in die Reihe stellen. Letzter sollte Herr de Hartog sein und ich erste, hinter John. Ohne ein Wort zu sagen, reihten wir uns auf. John unterzog uns noch einer kurzen Musterung, schaute auf seine Uhr, nickte zweimal, als würde er zählen, dann sagte er »Los«, und marschierte los. Ich folgte ihm auf dem Fuße, umklammerte meinen Koffer und war froh, dass ich etwas hatte, woran ich mich festhalten konnte.

Von den zwanzig Minuten vor dem Grenzübertritt ist mir eines besonders lebhaft in Erinnerung: Ich musste daran denken, wieviel Grenzen ich schon überschritten hatte. Dieselben Grenzen, derselbe Grund …

2.

Er erhob sich aus dem Nebel wie die Kulisse im Bühnenhintergrund, die man praktisch nur sieht, wenn man unmittelbar davor steht. Da war er also, kaum mehr als eine Armeslänge von mir entfernt. Der Grenzposten. Das war er nun!

Die schwere Zollschranke mit dem engen Durchlass direkt neben dem Posten lag geschlossen über der Straße und sah aus, als führte sie ins Nichts, als hinge sie mitten in der Luft. Ein Soldat stand vor dem Wachlokal. Er schien uns zu erwarten. John gab mir mit Zeichen zu verstehen, ich solle stehen bleiben, während er weiterging. Als er bei dem Soldaten angekommen war, blieb auch er stehen. Die beiden Männer, die sich jetzt gegenüberstanden, kannten sich entweder oder hatten voneinander gehört. Ich konnte nicht hören, was gesprochen wurde, aber ich sah, wie John ein dickes Bündel Banknoten aus der Tasche zog und es dem Soldaten reichte, der, so schien es, damit gerechnet hatte. Er stopfte sich das Geld in die Tasche und öffnete dann die Schranke.

John gab uns Zeichen, wir sollten durchgehen. Während wir einer nach dem anderen die Grenze überschritten, sah ich für den Bruchteil einer Sekunde das Gesicht des Soldaten. Er war jung, dachte ich, ziemlich jung. Kaum alt genug zum Rasieren. Er trug eine deutsche Uniform. Ich überlegte, ob besetzte Grenzen wohl immer von den Besatzern bewacht wurden, oder ob die Deutschen den Holländern und Belgiern nicht genug trauten, um sie ihre eigenen Grenzen bewachen zu lassen. Der Soldat am Grenzposten erinnerte mich an Soldat Resnick, der in jener Nacht im Theater Wache für mich gestanden hatte. Auch er hatte Geld genommen, auch er war noch so furchtbar jung gewesen. Von jetzt an werde ich jeden Soldaten, dem ich begegne, Resnick nennen, und vielleicht treffe ich ja auch eines Tages einen, der kein Geld dafür nimmt, dass er Juden rettet.

Es war dieselbe Straße. Dieselben Weiden und dasselbe Gemuhe, das die Stille durchbrach, ganz genau wie auf der anderen Seite. Dieser Grenzposten und der deutsche Soldat waren alles, was die beiden Länder trennte. Ein wenig enttäuschend nach allem, was wir durchgemacht hatten, um hierher zu kommen. Weil ich die erste war, die hinüberging, blieb ich stehen und wartete, bis die anderen aufholten. In dem Augenblick wünschte ich mir nichts sehnlicher als eine kleine geographische Verschiebung. Irgendetwas, das die Grenze, über die ich gerade gegangen war, zur schweizerischen statt zur belgischen Grenze machte. Nicht etwa, weil ich die Belgier nicht mochte oder die Schweizer so gern hatte. Keineswegs, es war einfach nur so, dass ich einen Sprung vorwärts machen, an dem Ort sein wollte, zu dem ich reisen musste.

Die anderen umarmten einander und umarmten auch John, dabei übersahen sie völlig, dass auch dies ein besetztes Land war. Natürlich ging das Gerücht, dass das Leben hier für Juden einfacher war; dank der schnellen Aktion des belgischen Königs, bei der kurz vor der Invasion alle Unterlagen vernichtet wurden, konnten viele sich noch frei bewegen und ohne Schwierigkeiten arbeiten. Ihre neuen Papiere waren vollkommen echt, bis auf eine kleine Änderung in der Rubrik Religion: natürlich wurde die Konfession geändert. Selbstverständlich hatten nicht alle so viel Glück. Die orthodoxen Juden kamen nicht so gut davon, und dann gab es noch jene, die von ihren allerbesten Freunden verraten wurden.

John hatte uns gesagt, dass wir in Brüssel die für uns richtigen Papiere bekommen und einfach dort bleiben könnten, statt in die Schweiz zu gehen.

»Es ist nicht mehr weit, nicht mal mehr zwei Kilometer«, kündigte John an. Wieder legte er mir den Arm um die Taille. »Was ist nicht mehr weit?«, fragte ich und gab mir Mühe, seine Hand nicht zu beachten. »Das Haus, in dem Sie übernachten werden. Sie bekommen was Ordentliches zu essen und können sich ausruhen. Ich habe Ihnen doch gesagt, dass alles in Ordnung ist. Alles ist geregelt.«

Bernie kam und bedankte sich bei mir dafür, dass ich mich um das Baby gekümmert hatte, als wir alle im Graben lagen. Die ideale Gelegenheit, so dachten wir, diesen belgischen Don Juan nach dem Grund für den Aufenthalt im Graben zu fragen. Bernie verlangte eine sofortige Erklärung und bekam sie: Patrouillen. Nur gut, dass wir das nicht eher gewusst hatten. Ohne dass jemand den Grund dafür kannte, so erklärte uns John, zeigten sich immer wieder einmal zwei uniformierte Deutsche auf Fahrrädern beim Grenzposten. Offenbar tauchten sie nur dann auf, wenn die Wolken niedrig hingen und Nebel die Erde einhüllte. Sie hielten sich nicht damit auf, mit ihrem Wache stehenden Kameraden zu plaudern, sie standen nie einfach nur müßig herum. Sie waren auf Patrouille, patrouillierten durch das Land, das ihr Führer gestohlen hatte, durchbrachen die Dunkelheit auf der Suche nach … ja, nach was? Nach uns? Nach Leuten wie uns. Wenn sie fertig waren, erzählte John, verschwanden die beiden wieder. Weil sie sich nie vor 22.30 Uhr und nie nach 23.45 Uhr blicken ließen und weil Soldat Resnick John ermahnt hatte, sich während dieser Zeitspanne nicht zu zeigen, hatten wir also für den Fall aller Fälle im Graben ausharren müssen. John hatte die beiden nie zu Gesicht bekommen, allerdings war er darauf auch nicht gerade versessen, also vertraute er dem Wachposten und hielt sich an die Warnung.

Johns wiederholte Versicherung, es sei »jetzt nicht mehr weit«, bewahrheitete sich endlich. Wir verließen die scheinbar endlose Straße und bogen auf eine gewundene Nebenstraße ab. Die war nicht so breit und nicht so eben wie die Straße, die wir in all den ermüdenden Stunden entlanggetrottet waren. Ich spürte steinigen Kies unter den Füßen. Es war nur eine ganz gewöhnliche Straße, die zu einem großen Bauernhaus aus Backstein führte.

Die Frau, die uns die Tür öffnete, war wie das Land, auf dem das Haus stand – zeitlos, wettergegerbt, ein wenig rissig und abgenutzt, aber robust, ausdauernd und stolz. Mutter Erde. Sogar ihr dickes brombeerfarbenes Haar, das sie straff zurückgekämmt und zu einem Knoten gebunden trug, erinnerte mich an üppigen, dunklen, glänzenden Erdboden. Die Art Boden, auf dem alles wächst. Sie war grobknochig, hatte ein großflächiges, aber angenehmes Gesicht. Ihre riesigen Füße ragten unter ihrem langen, dunklen Rock hervor und hoben sich beim Gehen kaum vom Boden, als wollte die Frau den Kontakt zur Erde und zu dem Land, auf dem sie geboren war, nicht verlieren. Sie sprach nicht mit uns, doch sie lächelte und hieß uns so willkommen.

Wir waren in die Küche getreten. Obwohl wir die anderen Räume des Hauses nicht zu sehen bekamen, war deutlich zu spüren, dass sich das Leben jenseits der Arbeit auf dem Feld hier abspielte. Dies war das Zuhause. Ich war vorher noch nie in einem Bauernhaus gewesen und wusste nicht das Geringste über Küchen; doch diese Küche faszinierte mich. Es war ein Ort, an dem man sich sofort wieder eins mit sich und sicher fühlte, ein Ort, der einen an einfachere Zeiten denken ließ. Vielleicht waren es das beruhigende Geräusch des knisternden Feuers in der Herdstelle aus Backstein und der flammenfarbene Feuertanz, die Wärme und glasklare Ruhe in mir erzeugten. Vielleicht waren es der Myrrhe-Geruch der Kiefernzapfen beim Feuerholz, der reizvolle Anblick der polierten, glänzenden Kupfertöpfe und Bratpfannen an der Wand oder die duftenden, lavendelfarbenen Hyazinthen und der durchdringend riechende Kümmel auf den Fensterbrettern, die meine Sinne mit solch friedlichem Hochgefühl erfüllten. Wäre da nicht das unwiderstehliche Aroma frisch gebackenen Brotes und der verlockende Gedanke ans Essen gewesen, hätte ich mühelos einschlafen können.

An diesem Ort änderte sich nie etwas, und Änderungen waren auch nicht erwünscht. Es war ein Ort, an dem derselbe handgearbeitete Tisch mit denselben handgearbeiteten Bänken stand, wie er seit eh und je gestanden hatte. Verblichene Bilder an der Wand gehörten, wie die Jahreszeiten, genauso gut dem Gestern an, wie sie dem Hier und Jetzt und dem Morgen angehörten. Sogar der selbstzufriedene und volkstümlich wirkende Mann in seinem quietschenden Schaukelstuhl am Feuer gehörte dem Gestern, dem Hier und Jetzt und dem Morgen an. Er trug eine gestreifte Arbeitshose über einem karierten Hemd, rauchte eine nikotinfleckige, schnupftabakfarbene Pfeife, die zu seinen nikotinfleckigen, schnupftabakfarbenen Händen passte. Ob er der Ehemann, der Vater oder der Bruder von Mutter Erde war, weiß ich nicht. Er war so alt wie die Felder, die er pflügte, und so jung wie die Erde, die er hegte und pflegte.

Der Tisch mitten im Raum war für uns mit Delfter Porzellan gedeckt. Dort standen Platten mit dicken Scheiben von saftigem Schinken, mit Würsten, die einem das Wasser im Mund zusammenlaufen ließen, und mit einer großzügigen Auswahl an Käsesorten, wie ich sie seit wer weiß wie langer Zeit schon nicht mehr gesehen und gegessen hatte. Noch warme Brotlaibe mit köstlicher Kruste und zwei große Terrinen mit dampfend heißer Suppe gab es außerdem. Hausgemacht. »Wie für einen König«, hätte Papa gesagt.

Ich aß, als ob dies meine allererste Mahlzeit sei – oder die allerletzte. Das taten wir alle. Keinen Augenblick dachte ich daran, woher all diese kulinarischen Köstlichkeiten stammen mochten. Es war kaum ein Geheimnis, dass die Kriegtreibenden immer zuerst die Städte ausraubten und plünderten. Noch lange nachdem die Leute in den Städten ihre letzten Besitztümer für ein paar Lebensmittel verkauft hatten, gab es bei den Bauern immer noch beträchtliche Vorräte auf Lager. Ihre Schränke und Regale standen kaum jemals leer. Gott sei Dank!

Meine erste Karte an Mama und Herbert schrieb ich, nachdem ich von allem zwei unverschämt große Portionen gegessen hatte, außer vom Schinken, da griff ich dreimal zu. John hatte uns die Karten gegeben, bevor wir uns zu unserem Festmahl setzten, und gesagt, dass wir sie, wenn wir sie heute Abend schrieben, gleich als Erstes morgen früh einwerfen konnten. Natürlich schrieben alle. Ich dachte, dass ich lieber alle versteckten Andeutungen vermeiden sollte, und so schrieb ich die Allerweltsfloskel: »Hier ist es herrlich. Ich wünschte, ihr könntet das hier alles sehen.« Da ich sehr wohl wusste, dass Mama und Herbert vor allem auf das Wort »schreiben« warteten, hob ich es natürlich besonders hervor, indem ich es unterstrich, und dann fügte ich noch ein »bitte!« hinzu. Wann sie die Karte bekommen würden, war ungewiss.

Wir hatten keine Gelegenheit, uns auszustrecken oder hinzulegen, denn in der Nähe war nichts, was auch nur annähernd wie ein Bett aussah. Da wir daran nichts ändern konnten, waren wir uns alle einig, das Beste aus der Situation zu machen und den Kopf auf den Tisch zu legen – unsere Mäntel benutzten wir als Kissen. Kein allzu armseliges Kissen, wenn man bedenkt, dass mein Kopf auf einem Vermögen ruhte; was bei den anderen wahrscheinlich auch der Fall war!

Die einzige, die wirklich gut wegkam, war die kleine Erika, die in eine hübsche Wiege zum Schlafen gelegt wurde. Damit sie es schön warm hatte, schob Mutter Erde sie dicht an das knisternde Herdfeuer zu dem Mann in seinem quietschenden Schaukelstuhl. Eine Weile sah ich ihnen zu. Sah ihm zu, wie er seine schnupftabakfarbene Pfeife aus dem Mund nahm und sie auf dem Pfeifenständer ablegte. Sah ihm zu, wie er die winzigen Fingerchen der Kleinen mit der Zärtlichkeit einer feinfühligen Taube streichelte. Sah ihm zu, wie er ihr zusah, damit er auch nicht die kleinste Regung verpasste. »Der wird ihr die ganze Nacht zusehen«, dachte ich.

Die Kerosinlampen flackerten kaum noch. Sie hatten fast die ganze Nacht gebrannt und verlöschten jetzt allmählich. So ging es auch den tänzelnden Flammen im Kamin. Es waren gerade noch genug, dass sie den Raum ein wenig erleuchteten und wärmten. Um mich herum das geräuschlose Atmen stiller Silhouetten. Wie Liebesvögel, die jetzt in Morpheus' Armen ruhten, hockten sie paarweise zusammen.

Woran ich mich als Nächstes erinnere, ist die Tatsache, dass John, unser idiotischer Führer, mir ins Ohr brüllte: »Raus aus den Federn.« Es war 5.00 Uhr in der Frühe. Ich schaffte es, meine Augen gerade weit genug zu öffnen, um das schwache Licht einer Taschenlampe wahrzunehmen, mit der er mir ins Gesicht leuchtete. »Wird Zeit, wir müssen los«, kündigte John mit ärgerlich fröhlichem Unterton an. »Die anderen warten schon alle auf Sie. Sie haben ja wirklich einen gesegneten Schlaf.«

Ich versuchte, den Kopf hochzuheben, versuchte, mich gerade aufzusetzen, ich versuchte sogar, meine Hände, die sich um meinen Mantel verkrampft hatten, zu lösen, doch mein Körper verweigerte jede Bewegung.

»Sie wollen wohl den Zug verpassen«, sagte mir John absichtlich frech und spöttisch ins Ohr. Als ich nicht antwortete, löste er meine

Hände und zog den kombinierten Kopfstützen-Kissen-Mantel unter mir weg. Meine Arme fielen herunter, mein Kopf schlug auf den Tisch und prallte sofort wie ein Gummiball wieder zurück, dadurch wurde mein Oberkörper nach hinten geworfen, und die Bank, auf der ich gesessen hatte, rutschte weg von mir. Als ich mich wieder aufrappelte, merkte ich, dass meine Beine offenbar noch eingeschlafen waren.

Ich zog meine gefühllosen Beine hinter mir her, als wären sie mit Ketten aneinander gefesselt, und folgte John und seinem schwachen Taschenlampenlicht aus der dunklen Küche auf den Flur hinaus. Unsere Leute, die alle auf ihren Koffern und Taschen saßen, schienen kein bisschen verärgert, dass ich sie hatte warten lassen, da sie selber die Augen kaum offen halten konnten. Keiner redete, keiner stellte irgendwelche Fragen, keiner machte irgendwelche Bemerkungen.

Ich kam nicht dazu, mich wieder zu setzen, kam nicht dazu, etwas anderes zu machen, als schnell meinen Mantel zurückzunehmen, meinen Koffer zu greifen und nach draußen zu gehen. Es war stockdunkel und schneidend kalt. »Liebe Güte«, meldete sich eine bibbernde Stimme. »Und ich habe gedacht, wir haben Frühling. Sind wir etwa in Island?« John versicherte, das sei nicht der Fall, und wenn es ein wenig frisch heute Morgen sei, dann komme das gerade recht, um uns richtig wach zu machen.

Erst als wir wieder auf der gewundenen Nebenstraße waren, begannen alle nach und nach, über den Bauern und die ungewöhnliche Frau in dem langen, dunklen Rock zu reden. Jeder lobte ihre Großzügigkeit und Freundlichkeit und sagte, wie wunderbar es sei, dass solche Leute überhaupt noch existierten. Je mehr sie alle redeten, umso mehr bedauerte ich es, dass ich mich nicht mehr bei ihnen bedankt hatte. Wie anders war doch ihr Leben verglichen mit meinem. Keine besonderen Reize, keine Extreme. Sie lebten in einer merkwürdigen, seltsam unantastbaren, aber doch wunderschönen Welt. Hätte ich nur meine Waisenhauskinder hierher schicken können.

Wenn doch nur meine Füße nicht so hinter mir herschleifen würden, dachte ich. Ich traute mich nicht, John zu fragen, wie weit es noch bis zum Bahnhof war, wie viele Züge wir noch nehmen müssten und so weiter. Er würde entweder lügen oder mir die Wahrheit sagen. Ich wusste nicht, was von beiden mir weniger gefallen hätte.

Auf der Hauptstraße stand uns eine gewaltige Überraschung bevor. Zunächst konnten wir aufgrund der Dunkelheit nicht erkennen, was es war. Ich dachte, es sehe aus wie eine riesige Wolke, die versehentlich zur Erde gefallen war, und das sagte ich auch meinen Reisegefährten. Aber Bernie entgegnete, ich müsse wohl träumen, das könne nicht sein, denn er war überzeugt, er habe Räder gesehen. Es stellte sich heraus, dass er mit den Rädern Recht gehabt hatte – da in den Schutz der Nacht gehüllt stand ein altes, vor einen Heuwagen gespanntes Zugpferd, das bereitwillig darauf wartete, uns zum Bahnhof zu bringen. Was für eine fantastische Idee. Kein Marschieren mehr, kein Kofferschleppen mehr. John, der ganz groß darin war, Leute auszulachen und ihnen die seltenen Augenblicke triumphaler Freude zu verderben, erklärte uns, dass wir das ja nicht als Vergnügungstour betrachten sollten. Er sagte, dieser Straßenabschnitt sei stärker befahren als manch große Landstraße; also sollten wir uns lieber mit dem Gedanken vertraut machen, dass das hoch aufgetürmte Heu uns nicht als Sitzgelegenheit dienen würde, sondern dazu, dass wir uns darin versteckten.

Koffer um Koffer wurde auf den Wagen geworfen, und wir kletterten hinterher. Im Dunkeln tastete ich nach meinem Gepäck, versuchte, mich zu orientieren, was einigermaßen unmöglich schien, da alle anderen das auch versuchten. Während der ersten paar Momente stolperte, schwankte, prallte und stieß ich gegen meine Reisegefährten. Dann endlich hatte ich mich mit Heu bedeckt. Was für ein merkwürdiges Gefühl! Natürlich geriet mir das Heu ins Haar, ins Gesicht, in den Nacken und die Ärmel; und doch fühlte es sich seltsam angenehm an. Weich, nicht wie ein Federbett, aber weich wie Moos. Und warm, nicht wie ein Pelzmantel, aber warm wie ein Deckbett. Es roch süß, nicht wie Geißblatt, aber süß trotz allem. Weich, warm und süß. Ich legte mich hin, rollte mich zusammen und schlief ein.

Von der belgischen Grenze bis nach Brüssel sind es nur etwas über siebzig Kilometer. Knapp fünfundzwanzig bis dort, wo wir in die erste Kleinstadt mit einem Bahnhof kamen, und etwas über fünfundvierzig von dort bis zum Gare du Nord, dem Hauptbahnhof in Brüssel. Keine sonderlich weite Reise, wenn es nach Kilometern geht.

Etwa zwanzig Meter vor dem Bahnhof hielt der Wagen an. Wir sprangen herunter, nahmen unsere Sachen und machten uns sofort daran, uns gegenseitig von den verräterischen Spuren zu befreien, mit denen wir alle übersät waren. Inzwischen war es Morgen. Ein bewölkter, nebliger, grauer und sehr kalter Morgen, aber ein neuer Morgen.

»Noch vor dem Mittagessen werden wir in Brüssel sein, ist das nicht schön«, sagte Millie, die Lehrerin. Sie hielt sich direkt hinter mir, und so gingen wir auf den Bahnhof zu. Als wir an dem Wagen vorbeigingen, sahen wir den Kutscher. Es war der Bauer. Sowohl Millie als auch ich sagten ihm ein von Herzen kommendes Dankeschön, aber ich glaube nicht, dass er uns gehört hat. Er schaute unentwegt über die Schulter nach hinten. Ich war gerade erst auf der ersten Stufe, die zum Bahnsteig führte, als Millie mir ungewohnt lebhaft zurief: »Da, schau doch, Silvie, schau.« Ich wirbelte gerade noch rechtzeitig herum, und so sah ich, wie Bernie seine kleine Tochter zu dem Bauern hochhielt, der sie mit derselben Zärtlichkeit, die ich vergangene Nacht beobachtet hatte, fest an sich presste, während sie ihn mit weit geöffneten Augen einfach anschaute. Mit ihren winzigen Händchen berührte sie sein unrasiertes Gesicht, lächelte und legte ihm die kleinen Ärmchen um den Hals. In dem Augenblick löste sich der Nebel auf, und ein strahlend blauer Himmel schaute auf sie herab. »Wie reizend!« meinte Frau de Hartog. »Schauen Sie doch nur, wie glücklich sie aussehen.«

John, der jetzt nicht mehr so vergnügt und munter war wie vergangene Nacht, erinnerte uns schließlich daran, nicht zu vergessen, die Karten einzuwerfen, die wir geschrieben hatten. Das hätte sicherlich keiner von uns vergessen.

Ich glaube, der Ort, von dem aus wir den Zug nach Brüssel nahmen, hieß Kappelin. Es war ein winziges Nest. Unser Zug, ein Relikt aus besseren Zeiten, muss früher einmal elegant, bequem und schnell gewesen sein. Jetzt waren die Sitze kaputt, der früher einmal vornehme, tiefrote Bezug war jetzt verblichen und eingerissen. Wenn der Zug an einer Station gehalten hatte, fuhr er manchmal an, rollte dann aber zurück statt vor, als ob er nur vorwärtsfahren könne, nachdem er vorher ein Stück zurückgesetzt hatte. Weiteren Anlass zur Freude bot der Bremser. Er bediente diese Bremsen beziehungsweise das, was davon noch übrig war, voll hasserfüllter Rücksichtslosigkeit, als hörte er nichts lieber als das Kreischen der quietschenden Räder – aber vielleicht war er auch taub.

Die ersten paar Kilometer hatten wir den Zug für uns allein. Dann stiegen allmählich allerlei Leute zu, die am Straßenrand gewartet hatten. Der Zug hielt nie dort, wo die Leute warteten. Sie mussten dem Zug entweder hinterherlaufen oder ihn erwischen, wenn er rückwärts rollte. Auf irgendwie verdrehte Art war es beinahe komisch. Diesmal reisten meine Mitflüchtlinge und ich alle im selben Waggon. Wir saßen ein paar Reihen voneinander entfernt oder wenigstens zu beiden Seiten des Mittelgangs, nah genug, um zusammenzugehören, weit genug voneinander entfernt, um einander fremd zu sein. Der furchtlose John wurde schließlich von seinem Schlafmangel eingeholt. Kaum hatten wir uns gesetzt, da sackte er neben mir zusammen, ließ den Kopf auf meine Schulter fallen und sank ins Reich der Träume.

Ich weiß nicht mehr genau, wann mir klar wurde, dass mich jemand anstarrte. Ich gab mir Mühe, nicht hochzuschauen, aber das Starren war so intensiv, beinahe hypnotisch, dass ich nicht anders konnte, ich musste hinsehen. Der Mann stand auf der Plattform des Waggons, seine Augen ließen nicht einen Moment ab von mir. Zuerst dachte ich, dieser Mann versuche tatsächlich, mit mir anzubändeln. Anscheinend war es ihm egal, dass ich offensichtlich nicht allein reiste, er starrte mich trotzdem immer weiter an. Er war glatt rasiert, sehr groß, sehr blond und sehr selbstbewusst, höchstwahrscheinlich Anfang dreißig. Er trug einen hellen Trenchcoat, der Gürtel des Mantels war fest zugezogen, der Mantelkragen hochgeschlagen. Als nach mehreren langen Sekunden sein Starren keine Reaktion bei mir auslöste, jedenfalls keine sichtbare Reaktion, ging er kühn dazu über zu gestikulieren. Zuerst blinzelte er nur, dann drehte er den Kopf, womit er mich eindeutig aufforderte, zu ihm hinauszukommen. Als ich wieder nicht reagierte, hob er beide Arme und winkte mir zu. Während er das tat und dabei ständig von mir zu John und wieder zurückschaute, blinzelte er immer weiter, als ob seine Augen mir eine Botschaft schicken wollten.

Inzwischen hatten auch meine Mitreisenden das seltsame Gestikulieren des Fremden bemerkt und waren sichtlich nervös geworden. Ich gab mir alle Mühe, keinerlei Reaktion zu zeigen, doch ich war regelrecht verängstigt. Was mochte er nur von mir wollen? Je länger er dastand, desto unmöglicher wurde es, ihn zu ignorieren. Schließlich weckte ich John. Ich stupste ihn in die Seite, erzählte ihm von dem merkwürdigen Verhalten des Fremden und sagte, ich wisse nicht, wie ich mich verhalten solle. John, der sofort hellwach war, warf nur einen einzigen Blick auf den Mann, sprang auf, packte mich, griff meinen Koffer, gab den anderen Zeichen und rief: »Nächster Waggon. Alle Mann in den nächsten Waggon, und ja nicht stehen bleiben. Sofort!«

Er drehte mich um und schob mich ans Ende des Waggons, weg von dem Fremden. Ich schaute nicht zurück. Ging einfach immer nur weiter von einem Waggon zum nächsten. Ich traute mich nicht zu laufen. Traute mich nicht, die Aufmerksamkeit eines der Reisenden auf mich zu lenken. Sieben Waggons später blieb ich stehen und wartete auf alle, die hinter mir her gekommen waren.

Der Zug, der im Schneckentempo durch die Brüsseler Vororte ruckelte und zuckelte, näherte sich Stück für Stück dem Stadtzentrum und dem großen Gare du Nord, der Endstation. Wann bin ich das letzte mal hier gewesen? Vor knapp drei Jahren …

»Dem Himmel sei Dank, wir haben es geschafft«, sagte Frau de Hartog und stieg vor mir aus dem Zug. Wie in einem Bienenstock wimmelte es hier von Menschen, die alle in verschiedene Richtungen davonstoben, ohne weiter auf uns zu achten. Der große blonde Fremde war nirgends zu sehen. Ich gestattete mir einen Seufzer der Erleichterung und kämpfte mir mit den Ellenbogen den Weg zum Ausgang frei.

»Wer als letzter draußen ist, spendiert den anderen das Frühstück«, verkündete John mit schiefem Lächeln. Er stand außerhalb des Hauptausgangs und sah erschöpft und angespannt aus, als er seine Schäfchen zählte.

Die Sonne hatte sich entschlossen, diesen Tag hell und wolkenlos zu machen. Die Straßenbahngleise glitzerten wie Silber, und die frisch geschrubbten Straßen glänzten. Alles sah sauber, rein und wunderschön aus. Überhaupt nicht wie im Krieg. Geschäftigkeit und Getriebe, Kommen und Gehen überall um uns herum. Schwer vorstellbar, dass auch diese charismatische Stadt unter der Herrschaft der Feinde stand.

John hatte es eilig, uns vom Bahnhof wegzubekommen, und so steuerte er uns durch starken Verkehr auf die andere Straßenseite und in ein großes Café direkt gegenüber vom Gare du Nord. Ich hatte nun wirklich nicht angenommen, dass er das mit dem Gerede übers Frühstück ernst gemeint hatte, aber hier waren wir nun, sechs Erwachsene und ein Baby, illegal waren wir ins Land gekommen und brauchten nichts dringender als ein Bad und saubere Kleidung, und da bestellten wir nun Waffeln mit Sahne. Mir war nicht klar, weshalb John uns hierher gebracht hatte. Wegen der Waffeln bestimmt nicht – sie waren aus einer Art Pulver, das als Ei-Ersatz diente, und eine andere Art Pulver diente als Sahne-Ersatz. An jenem Morgen waren nicht allzu viel Gäste in dem Café, und nur wenige starrten uns an. Aber für meinen Geschmack waren schon diese wenigen zuviel.

Johns Beschwichtigungen fielen allmählich ein wenig dürftig aus, trotzdem bestand er darauf, dass dieses Café, das hauptsächlich von französischsprachigen Belgiern aufgesucht wurde, die vormittags schnell eine Tasse Kaffee trinken wollten, wenn auch nicht gerade koscher, so doch in Ordnung war. Je mehr Zeit verging, desto entspannter wurde John, als ob allein schon das Betreten dieses Lokals uns immun gegen jede Gefahr machte. Als ob kein Trenchcoat tragender blonder Fremder je seinen Fuß hier hineinsetzen würde.

»Der Mistkerl ist ein Spitzel«, zischelte John, und kaum verhohlener Hass schwang in seiner Stimme. »Er arbeitet für die Nazis. Wir stammen aus derselben Stadt, daher kenne ich ihn. Er weiß, was ich mache, und ich weiß, was er macht. Das Schwein versucht die ganze Zeit schon, mich mit den Juden *in flagranti* zu erwischen, wenn Sie verstehen, was ich meine …«

Obwohl wir ganz genau wussten, was John meinte, fühlte er sich verpflichtet fortzufahren. Schließlich trank er den letzten Schluck Kaffee mit demselben Ekel auf dem Gesicht, den er für den Spitzel zum Ausdruck gebracht hatte, und schloss mit der optimistischen Bemerkung: »So einen wie den gibt's in jeder Stadt.«

Johns Enthüllung dämpfte unsere heitere Stimmung erheblich, und sofort bekamen wir alle wieder Angst. Rebecca fing an zu weinen, was die kleine Erika veranlasste, ihr Milchpulver-Getränk über den Mann am Nebentisch zu schütten. Blitzschnell brachte der Kellner die Rechnung und sagte, unser Tisch werde benötigt. Ich für mein Teil war mehr als erleichtert, hier rauszukommen, obwohl wir alle nicht wussten, was uns als Nächstes bevorstand.

Die nächste Stunde verbrachten wir in verschiedenen Straßenbahnen, und so fuhren wir kreuz und quer durch die Stadt, wahrscheinlich sogar im Kreis herum. Ich erkannte keinen einzigen Platz oder Park. Ließ mich mein Gedächtnis im Stich, oder gab es die Orte, die ich gekannt hatte, nicht mehr?

Als wir endlich ausstiegen, fanden wir uns in einem Stadtteil wieder, in dem ich vorher noch nie gewesen war. Es war das Villenviertel von Brüssel: Die Straßen waren breit und makellos sauber, herrliche Lindenbäume überall. Diese von der Straße zurückversetzten prachtvollen Häuser mit ihren riesigen Vorgärten, blühenden Sträuchern und hellen Blumen waren eine wahre Augenweide. Darüber vergaß ich fast, weshalb wir gekommen waren.

Ein paar Minuten später folgten wir John einen mit Fliesen ausgelegten Weg hinauf, der direkt zum Eingang einer blendend schönen, himmelblauen Villa führte. Nach der Hälfte des Weges wies John uns an zu warten, während er ohne uns weiterging. Wie Kinder beim ersten Besuch im Zoo, dachte ich, als ich den staunenden Ausdruck auf den Gesichtern meiner Gefährten sah. Es war weniger der reizvolle Anblick, der uns verzauberte, als vielmehr die Tatsache, dass wir überhaupt hierher gebracht worden waren. Wer hätte sich je etwas so Grandioses vorstellen können?

Wir hörten John an der Tür klingeln – oder vielmehr das Echo des Türklingelns, ein glockenähnlicher, melodischer Klang, wie ein Glockenspiel. Kurz darauf öffnete jemand die Tür, aber nur einen Spalt breit. Weder konnten wir sehen, wer das war, noch hörten wir, was gesprochen wurde. Neugierig gingen wir auf Zehenspitzen näher und warteten. Schließlich wurde die Tür weit geöffnet, ein wenig zögerlich, wie ich fand, und von einer schüchtern klingenden Stimme mit Tremolo wurden wir hineingebeten. Die Hausnummer auf dem Briefkasten lautete Vierzehn; die Straße, in der das Haus stand, war die Rue Lincoln.

Sie muss früher einmal Balletttänzerin gewesen sein, diese so schüchtern klingende Dame mit dem Tremolo in der Stimme. Sie stand nicht einen Moment still. Ihr Oberkörper, der sich in vollkommener Harmonie zu ihrem übrigen Körper befand, schwang ganz leicht von einer Seite zur anderen, als stehe sie unter dem Bann einer fernen Musik. Doch ihre Finger verrieten sie. Auch sie zitterten und flatterten wie Schmetterlingsflügel in rascher Folge hin und her und ließen erkennen, wie unruhig und nervös sie in Wirklichkeit war. Sie war sehr anmutig, hatte aschblondes Haar und blaue Augen und dazu einen Ausdruck ständiger Verblüffung und Spuren eines *bel visage* unter Bühnen-Make-up verborgen. Was mich veranlasste, sie für eine ehemalige Tänzerin zu halten, war die Art, in der sie ihre winzigen Füße in den Ballerinas bewegte. Sie ging nicht, sondern hüpfte, kleine Hüpfer anstelle von Schritten, und wenn sie stand, dann in der ersten Position der Balletttänzer. Das Haar trug sie wie Shirley Temple, und wie Shirley Temple hatte sie sogar Grübchen. Wir mutmaßten viel, fanden aber nie wirklich etwas über sie heraus, jedenfalls nicht zweifelsfrei.

Mit dem Haus selbst erging es uns nicht viel besser. Diese reizende Villa im Mittelmeerstil war, genau wie die Hausherrin, voller Geheimnisse und voller Eleganz. Der weitläufige Eingangsbereich aus weißem Marmor, der die Größe eines Ballsaales hatte, war vollständig leer. Kein Stuhl, kein Spiegel, keine Kronleuchter und keine Wandleuchter und nicht ein einziges Bild an den Wänden. Zwei schimmernd weiße Türen mit Türknauf aus massivem Messing an den beiden entgegengesetzten Enden des Eingangsbereiches waren, jedenfalls für uns, ebenso verschlossen wie alles Übrige in diesem Teil der Villa. Die Treppe, ebenfalls aus Marmor, die in das Obergeschoss führte, benutzten wir nur zweimal – einmal als wir hinaufgingen, und dann beim Verlassen des Hauses, als wir wieder hinuntergingen. Die übrige Zeit durften wir uns nur im Obergeschoss aufhalten.

Wieso? Egal, welche Sprache benutzt wurde, es endete wie mit allen Fragen, auf die wir Antworten gesucht hatten – als Geheimnis. Übrigens hatten wir nicht das gesamte Obergeschoss für uns, nur einen Flügel. Der andere Teil, der aus einem Flur mit zahlreichen verschlossenen Türen bestand, war ebenfalls tabu für uns. Unser Bereich, drei Schlafzimmer mit jeweils angrenzendem Bad, ein ungewöhnlich prächtiger Salon mit geräumigem Esszimmer (das früher einmal Bibliothek gewesen war), erwies sich als ebenso großes Mysterium wie all das andere, das sich hinter den Türen unter Verschluss befand. Wir merkten schnell, dass überhaupt nichts in diesem Haus, unsere Gastgeberin eingeschlossen, einen Sinn ergab. Da war zum Beispiel dieser prachtvolle Salon mit seinen erlesenen Louis-XIV-Möbeln, den dicken Perserteppichen, den Spiegeln mit schräg geschliffenen Glaskanten, den Kristallkronleuchtern und dem Kamin aus schwarzem

Marmor, der Raum, in dem wir uns aufhalten durften. Die Schlafzimmer waren, in verblüffendem Gegensatz dazu, streng und ohne jeden Reiz. Die Bäder beurteilten wir nach der Verfügbarkeit warmen Wassers. Es gab nur sehr wenig; und das überließen wir der kleinen Erika und ihren Windeln.

John kam nicht mit uns herauf, er sagte, er habe noch zu viel zu tun und würde später wieder vorbeikommen. Und bei der Gelegenheit sollten wir ihm dann lieber mitteilen, ob wir nun in die Schweiz weiterreisen wollten oder nicht. Falls ja, müssten weitere Vorkehrungen hinsichtlich neuer Reiseerlaubnisse und neuer Ausweise getroffen werden. Je eher wir uns also entschieden, um so eher könnten wir weiterreisen beziehungsweise uns eingewöhnen. Diesmal, so ließ uns der gute John wissen, würden wir im Wagen reisen, einem deutschen Armeefahrzeug mit einem Fahrer von der Armee – noch ein Soldat Resnick? Außerdem wären wir keine gewöhnlichen Juden auf der Flucht, sondern Ärzte und Krankenschwestern auf dem Weg in ein Hospital, und wir würden die entsprechende Berufskleidung tragen. Unsere durchaus begründeten Bedenken wegen der Anwesenheit eines acht Monate alten Kleinkindes schob John vollkommen beiseite, er beharrte darauf, dass ein Wagen mit dem Symbol des Roten Kreuzes noch nie angehalten worden sei. Wenn das stimme, wieso dann neue Ausweise? Frau de Hartog schlug vor, wir könnten angeben, die Kleine habe plötzlich die Masern bekommen und wir müssten sie natürlich auf schnellstem Weg ins Krankenhaus bringen.

Zu diesem Zeitpunkt bereitete mir die Tatsache, dass wir sechs uns nicht einmal mit erster Hilfe auskannten, nicht halb so viel Sorgen wie die unangenehmen geographischen Umstände, die mit Belgiens Grenzen zu tun hatten. Da war Holland, das Land, aus dem ich gerade kam: besetzt. Frankreich: besetzt. Und Deutschland, schlimmer als besetzt. Das einzige Land, das keine gemeinsame Grenze mit Belgien hatte, war die Schweiz. Das wussten auch die anderen, aber sie zogen es vor, nicht darüber zu reden. Worüber sie allerdings redeten, war ihr fester Wille, in die Schweiz zu gehen, denn, wie Frau de Hartog sagte: »Wir wollen frei sein, und in einem unfreien Land können auch die Menschen nicht frei sein.«

Da ihre Meinung auch die unsere war, baten wir John zu tun, was immer er zu tun hatte. John stimmte zu und schlug vor, dass wir es uns in der Zwischenzeit bequem und gemütlich machten und die luxuriöse Unterkunft genossen, die uns zur Verfügung stand und von der er hoffte, dass wir sie zu schätzen wüssten. Dann gab er uns zu verstehen, dass die reizende Dame des Hauses sich um uns kümmern werde, deren Namen er allerdings nie erwähnte und den sie uns auch nicht verriet. Solange wir ihr nicht allzu sehr zur Last fielen, wäre alles wunderbar. John versprach uns, bei seiner Rückkehr noch mehr Ansichtskarten mitzubringen, damit wir noch einmal nach Hause schreiben konnten, außerdem wollte er alles bringen, was wir sonst noch brauchten. Ich wollte Rainer und Betty sehen. John schwor hoch und heilig, dass ich die beiden sehen würde, wenn wir am Abend tanzen gingen, er würde dafür sorgen, dass die beiden Mädchen auch bestimmt da wären. Dann verließ er uns.

Zunächst waren wir nicht sicher, ob die reizende Dame des Hauses unser vorzügliches Französisch oder unser Holländisch mit flämischem Akzent verstand, ob sie vielleicht ein Schweigegelübde abgelegt hatte oder in der Kunst der Konversation einfach nicht bewandert war. Nicht, dass wir sie etwa viel zu Gesicht bekamen; sie machte sich rar. Zwar kümmerte sie sich um uns, aber das sah meist so aus, dass eine Essensglocke ertönte, zum Abendessen, zum Mittagessen und immer dann, wenn sich die Verbindungstür zwischen unserem Salon und dem Esszimmer öffnete. Mehr als einmal gelang es ihr, sich hinauszustehlen und mit kleinen Hüpfern die Treppe hinunterzutänzeln, bevor wir sie zu fassen bekamen. Und wenn wir es dann schafften, sie zu stellen, mussten wir uns mit der Andeutung eines unentschlossenen Lächelns zufrieden geben sowie mit mehrmaligem Kopfnicken und einer Ein-Wort-Antwort, egal wie die Frage lautete: »*Zeker*« – sicher. Könnte ich vielleicht ein zweites Kissen bekommen? »*Zeker*«.

Wenn unsere Fragen zu unbequem wurden (Wann kommt John zurück? Wo ist John?), biss sie sich auf die klatschmohnrot angemalten Lippen, blinzelte mit den blauen Augen und erwies uns die Ehre, es zweimal zu sagen: »*Zeker, zeker*«. So tauften wir sie schließlich nicht nur Madame Zeker, sondern redeten sie auch so an, wann immer wir Gelegenheit dazu hatten. Ich muss gestehen, in meinem ganzen Leben bin ich niemandem begegnet, der weniger »*zeker*« war als sie.

Der Garten der Villa in der Rue Lincoln war der schönste, der farbenfrohste, der traumhafteste, den ich je gesehen habe. Das parkähnliche Grundstück mit seinen Wegen aus weißem Stein, mit Reihen über Reihen blassrosa Rosen zu beiden Seiten, mit den zartrosa Seerosenteichen, den kleinen Brücken in dunklerem Rosa und einem Wasserfall, der sich von einem kunstvoll gearbeiteten Felsen ergoss – all das bot einen herrlichen Anblick. Ein vergittertes Teehaus an dem einen Ende des Gartens war fast vollständig verdeckt von kupferroten Bougainvilleen und Zypressen, die viel höher waren als die umstehenden Steinmauern und die sacht in der leichten mittäglichen Brise zitterten; es gab Fliederbäume, die Erinnerungen an längst vergangene Zeiten weckten; Tulpenbäume voller großer grüner, tulpenförmiger Blüten; Akazien; da war der prächtige Hornstrauch mit seinen weißen Blüten; Myrte, noch nicht ganz aufgeblüht; und scharlachrotes, stark duftendes Eisenkraut. Außerdem bunte Gartennelken, lavendelfarbenes, zart duftendes Steinkraut, Azaleen, anmutig gezacktes, rosafarbenes Flammendes Herz, durchdringend riechende, orange-goldene Kapuzinerkresse, gefüllter, zweifarbiger Rittersporn mit weißem Inneren und eine Fülle von Gladiolen und Hibiskusblüten. Und, neben den Orchideen, meine Lieblingsblumen – in der Nacht blühender Jasmin. Es war wie der geheime Garten. Wie Shangri-la.

Für uns blieb die Tür verschlossen. Wir konnten den Garten nicht betreten. Den größten Teil meiner Zeit im Haus verbrachte ich bei den großen Erkerfenstern auf den damastbezogenen Bänken vor den Fenstern und schaute hinaus. Wenn ich so dasaß, verschwanden sofort all meine augenblicklichen Sorgen.

Um acht Uhr hallte die laute, voll tönende Essensglocke durch das Haus. Einen Großteil des Nachmittags hatten wir damit verbracht, uns über die Villa und über Madame Zeker sowie darüber zu unterhalten, weshalb wir, ohne durch Frankreich zu reisen, unmöglich in die Schweiz gelangen konnten. Wie die Dinge lagen, würden wir wahrscheinlich über Lüttich und Amiens reisen müssen. Unbedingt meiden mussten wir die Grenze zu Deutschland. Ein paar Stunden später hatten wir beschlossen, das Thema Frankreich demjenigen zu überlassen, dessen Aufgabe es war, uns dorthin zu bringen; stattdessen wollten wir in unsere Zimmer gehen und uns schlafen legen.

Millie und ich teilten uns eines der Schlafzimmer. Ich schlafe nicht gern mit jemandem in ein und demselben Zimmer, den ich nicht sehr gut kenne, doch sie hatte von sich aus angeboten, das Bett mit der klumpigen Matratze zu nehmen, also tat ich so, als sei ich mit dem Arrangement zufrieden. Als ich entdeckte, dass mein Bett in noch schlimmerem Zustand war als ihres, legte ich mich im Salon schlafen.

Am nächsten Abend aßen wir zum ersten Mal am Esstisch, und von Madame Zeker war weit und breit nichts zu sehen. Der Tisch war mit vornehmem Porzellan gedeckt, mit einem weißen bestickten Tischtuch, mit passenden Servietten, mit einer Wasserkaraffe aus Kristall, die Wasser enthielt, keinen Wein, und mit Kristallgläsern. Neben jedem Gedeck lag eine Ansichtskarte, aber Briefmarken waren nicht dabei; es gab einen Korb voll sauberer Windeln für die Kleine und für Bernie eine Packung dieser fürchterlich stinkenden französischen Zigaretten. Zu essen gab es französisches Knoblauchbrot und *stampôt* – nichts weiter als Eintopf. Die kleine Erika bekam frische Milch, aber sonst nichts Besonderes zu essen, und mit der Zielstrebigkeit eines sehr hungrigen Kleinkindes machte sie sich über den Eintopf her.

Während wir auf John warteten, verbrachten wir den Rest des Abends mit dem Versuch, ein völlig neues Rätsel zu lösen: Wie kamen das Essen und das Geschirr in das Esszimmer hoch? Wir alle bezweifelten stark, dass die zierliche, zitternde Madame Zeker es heraufgetragen hatte. Den ganzen Rest des Abends überlegten wir, ob womöglich sonst noch jemand im Haus war … und warteten auf John. Den ganzen Rest des Abends verwarfen wir die Möglichkeit einer weiteren Person im Haus … und warteten immer noch auf John. Kurz nach zehn fanden wir, während wir nach geheimen Türen und Durchgängen suchten, die Lösung des Rätsels: einen Speisenaufzug. Wir stapelten alles zusammen und schickten es wieder hinunter, dazu folgende Notiz: »Wo ist John?«

Gegen Mitternacht ließen wir die Ereignisse des Tages Revue passieren, zogen Bilanz der guten, der schlechten, der unerklärlichen Dinge und gingen zu Bett. Ich nahm das Sofa, um meinen müden Kopf und meinen müden Körper auszuruhen. Es funktionierte bestens. Sobald meine nachdenklichen Gefährten in ihre Zimmer gegangen und alle Lichter ausgemacht waren, zog ich die Verdunkelungsrollos hoch, öffnete die Fenster und ließ die Nachtluft herein. Der Schlaf kam schnell, ohne Träume und ohne Albträume.

Mit Klopfen an die Schlafzimmertüren wurde das Frühstück angekündigt. Weder hatten wir vor dem Klopfen jemanden kommen noch danach jemanden gehen hören, aber der Tisch war gedeckt, und dampfender, heißer Porridge wartete auf uns, aus dem sich allerdings nur die kleine Erika etwas machte. Bis zum Mittagessen sahen wir Madame Zeker nicht wieder und dann auch nur ganz kurz. Ich glaube, sie hatte Angst, mit uns zu reden, denn alles, was wir außer scharf gewürzten Würstchen und Brot vorgesetzt bekamen, war ihr ewiges *zeker, zeker*. Als sie gegangen war, fand Herr de Hartog neben seinem Teller etwas auf ein Stück Papier gekritzelt; darauf hieß es, dass John diesen Abend kommen würde. Ohne Erklärung der Gründe dafür, dass er gestern nicht gekommen war und ohne Aussicht darauf, von der verwirrten Madame in absehbarer Zeit eine solche Erklärung zu bekommen, war es für uns gar nicht so einfach, mit unseren enttäuschten Hoffnungen fertig zu werden. Bernie, der mit seinen Gefühlen nie hinterm Berg hielt, schwor, er werde John erwürgen, sobald er auftauchte, oder Madame Zeker, je nachdem, wen er zuerst in die Finger bekäme. In der Zwischenzeit ging er pausenlos hin und her, nutzte die Teppiche und den Boden darunter ab und rauchte in einem fort diese üblen Zigaretten. Meinen Lungen und meiner eigenen Gemütsruhe zuliebe zog ich mich ans Fenster zurück, wo ich den ganzen Nachmittag zubrachte und wieder eintauchte in meinen verzauberten Garten. Rebecca zog sich mit der Kleinen in ihr Schlafzimmer zurück, ihre erste unabhängige und noch dazu kluge Entscheidung, während Millie, die geradezu süchtig danach war, Tagebuch zu führen, schrieb und schrieb, bis ihr die Knöchel knackten.

Geduld kommt vielleicht mit zunehmendem Alter; vielleicht dauert es ein Leben lang, bis man diese Kunst beherrscht. Vielleicht ist es eine Gabe, die denen zuteil wird, die dem Unglück mit Würde und Ehrenhaftigkeit begegnen. Vielleicht ist es auch nur eine jener Lektionen, die wir, wenn wir noch jung sind, noch nicht gelernt haben. Aus unserer kleinen Gruppe verfügten nur die de Hartogs über Ausdauer und Ruhe, über jene gewisse Weisheit, die schließlich zur Toleranz führt, und nur sie waren vernünftig genug, angesichts dieser lästigen Situation Zurückhaltung zu wahren. Sie saßen auf der Bank am anderen Fenster, hielten sich bei der Hand und freuten sich, wie ich, an der makellosen Schönheit dieses Gartens. Ich musste an Papa denken und an diesen denkwürdigen Tag, als er versuchte, mir etwas über die wahre Bedeutung des Frühlings zu erzählen …

Kurz bevor auch noch der letzte Schnee schmolz, als ich sechs Jahre alt war und in der Luft schon dieser gewisse Duft nach Frühling lag, ging die ganze Familie in den Prater. Wo sich sonst die Leute um Karussells und andere Attraktionen, um die Stände mit Zuckerwatte und das berühmte Wiener Riesenrad drängten, schien alles ausgestorben. Um diese Jahreszeit waren die Restaurants geschlossen und die umliegenden Wälder menschenleer. Doch Papa bestand darauf, dass der Ausflug uns gut tun würde, also gingen wir.

Papa hatte einen genauen Plan für den Nachmittag. Da war etwas, das seine drei Mädchen finden sollten. Was das war, das verriet er uns nicht. Ohne den kleinsten Anhaltspunkt schwärmten wir aus und machten uns auf die Suche. Mir war kalt, und das Einzige, was ich wirklich liebend gern gefunden hätte, war Mamas warmer Biberpelzmantel. Aber davon wollte Papa nichts hören: »Du gibst doch nicht etwa auf, oder?« »Aber Papa, wie soll ich denn etwas finden, wenn ich gar nicht weiß, was ich suche? Woher soll ich denn wissen, ob es überhaupt da ist?«

»Und woher willst du wissen, dass es nicht da ist? Du hast es ja noch nicht einmal versucht!« Er schlug vor, dass wir uns gemeinsam auf die Suche machen sollten. Er führte mich durch ein Labyrinth versteckter Pfade, weit weg von den anderen. Wo ich auch suchte, ich sah nichts außer Bäumen. Die meisten hatten gar kein Laub, und ich dachte, ihnen müsse wohl auch kalt sein. Ihre runzligen, nackten Äste, die wie die Arme eines alten Mannes aussahen, hingen reglos herab, während verkrüppelte Zweige sich um andere Zweige schlangen, als habe eine geheime Kraft ein Netz aus versteinertem Holz gewoben.

Es war so still dort, als habe sich der ganze Wald schlafen gelegt, oder als sei er nie wach gewesen. Wir gingen eine ganze Weile, und ich sagte zu Papa, dass ich allmählich müde würde. Wir setzten uns beide auf einen Baumstumpf, und gerade, als ich den Kopf an seine Schulter lehnen wollte, sah ich es.

Unter Flecken weichen, schmelzenden Schnees reckten winzige himmelblaue Blumen ihre kleinen Köpfe hoch. Stiefmütterchen!

Wunderhübsche kleine Gesichter mit hellen Augen. Jetzt war ich gar nicht mehr müde, sondern tanzte um sie herum, während Papa dreimal laut »Hurra!« rief. Ganz vorsichtig, weil wir nicht auf meinen scheuen Schatz treten wollten, knieten wir uns beide hin, und Papa flüsterte: »Silvie, du hast den Frühling gefunden!«

Vielleicht habe ich diesen stillen Wald nur geträumt, oder vielleicht waren jene kleinen Blümchen vor diesem unheimlichen Hintergrund nur ein Zauber – Papas Zauber. Ich wollte ihm einen Kuss geben, aber Papa schien besorgt. Ich sah, dass er in tiefes Nachdenken versunken war.

»Papa?« flüsterte ich. »Was ist denn los?«

»Nichts, Kleines, gar nichts ist los.«

»Bist du denn nicht mehr froh?«

»Natürlich bin ich froh. Ich habe nur gerade überlegt, ob ich dir vielleicht erzählen soll, dass … Nein! Das sollte ich lieber nicht. Jedenfalls jetzt noch nicht. Du bist erst sechseinhalb, das verstehst du noch gar nicht.«

»Doch, natürlich! Ist es ein Geheimnis?«

»Nein, Kleines, das ist es nicht.«

Als er endlich weitersprach, lag in seiner Stimme großer Nachdruck: »Ich will dir vom Frühling erzählen. Von der Art Frühling, der keine Jahreszeit kennt.«

»Papa?«

»Hör mir nur einfach zu, bitte. Silvie, du bist ein gesegnetes, begabtes Kind, und deshalb wirst du den Frühling immer finden. Weißt du, Frühling, das ist ja nicht nur die erste neue Blume, der erste zarte Flaum oder die erste Blüte. Es ist viel mehr als das. Es bedeutet, dass man nach vielen Dingen sucht, nach vielen Dingen strebt, und das zu verschiedenen Zeiten, an verschiedenen Orten. Erforscht, was es zu erforschen gibt. Denn erst dann findest du, was du dir am meisten im Leben wünschst. Es ist irgendwo da draußen, es wartet auf dich. Mach dich auf die Suche, egal wie, und wenn du das tust, wird dein Leben angefüllt sein mit tausendfachem Frühling – sogar im kältesten Winter. Verstehst du das, wenigstens ein bisschen?« Ich nickte.

»Hör nie auf zu suchen, und gib niemals auf; greif danach, greif mit aller Kraft danach! Das ist alles, was ich dir beibringen kann. Das ist alles, was du wissen musst!«

Er sah mich lange und durchdringend an, als wolle er seine Worte, wie wunderbaren Samen, für alle Zeit in mich einpflanzen. Und noch heute höre ich die warme, unerschütterlich feste Stimme meines Vaters: »Silvie, du hast den Frühling gefunden!« Vielleicht hatte ich das. Denn durch diese winzigen Blümchen hatte sich mir das Wunder der Natur offenbart. Ich wünschte, er wäre jetzt hier bei mir …

Kurz vor dem Abendessen setzten wir uns alle zusammen, um noch einmal über die Bedeutung dieser hingekritzelten Notiz zu reden, die wir beim Mittagessen gefunden hatten. »Er kommt.« Das hieß, dass John kommen würde. Aber was genau hatte das zu bedeuten? Hieß das, er wolle zu Besuch kommen, bei uns bleiben, uns Briefmarken bringen, Rainer und Betty herbringen oder uns unsere neuen Papiere geben? Kommen, um mich zum Tanzen abzuholen, kommen, um uns in die Schweiz zu bringen? »Er kommt.« Aber wann würde er kommen?

Der Abend, der nun folgte, war Schritt für Schritt eine Wiederholung des vorangegangenen. Mit Ausnahme des Rätsels mit dem Speisenaufzug, das wir bereits so clever gelöst hatten, war nichts anders als gestern, und das galt für das Wasser, den *stampôt*, das französische Knoblauchbrot und das Warten auf John. Madame Zeker ließ sich nicht blicken, genauso wenig wie John. Wir spielten Karten, bis uns alles vor den Augen verschwamm, und dann legten wir uns schlafen.

Am Morgen ging Madame Zeker um die erlesenen Louis-XIV-Möbelstücke im Salon herum, als seien es mit Fähnchen markierte, für einen Slalomlauf aufgestellte Stangen. In Wirklichkeit war es nur Madame Zekers Art, ein Tablett mit frischen, köstlichen, noch warmen Croissants zu balancieren. Was für ein Festschmaus!

Unsere Stimmung hob sich schlagartig, und die Mehrheit der Gruppe war viel zu dankbar, als dass sie Bernie erlaubt hätte, unsere rätselhafte, wahrhaft seltsame Madame Zeker zu erwürgen. Überschwänglich bedankten wir uns bei ihr in drei verschiedenen Sprachen, was ihre Bereitschaft, auch nur eine unserer Fragen zu beantworten, bedauerlicherweise nicht erhöhte. Nachdem sie im Slalom wieder hinausgesegelt war, einigten wir uns widerstrebend darauf, dass es völlig zwecklos sei, Madame Zeker ins Kreuzverhör zu nehmen.

»Nur Geduld«, riet der lebenskluge Herr de Hartog. »Wir müssen nur Geduld haben. Was können wir sonst schon tun? Ich bin sicher, er wird kommen«, meinte er beinahe überzeugend. »John kann uns ja nicht einfach hier lassen. Was hätte das denn für einen Sinn?« Natürlich hatte er Recht. Je mehr wir darüber nachdachten, desto einleuchtender fanden wir, dass keiner etwas davon hätte, wenn man uns einfach hier ließe. Im Übrigen, wie viel *stampôt* kann ein einzelner Mensch vertragen?

Am späten Vormittag hatte es angefangen zu regnen und hörte erst am Abend wieder auf. Die Blumen in meinem herrlichen Garten bekamen genug Wasser, um über Monate versorgt zu sein. Die Fenster mussten wir geschlossen halten. Wir machten Feuer im Kamin, setzten uns davor, unterhielten uns, spielten Karten, machten ein kleines Nickerchen und unterhielten uns dann weiter. Es war irgendwie ein vertrödelter, verschlafener Tag, irgendwie ein Dämmertag, irgendwie ein Dazwischen-Tag. Mittags hatten wir französische Zwiebelsuppe – abends auch. Trotz allem hatten wir uns schließlich eingewöhnt.

Er kam in der Nacht. Als alle fest schliefen, kam er. Das verursachte einige Aufregung, um nicht zu sagen beträchtliche Verwirrung. Madame Zeker, die uns zu dieser ungebührlichen Stunde mit der Neuigkeit weckte, benahm sich, als sei sie endgültig all ihres Verstandes beraubt. Sie hüpfte von Zimmer zu Zimmer, machte überall die Lichter an, zog die Decken von den Betten und rief, ohne kaum je einmal Atem zu holen: »*Vite! Vite!* Er ist hier! Er ist hier! Sie müssen jetzt gehen! Gehen, gehen gehen! *Vite! Vite!*« Dann stürmte sie auf den Flur hinaus und hüpfte die Treppe wieder hinunter.

Ich habe keine Ahnung, wie viel Zeit verging, ehe mein Verstand wieder zu funktionieren begann. Unmittelbar nach Madame Zekers letztem »*Vite! Vite!*« hörte ich meine Gefährten reden und herumgehen, in ihren Stimmen Zittern und Nervosität, in ihrem Gang ein unsicheres Schlurfen. Als die anderen zu mir in den Salon kamen, saß ich immer noch auf meinem Bettsofa.

Was um alles in der Welt ging da vor? Bei all dem Gefluche und Geklage wechselten meine völlig verwirrten Freunde ständig die Plätze, setzten sich und standen wieder auf, als spielten sie Reise nach Jerusalem. Kaum war mir aufgefallen, dass sie alle wie Passagiere eines entgleisten Zuges aussahen, da kam Madame Zeker auch schon wieder zurück, ganz außer Atem, schwitzend und hysterisch. Ihre Arme schossen in einem fort in die Höhe, als sie ihr ständig wiederholtes »*Vite! Vite!*« ausspie wie Kugeln in einem Flipperautomaten. Es konnte keinen Zweifel daran geben, dass sie uns loswerden wollte. Wir alle dagegen waren voller Zweifel, was diesen plötzlichen Aufbruch betraf. Sollten wir gehen oder bleiben?

Aus Herrn de Hartogs zurückhaltendem »Wir gehen nicht. Sie hätten uns vorher Bescheid sagen sollen«, aus Bernies aufbrausendem »Verdammter Mist! Woher um alles in der Welt soll ich denn wissen, was nun richtig ist und was nicht?«, Rebeccas »Ich gehe nicht« und Millies »Keine Ahnung« kamen wir einstimmig nur zu der einen bitteren Schlussfolgerung, dass wir uns auf keinen Fall trennen wollten. Wir würden entweder alle gehen oder alle bleiben.

Wir wollten gerade abstimmen, als Bernie, der direkt auf mich zeigte, herausfordernd fragte: »Wenn es allein bei Ihnen läge, was würden Sie dann tun …?« »Gehen! Ich würde gehen!« In all der Aufregung war es aus mir herausgeplatzt. Einen Moment lang herrschte Schweigen. »So soll es sein! Keine weiteren Debatten«, sagte Bernie mit einem Seufzer der Erleichterung. »So soll es also sein. Wir gehen!« Wir liefen in unsere Zimmer, suchten hastig unsere Sachen zusammen und stürzten nach unten.

3.

Der Mann, der sich im Eingangsbereich an die offene Tür lehnte, war nicht John. Er war jünger, athletischer. Mit seinem vollen schwarzen, lockigen Haar, den markant ausgeprägten Gesichtszügen und der selbstbewußten Art sah er wie der typische Widerstandskämpfer aus. Er würde das Vertrauen der Zweifler in der Gruppe gewinnen, dachte ich, während ich ihn eingehend musterte.

»Ich bin Max«, sagte er mit dem Anflug eines Lächelns, als ich durch die Tür ging. »Bitte beeilen Sie sich, wir sind spät dran.« Dieses »Ich bin Max« hörte ich ihn immer dann mit seiner wohl tönenden Stimme wiederholen, wenn einer meiner Gefährten an ihm vorbeiging. Einer nach dem anderen traten wir in die Dunkelheit der unbeleuchteten Auffahrt hinaus und gingen weiter, bis wir in der Dunkelheit der unbeleuchteten Straße standen.

Der Wagen, der an der Bordsteinkante nur ein paar Meter von der Rue Lincoln Nummer vierzehn entfernt parkte, war entgegen Johns Ankündigung kein deutsches Militärfahrzeug. Es gab keinerlei militärische Markierung, kein Hakenkreuz, kein Symbol des Schweizer Roten Kreuzes. Was die Farbe des Wagens angeht, bin ich mir nicht mehr sicher. Und erst als Max – der als letzter die Villa verlassen, aber als erster den Wagen erreicht hatte – mit der Taschenlampe daraufleuchtete, sahen wir, was für ein Wagen es war. Hinten gab es zwei Türen, die sich in der Mitte öffnen ließen. »Das ist ein Lieferwagen«, verkündete Bernie.

Mit nur einer ausgreifenden Bewegung riss Max die Türen auf und ließ uns dann sofort einsteigen. Bevor wir dazu kamen, überhaupt Atem zu holen, schlugen die Türen auch schon wieder zu, und nur Sekunden später rasten wir durch die menschenleeren Straßen von Brüssel. Innen im Lieferwagen gab es kein Licht, obwohl ich das Innere kurz im Licht der Taschenlampe von Max hatte sehen können, als wir einstiegen. An den gegenüberliegenden Seiten gab es zwei Bänke und, was einigermaßen erstaunlich war, richtige Jalousien an den Seitenfenstern, die von innen hochgezogen werden konnten. Wie unheimlich, nach draußen zu schauen und nichts als Dunkelheit zu sehen und dabei zu spüren, wie die Reifen auf dem Asphalt qualmten.

Ich fragte mich, ob der Fahrer des Lieferwagens wohl die Lichter am Wagen angemacht hatte oder ob er selber im Dunkeln fuhr. Wir versuchten, etwas zu entdecken, das nach Arzt- und Schwesternkitteln aussah, aber da war nichts, überhaupt nichts. Meine Gefährten waren ein wenig nervös, hauptsächlich wohl, weil wir offenbar nie bei dem blieben, mit dem wir losgezogen waren. Erst Harry, dann John, Madame Zeker … und nun Max. War er der Fahrer? War er überhaupt noch bei uns?

Ich, sofort Expertin für die Situation, erläuterte der Gruppe, dass dies die Regeln im Untergrundspiel seien. Heute noch hier, morgen schon verschwunden. Ich weiß nicht, wen ich damit wirklich überzeugen wollte.

Es war nicht gerade eine ruhige Fahrt. Aufgrund der Geschwindigkeit und der vielen Kurven wurden wir wie Flickenpuppen herumgeschleudert, was in Anbetracht der Umstände im Grunde ganz gut war, denn so kamen wir wenigstens nicht allzu sehr zum Nachdenken. Wie lange dauerte das Ganze? Ich weiß es nicht.

Die harschen Lichter riesiger Taschenlampen, die durch die geöffneten Jalousien drangen, trafen uns wie unvorhergesehenes Blitzlichtgewitter, gleichzeitig mit den bellenden Stimmen wütender Männer: »Hier! Reinfahren!« »Macht schnell! Kommt schon! Schnell!« Ohne einen Augenblick zu zögern, nahm ich den falschen Personalausweis aus meiner Tasche, riss ihn in kleine Stücke, öffnete das Fenster und warf die Fetzen hinaus.

Die Luft im Lieferwagen war eisig geworden. Meine Gefährten, die an den Bänken klebten, hatten für den Moment aufgehört zu atmen. Die Türen des Lieferwagens flogen auf, und ich starrte in einen Kreis blendender Lichter. »Raus! Alle! Raus! Verdammt noch mal, macht schnell!« Ich sprang heraus und einem Deutschen in Uniform direkt in die Arme. Der war alles andere als erfreut. »Weitergehen!«, brüllte er. Die Befehle, mit beleidigenden Bemerkungen vermischt, rissen nicht ab. Ich hielt mir schützend die Hand über die Augen und versuchte, von diesen grässlichen blendenden Lichtern wegzukommen.

Da war eine beträchtliche Anzahl Deutscher, und sie alle taten, was sie offenbar am besten konnten: brüllen. Meine Gefährten waren aus dem Lieferwagen geklettert oder hingefallen und waren, genau wie ich, immer weitergegangen.

Es muss eine Art Polizeiwache oder Militärposten oder etwas Ähnliches gewesen sein. Wir gingen durch einen steinernen Torbogen hinein, auf Steinboden umgeben von Steinmauern. Es sah aus wie eine Festung. Ich sah Max am Torbogen lehnen, so wie er an der Eingangstür der Villa gelehnt hatte, und in seinem Gesicht zeigte sich weder Überraschung noch Entsetzen. Er sah mich an sich vorbeigehen, sah mich unverwandt an und sagte kein Wort. Weil ich mich in Gedanken wohl hauptsächlich mit ihm beschäftigte, war mir entgangen, dass ich die anderen irgendwie verloren hatte. Ich weiß noch, dass ich ihre Schritte hinter mir hörte, aber als ich mich umdrehte, waren sie verschwunden.

Ich stand allein an einem Ort, den ich als runden Innenhof wahrnahm. Wahrscheinlich war es nur der Bruchteil einer Sekunde, aber in diesem kurzen Augenblick hätte ich davonlaufen können. Wieso tat ich es nicht? Wieso blieb ich einfach stehen, bis ich die kräftige Hand eines Soldaten auf der Schulter fühlte, bis ich ihn sagen hörte: »*Marchez, marchez!*« Damals wusste ich darauf keine Antwort, und auch heute kann ich es nur vermuten. Ich glaube, ich blieb aus zwei ganz widersprüchlichen Gründen: Erstens war ich nicht bereit zuzugeben, dass dies nicht der Weg in die Schweiz war. Ich muss wohl gedacht haben, dass es kaum einen besseren Treffpunkt mit einem Militärfahrzeug und dem dazu gehörigen Fahrer gibt, als mitten in einen Militärposten zu brausen. Wieso sollte er nicht einer von denen und gleichzeitig einer von uns sein, noch ein Soldat Resnick?

Zweitens bin ich höchstwahrscheinlich sofort zu der folgenden Schlussfolgerung gelangt: Man kann nicht weglaufen, wenn man nicht weiß, wo man ist, denn wenn man nicht weiß, wo man ist, dann weiß man auch nicht, wohin man laufen soll.

Bis ich die Hand des Soldaten zu spüren bekam, stand ich also da und überlegte, ob es sich jetzt wohl als günstig erweisen würde, überhaupt keine Papiere mehr zu haben. Der Soldat, »er ist Belgier, wissen Sie«, hätte Herr de Hartog gesagt, denn das war er tatsächlich, trug eine andere Uniform als die, die ich vorher gesehen hatte. Nicht ganz so streng und steif. Noch einige andere Dinge sprachen für ihn. Er schrie nicht, er stieß niemanden herum, und er sprach nicht Deutsch – nur Französisch.

Er führte mich in ein Gebäude mit unzähligen Stufen und schmalen Gängen. Finster, kalt wie Stein. Auf einem kleinen ovalen Flur mit vielen schweren Eisentüren blieben wir stehen. Vor einer dieser Türen stand ein Deutscher in Uniform mit vielen Streifen und Orden auf seiner heldenhaften Brust und mit etlichen Schmissen.

Mit gespreizten Beinen und herausgestreckter Brust stand er da und brüllte mich an: »Jüdin! Sind Sie Jüdin? Woher kommen Sie? Wohin wollen Sie? Papiere – zeigen Sie mir Ihre Papiere! Sie sind geflüchtet! Natürlich, Sie wollten flüchten! Pah, flüchten! Sie werden schon sehen, was Sie davon haben!«

Seine kleine Lektion in Gebrüll sollte wie Pfeile aus einem Blasrohr geschossen kommen, doch die Absicht verfehlte er. Ich nehme an, meine Unkenntnis bezüglich seines Ranges trug viel zu meiner Ruhe bei. »Papiere!«, schnaubte er noch einmal wütend. Offenbar erwartete er, dass ich sie ihm herüberreichte, denn er hielt mir die ausgestreckte Hand entgegen und brüllte: »Papiere! Papiere!« lauter und immer lauter, bis ich tatsächlich glaubte, seine Stimmbänder seien gerissen.

Dass ich nicht wusste, wer er war, machte mir Mut, kühl und überzeugend zu sein. Ich erzählte ihm, meine Papiere seien mir gestohlen worden und ich sei eine Schauspielerin aus Deutschland, die in Holland stecken geblieben sei, einem Land, das die Deutschen leider nicht mehr allzu sehr schätzten. Während der ganzen Zeit schaute ich ihm direkt in die Augen. Meine unerschütterliche Ruhe schien ihn zu verwirren, mein perfektes Deutsch noch mehr.

Als er endlich einsah, dass seine routinierte Einschüchterungstaktik nicht zum Erfolg führte, fuhr er in weit ruhigerem, beinahe gleichgültigem Ton mit seinen Fragen fort. Er wollte wissen, weshalb ich als deutsche Schauspielerin denn auf dem Rückweg nach Deutschland nicht mit einem Militärzug gereist sei. Diese letzte Frage verschaffte mir die Gelegenheit, mit meinen ausgezeichneten Kenntnissen auf dem Gebiet der Erteilung einer Reiseerlaubnis zu prahlen. Ja wisse er denn nicht, so antwortete ich, dass Zivilisten zu Militärzügen keinen Zugang hatten, außer mit Sondergenehmigung, für deren Ausstellung die Behörden aber heutzutage eine Ewigkeit brauchten.

»Und deshalb schleichen Sie sich mit Juden über die Grenzen?« fragte er höhnisch. Diese Bemerkung verriet mir, dass er dieselbe Szene schon mit den anderen aus der Gruppe durchexerziert hatte und dass sie ihm ihre Papiere gezeigt und gestanden hatten, dass sie Juden waren.

Was er zuletzt gesagt hatte, war im Grunde keine Frage, sondern ein Versprechen. Während mich seine stahlblauen und durchdringenden Augen durchbohrten, versprach er mir, dass er mich, sollte er herausfinden, dass ich ihn angelogen hatte, geradewegs in die Hölle schicken werde. Er schlug die Hacken zusammen, drehte sich um und ging.

Der belgische Soldat, der mich an diesen ungastlichen Ort gebracht hatte, öffnete die Tür, vor der wir standen, sagte: »*Allez vite*«, sah zu, wie ich den Raum betrat und schloss die Tür gleich wieder. Ich hörte das metallische Geräusch von Schlüsseln, das Zuschnappen des Schlosses und schließlich das hohle Echo der Schritte des Soldaten, als er davonmarschierte.

Sie war nicht viel größer als ein Loch in der Wand, diese schlecht beleuchtete und überfüllte Zelle. Wie war ich nur in diesem Käfig ohne Gitter gelandet, in diesem Gefängnis, das sich hier unsichtbar für die Augen der Welt befand? Was war das überhaupt für ein Ort, und wer waren all diese Leute? Sie drängten sich um mich, sagten mir etwas direkt ins Ohr, aber ich verstand sie nicht. Verstand ihre Worte nicht, nur den Klang. Es war wie das Summen von Bienen oder das Geplapper alter Frauen, in das sich das Gejammer und Geheule von Trauernden mischte.

Gesichter – eine verschwommene Masse von Gesichtern! Welche gehören zu meinen Freunden? Ich muss sie finden und ihnen sagen … ja was? Die Erste, die ich entdeckte, war Rebecca. Sie saß auf einer der zwei schmalen Bänke und hielt das Baby im Arm. Sie hatte der Kleinen ihren Schal über das Gesicht gelegt, um sie vor all der Hässlichkeit zu schützen. Rebecca sah kleiner und kindlicher aus als vorher. Kleiner und entsetzlich blass. Vielleicht kam das von dem Licht. Alle sahen blass aus.

Später entdeckte ich auch Bernie und die anderen. Bernie hielt den Kopf, wie man ihn hält, wenn man fürchterliche Kopfschmerzen hat; Millie und die de Hartogs standen mit dem Rücken gegen die Wand gelehnt und versuchten tapfer, sich zu behaupten. Wir waren die einzigen mit Koffern. Die anderen hatten nichts bei sich, nur das, was sie auf dem Leib trugen. Wer sie auch sein mochten, ihre Reise muss kürzer gewesen sein als unsere. Schließlich gelang es mir, die meisten umherschwirrenden Geschichten zu deuten, viele hatte ich vorher schon gehört, an einem anderen Ort, in einem anderen Land, vor nicht allzu langer Zeit. Auf der Straße aufgegriffen, in einem Park aufgegriffen, in einem Geschäft aufgegriffen … aufgegriffen, aufgegriffen, aufgegriffen. Für manche war es nicht der erste Besuch hier. Sie waren aufgegriffen, hierher gebracht worden, man hatte sie gehen lassen, aufgegriffen, hierher gebracht, gehen lassen.

Einer der Männer behauptete sogar, er sei schon zweimal fortgeschickt worden, und dies sei sein dritter Aufenthalt hier. Einmal hatten sie ihn geschnappt, weil er zuviele Ausweise bei sich trug, dann wieder, weil er keinen einzigen hatte, und jetzt, weil er die Stammlokale von Schwarzmarkthändlern aufgesucht hatte. War er Jude? Das, so antwortete er, hänge davon ab, wer danach fragte und aus welchem

Grund. Auf seinem knöchellangen, viel zu großen Mantel trug er keinen Davidstern. Das taten übrigens die meisten Leute hier nicht.

Wie für Gefängniszellen üblich, gab es auch hier nicht einmal die nötigsten Einrichtungen. Es gab keine Liegen, kein Waschbecken, kein Wasser. An Stelle einer Toilette ein Eimer. Er stand in einer Ecke mit etwas davor, was annähernd nach einem Wandschirm aussah.

Ich hatte endlich eine Ecke entdeckt, an die ich mich lehnen konnte, als ich wieder hinausgerufen wurde. Der Deutsche mit dem vernarbten Gesicht wartete auf mich. Auf der mir entgegengestreckten Handfläche hielt er Papierfetzen. »Schauen Sie mal, was meine Männer gefunden haben. Kommt Ihnen das bekannt vor?« Seine Stimme war eiskalt, aber ruhig. »Sieht das irgendwie vertraut aus? Wissen Sie, wo das war? Genau da, wo Sie es hingeworfen haben. Hat's nicht ganz aus dem Fenster heraus geschafft. Ist zwischen Jalousie und Fenster stecken geblieben. Sie haben wohl nicht gedacht, dass wir das finden würden, was? Was?« Sein letztes »Was?« kam Ohren betäubend laut. Die Hand mit den Papierfetzen hatte er mir direkt unter die Nase gestoßen. Dieser neueste Schlag traf mich völlig überraschend und machte mich ganz benommen. Ich wollte einfach nicht glauben, dass solch ein verrücktes Missgeschick passiert war. Noch schwerer fiel es zu glauben, dass sie so weit gingen und winzige Papierstückchen aufspürten. Es schien äußerst grotesk. Wofür hielten sie mich denn, für Mata Hari?

Ich war so entsetzt, dass ich in einem fort nur den Kopf schüttelte, immer und immer wieder nur den Kopf schüttelte, und das, so begriff ich auf einmal, muss der Deutsche wohl als völliges Leugnen seiner Anklage aufgefasst haben. In dem Sinn machte ich einfach weiter, indem ich ihm, ein wenig zittrig, erzählte, ich hätte absolut keine Ahnung, worüber er redete, und er müsse sich schrecklich irren, denn das gehöre mir nicht. In dem Augenblick war ich fest davon überzeugt, dass er, wenn ich nur bei meiner Geschichte blieb, nicht viel ausrichten konnte, denn er konnte mir ja nicht das Gegenteil beweisen. Im Grunde tat ich nichts anderes, als der sehr starken Eingebung zu folgen, dass es nicht sehr klug wäre, in diesem speziellen Moment die Wahrheit zu sagen.

Während ich weiterhin meine Unschuld beteuerte, starrte er mich unverwandt an, als wolle er versuchen, ins Innere meines Kopfes zu kriechen. Einige angsterfüllte Sekunden später sah ich, wie er die Papierfetzen in einen Briefumschlag steckte, den er mir dann gab. Daraufhin machte er ein weiteres Versprechen. Er versprach, dass er mich überprüfen werde, um herauszufinden, wer ich wirklich sei. Den Umschlag, so sagte er, solle ich gleich morgen früh dem Kommandanten geben. »Den sollten Sie lieber nicht verlieren«, ermahnte er mich und marschierte davon. Die Stille, die er zurückließ, war bedrückend.

Mein Bewusstsein hatte das Wort »Kommandant« registriert, nicht jedoch dessen Bedeutung verstanden. »Was hat er damit gemeint?« fragte ich den Soldaten, der vor meiner Zelle Wache stand. »Das werden Sie schon sehen«, antwortete er mit völlig ausdruckslosem Gesicht. »Was werde ich sehen?« »Warten Sie's ab.« Dieser sinnlose Wortwechsel, dem nur ein »*Allez, allez*« folgte, während er die Zelle aufschloss, vermochte meine Situation auch nicht gerade aufzuheitern.

In der Zellenluft lag der Geruch von Schweiß und Tränen. Mir wurde übel. Ich griff nach meinem Koffer und holte mein Eau de Toilette heraus. Der Soldat, der immer noch an der Tür stand, bat mich, ihm etwas »von dem Zeug« für seine Freundin zu geben. Er sagte, dort, wo ich hinginge, würde es mir sowieso nichts mehr nützen. Er wollte auch meine anderen Sachen, nur weil ich aussah wie jemand, der viele nette Sachen hatte. Zwei Jahre hatte das Eau de Toilette ungeöffnet auf meiner Frisierkommode gestanden. Zwei Jahre lang hatte ich den Flakon angeschaut, ihn berührt, ihn in der Hand gehalten und mich dabei immer an den wunderbaren Duft erinnert und an das Vergnügen, das ich empfand, wenn ich es benutzt hatte. Dieser Duft hing in den Kleidern, die ich zurückgelassen hatte, in der Garderobe meines toten Theaters, in meinem Schlafzimmer und überall dort, wo ich je war. Ich hatte nicht gewagt, es zu benutzen, weil ich keinen Ersatz mehr beschaffen konnte. Diese zwei Flakons waren alles, was ich noch hatte. Zwei kostbare Flakons von Arpège, der eine mit Eau de Toilette, der andere mit Parfum. Beide hatte ich mitgebracht, den ganzen Weg von zu Hause bis ins Gefängnis. Glaubt er denn wirklich, ich werde sie ihm geben?

Teufel, nein! Ich öffnete den Parfum-Flakon, drehte ihn mit der Öffnung nach unten und ließ mir den Inhalt Tropfen für Tropfen Gesicht, Hals, Haar hinunterlaufen, bis nichts mehr übrig war. Dann öffnete ich den Flakon mit dem Eau de Toilette, schob mich vor bis in die Mitte der Zelle und goss den ganzen Inhalt auf den Boden. Wenn es auch sonst für nichts mehr gut war, sorgte es doch wenigstens für eine angenehm riechende Zelle. Dem Soldaten blieb der Mund offen stehen. Er sagte: »Wofür sollte das denn gut sein?« und knallte die Tür zu.

Mein kleines Bravourstück brachte auf die Gesichter mit den feuchten Augen spontan ein Lächeln. Vereinzelt war sogar Gelächter zu hören. Die Frauen umarmten mich und knieten sich dann hin und fuhren mit den Händen über den mit Parfum getränkten Steinboden. Die Männer schüttelten mir die Hand und nannten mich Gottesgeschenk und mutiges Mädchen. Aufgrund meiner frisch erworbenen Beliebtheit wurde mir ein Eckplatz auf einer der Bänke angeboten, dazu noch etliche wohlmeinende Bemerkungen und Prognosen hinsichtlich meiner unmittelbar bevorstehenden Zukunft, von denen keine sonderlich günstig ausfiel.

Die Nacht zog sich hin. Mit beiden Händen in den Manteltaschen saß ich da und hielt den Umschlag mit den Papierfetzen in der einen Hand und die Ansichtskarte ohne Briefmarke in der anderen. Auch ohne die düsteren Zukunftsprognosen meiner Zellengenossen wusste ich, dass ich niemandem gestatten durfte, mir nachzukommen. Ich musste meine Leute wissen lassen, dass meine Glückssträhne vorbei war und dass sie bleiben sollten, wo sie waren. Also schrieb ich schnell, ich sei krank geworden und dürfe keinen Besuch empfangen. Ich fragte nach einer Briefmarke, doch so etwas hatte keiner. In dem Augenblick hätte ich dem Soldaten für eine Briefmarke und einen Briefkasten alles gegeben, mein Parfum, mein Eau de Toilette und was er sonst noch hätte haben wollen. Zu spät. Der Mann mit dem viel zu großen Mantel hatte mir erzählt, dass man mir meine Wertsachen abnehmen würde und ich sie lieber verstecken sollte. Ich sagte ihm nicht, dass sein Rat mir nicht unbedingt neu war, auch nicht, dass die in meinen Mantel eingenähten Juwelen viel, viel sicherer waren als ich. Dann sagte er, ich solle es doch ruhig noch einmal bei dem Soldaten versuchen, ihm Geld anbieten, wenn er meine Karte einwürfe. Und das versuchte ich dann auch tatsächlich. Aber ich konnte gegen die Zellentür hämmern, so viel ich wollte, er machte sie nicht wieder auf. Vielleicht war er gar nicht mehr da.

Die Wände der Gefängniszelle waren übersät von Namen – so viele Namen standen da, dass kaum noch Platz für neue war. Mit Messern, Rasierklingen, Nagelfeilen, Scheren eingeritzt oder mit den Fingernägeln eingekratzt, und alle erzählten sie eine finstere Geschichte. Was auch immer es für Namen sein mochten, jeder einzelne sprach von Panik und Angst, von aufgegebenen Hoffnungen … und von Verrat. Wenn diese Wände reden könnten, welche bewegenden Geschichten würden sie offenbaren.

Direkt über mir hatte jemand geschrieben: »Möge der morgige Tag nie anbrechen«, und daneben entdeckte ich die Namen Rainer und Betty.

Am folgenden Tag gegen Mittag wurde die Zellentür wieder geöffnet. Belgische Wachen trieben zunächst die Männer hinaus, unter etlichem Geschiebe, Gedränge und Geschrei. Was mit ihnen passierte, erfuhren wir erst eine Stunde später, als sie auch uns holten. Aus dem Gebäude mit den unzähligen Stufen und engen Gängen wurden wir hinausgetrieben auf einen Hof mit Steinboden und einem breiten, straßenähnlichen Zufahrtsweg. Dort standen lauter Lastwagen: leere, mittelgroße, offene Lastwagen.

Die Männer aus meiner Zelle und andere, die ich bisher noch nicht gesehen hatte, waren damit beschäftigt, schwere Holzkisten auf einige besonders große Fahrzeuge zu laden. Ohne dass man Rücksicht auf ihr Alter oder ihren Gesundheitszustand nahm, wurden sie gepeitscht und getreten. Zuzusehen fiel schwer, wegzusehen auch. Die Hände bluteten ihnen, auf den Gesichtern zeigten sich Schweiß und untröstliche Verzweiflung. Sogar die Jüngsten und Stärksten schienen der Erschöpfung nah.

Eine weitere Stunde verging, wobei wir nur zusahen, bevor wir alle hastig auf die wartenden Lastwagen getrieben wurden. Ich war die Letzte, die auf den letzten dort stehenden Laster kletterte. Ich hatte die Wagen nicht gezählt, auch nicht die Leute, nur die Soldaten mit den Gewehren, die mit uns fuhren. Immer zwei pro Fahrzeug.

Die Lastwagen rasten die Alleen entlang, aus der Innenstadt heraus und weiter fort, mit der Geschwindigkeit eines Schnellzuges. Wer daran gedacht haben mochte herunterzuspringen, und zu denen gehörte ich auch, änderte blitzschnell seine Meinung. Die Leute neben mir wussten, in welchem Gefängnis wir die Nacht verbracht hatten. »Avenue Louise«, sagten sie. »Kennen Sie denn die Avenue Louise nicht? Da ist das Gestapo-Hauptquartier, der gefürchtetste Ort in ganz Belgien!« Allerdings wussten sie nicht, wo oder wann dieses rasende Hochgeschwindigkeits-Straßenrennen enden würde. Ich sah sie ihre Ringe, Armbänder und Uhren abnehmen, ihre Goldketten, alles, was nur irgendwie von Wert war, und es hinauswerfen. Die Gegenstände segelten durch die Luft, alles ganz glitzernd und glänzend, und landeten als funkelnde Flecken auf der Straße. Sie empfahlen mir, dasselbe zu tun, aber das tat ich nicht, ich konnte mich dazu nicht überwinden. Stattdessen warf ich die Postkarte hinaus, die ich in der Zelle geschrieben hatte, nachdem ich noch hinzugefügt hatte: »Wer diese Karte findet, möge bitte eine Briefmarke aufkleben und sie zur Post geben.«

In dem Augenblick war die Karte weit wichtiger als meine versteckten Schmuckstücke oder die Uhr und das goldene Armband mit den Anhängern, die ich trug. Ich konnte an nichts anderes denken, als meine Verwandten und Freunde davon abzuhalten, mir nachzukommen. Ich weiß, es war einigermaßen riskant, aber was hätte ich sonst tun sollen? Ich sah, wie die Karte herumflatterte, als könne sie sich nicht entscheiden, wo sie landen wollte. »Es wird sie jemand finden«, sagte ich mir immer wieder, während ich sah, wie die Karte verschwand. Es muss sie jemand finden!

Die Lastwagen fuhren durch einen riesigen torähnlichen Eingang und hielten auf einem recht großen Innenhof mit Kopfsteinpflaster. Um den Hof herum lauter Baracken. Keine Baracken aus Holz, sondern richtige zweistöckige Häuser aus Stein mit den üblichen offenen Eingängen. Jemand brüllte: »Aussteigen!« Wir stiegen aus. Zwei Arme, die zu einem Mann in Zivil gehörten, halfen uns herunter. Man befahl uns, dass wir uns aufstellen und den Mund halten sollten. Ein weiterer, ungewöhnlich attraktiver Mann in Zivil fing daraufhin an, uns zu zählen. Vor jedem hübschen Mädchen blieb er stehen, und erst nach kurzer Inspektion und seinem besonderen Nur-keine-Sorgen-Lächeln ging er weiter. Er war entweder sehr wichtig oder hielt sich dafür. Er hatte so ein gewisses Auftreten und trug eine furchtlose Fassade zur Schau. Außer ihm und dem kleinen blonden Kerl, der uns heruntergeholfen hatte, war kein Mensch im Hof. Hinter den Fenstern der Baracke sah ich allerdings Gesichter, viele Gesichter. Der

Zivilist war mit dem Zählen noch nicht ganz durch, als ein riesiger Deutscher Schäferhund angeprescht kam. Einen Augenblick später stürzte noch ein großer, wolfsähnlicher Hund heran, der uns halb zu Tode erschreckte. In meiner Angst biss ich mir auf die Lippe, schloss die Augen und ließ sie zu, bis das Knallen einer Peitsche sie mich wieder öffnen ließ.

Der Mann, der die Peitschen hielt, in jeder Hand eine, trug eine deutsche Uniform mit etlichen Streifen, vielen Orden und dazu einen arroganten Ausdruck auf seinem glatt rasierten, narbenlosen Gesicht. Hinter ihm heranmarschiert kam ein schwabbeliger, rotgesichtiger Deutscher in Uniform, allerdings mit wesentlich weniger Streifen, keinerlei Orden und nur einer stark hervortretenden, hässlichen Narbe. Die beiden müssen den schrecklichen Hundeviechern hinterhergelaufen sein. Bevor sie die erste Person am Anfang der Reihe erreicht hatten, rief der gut aussehende Zivilist, der ihnen ein paar Schritte voraus war: »Achtung! Gerade stehen! Der Kommandant!«

Ich stand am äußersten Ende der zweiten Reihe und sah Kommandant Frank und dem schwabbeligen, rotgesichtigen Unterscharführer Boden zu, wie sie die Neuankömmlinge inspizierten. In rasender Geschwindigkeit fragten sie jeden einzelnen: »Jude … Jude … Jude?« Alle Antworten verstand ich nicht, aber ich bin sicher, die meisten lauteten »ja«. Es ging in null Komma nichts. Trotz des rasanten Tempos hatte der rotgesichtige Boden noch Gelegenheit zu ein paar Stiefeltritten. Als ich an der Reihe war, gelang es mir zu meiner eigenen Überraschung, obwohl ich so zitterte und immer noch den Umschlag mit dem zerrissenen Ausweis umklammert hielt, zu sagen: »Nein! Ich bin Mischling!« Kommandant Frank verlangte Beweise. Ich stammelte, dass der Beweis sich immer noch in Ungarn befinde oder auf dem Weg nach Amsterdam oder inzwischen dort eingetroffen sei. Den Bruchteil einer Sekunde lang starrte er mich an, dann marschierte er weiter. Daraufhin hängte mir der blonde Kerl mit dem jungenhaften Lächeln ein Schild um den Hals. Es war weiß, darauf stand der Buchstabe E und daneben die Nummer vier. Ich war E4.

Die Erkenntnis, dass ich versäumt hatte, dem Kommandanten den Umschlag zu geben, traf mich in dem Augenblick, als er sich dem Nächsten in der Reihe zuwandte. Mir war klar, dass ich es unbewusst verdrängt hatte. Mir war ebenfalls klar, dass ich nicht das Risiko eingehen durfte, es völlig zu vergessen. Mit dem Umschlag in der Hand und meinem letzten bisschen Mut rief ich ihm hinterher: »Verzeihung, Herr Kommandant, ich soll Ihnen das hier geben.« Er drehte sich um, kam zu mir zurück, nahm den Umschlag, und kaum dass er darauf geschaut hatte, reichte er ihn an den Mann mit den Schildern weiter, befahl ihm, den Umschlag wegzuwerfen, und machte mit seiner Inspektion weiter.

Ich war am Boden zerstört. Und so muss ich auch ausgesehen haben, denn der blonde Zivilist mit den Schildern – er hieß Fritz – fragte, ob ich mich nicht wohl fühle. Er sagte, ich müsse mir keine Sorgen machen, denn das E um meinen Hals sei mein Sicherheitsabzeichen. E, so erklärte mein neuer Freund, bedeutete »Entscheidung«. Das hieß, dass ohne Papiere niemand etwas beweisen konnte. Weder dass ich Jüdin war noch das Gegenteil. Fritz zufolge gab es etliche E's hier in diesem Lager namens Mecheln. Manche waren schon zehn Monate hier und warteten immer noch auf ihre Papiere und eine Entscheidung. Nur um irgendetwas zu sagen, erwähnte ich, dass es wohl auch mit meinen Papieren recht lang dauern würde; die Post sei dieser Tage so unzuverlässig. Aber Fritz konnte sich ein Lächeln nicht verkneifen und flüsterte: »Mir müssen Sie nichts beweisen«, und gab mir Zeichen, dass ich den anderen folgen sollte.

Auf dem Schild über einem der Eingänge stand »Aufnahmebüro«. Wir gingen hinein. Die meisten, mit denen ich in der Avenue Louise die Nacht verbracht hatte, waren schon hier. So auch meine kleine Gruppe. Die Leute drängten sich in dem Büro. Alle trugen ein Schild. Nur wenige hatten ein E; die meisten trugen rote Schilder mit Nummern. Hohe Nummern, aber keine Buchstaben. »Transport«, erklärte Fritz. »Rot bedeutet Transport. Die werden nicht mehr lange hier sein.« Dann brachte er mir einen Stuhl und meinte, ich müsste mich auf eine lange Wartezeit gefasst machen – lang und keineswegs bequem. Er blieb bei mir bis zum nächsten »Achtung! Achtung!«, redete über dieses und jenes und beantwortete meine vielen Fragen. Doch hauptsächlich erinnerte er mich wieder und wieder daran, dass auch ich nun Gast des Dritten Reiches sei …

Fritz hatte Recht gehabt. Stunden vergingen, bevor der attraktive Zivilist – sie nannten ihn Mayer – mit Kommandant Frank und dem rotgesichtigen Boden erschien, um seine Abschiedsrede zu halten.

Mayer kündigte an, wir würden jetzt registriert, und ermahnte uns, keine falschen Angaben zu machen und nicht zu lügen. Er sagte, sie seien zuversichtlich, die Wahrheit auf jeden Fall herauszufinden, egal wie lange es dauerte oder wie tief sie danach graben müssten. Die nächste gute Nachricht war, dass wir unseren gesamten Schmuck, unser ganzes Geld und alle übrigen Wertgegenstände auszuhändigen hatten. »Verstecken Sie bloß nichts«, warnte er uns mit einem beträchtlichen Maß an unheilvoller Prophezeiung in der Stimme. »Damit kommen Sie nicht durch. Die finden alles. Das garantiere ich Ihnen. Sie werden gründlich untersucht.« Schließlich teilte uns Mayer herablassend mit, dass wir unsere Kleidung und die wichtigsten Toilettenartikel behalten dürften. Dann hieß es, wir müssten uns hintereinander in einer Reihe aufstellen und nur dann reden, wenn wir etwas gefragt würden. Die Reaktion war kaum verhüllte Empörung. Aber niemand traute sich, laut zu protestieren. Wie dümmliche kleine Schäfchen stellten wir uns in einer Reihe auf, hielten den Mund und redeten nur, wenn man uns etwas fragte.

Die Reihe kam nur langsam voran und manchmal gar nicht. Ich konnte mir nicht vorstellen, was da so lange dauerte. Vieles gab es nicht, was man sich hier ansehen konnte. Gelbfleckige Wände auf der einen Seite, und auf der anderen Seite noch mehr Wand, und dazwischen Fenster, von denen aus man nichts weiter als ein Stück Gefängnishof sah. Darauf richteten wir alle unsere Aufmerksamkeit. Der Hof war nicht mehr leer. All die Fenstergesichter waren heruntergekommen und starrten uns an, winkten uns zu, sprachen mit uns. Ich wusste, dass auch Rainer dort draußen sein würde. Dass sie hoffte, mich zu sehen, sich aber gleichzeitig davor fürchtete. Dass sie unbedingt sehen wollte, ob es mir gut ging, wenn sie auch wusste, dass es mir gar nicht gut gehen konnte. Ich hatte Fritz nicht nach den beiden Mädchen gefragt. Ich würde sie schon noch früh genug sehen, dachte ich, noch früh genug alles über ihre unglückselige Reise und ihre misslungene Flucht in die Freiheit erfahren.

Viel später, mitten in einem Schwarm unzähliger Leute, die im Hof auf und ab gingen, sah ich Rainer. Ich sah, wie sie auf das Fenster zuging, an dem ich gestanden hatte, sah, wie sie stehen blieb, aufschaute und mich anstarrte. Sie sah aus wie ein Gespenst. Die Augen voller Tränen, voller Kummer. Vielleicht hatte sie geglaubt, ich würde nicht geschnappt werden oder dass ich gar nicht von zu Hause weggegangen sei. Ich versuchte zu lächeln und zu nicken, damit sie sich nicht mehr so schlecht fühlte, aber sie drehte sich ganz plötzlich um und rannte zurück in die Menschenmenge. Sie war noch nicht ganz verschwunden und ich hatte noch nicht angefangen zu weinen, als die Stimme des Kommandanten vom entgegengesetzten Ende des Hofes ertönte: »Wo ist die Schauspielerin? Ich will mit der Schauspielerin reden. Sofort!« Was er sagte, drang nicht in mein Bewusstsein. Ich weiß nicht, wie oft er es noch wiederholte.

Auf einmal stand er vor mir. Er hatte eines dieser Gesichter, in denen sich keinerlei Gefühlsregung zeigte – steif, unnachgiebig und gleichgültig. Viele Sekunden vergingen, während er einfach nur dastand und mich musterte. Schließlich sagte er: »Ich weiß, wer Sie sind, und jetzt wissen Sie, dass ich es weiß. Also Vorsicht«, und damit marschierte er davon. Das gedämpfte Stimmengewirr um mich herum hatte wieder eingesetzt; das Gemurmel der Leute begleitete mich in das Aufnahmebüro.

Die junge Frau hinter der Schreibmaschine wollte meinen Namen, meine Adresse, mein Alter und meinen Geburtsort. Die nächste wollte mein Geld und den Schmuck, den ich trug. Sogar meine Uhr. Ich leerte meine Taschen, nahm meine Uhr ab und legte alles auf den Tisch vor mir. Es war viertel vor sechs. Wir waren jetzt seit fast fünf Stunden hier. Fünf ermüdende Stunden. Die dritte wollte, was ich noch versteckt hatte. Sie war recht freundlich und versuchte, in ihrer herablassenden Art mich davon zu überzeugen, dass es besser für mich sei, wenn ich ihr alles gab. Sicherer. »Jeder versteckt irgendwas«, flüsterte sie. »Sie wären überrascht, was da noch alles zutage kommt. Seien Sie schlau und lassen Sie es die nicht finden. Die geben sich nicht damit zufrieden, Sie einfach nur höflich darum zu bitten.«

»Die« waren zwei große Wachposten in belgischer Uniform, die vor dem Ausgang Wache standen. Der eine hatte ein Pferdegesicht mit sehr breitem Mund und großen, vorstehenden gelben Zähnen. Der andere sah einfach nur dumm aus. Beide machten sie nicht gerade einen sonderlich geselligen Eindruck.

»Also«, fragte die junge Frau. »Was haben wir denn anzubieten?« Ich schüttelte den Kopf. Die Leute hinter mir wollten, dass ich weiterging. Ich ging auf die beiden Wachen zu und kam gerade rechtzeitig zur Tür, um zu sehen, wie der Pferdegesichtige einer alten Frau den Hut vom Kopf schlug. »Vielleicht haben wir ja da noch etwas versteckt«, witzelte er.

»Nein, nichts. Ich habe nichts mehr«, wimmerte die alte Frau. Dann rief er mit gespielter Rührseligkeit und mit lächerlich theatralischer Gestik: »Damenabteilung«, trat sie in den Hintern und schob die verschreckte, bedauernswerte Frau durch die Tür. Ich schlüpfte direkt hinter ihr mit durch, bevor die beiden Wachen, die sich auf die Schenkel klopften und vor Lachen brüllten, mich bemerkten.

In diesem Raum war nur ein Mann. Ein Deutscher mittleren Alters in Uniform mit Hakenkreuzbinde. Er saß hinter einem mit persönlichen Gegenständen überladenen Tisch. Alles Mögliche war da zu sehen: Schals, Taschentücher, Kosmetikartikel, Banknoten, Münzen und Schmuck. »Letzte Gelegenheit!« rief er, er klang wie ein Mann, der zur letzten Wette für das letzte Rennen des Tages aufruft. »Wollen mal sehen, was Sie vergessen haben, uns zu geben.« Fordernd und mit Blinzeln gab er mir zu verstehen, ich solle näher kommen. Ich fand, er sah recht harmlos aus. »Das tun alle, wissen Sie«, fuhr er fort, »alle vergessen sie was.«

»Nichts«, sagte ich leise und spürte, wie mir die Tränen in die Augen stiegen. Ich erzählte ihm, dass man mir meine Uhr und mein Armband mit den Anhängern schon abgenommen hatte. Natürlich glaubte er mir nicht. Er verlangte beides von mir. Verlangte, dass ich meine Manteltaschen von innen nach außen drehte und meine Handtasche leerte. Ich durfte meinen Handspiegel und meinen Kamm behalten, sonst nichts, nicht einmal meinen Lippenstift und meine Puderdose, auch nicht das Andenken, das Margit mir mitgegeben hatte – einen winzigen Storch, der zwei Babypüppchen im Schnabel trug. Das hatte sie mir mitgegeben, damit es mir Glück brachte, ein Maskottchen, und es hatte keinerlei Wert, für niemanden außer mir. Ich flehte ihn an, doch wenigstens etwas Persönliches behalten zu dürfen, ich weinte und weinte, aber das konnte ihn nicht umstimmen. Er dachte, dass ich nur wegen des Maskottchens weinte, aber das war es nicht allein. Es war alles! Er sagte, es sei dumm von mir, mich wegen ein paar nachgemachten kleinen Babypüppchen so anzustellen, wo ich und er doch wirklich zusammen was anfangen könnten. Es wäre ihm ein Vergnügen, mir auszuhelfen, und Spaß würden wir bestimmt auch noch haben. Sein anzüglicher Wortschwall ließ meine Tränen nur noch reichlicher fließen. Dann bemerkte er noch, bevor er sich entschloss, mich weitergehen zu lassen, dass er und mein Maskottchen – das nun sein Maskottchen sei – ungeduldig auf meine Rückkehr warten würden.

Im nächsten Raum, einer Art Korridor, an deren einer Wand sich Kabinen mit Trennwänden befanden, waren zwei weitere belgische Soldaten postiert, so groß und so grob wie die beiden anderen. Ich kam gerade dazu, wie sie dieselbe arme Frau, der man vorher den Hut vom Kopf geschlagen hatte, übel traktierten. Sie schrien sie immer wieder an, sie solle sich ausziehen, aber sie schluchzte nur. Sie rissen ihr die Knöpfe vom Mantel, zerrten sie an den Ärmeln und schubsten sie hin und her. Als ihr hoch betagter und furchtbar gebrechlicher Mann ihr zur Hilfe kam, schlug dieses Gesindel in Uniform ihn zu Boden. Er blieb unten, aber er gab nicht auf. Das Bein des Soldaten, der ihm am nächsten stand, umklammerte er mit den Armen, packte mit seinen knochigen Fingern den Hosensaum und schrie sie an, sie sollten ihre schmutzigen Hände von seiner Frau lassen. »Adele«, rief er. »Geh nicht mit ihnen! Lass das nicht zu!«

Während einer der Wachposten die Frau in eine Kabine drängte, schleifte der andere den alten Mann auf dem Boden des Korridors hin und her. Da gaben die Leute, die bisher geduldig gewartet hatten, ihre Zurückhaltung auf. Sie versuchten, sich zwischen die beiden zu drängen, verfluchten die Soldaten, brüllten sie an, sie sollten die beiden alten Leute doch in Ruhe lassen. Das machte die Sache nur noch schlimmer. Als der Soldat den alten Mann nicht abschütteln konnte, schwang er mit dem anderen Bein herum und trat diesem mutigen, rebellischen kleinen Mann gegen den Kopf. Danach schrie keiner mehr.

Die Kabinen hatten weder Türen noch Vorhänge – nur einen Haken, auf den man seine Kleider hängen konnte. Privatleben, selbst im engsten Sinn des Wortes, gab es nicht, obwohl sie die Männer von den Frauen getrennt hatten. Eigentlich weiß ich nicht, weshalb sie sich diese Mühe überhaupt machten. Wie unheilvoll Mayers Ankündigung einer gründlichen Untersuchung auch geklungen haben mochte, ich bezweifle, dass einer von uns wirklich verstand, wovon er geredet hatte. Ich jedenfalls wusste es nicht. Selbst dann nicht, nachdem ich schon einige Frauen vollständig nackt mit gespreizten Beinen und gebeugten Knien und ganz vornüber geneigtem Oberkörper gesehen hatte. Sie standen reglos wie Pferde im Stall, mit dem Gesicht zur Wand, die intimsten Körperteile entblößt. Die Wachposten selbst führten die Untersuchung durch, und dabei ging es ihnen keineswegs um den Gesundheitszustand der Menschen. Als ich den verachtenswerten Grund für das Ganze endlich begriff, wurde mir übel. Wie wird man mit solch einer abartigen Erniedrigung fertig? Einige, die im Korridor an mir vorbeigingen, schworen, sie würden noch mit diesen bezahlten Bestien abrechnen; andere stolperten einfach hinaus, als wären sie betrunken. Ein halb bekleideter Mann rannte an mir vorbei und zischte: »Schatzkisten. Dafür halten sie uns!« Er hatte Recht. Eine Schatzsuche war im Gange, eine Suche nach weit wertvolleren Schätzen als die, die sie uns vorher schon abgenommen hatten, und wer am heftigsten protestierte, den nahmen sich die Wachen besonders gründlich vor. Aussehen oder Alter spielte keine Rolle; einzig und allein der Widerstand.

In Rekordgeschwindigkeit hatte ich mich ausgezogen, stand da in Unterhose und BH und fühlte mich wund, gehäutet und versengt. Die Frau vor mir, mit vorgebeugtem Oberkörper, war gerade durchsucht worden. Sie hatten ihr befohlen, in der Stellung zu bleiben. Je mehr sie sich wehrte, desto brutaler gingen sie mit ihr um. Sie waren immer noch mit ihr beschäftigt, als der eine der beiden, der kaum aufsah, höhnisch zu mir sagte: »Zieh dich an, verschwinde.« Mit einem Satz war ich draußen.

Wer die Untersuchung hinter sich hatte, hielt sich draußen auf dem Hof auf. Einige wirkten benommen, andere wütend, aber alle sahen bedauernswert und zum Umfallen müde aus. Kaum einer sagte etwas. Was hätte man auch sagen sollen? ›Haben sie irgendwelche Juwelen gefunden?‹

Ich hatte damit gerechnet, im Hof auf Leute aus meiner Gruppe zu treffen, konnte aber keinen sehen; seit wir darauf gewartet hatten, registriert zu werden, hatte ich keinen mehr gesehen. Ich musste unentwegt an sie denken, vor allem an die de Hartogs und das Baby. Was mochten sie mit Rebeccas Baby gemacht haben? Wie mochte dieser sanfte Mann damit zurechtkommen, dass er seine Frau diesen entsetzlichen Soldaten überlassen musste? Wie mochte diese freundliche, elegante Dame mit der Situation umgehen? Vielleicht hatte sie Glück gehabt … so wie ich.

Es war schon dunkel, als ich meinen ersten Bissen zu essen bekam, und beinahe Nacht, als man mir einen Platz zum Schlafen zuwies. Mich und drei andere E's steckten sie in die E-Baracke; die übrigen gut einhundert Leute wurden auf mehrere andere Baracken verteilt. Der junge Mann, der uns zu dem Gebäude führte, in dem sie die E's untergebracht hatten, war wie mein neuer Freund Fritz freundlich und ebenfalls eine gute Informationsquelle. Aber ich hatte nicht mehr die Kraft, zuzuhören oder mich um irgendetwas zu kümmern. Ein Bett, ein Kissen, Schlaf und Vergessen war alles, was ich für den Rest des Jahrhunderts noch wollte.

Unten an der Treppe liefen wir Betty in die Arme. Sie sagte, sie habe mich gerade holen wollen, habe mit meiner Ankunft natürlich gerechnet und sei heilfroh, dass ich mich wenigstens noch aufrecht halten könne. Im Übrigen sei sie kein bisschen überrascht, dass ich ein E bekommen hatte. Sie hatte auch eines. Aber sie trug es nicht – das war nicht Vorschrift.

Betty war es gelungen, sich in dem, was sie »Krankenhaus« nannte, eine ruhige Arbeit als Krankenschwester zu besorgen. Einen korrekten Befähigungsnachweis mag sie nicht gehabt haben, aber sie trug die korrekte Kleidung, und sie sah aus wie die Idealbesetzung für die Rolle. Immer noch tanzte kein einziges Haar aus der Reihe, immer noch nicht der winzigste Fleck auf ihrer blütenweißen Tracht, und so wirkte sie auf geradezu lächerliche Weise unberührt von dem Drama, das sich überall um sie herum abspielte.

Ich fragte nach Rainer, fragte, ob ich nicht einen Platz in ihrer Nähe haben dürfte, damit wir uns gegenseitig etwas aufheitern könnten. Aber Betty wollte über ihre beste Freundin nicht reden. Sie hob einfach nur die Hand wie jemand, der eine Fliege verscheucht, und sagte: »Vergiss sie, sie ist ein bisschen übergeschnappt.«

Schwester Betty hatte ihren Einfluss geltend gemacht, wenigstens sagte sie das, um mir einen guten Platz im E-Block zu reservieren. Aber ich hatte nicht mehr die Kraft, ihr zuzuhören oder in ihr makelloses, unerschütterliches Gesicht zu schauen. Ohne ein Wort zu sagen, stolperte ich hinter ihr die Treppe hoch und folgte ihr auf den Fersen in die unbeleuchtete Baracke. Die tunnelhafte Dunkelheit des

Raumes hatte etwas Tröstliches. Keine Augen starrten auf mich, keine Zungen stellten Fragen. Die kleine Taschenlampe in Bettys Hand wies mir den Weg zu der für mich reservierten Unterkunft. Ich musste hinaufklettern. Es war kein Bett, und es war auch keine Liege. Ich weiß nicht, was es war. Es fühlte sich an wie Holz. Betty ging. Sie sagte, sie müsse gehen und würde mich am nächsten Morgen wieder sehen. Ich fand eine Decke und ein Kissen vor, aber kein Laken.

Zwar starrten mich keine Augen an, zwar stellte niemand Fragen, aber trotzdem konnte ich die Leute hören. Hörte sie atmen. Hörte sie mit gedämpfter Stimme reden, hörte sie flüstern und seufzen. Hörte, wie sie sich bewegten, sich regten und sich hin und her drehten, rastlos und unruhig. Ich saß da, meine Beine baumelten herab, ich konnte nicht schlafen, ich horchte, ich wartete … wartete auf einen neuen Albtraum.

Ich weiß nicht, wann Mayer kam und mir noch eine Decke brachte. Ich weiß nicht, wieso er kam, was er sagte oder wann ich mich hinlegte, noch in Kleidern, und mich in den Schlaf weinte. Ich weinte zwei Wochen lang, und danach weinte ich zwei Jahre nicht mehr. In jener Nacht bekam ich auch meine Periode, zehn Tage zu früh, es dauerte zwei Wochen, und danach hatte ich sie zwei Jahre nicht mehr.

Ich glaube, dass ich in jenen ersten zwei Wochen das Leben im Lager kaum zur Kenntnis nahm. Ich war viel zu beschäftigt mit Weinen, mit Bauchkrämpfen und mit dem Niederkämpfen der Dämonen, die in meinen Verstand eingedrungen waren. Ich wusste, dass sie kommen würden, sollte man mich je auf einen unbestimmten Zeitraum einsperren. Ich wusste es in jener Nacht mit Rainer und Betty in Margits Zimmer, als es plötzlich an der Tür klingelte und wir in der Falle saßen. Damals wusste ich, dass ich so etwas nicht einfach aussitzen konnte, ohne wahnsinnig zu werden. Es muss nicht einmal eine Zelle oder ein Käfig sein; auch ein ganz normales Zimmer kann zum Gefängnis werden, und ein Gefängnis ohne Gitterfenster ist immer noch ein Gefängnis. Bin ich deshalb weggegangen? Die Dämonen kommen zu denen, die nicht ohne Freiheit, ohne aktives Handeln und ohne Ausdrucksmöglichkeit leben können, zu denen, die nicht damit fertig werden, ihrer Rechte und ihres freien Willens beraubt zu werden. Man muss Wahlmöglichkeiten haben. Kein Mensch wird geboren, um der Gefangene eines anderen zu sein.

Meine Dämonen waren nicht nur in meinen Verstand eingedrungen, sondern auch in meine Augen und in meinen Körper. Ich weiß nicht nur, dass die Baracken sich auf die Mitte des Gefängnishofes zubewegen, sondern ich kann das tatsächlich sehen. Mit jedem neuen Tag ein paar Zentimeter mehr. Egal wo ich bin oder was ich tue – sitzen, stehen, gehen –, mein inneres Auge sieht, wie die unsichtbaren Mauern die Baracken näher zusammenschieben, bis sie den Hof verschlungen und die Leute darin zerquetscht haben. Ich weiß, dass genau das passieren wird. Der Druck auf meinen Kopf und meinen Brustkorb ist enorm, und in der Nacht spüre ich, wie ich in etwas noch viel Schwärzeres falle. Es ist, als sei ich tief gestürzt, als sei ich lebendig begraben. Ich höre mich schreien, aber außer mir hört das niemand – und ich träume nicht. Es ist lebendig, es hat Kopf, Körper und Blut ... und es ist da draußen, das Nichts.

Ich schüttelte die Dämonen ab von mir, als ich keine Tränen mehr in mir hatte, als ich irgendwie spürte, dass sogar die schlimmste Realität besser sein musste als in dieses schwarze Loch des Wahnsinns zu stürzen.

Mecheln liegt etwa vierundzwanzig Kilometer nordöstlich von Brüssel, etwa auf halbem Weg zwischen Brüssel und Antwerpen, es ist eine der ältesten Städte in diesem Teil Europas. In dieser Stadt, die völlig kreisförmig angelegt und völlig von Mauern umgeben ist, hatte Belgiens berühmte Spitzenherstellung ihren Ursprung. Um die Frage, wann und für wen die Baracken errichtet wurden, kümmerte ich mich nicht. Aber ich bin sicher, es ist nicht für uns gewesen.

Fritz zufolge befanden sich etwa achthundert Leute im Lager, als wir ankamen. Die kritische Zahl hier liegt bei eintausendfünfhundert. Das ist nicht gerade eine Glückszahl. Mit eintausendfünfhundert Leuten ist das Lager voll und muss geleert werden, um für den nächsten Schub Platz zu machen ... und den nächsten ... Die einzigen, die blieben, waren die E's und diejenigen, die irgendeine Funktion erfüllten, wie die Mädchen im Büro oder Fritz, der Mann mit den Schildern, oder Piet, der mich in jener ersten Nacht in den E-Block gebracht hatte. Piet ist Uhrmacher und wird hier behalten, damit er die vielen Uhren reparieren kann – die der Nazis, nicht unsere. Unsere hat man uns abgenommen. Piet ist Niederländer, aus Amsterdam, und Fan von mir. Er sagt, es sind viele Fans von mir hier, weil viele hier aus Amsterdam kommen. Die meisten sind, wie er auch, vor einer ganzen Weile schon nach Brüssel gekommen, weil es hier so viel einfacher ist als in Holland. Es hat ihnen gefallen, sie sind geblieben, bis man sie fasste. Bei einigen waren die Kollaborateure schuld; bei anderen, wie zum Beispiel im Fall von Piet, eine allzu große Dosis Selbstsicherheit. Er hatte offen auf der Straße gestohlene Uhren verkauft. Die anderen, an die neunzig Leute, sind wie ich, verwirrte Opfer von Harrys und Johns unglaublich ausgeklügeltem Riesen-Betrugsmanöver.

Wer in Belgien wohnt, darf Pakete von Freunden oder Verwandten empfangen: Kleidung, Bücher, Lebensmittel, Toilettenartikel, sogar Make-up und anständiges Bettzeug. Außerdem dürfen sie ihre schmutzige Wäsche nach Hause schicken. Wir aus Holland dürfen weder etwas in Empfang nehmen noch etwas wegschicken. Und sie dürfen Briefe bekommen. Wir nicht. Schreiben dagegen ist für alle gleich schwierig. Zum Schreiben braucht man eine Sondergenehmigung. Den Aufenthalt hier nennen sie »Gewahrsam«, was wohl bedeutet, dass man uns in Gewahrsam genommen hat. Das klingt so schlicht, als handele es sich um nichts weiter als um eine kleine Unannehmlichkeit.

Ich muss lernen, wer die Leute hier sind, wer wichtig ist und wer nicht. Mayer ist sehr wichtig. Er leitet das Ganze hier irgendwie für die Nazi-Bonzen. Mayer ist der jüdische Lagerleiter, er fungiert als Verbindung zwischen uns, dem fiesen Boden und Kommandant Frank. Mayer ist mit einer Nicht-Jüdin verheiratet, wohnt in Brüssel und verbringt die Wochenenden mit seiner Frau zu Hause. Manche glauben, er müsse gar nicht hier sein, er habe sich freiwillig gemeldet, um sicherzustellen, dass wir anständig behandelt werden, was immer das heißen mag. Bevor er hier seine bedeutende Stellung erlangte, war er auf der Bühne bedeutend: Mayer ist Operettentenor. Ursprünglich stammt er aus Deutschland, und im Grunde ist er ein hoch anständiger Mensch. Als hilfreich erweist sich, dass er keine Angst vor den Bonzen hat, dass sowohl seine Stimme als auch seine äußere Erscheinung beeindruckend sind und dass er herausgefunden zu haben scheint, was in diesen hohen Tieren des Dritten Reiches vorgeht. Es hat sich für ihn als hilfreich erwiesen, dass Kommandant Frank eine Schwäche für Theaterleute im Allgemeinen und Tenöre im Besonderen hat, und für mich erweist es sich als hilfreich, dass Mayer viel davon hält, seine berufsbedingte Höflichkeit auch auf seine Kollegen auszuweiten. Vom ersten Moment an hat er mir geholfen, wenn sein Interesse an mir auch nicht immer rein berufsbedingt gewesen ist.

Mayer, der von dem nicht gerade gesprächigen Kommandanten Frank und seinen Freunden nie anders genannt wird, ist tatsächlich ein sehr cleverer Mann. Unter dem Schutz der Deutschen genießt er offiziell weit mehr Freiheit und hat eine weit größere Überlebenschance als diejenigen, die sich verstecken oder mit falschen Papieren leben.

Im Lager gibt es zehn Baracken, die jeweils Platz für etwa hundertfünfzig Leute bieten. Zwei Baracken pro Block, und alle jeweils im ersten Stock. Familien dürfen zusammenbleiben; Paare dürfen zusammenbleiben; alle dürfen zusammenbleiben. Müssen zusammenbleiben, denn die Geschlechter werden nicht getrennt. Unsere Aufpasser sind äußerst großzügig, wenn es um unsere Schlafgewohnheiten geht. Offenbar glauben sie an Zusammenhalt. Ich nehme an, sie wollen einfach nur Eheleute und stürmische Liebende davon abhalten, nachts über die Flure zu laufen. Das Gedränge konnten sie nicht bewältigen. Leider gibt es auf dem Korridor nur eine einzige Toilette, und so ist das Gedränge nachts ohnehin gewaltig. Eine Toilette für dreihundert Leute. Es gibt weitere Toiletten, nicht allzu weit weg vom E-Block, aber die dürfen nur tagsüber benutzt werden. Dort gibt es etwa ein Dutzend, alle im Erdgeschoss, alle in einer Reihe, ähnlich wie die Damentoiletten in einem Theater oder Hotel. Das Problem hier besteht darin, dass es sich nicht nur nicht um Damentoiletten in einem Theater oder Hotel handelt und dass sie nicht den Damen allein vorbehalten sind, sondern dass von den Türen jeweils der untere Teil fehlt. Die erfahreneren Häftlinge nennen es »das Ratezimmer«. Rate mal, wer drin ist. Natürlich ist auch das ein sehr geschäftiger Ort, genau wie die Duschen nebenan, die nicht so sehr zum Duschen bestimmt sind als vielmehr zum Abschließen von Wetten. Buchmachern geht es hier großartig. Sie nehmen Wetten darauf an, wie lange man warten muss, ob die Duschen funktionieren und ob es genug warmes Wasser gibt. Es ist nicht der geeignete Ort für Optimisten, sie verlieren fast immer; Pessimisten andererseits gedeihen prächtig.

Nur gut, dass wir soviel Zeit im Ratezimmer verbringen, darauf warten, die Toilette benutzen zu können oder eine Tür weiter zu gehen, um zu wetten, wie die Chancen auf eine Dusche stehen. Wir können nirgendwo sonst hin, es gibt keinen Freizeit- oder Speiseraum, in dem wir uns aufhalten können. Nur den Hof. Wenn es regnet, sitzen wir in unseren Baracken fest, knapp ein Meter mal zwei Meter steht jedem zu, das nennen wir voller Verachtung unseren Taubenschlag. Wir haben so wenig Platz, dass einen jede Bewegung schon in den Taubenschlag des Nachbarn bringt, worüber sich keiner sonderlich freut. Jeder bewacht hier grimmig seinen Platz. Wir haben keinen Spind für unsere Sachen, keine Regale, nichts, wo man etwas ablegen könnte. Wir müssen improvisieren, so gut es geht.

Jede Baracke hat einen Stubenältesten (immer nur Männer), der von seinen Mitgefangenen gewählt wird, mit dem aber Unterscharführer Boden einverstanden sein muss, und strikt nach seiner Laune ist er manchmal einverstanden, manchmal auch nicht. Ein Stubenältester ist für alles verantwortlich, was in seiner Baracke passiert, angefangen bei der Sauberkeit, über Kämpfe und Diebstahl, bis hin zu gelegentlichem Liebesspiel, was diskret und vorzugsweise unter gegenseitigem Einverständnis ablaufen sollte.

Ob es tatsächlich Vorteile hat, Stubenältester zu sein, ist fraglich. Fritz ist gewählt worden und ist in meine Baracke gezogen. Alle mögen den kleinen Kerl. Er ist ungewöhnlich hilfsbereit, hat viel Humor und ist ein wahrer Zauberkünstler, wenn es darum geht, unsere Besitztümer denen zukommen zu lassen, die sie am meisten brauchen – uns. Er hat Herberts Fotos zurückgeholt und mir wiedergegeben und meine Puderdose, meine Wimperntusche und meinen Lippenstift. Gerade diese kleinen, persönlichen Gegenstände haben auf einmal unermessliche Bedeutung erlangt.

Die Ironie des Schicksals besteht darin, dass diese Hamsterer zwar glaubten, sie hätten mir alles einschließlich meines wertlosen kleinen Storches abgenommen, dass ich aber immer noch meinen juwelenbestückten Mantel hatte. Wie geradezu grotesk, dass ich nach all diesen Aufregungen der vergangenen Wochen, nach den Herz erschütternden Ereignissen, die ich immer noch nicht voll und ganz verdaut hatte, trotzdem noch meinen Mantel hatte. Und während mein Verstand wieder und wieder über Bilder stolpert, die sich nicht auslöschen lassen, wie das der nackten Frauen mit den weit gespreizten Beinen und den hässlichen Schakalen auf der Suche nach Diamanten, habe ich immer noch den juwelenbestückten Mantel.

Wer in Belgien lebt, wer nicht versucht hat zu fliehen, und das muss die einzig mögliche Erklärung für dieses bizarre Versäumnis sein, hätte bestimmt nicht seine Wertsachen versteckt, und die Wachposten müssen das gewusst haben. Die in Belgien gingen nirgendwohin; das machten nur die Holländer. Übrigens wissen sie gar nicht, wo genau wir alle herkommen. Ich frage mich, ob die Nazi-Bonzen sich überhaupt dafür interessieren, woher wir kommen.

Natürlich gibt es da noch die ganz undramatische Möglichkeit, dass einfach niemand daran gedacht hat. Ein Zufall, zweifellos, aber wäre es nicht einfach typisch für sie, gerade das übersehen zu haben, was sich direkt vor ihrer Nase befindet? Jedenfalls ist es komisch und höchst faszinierend, was nicht bedeutet, dass ich weiß, was ich in der Sache tun werde und wann. Mama würde sagen: »Kommt Zeit, kommt Rat.« Fürs Erste werde ich meinen Mantel behalten und keinem davon erzählen – nie.

Die Barackengebäude sind alle miteinander verbunden und vom Grundriss her identisch. Vier blockähnliche Rechtecke, keines größer als das andere, keines einladender oder in besserem Zustand. Sie haben Satteldächer, die gerade hoch genug sind, dass man nicht sehen kann, was sich auf der anderen Seite, also draußen, befindet. Das Lager Mecheln könnte, ich weiß es wirklich nicht genau, mitten in der Stadt liegen oder aber in der finstersten Provinz weitab von allem und jedem. Im Grund ist das gar nicht so wichtig, nur eine weitere Sache, über die man immer wieder nachdenkt. Links von dem hoch aufragenden Tor, das verdächtig nach dem Eingang in ein Verlies aussieht, befinden sich das so genannte Krankenhaus, die Unterkünfte der Wachposten und das Quartier von Unterscharführer Boden. Rechts befindet sich, zu ebener Erde und aus einem Raum bestehend, Mayers Reich; und darüber, über den ganzen ersten Stock, Kommandant Franks Quartier.

Ich habe erfahren, dass es direkt unter Rainers Baracke eine Waschküche und eine richtige Küche gibt, die ich beide nie zu Gesicht bekommen habe. Zwei weitere Räume, von denen man ständig hört, sind das Paketzimmer und der Kohlenkeller. Während in den einen Raum beordert zu werden meist Anlass zur Freude bietet, ist das beim zweiten Raum nicht der Fall. Sein Paket von zu Hause in einem Stück zu bekommen, wobei dann etwa die Hälfte fehlt, oder es gar nicht zu bekommen, hängt einzig und allein davon ab, wie viel Mühe sich Boden bei der Suche nach Messern, scharfen Nagelfeilen oder Scheren gibt und wie viel davon er jeweils findet. Der Keller – stockdunkel, schmutzig, gerade einmal groß genug, dass eine einzige Person dort stehen kann – ist normalerweise den entwichenen und wieder eingefangenen Häftlingen vorbehalten, denjenigen, die versucht haben zu fliehen und die es höchstwahrscheinlich wieder versuchen werden. Die Nazi-Bonzen glauben, dass ein paar Tage »im Loch« den Leuten die Lust am Fluchtversuch nehmen werden. Aber erschreckenderweise kann so ein übellauniger und irrsinniger Perversling wie Boden jemanden auch ohne besonderen Grund auf einen Einzel-Urlaub in den Keller schicken.

Offiziell machte ich die Bekanntschaft desjenigen, der seinen Platz neben meinem Taubenschlag hatte, erst viele Tage später, erstens weil sich in der Baracke nie jemand sehen ließ, bevor ich mich in den Schlaf geweint hatte, und zweitens weil mein Nachbar es ganz bewusst vermied, meine Bekanntschaft zu suchen. Der Platz links von mir, direkt an der Ecke, war nicht belegt, und so hatte ich es mit nur einem »Bettnachbarn« zu tun, was meinen Platz zu einem der begehrteren Taubenschläge machte. Als ich mich schließlich dazu überwand, mich nach meinem Bettnachbarn zu erkundigen, fingen die Leute an zu kichern. Ich brauchte bloß auf den nicht besetzten Platz links von mir mit dem ordentlich zusammengelegten eleganten Bettzeug, den Handtüchern und den parfümierten Spitzentaschentüchern zu zeigen, da brach die ganze Baracke schon in Gelächter aus.

Doch dann sagte eines Tages der Fremde, der neben mir schlief: »Guten Morgen. Ich heiße Jean. Was ist Ihre Lieblingsfarbe?« »Blau«, platzte ich vollkommen verdutzt und mehr als nur ein wenig erstaunt heraus. »Und grün. Unbedingt auch grün!« »Dann werden wir in der einen Woche blau haben und in der nächsten grün. Grasgrün, wie Ihre Augen, das wird wunderschön werden. Aber jetzt dürfen Sie nicht mehr weinen, und Sie dürfen auch nicht traurig sein«, sagte der Mann, der mich zuerst gar nicht hatte kennen lernen wollen.

Jean saß mir mit gekreuzten Beinen gegenüber, er trug einen elfenbeinfarbenen Satinpyjama, roch nach Jasminseife und frischem Pfefferminztee und sah genauso aus, wie Oscar Wilde seine Hauptfigur im *Bildnis des Dorian Gray* beschreibt. Nie zuvor hatte ich einen solch makellosen, wunderschönen Menschen gesehen. Jean hatte bereits eine ganze Reihe von Nachbarn gehabt, bevor ich kam. Irgendwie hatte es nie funktioniert. Lehnten ihn die anderen ab, weil er mehr Platz beanspruchte oder weil er anders war? Lehnte er sie ab, weil sie ihn um diesen zusätzlichen Platz beneideten oder weil sie sich über sein Anderssein lustig machten? Manchmal glaube ich, dass er seine ganze Luxusausstattung als Barriere benutzte, als Verteidigungsmechanismus, der ihn vor der Begegnung mit engstirnigen Männern und Frauen schützte. Männern, die Angst davor hatten, dass etwas von ihm auf sie abfärben könnte, wenn sie nur neben ihm schliefen. Und Frauen, die ihn ändern wollten, die Jean bekehren wollten, wobei Religion sicher das Letzte war, was sie im Sinn hatten.

In Lagern entstandene Freundschaften sind von völlig anderer Beschaffenheit. Sie sind aus einem ganz bestimmten Material gearbeitet – einem Material, das sich nicht abnutzt und nicht fadenscheinig wird, denn vieles wurde nicht mit hineingearbeitet. Keine Vergangenheit, keine Zukunft, nur der Herzschlag des Augenblicks. Weil es keine Vergangenheit gibt, weil keine Geheimnisse preisgegeben werden müssen, gibt es auch keine Lügen. Weil es keine Zukunft gibt, müssen auch keine Versprechen gehalten werden. Es ist, als habe man ein zusätzliches Ruder gefunden, mit dem man das Rettungsfloß vorwärtsbewegen kann. Damit es nicht zu weit von der Küste abtreibt. Ein Ruderschlag im Takt, gemeinsam. Und bald schlief auch ich auf schneeweißen Leinenlaken, auf Federkissen und unter weichen Daunendecken, und bald roch auch ich nach Jasminseife und frischem Pfefferminztee und trug einen Satinpyjama.

Jede Woche erhielt Jean ein Paket. Sein Freund schickte ihm das Beste, was für Geld auf dem Schwarzmarkt zu haben war. Auch Lebensmittel. Die schlichten Grundnahrungsmittel und auch die weniger schlichten, so zum Beispiel einfaches Brot mit echter Gänseleberpastete. So manches Mal hatte ich den Eindruck, als lebten wir zwei auf einer Insel. Besonders in der Nacht, in der Geisterstunde, wenn nichts unseren Ritt auf dem Zauberteppich ins Märchenreich der Träume zu stören vermochte. Tagsüber taten wir, was alle anderen auch taten: Wir lungerten herum. Jean bemühte sich, mir die französische Sprache wieder näher zu bringen, denn seiner Meinung nach war das Französische die Sprache der Musik, die Sprache der Liebe.

Mayer kam mich jeden Tag besuchen. Er fand es wunderbar, dass Jean und ich uns angefreundet hatten. »Wenigstens versorgt er dich mit Pastete und anderen guten Sachen«, sagte er immer, »und sorgt dafür, dass dir nichts passiert.« Das machte Jean tatsächlich, aber was war mit Mayer? Er lud mich immer wieder zum Tee in sein Zimmer ein, weil er meinte, wir zwei müssten auch einmal ein bisschen allein sein, denn er wolle mir alles über das Leben im Lager beibringen. Ich mochte ihn recht gern, aber ich glaubte einfach nicht, dass es ihm ums Leben im Lager ging. Auch Jean glaubte das nicht. Ich sagte Mayer, dass ich, wenn ich ihn besuchen käme, Jean mitbringen würde; danach war Mayer ganz plötzlich der Tee ausgegangen. Allerdings nahm er es mir auch nicht übel. Jean meinte, wir könnten uns glücklich schätzen, dass wir ihn überhaupt hatten.

Mayer hatte mich von Anfang an vor Unterscharführer Boden gewarnt, hatte mich immer wieder ermahnt, ihm möglichst nicht unter die Augen zu kommen und mich nur ja unauffällig zu verhalten, weil dieser Verrückte geradezu besessen war, wenn es um hübsche Mädchen ging. Er hasste hübsche Mädchen. Ich hätte es möglicherweise verstanden, wenn Boden aufgrund seiner eigenen Hässlichkeit einen Hass auf gut aussehende Männer gehabt hätte, aber das war nicht der Fall. Männer und alle anderen Frauen waren ihm völlig egal – nur die schönen Frauen nicht. Denen lauerte er auf, trieb sie in die Enge, machte sich lustig über sie, demütigte und quälte sie auf schlimmste und grausamste Art und Weise. Es war nicht immer einfach, ihm nicht unter die Augen zu kommen, vor allem, weil man nie wusste, wann und wo er als Nächstes auftauchen würde.

Boden war verantwortlich für die höchst langweiligen frühmorgendlichen Exerzierübungen, während Mayer das Ganze leitete. Voll bekleidet und mit Kopfsteinpflaster unter den Füßen mochte man nur ungern glauben, dass diese Übungen gesundheitsförderlich waren. Anfangs ging ich jeden Morgen hin, suchte mir einen Platz in der letzten Reihe und gähnte eine ganze Stunde lang nur. Später gab ich mir alle Mühe, davon befreit zu werden, was alles andere als eine einfache Aufgabe war, da fast alle dieselbe Idee hatten. Wenn man glaubhaft versichern konnte, dass man verletzt war, bekam man ein Attest von Dr. Braun, dem jüdischen Lagerarzt, ansonsten musste man sich mit den Übungen abfinden. Ob man tatsächlich verletzt war oder nicht, spielte keine Rolle. Was sehr wohl eine Rolle spielte, war Dr. Brauns Bereitschaft, solch eine Verletzung zu bescheinigen, sowie Bodens Bereitschaft, solch eine Bescheinigung zu akzeptieren. Dank Mayers Sympathie für mich und Dr. Brauns Wertschätzung für Mayer bekam ich mein Attest.

Es musste so kommen. Ich hatte die ganze Zeit gewusst, dass Boden, egal wie unauffällig ich mich verhielt, schließlich auf mich aufmerksam werden würde. Es war ein Morgen wie jeder andere, ein weiterer Tag, den man durchzustehen hatte, ein weiterer Tag fort von zu Hause. Ich saß in meinem satinbezogenen Taubenschlag in der leeren E-Baracke und hielt Lippenstift und Spiegel in der Hand, als ich feststellte, dass meine Puderdose nicht da war. Ich suchte und suchte, konnte sie aber nirgends finden. Die anderen waren schon alle unten bei den Übungen, dachte ich jedenfalls, als ich Bodens dreiste Stimme durch den Hof und die Baracken donnern hörte. »Alle Mann raus! Bewegt euren Arsch hier runter und reiht euch neben den anderen auf, sonst könnt ihr was erleben. Sofort! Ich weiß, da ist immer noch wer oben. Ich zähle bis drei, und wenn ihr dann nicht unten seid, dann helfe ich euch runter! Was glaubt ihr Gesindel eigentlich, was das hier ist? Ein Kurort für Faulpelze? Bewegt euren Arsch hier runter, oder ich helfe euch dabei!«

Er hatte bis drei gezählt, da hatte ich mich immer noch nicht entschieden, ob ich mich unter der blassblauen Daunendecke verstecken oder runtergehen und mich dem Zorn des übellaunigen, unmenschlichen Boden stellen sollte. Weil ich aber Angst hatte, mit ihm allein zu sein, hielt ich es für klüger, die Treppe hinunter und auf den Hof zu gehen. Die Leute aus meiner Baracke standen ordentlich aufgereiht mit dem Gesicht zu Unterscharführer Boden, der das Gesicht dem Eingang und mir zugewandt hatte. Wie auf einen stummen Befehl hin drehten sich alle Köpfe in dem Augenblick um, als ich nach draußen trat, weit aufgerissene Augen starrten mich an. Ich kam mir vor, als stände ich nackt und öffentlich zur Schau gestellt da.

»Guten Morgen, gnädige Frau!« brüllte Boden voller Spott. »Wie gütig von Ihnen, dass Sie geruhen, sich zu uns zu gesellen. Ich hoffe doch sehr, wir haben Ihnen nicht allzu viele Unannehmlichkeiten bereitet. Wir haben hier alle auf Sie gewartet. Ihre ganze Baracke hat auf Sie gewartet. Ich habe auf Sie gewartet! Also was mag wohl der Grund dafür sein, dass die gnädige Frau sich heute Morgen verspätet hat? Brauchten Sie vielleicht ein wenig Hilfe bei der Toilette, oder wie?«

Er trat sehr nah an mich heran, so nah, dass ich die Adern an seiner Schläfe pochen sah. Sein prüfender Blick aus Augen kalt wie Stahl fuhr wieder und wieder über jeden Zentimeter meines Körpers, als wolle er völlig sicher gehen, dass er sich bis zum nächsten Mal an mein Aussehen erinnern würde. Er wollte wissen, weshalb ich meine Zunge in der Baracke gelassen hatte, und wenn das nicht stimmte, ob ich dann wohl die Freundlichkeit hätte ihm zu erklären, weshalb um alles in der Welt ich zu spät komme!

In diesem Moment wollte ich nur, dass es vorbei war. Ich war bereit, alles zu sagen, alles zu tun, wenn er nur wieder wegging. Ich war sogar bereit, ihm die Wahrheit zu sagen; was konnte das noch ausmachen? »Ich habe etwas verloren«, flüsterte ich. »Was haben Sie gesagt?«, brüllte er. »Ich kann Sie nicht verstehen! Was ist denn los, haben Sie etwa Ihre Stimme verloren?« Ich wiederholte meinen Satz, ein wenig lauter, aber er war immer noch nicht zufrieden.

»Verloren? Was denn?«, schrie er. »Was haben Sie verloren? Ihre Jungfernschaft? Ist es das? Ich glaube, sie hat ihre Jungfernschaft verloren. Das ist ja wirklich unbezahlbar. Sollen wir uns danach auf die Suche machen?« Triumphierend und brüllend vor Lachen hielt er sich seinen Spitzbauch, klammerte ihn fest, als wolle er um jeden Preis verhindern, dass er ihn verlor.

Verschüchtert erzählte ich ihm, dass ich meine Puderdose verloren hatte. Einen Moment lang schaute er völlig perplex drein und wusste nicht, was er davon halten sollte, ob er nun weiterlachen sollte oder nicht. Ich glaube kaum, dass ihm das Absurde der Situation je bewusst wurde. Eine Sekunde lang stand er reglos da. Dann ließ er seinen Bauch los, verschränkte herausfordernd die Arme über der Brust, schüttelte den Kopf, pfiff durch die Zähne und wiederholte: »Puderdose, Puderdose«, als wolle er sich vergewissern, dass er richtig gehört hatte, und rief schließlich Fritz, unseren Stubenältesten.

Silvias Mutter Adrienne

Silvias Vater, Berthold Grohs, und Onkel Rudi, 1920

Silvias Mutter Adrienne, Schwester Käte mit Silvia (unten links) und ihrer Zwillingsschwester Elli, 1919

Silvia und Elli auf der Strandpromenade in Scheveningen, Niederlande, 1938

Silvia in Budapest

Die drei Schönheiten: Margit, Silvia und Toni, Amsterdam 1943

Feier zu Silvias 21. Geburtstag mit Herbert Nelson (rechts, Silvias erster Ehemann) und Freunden in ihrer Wohnung in Amsterdam, 1939

Eine Freundin, Rudolf Nelson, Silvia und Herbert Nelson, der Sohn von Rudolf, Ende 1942

Herbert Nelson, Rudolf Nelson und Käthe Nelson, Amsterdam, Ende 1942

Herbert Scherzer und Otto Wallburg

Henriette Davids, Silvia und Sylvain Poons in »Artis«

Herbert Scherzer und Silvia auf der Bühne. Am Klavier Rudolf Nelson

Finale von »Cheerio« mit Robert de Vries, Michel Gobets, Otto Wallburg, Henriette Davids, Sylvain Poons, Silvia, Kurt Lilien, Ellen Schwarz und Herbert Scherzer [v.l.]

Szene aus Rudolf Nelsons Produktion »Jazz-Teufel«

Silvia und Henriette Davids als »Die Nelson-Schwestern«, eine Parodie auf die Andrews Sisters, 1943

Silvia in »Lucky Star«

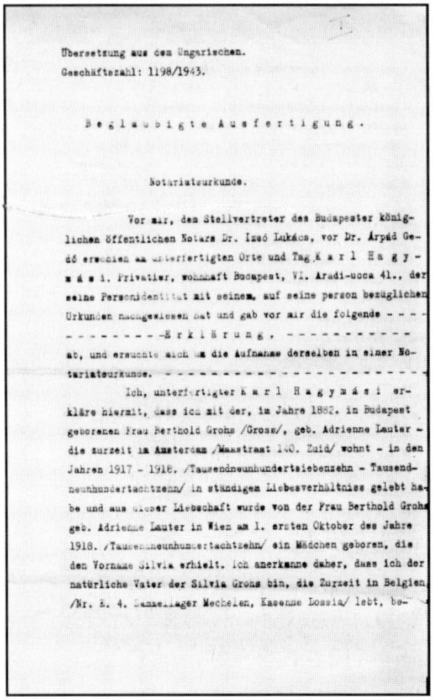

Übersetzung aus dem Ungarischen.
Geschäftszahl: 1198/1943.

B e g l a u b i g t e A u s f e r t i g u n g .

Notariatsurkunde.

Vor mir, dem Stellvertreter des Budapester königlichen öffentlichen Notars Dr. Izsó Lukács, vor Dr. Árpád Gedő erschien am unterfertigten Orte und Tag K a r l H a g y m á s i. Privatier, wohnhaft Budapest, VI. Aradi-ucca 41., der seine Personidentität mit seinem, auf seine person bezüglichen Urkunden nachgewiesen hat und gab vor mir die folgende - - - - - - - - - - - - E r k l ä r u n g , - - - - - - - - - - - ab, und ersuchte mich um die Aufnahme derselben in einer Notariatsurkunde. - - - - - - - - - - - - - - - - -

Ich, unterfertigter K a r l H a g y m á s i erkläre hiermit, dass ich mit der, im Jahre 1882. in Budapest geborenen Frau Berthold Grohs /Gross/, geb. Adrienne Lauter - die zurzeit in Amsterdam /Maastraat 140. Zuid/ wohnt - in den Jahren 1917 - 1918. /Tausendneunhundertsiebenzehn - Tausendneunhundertachtzehn/ in ständigem Liebesverhältniss gelebt habe und aus dieser Liebschaft wurde von der Frau Berthold Grohs geb. Adrienne Lauter in Wien am 1. ersten Oktober des Jahre 1918. /Tausendneunhundertachtzehn/ ein Mädchen geboren, die den Vorname Silvia erhielt. Ich anerkanne daher, dass ich der natürliche Vater der Silvia Grohs bin, die Zurzeit in Belgien /Nr. E. 4. Sammellager Mechelen, Kaserne Lossia/ lebt, be-

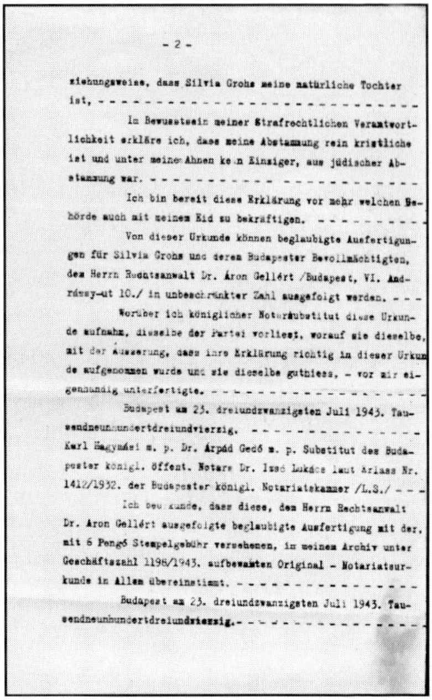

\- 2 -

ziehungsweise, dass Silvia Grohs meine natürliche Tochter ist, -

Im Bewusstsein meiner Strafrechtlichen Verantwortlichkeit erkläre ich, dass meine Abstammung rein kristliche ist und unter meinen Ahnen kein Einziger, aus jüdischer Abstammung war. - - - - - - - - - - - - - - - - -

Ich bin bereit diese Erklärung vor mehr welchen Behörde auch mit meinem Eid zu bekräftigen. - - - - - - - -

Von dieser Urkunde können beglaubigte Ausfertigungen für Silvia Grohs und deren Budapester Bevollmächtigten, dem Herrn Rechtsanwalt Dr. Áron Gellért /Budapest, VI. Andrássy-ut 10./ in unbeschränkter Zahl ausgefolgt werden. - - -

Worüber ich königlicher Notarsubstitut diese Urkunde aufnahm, dieselbe der Partei vorliest, worauf sie dieselbe, mit der Ausserung, dass ihre Erklärung richtig in dieser Urkunde aufgenommen wurde und sie dieselbe gutniess, - vor mir eigenhändig unterfertigte. - - - - - - - - - - - - - - -

Budapest am 23. dreiundzwanzigsten Juli 1943. Tausendneunhundertdreiundvierzig. - - - - - - - - - - - - -
Karl Hagymási m. p. Dr. Árpád Gedő m. p. Substitut des Budapester königl. öffent. Notars Dr. Izsó Lukács laut Erlass Nr. 1412/1932. der Budapester königl. Notariatskammer /L.S./ - - -

Ich beurkunde, dass diese, dem Herrn Rechtsanwalt Dr. Áron Gellért ausgefolgte beglaubigte Ausfertigung mit der, mit 6 Pengő Stempelgebühr versehenen, in meinem Archiv unter Geschäftszahl 1198/1943. aufbewahrten Original - Notariatsurkunde in Allem übereinstimmt. - - - - - - - - - - - - - -

Budapest am 23. dreiundzwanzigsten Juli 1943. Tausendneunhundertdreiundvierzig.- - - - - - - - - - - - - -

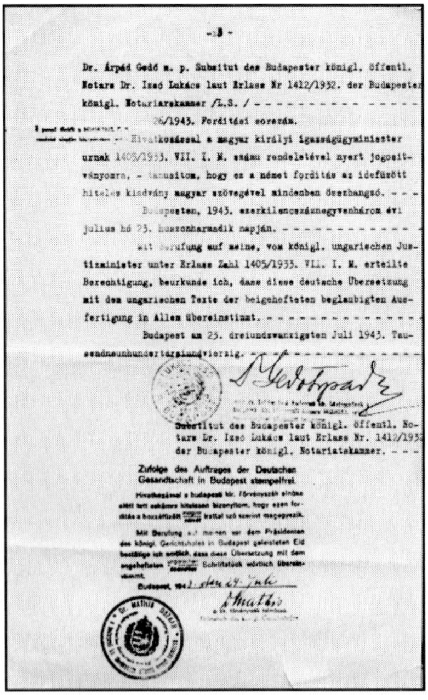

\-3 -

Dr. Árpád Gedő m. p. Subsitut des Budapester königl. öffentl. Notars Dr. Izsó Lukács laut Erlass Nr 1412/1932. der Budapester königl. Notariarskammer /L.S. / - - - - - - - - - - - - - - -

26/1943. Forditási sorszám.

Hivatkozással a magyar királyi igazságügyminiszter urnak 1405/1933. VII. I. M. számu rendeletével nyert jogositványomra, - tanusitom, hogy ez a német forditás az idefüzött hiteles kiadvány magyar szövegével mindenben összhangzó. - - -

Budapesten, 1943. ezerkilencszáznegyvenhárom évi julius hó 23. huszonharmadik napján. - - - - - - - - - - - -

Mit Berufung auf meine, vom königl. ungarischen Justizminister unter Erlass Zahl 1405/1933. VII. I. M. erteilte Berechtigung, beurkunde ich, dass diese deutsche Übersetzung mit dem ungarischen Texte der beigehefteten beglaubigten Ausfertigung in Allem übereinstimmt. - - - - - - - - - - - - -

Budapest am 23. dreiundzwanzigsten Juli 1943. Tausendneunhundertdreiundvierzig. - - - - - - - - - - - -

Substitut des Budapester königl. öffentl. Notars Dr. Izsó Lukács laut Erlass Nr. 1412/1932 der Budapester königl. Notariatskammer. - - -

Zufolge des Auftrages der Deutschen Gesandtschaft in Budapest stempelfrei.

Hivatkozással a budapesti kir. törvényszék elnöke előtt tett eskümre hitelesen bizonyítom, hogy ezen fordítás a hozzáfűzött ... irattal szó szerint megegyezik.

Mit Berufung auf meinen vor dem Präsidenten des königl. Gerichtshofes in Budapest geleisteten Eid bestätige ich amtlich, dass diese Übersetzung mit dem angehefteten ... Schriftstück wörtlich übereinstimmt.

Budapest, 1943. den 24. Juli

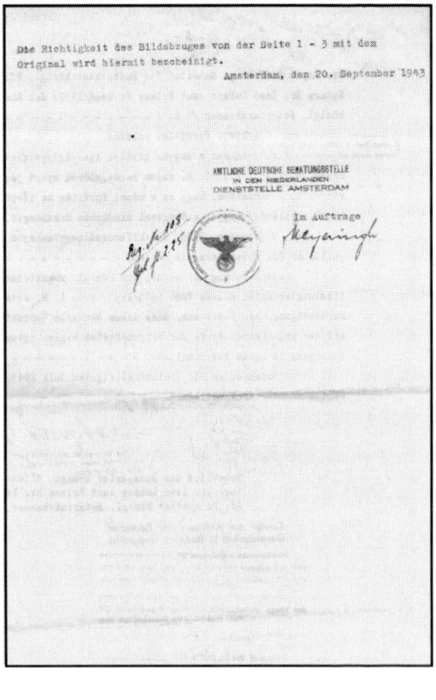

Die Richtigkeit des Bildabzuges von der Seite 1 - 3 mit dem Original wird hiermit bescheinigt.

Amsterdam, den 20. September 1943

AMTLICHE DEUTSCHE BERATUNGSSTELLE
IN DEN NIEDERLANDEN
DIENSTSTELLE AMSTERDAM

Im Auftrage

Der entehrende Brief, der eine fingierte Abstammung Silvias von einem arisch-ungarischen Vater nachweisen sollte, um sie aus Mecheln zu befreien. Der Versuch misslang.

Szenen vom Hinterhof der Joodschen Schouwburg

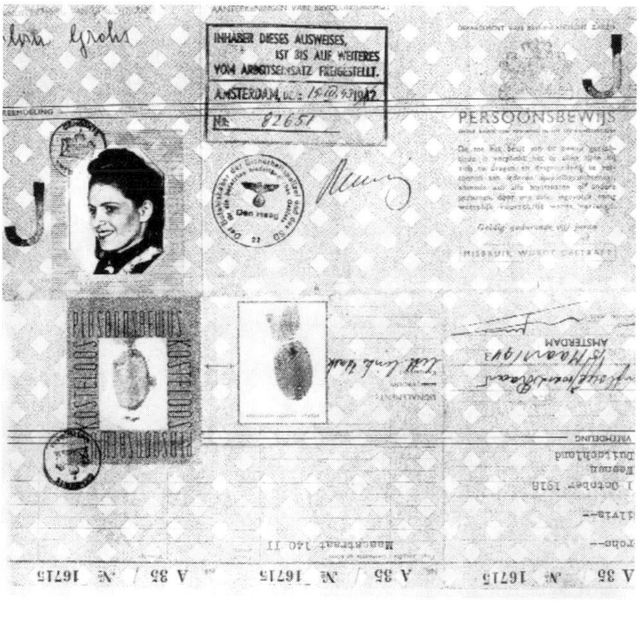

Silvias niederländischer Personalausweis mit dem wertvollen Freistellungsstempel

Das Innere der Schouwburg zu der Zeit, als Silvia dort auftrat.

Eine Zeichnung von den Kriegsschäden der Schouwburg

Auf dem Gelände der Schouwburg befindet sich heute ein Holocaust-Museum.

Ankündigung einer Vorstellung in der Hollandsche Schouwburg, 1941

Ankündigung einer Vorstellung in der Joodsche Schouwburg, 1943

SILVIA GROHS

Silvia Grohs ist in Wien geboren. Sie wurde früh Schauspielerin und war nacheinander am Deutschen Volkstheater, an der Volksoper, im Neuen Wiener Schauspielhaus und im Cabaret «Literatur am Naschmarkt» verpflichtet. Sie spielte zunächst ernste Rollen: Eliza Doolittle in «Pygmalion», das Hannele in «Hanneles Himmelfahrt», die Schlagermizzi in «Liebelei» und die Anni im «Abschiedssouper» von Schnitzler — um nur einige Beispiele zu nennen. Dann ging Silvia als Star einer Wiener Revue auf Tournee in die Schweiz, von wo aus sie als erste Tanzsoubrette an die Fritz Hirsch-Operette in Holland engagiert wurde. Später wechselte sie als Chansonnière und Schauspielerin zur Willy Rosen-Revue über, um dann als Star zur Nelson-Revue zu gehen.

Silvia Grohs ist Schauspielerin, Soubrette und Chansonnière — zur Zeit ist sie die Diseuse der Herbert Nelson-Chansons. In Holland war sie viel fürs Radio tätig; auch hier in der Schweiz hat sie schon vor dem Mikrophon gearbeitet.

Den Krieg hat Silvia Grohs in Holland mitgemacht. Beim Versuch, Verfolgte über die Grenze zu bringen, wurde sie in Brüssel von der Gestapo verhaftet und in Mecheln interniert. Ab 1943 wurde sie von einem Konzentrationslager zum anderen verschickt: sie kam nach Auschwitz und von dort nach Ravensbrück, wo sie drei Monate vor Kriegsschluss in einen unter der Erde gelegenen Bunker gesperrt wurde. Hier wurde sie vom Roten Kreuz befreit. Seither ist sie wieder zusammen mit ihrem Gatten Herbert Nelson tätig.

Eine Seite aus dem Song-Magazin, November/Dezember 1946

Silvia, Amsterdam, 1945

Silvia, um 1946

New York, 1948

»Die hübsche junge Dame hier braucht ein wenig Puder«, ließ er ihn mit absichtlich verstellter Stimme wissen. »Helfen wir ihr doch einfach und holen wir ihr etwas.« Den Rest flüsterte er Fritz ins Ohr. Ich schaute Fritz ins Gesicht, während er zuhörte. Er sah verblüfft aus, peinlich berührt, und offenbar war ihm unbehaglich zumute. Er drehte den Kopf, dann ging er weg.

Fritz ging auf das andere Ende des Hofes zu, wo sich Rainers Baracke und die Küche befanden. Die Leute um mich herum räusperten sich ständig, wie man das in peinlichen Momenten tut. Als Fritz verschwunden war, senkte ich den Kopf und richtete meine Augen auf die Ränder der Steine vor mir. Das war wesentlich besser, als in Bodens widerliches Gesicht schauen zu müssen. Alles war besser als das.

Ich weiß nicht, wie lange es dauerte, bis Fritz zurückkam, ich weiß nur noch, dass ich den Kopf erst wieder hob, als der schreckliche Nazi noch mehr sarkastischen Wortmüll ausspie. Rüpelhaft grölte er, dass er dafür sorgen würde, dass ich jetzt für eine Weile genug Puder haben würde. Dann sah ich, wie Fritz einen prall gefüllten Sack an Boden reichte, sah, wie Boden ihn öffnete, und ehe ich noch aus dem Weg gehen konnte, traf mich mitten ins Gesicht eine Ladung Mehl, der gleich eine zweite, noch größere folgte. Meine Augen brannten, und ich musste husten und würgen. Als ich versuchte, mein Gesicht zu schützen, schüttete Boden mir alles auf einmal über den Kopf. Ich war ganz von Mehl bedeckt. Mein Haar war darunter begraben. Ich stand da und war mir voll und ganz bewusst, dass an die eintausend Mithäftlinge, einschließlich der Neuankömmlinge, diesem üblen, Bodens ungeheuer abartigem Hirn entsprungenen Schauspiel zugesehen hatten.

Obwohl ich die Augen geschlossen hatte, brannten sie fürchterlich, und mein Mund, der voll weißem Staub war, schmeckte nach Kreide – und doch dachte ich an gar nichts … Nicht daran, wie demütigend die Situation war, auch nicht daran, was ich jetzt tun sollte … Nicht einmal, nachdem der wichtige Mann gegangen war. Mein Verstand war in ein selbst erschaffenes Gewölbe geglitten, hatte sich eingeschlossen, um den Schmerz abklingen zu lassen, um mir Zeit zu geben, mit meiner Demütigung zu ringen, die mir, wie eine offene Wunde, sehr viel mehr Schmerz bereitete als meine brennenden Augen.

Ich ergriff die Hand, die nach meiner tastete, und ging mit dorthin, wo sich die Duschen befanden. Die Hand gehörte zu Maggie. Maggie war die Freundin von Fritz, aber wichtiger noch war, dass sie in der Küche arbeitete und immer an ihre Freunde dachte. Fritz hatte sie geholt, nachdem Boden seinen Spaß mit mir gehabt hatte. Ich weiß noch, dass sie mir wieder und wieder das Haar wusch und dass sie meine Kleider nahm und mir Kleider von sich lieh. Sie sagte nicht viel, nur dass sie froh sein könne, nicht schön zu sein. Maggie war hübsch, die Art Hübschheit, mit der Unterscharführer Boden sich nicht abgab.

Mayer hatte meine Aufnahmezeremonie verpasst. Er hatte ein verlängertes Wochenende Ausgang und war in Brüssel, wo er die Freuden des Ehelebens genoss. Als er von der Sache hörte, regte er sich schrecklich auf, womöglich glaubte er, dass er es hätte verhindern können, wäre er dagewesen. Aber Boden hätte nicht auf ihn gehört; Boden hörte auf niemanden. Sogar Kommandant Frank beachtete er kaum. Mayer erzählte, Frank und Boden seien sich nicht sonderlich sympathisch. Kommandant Frank sei sehr zurückhaltend. Er wollte nichts weiter als ein gutes Zeugnis aus Berlin, keine Gestapo-Leute in seinem Lager, und außerdem sollte alles problemlos laufen. Abgesehen davon glaube ich, dass er Mistkerlen wie Boden nur mit Missbilligung begegnete und nur Verachtung für deren heimtückische Art empfand. Boden quälte nicht nur hübsche Mädchen, es bereitete ihm auch einen Heidenspaß, Leute, die einfach nur in Gruppen zusammenstanden, mit dem Wasserschlauch zu bearbeiten. Dazu nahm er den schweren Feuerwehrschlauch. Wenn der erst einmal richtig in Gang gebracht war, hörte Boden nicht eher auf, als bis alle umhergewirbelt und umgeworfen worden waren und mindestens ein halbes Dutzend Leute ernsthafte Verletzungen davongetragen hatte. Schreien half nicht. Bitten und Flehen half nicht. Ein halbes Dutzend Knochen oder mehr musste gebrochen und dazu beträchtliche Verwirrung gestiftet sein, ehe er das Wasser wieder abstellen ließ. Das ganze Lager sehnte sich danach, dass man Unterscharführer Boden an die Front versetzte oder dass ihm noch Schlimmeres zustieß, aber das passierte nie.

Ich verbrachte viel Zeit mit Rainer in ihrer Baracke. Es war die Baracke, in der die meisten Holländer untergebracht waren – diejenigen, die in Belgien gelebt hatten, und diejenigen, die wie Rainer, Betty, meine Gruppe und ich den schweren und teuren Weg gewählt hatten. Dummköpfe sind wir allesamt gewesen, die wir geglaubt hatten, dass Geld der einzige Preis sei, den wir für die Freiheit zu zahlen hatten, und dass all jene, die uns halfen, es allein aus Gründen der Menschenfreundlichkeit taten. Was für ein grausames Erwachen! In Rainers Baracke machten etliche Geschichten die Runde, und bis auf kleinere Abweichungen waren es immer dieselben. Angefangen bei Hafen-Harry, unserem einzigen Kontaktmann in Amsterdam, über John, den gewöhnlichen Mann mit der ungewöhnlichen Begabung, die Wahrheit zu verschleiern, über Mutter Erde, den Bauern, bis hin zu Max. Wir waren alle denselben Leuten begegnet, hatten denselben Leuten vertraut. Wir waren über dieselben Straßen gegangen, hatten im selben Graben ausgeharrt, waren mit denselben Zügen gefahren, hatten in denselben Betten geschlafen, und am Ende ist da immer Max gewesen. Manche hatte er direkt nach Mecheln gebracht, ohne sich erst die Mühe zu machen, einen Zwischenaufenthalt in der Avenue Louise einzulegen; andere hatten die Nacht irgendwo mit dem Gesicht zur Wand verbracht und darauf gewartet, erschossen zu werden.

Immer gleich an der Geschichte blieb die Tatsache, dass Max uns alle bei Madame Zeker abgeholt und uns dann der Gestapo übergeben hatte. Einige aus Rainers Baracke kannten Max noch aus der Zeit vor der Invasion, andere hatten ihn erst danach kennen gelernt. Sie gingen in dieselbe Synagoge, hatten zur selben Gemeinde gehört. An hohen Festtagen hatten sie zusammen gebetet – um Frieden und Sicherheit für alle Juden gebetet. Einer der Männer behauptete, Max sei einmal mit einer großen Gruppe anderer Juden verhaftet worden, aber während von den anderen keiner zurückgekehrt war, hatte man Max bald wieder auf den Straßen der Stadt gesehen. »Ich hoffe, er ist wirklich gut mit Gott bekannt«, meinte eine Frau, deren Bruder mit Max zusammen aufgegriffen worden war und von dem man seitdem nichts mehr gehört hatte. »Ich würde gern wissen, was für eine Ausrede er Gott oder uns gegenüber wohl hat, wenn alles vorbei ist.«

Bis ins kleinste Detail wurde auch der Vorfall im Zug mit dem Fremden im Trenchcoat auf der Plattform besprochen. Wie es scheint, bin ich nicht die einzige gewesen, die ihn gesehen hat, auch nicht die einzige, der er Zeichen gegeben hat: Vor mir hatte es schon andere gegeben. Deren Reaktion war nicht anders als meine: Sie hatten genauso viel Angst gehabt wie ich. Als sie John darauf aufmerksam gemacht hatten, ließ er sie in einen anderen Waggon gehen, genau wie bei uns, und seine Erklärung hinsichtlich der Identität des Fremden war Wort für Wort das, was er auch uns erzählt hatte. Als ob er es auswendig gelernt, geprobt hätte, um nur ja keinen einzigen Fehler zu machen. Aber da war ein Ehepaar in Rainers Baracke, und beide schworen, dass es genau andersherum gewesen sei. Die beiden hatten mit dem Mann gesprochen, ohne dass John etwas davon gemerkt hatte, und er hatte ihnen dasselbe über John erzählt, was John zu ihnen – und später zu uns – über den Mann gesagt hatte. Er hatte verzweifelt versucht, sie zu warnen, sie dazu zu bewegen, aus dem Zug zu steigen und einfach davonzulaufen. Natürlich hatten sie ihm nicht geglaubt.

Die einzige, die sich praktisch für nichts interessierte, war Rainer. Jetzt weinte sie nicht mehr viel, aber sie war immer traurig. Die meisten Leute in ihrer Baracke hatten irgendwann einmal versucht, sie aus der Reserve zu locken, aber sie reagierte nicht. Sie sprach kaum. Wenn Rainer auf irgendeinen Vorschlag überhaupt reagierte, dann für gewöhnlich höchstens mit einem »Wozu?« Meistens saß sie mit übereinander geschlagenen Beinen da und starrte vor sich hin. Sie hatte ziemlich viel abgenommen und sah inzwischen schon recht abgezehrt aus. Betty erwähnte sie nie. Aber ich wusste, dass sie sich freute, mich zu sehen, und dass es ihr ein wenig besser ging, wenn ich in der Nähe war. Aber auch mir gelang es nicht, sie aufzuheitern. Am meisten bemüht um sie hatte sich Rainers Stubenältester Martin. Martin und seine beiden Freunde Heinz und Werner, beide Stubenälteste in ihrem jeweils eigenen Taubenschlag, waren die wunderbarsten Männer, die man sich nur vorstellen kann. Unglaublich attraktiv, unglaublich intelligent, anständig und mutig. Mehr und mehr sah ich ihre Anwesenheit hier als vorherbestimmt. Wenn sie auch nicht offen Krieg für uns führten, brachten sie doch wenigstens die Waagschale zwischen Gut und Böse wieder ins Gleichgewicht. Das Böse, das Boden anrichtete, das Gute, das von ihnen kam.

Bald wurde ich Martins Geliebte. Sofortige Freundschaft und sofort unzertrennlich, so war das mit uns beiden. Nicht nur mit Martin, sondern auch mit Heinz und Werner bestand eine enge Freundschaft, sie waren meine Brüder. Sie teilten mit mir, sie sorgten und sie kümmerten sich um mich. In den alten Zeiten wären sie Don Quijote gewesen und hätten gekämpft, um Unrecht wieder gutzumachen. Jetzt gingen sie pfeilgerade in jeder Beziehung und mit starkem Selbstwertgefühl und mit großem Respekt vor anderen Menschen unerschütterlich ihren mühevollen Weg.

Die Stubenältesten brauchten nicht in der Baracke zu schlafen, für die sie verantwortlich waren, und die meisten taten das auch nicht. Sie zogen es vor, etwas Zeit für sich allein zu haben. Meine drei Ritter hatten Werners Baracke gewählt, weil sich da am wenigsten Leute drängten. Da saßen wir dann, wir vier – oder fünf mit Jean –, und lernten Französisch, erzählten uns Geschichten und heiterten uns gegenseitig auf.

Immer wenn ich einmal einen besonders schlechten Tag hatte, und das aus den denkbar besten Gründen, oder vielleicht auch einmal ein paar Tage hintereinander, und als Folge davon reserviert, gleichgültig und gefühllos wurde, nahm Martin mich in den Arm und sagte: »Lass die Kälte nicht in dein Herz, und wende dich nicht ab. Du stehst das nicht allein durch. Keiner von uns kann das. Wir müssen uns gegenseitig festhalten, damit wir am Leben festhalten können. Aber am wichtigsten ist, dass wir uns an die Liebe erinnern.« Er war erst fünfundzwanzig, aber klug und erfahren weit über sein Alter hinaus. Irgendwie schien es, als sei er schon einmal auf dieser Erde gewesen und unangefochten und unbeirrt in den Schuhen irgendeines uralten Weisen hindurchgegangen. Er war immer für eine Überraschung gut. Genauso wie seine Freunde. Vom Aussehen her hätten Heinz und Werner Brüder sein können. Beide waren blonder, als irgendein Schwede oder Deutscher es hätte sein können, etwa ein Meter zweiundachtzig groß und ganz entschieden der Typ, der in Badehosen eine genauso gute Figur macht wie im Abendanzug, beides trugen sie im Lager allerdings nicht.

Bis vor etwa zehn Jahren hatten Heinz und Werner zur privilegierten Oberschicht gehört. Als Söhne reicher Juden, Deutsche noch dazu, hatten sie feststellen müssen, dass ihre privilegierte Kindheit bald einer unterprivilegierten Jugend wich. Mit ihren Eltern kamen sie nach Belgien, ließen sich in Brüssel nieder, wo sie beide weiter die höhere Schule besuchten. Heinz studierte Architektur, Werner Medizin. Nach einer Razzia in ihrer Universität lernten die beiden sich in einem Polizeiauto kennen, zuerst verschlug es sie in das Gestapo-Hauptquartier in der Avenue Louise und schließlich ins Lager nach Mecheln.

Einen Monat früher als die beiden hatte Martin einen ganz ähnlichen Weg zurückgelegt. Auch er war Deutscher, war aber zunächst allein nach Holland gekommen. Seine Familie hatte es, so hoffte er, bis nach England geschafft. Martin war im Ruhrgebiet geboren, sein Großvater hatte dort ein Textiliengeschäft, aus dem ein Warenhaus wurde und schließlich sogar das größte Warenhaus in der Gegend. Es war ein florierender Familienbetrieb, der eines Tages ihm gehören sollte. Der Betrieb und die Familie, beide seit beinahe hundert Jahren am Ort ansässig, genossen hohes Ansehen. Aber wie so viele andere auch nahm die Familie nicht wahr, wie sich das Klima veränderte. Eines Nachts hielt jemand eine brennende Fackel an das Geschäft, und was vier Generationen aufgebaut hatten, existierte nicht mehr.

Martin war nach Brüssel gekommen, bevor die brutalen Razzien in Amsterdam begannen, und hatte dort eine Art Arbeit gefunden. Dass er im Lager Mecheln landete, war darauf zurückzuführen, dass er unglücklicherweise zur falschen Zeit am falschen Ort gewesen ist: Er wurde dabei erwischt, wie er mit Lebensmittelmarken handelte. An sich kein Verbrechen, nicht einmal unter der gestrengen Hakenkreuz-Regierung. Nur stand der Mann, mit dem er seine Geschäfte tätigte, unter Beobachtung, da man ihn im Verdacht hatte, über weit mehr Ware zu verfügen, als das Gesetz ihm zubilligte. Davon hatte Martin nichts gewusst.

4.

Das wäre nun wirklich einmal etwas Weltbewegendes gewesen, worüber wir hätten schreiben können, hätten wir schreiben dürfen: Theater – eine Vorstellung – Unterhaltung! Jeden Sonntag Nachmittag.

Ich weiß nicht mehr, wann das alles anfing, nur noch, dass sich die meisten Leute im Lager darauf freuten. Offenbar machten sie das schon die ganze Zeit, nur waren die letzten Vorstellungen wegen Regen ausgefallen, also hatte ich nie eine gesehen. Als Mayer mich bat, mein Talent in den Dienst der nächsten Aufführung zu stellen, wusste ich nicht genau, wie ich reagieren sollte. Ich war hin- und hergerissen, vor allem wegen Martin, der ganz entschieden dagegen war, dass ich bei so etwas mitmachte. Die beiden lagen deswegen ein wenig miteinander in Streit, und ich stand dazwischen. Mayer wollte mich überreden, indem er mir versicherte, das Ganze würde höchst professionell ablaufen, es wäre ein Kinderspiel mit all den Künstlern bei uns im Lager. Richtige Schauspieler, richtige Tänzer und Sänger und richtige Musiker, die richtige Instrumente auf einer richtigen Bühne spielten.

Da Mayer ganze Koffer voller großartiger Sachen hatte, würde es natürlich eine großartige Aufführung werden müssen. Als ich immer noch zögerte, versuchte er, mich mit Kleinigkeiten zu bestechen, etwa doppelte Ration, das heißt, zwei Schalen wässriger Suppe statt einer und zwei Scheiben Brot statt einer, dazu noch die Vergünstigung, morgens nicht früh aufstehen zu müssen. Das konnte mich nicht umstimmen. Er appellierte an meine Fairness und an meine Eitelkeit, indem er mir sagte, wie viel ein wenig Unterhaltung meinen Fans bedeuten würde.

Allerdings sagte Mayer mir nicht, dass die Idee mit der Unterhaltung ursprünglich gar nicht von ihm stammte. Es war Kommandant Franks Idee gewesen, seine Eingebung. Außerdem versäumte Mayer noch zu erwähnen, dass Frank, Boden und der ganze Rest der treuen Brigade meist in der ersten Reihe saßen und zuschauten. Ein regelmäßiges, wöchentliches gesellschaftliches Ereignis für Freund und Feind zugleich. Das erklärte allerdings Martins ablehnende Haltung. Martin hielt nichts davon, Nazis zu unterhalten, auch wenn es nicht nur für sie war, und wusste, dass auch ich nichts davon hielt. Vor allem aber wegen meines Zusammenstoßes mit Boden war Martin überzeugt, dass Mayer mich gar nicht erst hätte fragen oder aber mir zumindest sagen sollen, vor wem ich singen würde. Er hatte vollkommen recht. Allerdings glaubte Mayer, der ebenfalls wusste, wie ich in der Angelegenheit dachte, dass es die Spannung mildern und ich bei Boden aus dem Schneider wäre. Ich antwortete Mayer, dass er keinesfalls mit mir rechnen könne. Daran hielt er sich auch – genau zwei Wochen lang. Danach kam er und ließ mich wissen, dass man mir befohlen habe aufzutreten, andernfalls … »Andernfalls« bedeutete für mich ein Aufenthalt im Keller, aber da ich ein paar wirklich nette

Leute kennen gelernt hatte, die da gewesen waren und es überstanden hatten, sagte ich wieder nein. Am nächsten Tag erschallte Bodens höhnische Stimme über den Lautsprecher und verkündete, dass alle künftigen Aufführungen gestrichen seien, und zwar als Strafe dafür, dass eine gewisse Schauspielerin sich geweigert hatte aufzutreten. Alle Beschwerden seien an die verantwortliche Person zu richten.

Der nächste Schritt bestand entweder darin, abzuwarten, bis eine aufgebrachte Menschenmenge mir weiß der Himmel was antat, oder Mayer zu sagen, dass ich trotz aller Einwände von Martins Seite bereit sei mitzumachen. Ich ließ ihn wissen, dass ich auftreten würde und er Proben ansetzen solle. Ich bin nicht sehr gut bei Proben, und genau das brachte mich höchstwahrscheinlich aus purer Verzweiflung auf die Idee. Wenn ich mich ungeschickt anstellte, falsch sang und mir alle erdenkliche Mühe gab, so schlecht zu sein, dass sie mich nie wieder bitten würden aufzutreten, wer könnte mir dann einen Vorwurf machen? Das war doch wohl den Versuch wert, oder? Schließlich hatte ich ja nur gesagt, dass ich mitmachen wolle – nicht, dass ich gut sein würde. Was könnten sie mir schon antun, meinen Vertrag annullieren?

Mayer war so erleichtert, dass er mir alles gab, worum ich bat. Hauptsächlich Zeit und Platz genug, um allein zu proben. Ich hätte nie gedacht, dass es so schwierig sein könnte, sich lächerlich zu machen. Erst als Mayer mir einen Tag vor der Aufführung den Text zu einem neuen Lied gab, fragte ich mich ernsthaft, für was für eine Art Publikum dieses Lied gedacht war. Er hatte mir zwei Seiten schlimmsten Schmutz gegeben, Dreck, obszöne Schweinereien – ein Geschenk von Boden – mit der ausdrücklichen Bitte, nicht etwa dem Befehl, es meinem üblichen Repertoire hinzuzufügen. Ich weiß nicht, wem davon mehr übel wurde, Mayer oder mir. Stotternd entschuldigte er sich und erklärte, dass er sich nie zuvor im Leben so schlecht gefühlt habe, und dann fragte er, ob ich es nicht trotzdem versuchen wolle. Nur um Boden zu zeigen, dass ich keine Angst hatte, sein Spiel mitzuspielen. Einen Augenblick lang sahen wir uns an, und dann gingen wir beide fort. Den Text habe ich mir nie wieder angesehen. Ich behielt ihn zusammengeknüllt in meiner Manteltasche und überlegte, ob ein Mann wie Boden wohl je einen anständigen Gedanken in seinem Hirn gehabt haben mochte.

Draußen auf dem Hof hatten sie eine richtige Bühne aufgebaut. Woran in einem Lager selten Mangel herrschte, waren ausgebildete Facharbeiter. Am Sonntag der Aufführung gab es ungewöhnlich viel Aufregung. Die Leute strömten auf den Hof und stritten sich um die besten Plätze. Stühle gab es für die Lagerinsassen nicht, alle mussten stehen – das Gerangel und Geschubse um die vorderen Plätze hatte lange vor Aufführungsbeginn angefangen. Wie soll ich beschreiben, wie ich mich an jenem Tag fühlte? Nie vorher hatte ich eine Vorstellung absichtlich verpfuscht, allerdings war ich ja auch noch nie vorher in solch einer Situation gewesen. Martin würde nicht kommen, Heinz und Werner auch nicht. Und es gab auch noch andere, die der ganzen Idee ablehnend gegenüberstanden und in ihren Baracken blieben. Doch die überwiegende Mehrheit wollte eine Weile einfach vergessen und ein wenig lachen.

Von der Bühne und allem, was damit zu tun hatte, hielt ich mich fern, bis es Zeit für meinen Auftritt war. Mayer hatte mir sein Zimmer zum Umziehen überlassen, dann überließ er mir seinen Arm, um mich auf die offene Bühne zu führen. In Freilichttheatern bin ich nie gern aufgetreten, schon gar nicht mitten am Tag. Zu viele Ablenkungen können den Schleier des Geheimnisses fortreißen, der sich zwischen mir und dem Publikum befindet. Ich muss die Leute nicht sehen, um zu wissen, dass sie da sind. Aber an diesem Sonntag würde ich sie sehen müssen, erkennen müssen, wie sich ihr Gesichtsausdruck von freudiger Erwartung zu verärgerter Enttäuschung wandelt. Bestimmt verliere ich meinen Fan-Club. Tja, lieber den Fan-Club als meine Prinzipien. Mein Auftritt – drei Lieder, ein Tanz und ein bisschen Gerede – sollte etwa fünfzehn Minuten dauern.

Zwei Minuten dauerte mein Auftritt, wenn überhaupt. Ein Blick hinunter auf die ersten beiden Reihen, und ich war wie betäubt. Da saß in mit Orden übersäten Uniformen und blank gewienerten Stiefeln die Gestapo, die hohen Tiere direkt aus den Hauptquartieren in der Avenue Louise, den ganzen Weg von Brüssel waren sie gekommen. Mit ihren sittsamen kleinen Frauchen und Freundinnen, wichtigtuerisch und stocksteif in ihren Korsetts, saßen sie alle auf Klappstühlen und starrten mich voll schauriger Neugierde direkt an. Boden saß genau in der Mitte, neben sich ein angemaltes weibliches Wesen, während Kommandant Frank und seine Frau, eine nervöse Brünette im Silberfuchsmantel, die beiden letzten Plätze in der ersten Reihe hatten. Ebenfalls anwesend war zu meiner endgültigen Bestürzung der Gestapochef selbst, der mit dem vernarbten Gesicht, dessen Männer meinen zerrissenen gefälschten Ausweis gefunden hatten. Von allen großen Tieren dort war er das größte.

Offensichtlich waren sie auf Kommandant Franks Einladung hin gekommen und rechneten, wenn schon nicht mit einer üppigen Ausstattungsrevue, so doch mit guter Unterhaltung und damit, einige Male lachen zu dürfen und das Vergnügen zu haben, uns begaffen zu können. Vielleicht konnten sie das tatsächlich auch vor meinem Auftritt und möglicherweise wieder nach meinem Abgang, doch solange ich auf der Bühne war, bestimmt nicht. Niemand amüsierte sich, am allerwenigsten ich. Hätte ich meinen Blick auf etwas anderes oder jemand anderen richten können, hätte ich das sicher getan. Aber es ging nicht. Da waren einfach zu viele – zu viele Deutsche, zu viele Uniformen, zu viele Totenköpfe auf den Uniformmützen. Zuviel Gestapo! Das brachte mich völlig aus der Fassung, so sehr, dass ich nicht einmal so tun musste, als sei ich schrecklich. Ich war schrecklich. In dem Augenblick, in dem ich den Mund aufmachte, zitterte meine Stimme, brach, wurde heiser und verschwand innerhalb weniger Sekunden völlig. Während meine Lippen immer noch lautlose Worte formten, spielten die Musiker dieselben einleitenden Takte wieder und wieder. Schließlich gab ich ihnen Zeichen, dass sie aufhören sollten. Das taten sie dann auch, und da rief dann einer der Deutschen: »Tanzen! Tanzen Sie für uns!«

Ohne einen einzigen Schritt, ob vorgetäuscht oder nicht, vorauszuplanen und ohne irgendwelche Musikbegleitung fing ich an, mich zu bewegen. Langsam zuerst, dann wild und hektisch. Ich absolvierte Sprünge und akrobatische Verrenkungen, sinnlose Pantomime, schlitterte und rutschte so unprofessionell und unrhythmisch über die Bühne, dass ich glaube, es wusste niemand, was da vor sich ging. Irgendwie beendete ich das Ganze mit einem Spagat, ungefähr das Einzige, was ich meines Wissens nach tatsächlich ausgedacht und geprobt hatte, und blieb unten, bis Mayer kam und mich von der Bühne wegführte.

Von dem albtraumhaften Debakel einmal abgesehen waren sie überzeugt, dass ich einen auf Schau gemacht hatte. Jedenfalls baten sie mich nie wieder teilzunehmen ... Das war die gute Neuigkeit. Die schlechte Neuigkeit bestand darin, dass sie mir meinen E4-Status abnahmen. Das bedeutete nicht nur, dass ich meinen schönen Taubenschlag neben meinem bezaubernden Jean aufgeben musste sowie die schneeweißen Leinenlaken, die Jasminseife und den morgendlichen Pfefferminztee; weit beunruhigender war die Konsequenz, die sich daraus ergab. Das bedeutete, dass ich jetzt Freiwild war, was den nächsten Transport betraf. Ich kann nicht eindeutig beweisen, dass ich meinen Sicherheit gewährenden E-Status aufgrund der Tatsache verlor, dass sie meinen Auftritt als absichtliche Schluderei interpretierten, aber genauso wenig kann ich eindeutig das Gegenteil beweisen. Niemand schien gewillt, darüber zu sprechen, niemand schien es genau zu wissen. Das Höchste der Gefühle war die Auskunft: Es muss wohl eine Anweisung des Hauptquartiers in Brüssel sein.

Ich zog in Werners Baracke, wo auch Heinz und Martin schliefen. Sie hatten ihren Taubenschlag nebeneinander, aber zu Martins und meiner Enttäuschung war dort kein Platz mehr für mich. Tatsächlich war fast nirgendwo mehr Platz. Martin beschloss, dass ich mich am hintersten Ende der Baracke niederlassen sollte, damit das die ganze Nacht währende Kommen und Gehen – der zur Toilette strebende Verkehr – mich nicht so sehr stören sollte. Mein neuer Taubenschlag war kein Eckplatz; so hatte ich etwas weniger Platz und außerdem zwei Nachbarn anstelle von einem. Auf beiden Plätzen gab es keine Laken, nicht einmal etwas, dass annähernd nach einem Laken aussah. Der Taubenschlag zu meiner Linken sah aus, als habe jemand eine Mülltonne darüber entleert, und auf dem zu meiner Rechten lag nur ein abgetragenes Paar Schuhe, sonst nichts. Ich glaube, es ist nur verständlich, wenn ich nicht allzu begierig war, die Inhaber dieser Schlafplätze kennen zu lernen, zumal Martin und ich damit gerechnet hatten, ein wenig Zeit ganz für uns, ein wenig schwer zu erkämpfendes Privatleben zu haben.

Den Unordentlichen sah ich gleich nach dem Mittagessen, als er in seinen Taubenschlag kletterte, um ein Nickerchen zu machen. Später am Abend, kurz bevor das Licht ausging, tauchte auch der Besitzer der abgetragenen Schuhe auf. Sogar hier gab es keine durchschnittlichen, normalen Nachbarn. Während mich der erste fast vollständig ignorierte, ging der zweite sofort zu Werner und verlangte, er solle mich entfernen. Er wolle mich nicht neben sich haben. Martin hatte keine Ahnung, wer meine Bettnachbarn waren, und hatte gehofft, er könne einen der beiden bewegen, mit ihm den Platz zu tauschen, aber beide wollten sich nicht von der Stelle rühren. Der eine wollte seinen Eckplatz nicht aufgeben und auch seine Unordnung nicht; und der andere, tja, der befand sich auf einer ganz anderen Wellenlänge.

Er war Rabbi, noch dazu ein orthodoxer. Er trug einen langen schwarzen Mantel, einen schwarzen Hut mit breiter Krempe, einen Gebetsschal und all das Übrige, das seine traditionelle Aufmachung verlangte, einschließlich des langen Bartes und der langen Schläfenlocken. Was er sonst noch auf dem Rücken beziehungsweise unter seinem Mantel trug, waren seine ganzen Besitztümer. In Wirklichkeit war es gar nicht so viel; und doch wirkte er damit ausgebeult, unförmig und ein wenig komisch. Zu sehr wie eine von Hitlers üblen Karikaturen, die zum Ziel hatten, den einer Gehirnwäsche unterzogenen Ignoranten einzureden, dass alle Juden so aussahen. Die altmodische Brille mit den dicken Gläsern, die er trug – und die seine Augen fast völlig verbargen –, sein grauer, ungestutzter Bart, die vorgebeugten Schultern und der schlurfende Gang ließen ihn sehr alt aussehen, wahrscheinlich älter, als er in Wirklichkeit war. Seinen Namen erfuhr ich nie, auch sonst nichts über ihn, auch sprach ich nicht mit ihm, hauptsächlich weil er nicht mit mir sprach. Ein höchst unangenehmer Rabbi. Sein anderes Paar Schuhe benutzte er nie, er ließ es einfach nur dort liegen, um alle wissen zu lassen, dass der Platz besetzt war. Er beklagte sich in einem fort, hatte einen Wutausbruch nach dem anderen, warf ständig meine Sachen auf den Boden und verfluchte, auf höchst unorthodoxe Art und Weise, Werner und mich.

Was der gute Rabbi uns nicht erklärte, war der wahre Grund für seine ewigen Klagen, zu denen wir keinen Anlass boten. Höchstwahrscheinlich erwartete er, dass alle Juden wissen müssten, was natürlich längst nicht alle Juden wussten. Erst nachdem wir mit einigen Leuten geredet hatten, die mit dem orthodoxen Judentum vertraut waren, erfuhren wir, dass ein Mann nicht neben einer Frau schlafen durfte, wenn sie ihre Menstruation hatte, weil die Frau zu dieser Zeit, den orthodoxen Vorschriften zufolge, unrein ist. In Anbetracht der Tatsache, dass der gute Rabbi sich nie umzog, nie seinen Mantel auszog, nicht einmal die Socken oder sonst etwas wechselte und immer voll bekleidet mit dem Rücken zu mir schlief, kann man sich fragen, wer da wohl unrein war. Das konnte mein Selbstvertrauen allerdings nicht erschüttern. Obwohl es natürlich einigermaßen merkwürdig ist, neben einem Mann zu schlafen, der absolut nichts mit einem im Sinn hatte. Das waren ganz entschieden keine normalen Zeiten.

Mit dem Unordentlichen zu meiner Linken erging es mir nicht viel besser. Dass ich wusste, wie er hieß, kam daher, dass alle das wussten, und nicht etwa daher, dass er seinerseits meine Bekanntschaft gesucht hätte: Jonny. Jonny war ein ungezogener Frechdachs. Nur mit Mühe konnte man sich ihn an einem Esstisch mit Freunden und Verwandten vorstellen. Nur mit Mühe konnte man sich vorstellen, dass er überhaupt je Freunde und Verwandte gehabt hatte. Auf eine erfrischende, mitreißende, jugendliche Art war er irgendwie niedlich. Jonny sah nicht aus wie ein Mann, sondern wie ein Junge, dessen Kopf man versehentlich auf den Körper eines Erwachsenen geschraubt hatte. Er hatte lustige, aber wachsame große blaue Augen, ein Grübchen am Kinn, ein gewinnendes Lächeln und einen üppigen blonden Haarschopf. Er war eher klein, knapp einen Meter achtundsechzig, und muskulös wie ein Turner. Wendig und schnell. Keiner kannte Jonny näher – dafür hatte er gesorgt. Unbekümmert, selbstgenügsam, unerschütterlich und unverzagt wie er war, nahm er nur eines ernst – wirklich gut für sich zu sorgen. Er trainierte viel, schlief viel und aß viel, denn, so erklärte er immer wieder gern: »Mein Körper braucht das.« Keiner wusste, woher seine Lebensmittelpakete stammten, aber jede Woche bekam er eines und schwelgte in den Sachen. Er teilte mit niemandem, nicht weil er geizig gewesen wäre, sondern weil er andauernd Hunger hatte. Jede Woche lag ein großes weißes Taschentuch in seinem Paket, auf dem er seine Leckerbissen dann immer ausbreitete. Wenn er fertig war, warf er die Überreste einfach in meinen Taubenschlag. An den Krümeln und Schalen auf meiner Seite konnte ich immer erkennen, wann er wieder einmal ein Lebensmittelpaket bekommen hatte.

So sehr er einen auch zur Raserei brachte, konnte man ihm doch nicht wirklich böse sein, zumal er einmal nachts nach der Ausgangssperre weggegangen war, damit Martin und ich allein sein konnten. »Ich gehe mal frische Luft schnappen«, sagte er beinahe überzeugend, als ob es nachts bei geschlossenen Fenstern in dem eisigen Flur so etwas wie frische Luft gab. »In einer Stunde bin ich zurück. Rührt nur ja meine Lebensmittel nicht an«, und damit war er weg. So manche Nacht ließ er uns allein. Wir baten ihn nie darum; er tat es einfach. In jenen Nächten, und es gab etliche davon, sah ich keine Dämonen, hörte keine Kriegstrommeln, und was ich in den Armen meines Geliebten spürte, war Freude, reine Liebe und mein unbeschwertes Herz.

Jonny hatte einen ziemlich wilden Ruf, dem er gerecht werden musste, denn obwohl er bereits enge Bekanntschaft mit dem Keller geschlossen hatte – er war einer der Stammgäste dort –, konnten die Feuchtigkeit und das schmuddelige Dunkel ihm nichts anhaben. Standhaft und unerschrocken nahm er seine Strafe hin. Zweimal war er schon geflohen, aber innerhalb weniger Stunden wieder aufgegriffen worden. Jonny wusste, wie man rauskam, aber nicht, wie man draußen blieb. Es passierte immer während der Transporte, nicht im Lager selbst. Von hier konnte man nicht fliehen. Das Lager war zu klein, und mit Ausnahme des nach allen Seiten abgeriegelten Innenhofes gab es keinerlei offene Flächen. Keine Zäune, über die man klettern konnte, und der einzige Weg nach draußen war das große, gut bewachte Tor. Natürlich wussten wir alle, dass Jonny es wieder versuchen würde. Ich habe mich oft gefragt, womit er eigentlich floh. Er trug nur Shorts – weiße, kurze Shorts. Ich hatte ein paar in einen Kissenbezug gestopfte Hemden und Hosen gesehen, die er in seiner Ecke aufbewahrte, aber nie trug. Dann war da noch die unbedeutende Sache mit den Schuhen. Er hatte Sandalen, aber auch die trug er nicht. Ob Regen oder Sonne, er ging immer barfuß. Er meinte, so könne er schneller laufen. Wohin laufen? Wie die abgetragenen Schuhe des Rabbi standen auch Jonnys Sandalen einfach nur herum und nahmen Platz weg.

Der gute Rabbi und Jonny haben nicht einmal einen Blick miteinander gewechselt. Das Einzige, was die beiden gemeinsam hatten, war ich als Bettnachbarin, was beide nicht gerade zu begeistern schien. Wenn Jonny schlief, dann schlief er. Wenn der Rabbi schlief, dann schnarchte er, ansonsten betete er. Ich weiß nicht, ob Gott die Gebete des Rabbi hörte, aber schnarchen hörte er ihn ganz bestimmt.

Ich kann nicht leugnen, dass mir das Herz in die Kniekehlen rutschte oder sich zusammenkrampfte, wenn die Lastwagen die Neuankömmlinge brachten. Anfangs habe ich mich nicht einmal getraut, nach Mama und Herbert oder nach meinen Freunden Ausschau zu halten. Stattdessen bat ich Rainer, das für mich zu tun, aber sie behauptete dann immer, sie kenne sie nicht gut genug und würde sie deshalb nicht wiede erkennen. Das stimmte einfach nicht. Sie kannte sie durchaus, aber sie fühlte sich eben schuldig. Inzwischen geriet ich in helle Aufregung, wenn ich die Tage zählte, angefangen bei dem Tag meiner ersten Karte, überlegte, wann sie aufgegeben wurde und wann sie möglicherweise ankam, bis zu dem Tag der zweiten Karte, der Karte ohne Briefmarke, der allerwichtigsten. Ob jemand die zweite Karte wirklich rechtzeitig gefunden und aufgegeben haben konnte?

Endlich erhielt ich die Erlaubnis, nach Hause zu schreiben. Zwei Monate waren seit meiner Ankunft im Lager Mecheln vergangen. Ich hatte den Frühling kommen und gehen sehen, einen Frühling ohne Blumen und ohne den Duft des Flieders, der die Luft liebkost. Ein Frühling, den man nur mit Mühe im Gedächtnis behalten und den man unmöglich vergessen konnte. Eines Nachmittags rief man mich zur Wachstube. Aufgrund meiner Abneigung gegen die beiden erbärmlichen Soldaten dort war ich bisher nicht einmal in die Nähe des fürchterlichen Tores gekommen. Im Übrigen wusste ich auch ohne diese Gedächtnisstütze nur allzu gut, dass ich eine Gefangene war. Als es nur noch ein paar Meter bis zum Tor waren, sah ich etwas Wunderbares.

Das Tor stand weit offen. Und auf der anderen Seite, wie in einem Traum, stand Margit – meine schöne, treue, tapfere Freundin. Auf ihren Lippen lag dieses bezaubernde Lächeln, das so typisch für sie war, und als ich das sah, war mir gleich ganz warm und wohlig zumute. Mit dem Hochgefühl eines Menschen, der sich einfach nur freut, am Leben und frei zu sein, rief sie zu mir herüber: »Ich habe deine Papiere gebracht. Die Papiere deines arischen Vaters. Aus Budapest. Es ist alles hier drin!« In der rechten Hand hielt sie einen großen braunen Umschlag, den sie immer wieder hin und her schwenkte, damit ich ihn auch ganz bestimmt sah. Dann fing Margit unter Zuhilfenahme von beträchtlichem Pathos an zu singen, wobei sie ganz schön dick auftrug. Das Einzige, was fehlte, war ihre kaputte Gitarre. Mir war klar, sie machte das nur, um die Wachposten zu verwirren. Zuerst sang sie den Refrain, dann eine Strophe, Refrain und Strophe, und wiederholte, dass ich sehr bald frei sein würde. »Mayer weiß Bescheid,

Mayer weiß Bescheid«, zwitscherte sie, während die völlig verdutzten Wachposten ihre Gewehre umklammerten. Mein Herz hüpfte, ich stürzte vor, flitzte durch das Tor, direkt in Margits Arme.

Die Wiedervereinigung dauerte nicht lange. Fast sofort wurde ich zurückgerissen. Die Menge, die sich schnell versammelt hatte, brachte ihre Verblüffung und ihre Erheiterung durch laute Jubelrufe und Applaus zum Ausdruck. Das Ganze war vorbei, als mich Mayer am Arm packte und mich direkt in sein Zimmer verfrachtete. Ich musste mich setzen, und er sagte mir, ich solle ja bleiben, wo ich war. Er würde sich um alles kümmern. Seine Stimme war alles andere als ruhig. Er war alles andere als ruhig, und ich war weit davon entfernt zu begreifen, was da vorgefallen war. Mayer meinte, ich solle auf ihn warten und mich nicht von der Stelle rühren, unter keinen Umständen, er würde mir alles später erklären. Ich hörte, wie er die Tür abschloss und wegging. Die lauten, jubelnden Stimmen auf dem Hof waren nur noch gedämpft zu hören, doch so geordnet, als sei es ein und dieselbe Stimme.

Ich rührte mich nicht vom Fleck. Ich beobachtete nur den Minutenzeiger seines Weckers. Er ruckelte leicht, wenn die vollen sechzig Sekunden um waren, bevor er zur nächsten und wieder nächsten Minute sprang. Als sei es harte Arbeit, einfach weiterzumachen, sogar für eine Uhr.

Nettes Zimmer … netter Mann … Und er hat mich nicht einmal hergebracht, damit ich seinen Tee probiere. Als ich damals im Lager ankam, hatte er mir versprochen, für mich nach Hause zu schreiben. Ehrlich gesagt habe ich nicht geglaubt, dass er das ernst meinte, ich habe gedacht, es wäre nur ein weiterer Trick, um mich ins Bett zu kriegen.

Vierzig endlose Minuten später kam Mayer zurück, ohne Margit, ohne den großen Umschlag und ohne meine Papiere. Er sagte, sie sei nach Brüssel zurückgefahren und wolle ihr Glück bei Erdmann versuchen, dem Sektionschef von Rosenbergs »Sicherheitspolizei/-Sicherheitsdienst« (Sipo-SD) und damit der Verantwortliche für die »Judenfrage« in Belgien. Ich konnte kaum fassen, dass Margit tatsächlich hier gewesen und wieder gegangen war, ohne dass ich Gelegenheit hatte, mit ihr zu reden. Das machte mich entsetzlich traurig. Aber wenigstens konnte mir Mayer, der sich alle Mühe gab, einen fröhlichen Eindruck zu machen, recht detailliert Bericht über Margits Besuch erstatten, ein noch nie dagewesenes Ereignis. Wenn es auch nicht den Bericht aus Margits eigenem Mund ersetzen konnte, war es doch besser als gar nichts.

Margit war am frühen Morgen beim Lager eingetroffen und hatte zu den Wachposten gesagt, sie wolle den Kommandanten sprechen. In der Tasche hatte sie ein Empfehlungsschreiben, gefälscht, von einem so genannten Parteifreund aus Amsterdam, und dazu die lang ersehnten Unterlagen meines brandneuen, gekauften und bezahlten arischen Vaters aus Ungarn. Damit ausgestattet hatte sie gehofft, Kommandant Frank überreden zu können, mich sofort auf freien Fuß zu setzen. Zumal sich in dem Umschlag außerdem ein Telegramm, echt, von der Budapester Polizei und ein Schreiben, echt, vom deutschen Konsulat befanden – beide Dokumente bestätigten die Echtheit der eidesstattlichen Erklärung meines Vaters. Das Empfehlungsschreiben, in dem es hieß, der arischen Deutschen Margit Heinrich solle mit aller Höflichkeit begegnet und ihr jede nur erdenkliche Unterstützung zuteil werden, verfehlte leider seine Wirkung auf Kommandant Frank, hauptsächlich weil er es nicht las. Er weigerte sich schlicht und einfach, sie zu empfangen.

An diesem Punkt trat Mayer auf den Plan. Kommandant Frank hatte ihn angewiesen, die Frau einfach abzuwimmeln. Da Margit sich am Nachmittag aber immer noch vor dem Lager aufhielt, hatte er das wohl nicht geschafft. Er hatte es versucht, aber sie wollte sich nicht abwimmeln lassen. Margit doch nicht. In der Zeit zwischen ihrer Ankunft und ihrer Abfahrt war Margit zweimal hinausgeworfen worden, und zwar ganz handgreiflich von den Wachposten am Außentor, und zweimal hatte man ihr eine Unterredung mit Kommandant Frank verweigert, bevor Mayer sie in sein Zimmer führte. Dort erzählte sie ihm die ganze Geschichte: weshalb und wie sie nach Mecheln gekommen sei und weshalb sie unbedingt dafür sorgen müsse, dass der große Umschlag in die richtigen Hände gelange. Sie könne nicht einfach wieder nach Hause fahren, ohne sich davon überzeugt zu haben. Sie erzählte ihm, wie wichtig die Papiere seien, wie schwer es gewesen sei, sie zu bekommen, und wie lange wir darauf gewartet hatten. Mayer gab sich nicht einmal die Mühe zu verbergen, wie fasziniert er von Margit war und wie sehr er ihre Courage und ihre Beherztheit bewunderte. Aber ich glaube, am meisten versetzte ihn ihre selbstlose Hingabe, ihr starkes Engagement für ihre Freunde in Verblüffung.

Was die Reise selbst einschließlich ihrer ganzen Vorgeschichte betraf, war das alles für mich weit weniger verwunderlich als für Mayer. Schließlich kannte ich sie ja. Man könnte sogar sagen, das Ganze war ein typisches Margit-Unternehmen. Da sie gar nicht wusste, was Angst bedeutete, hatte sie auch keine Angst; da sie keinerlei Grenzen anerkannte, gab es für sie auch keinerlei Hindernisse.

Die Papiere meines brandneuen arischen Vaters, die Ferry für mich gekauft hatte, waren drei Tage, nachdem ich Amsterdam verlassen hatte, eingetroffen. Mama regte sich fürchterlich auf, weinte und verfluchte Hitler. Und Herbert, der über diese Laune des Schicksals alles andere als glücklich war, zerbrach sich den Kopf darüber, was sie als Nächstes tun sollten. Schließlich entschied er sich, Harry anzurufen, weil er herausfinden wollte, wie ich zu erreichen sei. Darüber müssen die Götter wohl durchgedreht sein. Harry antwortete, er würde sich wieder bei Herbert melden, sobald er seine Kontaktpersonen habe befragen können. Mehrere Telefonate und ein paar Tage später ließ Harry Herbert wissen, dass ich mich auf der Durchreise befinde.

Meine erste Karte hatte acht Tage bis nach Hause gebraucht, aber sie hob bei allen die Stimmung, wenigstens vorübergehend. Margit erzählte Mayer, dass sie die Seufzer der Erleichterung bis zu ihrem Haus habe hören können. Sie hielten es für besser, noch auf einen Brief von mir zu warten, ehe sie etwas unternahmen. Einen Brief sollten sie nicht bekommen. Stattdessen bekamen sie die Karte, die ich von dem Lastwagen geworfen hatte, die Karte, die Harrys und Johns betrügerischen Machenschaften ein Ende setzte. Nach zwölf Tagen traf sie ein, mit Briefmarke und allem. Wie meine Familie darauf reagierte, wollte Margit nicht ausführlich beschreiben; sie erzählte Mayer nur, dass die Reaktion nicht gut gewesen sei. Mayer allerdings hatte sein Versprechen gehalten. Zwei Wochen nach meiner Ankunft im Lager Mecheln hatte er tatsächlich an Mama geschrieben. Nur eine kurze Notiz, um Mama wissen zu lassen, wo ich mich befände, dass es mir gut ginge und dass ich in Sicherheit sei. Ach wirklich?

Mayers Notiz war vier Wochen unterwegs. An dem Tag, als sie eintraf, beantragte Margit nach einem Gespräch mit Herbert eine Reiseerlaubnis. Die sollte sie nicht bekommen. Also reiste sie nach wochenlangem Warten mit einem Militärzug ab. Dann ergab es sich, dass Margit, die keinen einzigen triftigen Grund hatte, sich in solch einem Zug zu befinden, selber verhaftet wurde. Glücklicherweise endete ihre Eskapade dank ihres deutschen Passes, ihres Charmes und ihrer Schönheit nicht in der Katastrophe. Da ich Margit kannte und wusste, wie Männer auf sie reagierten, wunderte es mich überhaupt nicht, dass sie in den Armen eines feschen deutschen Majors landete, der über ein gewisses Maß an Gewandtheit und Einfluss verfügte. Der Major war dafür verantwortlich, alle Züge an der Grenze sorgfältig zu durchsuchen und zu überprüfen, ehe sie weiterfahren konnten. Da er selber nur hübsche Mädchen überprüfte, und nicht Züge, erfuhr der fesche Major von Margits Verhaftung, die einer seiner Untergebenen veranlasst hatte, erst Stunden später. In der Zwischenzeit musste meine tapfere Freundin mehrere kostbare Stunden lang in einem leeren Lagerraum ausharren. Als sie ihm endlich zum Verhör vorgeführt wurde, musterte er sie sorgfältig und bot ihr dann ihre Freiheit im Austausch gegen das gemeinsame Trinken einer Flasche Wein und einer gewissen Zeit in seinem Bett an.

Mehrere Stunden danach entließ er sie aus seinen menschenfreundlichen Armen. Sie nannte ihn Karl, und er nannte sie seine Margit. Er stellte ihr eine vorläufige Reiseerlaubnis aus und gab ihr als Begleitung eine Zwei-Mann-Eskorte, die gewährleisten sollte, dass sie an ihr Ziel und dann wieder zu ihm zurückkam, und sie gab ihm eine falsche Adresse in Amsterdam.

Wovon Margit Mayer nichts erzählte und was auch ich erst nach dem Krieg herausfand, war Mamas Reaktion auf die schicksalhafte Karte, die ich von dem Lastwagen geworfen hatte. Während sie die Karte las, wurde ihr Haar schlohweiß. Ihr prachtvolles, flammendes goldrotes Haar wurde vollkommen weiß …

Eine Woche nach Margits Besuch bekam ich eine Postkarte von ihr, in Brüssel abgestempelt. Sie schrieb, dass sie nicht bis zu Erdmann hatte vordringen können. Allerdings sei es ihr gelungen, an einen Assistenten heranzukommen, der einiges für sie in Erfahrung gebracht hatte. Er war mit der unverständlichen Nachricht zurückgekommen, dass ich unter besonderer Beobachtung stünde. Er bestand darauf, dass es eine Akte über mich gebe, und in dieser Akte beschuldige man mich, neben anderen grotesken Vorwürfen, auf der Bühne

Hitler imitiert zu haben – noch dazu auf Stelzen. Außerdem schrieb Margit, sie habe persönlich dafür gesorgt, dass die Unterlagen in die richtigen Hände gelangten und dass eine zügige Reaktion darauf unmittelbar bevorstände. »Jetzt finden sie ganz sicher heraus, dass du vollkommen unschuldig bist und werden dich auf freien Fuß setzen.«

Endlich wusste ich, weshalb der Kommandant bei meiner Ankunft im Lager Mecheln zu mir gesagt hatte: »Ich weiß, wer Sie sind, und jetzt wissen Sie, dass ich es weiß. Also Vorsicht.« Außerdem wurde mir die ironische Tatsache bewusst, dass ich nach all den Monaten des Wartens auf meinen arischen Vater noch nicht einmal dessen Namen kannte.

Margits Karte konnte mich nicht gerade aufheitern. Den ganzen Tag grübelte ich darüber nach. In der Nacht, gleich nachdem das Licht ausgegangen war, überredeten mich Martin und Werner, auf den Korridor zu kommen, damit wir eine Zigarette rauchen und sie mich aufheitern konnten. Weil wir dem nächtlichen Hin und Her auf die Toilette und zurück nicht im Weg sein wollten, setzten wir uns auf eine Stufe relativ weit oben auf der Treppe. Da saßen wir dann in unserem Nachtzeug – mein Nachthemd wäre sogar für eine Hochzeitsnacht hübsch genug gewesen –, Martins Regenmantel hatte ich um die Schultern gehängt, und dann rauchten wir unsere einzige Zigarette und besprachen zum wiederholten Mal, was meine Freundin mir auf ihrer Karte geschrieben hatte.

Ein paar Minuten später kam Jonny von der Toilette zurück und setzte sich zu uns. Wie üblich trug er nur seine weißen, kurzen Shorts. Allerdings war er nicht barfuß. Er trug die Holzschuhe, die dem polnischen Schneider gehörten, der in dem Taubenschlag genau unter Jonny schlief. Diese Schuhe nahm er immer dann an sich, wenn die Leidenschaft des Schneiders für Knoblauch und rohe Zwiebeln über das hinausging, was Jonnys Nase ertrug. Meist nahm er sie ihm weg, wenn der gute Schneider tief und fest schlief, und gab sie erst zurück, wenn die letzte Knoblauchzehe und das letzte Stückchen Zwiebel verschwunden waren. Bis zum nächsten Mal, wenn alles wieder von vorn anfing. Ihre Auseinandersetzungen, die sich nicht immer auf Beschimpfungen beschränkten, waren Quelle ständiger Aufregung für meinen Freund Werner, der Stubenältester dieser ungebärdigen Horde war. Als Schiedsrichter einzugreifen lag ihm nicht sonderlich, zumal wenn es um Zwiebeln ging, auf die er allergisch reagierte. Heinz war in jener Nacht nicht bei uns. Er hatte Probleme mit dem Magen und lag deshalb im »Krankenhaus«.

Wir vier saßen eng beieinander, teils wegen der kalten Treppenstufen, teils weil Martin und Werner das Bedürfnis hatten, mich zu trösten. Beide hatten die Arme um mich gelegt, und Jonny saß eine Stufe höher, direkt hinter uns. Als Mayer völlig unerwartet die Treppen heraufstürmte, taten wir nichts Verboteneres als zu überlegen, wo wir uns wohl noch eine Zigarette borgen konnten. In einem der Hysterie nahen Zustand platzte Mayer damit heraus: »Boden – Boden kommt! Er ist in übelster Stimmung und ist auf Ärger aus! Zurück in eure Baracken! Beeilt euch – Los!«

Wir waren kaum aufgestanden, da sahen wir ihn auch schon. Er nahm drei Stufen auf einmal und stürmte gleich hinter Mayer herauf, sein hässliches Gesicht war vor Wut noch röter als sonst. Auf der halben Treppe blieb er stehen. Wie durchdringende Röntgenstrahlen richtete er seine kalten blauen Augen auf uns. »Hab' ich euch erwischt!« brüllte er. »Da ist wohl eine kleine Party im Gange, was? Hab' ich Recht? Ein bisschen Begrapschen und Rumknutschen zur Entspannung vor dem Gute-Nacht-Sagen. Drei Jungs und ein Mädchen! Na sieh mal einer an. Da haben wir ja eine hübsche kleine Orgie. Und ihr habt wohl gedacht, ich finde das nicht raus. Los, aufstehen! Was glaubt ihr eigentlich, was das hier ist – ein Freudenhaus?«

Er hatte sich heiser gebrüllt. Sein Gesicht wurde verschwollener und immer verschwollener, wie ein zu sehr aufgeblasener Ballon. Ohne ein weiteres Wort ging er an uns vorbei zum oberen Treppenabsatz und dann direkt auf unsere Baracke zu. Er brüllte, dass spätestens in einer Minute alle unten auf dem Hof sein sollten. »So wie ihr seid!« stieß er hervor. »Nicht erst anziehen!« Das Echo seiner kreischenden Stimme hallte noch in unseren Ohren, als wir stocksteif die Treppe hinunter- und auf den Hof hinausgingen.

Strömender Regen ergoss sich auf uns, als wären im Himmel alle Schleusentore auf einmal gebrochen. Im Nu war Boden wieder unten im Hof. Mir fiel auf, dass er Turnschuhe trug, die Stiefel hielt er in der rechten Hand. Kein Wunder, dass wir ihn nicht hatten kommen hören. Er befahl uns, vorzutreten zum ersten Gebäude und uns mit dem Gesicht zur Wand aufzustellen. Plötzlich traf uns der blendende

Strahl von Flutlicht. Die Helligkeit war entsetzlich. Ich war überzeugt, die ganze Welt könne uns sehen.

Oben ging ein Fenster auf, und die Stimme des Kommandanten, die über dem anschwellenden Geräusch des herunterprasselnden Regens brüllte, wollte wissen, was da los war. Bodens Antwort kam ohne zu zögern: Er habe uns auf der Treppe beim Rumknutschen erwischt. »Ein Mädchen und drei Männer!« rief er. Er brüllte weiter, dass er sich, weil wir noch so wach seien, gedacht habe, wir könnten ein wenig Körperertüchtigung gebrauchen. Außerdem teilte er Kommandant Frank unsere Barackennummer mit und dass zwei der Männer Stubenälteste seien. Was für eine Schande! Während er sich noch aufspielte, hörte ich, wie die anderen aus unserer Baracke herausschlurften. Ich versuchte, nicht daran zu denken, wie es für sie gewesen sein musste, wach geschrien und ohne die geringste Ahnung, worum es eigentlich ging, in den strömenden Regen hinausgejagt zu werden. Boden, der inzwischen seine Stiefel wieder anhatte und gegen das Durchnässtwerden offenbar immun zu sein schien, befahl ihnen, sich einer hinter dem anderen aufzureihen, immer weiter zu marschieren und die Klappe zu halten.

Ich hörte sie an uns vorbeipatschen, spürte, wie sie zitterten, spürte ihre Angst. »Morgen bringt der polnische Schneider Jonny um«, dachte ich. »Jonny trägt dessen Holzschuhe, und der arme Mann planscht barfuß durch den Matsch. Morgen isst er wieder eine Riesenmenge Knoblauch und Zwiebeln … nachdem er Jonny umgebracht hat. Morgen gibt es im Himmel nicht genug Wasser … Morgen habe ich eine Lungenentzündung.«

Kommandant Frank hatte genug gesehen. Ich hörte, wie das Fenster oben geschlossen wurde. Boden rief zwei Wachposten heran, die sich hinter uns stellen sollten, während er sich, kaum einen halben Meter entfernt, direkt neben mir aufpflanzte. »Kniebeugen!« befahl er. Gleichzeitig gingen wir vier in die Knie. Er befahl uns, diese Stellung mit ausgestreckten Armen und geradem Kopf zu halten, eine halbe Ewigkeit lang. »Der Erste, der sich bewegt, kriegt einen Eimer Wasser über den Kopf«, brüllte er. »Rücken gerade! Arme gerade! Kopf gerade! Rücken gerade! Arme gerade! Kopf gerade!« Er hörte einfach nicht mehr auf. Ich stand ganz außen neben Jonny, Werner außen am anderen Ende, Martin dazwischen. Im selben Augenblick, als ich die Arme bewegte, glitt mir Martins Regenmantel von den Schultern. So hockte ich also in der Kniebeugenstellung in meinem ärmellosen, tief ausgeschnittenen Satinnachthemd, dass mir wie Schlangenhaut am Körper klebte. Nackter hätte ich mich kaum fühlen können.

Nach dem »Stellung-Halten« kamen die richtigen Kniebeugen, zu viele, um sie noch zu zählen. Rauf und runter, rauf und runter, und die Wachposten nah genug, um mich zu packen, und Boden nah genug, um mich zu treten. Mitten in diesem absurden Schauspiel schlüpfte Jonny aus den Holzschuhen, und ohne auch nur im Geringsten auf Bodens ununterbrochene Befehle zu achten, warf er sie lässig weg. Er sagte irgendetwas wie »blöde Holzschuhe« und machte mit den Übungen weiter. Ich sah ihn blinzeln und mir zunicken; er wollte mich wissen lassen: »Du hältst dich prima.«

Nach den Kniebeugen ließ Boden uns springen! Springen mit den Beinen zusammen, mit den Beinen auseinander, Arme hoch, Arme runter, hochspringen, runterspringen, hoch und runter, hoch und runter, weiter und immer weiter, weiter und immer weiter.

Dann – Liegestütz! Rauf, runter, rauf, runter. Meine Löwenmähne, wie Mama sie immer nannte, hatte sich in rote, voll Wasser gelaufene Zotteln verwandelt. Vom Regen gepeitscht fielen sie mir ins Gesicht, nahmen mir die Sicht, und jedesmal, wenn ich den Kopf beugte, wischte ich mit den Haaren den Boden auf. Die Liegestütz-Übung dauerte weiter an. Das Tempo nahm zu. Schneller und immer schneller. Bodens Befehle, mit der Geschwindigkeit eines durchgegangenen Zuges ausgespien, schlugen mir wie in kurzem Abstand explodierende Feuerwerkskörper um die Ohren, donnernd und grölend. »Schneller! Schneller!« Er war noch näher gekommen, so nah, dass ich die Feuchtigkeit seiner vom Regen durchnässten Uniform und seiner Lederstiefel roch.

Plötzlich, als habe jemand in meinem Kopf eine Glühbirne eingeschaltet, wusste ich Bescheid. Wusste, was diese Farce zu bedeuten hatte. Wusste, wann sie aufhören würde. Wann er aufhören würde. Nämlich dann, wenn ich aufgab. Wenn ich nicht mehr hoch konnte. Mit dem Gesicht nach unten auf den vom Regen durchtränkten Steinen lag. Wenn er mich soweit drangsaliert hatte, dass ich um Gnade winselte … dann! Vorher nicht!

Der ununterbrochene hektische Durchhaltewettbewerb, ein Marathon des Willens, war alles, was mich aufrecht erhielt – das und Jonnys gewispertes »Schön durchhalten, schön durchhalten«, wann immer meine Kräfte nachließen. Doch dann kam der Moment, an dem ich mich nicht länger aufrecht halten konnte. Mein Kopf drehte sich, und da war dieser Vulkan, der in meinen Ohren und in meinem Brustkorb ausbrach. Immer wieder holte ich keuchend Luft. Einer der Wachposten packte mich an den Haaren und zog mich hoch und wieder runter, hoch und runter. Und das mit sehr viel Kraft. Zog mich hoch, stieß mich runter. Nach einer sehr, sehr langen Zeit kam Mayer. Er stand neben Boden und schrie ihm zu, er solle Schluss machen. »Lassen Sie die Leute gehen. Lassen Sie die Frau gehen! Es reicht! Sie bringen sie um, ich sage, es reicht! Das ist keine Strafe, das ist Mord!« Von dem Fenster oben, das wieder geöffnet worden sein musste, warf der Kommandant einen Eimer Eiswasser herunter, das Wasser mitsamt dem Eimer. Es traf Mayer, Boden und mich.

Kommandant Frank war wütend. »Das reicht jetzt«, brüllte er. »Lassen Sie sie gehen! Jetzt! Sofort!« Boden stieß den Eimer weg, kreischte noch einmal »Auf!«, dann befahl er uns, ihm aus den Augen zu gehen. »Los, verschwindet, und nehmt eure Hure mit. Weg mit euch, ehe ich meine Meinung ändere!« Wieder zog mich der Wachposten hoch. Dann hob er mich vom Boden hoch, hielt mich in der Luft, schwenkte mich vor und zurück wie eine Marionette und setzte mich wieder ab, das alles, ohne einmal meine Haare loszulassen. Verzweifelt gab ich mir Mühe, nicht zu humpeln, nicht zu würgen, während ich um Atem rang, nicht in Ohnmacht zu fallen.

Der nächste Eimer Eiswasser, diesmal nur das Wasser ohne den Eimer, wirbelte mich herum und zur Seite fort, weg von den grellen Suchscheinwerfern. Zitternd und schwankend, ohne Kontrolle über meine Beine zu haben, mit rasend pochendem Herzen und mit heftiger Atemnot stolperte ich in die Dunkelheit. Später fand ich heraus, dass Mayer und Martin mich gemeinsam in das Gebäude, in dem sich meine Baracke befand, halb zogen und halb trugen. Dieser Teil der Episode ist allerdings ein wenig verschwommen. Aber immer noch sehe ich lebhaft die Treppe vor meinem inneren Auge. Die Treppe, auf der wir gesessen hatten, als Boden so plötzlich auftauchte, vor gerade mal ein paar Stunden, vor mehr als nur einem Leben. So deutlich erinnere ich mich an das Ganze wegen der Treppenstufen, die ich hochklettern musste. Vom oberen Ende der Treppe her, das mir unvorstellbar hoch und weit weg erschien, sah ich Arme, die sich mir entgegenreckten, mir zuwinkten. Auf allen Vieren kriechend schaffte ich einige Stufen allein, und dann wartete ich einfach, bis die sich mir entgegenreckenden Arme nahe genug waren, um mich den ganzen Weg hochzuziehen.

Es dauerte eine ganze Weile, bis mein rasendes Herz wieder normal schlug, bis mein drehender Kopf aufhörte, sich zu drehen, und bis ich leise gesprochene Worte hörte, kein Brüllen, kein Schreien. Man trug mich in meinen Taubenschlag, zog mich aus, trocknete mich ab, man zog mir sauberes Nachtzeug über und deckte mich mit warmen Decken zu. Martin blieb fast die ganze Nacht bei mir. Er wollte meine Hände gar nicht mehr loslassen. Er sah furchtbar traurig aus, und sehr erschrocken. Mein keuchender Atem machte ihm wirklich Angst. Er wollte mich nicht einmal lang genug allein lassen, um sich selbst abtrocknen zu gehen, bis Werner ihn zum Umziehen wegschickte. In seinem attraktiven, über mich gebeugten Gesicht zeigte sich die Anspannung der vergangenen Stunden. Ich weiß nicht, wann die anderen zurückkamen, wann man ihnen erlaubte, wieder in ihren Taubenschlag zurückzukriechen und der Nacht ein paar übrig gebliebene Stunden Schlaf abzutrotzen. Vielleicht fanden sie sogar in ein oder zwei Träume hinein. Ich fand in keinen Traum hinein. Was ich fand, war ein Arm, der sich mir in Freundschaft entgegenstreckte, und was ich hörte, war ein geflüstertes: »Ich bin stolz auf dich.« Jonny. Er blieb wach, um meinen Schlaf zu bewachen und den Schwarzen Mann fernzuhalten. Zäher kleiner Jonny! Ich hätte nie gedacht, dass er mir sein Herz erschließen, mein Freund werden würde.

Als ich am nächsten Morgen aufwachte, musste ich feststellen, dass ich allein in der Baracke war, mich aber nicht bewegen konnte. Alles tat mir weh, und ich litt an äußerster Überanstrengung; Muskeln, von deren Existenz ich bisher überhaupt nichts gewusst hatte, schmerzten wie bloßliegende Nerven. Ich gab mir alle Mühe, mich anzuziehen und aus meinem Taubenschlag zu klettern – Zeitlupenqual. Aber ich schaffte es. Ich schaffte es die Treppe hinunter, indem ich mich von ein paar Kindheitserinnerungen führen ließ. Erinnerungen an jene noch so frischen, sorglosen Tage, als wir zwei, meine

Zwillingsschwester Elli und ich, so taten, als sei die Treppe in unserem Haus keine Treppe, sondern ein unebener Hügel und unser Popo kein Popo, sondern ein Schlitten, auf dem wir die ganzen fünf Treppen hinunterrutschen konnten. Das machten wir immer dann, wenn uns das normale Geländer-Hinuntergleiten zu langweilig war. Auch an jenem Morgen funktionierte es, aber es brachte mich ganz entschieden darüber zum Grübeln, weshalb wir das als Kinder bloß gemacht haben mochten, und das einfach nur so zum Spaß.

Die kreischende Stimme von Unterscharführer Boden kam über den Lautsprecher, gerade als ich nach draußen trat. Das zwang mich, noch einmal meine Entscheidung zu überdenken, nicht nur mein Gesicht in der Öffentlichkeit zu zeigen, sondern auch an Bodens geliebter Morgengymnastik teilzunehmen. Ich wollte dem Mistkerl zeigen, dass es mich noch gab, wenn ich mir erst einmal selber bewiesen hatte, dass man mit mir, obwohl mir alles wehtat, immer noch rechnen konnte. Irgendwie hatte ich nicht mit dem Ausmaß seiner Perversität gerechnet, hatte sein krankhaftes Bedürfnis, mit der Hatz weiterzumachen, nicht erwartet. Er plärrte die grässliche Geschichte unseres skandalösen Treibens heraus und ließ eine Flut anzüglicher sexueller Obszönitäten vom Stapel. Er zögerte nicht einen Moment, die Identität der Übeltäter preiszugeben, wobei ich ganz groß herausgestellt wurde, aber auch meinen Partnern im Allgemeinen und den Stubenältesten im Besonderen wurde ein beträchtliches Maß schmählicher Erwähnung zuteil. Was die anderen in meiner Baracke anging, die er die halbe Nacht hatte marschieren lassen, so erklärte der unzurechnungsfähige Boden, dass auch sie höchstwahrscheinlich nur abwarteten, bis sie bei mir an die Reihe kamen.

Seine widerliche Rede beendete er mit einer schrecklichen Ankündigung: Als zusätzliche Bestrafung für uns, die Sünder, und als Abschreckung für alle Übrigen würde eine zweiwöchige Paketsperre in Kraft treten. Auch unsere Zigarettenration, drei Zigaretten pro Woche, setzte er aus. Das Buhen und der Ausstoß wenig schmeichelhafter Bemerkungen, ob sie nun für uns vier oder für ihn bestimmt waren, ließen mich wünschen, ich hätte meine Baracke gar nicht erst verlassen.

Vornübergebeugt bahnte ich mir kauernd meinen Weg an den Gebäuden entlang zur anderen Seite, wo eine verstimmte, verärgerte

Gruppe von Leuten stand und auf den Beginn der Übungen wartete. Ich stellte mich in die zweite Reihe zwischen zwei Frauen, die ich nicht kannte, heilfroh, dass ich meinen großen Schal um den Kopf trug.

Es lag reichlich Spannung in der Luft – Spannung, Angst und Verzweiflung. Der Erdboden war immer noch feucht, voller Pfützen und rutschig. Ich hielt nach meinen Freunden Ausschau, konnte sie aber nirgends sehen. Dann begannen die Übungen. Idiotische Übungen, idiotische kleine Bewegungen: Kopf hoch, Kopf runter, auf die Fußspitzen und runter, Schultern hoch, Schultern runter, auf die Fußspitzen und runter. Ich zog mir den Schal ganz über die Stirn, wie ein scheues Bauernmädchen. Nicht dass ich jemanden zum Narren halten wollte, ich wollte einfach nur die Lage peilen. Ich sah ihn zuerst, lange bevor er mich entdeckte. Er war mit dem beschäftigt, was er am besten verstand: inspizieren. Er ging absichtlich langsam die Reihen entlang, um sicher zu stellen, dass niemand nur so tat als ob. Unterscharführer Boden leitete diese herrlichen, belebenden Übungen schon längst nicht mehr selbst; die Ehre war inzwischen auf einen anderen übertragen worden. Boden sah nur noch zu. Beobachtete alles und jeden.

Was immer ihm auch an jenem Morgen nach seiner heimtückischen Rede durch seinen spärlichen Verstand gehen mochte, nach wem auch immer er noch Ausschau halten mochte, um ihn zu quälen oder zur Strecke zu bringen, nach mir suchte er nicht. Er ging geradewegs an mir vorbei, blieb stehen, ging weiter, blieb stehen und kam zurück. Den vor mir stieß er zur Seite, starrte mir ins Gesicht, blinzelte, schüttelte mehrfach den Kopf, starrte weiter und grinste dann. Er hatte mich erkannt. Er war sichtlich verblüfft, aber auch zweifellos beeindruckt. »Na, Sie haben Mumm«, lachte er gackernd und erstaunlich heiter, in seiner Stimme schwang eine beträchtliche Dosis Respekt. Dann sagte er, ich müsse nicht auf dem Hof bleiben, könne eine Pause machen, mich ausruhen, sagte, ich sei entschuldigt. Das sagte er tatsächlich, also blieb ich nicht auf dem Hof!

Als ich in die Baracke zurückkam, wartete Mayer auf mich. Er rechnete damit, mich halb tot anzutreffen, und so war er gekommen, weil er sehen wollte, was er tun könne, um meine Schmerzen zu lindern. Als er mich nicht entdecken konnte, schnappte er ein bisschen über. Er war zum Krankenhaus gegangen, weil er dachte, jemand könne mich dorthin gebracht haben, stattdessen traf er dort auf Werner und Martin. Die beiden waren nicht allzu munter, fühlten sich aber auch nicht allzu angegriffen, und so besuchten sie Heinz. Heinz und seinem Magen ging es besser. Als sie ihm von vergangener Nacht erzählten, meinte Heinz, dass wir ihm ein Plätzchen hätten reservieren sollen und dass es ihm Leid tue, das Ganze verpasst zu haben.

Mayer tat einen Masseur für mich auf: einen ehemaligen Boxchampion, Schwergewicht, direkt in meiner Baracke. Er wusste alles über schmerzende Muskeln und wie man sie wirkungsvoll behandelte. Zweimal täglich kam er zu meinem Taubenschlag und massierte mein Weh und meinen Schmerz weg. Was für ein Champion! Von denen, die in der Nacht in dem strömenden Regen hatten marschieren müssen, zeigten nur wenige Verständnis, der Rest war stinkwütend auf uns, auf Boden und auf das ganze verdammte Durcheinander.

An dem Tag genau zwei Wochen nach der von Boden verhängten Paketsperre wurde die Sperre aufgehoben, und ich erfuhr von Maggie, dass ein Paket, mein erstes, auf mich wartete. Das Paketzimmer hatte ein Fenster und eine Tür. Einen sehr langen Tisch: darauf, ausgebreitet wie die Reste einer Nahrungsmittelmesse, traurig aussehende, schimmelige und ranzig riechende Grüße von zu Hause. Ich nehme an, es hatte alles zu lange dort gelegen. Jedes einzelne Paket war aufgerissen, durchwühlt und gründlich in Unordnung gebracht worden. Aber immerhin besser als nichts. Hinter dem Tisch stand Boden, der mich seit jener Nacht nicht ein einziges Mal belästigt hatte. Stattdessen grinste er mir jedesmal, wenn wir uns über den Weg liefen, viel versprechend zu. Da ich nie vorher ein Paket bekommen hatte, wusste ich nicht, was ich zu tun oder zu sagen hatte, vor allem in Bodens Gegenwart. An dem Paket, das er in den Händen hielt, hatte sich keiner zu schaffen gemacht.

»Sie müssen ein besonders artiges Mädchen gewesen sein, dass Sie so etwas Schönes bekommen«, meinte er, als er mir das Paket gab. Und dann noch mit süffisantem Lächeln: »Lass dir's gut schmecken!«

Als ich das Paket mit Zwieback und Käse, Wurst und Seife öffnete, das Jeans Freund geschickt hatte, wusste ich, dass Boden mich nie wieder belästigen würde, dass ich immerhin ein Stück weit seinen, wenn auch widerwilligen, Respekt gewonnen hatte.

5.

Mit der Verzweiflung eines Sterbenden hatte er mir meine Suppenschale aus der Hand gerissen. »Dic ist leer!« brüllte ich. »Sehen Sie denn nicht, dass da nichts mehr drin ist? Geben Sie das zurück!« Aber das tat er nicht. Er hielt sich die Schale dicht vor die Brust, als sei sie ein unermesslich wertvoller Schatz, und er schrie: »Nein! Bitte nicht. Ich nehmen, ich nehmen. Lassen Sie!«

Der Vorfall ereignete sich eines Abends unmittelbar nach dem Essen. Als ich mich wie üblich anstellte und darauf wartete, mein Geschirr spülen zu können, kam der Mann, griff sich die Schale und rannte damit den ganzen Weg nach vorn, wo sich der tropfende Wasserhahn befand. Jeden Mittag und jeden Abend anzustehen, nur um eine ausgebeulte Blechschale und einen Löffel spülen zu dürfen, war noch ermüdender, als jeden Mittag und jeden Abend anzustehen, nur um in Empfang zu nehmen, was sie gerade an Essen austeilten. Aber das war immer noch kein Grund, sich seine spärlichen Besitztümer wegnehmen zu lassen.

Meine Freunde und ich hatten noch nicht entschieden, was wir in der Sache tun wollten, und ob überhaupt etwas, als er mit der Schale in der Hand zurückkam. »Sehen Sie«, sagte er, ein wenig außer Atem, aber glücklich. »Es ist ganz sauber. Ich wollte es ja nur waschen. Wollte ja nichts von niemandem stehlen! Nett, nich'?« »Ja, sehr. Danke«, antwortete ich. Dann gab er mir die saubere, glänzende Schale zurück und kündigte an, dass er von jetzt an unser Geschirr, meines und das meiner Freunde, jeden Tag waschen wolle, zweimal. Wir waren einigermaßen verblüfft, aber auch belustigt, sagten ihm aber trotzdem, er solle das Ganze vergessen, denn wir hätten nichts, was wir ihm als Gegenleistung anbieten könnten, am allerwenigstens etwas zu essen. Wir hatten ja kaum selber genug, mussten mehr als einmal hungrig ins Bett. Aber der Mann bat und bettelte immer weiter, versicherte uns, dass er kein Essen, keine Zigaretten, keine Kleidung wolle, er wolle überhaupt nichts dafür. Wiederholt erklärte er, dass unsere Essensnäpfe jetzt die saubersten im ganzen Lager sein würden, also ließen wir ihn gewähren.

Der Vorfall selbst hinterließ einen unauslöschlichen Eindruck, und zwar nicht so sehr wegen dem, was der Mann getan hatte, auch nicht, weshalb, sondern aufgrund seiner Person. Im Grunde wusste niemand, wie lange er schon hier war. Niemand schien sich daran zu erinnern, ihn je gesehen zu haben, und doch erklärte er, als wir ihn fragten, er sei schon »die ganze Zeit« hier. Wie lange das war, sollten wir nie herausfinden.

Er hieß Josef. Eines der wenigen Dinge, die er mit Bestimmtheit wusste. Er war stolz auf seinen Namen, weil der aus der Bibel stammte. Ein heiliger Name, der, so nahm er an, wohl zu bedeuten hatte, dass auch er ein wenig heilig war. Ob nun Josef nach dem Ehemann von Maria, der Muttergottes, benannt worden war oder nach dem Sohn von Jakob und Rahel, den man nach Ägypten in die Sklaverei verkauft hatte, wusste er auch nicht. Er hätte seine Eltern fragen können, welcher Josef ihnen vorgeschwebt hatte, aber er behauptete, er habe nie Eltern gehabt. In seinen frühesten, bruchstückhaften Erinnerungen sah er sich mit vielen anderen Kindern, an vielen verschiedenen Orten, die absurderweise »Heime« genannt wurden. Dorthin kamen gelegentlich Leute und nahmen manche der Kinder mit, die dann in einem richtigen Heim leben durften. Josef wurde nie ausgesucht. Nicht, dass er nicht hübsch genug – oder kräftig genug oder schlau genug – gewesen wäre, aber diese Leute übersahen ihn ganz einfach. Da stand er dann und stand, blitzblank geschrubbt, und übte sein hübschestes Lächeln, das auch heute noch eher wie eine Entschuldigung, aber nicht wie ein Lächeln aussah, aber die Leute gingen immer achtlos an ihm vorbei.

Das sollte sich auch nie ändern. Das bescheidene, ängstliche und schüchterne Kind ohne Freunde wuchs heran zu einem einsamen Mann; und ohne einen Ort, den er Zuhause hätte nennen können, hielt der rastlose Josef es nirgends lange aus. Arbeit hatte er immer, verdiente immer seinen Lebensunterhalt und ließ sich immer rastlos von einer Stadt in die nächste treiben, wo er dann Ausschau hielt nach einem, der ihn bitten würde zu bleiben. Aber das tat nie jemand. Er sah aus wie eine kahle Wand – unauffällig, beinahe unsichtbar. Haar und Gesicht von verblichener Farbe, wie vom Wetter gegerbter Sand. Fast immer hielt er den Kopf gesenkt, als sei er immer noch ein Kind, das damit rechnete, gescholten oder geschlagen zu werden. Er war recht groß, zu dünn, was seine sackartige Kleidung umso sackartiger und ihn selbst kleiner und umso unauffälliger wirken ließ. Sein Alter blieb, wie die Umstände seiner Geburt, ein Geheimnis, das er nie Lust hatte zu lüften.

Er war ein schlichter Mensch. Krank an seiner Seele aufgrund des Mangels an Liebe, aber ohne die geringste Spur von Bitterkeit denjenigen gegenüber, die ihn im Stich gelassen hatten, und voll von tausendfachem Mitleid für all jene, die genauso einsam waren wie er, und so bemühte er sich unaufhörlich um Nähe. Sein Herz war ohne alle Boshaftigkeit, voll grenzenlosem Vertrauen und voller Unschuld. Josef mochte alle, und das einzige, wonach er sich sehnte, war ein Mensch, der auch ihn mochte. Leider war er nicht gerade geschickt darin, Freundschaften zu schließen. Sogar hier, wo eine helfende Hand immer Mangelware war, wurde er weggestoßen, nicht beachtet. Was auch immer ihm Mut gemacht haben mochte, meinen schäbigen Napf zu packen und so meine Beachtung zu erzwingen, werde ich nie erfahren. Von Natur aus gewalttätig war er nicht, genauso wenig wie er je gelernt hatte, Gewalt einzusetzen. Vielleicht war er an einen entscheidenden Wendepunkt gekommen oder war es einfach leid, angeschaut, dabei aber nicht gesehen zu werden. Ein freundlicher Gruß und ein paar Worte des Dankes genügten ihm. Josef war wie ein treu ergebener Hund, der einem nicht mehr von der Seite weicht. Und in diesen Zeiten absurder Sinnlosigkeit, inmitten von Unterdrückung, aufgezwungener Entbehrung und ständiger Angst war er glücklich.

Aufgegriffen worden war Josef auf der Durchreise in einer Stadt, in der die Deutschen gerade Jagd machten auf körperlich kräftige Männer, die sie für das Auf- und Abladen besonders schwerer, zweifellos gestohlener Ausrüstung brauchten. Die mit den Bärenkräften wurden nach Deutschland geschickt, die eher mickrigen, schwächlichen wie Josef kamen ins Lager von Mecheln, ohne dass sich je einer herabließ, ihm zu erklären, wieso und weshalb er hier sei und um was für einen Ort es sich eigentlich handelte. Ich glaube, er versuchte immer noch, das herauszufinden.

Die Stimmung im Lager hatte sich entschieden verändert. Irgendetwas war da im Gange. Die Atmosphäre war spürbar anders: aufgeladen, drückend, wie vor einem Unwetter. Und die Leute waren unruhig und nervös. Es muss angefangen haben, als jemand erwähnte, es seien bereits über eintausendfünfhundert Leute hier, und als er dann das schicksalhafte Wort »Transport« hinzufügte – danach war all die Unruhe entstanden. Alle redeten nur darüber: Es gab heftigste Meinungsverschiedenheiten darüber, wer auf den Transport müsste, wobei die Vorhersagen schwankten zwischen »allen« und »nur ein paar«, zwischen »die E-Nummern und die Leute mit Arbeit dürfen bleiben« und »alle dürfen nach Hause«, dazu alle möglichen anderen Prophezeiungen. Meine Freunde und ich versuchten, uns in diesen Gerüchtesog nicht mit hineinziehen zu lassen. Doch die Tatsachen – die mit jedem Transport von Neuankömmlingen steigende Zahl der Insassen – ließen sich nicht so einfach ignorieren.

Die einzigen, die sich von all dem überhaupt nicht beeindrucken ließen, waren die Männer, die man im Lager so treffend »Flitzer« nannte – also diejenigen, die abhauten, flohen, sich davonmachten. Viele Flitzer, die schon ein- oder zweimal um Haaresbreite entkommen wären, hatten Besseres zu tun, als sich um die Gerüchte zu kümmern. Sie bereiteten sich auf das nächste Mal vor – wenn sich genügend Übung und das entsprechende Quäntchen Glück auszahlen und sie nicht wieder gefasst werden würden. Es war ja nicht die Flucht an sich, die schief ging; dieser Teil der Unternehmung klappte immer. Sie alle bekamen einen Hauch von Freiheit zu kosten. Nur war es nie von langer Dauer. Früher oder später, meist früher, spürte sie jemand auf, und sie wurden nach Mecheln zurückgeschickt. Da wurden sie dann in den gefürchteten Kohlenkeller gesteckt, und zwar genauso lange, wie sie geschafft hatten, draußen in Freiheit zu bleiben.

Was diese Männer, die sich oft kaum kannten, gemeinsam hatten, war eine nie nachlassende Beharrlichkeit – zu fliehen und andere zu trainieren, die dasselbe Risiko eingehen wollten.

Jonny, der natürlich einer dieser Flitzer war, bestand darauf, dass die meisten Flüchtigen nie eingefangen wurden. Dass Leute zu hunderten geflohen und immer noch draußen waren. Mädchen auch, viele Mädchen. Vielleicht dachte er, ich brauchte ein wenig Schützenhilfe, um mich auch zur Flucht zu entschließen. Aber nein. Weder meine Freunde noch ich brauchten in dem Punkt irgendwelche Unterstützung. Wo auch immer Jonny hinging, wir würden mit ihm gehen, was auch immer er tat, wir taten es auch, wohin es uns auch führen mochte, was wir auch dafür machen mussten.

Nach der ersten Flucht müssen Leute wie Jonny jetzt eine rote Armbinde tragen. Die Deutschen wollen wohl sicher gehen, dass jeder weiß, wer sie sind und was sie getan haben. Den Flitzern ist das egal, uns ist das egal, allen ist das egal. Es ist im Gegenteil eine große Hilfe für uns. Wer selber weg will, weiß so wenigstens, wen er um Rat fragen muss. Sogar mitten in einer Menschenmenge sind rote Armbinden leicht auszumachen.

Ich finde es merkwürdig, dass keiner weiß, wohin diese Transporte gehen. Das Lager ist eine einzige Gerüchteküche, aber niemand weiß etwas Genaues. Als ich Jonny frage: »Wohin gehen die Transporte?«, meint er, wenn er das hätte herausfinden wollen, wäre er nicht geflohen. Außerdem sagt er: »Und jetzt gehe ich lieber und trainiere flitzen, damit ich es auch nie herausfinden muss.«

Springen – das mussten wir vor allem üben, denn das werden wir tun müssen. Von einem fahrenden Zug! Was wir sonst noch üben müssen, ist rausklettern und uns irgendwo festhalten, wenn wir außen auf der ratternden, rüttelnden Kupplung des Waggons stehen sollten, nur für den Fall, dass die Türen verschlossen sind. Wir könnten dann entweder von der Kupplung runterspringen oder uns bis ganz nach unten gleiten lassen und dann unter den Waggon schlüpfen und uns zwischen die Gleise fallen lassen, während der Zug über uns wegrollt – ohne uns zu zermalmen. Diese Möglichkeit gefällt mir weniger gut. Dann gibt es da noch den Teil, der mit eher männlichen Fähigkeiten zu tun hat, etwa das Aufbrechen der Waggontüren oder das Herausschneiden eines Stückes Bodendiele oder Seitenwand. Nicht zu groß, gerade groß genug, dass wir durchpassen. Damit wir springen können!

Dafür brauchen wir Werkzeug. Ob behelfsmäßiges oder richtiges Werkzeug, ob vorher versteckt oder nachher hineingeschmuggelt, auf einmal ist alles da, was wir brauchen. Ich nehme an, die Flut von Paketen, die jetzt täglich eintreffen, erklärt das Vorhandensein des meisten Werkzeugs. Seltsamerweise zeigt Boden, der sonst als einziger routinemäßig und gründlich die Pakete durchsucht, in letzter Zeit ein überraschendes Desinteresse am Inhalt der Sendungen. Er überlässt den Mädchen vom Aufnahmebüro das Durchsuchen, und die haben überhaupt kein Interesse daran.

Die ganze Zeit üben wir: wir springen … wir laufen … wir rollen über den Boden … wir halten uns fest … wir halten uns nicht fest …

wir schwingen von Balken zu Balken … hängen am Seil … springen die halbe Treppe hinunter … springen vom Treppengeländer … balancieren auf dem Geländer. Wir haben keinen fahrenden Zug, auf dem wir üben können, aber wir sind trotzdem ständig in Bewegung. Von einer Baracke zur anderen, von einem Flur zum anderen, von Taubenschlag zu Taubenschlag bewegen wir uns. Und alle im Lager wissen Bescheid …

Mayer erzählt uns, dass Kommandant Frank und Unterscharführer Boden die ganze Zeit schon wissen, was da vor sich geht, und dass sie es unterhaltsam finden. Kommandant Frank sagt zu Mayer: »Sollen sie ruhig denken, dass sie damit durchkommen. So sind sie wenigstens beschäftigt.« Deshalb kümmert sich Boden auch nicht mehr um die Pakete und überlässt es den Mädchen, sie alle auszuteilen – wie das letzte Abendmahl.

Mein bezaubernder Freund Jean wird uns nicht begleiten, wenn wir in die Freiheit springen. Es ist nicht so, dass er es nicht will oder dass er etwa Angst hätte, aber er ist fest davon überzeugt, dass er es nicht nötig hat. Für ihn gibt es keinen Transport, sagt er. Zunächst einmal hat er ja immer noch seine E-Nummer (immer noch keine Entscheidung). Und außerdem ist da noch sein Freund in Brüssel, der möglicherweise einige höchst einflussreiche Leute bestochen hat im Austausch für einige höchst einflussreiche Versprechungen, dass Jean nicht weggeschickt wird. Ich wünsche ihm von ganzem Herzen, dass er damit Recht hat. Trotzdem finde ich, er sollte wenigstens vorbereitet sein. Aber davon will er nichts wissen. Jean vertraut seinem Freund. Aber hier geht es ja nicht um seinen Freund …

Es ist in mein Gedächtnis eingegraben wie nie vorher etwas. Das einzige, woran ich noch denke. Ich bin nie dort gewesen, und doch kenne ich es, jeden Quadratzentimeter. Ich habe nie ein Bild davon gesehen, aber ich sehe es vor mir. Mit verbundenen Augen oder in mondloser, stockdunkler Nacht sehe ich es immer noch vor mir. Vielleicht hat irgendwann einmal ein Maler in Erwägung gezogen, es zu malen, ohne besonderen Grund, einfach nur, weil es da ist. Nur die damit verbundenen Geräusche und der Geruch sind für mich nicht greifbar. Immer wenn ich es versuche, legt mein Bewusstsein ein schwarzes Stück Krepp darüber und bringt mich dann dorthin zurück, wo ich mich jetzt befinde – nach Mecheln – in das Lager, das ein Pulverfass ist, dessen Zeitzünder noch tickt …

Es ist in mein Gedächtnis eingegraben, weil Jonny unaufhörlich darüber geredet hat. Er will, dass wir jedes kleinste Detail kennen, es besser kennen als irgendetwas sonst, damit nichts schief geht. Es ist ein Ort. Ein Ort irgendwo in Belgien auf dem Land, wo das Gelände hügelig und steil abfallend ist und wo Züge, die sich schnaufend und keuchend ihren Weg den Hügel hinauf bahnen, langsamer fahren als fußkranke Schildkröten. Es ist der Jetzt-oder-nie-Sprung vom Zug herunter, der Sprung in das Land namens Freiheit, dessen Boden zu berühren ich kaum noch erwarten kann. Ich weiß auch, was danach kommt. Wir müssen rennen – nein – fliegen! Weg von dort, uns den Abhang hinunterstürzen, außer Sichtweite kommen, von den offenen Feldern weg und in den Wald hinein. In den dichten, tiefen, dunklen, dicht bewachsenen Wald, mit Bäumen höher als Berggipfel, wo die beiden Soldaten mit den Gewehren vorn und die beiden Soldaten hinten uns nicht mehr finden können. Und wo die Freiheit beginnt …

Dort wird jemand auf uns warten. Ich weiß nicht, wer das sein wird, nur dass es Leute sind, die zum Widerstand gehören, die das vorher schon gemacht haben und uns erwarten. Wir werden sie an ihren Rucksäcken erkennen, oder an den Körben mit den Beeren, wenn es Mädchen sind. Sie werden uns mit dem Satz begrüßen: »Wenn Sie in das Dorf wollen, folgen Sie uns, wir kennen eine Abkürzung.« Es könnten ein paar Kinder sein, eine alte Frau, oder aber zwei, die sich als Liebespaar ausgeben, aber auf jeden Fall wird jemand da sein und genau diesen Satz sagen. Dieser Jemand wird die Leute, die er in Empfang nimmt, zuerst in der verlassenen Hütte eines Waldarbeiters absetzen und dann wieder losziehen und den Wald absuchen, bis er alle gefunden und in Sicherheit gebracht hat, die vom Zug gesprungen sind. Wenn das geschafft ist, wird man uns bei Leuten vom Widerstand unterbringen, wo wir entweder bleiben oder von wo man uns weiterschickt.

Wer wie Jonny sich schon in der Gegend auskennt oder Freunde oder Verwandte in der Nähe hat, wird alles Nötige bekommen und dann gleich weggeschickt. Und die anderen, wie ich zum Beispiel? Das weiß Jonny auch nicht. Wie gesagt, er war nie lange genug dort, um das herauszufinden. Na, macht nichts! Vor allem, weil ich aus dem

Ausland komme, werden sie mich ganz bestimmt nicht ohne alle Papiere frei herumlaufen lassen. Im Übrigen werde ich nicht allein sein. Ich werde Martin, Werner, Heinz und den dienstbaren Geist Josef bei mir haben, der es kaum noch erwarten kann, bis das richtige Spiel beginnt, das »Fahrender-Zug-Spiel«, wie er es nennt.

Eine junge Opernsängerin von klassischer Schönheit, Fritzi heißt sie, ist gerade vom Lastwagen geklettert, sie ist die erste der Neuankömmlinge. Sie hat ihre Mutter und ein kleines Kätzchen, aber kein Gepäck dabei. Ein paar karrierebewusste Diebe haben sie buchstäblich aus einem Passagierzug auf dem Nachhauseweg von einer Konzerttournee entführt und ihnen Geld, Papiere und alles Gepäck gestohlen. Nachdem Fritzi und ihre Mutter eine Weile per Anhalter weitergefahren sind, hat ein freundlicher Taxifahrer außer Dienst die beiden mitgenommen. Da der Fahrer davon ausging, dass sie die Diebe anzeigen wollten, setzte er sie bei einer Polizeiwache ab, wo ein karrierebewusster Polizist ihr Missgeschick ausführlich zu Protokoll nahm und einen Bericht anfertigte. Der Bericht landete, ohne besonderen Grund, im Gestapo-Hauptquartier in der Avenue Louise, und da landeten dann auch Fritzi, ihre Mutter und das kleine Kätzchen. Da ohnehin gerade ein Lastwagen abfahrbereit war, die Vernehmungsbeamten draußen beim Mittagessen oder einfach nur zufällig draußen waren und sich in der Zelle die Leute von einer Wand zur anderen drängten und Fritzi allein schon auf den Klang des Wortes »Gestapo« äußerst allergisch reagierte, entschied sie sich für das, was sie damals für das kleinere von zwei Übeln hielt, eine Fahrt weg aus der Stadt und nach Mecheln.

Nicht ihre sogar für diese verrückten Zeiten ungewöhnliche Geschichte war es, die mich ursprünglich auf sie aufmerksam werden ließ. Nein, was mir das Blut gefrieren ließ, war die Nummer, die man ihr um den Hals gehängt hatte. Fritzis Nummer war: 1700! Sie war die eintausendsiebenhundertste Gefangene hier. Von diesem Moment an waren wir bereits zweihundert mehr, als hier hineinpassten – und es würden noch mehr kommen. Das hieß ganz klar, dass unsere Zeit hier im Lager Mecheln abgelaufen war … dass der Zeitzünder aufgehört hatte zu ticken … und dass das Pulverfass, auf dem wir alle gesessen hatten, nun bald in die Luft fliegen würde.

Und das geschah dann auch vierundzwanzig Stunden später, als Mayer uns in den Hof hinunterbefahl, wo er uns mitteilte, dass Kommandant Frank eine äußerst wichtige Ankündigung zu machen habe. Nach dreißigminütiger Wartezeit, während der niemand auch nur ein einziges Wort sprach, erschien er. Mayer machte ihm den Weg frei, und Kommandant Frank marschierte in die Mitte des überfüllten Platzes, hob sein Megaphon, und mit dem üblichen »Achtung!« kündete er an, was wir schon erwartet hatten: TRANSPORT!

Kommandant Franks Ankündigung war eher eine Rede als eine Ankündigung. Eine gut vorbereitete, todernste und äußerst überzeugende Rede. Zunächst teilte er uns mit, dass diesmal alle gehen würden. Dass Mecheln vollständig geräumt würde, und das gelte auch für alle E-Nummern, ohne Ausnahme. Doch er gab uns sein Wort, dass alle Unterlagen und Akten, ob von hier, aus Brüssel oder von sonstwo, mit uns zu unserem nächsten Bestimmungsort gehen würden. »Armer Jean«, dachte ich, »was wird er jetzt wohl machen?« Von den E-Nummern und den Leuten, die hier Arbeit hatten, kam deutliches Buhen, das Kommandant Frank nicht nur ignorierte, sondern über das er einfach wegsprach. Dann teilte er uns mit, dass wir in ein brandneues Lager kommen würden, das noch nicht ganz fertig sei, sondern das wir fertigstellen würden. Da wir außerdem die Ersten dort wären, könnten wir es uns nicht nur schön machen, sondern uns auch die besten Arbeitsplätze ergattern. Wir könnten sogar unseren eigenen Bürgermeister wählen, das Lager selber leiten. Wir könnten Blumen pflanzen, unser eigenes Gemüse anbauen und das schönste Lager in ganz Europa daraus machen. Na, das war ja mal etwas, worauf man sich freuen konnte. Natürlich würden alle arbeiten müssen, nicht nur ein paar. Es sei ja schließlich ein Arbeitslager. In unserem neuen Arbeitslager, so verkündete ein unglaublich glaubwürdiger Kommandant Frank, würde man uns gut behandeln, wir würden anständiges Essen bekommen und medizinisch versorgt werden. Wir würden an einen viel, viel angenehmeren Ort kommen als dieses alte, überfüllte, primitive Mecheln.

Nicht ein einziges Mal hatte er uns angesehen. Über uns hinweggeschaut, durch uns hindurch, aber nicht in unsere Augen. Nach einer kurzen Pause ließ er unvermittelt das Megaphon sinken und ließ den Blick umherschweifen, als mache er eine Bestandsaufnahme der

Gesichter um ihn herum. Dann hob er den Kopf, stand aufrecht und sehr gerade da, führte das Megaphon zurück an den Mund und ließ uns fröhlich wissen, dass wir, nur für den Fall, dass wir immer noch ans Springen dachten, das nur ruhig machen sollten. »Versuchen Sie es, nur zu!« spöttelte er. Es war eine Herausforderung – eine absichtliche, unverhüllte Herausforderung. Er forderte uns zu einer Mutprobe heraus. Demjenigen, der es schaffte, bei diesem Transport zu springen, stellte er sogar das Eiserne Kreuz in Aussicht!

Er wartete nicht, bis das Schweigen durchbrochen wurde, bis Köpfe sich drehten oder wegschauten. Er wartete nicht, bis irgendeine Reaktion kam. »Zwei Stunden!« plärrte seine kräftige Stimme über das Megaphon. »Macht euch fertig! Abmarsch in zwei Stunden!« Wieder machte Mayer den Weg frei, damit der Kommandant abgehen konnte, die Menge teilte sich, und er ging.

Das Chaos setzte ein, sobald er außer Sichtweite war. Das Zerstreuen der Menge allein verursachte schon fast einen Aufstand. Alle rannten durcheinander, zu ihren Baracken zurück oder auf der Suche nach einem Verwandten, einem Freund, nach jemandem, der ihnen sagen konnte, weshalb das Lager schon so früh geräumt würde. Für uns konnte es, obwohl uns Kommandant Frank mit seiner Aufforderung zu springen verunsichert hatte, nicht früh genug losgehen.

Zum letzten Mal saß ich in meinem Taubenschlag und überlegte, wie viele letzte Male es in einem Leben wohl gibt. Wie konnte ich mein Bewusstsein durch die gedrängten Minuten jener letzten beiden Stunden gehen lassen und wissen, welche ich mit mir tragen und welche ich zurücklassen sollte? Es kam mir vor, als stünde ich in einem Raum mit hundert umwölkten Spiegeln voller umwölkter Bilder und als sagte man mir: »Nimm eines oder zwei oder auch alle. Ganz wie du willst.« Ich packte meine Sachen, alles was ich mitnehmen wollte, und packte sie wieder aus und packte sie dann noch einmal ein. Ich ging zu Jean, der immer noch nicht glaubte, dass sie ihn wegschicken würden, und verabschiedete mich von den Leuten, mit denen ich gekommen war, vor allem von den de Hartogs und der kleinen Erika. Wie sie gewachsen war! Nächsten Monat wird sie ein Jahr alt ... oder nicht? Bernie wäre liebend gern gesprungen, kann das aber natürlich nicht, nicht mit Rebecca und dem Baby. Millie will nicht, sie sagt, sie wird an der Schule in diesem neuen Arbeitslager unterrichten. Und die de Hartogs – haben sie noch genug Lebensklugheit und Geduld übrig, um es auch durch die nächste Lüge zu schaffen … den nächsten Betrug …, und haben sie noch genug Jahre übrig? Sie hatten sich mit Rainer angefreundet. Darüber bin ich so froh. Sie bekommen ihr besser als jedes Stärkungsmittel. Sie wollen alle zusammen bleiben, mit Fritzi, ihrer Mutter und dem niedlichen kleinen Kätzchen, wenn man sie lässt. Aber das wissen sie alle nicht genau.

Die Flitzer beharren darauf, dass es nach Nummern gehen wird. Dass wir nach unseren Nummern, nicht nach den Namen aufgerufen werden. Also sollten alle, die zusammenbleiben wollen, lieber darauf achten, dass ihre Nummern nicht zu weit auseinander liegen. Das wissen die meisten sowieso, denn fast alle haben schon ihre Nummern getauscht. Die, die ich hatte, taugte nichts, zu hoch, also Meilen weit weg von meinen Freunden. Wir hätten sechs Waggons voneinander weg sein können. Werner ist es schließlich gelungen, die richtige Nummer für mich zu bekommen. Jetzt sind unsere Nummern so nah beieinander, dass wir zusammenbleiben können.

Ich sehe, wie Jonny dem polnischen Schneider noch ein letztes Mal die Holzschuhe stiehlt und geräuschvoll aus der Baracke hinausklappert. Jonny meint, dass irgendetwas merkwürdig ist an diesem Transport – wegen der kurzen Zeitspanne zwischen Ankündigung und Abmarsch. Üblicherweise vergehen dazwischen ein paar Tage, nicht ein paar Stunden. Wohl vor allem, weil sie das Lager vorher noch nie vollständig geräumt hatten.

Wegen meiner Kleider bin ich mir immer noch unsicher. Wenn es nach Jonny geht, soll ich sie ganz vergessen. Für ihn sind sie nicht einmal wert, dass man darüber nachdenkt. Sein Motto, bei dem einen paar Shorts, ist: Je weniger, desto besser. Außerdem ist es Sommer und ein heißer noch dazu. Wenn es nach Martin geht, soll ich am besten alles mitnehmen. Er sagt, er trägt alles. Wie will er das machen, springen und dabei Kisten und Koffer in beiden Armen halten? Heinz meint, es sei besser, wenn ich soviel am Leib trage wie möglich. Drei Paar Unterhosen zum Beispiel, ein paar Garnituren hiervon, ein paar Garnituren davon. Auf irgendwie groteske Art klingt das sogar höchst vernünftig. Was ich allerdings wirklich brauche, ist mein Mantel, mein Geld-Juwelen-bestückter Mantel. Vielleicht wird er ja diesmal mich und meine Freunde in die Schweiz bringen.

Zwei Stunden später gibt Boden über Lautsprecher den Befehl, dass wir alle runterkommen und uns entsprechend unserer Nummern aufstellen sollen. Die größeren Gepäckstücke sollen wir, mit unserer jeweiligen Nummer versehen, vor den Barackentüren stehen lassen. Was er sonst noch von uns will, sollen wir nicht mehr erfahren, weil der Lautsprecher kaputt geht. Mit ohrenbetäubenden Geräuschen vermischt, wie von einer Metallsäge oder einem Zahnarztbohrer, ist Bodens Stimme immer noch zu hören, aber nicht zu verstehen. Nach mehreren völlig erfolglosen Versuchen, den elektronischen Klangkörper zu reparieren, schaltet Mayer den Lautsprecher aus und ruft die Nummern selbst auf, immer jeweils hundert. Er ruft eintausendsiebenhundertundfünfzig Nummern auf, die zu eintausendsiebenhundertundfünfzig Menschen gehören …

Meine Nummer ist an der Reihe: 781. Mayer muss sie zweimal aufrufen, ehe ich reagiere und vortrete.

Die nur ein paar Meter vor den Toren aufgestellten Tische sah ich erst, als ich fast unmittelbar davor stand. Dahinter saßen, steif wie Soldaten aus Holz, vor Stapeln von Papieren, auf die sie nur den Blick, nicht den Kopf senkten, die drei großen Tiere. Kommandant Frank, der Narbengesichtige direkt aus dem Gestapo-Hauptquartier und Erdmann. Abwechselnd wiederholten die drei meine Nummer, sahen dabei einen Stapel Unterlagen durch und fragten mich dann nach meinem Namen. Ich wusste nicht, welchen ich angeben sollte: meinen richtigen oder den kurzlebigen Namen auf dem gefälschten Ausweis. Ich hätte in Erwägung gezogen, ihnen den Namen meines frisch erworbenen arischen Vaters aus Ungarn zu nennen, und hätte das dann sicher auch getan, wenn ich ihn nur gewusst hätte. So gab ich schließlich den Namen an, den man mir bei der Geburt gegeben hatte – und das war im Grunde egal. Weder nahmen sie meine Antwort zur Kenntnis, noch schauten sie hoch zu mir. Sie interessierte nur eines: Sie wollten die Akte finden, die den Stempel mit der Nummer 781 trug. Wie grotesk. Wieso fragen sie überhaupt nach meinem Namen, wenn ich für sie doch bloß eine Nummer bin? Nummer 781. Wie auf einer Lattenkiste. Abgestempelt und fertig zum Verladen, fertig zum Abtransport. Nur noch aus der Inventarliste streichen … Der Nächste!

Hier zu stehen, so von Angesicht zu Angesicht mit den großen Tieren, wenn sie mir auch nicht ins Gesicht schauten, war ebenso bestürzend wie überraschend, nicht nur für mich, sondern für uns alle. Auch das hatte es noch nie gegeben, weder vor einem Transport noch zu irgendeiner anderen Zeit. Nach den Gründen dafür zu suchen wäre, jedenfalls für mich, genauso sinnvoll gewesen, wie sie zu fragen, wer ihrer Meinung nach den Krieg gewinnen würde. Im Übrigen war mir weit mehr daran gelegen, Martin zu finden, der das letzte Mal, als ich ihn sah, immer noch versuchte, Geld in seine halb leere Flasche Rasierwasser zu stopfen.

Vor mir drängten und schoben sich Heinz und Werner in einer dichten Menschenmenge durch das nur zum Teil geöffnete Tor. Ich sah sie nicht einmal dahinter verschwinden, weil sich unmittelbar danach, trotz der Wachposten, ein weiterer Schwall Leute hindurchzwängte, als warte auf der anderen Seite die Erlösung auf sie.

Nachdem ich mich selber hindurchgewunden hatte, fragte ich mich als erstes, was all die Soldaten hier machten. Wo sind die Züge, und wie wollen sie noch ungefähr weitere tausend Menschen auf dieses jetzt schon überfüllte Areal zwängen, das eher wie eine eingezäunte Viehweide, aber nicht wie ein Bahnhof aussah?

Es war unerträglich heiß. Die heißeste Zeit des Tages, und nirgendwo das kleinste bisschen Schatten. Guter Tag für einen Hitzschlag. Wenn sie uns nicht bald hier rausbringen, dachte ich, würden wir alle einen bekommen. Gerade jetzt wäre ein feuchtes Handtuch eine große Hilfe gewesen. Josef hätte eines besorgen können, aber seit der Ansprache mit der Zwei-Stunden-Frist hatte ich weder ihn noch Martin gesehen.

Endlich hörte ich Mayer die allerletzte Nummer aufrufen. Die mit schweren Gewehren bewaffneten Soldaten mussten zurücktreten, um den noch immer durchdrängenden Leuten Platz zu machen, was uns allen ein wenig Freiraum zum Atemholen und Umherschauen verschaffte. So entdeckte ich Heinz und Werner, die zuversichtlich angenommen hatten, dass Martin und Josef bei mir seien. »Macht nichts«, sagte Heinz, »die tauchen schon noch auf.«

Mayer, der immer nach mir zu suchen schien, tat das noch ein letztes Mal. Plötzlich stand er stark schwitzend und völlig erschöpft aussehend vor uns und ließ einen Schlüssel in meine Hand gleiten. »Kohlenkeller«, flüsterte er, hastig und außer Atem. »Schließ dich ein. Ich hole dich später raus. Lauf – jetzt! Das wird keiner merken!« Zu meinen Freunden: »Ihr zwei kommt mit mir!« Er stieß uns drei vor und verlor uns gleich darauf in der Menge.

Kurze Zeit später kam er zurück und wischte sich mit einem langen weißen Schal über das schweißüberströmte Gesicht. »Zu spät!« seufzte er. »Es ist schon zu spät! Es geht nicht mehr.« Dann erzählte er uns, dass sie die Plätze bewachten, an denen er sonst immer seine Freunde versteckt hatte, und dass Kommandant Frank ihm in der Vergangenheit gestattet hatte, das zu tun, ohne irgendwelche Fragen zu stellen oder etwas als Gegenleistung zu erwarten. Diesmal nicht. Diesmal war Erdmann da, den sie aus Berlin hergeschickt hatten, damit er ein für allemal in Erfahrung brachte, weshalb der Zählappell in Mecheln zu Beginn eines Transports immer so viel mehr Leute auswies als am Ende. Berlin wollte wissen, weshalb so viele verloren gingen und ob sich Kommandant Frank womöglich, wie Erdmann vermutete, bestechen ließ. Mayer schwor, das sei nicht der Fall. Mayer war sich außerdem relativ sicher, dass Erdmann mit uns fahren würde, nur um sicher zu gehen, dass wir auch tatsächlich ankamen. Nach einem Transport gingen der Kommandant und seine nervöse Frau für gewöhnlich auf Urlaub. So hielt es auch Boden, und damit blieben nur die Wachen, die dann meist nichts anderes taten als trinken, schlafen und trinken.

Wir versicherten Mayer, es mache uns wirklich nichts aus, dass er uns nicht mehr helfen könne, wir würden ohnehin viel lieber in den Zug und dann weg von hier. Da platzte es völlig unerwartet aus Mayer heraus: »Martin darf bleiben.« Mir wurde ein wenig übel, und das kam nicht von der Hitze. Heinz und Werner nahmen mich in die Arme, und eine Weile standen wir einfach nur so da, zu verblüfft und überwältigt, um nach dem Grund zu fragen. »Es sind die Hunde«, erklärte Mayer. »Der Kommandant will, dass Martin sie trainiert.« Irgendein Idiot – Mayer schwor, er hatte keine Ahnung, wer – hatte Frank erzählt, Martin sei ein erfahrener Hundetrainer. Und so darf er nun also bleiben. Nein, Martin hielt sich nicht für einen Glückspilz, hatte versucht, sich da rauszureden, aber der Kommandant hatte darauf bestanden. Was für ein idiotischer Witz! Ausgerechnet Martin. Nicht einen Moment lang hatte er überhaupt daran gedacht zu bleiben, nicht ohne uns und ganz bestimmt nicht, um Franks Hunde auf Angriff zu trainieren. Wie fast alle von uns hatte er Angst vor ihnen. Es wäre wirklich das Hinterletzte gewesen, wofür er sich freiwillig gemeldet hätte. Außerdem hatte Martin nie in seinem Leben etwas dressiert, was größer als ein Papagei gewesen wäre. O ja! Auch Maggie durfte bleiben. Jemand musste ja kochen. Für die Hunde?

Mayer hatte noch eine weitere Neuigkeit für uns. Josef – der arme, verlorene Josef. Sie ließen ihn gehen. Setzen ihn auf freien Fuß. Er brauchte nicht zu bleiben, brauchte nicht mit auf den Transport. Er musste einfach nur weggehen. Erdmann hatte ihm ein Stück Papier gegeben, das besagte, er könne gehen, er sei frei. Ich wünschte, ich wüsste nur ein einziges Mal, wieso das Schicksal in den kritischsten Momenten immer wieder mit einem neuen Trick aufwartet, und immer wieder einem neuen.

Der Schauplatz für den letzten Akt, das große Finale im Lager von Mecheln, war wie eine Drehbühne, auf der sie nicht die Kulissen bewegen, sondern einfach die Achse drehen, die ganze Zeit dagewesen. Von dort, wo wir standen, fast um die Ecke, parallel zur Außenseite der Gebäude zur Linken, sahen wir sie: die Gleise. Und auf den Gleisen keine Züge, sondern Viehwaggons. Für uns, das Vieh.

Die kleinen jungen Soldaten mit ihren großen alten Gewehren öffneten die behelfsmäßigen Bretter der Umzäunung und stocherten damit nach uns, als seien die Planken Stachelstöcke fürs Vieh. Dann wählten sie ein paar Männer aus und befahlen ihnen, die restlichen, vor den Baracken gelassenen Koffer und Kartons zu holen. Heinz und Werner, die hofften, bei dieser Gelegenheit Martin zu sehen und sprechen zu können, machten sich als erste auf den Weg. Für kurze Zeit war der Platz, auf den wir getrieben worden waren, fast leer, so dass man bis ans andere Ende schauen konnte, wo die Straße verlief. Eine einsam aussehende, verlassene Straße. Und auf dieser einsam aussehenden, verlassenen Straße stand der einsamste, verlassenste Mensch von der ganzen Welt – Josef.

Ich war nicht nah genug, also konnte ich seine Tränen nicht sehen und ihn auch nicht weinen hören, aber ich spürte seine Tränen, als wären sie meine eigenen. Er stand da, umklammerte meinen Essnapf, genau wie beim allerersten Mal, aber er lief nicht davon. Er stand einfach nur da und zitterte. In der gleißenden, heißen Nachmittagssonne fror mein Freund. Er muss uns drei vorher schon gesehen und versucht haben, zu uns zu gelangen. Das sah ich an der Art, wie er ständig die Soldaten beobachtete, die ihn beobachteten. Mehr als einmal versuchte er es, aber die Soldaten verscheuchten ihn, sagten ihm immer wieder, er solle verschwinden, sie wollten ihn hier nicht mehr sehen – als ob ihn überhaupt einmal jemand gesehen hätte. Ob er denn nicht wisse, dass er jetzt frei sei, wollten sie laut rufend wissen. »Los, geh, hol' dir 'n Bier, besauf dich, aber geh endlich«, brüllten sie streitlustig, aber er stand einfach nur da.

Ich beobachtete ihn weiter, während die Männer die Koffer und Kartons herunterbrachten. Sie kamen und gingen, kamen und gingen, viele Male. Ich sah Martin ganz am anderen Ende, sah ihn die schwersten Lasten tragen. Er durfte sich nicht von mir verabschieden kommen, mein Freund, mein Geliebter. Er durfte mich nicht ein letztes Mal halten, er musste außerhalb der Umzäunung bleiben. Nur die Insassen der Viehwaggons durften die Sachen den ganzen Weg bis zu einem Sonderwaggon tragen. Nachdem alles mit Ausnahme der Sachen, die wir selber mit heruntergebracht hatten, verstaut war, brüllten uns die an den Waggons auf und ab laufenden Soldaten zu, wir sollten einsteigen. »Nur alles einsteigen!«, plärrte einer von ihnen, was sich verdächtig nach einem Anreißer auf dem Jahrmarkt anhörte.

Die Waggons waren hoch, und es gab keine Einstiegsrampe. Wir mussten hochklettern. Ich hatte nicht das dringende Bedürfnis, das Innere dieser rollenden Viehställe kennen zu lernen, noch nicht. Ich war kaum drin, da musste ich schon um meinen Platz an der offenen Tür kämpfen, um Martin nicht aus den Augen zu verlieren. Auch er wirkte schrecklich verloren und allein und traurig. Während um uns herum überall Chaos war, klammerte ich mich an Martins Gesicht, las ihm von den Lippen, hörte sein nicht gesprochenes »Ich werde dich immer lieben« und all den Schmerz, der darin schwang. Ich wollte ihm zurufen, er solle auf Josef aufpassen – in dem Moment war mir nicht klar, dass das unmöglich war –, und ihm sagen, er solle auf sich Acht geben.

Neben mir halfen Heinz und Werner den anderen in den Viehwaggon, den noch offenen Käfig. Genau in dem Augenblick kam Mayer angerannt. Er blieb stehen, griff nach meinen Armen, zog meine Arme und meinen Kopf herunter, hielt das Gesicht ganz nah an meine Ohren und schrie: »Spring! Du musst springen!« und rannte weiter. Kurz darauf wurde die Öffnung in der Mitte der Tür geschlossen. Ich hörte, wie der Waggon von außen verriegelt wurde, und eine kurze, lähmende Minute lang hörte alles auf. Die Schreie, die Flüche, das Gedränge, das laute, heftige Atmen, alles hörte auf. Es war totenstill. Heinz nahm mich bei der Hand und führte mich zu einem kleinen Fenster, damit ich hinausschauen konnte. Das Fenster, das nur etwa 20 x 25 cm maß, recht hoch, mit Gittern außen, war kaum groß genug, um hindurchzuklettern, auch ohne die Gitter. Es war das einzige Fenster und unsere einzige Frischluftquelle.

Durch diese kleine Öffnung sah ich Martin noch ein letztes Mal. Seine Lippen bewegten sich nicht mehr, und sein Gesichtsausdruck hatte sich vollkommen verändert. In seinen Zügen spiegelten sich der Schock und die Fassungslosigkeit über das, was er hatte mitansehen müssen, und wenn er auch versucht haben muss, sich nicht zu verraten, war doch das Grauen des Ganzen in seinen Augen zu sehen. Er ließ es sich nicht anmerken, als er uns vorhin gesehen hatte, aber jetzt verbarg er es nicht mehr. Jetzt, da die Viehwaggons verriegelt und wir drinnen waren, verbarg er es nicht mehr! Ich spürte seine Qual, die Angst, die er um uns hatte, als würde er die Straße, die vor uns lag, bereits kennen, als hätte er sie gesehen wie eine alte Zigeunerin in einer zerkratzten und beschlagenen Kristallkugel. Auch ich sah es, denn es stand in seinen Augen geschrieben: »Der Tod fährt mit euch.« Ich sah ihn nicken, winken, den Kopf neigen und weggehen.

Weiter hinten auf der menschenleeren Straße stand Josef. Die Soldaten, die versucht hatten, ihn zu verscheuchen, waren weg. Er war ganz allein. Mit den hängenden Schultern, dem zur Seite geneigten Kopf sah er aus wie einer, den man gehängt hatte, der aber noch nicht ganz tot war und jetzt auf jemanden wartete, der ihn abschnitt. Er starrte in das Nichts um sich herum. Er muss den Pfeifton gehört oder gesehen haben, wie der Zug sich in Fahrt setzte, denn plötzlich hob er den Kopf und fing an zu rennen. Er rannte auf die Gleise zu, diese hastig verlegten Gleise, die den ungeheuerlichen Rädern erlaubten, uns davonzutragen. Er rannte sehr schnell und schrie: »Wartet, wartet auf mich! Ich will mit! Sagt ihnen, sie sollen mich lassen! Sagt ihnen, ihr wollt mich haben! Wollt mich haben!«

Er erreichte den Zug und hielt sich mit der einen Hand seines ausgestreckten Armes an den Gittern des kleinen Fensters fest, mit der anderen Hand umklammerte er meinen Essnapf. Wir drei streckten die Hand durch die Gitter, und ein oder zwei Sekunden lang berührten wir seine Hand. Als der Zug schneller wurde, ließ er sich mitschleifen, während er sich immer noch an unsere Hände klammerte. Es war ihm egal, dass seine Füße gefährlich nah an die Gleise kamen und ihm der Arm fast aus dem Schultergelenk gerissen wurde. Auf einmal versuchte er, sich hinaufzuziehen, und einen Augenblick lang berührten sich beinahe unsere Gesichter. »O Gott«, rief er. »Weshalb hilfst du mir nicht!« Und dann ließ er los. Er stolperte, fiel, stand wieder auf und bewegte sich keinen Zentimeter mehr. Ich sah, wie er Teil der offenen Landschaft wurde, Teil der unendlichen Leere, die sein Leben beherrscht hatte. Ich schaute ihm hinterher, bis ich ihn nicht mehr sehen konnte, schaute Josef hinterher, dem vergessenen Mann, den ich nicht vergessen kann.

6.

Von der Welt weggeschlossen und sich in einem rollenden Güterzug mit schluchzenden und panisch ängstlichen Menschen zu befinden, hilft einem nicht gerade dabei, seinen Mut zu bewahren. Sie haben uns zusammengepfercht – die Jungen, die Alten, die Kranken, die Gesunden, die Tapferen und die nicht ganz so Tapferen.

Erzwungene Nähe, ohne Trennung der Geschlechter, bildete den heiklen Rahmen für die explosive Situation, mit der wir zurechtkommen mussten. Was auch immer wir an persönlichen Sachen mitgebracht hatten, egal wie wenig, es war einfach nicht genug Platz dafür. Alles war allen im Weg, jeder war jedem im Weg!

Nachdem sie die Tür verschlossen hatten, entwickelte sich die Hitze drinnen innerhalb einer einzigen elenden Minute wie unter einem Brennglas. Was wir zu essen mitgebracht hatten und was wer weiß wie lange vorhalten sollte, mussten wir sofort verzehren, sonst würde es verderben, das Wasser dagegen wagten wir nicht eher als unbedingt nötig anzurühren, und selbst dann achteten wir sorgfältig darauf, auch nicht einen einzigen Tropfen zu vergeuden.

Mitten in dem Viehwaggon stand der Eimer. Der ganz und gar nicht abgelegene Abort ohne Deckel, aber mit viel Stroh drum herum, um aufzufangen, was daneben gegangen war. Mit oder ohne Eimer, diese Art Transport im Viehwaggon, weder für Mensch noch für Tier geeignet, müssen sich völlig verrohte Menschen ausgedacht haben, die man an unserer Stelle hätte hineinstecken müssen. Aber diese Leute waren nicht hier, sondern wir, und all meine Wut und mein Ekel darüber konnten daran nichts ändern. Wir waren nun einmal hier, aber nicht für lange. Ich sagte mir: »Es dauert ja nicht lange ...«

Ob Kommandant Frank, so überlegte ich, wohl tatsächlich glaubte, es würde irgendeinen Einfluss auf uns haben, dass er uns zum Springen regelrecht aufgefordert hatte? Er hatte davon geredet, dass derjenige, der es schaffte, das Eiserne Kreuz bekommen würde. Der was schaffte – zu springen, wegzulaufen? Wann und wo wollte er uns den Orden denn übergeben – an der Stelle, an der wir heruntergesprungen waren? Würde er da warten und uns wie Fische mit dem Netz fangen und nach Mecheln zurückbringen? War es das, was er damals so komisch gefunden hatte?

Verlassen Sie sich nur nicht darauf, Kommandant, Sie werden uns nicht kriegen. Wir kommen nicht zurück, und Sie können Ihre Eisernen Kreuze behalten. Für mich nicht, vielen Dank, ich brauche das nicht. Übrigens mag ich keine Kreuze, wirklich nicht. Überhaupt keine Kreuze – man braucht ja nur an Jesus zu denken.

Die glühende Hitze in dem Viehwaggon zwang sogar die Schamhaftesten, mit ihren Kleidern alle Prüderie fallen zu lassen, bis sie nur noch das unbedingt Nötigste trugen. Niemand verlor ein Wort darüber, niemand starrte oder machte die anderen verlegen.

Mitten unter den halb nackten, schweißbedeckten Körpern gab es eine Frau, die nicht ein einziges Kleidungsstück ablegte. Sie war ganz in Schwarz gekleidet, und sie saß auf dem Eimer, auf den sie ein Kissen gelegt hatte. Sie saß darauf, als sei er ein Thron. Trotz des Übelkeit erregenden Gestanks, trotz der abgestandenen, stickigen Luft, die ihr das Atmen schwer gemacht haben muss – sie saß da! Wann immer jemand den Eimer benutzen wollte, stand sie auf, trat zur Seite, drehte demjenigen den Rücken zu und kam zurück, wenn er fertig war. Sie wirkte wie eine Figur aus einem Strindberg-Stück, die noch ihr Kostüm trägt, aber ihren Text vergessen hat.

Ob Baracke oder Viehwaggon, einer übernimmt immer die Verantwortung. Glücklicherweise hatten wir Heinz. Heinz hatte sich freiwillig gemeldet und bereute es sofort, denn er hatte ja nicht vor, die ganze Strecke mitzufahren, und er begriff, dass er jetzt Gefahr lief, die falsche Art Aufmerksamkeit auf sich zu lenken. Doch keiner, am allerwenigsten Werner, wollte sonst den Posten, also blieb ihm nichts anderes übrig als weiterzumachen. Als erste Amtshandlung legte Heinz fest, wieviel Zeit jeder an dem Fenster verbringen und den Luxus, kostbare frische Luft zu atmen, genießen durfte. Er ließ die Kranken und die Alten näher zum Fenster und weiter weg von dem Thron rücken. Dann hielt er eine kleine Ansprache darüber, dass wir unsere Energie bewahren und soviel Sauerstoff wie möglich sparen mussten und dass wir den alles andere als menschlichen Bedingungen nicht gestatten sollten, auch uns alles andere als menschlich zu machen.

Kurz nach seiner Ansprache begannen meine Freunde und ich – als vierter Springer hatte sich Janos, ein ungarischer Profi-Fußballer, zu uns gesellt –, an dem Stück zu arbeiten, das geschnitten, durchgesägt und herausgenommen werden musste, wenn wir fliehen wollten. Es war ein etwa sechzig mal neunzig Zentimeter großes Rechteck, direkt an der Stelle, an der Heinz, Werner und ich gesessen hatten, an der linken Seitenwand, wo sich die Kupplung befand. Wir hatten beschlossen, dass wir nicht springen, sondern unter den Zug klettern und da liegen bleiben wollten, bis der letzte Waggon über uns hinweggerattert und davongerollt wäre – Janos schwor hoch und heilig, dass der ganze Zug zu hoch sei, um uns zerquetschen zu können.

Von Janos bedrängt, wollten wir nicht springen, sondern hatten uns für diesen Fluchtweg entschieden, und zwar wegen der mit einfachen Gewehren und mit Maschinengewehren bewaffneten Soldaten, die uns begleiteten. Zielscheibe ihrer Schießübungen zu werden war nicht gerade das, was wir uns vorgestellt hatten. Natürlich bestand die Möglichkeit, dass nicht so viele Soldaten dabei waren, wie sie uns glauben machen wollten, dass die meisten in Mecheln geblieben waren, aber wer konnte das schon wissen? Janos, ein eifriger Sammler gestohlenen Werkzeugs, überzeugte schließlich auch mich. Wenn er mit seinen gut zweihundert Pfund keine Angst davor hatte, unter dem Zug zermalmt zu werden, was hatte ich dann zu befürchten?

Jonny war nicht bei uns. Im allerletzten Moment war er in den Waggon neben unserem geklettert. Ich habe keine Ahnung, weshalb, außer dass er vielleicht alle Waggons gezählt und festgestellt hatte, dass seiner näher an dem Platz war, an den er wollte. Irgendwie spürte ich, dass er es diesmal schaffen würde, ganz egal, in welchem Waggon er war.

Es wurde dunkel; ich wurde müde, ich war ganz erschöpft von der Hitze und außerdem nervös. Nicht wegen dem, was wir vorhatten, sondern wegen des fürchterlichen Geräusches, das die Säge machte. Ich stand so dicht daneben, ich hörte nur dieses Geräusch. Es übertönte alles andere, sogar das Geratter und Geruckel des Zuges. Was, wenn es auch die Soldaten hörten? Wo waren sie überhaupt? Janos war fast sicher, dass sie sich auf den Plattformen der Sonderwaggons platziert hatten. Sie mitsamt ihren Waffen, einige vorn, einige hinten und einige in der Mitte. Auch für Janos war dies das erste Mal, aber wo sich die Soldaten befanden, war ihm vollkommen egal.

Wie lange noch – wie viele Stunden noch, bevor wir hier heraus konnten? Werner und Heinz waren so dicht wie möglich an die Stelle gerückt, an der die Öffnung sein würde, also konnte ich mich ausstrecken und eine Weile ausruhen. Aus dieser neuen Position schaute ich direkt auf die Frau, die auf dem Eimer-Thron saß. Sie beobachtete uns jetzt. Beobachtete meine Freunde beim Sägen, beobachtete mich, wie ich in meinem kurzen, tief ausgeschnittenen weißen Spitzenunterrock dalag, der kaum BH und Höschen bedeckte. Ich weiß nicht, wer von uns beiden eher fehl am Platz wirkte. Ständig bewegte sie die Hände, als würde sie sie waschen, hörte damit nicht einmal auf, als sie aufstehen und zur Seite treten musste. Vorher hatte ich jemanden sagen hören, dass die Dame auf dem Thron einen Sohn in einem der anderen Waggons hatte, der springen wollte, obwohl sie ihn gebeten hatte, es nicht zu tun. »Sie will nicht zusehen, wie er erschossen wird«, erklärte der, der sie zu kennen schien. »Deshalb ist sie hier in unserem Waggon. Er ist noch ein halbes Kind …«

Das brachte mich ins Grübeln, ich überlegte, wieviele wohl springen würden, wieviele insgesamt und wieviele aus jedem Waggon. In unserem Waggon waren es nur wir vier. Ich war sicher, es hätten noch viel mehr sein müssen. Allein schon der Aufenthalt in diesem stickigen, nach Schweiß, Urin und Erbrochenem stinkenden Käfig hätte in jedem den Wunsch wecken müssen auszubrechen. Wie kam es, dass diese Leute das nicht wollten? Sie konnten kaum atmen, und sie starrten uns an. Manche schüttelten den Kopf; andere boten ihre Hilfe an, übernahmen die Arbeit, um meinen Freunden zu einer Ruhepause zu verhelfen, gaben ihren letzten Tropfen Wasser her, um ihnen übers Gesicht zu wischen und die Lippen zu benetzen. Sie wünschten uns Glück, aber trauten sich selber nicht zu springen. Was, wenn wegen uns ihr Leben in Gefahr wäre; würden sie uns verraten?

»Fertig – geschafft! Los, versuchen wir's!« Werner ging als Erster durch. Er schaffte es mühelos nach draußen und landete auf der Kupplung. Eine ganze Weile blieb er draußen, atmete die klare Abendluft ein, während er sich im Gleichgewicht hielt und sich umschaute. Als er wieder zurückkam, strahlte er übers ganze Gesicht. »Es geht!« rief er uns begeistert zu. »Es geht tatsächlich! Kaum zu glauben. Unter dem Zug ist Platz für zwei von Janos' Statur! Wir haben es fast geschafft! Bald sind wir frei!« Er legte den Arm um uns drei und weinte. Dann kamen andere, legten auch ihre Arme um uns und weinten ebenfalls, schluchzten, seufzten, klammerten sich an uns, sagten kein einziges Wort.

Ich ging als Nächste raus. Die frische Luft war mir wichtiger als die rüttelnde Kupplung. Ich wollte weiter nichts als sie einatmen, sie inhalieren, sie trinken und sie in mich strömen lassen wie einen klaren Bach. Einen kurzen Augenblick lang ließ die Luft mich vergessen, weshalb ich hier draußen war. Ich merkte nicht einmal, dass ich stand, mich mit beiden Händen an der Öffnung festhielt, den Kopf in den Nacken geworfen und die Augen geschlossen hatte. Es war ein herrliches Gefühl. Da rief mir auf einmal Janos zu, dass seine Frau und sein Kind ihn zu Hause zum Abendessen erwarteten, ich solle mich beeilen, und so kam ich wieder zu mir. Langsam ließ ich mich hinuntergleiten, packte schnell die Kupplung und setzte mich. Es war ein wenig so, als ritt man ein Karussellpferd, aber so sollte ich das nicht machen. Dann machte ich es schnell richtig. Rückwärts! Gerade und im Gleichgewicht, einen Fuß hinter dem anderen, kletterte ich zurück in den stinkenden Käfig.

Auch Heinz war hinausgeklettert und wieder reingekommen. Jetzt war Janos an der Reihe. Aber da hielt der Zug auf einmal, und Janos war noch immer draußen. Zuerst dachten wir uns nicht viel dabei.

Heinz hielt es für die ideale Gelegenheit, ein Nickerchen zu machen, damit wir für den großen Moment frisch und ausgeruht waren, solange nur einer von uns wach blieb. Wir wollten uns abwechseln, jetzt wäre der ideale Zeitpunkt dazu. Die anderen um uns herum waren aneinandergedrängt schon eingeschlafen oder hatten sich gerade hingelegt. Verhedderte Arme, verhedderte Beine, verheddertes Leben … eine Bruderschaft aus Schweiß und Tränen … Was für eine seltsame Fracht …

Es war wie eine Explosion! Das *rat-tat-tat* der Maschinengewehre und dazu ein donnernder Hagel von Schüssen, vermischt mit dem schrillen Schreien und Rufen, durchbrachen die Stille, die mich eingelullt hatte …

Der Zug hatte sich wieder in Bewegung gesetzt. Den Hügel hinauf, ganz langsam, träge, fast zögerlich schnaufte er davon. Das war die Stelle – die Stelle, die ich an die tausendmal schon vor meinem inneren Auge gesehen hatte, wie alte, vertraute Familienfotos.

Es dämmerte. Draußen auf der Kupplung stand Janos. Einen Moment lang stand er da, dann ließ er sich ganz nach unten sinken und war verschwunden. Ich spürte, wie Heinz mich hochzog, mich zu der Öffnung schob, dann durch und hinaus. Ich sah einen ganzen Schwarm von Leuten aus den anderen Waggons springen, rennen, rennen – *rat-tat-tat* – und fallen. Ich sah, wie Jonny sprang. Wie er Gewehrkugeln auswich, rannte, sich über den Hang rollen ließ und im Wald verschwand.

Jetzt war es an mir, runterzugehen und keine Sekunde zu verschwenden, da fiel mir plötzlich ein, dass ich etwas vergessen hatte: meinen Mantel. Ich ging zurück, und in dem Moment spürte ich etwas an mir vorbeizischen, wie den Peitschenschlag eines bösen Windes, und dann riss ein Arm mich zurück.

Es regnete Gewehrkugeln *rat-tat-tat*, die blutgetränkte Fußspuren zurückließen. Es regnete Gewehrkugeln *rat-tat-tat* auf die Hänge der Freiheit. Ich stand da, an das winzige Gitterfenster gepresst, wie ein Affe im Zoo, und ich sah, wie unsere Freiheit mit Kugeln durchlöchert wurde und mit denen starb, die bereits gestorben waren …

Der Zug hatte wieder gehalten, diesmal abrupt und kreischend. Alle wurden herumgeschleudert, und am schlimmsten traf es die Frau auf dem Thron. Sie fiel von dem überschwappenden Eimer und konnte der vollen Wucht seines Inhalts und Gestanks nicht ausweichen. Wer konnte, brachte sich so weit weg wie möglich in Sicherheit. Wir hockten in irgendeiner Ecke, hielten uns schnell die Nasen zu und versuchten, überhaupt nicht Luft zu holen.

Das Schießen draußen hatte aufgehört. Stattdessen waren die von den stinkenden Käfigen abprallenden, plärrenden Stimmen wütender Deutscher zu hören, die an den Viehwaggons entlangliefen, fluchten und schimpften. Noch lauter, viel lauter noch als irgendetwas sonst, das wir in diesen letzten tödlichen Minuten gehört und gesehen hatten, waren die Mark erschütternden Schreie der Frau in Schwarz. Ihre Stimme, die Stimme einer Mutter in Angst um ihren Sohn, war entsetzlich anzuhören. Übersät von Schmutz und den Demütigungen ihrer Nacht auf dem Eimer stolperte sie an das Fenster, streckte die Arme durch die Gitter nach draußen und schrie: »Schweine! Ihr stinkenden Dreckschweine! Gebt mir meinen Sohn! Ihr kriegt ihn nicht, das lasse ich nicht zu! Er gehört mir! Nehmt mich, nehmt mich! Ich stinke genauso sehr wie ihr! Hier, hier! Seht her – nehmt das!«

Sie streckte die Arme ganz durch die Gitterstäbe, schob sie nach draußen so weit es ging, schüttelte sich Exkremente und Schmutz von Armen und Händen aus dem Fenster hinunter auf die Deutschen. Nur Bruchteile von Sekunden später hatten Werner und Heinz in Rekordzeit die Öffnung mit dem Brett verdeckt und nagelten das Brett fest – wie einen Sarg, und wir waren drin …

Die Tür des Viehwaggons wurde mit einer solchen Wucht aufgerissen, dass sie von allein wieder ein Stück zurückprallte und, halb offen, in der Mitte stehen blieb. Jemand musste das Schloss aufgebrochen haben, ohne dass wir es gehört hatten. Instinktiv sprang ich auf und lehnte mich gegen das Brett. Ich spürte, dass ein Stück davon immer noch locker war, hörte es gegen den Rahmen knallen wie aus den Angeln gehobene Fensterläden.

Die Frau in Schwarz war nach hinten geschleudert worden. Werner fing sie gerade noch rechtzeitg auf, so dass sie in seinem Schoß auf dem Boden landete. Doch das beobachteten sie nicht länger gebannt, die anderen hier im Waggon. Sie starrten unverwandt auf den nicht ganz festgenagelten Sargdeckel, als ob ihr starrender Blick allein ihn schon zum Schweigen und zum Verschwinden bewegen konnte.

Er war groß, er war hässlich, und er war böse. Sie waren alle groß, hässlich und böse. Was war nur mit den kleinen Soldaten passiert, die mit ihrem *rat-tat-tat* so gute Arbeit geleistet hatten? Ich sah keinen einzigen. Wen ich jetzt sah und hörte, das waren die eingefleischten Hitler-Getreuen – brutale, fanatische, eisenbewehrte Scharfrichter. Erdmanns Männer! Diesmal stimmten die Gerüchte, die in Mecheln kursierten. Erdmann befand sich in diesem Zug, und seine Todesbrigade war bei ihm.

Gegen Erdmanns Befehl »Diesmal flieht keiner« war verstoßen worden, und sie führten die Strafe aus. Sie zogen ein oder zwei Leute aus jedem Waggon, ganz egal wen, und erschossen sie direkt vor unseren Augen – die Alten, die Jungen, und wenn sie ein Liebespaar fanden, das sich aneinanderklammerte, dann erschossen sie beide zusammen, mitten ins Herz. Dann jagten sie andere mit vorgehaltenen Gewehren die Hänge hinunter und ließen sie die Springer aufgreifen, die angeschossen, aber noch nicht tot waren, und zwangen sie, die Leute wieder zurückzutragen und auf einen Haufen zu werfen, nur um sie dann wie Kartoffelsäcke in die Viehwaggons zu schleudern. Was für ein Irrsinn! Das viele Töten für die Handvoll, die es geschafft hatte, für die Wenigen, die davongekommen waren. Oder fanden diese ganzen Gräuel gar nicht ihretwegen statt, sondern weil wir es entgegen allen Erwartungen doch gewagt hatten?

Was für einen peinlich schlichten Plan hatte sich dieser Mann doch ausgedacht. Ganz fahrplanmäßig ließ er den Zug weiterfahren, bis zu der Stelle, an der die Hügel anzusteigen begannen, und dann ließ er kurz vor der idealen Absprungstelle – die Dämmerung war schon fast vorbei, am Himmel standen keine Sterne, und das schwache Licht verringerte das Risiko der Springenden, gesehen zu werden – den Zug halten. Und da stand er dann die ganze Nacht. Richtige Zeit – falsche Stelle.

Ich musste, nachdem der Zug so plötzlich zum Stillstand gekommen war, die ganze Zeit geschlafen haben. Es war nicht nur ein kleines Nickerchen, denn es war Abend, als ich die Augen schloss, und Morgen, als das *rat-tat-tat* mich weckte, als Janos verschwand, als Heinz mich hochzog und rausschob und als ich bereitstand, um mich an genau der richtigen Stelle, aber zur falschen Zeit unter den Zug gleiten zu lassen.

Einer von den Großen, Hässlichen, Bösen, der vor der offenen Tür stand, wollte wissen, wie viele aus unserem Waggon fehlten, wie viele gesprungen waren oder vorgehabt hatten zu springen. Auf seiner blitzblank gewienerten Uniform zeigten sich keinerlei Spuren davon, wie die verzweifelte Mutter auf die Ereignisse reagiert hatte. Er musste wohl gerade erst gekommen sein. Obwohl es ganz und gar unmöglich gewesen sein musste, den Schmutz nicht zu sehen oder zu riechen, ging er mit keinem Wort darauf ein. Er befahl uns nur, ihm zu sagen: »Wie viele?« Aus einem Mund, wie ein schlecht vorbereiteter, unter Lampenfieber leidender Chor, sagten wir es ihm: »Keiner.«

Noch einmal rief er: »Wie viele?« Und dann hob er, ohne eine Antwort abzuwarten, den rechten Arm, streckte ihn ganz aus, und deutete mit zwei Fingern auf ein Paar mittleren Alters mir gegenüber und brüllte: »Raus! Los, raus mit euch zwei!«

Schnell drehte die Frau den Kopf und vergrub ihn an der Brust ihres Mannes. Sie weinte, mit kreischenden, kleinen Schluchzern, bis ihr Mann den Arm um sie legte. Er küsste ihr Haar und empfahl ihr ganz ruhig zu tun, was der SS-Mann ihnen befohlen hatte. Er half ihr hoch, drückte sie fest an sich, legte ihr seine Jacke um die Schultern, um ihre Blöße zu bedecken, ging auf die offene Tür zu und bat sie, keine Angst zu haben. »Wenn Gott uns jetzt will«, sagte er, »dann gehen wir eben. Es ist sowieso besser. Das hier ist doch kein Leben!«

Sie waren etwa einen Meter von der Tür entfernt, als Heinz direkt vor sie sprang. Arme und Beine hielt er gespreizt, stellte sich entschlossen in die Türöffnung und schützte so nicht nur das Ehepaar, sondern auch uns. Er sagte dem SS-Mann, er sei hier in diesem Waggon der Verantwortliche und wenn der Offizier jemanden erschießen wolle, dann solle er ihn erschießen. Seine Stimme war laut und kräftig, ohne eine Spur von Angst. Heinz rief weiter, dass diese Leute seiner Verantwortung unterständen, und wiederholte dann, dass hier nichts weiter vorgefallen sei als dieser unglückselige Zwischenfall mit dem stinkenden Eimer.

»Ich habe keine Angst vor Ihnen, und ich habe auch keine Angst vor dem Sterben!« rief Heinz. »Also los, schießen Sie schon. Wir sehen uns dann in der Hölle wieder!« Bei diesen beängstigenden Worten beugte er sich vor, als halte er sich bereit, den Mann anzuspringen, und ließ keinen Zweifel daran, dass er durchaus nicht bluffte.

Wir werden nie erfahren, weshalb dieser Hitler-Getreue seine Meinung änderte. Ob es die Tatsache war, dass Heinz genauso laut, genauso wutschnaubend und genauso groß, blond und blauäugig war wie der mit dem Gewehr, oder ob dem SS-Mann nicht gefiel, was er in diesem Käfig zu sehen bekam. Vielleicht war auch ihm endlich der Gestank in die Nase gestiegen, denn er ließ Heinz eine Putzkolonne zusammenstellen, die das Chaos beseitigen sollte. Das hieß, das Kleidungsstücke zu Lappen zusammengedreht wurden und der Schmutz mit fast dem ganzen Stroh zur Tür hinausgefegt wurde. Das war nicht unbedingt ein Anblick, auf den der Offizier Wert legte, also trat er einfach beiseite, und einen kurzen Moment lang drehte er sich weg. Diese Zeit brauchten wir dringend, um das Werkzeug noch gründlicher zu verstecken. Der Gedanke, dass er es finden könnte, war unerträglich. Als er sich wieder umdrehte, sah er ganz entschieden so aus, als habe er inzwischen genug davon. Er drohte Heinz, er werde uns alle töten, sollte er herausfinden, dass er gelogen hatte.

Von draußen, von ziemlich weit vorn, rief jemand, die Türen sollten geschlossen und das Ganze zum Abschluss gebracht werden. Ich wartete darauf, dass Heinz zur Seite trat, dass der große Hässliche die Tür zuknallte und uns einsperrte, als mir ganz plötzlich übel und schwindlig wurde. Mir wackelten die Knie. Ich versuchte, mich aufrecht zu halten und auszuharren, bis diese Elitetruppe wieder in ihrem Sonderabteil war und wir uns nur noch um das nächste Mal Sorgen machen mussten, wenn jemand in Ohnmacht fiel oder um seinen Platz am Fenster kämpfte.

Aber es ging nicht. Ich rutschte immer weiter runter. Den Rücken hatte ich immer noch gegen das Brett gepresst, aber schließlich saß ich auf dem Boden. In dem Augenblick hörte ich ein schneidendes Geräusch über mir. Jemand brüllte, und von draußen, direkt hinter mir, rief eine aufdringliche Stimme: »Es ist offen! Die haben das ganze verdammte Brett rausgenommen! Herr Leutnant, kommen Sie, schauen Sie sich das an!«

Ich schaute hoch und sah, dass dort, wo ich gestanden hatte, jetzt ein Messer in dem Brett steckte. Während der nächsten Sekunden, der letzten, die ich vielleicht zählen könnte, dachte ich: »Keiner wird je davon erfahren, keiner wird wissen, was sie uns angetan haben oder weshalb so viele sterben mussten.« Aber dann dachte ich: »Dieses

Messer, das für mich bestimmt war und sein Ziel nur knapp um Haaresbreite verfehlt hat, bedeutet, dass es immer noch eine Chance für uns gibt«, auch wenn ich mir das nicht so recht vorstellen konnte.

Der Kampf um unser Leben wurde mit Worten ausgefochten, die schärfer waren als Schwerter. Sowohl Heinz als auch der Offizier waren wie zwei Boxer im Ring, wobei nur der eine Boxhandschuhe trug. Heinz bettelte nicht, und er entschuldigte sich auch nicht. Er forderte den Leutnant auf, hereinzukommen und sich mit eigenen Augen davon zu überzeugen, dass es so schon gewesen war, als wir in dieses Scheißhaus eingestiegen waren. Er sagte ihm, das Holz sei von Anfang an morsch gewesen und wir hätten ja nur versucht, es festzunageln, damit wir nicht rausgeweht würden. Dann trat Heinz gerade weit genug zur Seite, um den Leutnant einen Blick auf die Alten, die Kranken und die vor Angst Zitternden werfen zu lassen, und bis auf Heinz und Werner zitterten wir alle vor Angst.

Die aufdringliche Stimme von draußen, direkt hinter mir, rief immer wieder, der Herr Leutnant solle sich einen stichhaltigen Beweis zeigen lassen, aber wer brauchte schon Beweise? Juden lügen immer und verdienen es schon allein deshalb, erschossen zu werden. Er schoss dann tatsächlich, zuerst schwang er das Gewehr von links nach rechts, einmal ganz im Kreis herum, zielte damit auf jeden einzelnen von uns, und dann feuerte er in die Luft!

Ich hörte, wie von draußen der Sargdeckel zugenagelt wurde, hörte Pfiffe, Geschrei, Gebrüll, hörte Steine wie brüchige Knochen unter vorwärts stürmenden Füßen in schweren Stiefeln knacken. Und dann ein Ruck und das Kreischen abgenutzter Räder, und schon hatten wir uns wieder in Bewegung gesetzt.

Der Zug rumpelte weiter über die Gleise, und wir waren zu erschöpft, zu erschüttert und zu überwältigt von dem, was passiert war, um irgendetwas zu tun oder zu sagen. Wir brauchten Ruhe, um uns über unsere Situation klar zu werden, um Bilanz zu ziehen aus dem, was über uns hereingebrochen war, hatten sowohl das Bedürfnis, allein zu sein als auch getröstet zu werden. Mir ging es jedenfalls so. Ich hatte noch nie vorher gesehen, wie jemand getötet wurde.

Wie wird man Zeuge von soviel Blutvergießen und bleibt geistig gesund dabei? Wie bringt man es fertig, *nicht* mehr daran zu denken, das Bild dieser toten Menschen nicht für immer im Gedächtnis zu behalten? Und wie bedankt man sich bei diesem mutigen Freund, der uns allen das Leben gerettet hat …?

Später meinte jemand, ich hätte wirklich großes Glück gehabt, weil mir zweimal das Leben gerettet wurde. Einmal von Heinz und einmal, als ich zu Boden rutschte, kurz bevor das Messer durchstach. Derjenige meinte auch noch, dass unser Waggon höchstwahrscheinlich der einzige sei, in dem niemand erschossen wurde, und dass wir lieber unseren Verstand beisammen hielten, damit wir es heil und gemeinsam in dieses neue Arbeitslager schafften.

Das Ehepaar, das bereits auf dem schmalen Grat zwischen Leben und Tod gewandelt war, kniete jetzt und betete. Sie beteten zusammen, zu demselben Gott, aber nicht dasselbe Gebet. Sie fragte Gott nach dem Warum. Er nicht. Vielleicht war sein Glaube immun gegen das, was Menschen zu tun vermochten. Nachdem sie gebetet hatten, kamen sie zu Heinz, der seinen Platz bei der Tür nicht verlassen hatte, seit diese zugeworfen worden war. Er stand da, als habe er auf dem Boden Wurzeln geschlagen. Die Frau küsste ihm die Hand; der Mann sagte, er sei tapferer als David gewesen, der den Goliath erschlug, aber er solle sein Leben nicht noch einmal für sie beide aufs Spiel setzen.

Werner war es irgendwie gelungen, die Frau in Schwarz dazu zu bringen, sich endlich zu beruhigen, oder vielleicht hatte sie auch einfach nicht mehr genug Kraft zum Schreien übrig.

Wir saßen zusammen – Heinz, Werner und ich –, dichter als je zuvor. Vielleicht war es die Tragödie, die wir durchlebt hatten, oder die verpasste Gelegenheit zur Flucht, an die wir so geglaubt hatten, was unser Bedürfnis nach Nähe zum anderen umso größer machte. Wir hatten die Arme umeinander gelegt, und wir hielten uns an den Händen, wir drei. Wir sprachen über Martin und Josef und waren dankbar, dass sie jetzt nicht hier bei uns waren. »Du stehst das nicht allein durch. Keiner von uns kann das«, hatte Martin gesagt. »Wir müssen uns gegenseitig festhalten, damit wir am Leben festhalten können.«

Stundenlang fuhren wir weiter, und wir hatten keinerlei Anhaltspunkte darüber, wo wir waren oder wohin wir fuhren. Wer gerade am Fenster stehen durfte, musste auf Anweisung von Heinz ganz genau Ausschau halten: nach einem Namen, einem Bahnhof, irgendeinem kleinen, ausgeschilderten Dorf; einem Plakat mit Text und dann schauen, in welcher Sprache. Aber wir sahen nichts. Nur Wiesen und

Wälder, nur Punkte in weiter Ferne, die Menschen oder Hunde hätten sein können. Wir kamen an keinem einzigen Bahnhof vorbei, als habe die ganze Welt um uns herum aufgehört zu existieren und als sei das einzige, was noch übrig war, dieser Zug und wir.

Wie viele Kilometer wir bereits zurückgelegt hatten, als wir schließlich wieder hielten, weiß ich nicht. Der Platz, an dem wir hielten, war eine offenes Gelände. Die Deutschen klopften und hämmerten gegen alle Waggons, wollten erst alles überprüfen, und erst dann machten sie die Türen auf. Diesmal gab es kein *rat-tat-tat*, nur die übliche Dreistigkeit und das Gebrüll. Zwei Leuten aus jedem Waggon befahlen sie, die Eimer zu leeren, und wir Übrigen sollten, was gemacht werden musste, unter dem Zug machen. Mit Peitschen und Pfiffen trieben sie uns hinaus, als sei dies ein verflixtes Spiel oder eine Art Jagd.

Und da waren wir nun, eintausendundsiebenhundertundfünfzig schwitzende, erschöpfte, mutlose Leute, minus der Toten, die sie zurückgelassen hatten, und minus derjenigen, die es geschafft hatten. Wieviele aus jedem Waggon?

Für die Verwundeten und Kranken taten wir, was wir konnten. Wir halfen ihnen oder trugen sie hinunter. Unsere Vorräte waren aufgebraucht, und unsere Wasserflaschen leer. Wir brauchten dringend Wasser. Heinz ging zu einem von denen, die gepfiffen hatten, und bat ihn um Wasser, erhielt aber die Auskunft, es sei nichts da. Wir gaben uns alle Mühe zu trödeln, ohne Verdacht zu erregen, damit wir uns umschauen konnten. Ich suchte nach Rainer, nach der Gruppe, mit der ich Holland verlassen hatte, nach Fritzi, ihrer Mutter; ich schaute sogar nach dem kleinen Kätzchen, konnte aber niemanden entdecken. Janos hatte Recht gehabt: Unter dem Zug war Platz genug für unsere ganze traurige Gruppe, wenn wir es nur geschafft hätten. Ich hockte dort und fragte mich, ob das alles wirklich wahr war. Hatte ich in Mecheln wirklich hierfür trainiert und auf das hier gewartet?

In diesen wenigen Minuten, in denen ich außerhalb des Käfigs war, rasten mir tausend verrückte Gedanken durch den Kopf, die alle mit Flucht zu tun hatten. Was, wenn ich einfach hier bliebe, einfach nicht mehr vorkäme … was dann? Schnell drehte ich den Kopf, ich wollte sehen, wer hinter mir war, und da hockte Werner und flüsterte: »Nicht jetzt.« Konnte er meine Gedanken gelesen haben? Ich hatte keine Gelegenheit, meinen Freund zu fragen, wieso nicht. Sie trieben uns zurück in die Käfige. Dann kamen das Zuschlagen der Türen, das Anrucken, das Kreischen der abgenutzten Räder, und wieder fuhren wir weiter.

Auch wer viel Verständnis für uns und unser Pech hatte, wollte, dass wir unser Werkzeug los wurden. »Werft das Zeug weg, bevor die es finden«, drängten sie. »Was nützt euch das jetzt noch?« Aber Heinz und Werner wollten davon nichts wissen; stattdessen versteckten sie alles nur noch besser. Beide waren entschlossen, es noch einmal zu versuchen, und das wollte ich auch. Wir würden es genauso machen wie vorhin. Das Brett rausnehmen, bis zur Abenddämmerung warten und dann springen. Es würde uns keiner mehr beobachten, es gäbe kein *rat-tat-tat*, keiner würde irgendetwas ahnen. Weshalb sollten sie auch annehmen, wir wären verrückt genug, es zweimal zu versuchen? Und doch würden wir es bestimmt wagen, wenn wir nur bis dahin herausfinden könnten, wo wir waren.

Etliche mühselige Stunden später gab der Mann, der gerade am Fenster an der Reihe war, seinen Platz vorzeitig auf. Er hatte kaum eine Minute dagestanden, als er sich unvermittelt umdrehte und mit düsterer Miene erklärte: »Ich glaube, wir sind in Deutschland.« Er hatte einen kleinen Bahnhof mit deutsch klingendem Namen gesehen und einige Deutsche mit Hakenkreuzfahnen. Gleich darauf liefen wir alle an die winzige Fensteröffnung und drängten uns lange davor und schauten hinaus, nur um sicherzugehen.

Wir befanden uns tatsächlich in diesem verfluchten Deutschland. Da waren sie ganz plötzlich: die kleinen und größeren Bahnhöfe, die Dörfer und Städte, und wo wir auch durchkamen, überall starrten die Leute auf die Viehwaggons und auf uns. Sie haben sehr wohl gesehen, dass sich Leute in den Waggons befanden, kein Vieh. Nur einige wandten sich ab; die meisten schauten hin. Niemand sah entsetzt oder überrascht aus. Wenn sie überhaupt eine Reaktion erkennen ließen, dann unverhüllten Ärger, so als würden sie denken: »Müssen die denn hier durchfahren?«

Als es dunkel geworden war, nahm Heinz das Werkzeug und warf alles nacheinander hinaus – Säge, Hammer, Nägel. Ich musste an abgetrennte Glieder denken, nutzlos gewordene Glieder.

Ich schlief, wachte auf, schlief, und als ich wieder aufwachte, war es Morgen. Meine Sachen waren gepackt. Die Sachen von allen waren gepackt. Heinz und Werner hatten unser Geld aufgeteilt. Etwas war jetzt in meiner Manteltasche, einiges bei ihnen, und in Seife, Zahnpasta und Rasierschaum versteckte Banknoten ließen wir, wo sie gewesen waren. Alle sagten, wir wären jetzt fast da, aber wo genau, das wusste keiner. Wie weit würde es noch sein – wir waren doch schon so weit gefahren?

Als ich zum Fenster ging, war das einzige, was ich sah, eine glühend heiße Sonne in einer endlosen Leere. Nichts war zu sehen außer flachen, wüstenähnlichen Landstrichen, die vom Nirgendwo ins Nirgendwo führten. Es sah nicht nach etwas aus, das zu dieser Erde gehörte, eher wie etwas von einem anderen rauen, feindseligen Planeten.

Jetzt gab es beträchtliches Gedränge. Alle wollten selbst sehen, was da draußen war, und hinterher gaben sie zu, dass sie genauso unvorbereitet, genauso fassungslos gewesen waren wie ich. Keiner erkannte etwas, keinem gefiel, was er sah. Das Wichtigste allerdings, und darin waren wir uns alle einig, war nicht die Frage, wo sich dieser Ort befand, sondern wer hier das Sagen hatte. Waren unsere Bewacher von der Wehrmacht oder von der SS? Unter uns gab es keinen, der diesen wesentlichen, ernsthaften Unterschied nicht voll und ganz verstand. Ein Unterschied zwischen Leben und Tod.

Inzwischen bewegte sich der Zug langsamer als eine lahme Ente vorwärts. Wir konnten die Risse in der aufgebrochenen, unfruchtbaren Erde zählen. Kurz darauf sagte Werner, er habe gesehen, wie sich in der Ferne etwas bewegte – Umrisse, Gestalten, irgendetwas. Als ich auch wieder hinausschauen konnte, waren die Umrisse und Gestalten näher gekommen.

Männer! Eine Gruppe von Männern in gestreifter Gefängnis-Uniform. Sie schleppten riesige Steine auf den Schultern. Der Kopf ungeschützt in der sengenden Sonne, Rücken und Schultern vornübergeneigt, von ihren schweren Lasten nach unten gezogen – so trotteten sie an uns vorbei. Bei ihnen zwei der Schergen des Dritten Reiches: SS! Weitere SS-Leute öffneten die Waggons, brüllten uns zu, wir sollten aussteigen und uns mit unseren Sachen den Zug entlang aufstellen. Ich stand zwischen Heinz und Werner und starrte auf dieses grenzenlose, Furcht erregende Stück Hölle …

Es war Morgen. Die Geburt eines neuen Tages und der Tod der Hoffnung.

III. Teil

Und alle Götter begaben sich auf die Suche nach einer anderen Welt

1.

Die Leute aus den ersten Waggons mussten losmarschieren. Man befahl ihnen weiterzugehen, und dann mussten sie stehen bleiben. Als sie angehalten hatten, befahl man uns vorwärts zu marschieren, dann wieder mussten wir stehen bleiben, hinter uns folgten die anderen. Keiner marschierte wirklich. Schlurfend zogen wir unsere Füße nach, humpelten einfach so gut wir konnten. Einige unserer Reisegefährten hatten es nicht geschafft. Sie waren tot angekommen. Andere hatten es trotz schwerer Verletzungen, trotz Kopfschuss und mit Gewehrkugeln in Armen und Beinen geschafft, am Leben zu bleiben. Sie hatten viel Blut verloren. Es war ihnen durch die behelfsmäßigen Verbände und ihre aufgerissene Kleidung gesickert; und trotzdem schleppten sie sich vorwärts …

Und dann lagen die Viehwaggons hinter uns, und da, vor uns, mitten auf dieser sonnenversengten Straße stand, wie eine Erscheinung aus dem Reich des Fantastischen, ein hoch gewachsener, makellos gepflegter Mann von vollkommener Schönheit: Kommandant Rudolf Höß.

Seinen Namen erfuhr ich erst viel später – nicht dass der Name damals oder später von Bedeutung gewesen wäre, für mich jedenfalls nicht, höchstens danach für die Historiker. Seinen Namen brachte Kommandant Höß in die Geschichtsbücher in Zusammenhang mit den düstersten Stunden der Menschheit.

In voller Uniform, mit all den Streifen und Orden, die seinem Rang und seiner Stellung entsprachen, ohne einen einzigen Tropfen Schweiß auf seinem makellosen, attraktiven Gesicht, wirkte er eher wie ein Leinwandidol, aber nicht wie ein Lagerkommandant.

Er sprach recht freundlich mit uns, sagte, dass sich diejenigen, die nicht allzu müde waren, dort drüben aufreihen sollten, jeweils fünf in einer Reihe, und dass die anderen, die nicht gehen wollten oder konnten, auf offenen Lastwagen fahren dürften, die auf der anderen Seite warteten.

Die Entscheidung darüber, welchen Weg wir nahmen – links gehen, rechts fahren –, lag einen unerklärlichen Augenblick lang bei uns. Obwohl Höß die meisten Selektionen selbst durchführte, links rechts, links rechts, und sein Urteil fällte, indem er mit einem Auge blinzelte, gab es diesen einen unglaublichen Bruchteil einer Sekunde, in der wir entscheiden konnten, welchen Weg wir einschlugen.

Ich ging nach links, weil ich Rainer und Fritzi bei denen hatte stehen sehen, die laufen wollten, und weil die Lastwagen schon recht voll waren und mehr und immer mehr Leute daraufkletterten. Ich ging nach links, weil Heinz und Werner mir von der Seite gerissen worden waren, damit sie den Verwundeten halfen, und weil ich einen Freund in meiner Nähe brauchte, irgendjemanden, den ich kannte und der mir die Hand halten würde.

Lange bevor wir losmarschierten, fuhren die Lastwagen ab. Die Leute auf den Wagen riefen uns zu, wir würden uns dann später sehen, und auf dem letzten, genau in der Mitte unter all den erschöpften Leibern, stand Fritzis Mutter, hoch gewachsen und stolz, und bei sich hatte sie das kleine Kätzchen. Sie winkte uns zu und lächelte, bis sie und die anderen in der Gluthitze der unfruchtbaren Landschaft verschwunden waren.

»Gut drei Kilometer bis zum Lager«, sagte einer. Drei Kilometer marschieren in der sengenden Sonne. Ich trug meinen Mantel. Was hätte ich sonst tun sollen? Halb nackt in meinem zerrissenen und schmutzigen Unterrock konnte ich mich ja wohl kaum auf den Weg machen. Zerrissen und schmutzig. Genauso fühlte ich mich auch. Mein Mantel wog eine Tonne. Mein reicher Mantel – zu schwer, um ihn anzuziehen, zu schwer, um ihn über dem Arm zu tragen.

Was für ein Ort war das hier? Wo befanden wir uns? Wer weiß von dieser einsamen, ausgetrockneten Wüste, dieser verfluchten, von Gott verlassenen Hölle, heißer als selbst die denkbar heißeste Hölle? Wenn wir jetzt alle anfangen würden zu schreien, würde uns dann jemand hören?

Wir waren am Eingang angelangt. Er war leicht als Eingang zu erkennen, denn über dem Tor hing ein Schild mit der Aufschrift »EINGANG«. Ein Schild mit der Aufschrift »AUSGANG« konnte ich nirgends entdecken, obwohl ich danach Ausschau hielt. Über dem Tor, durch das wir gingen, stand außerdem in so großen Buchstaben, dass man sie unmöglich übersehen konnte: »ARBEIT MACHT FREI«.

Überall Stacheldraht. Große Schilder – »Elektrisch geladen« – ließen all jene, die an Flucht dachten, wissen, dass die Frage, wie sie hier herauskommen könnten, wirklich ihre geringste Sorge sein sollte.

Die Soldaten und der eine weibliche Wachposten, die uns begleiteten, sahen nicht viel besser aus als wir. Die Soldaten waren schmutzverschmiert, und die Frau sah noch schlimmer aus. Ihr Gesicht war voller Flecken, wie Insektenstiche, und die kratzte sie in einem fort, während sie uns anbrüllte, wir sollten schneller gehen. Ich fragte sie, wo denn unsere Männer seien und wann wir sie wiedersehen würden, aber sie war nicht zum Reden aufgelegt, sie antwortete nicht. Bei jedem Schritt hielten wir nach ihnen Ausschau, aber sie waren nirgends zu sehen.

Ziemlich weit weg hoben weitere männliche Gefangene, jedenfalls hielten wir sie für Männer, etwas Schweres hoch, schleppten es weg und legten es anderswo ab. Bei dem Anblick musste ich an die Teufelsinsel denken, die Strafkolonie in Französisch-Guyana aus dem 19. Jahrhundert.

Wir waren im Lager. Allmählich begriff ich, dass dies kein von Gott verlassener kleiner Ort war, sondern ein von Gott verlassener riesiger Ort. Hier konnte man sich leicht verlaufen. Es sah alles gleich aus. Baracke an Baracke, Lehm, Staub und getrockneter Schlamm. Das war auch schon alles, abgesehen von einigen grotesk anmutenden Gestalten, die vor den Baracken kauerten. Ihre Kleidung bestand aus Lumpen und aus einer Art Tuch, das sie um den Kopf trugen, auf eine Weise gebunden, wie ich das vorher noch nicht gesehen hatte. Sie starrten uns an. Eigentlich schauten sie eher durch uns hindurch. Sie waren überall. Sie und die Baracken. Wir gingen weiter, und da waren sie wieder. Wir bogen um Ecken, und da waren sie wieder. Die ganze Zeit versuchte ich, einen Gesichtsausdruck zu deuten, ihr Alter zu schätzen, aber es gelang mir nicht. Ihre Gesichter waren starre

Masken. Kein Lächeln, keine Traurigkeit, keine Tränen, keine Freude. Und ich wusste immer noch nicht, wo ich war.

Das erste »Halt!« kam, als wir ein großes Gebäude erreicht hatten. Wir wurden hineingedrängt, man gab uns den Befehl, uns auszuziehen, alles auf den Boden fallen zu lassen und uns aufzureihen, eine hinter der anderen – in alphabetischer Reihenfolge.

Die demütigende, aber dennoch unausweichliche Tatsache, sich vor diesen pickligen, feixenden SS-Wachposten ausziehen zu müssen, dazu noch die irrsinnige, drängende Hast, jemanden zu finden, dessen Namen man kannte, war nicht gerade leicht zu ertragen. Handtaschen flogen durch die Gegend. Dauernd traten Leute auf die Sachen von jemand anderem, während sie versuchten, die eigene Blöße hinter ihren Kleidungsstücken zu verbergen, sich an jemandem festzuhalten, sich gegenseitig festzuhalten. Leute traten auf Spiegel, Leute zerbrachen Spiegel, ehe sie noch einmal Gelegenheit hatten, sich darin zu betrachten. Sieben Jahre Pech?

Die SS-Wachen versetzten willkürlich Tritte und Stöße, lachten, lachten schallend. Sie amüsierten sich wirklich prächtig.

Mein Mantel rutschte mir von den Schultern, mein reicher, reicher Mantel mit all dem Geld und all den Schmuckstücken. Verloren für immer. Jetzt würde er es nicht mehr in die Schweiz schaffen, nicht in diesem Leben. Und was war mit mir? Wir stolperten vorwärts über all die weggeworfenen Sachen, über das letzte eigene Paar Schuhe, während wir uns bemühten, uns in der richtigen alphabetischen Reihenfolge aufzustellen.

Jemand schubste mich, und ich stand plötzlich neben Rainer. Sie zitterte. Meine Handtasche war auch auf dem Boden gelandet, und das einzige, was ich noch hatte retten können, war mein Kamm. Mein starker Kamm. Den brauchte ich dringend. Mein Haar war viel zu lang und dick, ein kleiner Kamm würde da nicht durchkommen. Einer der Wachen spielte Fußball mit meiner Handtasche. Sie flog durch die Luft, ging auf und fiel direkt neben mir wieder auf den Boden. Zwei Fotos, mit der Bildseite nach oben, fielen heraus: Auf dem einen war Herbert zu sehen, auf dem anderen Margit und Toni. Sie lachten. Fröhliche Bilder, fröhliches Lachen, so weit weg von zu Hause ... Der Fußballspieler ging bei meinen Bildern wieder zum Angriffsspiel über. Er stieß sie vor und sprang auf sie drauf. Er grub die Hacken hinein und marschierte davon. Zurück blieben Papierfetzen, ohne Gesicht, ohne Lächeln, so weit weg von zu Hause …

Jemand schrie. Es hörte sich an, als käme es ganz vom Anfang der Reihe. Da kamen weitere Schreie und immer mehr. Nicht sehr laute oder lang anhaltende Schreie, ich fand, es waren Schreie, die eher plötzliches Erschrecken als Schmerz auszudrücken schienen. Erschütternd anzuhören. Als ich schließlich nahe genug gekommen war, sah ich, dass die Frauen ganz vorn das Gebäude verlassen hatten und sich draußen einreihten. Sie waren immer noch splitternackt, den linken Arm hielten sie gebeugt und an die Seite gepresst. Und dann waren auch Rainer und ich draußen. Ebenfalls splitternackt.

Der kleine Tisch mit den zwei SS-Leuten an jeder Seite war leer. Dahinter standen in Baumwollkleidern und weißen Schürzen zwei Frauen. Saubere Frauen in sauberen Kleidern. Eine hielt etwas in der Hand, das wie ein Kugelschreiber aussah, wäre da nicht das spitze Ende gewesen, das viel länger zu sein schien. Die Frau, die als nächstes an der Reihe war, wurde von einem der SS-Männer an den Tisch gezogen, ihr linker Arm wurde gepackt, und man befahl ihr, ihn ausgestreckt zu halten. Dann übernahmen die beiden Frauen. Während die eine den Arm festhielt, durchbohrte das spitze Ende des Kugelschreibers die Haut und schnitt in das Fleisch.

Eine Tätowierung! Sie verpassten uns eine Tätowierung! Und sie ritzten uns nicht unseren Namen ein, sondern eine Nummer! Wenn wir keinen Namen haben, können sie sagen, dass wir nicht existieren. Wer interessiert sich schon für Nummern? Arm für ausgestreckten Arm durchlitten wir die Prozedur, namenlos, inexistent, ausgelöscht zu werden.

Als Rainer an der Reihe war, versuchte ich ihr mit Zeichen zu verstehen zu geben, sie solle nicht schreien. Das tat sie auch nicht. Den Kopf hatte sie weggedreht, sie sah mich direkt an. Ich hatte sie nie vorher nackt gesehen. Auch keine andere Frau. Ich wollte sie im Grunde nicht anschauen, die anderen Frauen auch nicht, aber es ließ sich kaum vermeiden. Rainer war wunderschön: lange, schlanke Beine, schmale Hüften und schmale Taille, ein herrlich gerader Rücken und gerade Schultern, und dann ihr prächtiges langes goldenes Haar. Sie hatte es nach vorn fallen lassen, um ihre Brüste zu bedecken, und wünschte sich sicher, es könnte ihren ganzen Körper verbergen.

Ich war an der Reihe. Ich war fest entschlossen, den idiotischen SS-Wachen nicht zu gestatten, mich zu berühren, also trat ich vor und streckte den Arm aus. Sofort spürte ich den ersten Stich. Es fühlte sich an wie hundert Bienenstiche oder hundert sehr stumpfe Nadeln, nicht spitz, aber sehr schnell, und es tat weh. Dann war es vorbei, und ich war Nummer 51841. Da war Blut auf meinem Arm, mein Blut, und unter der Nummer befand sich ein Dreieck. Ich hatte keine Ahnung, was das bedeuten sollte. Ich wusste nur, dass ich diese Nummer nie mehr würde verstecken können und dass all das Blut in meinem Körper nicht ausreichte, um sie zu verdecken ... Jetzt nicht, und auch später nie mehr. Gebrandmarkt fürs Leben!

Die Nummer, die sie mir gaben, befindet sich an meinem linken Arm knapp unterhalb des Ellenbogens. Außen. Sie ist sehr groß, und sie wird nie mehr weggehen. Diese Momente der Nadelstiche waren die schlimmsten Momente meines Lebens, und nichts von dem, was später kam, konnte sie wieder ungeschehen machen.

Das Praktische an der Nummer, so begriffen wir alle sofort, war die Tatsache, dass sie auf Dauer jede Möglichkeit einer Flucht, ob durchführbar oder nicht, zunichte machte. Außerdem war das Ändern von Aussehen und Papieren, um nicht erkannt zu werden, sinnlos geworden. Eine Illusion, von der man nicht länger zu träumen brauchte ... Sie hatten uns nackt ausgezogen, uns die Kleidung gestohlen, und als es nichts mehr zum Stehlen gab, stahlen sie uns unsere Identität und ließen uns nur noch eine Nummer auf dem Arm.

Sie ließen uns wieder marschieren. Zu fünft in der Reihe ... Wieso immer fünf? Hundertzwanzig Frauen waren wir jetzt hier. Nach dem Rest hielten wir ständig Ausschau – und staunten. Noch mehr Baracken! Noch mehr grotesk wirkende Gestalten in Lumpen mit diesen leeren Blicken, diesen leeren Gesichtern, lungerten vornübergebeugt herum. Vielleicht waren sie nicht wirklich. Nicht aus Fleisch und Blut, sondern leblose Puppen, unmittelbar dem verdrießlichen Albtraum eines irren Puppenmachers entsprungen. Rainer umklammerte ihre Zahnbürste; ich hielt mich an meinem Kamm fest. Alle in unserer Nudistenparade klammerten sich an etwas.

Wir wurden in ein anderes Gebäude gebracht, und man sagte uns, wir dürften unter die Dusche. Bis jetzt bei weitem die beste Neuigkeit! Auf einem sehr langen Korridor voller Leute, voller Hektik und

Getriebe mussten wir uns anstellen. Etliche Mädchen rannten an uns vorbei. Sie trugen ordentliche, saubere Kleider und sahen äußerst beschäftigt aus. Während sie an uns vorbeihasteten, sahen wir weitere SS-Wachposten an den Türen herumlungern. Ihre einzige Daseinsberechtigung war es, uns anzustarren, dümmlich zu lachen und uns anzurempeln. Ihr absichtlich anzügliches Benehmen ließ uns noch enger zusammenrücken; es erweckte in uns den Wunsch, uns gegenseitig zu schützen. Ich hörte eine Frau sagen, dass ein bisschen weiter vorn, weiter vor uns, ganz eindeutig irgendetwas vor sich gehe. Noch eine ihrer unvorstellbaren Überraschungen. Dort nahmen sie uns das einzige, was sie bis jetzt noch nicht genommen hatten: unser Haar! Es war nicht nur ein Haarschnitt – sie wollten alles, jede einzelne Strähne. Geschorene Köpfe; sie wollten uns ganz kahl sehen. Kahl geschorene Frauen!

Als ich die ersten wieder zurückkommen sah, fiel mir auf, wie sehr sich ihre äußere Erscheinung verändert hatte. Sie waren entsetzlich plump und hässlich geworden. Ihre plötzlich furchtbar linkischen Bewegungen wirkten grotesk. Sie ließen die Arme baumeln, als gehörten sie nicht mehr zu ihnen, und mit den herunterhängenden Schultern und dem vornübergeneigten Oberkörper waren sie nicht mehr zu erkennen. Sie sahen aus wie etwas, das sich dieser irre Puppenmacher ausgedacht haben könnte, auf fantastische Weise fremd und traurig.

Und die Wachposten ließen sie sogar dafür büßen, dass sie kein Haar mehr hatten und so übel aussahen. Jetzt lachten sie sie nicht mehr nur aus oder rempelten sie an, jetzt hieben sie mit Fäusten auf sie ein und traten mit den Stiefeln nach ihnen, stießen sie zur Tür hinaus, schrien ihnen Beleidigungen und all die üblen Schimpfwörter hinterher, die ihnen einfielen. Keine der Frauen wehrte sich oder protestierte. Sie hatten ihr wahres Ich verloren, waren keine Frauen mehr …

Der Fußboden war übersät mit Haaren. Es sah hübsch aus – wie ein bunter Teppich. Je näher ich kam, desto besser konnte ich sehen. Mitten in einem ansonsten leeren Raum standen zwei Stühle und zwei Frauen, mit Haaren, hinter jedem Stuhl eine. Die eine hielt eine Schere in der Hand, die andere einen Rasierer mit gerader Klinge. Ich hatte an der Wand gelehnt und überlegt, ob es wohl besser wäre, zu der mit der Schere zu gehen, oder den Rasierer die Arbeit machen zu lassen. Der Rasierer war schneller. Ich hatte alles ganz aufmerksam beobachtet. Hatte jene beobachtet, die kaum in der Lage waren, sich aufrecht zu halten, aber doch hoch aufgerichtet und gerade standen, bis sie auf den Stuhl glitten, wo sie mit ihrem Haar auch all ihre Würde abgaben. Deshalb tat man ihnen das an. War den Frauen selbst eigentlich bewusst, wie sehr sie das verändert hatte? Und wenn ja, machte es ihnen noch etwas aus?

Der Teppich breitete sich aus und wurde immer höher. Schon waren die nackten Füße, die darauf traten, ganz davon bedeckt. Von den Frauen, die schon auf dem Stuhl gesessen hatten und wieder aufgestanden waren, hielt nur Fritzi den Kopf hoch erhoben und ging noch mehr in die Höhe gereckt als vorher. Sie beachtete ihren kahlen Schädel nicht, der ihren Kopf wie eine merkwürdig geformte Melone aussehen ließ. Herausfordernd und ohne Angst ging sie an den Wachen vorbei, ihre Nacktheit trug sie mit königlichem Stolz, ihren glänzenden kahlen Schädel wie einen glitzernden Stern. Die Wachen gafften sie an und ließen sie dann vorbeigehen, ohne Hand an sie zu legen. Sie hatte sich ihnen gegenüber behauptet, hatte sich ihre Selbstachtung bewahrt und nichts von sich preisgegeben. Und dabei war sie nur hoch erhobenen Hauptes an ihnen vorbeigegangen und hatte ihnen direkt in die Augen geschaut …

Das erinnerte mich an meinen alten Schauspiellehrer, Professor Wieland, der mir einmal gesagt hatte, ich solle genau das tun. Damals war ich natürlich nicht nackt, oder kahlköpfig, und die, denen ich gegenübertreten musste, sind auch nicht meine Feinde gewesen. Nur Schauspieler wie ich. Große, legendäre Schauspieler zwar, aber trotzdem nur Schauspieler, die darüber entscheiden sollten, ob ich die staatliche Schauspielprüfung nun bestand oder nicht. Nicht ganz dasselbe, ich weiß, aber auch vor ihnen hatte ich damals Angst. »Schau sie direkt an … Stell dir diese großen Männer lieber vor, wie sie mit heruntergelassenen Hosen auf der Toilette sitzen …« Das hatte der große alte Lehrmeister mir geraten. Damals hatte ich es gemacht und danach auch noch oft, und es hatte immer funktioniert. Vielleicht hatte er ja auch Fritzi unterrichtet.

Rainer hatte sich für den Rasierer entschieden. Sie hatte mir zugelächelt, hatte eine flapsige Bemerkung zu dem Mädchen gemacht, das ihr den Kopf scheren würde, hatte das Haar geschüttelt, um es in alle Richtungen fliegen zu lassen, und hatte dann plötzlich den Kopf nach vorn und nach unten sinken lassen. »Nur den Nacken bitte«, sagte sie spöttelnd zu dem Mädchen und klimperte mit den Wimpern. »Den Rest würde ich gern behalten, wenn Sie nichts dagegen haben.« Doch die junge Frau zog Rainers Kopf zurück und fuhr ihr mit einem einzigen Schwung des Rasiermessers mitten über den Kopf, von der Stirn bis in den Nacken. Eine fast acht Zentimeter breite Lücke war zu sehen. Eine lange, breite, kahle, grotesk wirkende Lücke. Die goldenen Strähnen, eben noch auf Rainers Kopf, landeten auf ihren Schultern und fielen dann auf den Boden. Jetzt war der Teppich mit Gold bedeckt. Als sie fertig war, sprang sie von dem Stuhl auf und watschelte hysterisch lachend davon. Nur eine Sekunde stand der Stuhl leer, bevor ich mich darauf setzte.

Der Frau mit der Schere machte es im Grunde keinen Spaß, solch schönes Haar wie das von Rainer und mir abzuschneiden. Sie hielt es für eine »wahre Schande«. Das jedenfalls sagte sie zu der schnell Rasierenden, die ihr, sehr zu meiner Überraschung, zustimmte. Wenn man ihr zusah, konnte man den Eindruck haben, ihre Arbeit mache ihr Spaß. Sie machte es so gut und so schnell. Dann fragte sie mich, völlig unverhofft, ob ich Krankenschwester sei, denn falls ja, könnte ich mein Haar behalten. Krankenschwestern durften ihr Haar kurz tragen. Ich musste das verneinen. Das war nicht die Art Arbeit, bei der ich mich getraut hätte, so zu tun als ob. Dann wollte sie wissen, was ich sonst machte beziehungsweise vorher gemacht hatte. Das war dann der Augenblick, in dem sich jemand verpflichtet fühlte, ihr zu sagen, dass ich Schauspielerin sei. Das war unter den gegebenen Umständen sicher der lächerlichste Beruf, den man haben konnte. Überraschenderweise allerdings nicht nach Meinung derjenigen, die mir den Kopf kahl scheren wollte. Sie deutete auf den SS-Mann in unmittelbarer Nähe der Tür und schlug vor, ich solle mal mit ihm reden, weil er für Künstler nämlich viel übrig hatte und bekannt dafür war, dass er ihnen gelegentlich half. Außerdem hätten sie ein Orchester hier, und vielleicht könnte ich ja da hineinkommen – Musik machen und mein Haar behalten.

Die unglaubliche Vorstellung eines wirklichen Orchesters an einem so unwirklichen Ort war noch nicht ganz bis zu mir durchgedrungen, als ich denselben SS-Mann, auf den die junge Frau gedeutet hatte, einer kahl geschorenen, verängstigten Frau ein Bein stellen sah, bevor sie zur Tür hinaus konnte. Er stellte jeder ein Bein, die nicht schnell genug an ihm vorbei war. Ich schüttelte den Kopf und sagte nichts. Ganz im Gegensatz zu der jungen Frau. Sie nannte mich dumm. Sogar nachdem ich ihr erzählt hatte, dass ich keinerlei Instrument spielte – noch etwas, bei dem man nicht einfach so tun kann als ob –, nannte sie mich immer noch dumm, sehr dumm, und schwang ihr Rasiermesser mit der geraden Klinge, wie das Skalpell eines wahnsinnigen Arztes, über meinem Kopf und dann in mein Haar hinein. Sie arbeitete irrwitzig schnell, und doch fühlte es sich an, als hätte sie jedes Haar einzeln abgeschnitten.

Es fiel im Kreis um mich herum. Bedeckte mir den Rücken, die Schultern, das Gesicht – und gesellte sich dann zu Rainers Haar und all dem Rest. Die Arme hielt ich an den Körper gepresst, ich saß so gerade wie ich konnte. Die Hände hatte ich zu Fäusten geballt, und ich spürte, wie mir die Zähne meines Kammes in die Handfläche der Hand schnitten, die ihn hielt. Der Schmerz war eine willkommene Abwechslung, beinahe eine Erleichterung. Eine Haarsträhne hatte sich in dem Teil des Kammes verfangen, der aus meiner Faust hervorguckte; sie hing einfach da. Einen Augenblick später sagte die junge Frau, die mich kahl geschoren hatte: »Nächste«, und stieß mich von dem Stuhl. Auch sie war Häftling hier im Lager, sie und die mit der Schere auch.

Jemand zwang mich, die zur Faust geballte rechte Hand zu öffnen. Jemand wollte meinen schönen grünen Kamm. »Den brauchen Sie nicht mehr«, zischelte diese Frau in ihrem ordentlichen Rock mit der Bluse und mit kurzem Haar. »Lassen Sie den Kamm los! Hören Sie nicht?« Dann beschimpfte sie mich. Ich hatte sie durchaus gehört, hielt ihn aber trotzdem umklammert, als sei er meine Fahrkarte fort von hier. Sie musste mit mir ringen, um ihn mir wegzunehmen, um ihn mir aus der Hand zu reißen.

Nichts mehr, woran ich mich festhalten konnte. Nicht einmal eine kleine Haarsträhne! Bis jetzt hatte man mich noch nicht ernstlich verletzt; trotzdem kam ich mir vergewaltigt und auf überwältigende Weise nackt vor. Trotzdem schlurfte ich nicht davon, ließ nicht meine Arme baumeln, meine Schultern sacken, und ich senkte auch nicht den Kopf, als ich an diesen SS-Wachen vorbeiging. Ich ließ sie mich anstarren und begab mich in das nächste Gebäude.

Dieses sah aus wie ein Badehaus ohne Umkleidekabinen, eine Schwimmhalle ohne Schwimmbecken oder ein Sportstadion mit Bänken für die Zuschauer bis ganz nach oben. Dieselben Frauen, die eben noch versucht hatten, ihren Körper zu bedecken, und die sich schamhaft von ihren Peinigern abgewandt hatten, taten das jetzt nicht mehr. Sie waren jetzt unter sich. Allein saßen sie einfach da, die eine hier, die andere dort, und taten im Grunde nichts.

Dort sahen wir sie. Sie wurde Königin der Sauna genannt. Sie war unbarmherzig, hasste uns alle, und am meisten hasste sie sich selbst. Sie war dicker als das dickste Schwein, hässlicher als die hässlichste Sünde, ordinärer als die gewöhnlichste Schlampe, und den üblen Ausstößen ihrer scharfen Zunge zu entgehen war genauso unmöglich, wie den brutalen Schlägen ihrer Peitsche auszuweichen. In der Welt dort draußen war sie Puffmutter gewesen, und sie war stolz auf diesen Beruf, den sie, so schwor sie, wieder ausüben wollte, sobald das Dritte Reich endlich erkannt hätte, wie wertvoll ihre Dienste für das Vaterland waren, und sie auf freien Fuß setzte. Sie stammte aus Hamburg, war ebenfalls Häftling, aber mit Sicherheit war sie keine Jüdin. Sie hatte keine Nummer, keine Tätowierung, auf ihrem fleischigen Arm. Ihre Aufgabe bestand darin, uns von den Bänken hoch- und in den nächsten Raum, den Duschraum, zu treiben.

Endlich landete ich zusammen mit einigen anderen Frauen unter einer der Duschen, aber bevor ich noch Gelegenheit hatte, mich mit dem Wasser, das wir alle so dringend brauchten, zu erfrischen und zu waschen, war das Duschen vorbei. Ich kam nicht einmal in den Genuss des winzigen Stückchens Seife, das wir uns teilten sollten. Von dort aus trieb uns die Sauna-Königin in einen weiteren Raum. Dort stand ein langer Tisch, auf dem sich schäbige, zerfetzte, durchscheinende Kleidungsstücke stapelten. Dahinter saßen mehrere Mädchen, die schwarze Schürzen über einer Art Uniform trugen und Tücher auf dem Kopf hatten, die im Nacken festgeknotet waren. Sie verteilten, was ein Lumpensammler liegen gelassen haben musste, ungeachtet der Größe, Länge, Form oder Jahreszeit. Es dauerte nur ein paar Minuten, und schon waren wir wieder angezogen, alle hundertzwanzig Frauen. Die Glücklicheren konnten etwas ergattern, was ganz entschieden einmal ein Kleid gewesen war. Die weniger Glücklichen bekamen nichts weiter als eine Schürze.

In wieder einem anderen Raum lagen wir auf dem Steinfußboden, während die Sauna-Königin eifrig schnarchend ein Nickerchen hielt. Ich ließ den Blick schweifen und versuchte immer noch, vertraute Gesichter zu entdecken. In unmittelbarer Nähe sah ich keine Bekannten. Aber etwas weiter weg machte ich zwei merkwürdige Gestalten aus, die in meine Richtung gekrochen kamen. Mein Instinkt sagte mir, dass es Rainer und Fritzi waren, erkannt hatte ich sie nicht.

Rainer hatte nur eine Schürze abbekommen. Glücklicherweise hatte die ein Vorder- und ein Rückenteil. Die Art Schürze, die man sich über den Kopf zog. Sie hatte eine hässliche braune Farbe und war recht kurz, aber alles in allem gar nicht so übel. Wenigstens war sie kühler als das meiste andere abgelegte Zeug, mit dem wir uns zufrieden geben mussten, und sie hatte Taschen. Taschen, aber nichts was man hineinstecken konnte, nichts mit Ausnahme von Rainers nervösen, fahrigen Händen. Fritzi, deren eindrucksvolle Mutter mit dem kleinen Kätzchen auf dem Lastwagen davongefahren war, trug einen Sack aus irgendeinem besonders groben Material. Trotz ihrer Größe reichte er ihr bis zu den Knöcheln hinunter und versteckte so das Eindrucksvollste an ihrer Figur, ihre Beine. Allenfalls betonte er ihren übergroßen, melonenförmigen kahlen Schädel. Mit meinem Aufzug würde ich auch keinen Blumentopf gewinnen. Allerdings war es tatsächlich ein Kleid, und es war schwarz. Es hatte Knöpfe, Falten, einen züchtigen Ausschnitt und lange Ärmel. Die Ärmel waren zu eng, das Ganze also sehr unbequem unter den Armen, in der Taille war es viel zu groß und über der Brust viel zu beengt. Am schlimmsten war, dass es aus hundert Prozent Wolle bestand. Bei der Hitze. Nein, am allerschlimmsten war, dass sie mir einen sehr langen, altmodischen weißen Unterrock gegeben hatten, den ich unter dem Kleid tragen sollte. Er hing an mir herunter wie ein Stück nicht ordentlich weggestecktes Laken. Fritzi hatte Schuhe, abgetragene Pumps, die den Tag nicht überleben würden. Rainer und ich hatten nicht einmal die. Wir sagten uns gegenseitig nicht, wie vollkommen erbarmungswürdig wir aussahen. Das wussten wir sowieso.

Wir hatten alle Durst, aber es gab nichts zu trinken. Auch nichts zu essen. Der Raum bebte vom Schnarchen der dicken Puffmutter. Es klang wie ein Trupp betrunkener, schnarchender Seeleute. Als sie aus ihrem Nickerchen erwachte, begann sie sofort wieder mit dem Gebrüll, dem Gefluche und ihrem Lieblingssport: Peitschenknallen.

Vom Flur aus jagte die Sauna-Königin uns weiter in die Aufnahmebüros. Noch mehr kleine Räume, noch mehr Schreibtische, noch mehr ordentlich gekleidete junge Frauen, die hinter den Tischen saßen und uns noch mehr dumme Fragen stellten. Sie fragten uns nach unserem Namen, danach, wer wir waren, woher wir kamen, was wir gemacht hatten und nach allem, was wir ihnen sonst noch erzählen wollten. Sie schrieben alles auf und legten es ab. Nicht, dass all das irgendeinen Sinn oder Zweck gehabt hätte. Trotzdem mussten sie es machen, sonst hätten sie ihren bequemen Posten verloren. Ich erzählte ihnen dieselbe alte Geschichte, wieso zum Teufel auch nicht? Es war fast ein Spiel für mich geworden. Erzählte ihnen von meinem arischen Vater in Ungarn, der in Budapest saß und keine Ahnung hatte, was hier mit mir passierte. Diese Frauen, Häftlinge auch sie, hatten mehr als nur einen bequemen Posten. Sie hatten sich mit den SS-Leuten angefreundet. Sie unterhielten sich mit ihnen, lachten mit ihnen, rauchten Zigaretten mit ihnen. Wer weiß, was sie sonst noch mit ihnen machten. Sie hatten die Arbeit bekommen, die Kommandant Frank in Mecheln uns in Aussicht gestellt hatte, wenn wir erst in diesem neuen Arbeitslager wären. Außerdem hatten diese Frauen keine Tätowierungen. Alle sprachen Deutsch, die meisten mit einem schweren Akzent, der mir ganz und gar nicht vertraut war.

Die junge Frau, die mir all diese Fragen gestellt hatte, puderte sich die Nase, während sie die Formalitäten erledigte. Sie hatte eine Puderdose in der Hand, eine hübsche mit einem richtigen Spiegel. Sie schaute nur ein einziges Mal zu mir auf, und zwar als ich ihr erzählte, ich sei Schauspielerin. Was meinen arischen Vater und meine Einordnung als Mischling betraf, so notierte sie alles ganz automatisch. Persönlich nahm sie das alles nicht zur Kenntnis. Bald begriff ich, dass alles, was im Lager erledigt werden musste, von Häftlingen erledigt wurde, nicht von den SS-Leuten oder den Wachen. Die gaben nur die Befehle. Aber wer bestimmte die Leute, die die Befehle ausführten, und wie schaffte man es, für diese Arbeit ausgesucht zu werden? Der Unterschied zwischen uns und ihnen war beträchtlich! Kam das daher, dass sie vor uns angekommen waren oder vielleicht daher, dass sie sich bewährt hatten? Oder kam das daher, dass sie sich verkauft hatten, ihre Seele gegen ein Kleid und eine Zigarette eingetauscht hatten?

Wir standen wieder draußen. Die Sonne schien so hell, dass meine Augen schmerzten. Die Sonne ist kein Freund hier. Vor mir standen die, die vor mir fertig geworden waren. Dahinter die, die nach mir fertig geworden waren. Fünf in jeder Reihe. Soviel wusste ich immerhin schon. Mehr aber auch nicht. Rainer und Fritzi standen neben mir, und ein ganzes Stück weiter vorn hatte ich Betty gesehen. Die vollkommene Betty brauchte sich nicht länger darum zu sorgen, vollkommen zu sein. Soweit ich erkennen konnte, sah sie genauso übel aus wie alle anderen. Es war uns verboten, uns zu unterhalten. Es war uns verboten herumzulaufen. Es war uns verboten, irgendetwas zu tun, nur stehen war nicht verboten! Stehen! Stehen! Also standen wir, und keiner beachtete uns. Meine Lippen waren ausgetrocknet und rissig, und die Wolle meines Kleides spürte ich wie heißen Leim an mir kleben. Ich beneidete Rainer um ihre knappe Schürze. Der heiße Boden verbrannte mir die Füße. Mein Kopf pochte und brannte, und als ich in den Himmel schaute, sah ich, dass auch der brannte. Flammen – grässliche rotgelbe Flammen, die aus riesigen Schornsteinen hoch in die stickige Luft schossen – brannten sich in den Himmel hinein. Und ich hatte immer noch keine Ahnung, wo ich war.

Die Luft roch so seltsam. Es war anders als alles, was ich je gerochen hatte, und es war nicht nur seltsam. Es war Übelkeit erregend. Wie ein fauliger Geschmack.

Eine junge SS-Frau ging an uns vorbei und spielte mit ihrem Revolver. Sie machte Tricks damit wie im Cowboy-Film. Eine Frau hinter mir fragte sie nach den Leuten auf den Lastwagen, wo die denn seien und wann wir sie wieder sehen würden. Ich erkannte die Stimme. Sie gehörte zu einer Wienerin, deren Mann und zehnjährige Tochter auf den Lastwagen geklettert waren, weil die Kleine so gern mit dem Auto fuhr. Sofort blieb die SS-Frau stehen. Ganz dicht stand sie bei uns, zeigte geradewegs auf die Schornsteine und sagte mit unbewegter Miene: »Da oben. Da sind sie, die von den Lastwagen. Was zum Teufel ist denn nur los mit euch? Glaubt ihr etwa, wir verfeuern da Kohlen? Liebe Güte – was für ein entsetzlicher Gestank! Da möchte man sich am liebsten übergeben!« Dann kam sie noch näher.

Sie teilte die Reihen, stand mitten unter uns und fing an zu brüllen: »Idioten! Wisst ihr denn nicht, was das hier ist? Der letzte Aufenthaltsort für Juden! Die Schwelle zwischen Himmel und Erde. Schwelle – versteht ihr? Die da oben haben die Schwelle schon überschritten. Nur keine Sorge, ihr kommt noch früh genug an die Reihe. Eine Warteliste gibt's nicht, kapiert? Bevor ihr es euch verseht, werdet ihr auch verschwunden sein!« Sie lachte, ein nervöses, hohes Lachen, schoss mit ihrem Revolver in die Luft und marschierte davon. In der ersten Reihe brach eine Frau zusammen. Ansonsten war es ganz still, als hätten wir alle gleichzeitig zu atmen aufgehört.

Meine Füße fühlten sich wie Blei an. Ich konnte sie nicht von der glühenden Erde lösen. Auch in meinem Kopf wütete ein Feuer, und ich konnte den Geruch, diesen grausigen, stickigen Geruch nach verbranntem Menschenfleisch nicht abschütteln. Und doch konnte ich nicht glauben, dass das wirklich stimmte, was die SS-Frau erzählt hatte. Es muss wohl so sein, dass der Verstand das, was er nicht begreift, auch nicht fassen, also auch nicht glauben kann. »Sie will uns nur Angst machen«, sagte ich zu der Mutter, die hinter mir stand. Sie antwortete nicht, fast als hätte sie alles ausgeschaltet, was man sehen und hören und riechen konnte.

Fritzi, die neben mir stand, schaute zu der Stelle hinauf, wo sie den Himmel verbrannten, dann nach unten, wo sie das Feuer schürten und die Flammen mit Juden fütterten, und sagte mit hohler, entrückter Stimme: »Meine Mutter ist da«, und danach sprach sie nie wieder ein Wort.

Auf der anderen Seite, auf einem schmalen Streifen der Straße, ging eine kleine Gruppe Männer vorbei. Sie waren nicht weiter als ein paar Armeslängen von uns entfernt, doch unerreichbar wegen des Stacheldrahtzauns zwischen uns. Trotzdem erweckte das alle zum Leben und löste eine ziemlich starke Reaktion aus. Die Frauen winkten und riefen zu den Männern hinüber; die Männer winkten und riefen zurück. Alle versuchten, jemanden zu erkennen – einen Ehemann, einen Vater, einen Freund. Ich versuchte, Werner und Heinz ausfindig zu machen, sah sie aber nicht bei all dem Staub, der um die Männer herumwirbelte, noch dazu trugen sie alle dieselben gestreiften Gefängnisjacken und -mützen auf ihren kahl geschorenen Köpfen. Die einheitliche Aufmachung ließ sie alle gleich aussehen. Wenn sie vielleicht ein wenig länger stehen geblieben, ein wenig langsamer gegangen wären – aber sie waren verschwunden, bevor wir erkennen konnten, wer sie waren. Trotzdem gab es einige Frauen, die schworen, sie hätten ihren Mann, ihren Vater, ihren Bruder gesehen. Ob das nun stimmte oder nicht – auf jeden Fall gab es ihnen Auftrieb, einen winzigen Hoffnungsschimmer, wie trügerisch der auch sein mochte.

Einen Schnellkurs, in dem wir gelernt hätten, wie man in diesem Höllenloch überlebt, gab es nicht. Ein Gegenmittel gegen die Angst, eine Abhilfe für Hunger, Durst oder Krankheit, eine Erlösung von der Hitze gab es nicht. Keinen Schutzraum, in dem man sich vor den Unmenschlichkeiten hätte in Sicherheit bringen können – Unmenschlichkeiten, die es nie vorher in der Geschichte der Menschheit gegeben hatte. Da war nichts weiter als der eigene unwiderrufliche Wille zu leben. Wer nicht unbesiegbar, unzerstörbar und vor allem von der Vorsehung auserwählt war, den hätte auch der Messias nicht retten können.

Hier zu verrotten, das sagte ich mir hundertmal am Tag, konnte nicht mein Schicksal sein. Dulden lernen über das Erduldbare hinaus, das aber wohl. Lernen, keine Angst zu haben, weder Hitze, Hunger noch Durst zu spüren, das aber wohl. Lernen, sich nicht vom Schmerz besiegen zu lassen, ganz gleich wie schmerzhaft er war.

Es war eine Entscheidung, die ich ganz bewusst traf, als ich sie an meinem allerersten Tag zum allerersten Mal sah – *sie*, eine Karawane lebender Toter, die sich langsam auf der breiten Lagerstraße auf uns zubewegte. Nur als Punkte wahrzunehmen, als sie noch weit weg waren; humpelnde, kriechende, stolpernde, geisterhafte Sterbliche, als sie dann näher kamen; und schließlich Skelette, als sie nahe genug herangekommen waren, dass wir sie hätten berühren können. Ihre Augen waren schon tot, und doch klammerten sie sich aneinander, stützten und halfen sich gegenseitig, um diese letzten paar Schritte zu den Duschen gemeinsam zurückzulegen. Ein letztes Bad, bevor auch sie zu Flammen wurden, zu Staub im Wind, zu Asche auf einem Aschehaufen. Es war eine Gruppe von etwa zweihundert Leuten. Malaria und Typhus hatten sie schon völlig geschwächt. Sie kamen aus dem Krankenbau, wo man ihnen ein Bett, eine Decke und sonst nichts gegeben hatte. Als sie nicht wieder gesund wurden, warf man sie hinaus, weil man den Platz für die nächsten, von Krankheiten geplagten überschüssigen Menschen brauchte.

Ich glaube, die SS wollte, dass wir das sahen. Wollte uns von Anfang an zu verstehen geben, dass es hier viele Arten zu sterben gab, nicht nur die Schornsteine. Wir sprachen nicht darüber, aber bestimmt müssen wir uns doch gefragt haben, wie lange diese Karawane der lebenden Toten schon hier gewesen war. Einen Monat, Wochen, ein paar Tage, Stunden? Waren sie jung oder alt gewesen bei ihrer Ankunft, gesund oder kränklich und bereits erschöpft? Wie lange überlebt man hier? Wie lange dauert es, bis man genauso aussieht wie sie oder wie diese Gestalten in Lumpen, die allem Anschein nach weder tot noch lebendig waren? Vielleicht waren sie der Grund, und all das Schlimme, all die Perversitäten, die ich schon gesehen hatte, all der Tod und all das Sterben hier und die Tatsache, dass das Leben, das kostbare Leben, hier alle Bedeutung eingebüßt hatte, der Grund dafür, dass ich mehr denn je leben wollte, wissen wollte, was es hieß, alt zu werden. Ich schwor mir, dass ich es irgendwie schaffen würde. Und nicht nur das: Ich wollte einfach nicht glauben, dass es mein einziger Daseinszweck war, an diesem unmenschlichen Ort, dessen Namen ich immer noch nicht kannte, als namenlose Nummer in der Statistik zu sterben.

Die Hauptstraße der Verdammten. Endlos zieht sich ihre rissige, müde Erde vom einen Ende des Lagers bis ans andere. Nie zuvor hatte es eine solche Straße gegeben, und sollte die Welt je wieder zu Sinnen kommen, wird es so etwas auch nie mehr geben. Eine Straße, auf der niemals ein Baum wuchs, niemals ein Kind spielte, niemals ein Gebet erhört wurde, und niemals ein Lachen erklang. Eine grausame, tödliche Straße, eine Straße, die die Art Albträume hervorbringt, die sogar Satan selber fürchtet. Eine Straße voller teuflischer Dämonen und dumpfer teuflischer Geräusche, die einem überallhin folgen. Eine Straße, die sie die »Straße ohne Mitleid« nennen. Eine Straße, die zu den Schornsteinen führt, wo die Überschüssigen sich drängen, bis ihre Nummer aufgerufen wird und ihre Zeit um ist.

Auch ich werde in dieser Straße »leben« müssen. Und ich bin sicher, es wird in der Nähe der Schornsteine sein und weit weg von den Büromädels mit ihren sauberen Kleidern, die sich die Nase pudern und mit den SS-Leuten Zigaretten rauchen.

Viele Stunden später, zu viele Stunden zum Zählen, ließen sie uns zu unseren Baracken marschieren; wir hatten genug Karawanen ihre Knochen vorwärts schleppen sehen, das reichte für tausend Leben. Da standen wir dann und warteten. Warteten auf Wasser, auf Brot und darauf, aus der sengenden Sonne wegzukommen. Das Brot, steinhart, kam, aber kein Wasser und auch kein Schutz vor der glutheißen Sonne. Vor dem »Block«, wie sie das hier nannten, befanden sich diese Baracken, die weder Baracken noch Blöcke waren, sondern Ställe, die, so heißt es, aus irgendeinem anderen Krieg übrig geblieben sind, wo die Erde übersät war mit scharfen kleinen Steinen. Diese Steine, auf denen wir standen, schnitten uns wie Rasiermesser in die Füße. Rainer war die erste, die sich setzte. Ich hatte gehofft, sie würde es nicht tun. Ich hatte Angst, sie würde nicht mehr aufstehen wollen, hatte Angst, es wäre ihr alles egal. Rainer hatte zu viel Durst, um an irgendetwas anderes zu denken. Ihre eingerissenen und geschwollenen Lippen bluteten. Auch ihre Füße bluteten, aber das war unwichtig, nur ihr Durst kümmerte sie.

Um die Ecke herum, an die Seitenwand unseres Blockes gelehnt, standen halb nackte Frauen und beobachteten uns. Auch ihre Köpfe waren kahl geschoren. Sie hatten eher dunkle Haut, sie waren dünn wie ein Strich, schmutzig, voller wunder Stellen, und doch waren sie schön. Ich glaube, das kam von ihren Augen, tief liegenden, großen Augen, schwärzer als Onyx, und immer noch ein Aufglimmen von Leben darin. Sie hielten Schalen aus Holz in der Hand, in denen sich Wasser befand, das sie uns verkaufen wollten! Ihr Wasser gegen unser Brot. Sie sprachen eine fremde Sprache. Wild gestikulierend bedrängten sie uns, ihr Wasser zu kaufen, unser Brot zu verkaufen. Ihre Schalen schoben sie uns direkt unter die Nase. Ich warf nur einen Blick hinein, und mir war klar, dass ich keinen einzigen Tropfen davon anrühren würde. Das Wasser war gelb wie Lehm, und es stank. Rainer gab einer der Frauen ihr Brot und nahm im Tausch dagegen die Schale mit dem Gift. Ich flehte sie an, nicht davon zu trinken, aber sie wollte nicht hören. Sie war halb wahnsinnig vor Durst und trank davon, bevor ich ihr die Schale aus der Hand schlagen konnte, und schluckte es. Nicht alles, nicht genug, um ihren Durst zu stillen, aber höchstwahrscheinlich genug, um sehr krank zu werden. Das machte mir Angst. Hier konnte man es sich nicht leisten, krank zu werden.

Rainer hatte sich aufgegeben. An diesem Elend wollte sie nicht teilhaben. Nicht an ihrem eigenen Elend, nicht an dem ganzen Elend um sie herum. Sie wollte nicht kämpfen. Sie wollte weiter nichts als Wasser. Im Gegensatz zu Fritzi, obwohl diese denjenigen Menschen verloren hatte, der ihr am nächsten stand. Sie hatte sich nicht aufgegeben. Sie hatte keinen Schluck getrunken. Etwas an ihrer Haltung erweckte in mir den Eindruck, dass sie tun würde, was immer nötig war, ohne dabei ihre Würde als Mensch zu verlieren. Ach ja, unsere Würde als Mensch. Die zu behalten würde man keinem von uns hier leicht machen.

Immer mehr dieser onyxäugigen Frauen kamen hinter ihrem Block hervor und drängten sich um uns. Es kam zu Streitigkeiten zwischen ihnen, und im Verlauf dieser Streitigkeiten wurde das meiste Wasser verschüttet. Dann tauchten andere Frauen in Schuhen und Kleidern auf und jagten die schmutzigen, halb nackten Gestalten weg. Sie stießen sie, schnappten sich ihre Schalen und warfen Wasser und Schalen hinter ihnen her. Diese Frauen nannten die anderen »dreckige Griechinnen!« »Verlauste, faule, nichtsnutzige Griechinnen«. So erfuhr ich, was sie waren und woher sie kamen: aus Saloniki, der griechischen Hafenstadt am Golf von Saloniki. Sechsundvierzigtausend waren hierher gebracht worden. Sie waren erst seit ein paar Wochen hier, und schon waren sie verwahrlost, krank und halb verhungert.

Nachdem sie sich zu ihrem Block zurückgezogen hatten, sah ich eine junge Griechin, die sich in eine der Ecken drückte. Sie war völlig nackt, und sie saugte Milch aus ihren eigenen Brüsten. Sie schien überglücklich zu sein – und wahnsinnig. Jedesmal wenn sich ihr Mund von ihren Brüsten löste, kicherte sie dümmlich in sich hinein, wie jemand, der einen mächtigen Feind überlistet hatte. Argwöhnisch ließ sie in einem fort den Blick umherschweifen, als würde sie niemanden die weiße, süße, in ihren Brüsten gehortete Flüssigkeit sehen lassen wollen. Sie wollte sie ganz für sich allein, alles nur für sich, nachdem nun ihr Baby nicht mehr da war. Es hieß, sie habe das Neugeborene erstickt, es umgebracht, bevor sie es umbringen und mit all den anderen Babys in die Kalkgrube werfen konnten.

Ich konnte den Blick nicht von ihr abwenden, als sei jeder dieser neuen, schockierenden Anblicke dazu da, mich auf den nächsten, umfassenderen und noch schockierenderen Albtraum vorzubereiten:

AUSCHWITZ! So hieß dieses Höllengelände. Es liegt in Polen, nicht viel mehr als sechzig Kilometer von Krakau entfernt. Das heißt, gleich um die Ecke ist die Zivilisation, in der das Leben jenseits des elektrisch geladenen Stacheldrahts weiter geht. Und die Welt hat die ganze Zeit von den Verbrennungen und dem Massenmord hier gewusst, hat davon gewusst, bevor die Opfer selbst es erfuhren.

Diese erschütternde Information – die uns, den Neuen, ganz offen und in allen Einzelheiten gegeben wurde – stammte von den Frauen, die sich bereits in unserem Block befanden. Sie waren der Rest des berühmten Bendsburger Ghettos. Einunddreißigtausend, so viele waren hier angekommen; nicht einmal tausend waren übrig. Es waren Polen. Das ganze Lager war voll von ihnen – jüdische Polen, nicht-jüdische Polen, Polen, die »Verbrechen gegen das Dritte Reich« begangen hatten, Polen, die keine Verbrechen begangen hatten, Saboteure, Schwarzmarkthändler. Polen! Polen! Polen! Sie hatten sich die besten Posten sichern können, weil die Deutschen sie so dringend hatten loswerden wollen – deshalb waren sie die ersten hier gewesen. Nur andere Polen mochten sie. Nicht die zerlumpten in unserem Block, sondern die anderen, die nicht viel besser – zuweilen eher schlimmer – waren als die Deutschen. Diese Frauen erzählten uns auch, dass die griechischen Mädchen schlechter behandelt wurden als alle anderen, weil es alles Diebinnen wären. Und außerdem sagten sie noch, dass das Wasser knapp und das wenige vorhandene Wasser voller Typhus- und Malaria-Erreger sei. »Wenn ihr davon trinkt, werdet ihr sterben.« Werden wir etwa am Leben bleiben, wenn wir nichts trinken …?

Der längste Tag meines Lebens war fast vorbei. Wenigstens hatte sich die schonungslose Sonne zurückgezogen.

Appell! Gerade stehen und sich zählen lassen. Das kannte ich schon von Mecheln, aber es war nicht ganz dasselbe hier. Hier mussten wir viel länger stehen, weil die SS-Frauen alle nicht zählen konnten. Sie konnten schießen, fluchen, brüllen, schlagen, aber zählen konnten sie nicht. Die SS-Männer zeigten sich auf dieser Seite des Lagers selten, und dann waren sie meist betrunken. So war das Zählen wie auch die gesamte Verwaltung des Blocks den aufstrebenden, karrierebewussten Häftlingen überlassen. Das bedeutete, dass ich Recht hatte mit meinem Verdacht, wer dieses Todeslager leitete: Alles im gesamten Lager wurde von den Häftlingen selbst erledigt! Der

SS-Kommandant gab die Befehle, aber die Häftlinge führten sie aus. Freiwillig oder unfreiwillig.

Unsere *Blockowa* – die Stubenälteste – hieß Ilse. Als *Blockowa* konnte sie meist tun und lassen, was sie wollte, und das tat sie dann auch. Ilse war lesbisch, war zweiundzwanzig Jahre alt, blond, blauäugig, kam aus Berlin und galt als eine der besseren Stubenältesten. Sie war grob, laut, aber im Grunde nicht grausam. Ihr Ehrgeiz war es, so wenig wie möglich mit uns zu tun zu haben, und das erklärte wohl die Tatsache, dass sie die meiste Zeit in dem anderen Lager mit den Nicht-Juden und den Kriminellen verbrachte. Da kaufte sie sich von unseren Rationen Lebensmittel, neue Kleidung und neue Freundinnen. Aber die Zeit der Mittagsruhe und die Nächte verbrachte sie in ihrem eigenen kleinen privaten Zimmer links vom Eingang zum Block. Gegenüber, auf der rechten Seite, lag Katjas Zimmer. Katja war Ilses Stellvertreterin, und das bedeutete, dass sie ihre eigene und Ilses Arbeit machen musste. Katja war vollkommen und ganz und gar wahnsinnig. Sie schrie und prügelte und setzte willkürlich ihre Peitsche ein, sobald sie im Block war. Was sie auch tat, sie tat es in einem Zustand unkontrollierter Hysterie; höchst beängstigend. Später fand ich heraus, dass Katjas Eltern, ihr Ehemann und ihr zweijähriger Sohn vor ihren Augen erschossen und dann in die Öfen geworfen worden waren. Sie hatte zusehen müssen. Katja selbst hatte mir das erzählt. Katja kam aus der Slowakei. Sie war sechsundzwanzig, sprach fünf Sprachen und hatte an der Universität unterrichtet.

Zwei nett angezogene Mädchen waren damit beschäftigt, uns in Reih und Glied zu bringen, die eine jung, die andere ein wenig älter. Aber beide schienen freundlich und waren hübsch. Die eine war die Buchhalterin des Blocks und die andere die Haushälterin. Katharina, die ältere, war die Buchhalterin. Ihre Aufgabe war es, diejenigen von der Liste zu streichen, die im Lauf des Tages gestorben waren. Das gab sie dann weiter an Katja, die es an Ilse weitergab, die es wiederum einer SS-Frau oder einem SS-Mann meldete, je nachdem, wer gerade in der Nähe und nüchtern war, und die meldeten es dann dem Kommandanten. Ordnung muss sein! So viele mussten jeden Tag gestrichen werden; immer weniger mussten gezählt werden.

Katharina war grundanständig. Nach außen hin war sie ganz und gar Protokollführerin, aber in Wirklichkeit gehörte sie zu den weniger als ein Prozent Insassen mit gutem Posten, die nicht erst andere beiseite gedrängt hatten, um ihren Posten zu ergattern. Katharina hätte gern allen geholfen, aber das konnte sie nicht. Sie war nicht wichtig genug. Sie hatte nur einen sehr untergeordneten Posten. Außerdem war sie am Ende ihrer Kräfte. Sie konnte nicht älter als Anfang dreißig gewesen sein, doch die paar Zentimeter Haare auf ihrem Kopf waren schon grau. Sie war schon zu lange hier, hatte schon zu viel gesehen, und so glaubte sie nicht mehr daran, dass es noch ein anderes Leben gab. Ganz bestimmt würde sie hier sterben. Auch Katja würde hier sterben. Genau das wollte sie. Abgesehen davon war mit keinem dieser guten Posten eine Garantie verbunden.

Die jüngere war Simone, sie war Französin. Sie war die einzige Französin in unserem Block. Es muss noch mehr Leute aus Frankreich gegeben haben, aber keiner wusste, wo. Sie hatte einen Posten, den keiner wollte. Sie hatte dafür zu sorgen, dass der Block makellos sauber war. Vollkommen unmöglich. Es gab nichts, womit man diese Ställe hätte sauber halten können. *Blockowa* Ilse hatte Simone den Posten aufs Auge gedrückt, weil sie sich geweigert hatte, mit ihr zu schlafen. Simone war verliebt in einen jungen französischen Diplomaten und hatte Angst, sie würde ihn nie wiedersehen. Sie konnte an nichts anderes denken und über nichts anderes reden als ihre Liebe. Sie sehnte sich nach ihm, rief nach ihm, war immer traurig und sehr verängstigt. Alles ängstigte sie, am meisten die Gasöfen und die brennenden Schornsteine. Immer wenn die Schornsteine Überstunden machten und ein Loch in den Himmel sengten, wie in der Nacht, in der sie die dreißigtausend aus dem Bendsburger Ghetto verbrannten, zitterte die kleine Französin und weinte nur noch mehr. Simone war sehr jung, sehr hübsch und nicht sehr kräftig. Und trotzdem glaubte ich nicht, dass sie an die Schornsteine verfüttert oder an Typhus oder Malaria sterben würde. Simone würde an gebrochenem Herzen sterben, weil sie nicht ohne den Mann leben konnte, den sie liebte …

Abtreten! Das hieß, der Appell war vorbei, und wir konnten in unseren Block gehen. Keinen Augenblick zu früh. Drinnen war es dunkel. Da wir die Raumaufteilung nicht kannten, stießen wir gegeneinander, stolperten und fielen über die, die hingefallen waren. Und doch war es ein Segen, nicht mehr draußen stehen zu müssen. Jemand erwähnte, dass es acht Uhr sei und der Appell immer um sechs beginne. Wir waren um acht Uhr morgens hier angekommen. Das waren also zwölf Stunden, und fast die ganze Zeit hatten wir gestanden. In diesen zwölf Stunden hatte jede Einzelne von uns tausend elende Jahre durchlebt.

Inzwischen hatte auch mich der Durst übermannt. Ich glaubte, dass ich ohne einen Schluck zu trinken keinen einzigen Schritt mehr würde gehen können. Durst. Noch etwas, woran man hier sterben konnte.

Jemand drückte mir einen Napf in die Hand und schob mich vorwärts. Ich stieß gegen eine Art Fass. In dem Augenblick nahm mir jemand meinen Napf wieder weg und goss etwas hinein, das entsetzlich roch. Suppe. Heiße, übel schmeckende Suppe! Sie bedeckte kaum den Boden des Napfes.

Im Block wurde es nie richtig hell, weil es einfach nicht genug Fenster gab. Nachdem meine Augen sich an das Dämmerlicht gewöhnt hatten, sah ich, dass dieser Raum, der etwa elfhundert Frauen beherbergte, noch weitaus schlimmer war als ein Stall. Die Schlafplätze nannten sie *kojens*. Es waren Käfige ohne Gitter. Ungeachtet der Jahreszeit, egal ob Morgen, Mittag oder Nacht, es war immer dunkel, muffig und feucht.

Ich hatte Glück. Ich sicherte mir einen Platz fast an einem Fenster. Die Scheibe war herausgebrochen, aber der Rahmen war noch da. Der Block hatte einen Steinfußboden, und die Käfige wurden von Holzbalken zusammengehalten beziehungsweise unterteilt. Drei Ebenen von Käfigen, einer über dem anderen, jeder Käfig etwa ein Meter zwanzig lang und ein Meter zwanzig bis ein Meter fünfzig breit. Wie Wasser war auch Platz kostbar, und es war nur wenig davon zu haben. Wir hatten keine Matratzen, keine Strohsäcke – nur zerfetzte, papierdünne, von Läusen zerfressene Decken. Man schlief auf Holzbalken, wurde gegen Holzbalken gestoßen und versteckte sich hinter Holzbalken.

Die Käfige verliefen parallel zum Block. Erst eine Reihe mit Käfigen, ein schmaler Durchgang, dann eine weitere und noch eine. Drei Reihen mit Käfigen und zwei Durchgänge. Beim Eingang, da wo ich gegen das Fass gestoßen war, befand sich ein leerer Platz. Kürzer als die Durchgänge, aber breiter. Wer sich wundersamerweise noch ein Fünkchen Humor bewahrt hatte, nannte diesen Platz »das Foyer«.

Man musste nicht Mathematiker sein, um zu sehen, dass der Block bereits überbelegt war. Ob man nun auf dem Steinfußboden lag oder auf der zweiten oder der dritten Ebene, für mehr als vier Leute gab es keinen Platz in einem *kojen*. Da ich eine der ersten bei dem zerborstenen Fenster war, Rainer und Fritzi waren dicht hinter mir, gab ich mir alle Mühe, das bisschen Platz zu verteidigen, das ich erobert zu haben glaubte. Doch als der Ruf »Licht aus« ertönte – was für Licht? –, stießen weitere fünf Frauen zu uns. Acht insgesamt. Zu wissen, dass sich in den anderen Käfigen jeweils neun oder zehn drängten, war kein großer Trost. Ich weiß nicht, wie man so an Schlaf überhaupt nur denken konnte. Ich schlief jedenfalls nicht, nicht in dieser Stellung: an den verwitterten Fensterrahmen gelehnt, die Beine angezogen und die Arme um die Knie gelegt.

Was für schmerzliche Geräusche entwichen doch der Nacht. Welch gequältes Geschluchze, Gestöhne und Gewimmer. So voller Schmerz, so voller Rastlosigkeit – ruhelose Bewegungen. Zusammengepresst – wir lagen viel zu dicht zusammen – der Körper der einen berührte immer den einer anderen ... Kein Platz zum Umdrehen, es sei denn, alle drehten sich gleichzeitig – kein Platz zum Atmen ... Arme, Beine, ineinander verschlungene Glieder, ineinander verschlungenes Leben. Wann würde ich je wieder schlafen ... allein ... und in Frieden?

Um vier Uhr früh holten sie uns raus, aus dem schlimmsten aller Gründe: noch ein Appell. Da immer noch kein einziger SS-Wachposten in der Nähe war, der zählen konnte, ließen sie uns drei qualvolle Stunden auf den kalten Steinen stehen, barfuß. Als das vorbei war, jagten sie uns eine Anhöhe hinauf, am Block der Griechinnen vorbei, zu den Latrinen und dem einen Wasserhahn, spärlich tröpfelndes fauliges Wasser. Zitternd standen wir wieder, warteten endlos darauf, die Gemeinschaftslatrinen benutzen zu können, warteten auf eine Gelegenheit, ein paar Tropfen des schleimigen Wassers in unserem Suppennapf auffangen zu können. Nicht zum Trinken, sondern um uns damit zu waschen.

Wir sammelten einiges an Neuigkeiten, allesamt schlecht, erfuhren aber schnell, dass es alles stimmte und dass das Überleben hier mehr als nur ein Glücksspiel war. Es war ein Wunder. Nicht völlig von Läusen zerbissen zu werden war ein Wunder. Auf dem eigenen Körper nicht lauter vereiterte, wunde Stellen zu entdecken, die aufgrund des Mangels an Vitaminen und gesunder Ernährung nicht heilen wollten, war ein Wunder. Sich nicht Typhus, Malaria oder Ruhr einzufangen, nicht totgeprügelt zu werden oder sich nicht totzuschuften war ein Wunder. Nicht zu verhungern oder zu verdursten, nicht erschossen oder vergast zu werden, wenn man zu den Duschen getrieben wurde, nicht die Schornsteine heiß und glühend zu halten, war ein Wunder. Und zweimal am Tag, während des Appells, dem Schicksal ein Schnippchen zu schlagen, wenn sie russisches Roulette mit uns spielten, das war nun wirklich ein Wunder …

Russisches Roulette – beliebtes Spiel bei den ungebildeten, primitiven SS-Aufsehern – wurde nicht mit dem Revolver am Kopf gespielt. Sie tauchten einfach auf, wenn wir gezählt wurden, blieben vor diesem oder jenem Häftling stehen, zeigten mit dem Finger auf den Unglücklichen, den sie ausgewählt hatten, und sagten: »Du! Du! Du! Ihr seid schmutzig – ich glaube, ihr braucht eine Dusche!« Sie zerrten sie hervor und marschierten mit ihnen davon. Durch das Tor kamen sie herein, durch den Schornstein gingen sie hinaus. Manchmal nahmen sie eine ganze Reihe oder auch mehrere Reihen. Weil wir nie wissen konnten, wo wir uns aufstellen sollten, wechselten wir ständig die Plätze, Reise nach Jerusalem gegen russisches Roulette, und die Dame Fortuna war die Schiedsrichterin.

2.

Das Lager, in dem sich meine Freundinnen und ich befanden, hieß Birkenau. Es gehörte zu Auschwitz, und es war, auf eine nicht erträgliche Weise, der schlimmste Teil von Auschwitz. Dort hatten sie die Krematorien errichtet, dort befanden sich die Kalkgruben und die Gasöfen, und dort wurde Hitlers Plan der »Endlösung« in die Tat umgesetzt. Erdacht und ausgeheckt worden war Birkenau im Irrsinnshirn des Leiters des »Judenreferats« im Reichssicherheitshauptamt, Adolf Eichmann, und mit der Todesfabrik hier im Lager war es die einzige Massenbegräbnisstätte, auf deren Gelände es nie ein Begräbnis oder ein Grab gegeben hat. Nicht nur der Juden, sondern auch der Zigeuner wollten sie sich entledigen. Im Lager befand sich eine große Zahl Zigeuner, und mit einer einzigen kleinen Ausnahme erging es ihnen nicht besser als uns. Und diese kleine Ausnahme war ein wunderhübscher, fünfjähriger Zigeunerjunge, den Kommandant Höß höchstpersönlich zu seinem höchst privaten Liebling auserkoren hatte. Dieser Junge hatte alles, was sich ein Kind nur wünschen konnte: gutes Essen in großer Menge, viele Spielsachen, die beste Pflege und Spaß. Den hatte er reichlich, besonders wenn er in seinem reizenden weißen Fellmantel mit dem Kommandanten auf dessen Motorrad durch das Lager fuhr. Er hatte alles – nur Mama und Papa nicht.

Birkenau war auch die Wirkungsstätte des berüchtigten Dr. Mengele, des Todesengels, der seine Schlachthauspraktiken im Namen der Wissenschaft ausübte. Experimente, die zu grauenvoll waren, als dass man darüber nachdenken wollte, das war sein Metier. Dieser teuflische Mensch beabsichtigte, eine blonde, blauäugige Herrenrasse zu züchten, und er hätte alles getan, seinen Führer ein Exemplar davon zu erschaffen. Was immer in seinen Folterkammern auch vor sich gehen mochte, Kranke wurden dort gewiss nicht geheilt. Seine Versuchskaninchen fand er unter den Kranken, die verzweifelt Medizin brauchten, unter den unheilbar Naiven und Vertrauensseligen und unter den nicht ganz so Kranken, Naiven oder Vertrauensseligen. Wer immer dorthin ging beziehungsweise dorthin geschleppt wurde, kam entweder gar nicht zurück, oder wenn er zurückkam, dann fehlten wichtige Organe, Extremitäten oder Augen. Es gab Leute, die behaupteten, Dr. Mengele führe all seine Experimente und Operationen ohne Betäubung beziehungsweise ohne jegliche Schmerz stillende Medikamente durch.

Irrsinn über Irrsinn! Tatsächlich gab es hier ein Orchester, und gespielt wurde dort, wo sich die Arbeitstrupps versammelten: direkt aus Auschwitz – Marschmusik vom Birkenau-Mädchenorchester! Tag für Tag marschierten diese Frauen, deren Aufgabe es war, idiotische Lieder zu singen und zu spielen, vor uns her, spornten uns an. Immer fünf in einer Reihe. Jeden Morgen, jeden Abend. Sie trugen dazu bei, die Moral zu stärken – wessen Moral? Allerdings blieben sie nicht bei uns. Sie gingen, sobald die Arbeit begann – Gras pflanzen, das niemals wuchs, schmutzige Wassergräben graben, Straßen und Brücken bauen. Tag für Tag für Tag marschierten wir … und sie spielten dazu ihre Fiedeln. Mit Schaufeln und Äxten, Schubkarren und schweren Ziegelsteinen marschierten wir … und sie sangen dazu. Diese Frauen wohnten in einem besseren Block, trugen bessere Kleidung, bekamen besseres Essen als wir. Heute hätte ich gesagt, die Frauen sind geklont gewesen.

Wenn sie gegangen waren, blieben wir allein mit ein paar gähnenden, verkaterten SS-Aufsehern, der ewig sengenden Sonne, unseren wunden Füßen und unseren fiebrigen Köpfen. Jeder Tag schien länger als der Tag zuvor. Die Lasten schienen schwerer, die Gräben tiefer und der verfluchte Erdboden härter. Die ganze Arbeit war vollkommen sinnlos. Und das durfte sie auch sein. Sie wollten einfach nicht, dass wir die ganze Zeit im Block herumhingen. Wer von den Frauen zusammenbrach, wurde einfach zum Verrecken liegen gelassen. Seit Tagen schob ich jetzt schon die Schubkarre. Sie war voller großer Kunstrasenstücke, die ich zu dem Teil des öden Geländes transportieren musste, wo sich der Stacheldraht befand. Dort musste ich alles auskippen, es wieder einsammeln und dann, Stück für Stück, wieder zur anderen Seite zurücktransportieren. Zehn Stunden am Tag ohne Pause ... und das war noch eine der angenehmeren Arbeiten. Im Grunde war es egal, was man machte. Es war alles gleich ermüdend und stupide. Ich fand es grässlich, so nah an dem elektrisch geladenen Zaun zu sein und auf der anderen Seite nichts als noch mehr ödes Gelände zu sehen.

Wer hätte gedacht, dass man sich singend vom Schubkarrenschieben befreien kann? Wer hätte gedacht, dass *Blockowa* Ilse es genauso gern mochte, wenn man ihr vorsang, wie sie Mädchen mochte? Sie sagte, darüber könne sie alles andere vergessen. Zwei Wochen etwa hatten wir schon die schrecklichen Tage und Nächte ertragen, als Rainer, die sich nie mehr ganz erholt hatte und nie mehr ganz sie selbst geworden war, an Typhus erkrankte. Ein paar Tage lang konnten Fritzi und ich sie im Block versteckt halten, aber als sie zu hohes Fieber bekam und zu halluzinieren begann, hatten wir keine andere Wahl mehr, wir mussten Bericht machen. Ich hatte mehr Angst vor Katja als vor Ilse, und noch mehr Angst hatte ich davor, mich mit Typhus anzustecken, also ging ich, während Fritzi bei Rainer blieb, direkt zu Ilse. Sie war gerade von einem ihrer regelmäßigen Ausflüge in die etwas besseren Gegenden des Lagers zurückgekommen, und offensichtlich hatte ihr Besuch dort sie sehr befriedigt, denn sie war in erfreulich guter Stimmung. Wenigstens hörte sie zu. Da Ilse befürchtete, unser ganzer Block könne mit Quarantäne belegt werden, oder es könne noch Schlimmeres passieren, ließ sie, die ja auch überleben wollte, Rainer sofort auf die Isolierstation des Krankenhauses bringen. Nicht in Dr. Mengeles barbarische Operationssäle – er war nicht allzu versessen auf ansteckende Krankheiten. Da fragte mich dann Ilse, die überraschend erleichtert darüber war, dass ich zu ihr, statt zu einem ehrgeizigen Kapo oder der SS gekommen war, ob ich singen könne.

Das wirklich Seltsame an solch einer Frage, die in diesem Augenblick gestellt wurde, als meine Freundin so krank war, das war die Tatsache, dass ich die Frage gar nicht mehr als seltsam empfand. Ganz im Gegenteil. Wenn ein oder zwei Lieder mir ermöglichten, wirkliche Hilfe für Rainer zu beschaffen, wieso dann nicht? Ilse, die eine wahre Zauberkünstlerin darin war, Gefälligkeiten einzufordern oder zu versprechen, tat beides. Zweimal ermöglichte sie es mir, meine Freundin zu besuchen, ihr Tee zu bringen und Suppe, die nicht stank, und dazu Medizin gegen ihr Fieber. Aber es war zu spät. Rainer erkannte mich nicht mehr. Beide Male lag sie, in ein weißes Laken gewickelt, neben einem sehr bleich wirkenden Mädchen, das schon tot war. Tot und darauf wartend, dass Rainer sich zu ihr gesellte. Das tat sie dann auch drei Tage später. Hätte man für etwas dankbar sein wollen, dann dafür, dass es Rainer erspart blieb, lediglich als weiterer Geist in einer weiteren Karawane, als nur eine weitere lebende Tote zu enden.

Einen Freund, der im Lager gestorben war, betrauerte man nicht. Nicht, wenn Schmerz und Leid alles erträgliche Maß überstiegen. Man fragte sich bloß, wo Gott bei all dem war, vor allem im Fall von Rainer, die immer an ihn geglaubt hatte.

Nur ein einziges Mal versuchte Ilse, mich zu »ihrer Sicht der Dinge« zu bekehren. Damit war es ihr allerdings nicht allzu ernst, es war eher so eine Art Versuchsballon. Mich singen hören wollte sie in jedem Fall lieber, als mit mir ins Bett gehen. Im Übrigen glaubte sie mir, als ich ihr erzählte, dass Katja nicht ihre Freundin sei und sie heimlich beobachte. Unmoralisches Benehmen missbilligte Katja, und deshalb tat Ilse auch, was immer sie tat, weit weg von unserem Block.

Jeden Nachmittag sang ich für Ilse in ihrem winzigen Raum. Sie saß da wie ein kleines Kind, manchmal lachte sie, manchmal hatte sie Tränen in den Augen. Dieses harte, aggressive Mannweib ließ sich leicht rühren, und sie machte mir das Leben ein ganz klein wenig leichter. Ich musste keine Schubkarren mehr schieben, keine Grasstücke mehr abladen, und Ilse stahl mir nicht mehr meine Sonntagsration Wurst und Margarine. Und ich konnte sie sogar davon abbringen, die Rationen meiner Mithäftlinge zu stehlen.

Ein paar »Goldstücke« weiter weg von unserem Block – am Block der Griechinnen und an ein paar anderen Blocks vorbei, die die sozial Unangepassten und die politisch Andersdenkenden beherbergten – konnte man es sehen: das große Geheimnis von Auschwitz. Das Geschäftszentrum – den Markt! Da verkauften sie Diamanten gegen Brot, Gold gegen Salz, Salz gegen Zigaretten und Zigaretten gegen Kleidung. All diese guten Bürger hatten ihren Schmuck, ihr Geld und ihre Pelze mitgebracht – wenigstens war ich nicht die einzige. Die furchtlosen Nazis hatten ihnen ihren Besitz weggenommen, aber wer mutig war, stahl seinen eigenen Schmuck und verkaufte ihn zum Preis eines weiteren Tages. Wenn sie weiterlebten, stahlen sie wieder und verkauften erneut. Fünfzig britische Pfund für eine Karotte; Rubine und Saphire für eine kleine Knoblauchzehe. Da residierten für einen kurzen Augenblick die Händler des morgigen Tages. Sie nannten es »die Straße des schnöden Mammons«, die Straße, die mit tödlichem Gold gepflastert war.

Alle stahlen; alle wurden bestohlen. Wir stahlen von den Dieben, die Diebe stahlen von den höherrangigen Dieben, die wiederum von den Deutschen stahlen, was sie uns gestohlen hatten. Sie schickten unser Haar nach Berlin, um ihre Matratzen und ihre Mäntel zu füttern; sie schickten Zahngold weg von denen, die sie ermordet hatten, und dazu deren Brillengläser und Brillengestelle und Tonnen von Kleidung, Tonnen von Wertsachen. Jeden Tag kamen etliche neue Sachen dazu, jeden Tag verließen etliche neue Sachen das Lager, etliches blieb aber auch in Auschwitz. Alle stahlen, alle wurden bestohlen. Sogar Kommandant Höß. Er stahl den kleinen Zigeunerjungen.

Eines Abends gab es eine Vorstellung. Nicht so wie in Mecheln auf einer Bühne und mit all den aufgeblasenen hohen Tieren der Nazis. Es fand in weit kleinerem Rahmen statt, mitten im eigenen Block, beim Eingang, im »Foyer«. Das machten sie ab und zu. Nicht nur, um zu vergessen, wo sie sich befanden, sondern auch um sich zu erinnern, wer sie waren. Die Aufführenden waren die Polen. Sie sangen Lieder aus ihrer Heimat, ihre Dorflieder aus weit zurückliegender Vergangenheit, Lieder, die ihre Großeltern ihnen beigebracht hatten. Aus meiner Gruppe wollte niemand mitmachen, auch ich nicht, ebenso wenig Fritzi, die immer noch nicht wieder gesprochen hatte. Für uns bedeutete das Ganze nicht viel mehr als eine Gelegenheit, unseren *kojen* eine Stunde etwa für uns allein zu haben. Der Platz um das »Foyer« herum, wo die Behälter mit dem stinkenden, wässrigen Kaffee und der Suppe standen, war gedrängt voll. Alle wollten zusehen oder mitmachen.

War es das Lied, das mich so magisch anzog, oder waren es die Stimmen? Ich musste einfach meinen *kojen* verlassen und den Stimmen folgen. War es das Lied, das ich so viele Male zuvor schon gehört hatte, oder waren es die Stimmen, die das Lied so sangen, wie ich es vorher noch nie gehört hatte – ich hatte die Schallplatte zu Hause: »Meine jiddische Mamme«, auf Jiddisch gesungen von der legendären Sophie Tucker aus Amerika. Das Lied ist eine Huldigung an die Mutter für die überreiche Liebe, die sie ihren Kindern gibt, für ihre Hingabe und all ihre Opfer. »Mehr wert als alle Schätze der Welt«, heißt es im Text, »ist die Liebe meiner jiddischen Mamme«. Sophie Tuckers kraftvolle Stimme und bewegende Interpretation gaben dem Lied dieses gewisse Etwas, das in einem den Wunsch weckte, sich immer daran zu erinnern. Es jetzt wieder im Todeslager von Auschwitz zu hören macht es erst recht unvergesslich.

Zwei Fünfzehnjährige, Zwillingsmädchen, standen da mit ihrer Mutter zwischen sich und sangen mit Engelsstimmen davon, was ihre Mamme ihnen bedeutete. Sie waren zart und zerbrechlich, trugen nur knappe Kleidchen und hatten schmuddelige Schals eng um ihre kindlichen Gesichter gebunden. Sie hielten sich an den Händen, Mutter und Zwillinge, und schauten mit ihren großen braunen Augen direkt auf die verfluchte Straße hinaus. Jeder Ton, den sie sangen, klang wie das Echo einer silbernen Glocke. Jedes Wort kam direkt von Herzen, war unbeschreiblich schön, unbeschreiblich bewegend. Fasziniert stand ich da und hörte zu, wie alle anderen im Block. Dann kam, gerade vor dem ergreifenden Höhepunkt, eine selbstgefällige SS-Aufseherin hereinmarschiert. Ohne einen Augenblick zu zögern ging sie auf die drei zu, zog die Mutter von den Kindern weg und führte sie ab.

Gewalt wurde nicht angewandt. Die Mutter ging freiwillig, auf ihrem Gesicht zeigte sich keine Gefühlsregung, als hätte sie gewusst, was passieren würde, und hätte sich und ihre Mädchen darauf vorbereitet. Die Zwillinge sahen sie gehen. Sie rückten noch näher zusammen und hielten sich an der Hand, und so sangen sie die letzten Takte von »Meine jiddische Mamme« genau in dem Moment, als ihre Mutter in der erbarmungslosen Dunkelheit verschwand.

Am nächsten Tag erzählte mir unsere nette, sanfte Buchhalterin Katharina, dass Befehl ergangen sei, Frauen über vierzig auszusortieren. »Gestern war ihr Geburtstag«, sagte Katharina. »So viel weiß ich jedenfalls. Ihr vierzigster«, und sie strich die Frau von der Liste.

Ich schlief schlecht, und so verbrachte ich manche Nacht damit, aus meinem schmalen Fenster zu schauen und auf die Geräusche von der Straße zu hören. Die Straße schläft nie. Sie wartet nur, bis die hinkenden Schatten wieder in ihren hölzernen Pferdeställen sind, und dann lädt sie ihre schmutzigen Geheimnisse ab. In der Nacht, als die Zwillinge gesungen und für ihre Mutter das Kaddisch, das Gebet für die Verstorbenen, gesprochen hatten, saß ich hellwach und schaute auf die leere Straße hinaus. Ich sah einen gespenstischen Mond an einem gespenstischen Himmel erscheinen. Sterne waren keine zu sehen. Der Mond warf ein freudloses Licht auf die Straße hinunter. In dem Augenblick durchbrach in der Ferne das Geräusch näher kommender Lastwagen die Stille. Es mag wohl zwei Stunden nach der Zeit der Träume gewesen sein; aber egal wie spät es war, der Totentanz hatte begonnen. Eine weitere Ladung menschlicher Fracht bewegte sich langsam über die stille Straße. Es waren viele kleine Jungen und Mädchen. Sie kamen aus Warschau, und hier endete ihre Reise nun. Hier auf dieser Straße, hinter den Ställen, wo riesige Schornsteine ihre entsetzlichen gelben Flammen ausspien, um die größte Leistung menschlicher Verheerung zu feiern. Die Lastwagen hatten gehalten, und all die Kleinen stolperten herunter. Jedes Kind ein Schutzschild für den zitternden Körper eines anderen. Sie begriffen nicht – und doch wussten sie –, dass es nun an ihnen war, das Ungeheuer zu füttern. Ihre Schreie, viel lauter als Kanonendonner, gellten durch die grausige Nacht, während sie in Panik, gequält von der Furcht vor kommenden Schmerzen, rannten, fielen und krochen und zu einem verzerrten Mond hinaufschrien, dass sie doch nur Kinder seien.

»Hilf uns! Wir sind doch nur Kinder! Jüdische Kinder! So hilf uns doch!« Die feurigen, gierigen Drachenzungen haben alle Kinder verschlungen. Was für ein unglaubliches Inferno …

Die Erinnerung an all das wird mich immer verfolgen. Das hohle Echo ihrer Stimmen, vom Wind in alle Enden und Ecken der Erde getragen, wurde nie gehört. Verkohlte Seelen sind immer noch auf der Suche, können aber den Grund für ihren Tod nicht finden. Und während eine verheerende Ernte eingebracht wird, hinderte niemand die üblen, bösartigen Samen daran, sich zu verbreiten. So niedergeschmettert von den riesigen Rädern der Zeit sind wir, so betäubt von der immensen Geschwindigkeit der Geschichte, dass wir einen Mantel des Vergessens über die Geister des Gestern gebreitet und sie in ein Lagerhaus voller latenter Albträume gesteckt haben. Ich habe gehört, dass die Friedhöfe dieser Welt Tag für Tag größer werden und dass es bald niemanden mehr gibt, der noch beten wird. Aber wenigstens Gott liebt uns noch … Wird er das Kaddisch für uns alle sprechen?

Sechs Wochen hatten wir diese erbärmliche Existenz ertragen, als Betty (mit der ich seit Mecheln nicht mehr gesprochen hatte) und ich während des Morgenappells von einer SS-Aufseherin herausgerufen wurden, die uns befahl, ihr zu folgen. Ob nun mit gemischten Gefühlen oder nicht, wir gingen mit ihr. Sie führte uns zu einem anderen Block, recht weit weg, übergab uns einer in Baumwolle gekleideten Frau und ging dann wieder. Wir hatten nicht die leiseste Ahnung, was das zu bedeuten hatte, und sie sagte kein einziges Wort. Dies war, wenigstens was mich betraf, der denkbar schlechteste Zeitpunkt, für irgendetwas ausgesucht zu werden. Seit über einer Woche schon quälten mich nämlich wunde Stellen, diese gefürchteten, vereiterten wunden Stellen, die sich wie ein Lauffeuer ausbreiteten. Gerade als ich dachte, ich sei glücklicherweise immun dagegen, zeigten sie sich. Zwischen den Brüsten! Erst eine, dann drei weitere. Da ich mir der möglichen Konsequenzen dieser hässlichen Krankheit schmerzlich bewusst war, versteckte ich sie und sagte keinem etwas.

Es gab eine lindernde Salbe – keine Heilung – sogar hier in Auschwitz, aber ich hatte nicht den Mut, Ilse darum zu bitten; so sehr traute ich ihr dann doch nicht. Also hatte ich weiter nichts unternommen – ich versuchte nur, niemandem damit unter die Augen zu kommen.

Aber jetzt würde es bestimmt jemand herausfinden. Meine Versuche, mich in dem neuen Block in irgendeiner dunklen Ecke zu verkriechen, waren nicht von Erfolg gekrönt. Man wies mir ein Bett, keinen *kojen*, direkt in der Mitte des Raumes zu, gab mir sauberes Bettzeug, erlaubte mir, ein Bad zu nehmen, einschließlich Seife, Waschlappen und Handtuch, ich durfte meine eigenwillige Kleidung gegen ein Kleid eintauschen, das mir richtig passte, ich bekam Suppe zu essen, die nicht stank, und Brot, das ich tatsächlich kauen konnte, statt der üblichen übrig gebliebenen harten Krusten. All das empfand ich als höchst willkommen und wusste es sehr zu schätzen. Ich überlegte sogar, ob ich hier jemanden um Hilfe bitten sollte, da ich aber nicht wusste, weshalb mir diese unerwarteten Annehmlichkeiten widerfuhren, entschied ich mich schließlich dagegen. Die Zeit verging, und noch immer sagte keiner Betty und mir ein Wort. Ich fing schon an, mich in meinen alten, verlausten Block zurückzusehnen.

Vierundzwanzig Stunden vergingen. Es war wieder Morgen. Wieder Appell, aber nicht mehr für uns. Endlich sagte man uns, weshalb wir hierher gebracht worden waren: Transport! Sie verluden uns in ein anderes Lager – Betty, mich und achtundsiebzig weitere Frauen! Hätte ich mich getraut, vor Freude zu kreischen und zu hüpfen, ich hätte es getan. Alle achtzig hätten wir es getan. Nur wer dagewesen ist, kann sich überhaupt vorstellen, was es uns bedeutete, aus diesem Höllenloch herauszukommen. Ich war wie benommen vor Erleichterung, und nicht eine Sekunde machte ich mir noch Sorgen über meine wunden Stellen.

Sie steckten uns auf einen mit einer Plane bedeckten Lastwagen, und schon ging es los mit uns. Mit achtzig ungeduldigen, vor Aufregung ganz ausgelassenen, plappernden Frauen. Als wären wir auf dem Weg zu einem Picknick. Die hintere Klappe des Lasters ließen sie offen, so dass, wer von uns hinten saß, erkennen konnte, wohin wir fuhren. Wir hatten keine bewaffneten Aufseher bei uns, was uns doppelt ausgelassen machte. Überhaupt keine Aufseher.

Wir waren eine Weile gefahren und schwebten dabei in höheren Regionen, wir hatten das triumphale Gefühl, am Leben zu sein …, als der Fahrer auf die Bremsen trat und anhielt. Genau in dem Augenblick schrie eines der Mädchen: »Wir sind bei den Öfen! Großer Gott! Die werden uns alle umbringen!«

Mir blieb das Herz stehen – buchstäblich. Mit Donnergrollen in den Ohren, in der Brust und dem unheilvollen Gefühl, in eine finstere, bodenlose Grube zu fallen – starb ich. Angst – das war meine Todesursache – nur ein paar Augenblicke von der »Endlösung« entfernt. Das ist die schlimmste Art zu sterben, und so etwas will ich nicht noch einmal durchmachen müssen. All die Finsternis, und nicht ein einziger Schimmer Licht, der von der anderen Seite zu mir herüberdrang.

Die Panik blieb, bis wir die elektrisch geladenen Stacheldrahtzäune hinter uns hatten. Dann wusste ich eine ganze Weile nicht mit Sicherheit, ob ich je wieder normal würde atmen können. Mitten im Niemandsland, direkt vor einem Strang Eisenbahngleise, ließen sie uns aussteigen. Da standen ein paar deutsche Soldaten mit verstaubten Uniformen und verstaubten Gewehren herum. Sie sahen müde und gelangweilt aus.

Es war Morgen. Die Geburt eines neuen Tages ... und die Wiederauferstehung der Hoffnung. Es war nicht gerade der Orientexpress, aber es waren auch keine Viehwaggons. Das Gefährt, das uns schließlich dorthin bringen sollte, wo man uns als nächstes haben wollte, war ein halb leerer ziviler Passagierzug. Mit dabei waren auch die Soldaten, die wir bei den Gleisen gesehen hatten. Mit den Gewehren im Anschlag hatten sie sich auf die Plattformen zu beiden Seiten des Waggons platziert. Jeweils vier pro Waggon. Wenn es ihre Absicht war, uns an einem Fluchtversuch zu hindern, schien das eine törichte Verschwendung von Arbeitskräften zu sein. Was hätten wir denn machen sollen? Herfallen über diese anzüglich grinsenden, nervösen Leute und dann mit unseren kahlen Schädeln und den Nummern auf dem Arm flüchten? Wir durften nicht zusammensitzen, auch nicht neben diesen schamlos gaffenden Passagieren. Es war komisch, aber das hatte ich mir schon lange gewünscht: einen Fensterplatz, niemanden direkt in meiner Nähe, so dass ich ungestört über die vergangenen vierundzwanzig Stunden nachdenken konnte. Davon abgesehen und abgesehen von dem Wunsch, der Zug möge mit Lichtgeschwindigkeit so weit wie möglich von Auschwitz wegfliegen, fühlte ich mich außerordentlich wohl, ganz allein auf der Welt und herrlich ruhig. Genau wie ein unbeteiligter Zuschauer, der einfach nur einen Ausflug macht.

Der Zug bewegte sich alles andere als blitzschnell fliegend vorwärts. Er kroch, hielt an, und wenn er wieder weiterfuhr, dann mit zittrigen Rädern. Der Grund: Bomben. Die Deutschen bekamen ihre eigene bittere Medizin zu schmecken. Endlich! Ganze Stadtteile waren verschwunden. Entgleiste Züge neben kaputten Gleisen, zerstörte Gebäude auf menschenleeren Straßen. Verlassene Bauernhöfe und davor ausgebrannte Traktoren. Was für ein Anblick – was für herrliche Trümmer! Welch prachtvolle Zerstörung! Beinahe hätte ich vor Freude laut geschrien.

Während ich im tiefsten Höllenschlund schmachtete, hatte ich keinen Gedanken an den großen Krieg verschwendet, der in der Welt dort draußen geführt wurde. Ich hatte meinen eigenen Krieg zu führen. Außerdem waren wir ja vollkommen abgeschnitten von allem. Keine Nachrichten, ja noch nicht einmal Gerüchte erreichten uns; das Kriegsgetöse schien viele tausend Kilometer entfernt. Am trostlosen, düsteren Himmel von Auschwitz hatte ich nie ein Flugzeug fliegen sehen oder auch nur eines gehört. Ich wusste nichts. Aber jetzt sah ich es! Stunde um Stunde um Stunde, Umweg über Umweg über Umweg sah ich die Zerstörung und freute mich!

So ging es den ganzen Tag. Erschöpft wirkende und abgezehrte Passagiere stiegen ein oder stiegen aus, und dabei sprachen sie die Sprache, die ich zu hassen gelernt hatte: Deutsch. Das Deutsch von Hitler, die Sprache, die einmal meine Muttersprache gewesen war. Es klang nicht einmal mehr so wie früher.

Wir waren irgendwo in Deutschland und verbrachten die Nacht in dem still stehenden Zug. In jener Nacht gab es wieder Bombenangriffe der Alliierten – liebliche Musik in meinen Ohren, diese Sinfonie aus losplärrenden Sirenen, einstürzenden Bauten, erbebender Erde. Es war einfach herrlich. Dass wir oder der Zug ebenfalls getroffen werden könnten, kam mir nicht in den Sinn.

Wir wurden nicht getroffen, und kurz nach Tagesanbruch machten wir uns wieder auf den Weg. Diesmal ohne weitere Aufenthalte, bevor man uns aus dem Zug holte. Von dort, wo immer wir uns jetzt auch befanden, ließ unsere Militäreskorte uns marschieren – in Fünferreihen, wie denn sonst? –, und zwar über Landstraßen, über Felder und durch wunderschöne, friedliche Tannenwälder. Wie außerordentlich merkwürdig, mitten in diesem Kriegsgewirr solche Ruhe zu finden.

Wir standen vor einem riesigen Eisentor, das geschlossen war. Das hoch aufragende Tor war alles, was die Außenwelt von dem trennte, was dort drinnen vor sich gehen mochte. Zwei auf- und abmarschierende Soldaten bewachten es. Nach einem kurzen Wortwechsel mit dem Ranghöchsten unserer Wache öffneten sie das imponierende Eingangstor und ließen uns hineinmarschieren.

Am 15. September 1943, einem herrlichen Tag, am Vormittag, schlossen sich hinter mir die Tore von Ravensbrück, einem weiteren Konzentrationslager. Weit weg von Auschwitz dachte ich an die Freunde, die ich dort zurückgelassen hatte. Weit weg von zu Hause versuchte ich mich an die Stimmen meiner Lieben zu erinnern. Während ich wieder einmal lernte, mich an ein weiteres neues Leben anzupassen, schienen all das Böse, dem ich gerade entkommen war, und all das Gute, das ich einmal erlebt hatte, sehr weit weg. Alles schien weit entfernt, aber am weitesten entfernt schien das Ende des Krieges.

»Spielen Sie Bridge?« Die Frau, die das fragte, hatte mit dem Zeigefinger direkt auf mich gedeutet. Sie stand da in der übertriebenen Pose eines Mannequins, in der gestreiften Häftlingsuniform, starrte mich schamlos an und klang dabei todernst. »Lauter Irre«, dachte ich, »die haben uns in eine Irrenanstalt gebracht!« Es war nicht nur die merkwürdige Frage, auch nicht das Benehmen der jungen Frau, was in mir diesen Eindruck erweckte, obwohl es die ersten Worte waren, die bis dahin jemand gesprochen hatte. Es war einfach alles.

Da standen wir nun vor dem Badehaus, mussten unendlich lange warten und wurden von einer Prozession von Frauen angegafft, wie ich sie merkwürdiger noch nie gesehen hatte. Den Preis für größte Widerwärtigkeit hätten nach meinem Geschmack die viel zu zahlreich vertretenen Zeugen Jehovas bekommen müssen. Wie böse Hexen drängten sie sich um uns, wieder und wieder im Kreis herum, die Arme in die Luft gereckt, und so plärrten sie in ihrem näselnden Singsang und prophezeiten, dass dies der Tag des Weltendes sei.

Von der Reaktion der Betschwestern einmal ganz abgesehen, verursachte unsere Ankunft in Ravensbrück aus Gründen, die wir damals nicht verstanden, einen ziemlichen Aufruhr. Soweit ich sehen konnte, beäugten uns Häftlinge von überall her, von allen Enden der Lagerstraßen, von der rückwärtigen Seite der Blocks. Zweifellos waren wir die Hauptattraktion des Tages.

Noch vor Sonnenuntergang konnten wir endlich duschen, durften unsere Reisekleidung gegen die reguläre Gefängnisausstattung tauschen, bekamen in Wasser schwimmende Schalen von rohen Kartoffeln zu essen, was sich Suppe nannte, und dann wurden wir zu unserer neuesten Unterkunft geführt, unserem neuen Heim weit weg von daheim: Block 27.

Die Frauen, die sich schon dort befanden, sagten uns, die nächsten dreißig Tage würden die Eingewöhnungszeit sein. Genauer gesagt, die Quarantäne. Später fanden wir heraus, dass sie uns deshalb isoliert hielten, weil wir aus Auschwitz kamen. Wer konnte schon wissen, was für merkwürdige Krankheiten wir mitgebracht hatten? Aufseher und Häftlinge gleichermaßen waren, was uns betraf, so neugierig wie ängstlich.

Was auch immer sie über jenen Ort gehört haben mochten, sie trauten sich nicht, den Namen auszusprechen. Ich glaube, sie hatten Angst, das Wort allein könne schon bewirken, dass man sie dorthin schickte – alle fürchteten sie sich davor, Häftlinge und Aufseher. Die Aufseher, so erzählte man mir, wurden aus anderen Lagern nach Auschwitz strafversetzt im Fall unehrenhaften Betragens oder wenig überzeugender politischer Gesinnung.

Mein erster Eindruck, in einem Irrenhaus gelandet zu sein, war, wenn auch nicht völlig richtig, so doch nicht völlig falsch. Auch ohne die Gestalten, die ich bisher getroffen hatte, war allein schon die Begegnung mit meiner Bettnachbarin Grund genug für diese Annahme. Sie hieß Ollie, und sie war nach eigenem Eingeständnis eine Mörderin. Sie hatte drei Ehemänner (mehr als drei, glaube ich, hatte sie auch nicht) ermordet, ihnen mit einer Axt den Schädel eingeschlagen, hatte das Kriegsbeil sozusagen direkt in ihrem Schädel begraben. So wie sie es erzählte, tötete sie nur Männer, Ehemänner, um ganz genau zu sein, niemals Fremde. Ihr Aussehen ließ einen ins Grübeln darüber kommen, wie sie es überhaupt anstellte, an einen Mann zu kommen, geschweige denn an drei. Sie war klein, korpulent, hatte einen riesigen, aufgequollenen Bauch, Triefaugen und ein schwammiges Gesicht. Ihr haarloser Kopf, der wie ein Vollmond aussah, war völlig rund und ganz glänzend.

Natürlich fragte ich zuerst mich, dann andere, was eine Ehegattenmörderin denn in einem Konzentrationslager zu suchen hatte. Antwort: zwecks Wiedereingliederung in die Gesellschaft. Nicht ganz wie die gewöhnlichen Feinde des Reiches, die ich bisher getroffen hatte. Bald erfuhr ich, dass Ollie bei weitem nicht die einzige hier mit einer derart undelikaten Vergangenheit war. Es gab noch viele weitere. Das Lager war voll von ihnen, könnte man sagen. Es waren nicht alles Mörderinnen, keine geständigen jedenfalls, aber es gab etliche mit einer langen Liste von Vorstrafen und Verhaftungen. Doch die Mehrheit der asozialen Elemente hier waren lediglich Damen mit einer leicht anrüchigen Vergangenheit – Prostituierte. Offenbar konnten sich einige hier einmal ganz schön ausruhen.

Gemessen an üblichen Quarantänen war die in Ravensbrück die reinste Farce. Sie behielten uns meistens drinnen, aber nicht die ganze Zeit. Vielleicht gingen sie davon aus, dass sich Krankheiten nur zu bestimmten Uhrzeiten verbreiten. Die Zeit gegen Sonnenauf- und Sonnenuntergang muss wohl recht sicher gewesen sein, weil sie uns dann mit den anderen draußen antreten ließen, damit wir wieder und wieder gezählt wurden, genau wie in Auschwitz. Wir durften nie weiter als bis kurz vor den Block gehen, jedenfalls während der ersten dreißig Tage, und die Aufseher, die uns zählen sollten, konnten oder wollten nicht zählen. Was sie allerdings mit großem Eifer taten, war eine Zigarette nach der anderen zu rauchen.

Unser Block, der siebenhundert Personen fasste, war bis auf den letzten Platz belegt. Unter den anderen sechshundertzwanzig Insassen in Block 27 gab es sonst keine Neuankömmlinge. Die meisten waren schon eine ganze Weile hier. Trotzdem mussten sie alle diese Pseudo-Quarantäne mitmachen.

Unsere Schlafplätze waren in zwei Bereiche geteilt – die eine Hälfte der Etagenbetten auf der einen Seite, die andere auf der anderen Seite. Dazwischen befand sich, ideal um sich auf dem blanken Erdboden gegenseitig umzurennen, eine Art Korridor mit einem nutzlosen alten Ofen. Am hintersten Ende lag der Waschraum. Da gab es viele zerbrochene Waschbecken und etliche tropfende Wasserhähne, aus denen manchmal kaltes Wasser, nie heißes Wasser und manchmal überhaupt kein Wasser kam. Auch Toiletten gab es – immer besetzte, selten funktionierende, Ekel erregend riechende Toiletten.

Die Berufe der Frauen in Block 27 waren so unterschiedlich wie ihre Nationalitäten. Da war alles vertreten, von gewöhnlichen Straßenmädchen (alle aus Deutschland) über Schwarzmarkthändlerinnen (aus Deutschland, der Tschechoslowakei, aus Frankreich und einigen anderen Ländern) über Diebinnen (länderübergreifend) bis hin zu Journalistinnen und Frauen, deren eigene Familien oder engste Freunde sie denunziert hatten. Ganz oben auf der Rangliste standen diejenigen Frauen, deren Angehörige unter Verdacht standen – nur unter Verdacht –, in umstürzlerische politische Aktivitäten verstrickt zu sein.

Hier gab es regelrechtes Gesindel und anständige Leute, die zu ungesunder Nähe gezwungen waren und keinerlei Gemeinsamkeiten hatten. Die sich nichts zu sagen hatten, die nichts miteinander teilten, mit Ausnahme der langen, langen Tage und Nächte und des Wartens.

Ravensbrück, das größte Frauenlager (mit einer Kapazität von 25 000 Personen) nicht nur in Deutschland, sondern in ganz Europa, befindet sich gerade einmal sechsundneunzig Kilometer nördlich von Berlin. Man riecht praktisch das Sauerkraut. Es ist kein Judenlager. Trotzdem bin ich überzeugt, ich bin nicht die einzige Jüdin hier. Die Frauen, die ich im Verdacht habe, ebenfalls Abkömmlinge des Hebräervolkes zu sein, der Erwählten mit der zweitausendjährigen Geschichte von Leid und Elend als Referenz, sind ein paar Tschechinnen. Eine davon ist Lydia, die Irre, die wissen wollte, ob ich Bridge spiele; und die andere, eine sehr attraktive, kluge und mutige Frau, heißt Eva.

Unterdessen geben wir weiter vor, Mischlinge zu sein, halb jüdisch, halb nicht. Das »halb nicht« hoffen wir, niemals beweisen zu müssen. Auch hier geben sie uns Nummern, aber nicht in Form von Tätowierungen. Es ist nur ein Stückchen Stoff, das oben auf den linken Ärmel der Gefängniskleidung genäht wird. Diese Nummer werde ich wenigstens irgendwann wieder los. Streifen werde ich höchstwahrscheinlich nie wieder im Leben tragen. Schuhe – die werde ich ganz bestimmt tragen, viele Schuhe. Auch hier haben sie mir keine Schuhe gegeben. Dabei wette ich, dass sie eine ganze Menge davon haben. Ich wette, sie haben von allem eine ganze Menge. Unterwäsche haben sie mir auch nicht gegeben. Dieses kratzige Kleid ist alles, was ich habe.

Meine Nummer ist 23 177. Welche Nummer man hat, spielt keine große Rolle. Die Nummer ist nur dafür gut, einem zu zeigen, wie lange man schon hier ist. Und die Farbe und die Form des aufgenähten

Flickens geben, ob wahr oder falsch, Auskunft über die Geschichte des Häftlings: rot = politisch, schwarz = asozial, grün = kriminell (Ollie hätte drei davon bekommen sollen); violett = Zeugen Jehovas.

Ob außerhalb oder innerhalb des Lagers – die Weltuntergangsschwestern sind so beliebt wie die Pest. Unerschrocken predigen sie ununterbrochen ihr Evangelium, verheißen in einem fort das Ende der Welt mit jedem neuen Tag. Sie könnten nach Hause gehen, diese lästigen kleinen Hexen, könnten uns von ihrem winselnden Singsang erlösen, wenn sie nur ein offizielles Dokument unterschreiben und schwören würden, den Mund zu halten. Aber das wollen sie nicht; sie wollen nicht einmal einräumen, dass es Hitler gibt. Ihre Dickköpfigkeit schadet uns, nicht ihnen. Während alle anderen im Lager den Stillsteh-und-Zählappell-Unsinn am liebsten so schnell wie möglich hinter sich hätten, ist es ihnen egal, wie lange die Prozedur dauert. Sie stehen ja auch nicht still, wir tun es. Mit gekreuzten Beinen sitzen sie in ihrer üblichen Yoga-Stellung vor ihren Blocks, singen in einem fort und preisen Jesus. Die Aufseher brüllen sie an, stubsen und stoßen sie, aber sie weichen keinen Zentimeter. Wenn genug Zeit vertan ist, heben die Aufseher sie hoch und tragen sie, noch in ihrer Yoga-Stellung, dorthin, wo die anderen gut dreiundzwanzigtausend Lagerinsassen in Reih und Glied stehen und warten. Dort fahren sie, ohne die geringste Änderung in ihrem Gesichtsausdruck, mit ihrem rituellen Singsang fort und sitzen weiterhin mit gekreuzten Beinen da.

Nicht, dass es nicht belustigend wäre zuzusehen, wie sie hölzernen Mumien ähnlich durch das Lager zur »Piazza« getragen werden. Sie haben genügend ärgerliche Eigenschaften, um es sich sogar mit den Tolerantesten zu verscherzen. Sie sind fein raus. Sie alle arbeiten in der Kleiderkammer, und sie können darüber entscheiden, wer welche Kleidung bekommt. Sie haben viel Einfluss. Keine von ihnen trägt Gefängniskleidung, und sie haben alle noch ihr Haar. Sie tragen die Kleider, die andere Häftlinge mitgebracht haben. Was den Rest der im Lagerraum aufgestapelten Beute betrifft, so geht das Gerücht, dass sie dort einen blühenden Handel betreiben.

3.

Ein Geburtstag in einem Konzentrationslager ist, besonders beim ersten Mal, nicht gerade leicht durchzustehen. Mein Geburtstag fiel in die zweite Qurantäne-Woche, und der einzige Wunsch, der mir für diesen Tag einfiel, bestand darin, nicht noch einen Geburtstag hier verbringen zu müssen. An einem solchen Tag denkt man unweigerlich an vergangene Geburtstage, an Feiern und an Geschenke, an die Freunde, das Lachen … und an zu Hause.

Geburtstage, an denen wir alle noch zusammen waren. Der 1. Oktober meines siebten Geburtstages wird mir immer am lebhaftesten im Gedächtnis bleiben. Papa hatte uns rufen lassen. Wir drei Mädchen liefen sofort zu ihm. Papa war sehr gut gelaunt, bedauerte es aber sehr, diesen besonderen Tag nicht mit uns feiern zu können. Dafür versprach er aber, es am Sonntag darauf wieder gutzumachen, denn dann könnten wir den Tag mit ihm noch einmal feiern. Zwei Geburtstage in einer Woche. Herrlich!

Und dann weckte mich ein Schrei – ein lang gezogener, gequälter Schrei. Der Aufschrei einer Frau, der die frühmorgendliche Stille mit Mark erschütternder Verzweiflung durchbohrte. Zu Tode erschrocken setzte ich mich im Bett auf, und gleich im nächsten Augenblick war meine Zwillingsschwester Elli an meiner Seite. Sie zitterte. Die Schreie hielten an, schrill und haltlos, als sei jemand plötzlich wahnsinnig geworden. Noch nie zuvor hatte ich solche Angst gehabt. Nicht einmal die geschlossenen doppelten Türen konnten die Schreie dämpfen, die aus dem Schlafzimmer meiner Eltern drangen. Bestimmt ein Albtraum, ich musste wohl einen Albtraum haben. Doch dann kam unsere Haushälterin Marie hereingestolpert, sie war ganz aufgelöst, Tränen strömten ihr das Gesicht herunter. Taumelnd kam sie zu meinem Bett, fiel auf die Knie und stammelte: »Euer Vater ist tot!«

Ihre durch das Zimmer hallende Stimme drang ruckweise und unbarmherzig an meine Ohren. Sofort zog sich Elli die Bettdecke über den Kopf. Ich klammerte mich an meinen Teddy und starrte auf die Tür. Sie sah noch genauso aus wie vorhin. Die inzwischen gedämpften Schreie waren unnatürlich und unheilvoll. Ängstlich fragte ich meine Lieblingsspielsachen: »Was hat sie gesagt?« Doch das Schaukelpferd grinste nur, und die Puppen saßen ungerührt und ungebührlich hübsch in ihrem Puppenhaus. Sogar der große ausgestopfte Clown und der haarige Affe auf dessen Schulter standen feixend in ihrer Ecke, völlig gefühllos. Das waren meine Freunde, meine Spielkameraden: Weshalb taten sie denn nichts, um diesen entsetzlichen Morgen zu vertreiben?

Die immer noch schluchzende Marie zog Elli sanft die Bettdecke vom Kopf. Ihre großen Hände, mit denen sie nach unseren Händen griff, waren feucht. »Habt ihr mich gehört? Euer Papa, er ist tot!« Ohne Taschentuch wischte sie sich die Nase. »Tot« – was das Wort bedeutete, verstand ich ganz und gar nicht, ich spürte nur, wie eine lähmende, eisige Furcht in mich kroch. Marie musste uns buchstäblich aus dem Bett und zu der Tür hinziehen, und schob uns dann schnell hinein. Wir überschritten die Schwelle, die von unserem fröhlichen Kinderzimmer in eine Welt antiseptischer Aromen vermischt mit dem Krankenzimmergeruch von Chloroform führte.

Die Fensterläden im Schlafzimmer meiner Eltern waren weit geöffnet. Alle Lampen waren an, als sei die Nacht noch nicht zu Ende. Barfuß standen Elli und ich in unseren Nachthemden da. Der Parkettboden war kalt. Bei einem der Fenster stand Käte an die Wand gepresst. Sie sah gar nicht aus wie Käte, eher wie eine Statue aus Ton. Elli und ich klammerten uns an Maries Umhängetuch, unserem Schutzschild gegen einen unbekannten Feind. »Papa, Mama, wo seid ihr?« Es war ein so großer Raum.

Endlich ließ ich das Tuch los und ging mit wackelnden Knien auf Papas Bett zu. Ich sah ihn nicht, wusste aber, dass er da war. Mama verdeckte ihn. Sie lag auf seinem Bett, mit dem Gesicht nach unten, ganz über Papa gebreitet, als sei sie eine menschliche Decke. Seine Decke. Mamas langes, offenes Haar war ganz zerzaust um sie gefallen, ein glänzendes, rotgoldenes Kissen, auf das Papa seinen Kopf betten konnte. Es war ein solch blendender Anblick. In diesem bleichen, schwebenden Licht schien der Körper meiner Mutter anzuschwellen und sich auszubreiten. In einem ganz eigenen Rhythmus hob und senkte sich ihr Körper immer wieder. Ihr Gesicht löste sich von Papas Gesicht. Sie küsste ihn, wieder und immer wieder, rief seinen Namen, rief … rief. Aber Papa antwortete nicht. Er schlief, sehr, sehr tief.

Ich hatte die Türklingel nicht gehört, aber Marie musste es wohl klingeln gehört haben. Sie ging und kam mit zwei ernst dreinschauenden Männern in schwarzem Gehrock zurück, beide trugen sie eine schwarze Tasche. Den einen hatte ich vorher schon einmal gesehen, vor ein paar Tagen erst. Ohne alle Gefühlsregung traten sie direkt an das Bett meines Vaters. Mama nahm keine Notiz von ihnen. Sie hatte sich in Papas Körper vergraben, gab leise klagende Schreie von sich, »Berti, Berti«. Es zerriss mir das Herz. Die Männer in dem schwarzen Gehrock schienen es eilig zu haben. Einer versuchte, Mamas verkrampften Arm zu lösen, sie hochzuheben, weg von Papa, aber es gelang ihm nicht. Dann packten beide meine Mutter, aber sie schlug um sich. Sie stieß und trat, kämpfte verzweifelt gegen das Unvermeidliche, griff in die Luft, während sich dünne, heisere Schreie aus ihrer erschöpften Kehle lösten. Schließlich packten die blutleeren Männer Mamas Füße und zogen sie vom Bett weg. Sie saß auf dem Boden, bleich und hilflos, von Trauer umhüllt, ganz still jetzt. Ihr durch den Raum schweifender Blick erfasste Käte, Elli und mich, ohne uns zu sehen.

Zum ersten Mal, seit dieser furchtbare Tag begonnen hatte, war das Haus still. Irgendwo weit weg ertönte eine Kirchenglocke. Ein Flugzeug zog steil in den grauen Himmel hoch, und auf der Straße unten gingen Leute zur Arbeit oder saßen in ihren Kaffeehäusern und frühstückten und lasen die Morgenzeitungen. Und überall in der Stadt gingen kleine Mädchen in die Schule. Nichts hatte sich geändert – für sie nicht. Für einen kurzen Moment, bevor diese innerlich hohlen Männer Papas Gesicht mit einem weißen Laken bedeckten, sah ich meinen attraktiven Vater. Die Augen hatte er geschlossen, und seine starken, sanften Hände waren über der Brust gefaltet. Er schlief ganz friedlich. Irgendwie war Mama wieder hochgekommen. Plötzlich stand sie hoch aufgerichtet da. Mit all der Qual, die noch in ihr war, mit zu Fäusten geballten Händen und in den allmächtigen Himmel gereckten Armen rief Mama: »Es gibt keinen Gott! Überhaupt keinen Gott! Was für ein Gott würde mir meinen Mann nehmen, meine Liebe? Wieso er? Wieso?«

Doch der Allmächtige hörte sie nicht – kein Zeichen, keine Hoffnung. Und so verleugnete sie ihn: »Gott, Gott! Verdammt sollst du sein!« Dann gab sie ein gurgelndes Geräusch von sich und brach zusammen. Da lag sie nun, am Fußende von Vaters Bett, nicht mehr meine Mutter, sondern eine erbarmungswürdige, kaputte Puppe, die jemand weggeworfen hatte. Allein. Ich wollte sie bedecken, so wie sie das mit Papa getan hatte, aber Marie zog mich zurück, packte schnell Ellis Arm und schob uns beide in unser Zimmer. Marie war hysterisch geworden. Sie schrie: »Zu viel, das ist alles zu viel. Raus hier mit euch! Raus hier! Geht in den Park, und kommt erst wieder zurück, wenn es dunkel ist. Macht schon. Steht da nicht einfach rum! Raus mit euch!«

Sie hatte uns noch nie angeschrien. Sie half uns beim Anziehen, packte uns etwas zum Essen ein, und dann gingen wir. Ich wunderte mich wegen Käte, der Statue aus Ton. Weshalb wurde sie nicht weggeschickt? Aber ich fragte nicht. Ich weiß nicht mehr, wie lange wir von Mama ferngehalten wurden, aber dass ich meinen Vater nicht mehr gesehen habe, das weiß ich sehr wohl.

Wir rutschten nicht das Treppengeländer herunter, wir nahmen auch nicht drei Stufen auf einmal. Steif und geistesabwesend verließen wir das Haus, wie man uns das gesagt hatte. Ohne ein Wort miteinander zu reden, gingen wir über den Platz, die viel befahrene Kreuzung, bis wir beim Park waren. Ich fühlte mich ganz verloren, und jeder Schritt erinnerte mich daran, wie oft meine Eltern mit uns hierher gekommen waren, und wie sie bei der Gelegenheit immer gesagt hatten, wie schön es doch hier sei. Zusammen hatten wir jenen verträumten Konzerten der Natur gelauscht, überall um uns herum der Geruch von Flieder und Jasmin. Papa nannte es den »Garten, in dem all die romantischen Seelen von Wien sich zum Stelldichein treffen«. Vielleicht war die Traurigkeit, die das Schlafzimmer meiner Eltern erfüllt hatte, mit uns gekommen, denn es war nicht wie sonst. Wir gingen und gingen und begegneten niemandem. Nur die Störche in dem kleinen See standen da wie immer, und ein paar Schwäne schwammen gelassen in dem stillen Teich.

Wir trippelten weiter und kamen schließlich zu unserem Spielplatz. Er war merkwürdig leer. Um uns herum flatterten gelb-rötliche Blätter zu Boden. Voriges Jahr um diese Zeit waren wir wie in jedem Jahr in den Wienerwald gefahren und sahen zu, wie sich das Laub in einen alles bedeckenden Teppich leuchtender Farben verwandelte, weiter als das Auge reichte. Knietief wateten wir durch die Blätter, kichernd und ganz geblendet. »Wer malt diese Blätter an?« fragte ich dann immer Papa, und er antwortete: »Das macht die Natur. Sie ist der größte Maler von allen.« Ohne Papa waren wir keine Familie mehr und würden auch nie mehr eine sein …

Schließlich entdeckten wir zwei Frauen auf einer Bank. Wir setzten uns neben sie, ganz dicht zu ihnen. So kamen wir uns weniger einsam vor. Die Damen, beide ältlich, saßen einander zugewandt und waren viel zu beschäftigt mit Reden, als dass sie uns beachtet hätten. Ich hörte ihnen zu, ich war froh, eine menschliche Stimme zu hören, die nicht schrie oder weinte. Sie sprachen über irgendwelche nahen Verwandten, die kürzlich gestorben waren, und darüber, was für ein Schock das für alle gewesen sei. Die Worte »tot« und »sterben« drangen laut und klar zu uns herüber.

»Ja, ich weiß. Mein Vater ist gerade gestorben!« platzte es aus mir heraus. Die Frau drehte sich zu mir um, verblüfft, aber auch wütend. »Wie kannst du dich über so etwas nur lustig machen! Schämst du dich denn gar nicht? Du bist abscheulich!« Sofort standen sie auf und gingen davon. Ich rief hinter ihnen her: »Bitte, bitte, mein Papa, er ist tatsächlich tot. Es tut mir Leid!«

Aber sie waren schon weg, und ich war verwirrter als vorher. »Tot« – ich hatte das Wort tatsächlich laut ausgesprochen, aber ich begriff immer noch nicht. Elli hatte kein Wort gesagt, starrte immer nur weiter auf die Rutsche, sah unsichtbaren Kindern beim Spielen zu und wirkte sehr verloren. Wir weinten nicht. Wir berührten uns nicht, wir trösteten uns nicht. Wir saßen zusammen, und wir kämpften beide mit unserer ersten Erfahrung von Einsamkeit.

»Kommt erst wieder zurück, wenn es dunkel ist«, hatte Marie gesagt. Wie lang ist ein Tag, der nie endet? Allmählich begann mein Verstand, sich auf die letzten Wochen zu konzentrieren. Ich verschaffte mir Klarheit über jeden einzelnen Tag, rief mir jeden einzelnen Augenblick ins Bewusstsein zurück, der diesem eisigen, bleiernen Morgen vorangegangen war. Wir waren aus den Sommerferien zurückgekommen, aus der Villa vom See; alles war in Ordnung. In der ersten Septemberwoche waren wir in die zweite Klasse gekommen. Eine Woche vor unserem siebten Geburtstag hatte Papa einmal nicht mit uns zu Abend gegessen. Er war früh zu Bett gegangen, und Mama bat uns, ihn nicht zu stören. Papa sei müde und brauche »ein wenig

Ruhe«. Nachdem wir ein paar Tage auf Zehenspitzen herumgegangen waren, wollten wir wissen, ob Papa krank sei. »Euer Vater? Aber natürlich nicht! In seinem ganzen Leben ist er noch keinen einzigen Tag krank gewesen. Er hat zu viel gearbeitet; ein wenig Ruhe, das ist alles, was er braucht.« Wir glaubten ihr. Papa hatte noch nicht einmal eine Erkältung gehabt.

Als Papa uns an unserem Geburtstag zu sich rief, war seine Stimme ein wenig schwach, aber sonst sah er gut aus, dachte ich. Mir fiel keine Veränderung auf, erst als er nach Kätes Hand tastete, ohne sie zu finden. Und als er versuchte, uns zu küssen, bewegte er den Kopf so merkwürdig, als müsse er die Richtung feststellen, aus der unsere Stimmen kamen. Er schaute in unsere Gesichter, sah sie aber nicht. Papa war blind! Einen Augenblick lang setzte mein Herzschlag aus. Mein Papa, blind? Er doch nicht! Er konnte doch nicht sein wie die Männer, die ich mit einem weißen Stock gesehen hatte. Ich sah sie immer an der Bordsteinkante warten, bis irgendein Fremder vorbeikam und ihnen über die Straße half. Ich konnte mir nicht vorstellen, dass mein Papa je wie sie sein würde. Wir weinten und machten ziemliches Theater, aber Papa wollte kein Mitleid. »Ruhig jetzt! Keine Tränen, hört ihr mich? In ein paar Tagen bin ich wieder so gut wie neu, und dann werde ich natürlich auch wieder sehen können. Und jetzt ab mit euch zu eurer Feier. Herzlichen Glückwunsch zum Geburtstag, meine Lieblinge!«

Wir wollten nicht weg von ihm, aber Mama kam herein und sagte, Papa brauche »ein wenig Ruhe« und wir müssten gehen. Wir gingen zu unserer Feier, aber amüsieren konnten wir uns nicht. Immer sah ich Papa vor mir, der mich nicht mehr sehen konnte. Papa, der nicht richtig krank war, nur blind. »Nur blind.« Seit er nach Hause gekommen war, um sich »ein wenig auszuruhen«, war die Tür zu seinem Zimmer verschlossen. Düstere Gedanken jagten durch meinen Kopf. Was, wenn er nun nie wieder sehen könnte? Was dann? Wären all seine Tage dann eine einzige schwarze Nacht? Ich übte sogar »Blindsein« mit demselben Eifer, den ich auf das Einstudieren einer neuen Rolle verwandte. Dann kam mir, in einer Nacht ohne Schlaf, plötzlich die Eingebung. Es war so einfach: Ich würde ihm Augen und weißer Stock sein. Ich würde meine Karriere aufgeben und immer bei Papa bleiben.

Vier Tage nach unserem Geburtstag fand ich die Schlafzimmertür unverschlossen. Ich öffnete sie gerade weit genug, um hineinspähen zu können. Da sah ich zum ersten Mal die Männer im schwarzen Gehrock, drei an der Zahl. Zwei führten ein intensives Gespräch miteinander, während der andere irgendetwas Langes in Papas Arm gesteckt hatte – es sah aus wie eine dünne, bräunliche Schlange. Mama stand auf der anderen Seite des Bettes, hielt Papas Hand und strich ihm übers Haar: Auf dem Bett meines Vaters befand sich eine große Waschschüssel, und sie war voll mit dunkelrotem Blut. Papas Blut. Es kam aus seinem Arm und von einer anderen geheimen Stelle unter seiner Bettdecke. Es war furchtbar mitanzusehen, wie Papa da so geduldig lag, so tapfer, während diese Vampire ihm sein Blut wegnahmen. Wäre die Tür doch nur abgeschlossen gewesen. Weshalb erlaubte Mama ihnen das? Wie sollte das Papa helfen können?

Ich war aus der Wohnung gerannt und saß würgend auf den gleichgültigen Treppenstufen. »Blut … blind«, und mein Vater war nicht krank. Sonntag, hatte er gesagt, nächsten Sonntag! Am 8. Oktober wachte Papa nicht mehr auf. Er war einundvierzig Jahre jung.

Die Beerdigung wirkte wie eine schwer verständliche Szene aus irgendeinem Film, nur dass ich dabei mitspielte. Die sich lang hinziehende Prozession großer schwarzer Limousinen bewegte sich langsam aus der Stadt hinaus. Nach ganz weit draußen, an den Stadtrand, dorthin, wo alles aufhört und nichts anfängt.

Drei Tore, drei Friedhöfe. Als wir am ersten vorbeikamen, sagte jemand: »Das ist der für die Katholiken.« Er muss sehr groß gewesen sein, denn es dauerte eine ganze Weile, bis wir zum zweiten Tor kamen. Dieselbe Stimme ließ uns wissen, dass dies der für die Protestanten sei, und wir fuhren weiter bis zum dritten und letzten Tor: dem jüdischen Friedhof. Es war der kleinste. Hier wurde mir zum ersten Mal bewusst, dass wir Juden waren. Ich habe damals nicht weiter darüber nachgedacht, nicht in dem Augenblick und auch viele Jahr später noch nicht. Es bestand kein Grund dazu – damals. Was mir allerdings auffiel, das waren die Mauern und die Tore, die Katholiken, Protestanten und Juden trennten. Weshalb waren sie denn nicht alle zusammen, so wie das eigentlich sein sollte? Ob es wohl auch je einen Himmel für die verschiedenen Glaubensrichtungen gab?

Nur einmal ging ich zum Grab meines Vaters, und zwar als der Stein aufgestellt wurde. Ich weiß noch, dass ich Stiefmütterchen hatte mitbringen wollen, aber es war nicht die Jahreszeit dafür. Ich erinnere mich noch an die Inschrift auf dem Grabstein aus dunkelgrauem Marmor: »Hier ruht Berthold Grohs, geliebter Ehemann und Vater«. Damals habe ich mich geweigert zu glauben, dass er wirklich dort liegen sollte, und so halte ich das bis heute.

Keiner machte sich die Mühe, uns das tiefe Mysterium des Todes zu erklären. Keiner hatte je etwas von Beerdigungen und Friedhöfen erzählt. Vielleicht hatten sie versucht, uns die traumatische Erfahrung zu ersparen, unseren Vater in einem Sarg zu sehen. Aber das war verkehrt. Ohne den letzten Abschied hört nichts je auf. Meiner Mutter hatte es das Herz gebrochen, und in mehr als einer Hinsicht war sie mit ihm gestorben. Aber Papas kleines Mädchen, das zu früh zu tief geliebt hatte, glaubte immer weiter, dass er noch am Leben war – er schlief, aber er war am Leben.

Ich vermisste ihn schrecklich, aber nie wankte ich in meiner Überzeugung, dass er eines Tages wieder bei mir sein würde. Wie und wo, das wusste ich nicht. Und ich hatte Recht. Wenn ich ihn am meisten brauchte, kam er zu mir. Nicht, dass ich je in der Lage gewesen wäre, dieses große Geheimnis zu lösen, aber ich glaube, darauf kommt es auch gar nicht an. Es ist eben ein weiteres Geheimnis, das er mit mir teilt, das letzte und das wundersamste.

Tatsächlich wurde mein Vater ermordet. Nicht durch ein Messer oder ein Gewehr, sondern durch unverantwortliche, unwissende Ärzte. Sie waren darin übereingekommen, dass Papas Körper zu viel Blut produzierte. Also nahmen sie es ihm weg. Als schließlich ein berühmter Professor entdeckte, dass eine seiner Nieren nicht richtig funktionierte, war es zu spät. Also hatte ich im Alter von sieben Jahren gelernt, dass ich mich von Ärzten lieber fern halten sollte – und dass es mehr als einen Himmel gab, aber keinen Gott.

Ein gewitzter, erfahrener Insasse von Ravensbrück zu werden dauerte länger als die dreißig Tage Quarantäne, obwohl man das eine oder andere schnell herausfindet und ein paar von den Regeln lernt. Nicht etwa, weil das meiste von dem, was man hört, Gerüchte oder Lügen wären, sondern weil niemand wirklich alles weiß.

Eines der wenigen Dinge, die ich in Erfahrung brachte, war die Tatsache, dass man alle zwei Wochen duschen und dabei sein schmutziges kratzendes Gefängniskleid gegen ein sauberes kratzendes Gefängniskleid austauschen durfte. Unterwäsche oder Schuhe abzubekommen, darauf gab es keine Garantie. Dann war da noch die gute Nachricht, dass man die Haare knapp acht Zentimeter wachsen lassen durfte. Die schlechte Nachricht war, dass man sie wieder abrasiert bekam, sobald sie knapp acht Zentimeter lang waren. Sie behaupteten, dass acht Zentimeter langes Haar ausreicht, damit wir wieder ein wenig menschlicher aussehen, aber es reicht nicht aus, um von Läusen befallen zu werden. Während das ein wenig menschlichere Aussehen ausschließlich zum Nutzen der zu Besuch kommenden Nazi-Größen diente, die gelegentlich aus Propagandagründen (Fotos und so weiter) nach Ravensbrück kamen, muss man wohl daran zweifeln, dass die Angelegenheit je mit einer einzigen Laus besprochen worden ist. Die Läuse richteten sich in allem häuslich ein, was auch nur vage nach einem Haar aussah.

Worüber ich dagegen nichts in Erfahrung bringen konnte, ist mein aufgenähter Flicken. Es handelt sich um einen rotgelben, sechszackigen Stern. Zwar weiß ich, dass der Stern das Symbol des Judentums ist, doch ich weiß nicht, was die zwei verschiedenen Farben zu bedeuten haben. Soll das heißen, dass ich zwei verschiedene Personen bin, die eine Jüdin, die andere nicht? Die eine gut, die andere nicht? Immer wenn ich jemanden frage, bekomme ich dieselbe Antwort: »Denk dir was aus.«

Es ist Herbst, und es wird allmählich kühler. Die Luft ist frisch und klar. Von dem Barfußlaufen sind meine Füße voller Blasen, und wenn ich nicht bald Schuhe kriege, bekomme ich bestimmt Frostbeulen. Die wunden Stellen auf der Brust sind nicht größer geworden, aber weggegangen sind sie auch nicht.

Ich glaube allmählich, dass sie hier denselben Küchenchef haben wie in Auschwitz, zumindest müssen die zwei in dieselbe Kochschule gegangen sein: Die Wie-bereitet-man-Abfall-zu-Kochschule. Spezialität des Hauses ist ihre Suppe aus halb rohen, halb gekochten Kartoffelschalen mit Bohnen. Richtige Kartoffeln waren weit und breit Fehlanzeige. Ihre Sonntagsration mit der berühmten Scheibe Wurst, mit Margarine und Brot, ist etwas, von dem wir, genau wie in Auschwitz, meist nur hören, das wir aber selten zu sehen bekommen. Diese Rationen landen oft im Mund von denen, die sie als erste in die Hände bekommen, oder sie werden gegen Zigaretten und andere Luxusgüter verkauft, wobei Seife und Toilettenpapier ganz oben auf der Liste stehen. Das nennt sich hier nicht »stehlen«, sondern es heißt »organisieren«. Organisieren lernen, und darin richtig gut werden, ist ein wesentlicher Aspekt des Lebens hier.

Am ersten Tag nach der Quarantäne steckten sie mich in einen Arbeitstrupp: Kartoffeläcker umgraben – eine außerordentlich ernste Angelegenheit. Nachdem sie die Ausrüstung ausgeteilt hatten, marschierte die Truppe – etwa zweihundert Leute, und ich in der Mitte – durch das große Tor, aus dem Lager hinaus, eine sich windende Straße entlang, auf weitläufige, völlig menschenleere Äcker. Bei uns befanden sich eine Vorarbeiterin und zwei schläfrige Aufseherinnen, die eine vorn, die andere hinten. Die Vorarbeiterin, eine Insassin des Lagers Ravensbrück, bestand darauf, wir sollten richtig marschieren und dabei diese Übelkeit erregenden Marschlieder der Nazis singen. Barfuß marschieren, noch halb im Schlaf, mit notorisch leerem Magen – all das vermochte meine Kartoffelacker-Umgrab-Karriere kaum anzukurbeln, aber was konnte ich schon machen? Schlimmer noch war die riesige, schwere Schaufel, die ich zu schleppen hatte. Statt auf meiner Schulter liegen zu bleiben, kippte sie immer nach hinten weg und richtete dabei weit mehr an, als nur der Frau hinter mir leicht gegen den Kopf zu tippen. Dafür bekam ich von ihr einen Tritt in den Hintern und einen Schwall übler Verwünschungen zu hören und von der Vorarbeiterin ein empörtes »Zum Teufel, was haben Sie denn draußen gemacht? Sie können ja nicht einmal eine Schaufel tragen.« Bald fand sie heraus, dass ich beim Graben auch nicht gerade eine größere Leuchte war. Bedauerlicherweise dauerte es drei weitere Wochen und mehrere Fast-Kopfverletzungen, ehe sie beschloss, dass meine Schaufel und ich der künftigen Kartoffelernte kein bisschen zugute kamen.

Danach gab ich die Landwirtschaft völlig auf und verrichtete drinnen den größten Teil meiner Zwangsarbeit. Damit gewann ich allerdings auch keine Preise. Aber ich lernte andere Dinge – wichtige Dinge. Ich lernte, worin sich Ravensbrück von anderen Lagern unterschied und wer den ganzen Laden hier schmiss. Ich lernte einiges über die erstaunliche Vielfalt von Charakteren, gesellschaftlich wie philosophisch betrachtet. Heilige und Sünder, Arm und Reich, alle zusammengepfercht, alle gefangen in demselben riesigen verknoteten Netz des Dritten Reiches … Heil Hitler!

Ravensbrück hat keine Gaskammern, keine Todesfabriken in großem Maßstab und keinen Typhus. Nach Auschwitz hört sich das beinahe nach Country Club an. Dabei ist es nur eine andere Art von Hölle. Statt an Typhus stirbt man hier mehr oder weniger langsam an Hunger, daran, dass man zu Tode getreten wird, oder an beidem. Das eigentliche Morden, das Morden ohne alle Zeugen, findet allerdings außerhalb des Lagers, bei Nacht in den umliegenden Wäldern statt. Mordwaffe: ein Gewehr. Kaum eine Nacht vergeht, ohne dass wir Gewehrfeuer die Stille durchbrechen hören. Wer wird erschossen? Wir wissen es nicht. Wer sind die, die schießen? Wir wissen es nicht. Allerdings wissen wir, dass wir da weder Feuerwerkskörper hören noch dass es sich um Schießübungen handelt. Wird je einer beweisen können, dass diese Erschießungen wirklich stattgefunden haben? Irgendeiner? Wahrscheinlich nicht …

Eines der wirklich wichtigen Dinge, die ich herausgefunden habe, ist die Tatsache, dass das ›Krankenhaus‹ hier, das von Dr. Rosenthal geleitet wird, alles andere als der ideale Ort für Kranke ist. Das Problem liegt nicht etwa darin, dass man dort nicht behandelt wird, das Problem liegt darin, dass man nicht die Behandlung bekommt, die man wirklich braucht. Außerdem ist es kein Geheimnis, dass der gute Doktor einen hohen Preis berechnet. Allein ein Medikament, wie zum Beispiel die Salbe, die ich für meine wunden Stellen brauche, könnte mich am Ende einen Arm und ein Bein kosten. Wortwörtlich. Kein Wunder, dass die Leute nicht Schlange stehen, um ihn aufzusuchen.

Unter anderem erzählte man mir, dass Dr. Rosenthal seine Patientinnen jung, hübsch und polnisch mag. Seine deutsche Freundin Gerda, auch Häftling, mag sie nicht jung, hübsch oder polnisch, gerade darum schickt sie diese Frauen dem guten Doktor zur »Behandlung«, ob sie nun krank sind oder nicht. Man könnte sagen, sie sind das ideale Paar. Die Frauen, die Gerda am wenigsten leiden kann, bekommen ein kleines Kärtchen von der Lagerleitung sowie den Befehl, sich sofort im Krankenbau zur Untersuchung zu melden. Das Ganze geht vollkommen offiziell vonstatten.

Es wundert hier keinen mehr, wenn man diese Frauen dann nicht mehr wieder sieht, in dem Fall gelten sie als vermisst (im Dienst der Wissenschaft); oder aber man sieht sie wieder, in dem Fall fehlt ihnen eine Niere, ein Lungenflügel oder sonst etwas Unentbehrliches. Es heißt, er sei übereifrig, besonders beim Operieren. Der Mann schneidet für sein Leben gern. Es geht das Gerücht, dass er das Schneiden noch mehr liebt als Gerda. Seine geheime Leidenschaft, so wird vernehmlich geflüstert, gilt seinen berüchtigten Injektionen. Er teilt sie aus wie am Fließband – nicht um Schmerzen auszuschalten, sondern um deren Wirkung zu studieren. Nur er allein weiß, was die Injektionen enthalten und in welcher Dosierung.

Für mich bedeutet das die belastende Tatsache, dass ich es mir auch hier nicht leisten kann, krank zu werden. Und genauso wenig kann ich es mir leisten, hier die persönliche Bekanntschaft der anderen aufgeblasenen Bonzen zu machen. Ich bin vollkommen überzeugt davon, dass sie eines Tages in den Schwarzbüchern der Geschichte auftauchen werden, eine Ehre, die ihnen zu Recht zuteil wird. Sie verwenden viel Zeit und Energie darauf, sich in Grausamkeiten zu üben und alles zu tun, was verächtlich ist, nur um zu beweisen, dass sie es tatsächlich verdienen, ihren Platz unter den Henkern des Führers einzunehmen.

Die eine, der man auf keinen Fall zu nahe kommen darf, ist die hübsche, blonde, blauäugige Oberaufseherin Binz. Sie ist erst vierundzwanzig, und schon zeigt die junge Dame aus der Hölle ein bemerkenswertes Talent für ihre Arbeit. Stets findet sie Zeit für etwas Zusätzliches. Zusätzliche Grausamkeiten. Zusätzliche Strafen. Ihre uneingeschränkte Macht über das ganze Lager, die sie uneingeschränkt nutzt, macht sie zum am meisten gefürchteten und am meisten gehassten Erfüllungsgehilfen in Ravensbrück. Die Binz ist Sadistin – daran kann es keinen Zweifel geben. Die Kranken und Alten steckt sie in Arbeitstrupps, von denen niemand zurückkehrt. Ihre Stiefel benutzt sie wie einen Vorschlaghammer, sie schlägt und stößt damit jeden, der sich zufällig in der Nähe befindet. Die hübsche Sadistin hat zwei große Leidenschaften. Die eine ist ihr kleiner Hund, der in seinem ganzen Leben noch keine Kartoffelschale gesehen, geschweige denn gegessen hat, den sie mit Liebe überschüttet und mit Eiskrem und Plätzchen füttert. Die andere Leidenschaft sind Lampenschirme. Lampenschirme aus Menschenhaut. Also wirklich etwas, das direkt aus einem Horrorfilm kommen könnte. Nur ein Psychopath könnte sich so etwas ausdenken. Oberaufseherin Binz stellt sie nicht nur her, sie bemalt sie auch. So manche Geschichte macht die Runde über ihre schreckliche Leidenschaft, die manche als Hobby bezeichnen. Manche sagen, sie nimmt die Haut von bereits Toten, andere behaupten, sie lässt die Frauen umbringen und häutet sie dann, wieder andere meinen, sie hält eigens Ausschau nach Frauen mit ungewöhnlicher Hautbeschaffenheit und Hautfärbung. Viele weitere grauenvolle Geschichten sind im Umlauf. Die grässlichen Einzelheiten variieren, nicht jedoch die Tatsache an sich.

In der Nacht, bei geschlossenen Augen, sehe ich sie manchmal in ihrem Zimmer sitzen, und alle Lampen sind an ... Lampen mit handbemalten Schirmen.

Die andere wichtige Nazi-Aufseherin hier, deren Aufgabe es ist, die Häftlinge bei der Schufterei an den schweren Maschinen in den Textilfabriken zu überwachen, hat ihre eigenen gewissenlosen Methoden brutaler Behandlung. Wer weiß, vielleicht macht Fritz Suhren, der Lagerkommandant, sie eines Tages zur Stellvertreterin von Oberaufseherin Binz. Nicht, dass sie nicht schon eine hätte. Luise Brunner: Die verdient wahrlich ihre ganz besondere unehrenhafte Erwähnung.

Auf unserer Seite, um die Waagschale ein wenig ins Gleichgewicht zu bringen, gibt es eine große Gruppe von Gefangenen, die sich denen, die sie gefangen halten, nicht ergeben, die sich nicht unterkriegen lassen wollen. Sie beten nicht wie die Zeugen Jehovas, sagen nicht das Ende der Welt vorher, und sie müssen zum Appell nicht getragen werden. Sie haben eine andere Art der Kriegsführung. Selbstbeherrscht und diszipliniert machen sie, was man ihnen befiehlt, und sie lassen weder Verachtung noch Empörung erkennen. Den ganzen Tag oder die ganze Nacht stehen oder marschieren sie, sie weigern sich aufzugeben, sie weigern sich nachzugeben. Ob sie nun Hunger haben oder krank sind, sie schuften wie die Maultiere und beschweren sich nie. Sie sind immun gegen alles – gegen die Unbilden der Witterung genauso wie gegen die Tyrannei ihrer Wärter. Sie sind stark und schweigsam: Es sind russische Fallschirmspringerinnen, mutige Bäuerinnen aus der Ukraine.

Sie verkehren nicht mit uns; sie machen sich nicht einmal die Mühe, uns anzuschauen. Dennoch finde ich sie wunderbar. Stolz und unbesiegbar. Weit, weit weg von ihrer Heimat, viel weiter als sonst eine von uns, isoliert, ohne andere Frauen, die ihre Sprache sprechen, und wahrscheinlich wissen sie nicht einmal, wo sie sind. Ihre Blocks befinden sich am äußersten Ende des Lagers, und unablässig werden sie bewacht von Sonderaufseherinnen mit Sonderausbildung. Alle wissen, dass diese Frauen richtige Soldatinnen sind, Soldatinnen, die wissen, wie man kämpft. Es muss einen Grund dafür geben, dass sie nicht in einem Kriegsgefangenenlager interniert sind wie ihre männlichen Kameraden, und der einzige Grund dafür, den ich mir vorstellen kann, ist der, dass es solche Lager für Frauen nicht gibt. Ich glaube, die Deutschen haben sich einfach nicht vorstellen können, dass russische Frauen vom Himmel springen.

Immer wenn man sie nur so zum Spaß marschieren lässt oder um ihnen zu zeigen, wer hier das Sagen hat, marschieren sie mit hoch erhobenem Kopf, singen ihre russischen Kriegslieder und lächeln.

Etwas Außerordentliches ist geschehen. Ein Wunder – eine Karte von zu Hause! Zensiert zwar, und das meiste ist mit Tinte übermalt, aber wenigstens weiß ich, dass sie am Leben sind und dass sie wissen, wo ich bin. Ich habe keine Ahnung, woher sie das wissen, ich weiß bloß, dass es so ist, und schon bekommen meine kaputten, von Blasen übersäten Füße Lust zu tanzen. Mama schreibt, dass meine Schwester Käte vor ein paar Wochen einen Jungen zur Welt gebracht hat, Mario. Fanny hatte Recht, und Mama ist jetzt also Großmutter.

Aber ich wünschte mir, dass meine Großmutter noch am Leben wäre, damit auch Mario sie kennen lernen könnte. Oma: Mamas Mutter; wir waren alle ganz verrückt nach ihr und haben aus ihrem wöchentlichen Besuch immer ein großes Fest gemacht. Großpapa war schon lange tot, aber Oma, die taub war, trug immer noch Schwarz. Sie war auffallend schön, hatte schneeweißes Haar und glühend schwarze Augen. Stets hatte sie einen großen schwarzen Beutel bei sich, mit den Geschenken, die sie uns mitbrachte. Jede Woche spielten wir dasselbe Spiel. Geduldig saßen wir da und sahen zu, wie Oma ihren Beutel öffnete und nach und nach all ihre Sachen herausholte, ganz langsam, bis der Beutel fast leer war. Wir wussten, was sie uns mitgebracht hatte, und Oma wusste, dass wir es wussten, aber es machte ihr solchen Spaß, uns zu necken. Erst wenn ihre tiefe, melodische Stimme verkündete: »Zucker bleibt am Grund«, bekamen wir unsere Belohnung – Zuckerstangen! Dann bissen wir in das harte süße Zuckerwerk, und das zermalmende Geräusch mochten wir genauso gern wie die Süßigkeit selbst.

Manchmal besuchten wir Oma in ihrer kleinen gemütlichen Wohnung. Die wunderbare alte Dame verbrachte mehrere Tage damit, eigens für uns zu kochen und zu backen. Die Gerichte, die sie uns vorsetzte, hatten ulkige Namen: gefilte Fisch, Matzenklößchen, Zeug, das in Aspik zitterte. Ich fand, es schmeckte grässlich, aber Mama sagte, es sei hervorragend und ich müsse es essen. Hinterher übergab ich mich immer. Aber ich liebte meine Großmama. Ich habe mich immer gefragt, wie es wohl sein mochte, wenn man taub war so wie sie und ob sie einsam war. Ohne den Klang von Musik und das Gelächter von Menschen, wie freudlos muss da ihr Leben gewesen sein. Und doch weiß ich, dass ihr Herz uns immer hörte.

Oma starb im Alter von sechsundsiebzig. Ich hatte nie geglaubt, dass sie uns einmal verlassen würde. Wie merkwürdig, ich hatte nicht einmal gewusst, dass sie krank war. Vielleicht war sie nicht krank, sondern einfach alt. Sechsundsiebzig kommt einem sehr alt vor, wenn man gerade erst fünfzehn ist.

4.

Weihnachten 1943: Und nie zuvor hatte ich einen größeren und herrlicher geschmückten Weihnachtsbaum gesehen. Er steht mitten im Lager, auf dem großen Platz, der »Piazza«. Es hat geschneit, und das lässt alles so friedlich und so heiter wirken. Aus den Quartieren unserer Beschützer ist das Radio zu hören: »Stille Nacht, Heilige Nacht«, nur hat das Ganze nichts Heiliges. Es ist als Täuschung geplant, die Heinrich Himmler beeindrucken soll, dessen angekündigter Besuch der Grund für diese idyllische Postkartenszenerie war. Doch Himmler erschien nicht. Die Nazi-Bonzen hier sind wütend, und deshalb müssen wir aus Block 27 und die Russinnen barfuß, ohne warme Kleidung und ohne etwas zu essen, den ganzen Tag hier stehen.

Diese eisigen Stunden rufen mir die Lektionen ins Gedächtnis, die ich in Auschwitz gelernt habe. Rufen mir ins Gedächtnis, dass ich meine Gedanken davonfliegen lassen muss, damit ich keinen Schmerz mehr fühle. Meine Gedanken haben mich an viele Orte getragen, an Orte, an denen ich nie zuvor gewesen bin. Und mehr als einmal haben sie mich in das Zuhause meiner Kindheit getragen – mit Papa, Mama, meinen Schwestern, Oma, Marie, in einen Raum voller Geschenke. Es gab Gänsebraten und Röstkastanien, und am knisternden Kaminfeuer trank ich heiße Schokolade, bis ich warm und gemütlich auf Papas Schoß einschlief … vollkommen glücklich und zufrieden.

Weihnachten – und dann Silvester. Das lief bei uns zu Hause so ab: Meine Eltern verbrachten den ganzen Silvesterabend mit uns, und wir durften bis Mitternacht aufbleiben. Da versammelte sich die ganze Familie dann erwartungsvoll rund um den großen Kachelofen, um das wichtigste Ereignis des Jahres vorzubereiten – das Bleigießen. Wir bekamen alle einen Suppenlöffel, ein Schälchen mit kaltem Wasser und ein Stück Blei. Punkt zwölf Uhr öffnete Papa die Ofentür, und wir legten schnell das Stück Blei auf den Löffel und hielten ihn über die heißen, glühenden Kohlen. Ein paar Sekunden später schütteten wir den Löffel mit dem geschmolzenen Blei in das eiskalte Wasser. Das zischende Blei verwandelte sich auf wundersame Weise in mysteriöse Formen und Gestalten, jede ungeheuer bedeutsam, denn sie verrieten uns die Zukunft, sagten voraus, was uns erwartete.

»Meine zuerst! Du musst meine zuerst anschauen!« »Was bedeutet sie, Papa?« »Mama, welche ist die beste?« Meine Eltern prüften sie, eine nach der anderen, kosteten dabei ihre Rolle als Wahrsager voll und ganz aus und sagten uns dann immer genau das, was wir hören wollten: Käte wird einen gut aussehenden Prinzen heiraten; Elli wird eine berühmte Wissenschaftlerin werden; und Silvie wird natürlich die berühmteste Schauspielerin von der ganzen Welt. Die Wahrheit ihrer Prophezeiungen bezweifelten wir nie. Wie sollten wir auch? Papa und Mama wussten alles.

Anschließend aßen wir beim knisternden Feuer, dessen Flammen wie Glühwürmchen tanzten, die traditionellen Faschingskrapfen mit der köstlichen Marmeladenfüllung und dem ganzen Puderzucker. Süß und pudrig wie Schnee, aber der Schnee, in dem ich an diesem Weihnachtstag stehe, ist alles andere als süß …

Noch vor fünf Uhr morgens hatten wir aufstehen, nach draußen kommen und uns in Reih und Glied aufstellen müssen. Kurz nach sieben Uhr abends durften wir dann abmarschieren, zurück in den Block. Nicht alle Frauen standen zu dem Zeitpunkt noch. Der Hunger, die Kälte und die langen, unbarmherzigen Stunden hatten ihren Tribut gefordert. Jetzt würden wir im Block mehr Platz haben, und Oberaufseherin Binz hatte mehr Haut für Lampenschirme. Eiskalte Haut für die hübsche Frau, in deren Adern Eiswasser floss.

Es ist nicht immer leicht, seinen Verstand dazu zu bringen, wieder in den Kopf zurückzukehren. Der Verstand muss zum eigenen Schutz mit Bestimmtheit wissen, dass diese Rückkehr ungefährlich ist. Er muss sich auch von den gefährlichen Gedankenspielen ausruhen, die hier Minute für Minute gespielt werden …

Ich habe nur eine vage Erinnerung daran, wie ich in den Block zurück und auf meine Pritsche gekommen bin. Meine tief im Schnee eingebetteten Füße wollten sich einfach nicht bewegen. Der Rest von mir, taub, steif und merkwürdig benommen, wollte einfach nur wieder schlafen. Ich glaube, Lydia und Eva, die beiden Tschechinnen, haben mich fortgezogen, aber sicher bin ich nicht.

Frühlingsanfang 1944 kam Heinrich Himmler dann tatsächlich nach Ravensbrück, und zwar zweimal. Ich erinnere mich an seinen Besuch wegen all der irrsinnigen Aufräumarbeit, die wir machen mussten, wegen der einen Million Blumen, die eigens für ihn auf dem großen Platz gepflanzt wurden, und wegen der einzigen gekochten Kartoffel, die ich hier zu essen bekam.

Nach diesem Weihnachtsfest 1943 verbesserte sich meine Lage. Ich bekam drei kostbare Geschenke: ein kleines Stückchen echte Seife, ein wenig richtiges Toilettenpapier und eine ganze rohe Kartoffel. Ein großer Schatz! Eine Kartoffel leistet gute Dienste bei Durchfall, hat aber auch große Kaufkraft, wenn man sie gegen etwas anderes eintauscht. Die großzügigen Geschenke kamen von der mörderischen Ollie, der Bridge spielenden Irren Lydia und der tapferen Eva. Von diesen drei Frauen war nur Eva in Auschwitz gewesen, und wie ich war sie eine der achtzig Glücklichen, die rausgekommen waren. Eva ist länger in Auschwitz gewesen als ich, hat als Krankenschwester gearbeitet und sagt, sie habe mich damals im Krankenbau gesehen, als ich Rainer besuchte. Sie schwört, sie habe dort mehr tote Frauen in einer Woche gesehen als auf allen Friedhöfen der Welt zusammen zu finden sind.

Eva ist schlau, sie hat die Energie eines Dynamos, das Tempo eines Zuges, der außer Kontrolle geraten ist, und den Witz, den Humor und die Menschlichkeit eines Rächers der Enterbten. Sie selbst hat überlebt und ist jederzeit bereit, anderen beim Überleben zu helfen, wenn sie kann. Sie ist Anfang zwanzig, groß, breitschultrig, hat dichte, etwa fünf Zentimeter lange hellbraune Locken, die zu ihren weinbrandfarbenen Augen passen, und sowohl körperlich als auch geistig ist sie stark und kann noch die härtesten Schläge einstecken, ohne dabei Schaden zu nehmen. Ich vertraue ihr und würde ihr überallhin folgen. Wie das Sprichwort sagt: Mit ihr kann man Pferde stehlen.

Evas reiche Eltern waren bei einem Unfall ums Leben gekommen und hatten ihr und ihrem Bruder das ganze Vermögen hinterlassen. Und das war beträchtlich: ein herrliches Haus, ein Landsitz, Fabriken und ein dickes Bankkonto. Sie hatte es immer eilig, so heiratete sie mit siebzehn und bekam auch bald ein Baby. Eva war jung, reich und schön; der Mann, den sie heiratete, war schön – ein Feigling und ein Verräter. Er denunzierte Eva. Als die Nazis praktisch vor der Tür standen, floh Evas Bruder nach Australien, und Baby Ruth wurde in eine Decke gewickelt fortgebracht, in Sicherheit gebracht von dem Verwalter-Ehepaar ihres Landsitzes. Auch Eva wurde fortgebracht, aber nicht in Sicherheit. Soweit sie weiß, marschiert ihr geschniegelter, schneidiger Ehemann jetzt mit den Nazis Sieg und Ruhm entgegen. Eva weiß nicht, ob noch etwas übrig ist, jedenfalls hat er alles gestohlen, was nicht niet- und nagelfest war.

Mit Eva hat sich Lydia angefreundet, was ziemlich merkwürdig ist, da auch Eva nicht Bridge spielt. Aber sie spricht ihre Sprache, Tschechisch. Lydia hatte eine noble Boutique, nur Damenmode, und das einzige, was davon noch übrig ist, sind die Damen … die Damen hier. Ich fand schließlich heraus, was es mit dieser Bridge-Manie auf sich hat. Es ist Lydias Art, den gesellschaftlichen Rang und den Grad der Intellektualität der anderen Häftlinge einzuschätzen. Ein wenig exzentrisch, würde ich sagen. Na ja, es könnte schlimmer sein. Worüber sie und Eva in ihrer Muttersprache reden, weiß ich nicht. Aber wenn sie Deutsch sprechen, sprechen sie meist über Essen. Essen! Das ist auch häufigstes Gesprächsthema der anderen. Sie reden darüber, denken darüber nach, träumen davon und stellen sich Aussehen, Geruch und Geschmack bildlich vor. Sie sagen, es sei besser, als über den Hunger zu reden. Ehrlich gesagt, ich halte das für pervers und masochistisch. Eine Fantasievorstellung hat meinen Hunger jedenfalls noch nie vertrieben. Es ist ein regelrechter Kampf. Bei mir sind es diese berühmten belgischen, in Schokoladensauce ertränkten Waffeln mit Bergen von Schlagsahne. Ich weiß noch, wann ich sie zum letzten Mal gegessen hatte. In Holland, in Scheveningen. Ich und alle dicken Frauen am Strand. Ich hatte nicht einmal Hunger damals und wusste nicht, dass Hunger wehtun oder dass man mit so viel Hunger überhaupt leben konnte. Es fühlt sich an, als würde einer einem Löcher in den Magen schlagen, einer mit kräftigen Händen, der Boxerhandschuhe trägt. Das Schlimmste daran ist, dass man nicht einfach sagen kann: »Das vergeht schon.« Es vergeht nicht – es wird nur noch schlimmer.

Einmal im Monat dürfen wir ein Paket von zu Hause in Empfang nehmen; wir dürfen schreiben und auch Post bekommen. Das ist der Tag, an dem mir das Aufwachen morgens nichts ausmacht, der Tag, an dem ich sagen kann: »Schaut mal, was ich von zu Hause bekommen habe!« Lange rote Unterhosen, das war mein Geschenk kurz vor Silvester, dazu ein Flanellschlafanzug, Hausschuhe – immer noch keine Schuhe –, ein Paar Fäustlinge und Seife. Ein ganzes Stück Seife, das nach Schokolade riecht, und eine Tafel Schokolade, die nach Seife schmeckt. Ein einziges Durcheinander. Die Verpackungen sind eingerissen, und auch der Deckel von der Marmelade war undicht, meine langen Unterhosen waren ganz verklebt damit.

Ich singe wieder! Ich weiß nicht mehr genau, wer mich dazu überredet hat, ich glaube, es war Lydia. Sie ist so verdammt neugierig, was mich betrifft. Es ist schon in Ordnung, ich singe ja nicht für die Aufseher oder die Nazi-Bonzen wie in Mecheln. Hier singe ich ausschließlich für meine Mithäftlinge im Block. Mein erstes Konzert gab ich am Silvesterabend, mitten auf dem kreisförmigen Korridor auf dem blanken Erdboden. Die Reaktion war überwältigend. Sie weinten, sie lachten, applaudierten, wollten mehr und mehr hören. Anschließend ging Eva herum und sammelte mein Honorar ein. Von ihren kärglichen Besitztümern gaben sie mir, was immer sie entbehren konnten. Sogar Ollie war restlos begeistert. Sie bot mir an, was immer ich wollte, und ich wollte, dass sie mit Eva den Platz tauschte. Sie schmollte zwar ein wenig, aber schließlich machte sie es.

Lydia und Eva sind überzeugt, ich könne keinen Tag älter als sechzehn sein. Sie bestehen darauf, dass ich beschützt werden muss vor den Lesbierinnen hier, die es hauptsächlich auf die jungen Frauen abgesehen haben. Dass lesbische Frauen hier so zahlreich vertreten sind, ist genauso lästig wie die große Zahl von Zeugen Jehovas, allerdings hat es größere persönliche Konsequenzen. Die meisten sind zur Wiedereingliederung in die Gesellschaft hierher geschickt worden, was nicht so ganz zu funktionieren scheint. Ein tröstender Arm, der sich um ein verängstigtes, einsames Mädchen legt, genügt oft schon.

Man hat mir eine neue Arbeit zugewiesen. Was es ist, weiß ich nicht, ich weiß nur, dass es sich um etwas streng Geheimes handelt. Irgendeine neue Erfindung, von der man sich zuflüstert, sie sei eigens für den Führer und seine Spießgesellen ersonnen worden. Vielleicht etwas für ihre blitzschnelle Flucht?

Von einem Moment auf den nächsten sind einundzwanzig Gebäude, oder besser gesagt Hallen, errichtet worden. Sie müssen sie in dreifacher Geschwindigkeit hochgezogen haben, als niemand hinschaute. Aber wir hätten sie ohnehin nicht sehen können, selbst wenn wir hingeschaut hätten. Sie befinden sich nicht auf dem eigentlichen Lagergelände; sie liegen auf der anderen Seite. Weiter weg noch als die verwaisten Äcker, weiter weg als die stillen Wälder mit ihren tödlichen Geheimnissen und weiter weg noch als die kleinen Häuschen, in denen die ranghohen Aufseher wohnen. Es könnten Lagerhäuser oder Hangars sein oder Reihen von Holzblocks, aber tatsächlich sind es Fabriken der Firma Siemens – voll ausgestattete, behelfsmäßige Fabriken. Sie sind nicht Teil des Lagers, sie gehören nicht zum Lager, und ihre einzige Verbindung mit dem Lager sind wir. Zweitausend Häftlinge, darunter Eva und ich, stellen die Arbeitskräfte. Ich habe keine Ahnung, was dort hergestellt wird, und nach dem, was Eva mir erzählt, werde ich auch dann keine Ahnung haben, wenn ich es direkt vor mir sehe.

Eva hat vor mir dort zu arbeiten angefangen, sie hat gesagt, was auch immer es ist, es wird jedenfalls besser sein, als in der eisigen Kälte Kohlen zu schaufeln – wer könnte das bestreiten? Also stelle ich mich trotz meiner Abneigung gegen Fabrikarbeit im Allgemeinen und gegen die stumpfsinnige Plackerei am Fließband im Besonderen mit den anderen in eine Reihe, um zu sehen, ob es tatsächlich besser ist als Kohlen zu schaufeln.

Die erste gute Neuigkeit war, dass ich endlich Schuhe bekam. Es waren klobige Wanderschuhe, in denen mir die – ohnehin schon mit Blasen übersäten, eingerissenen und geschwollenen – Füße wehtaten, also gab ich sie an Ollie weiter, die mir dafür einen Schuldschein über Toilettenpapier ausstellte. Sie gaben uns nicht deshalb Schuhe, damit wir Schuhe haben sollten, sondern um den deutschen Zivilisten bei Siemens die Peinlichkeit zu ersparen, auf unsere schmutzigen Füße schauen zu müssen. Um ihnen entgegenzukommen, trug ich meine Hausschuhe.

Wer sofort eine herausragende Stellung als viehischste Bestie einnahm, war Kommandoführerin Holthöwer, die speziell zu Siemens abgestellt war. Wenn sie auch keine Befehlsgewalt hatte, was die eigentliche Arbeit in den Fabriken betraf, so fand sie doch andere Wege, um uns, auf ihre übliche, deutlich spürbare Art und Weise – Prügel in großem Stil –, zu zeigen, wer der Herr hier war. Die übergewichtige, vierzigjährige Brünette beherrschte, genau wie das hübsche Fräulein Binz, Methoden der Tyrannei und diktatorischer Unmenschlichkeit wie aus dem Effeff. Die Holthöwer war eine wahre antisemitische Nationalsozialistin, aber sie machte keinen Unterschied bei Ausländern. Sie hasste uns alle gleich.

Sie hat einen einflussreichen Posten. Sie ist verantwortlich für die Aufseherinnen, die sie unter sich hat, und für uns: verantwortlich dafür, dass wir das Lager pünktlich um sechs Uhr morgens verlassen, dass wir unsere beiden Pausen bekommen, jeweils zehn Minuten, um auf die sechs Latrinen zu rennen, verantwortlich dafür, dass es nicht zu Techtelmechteln zwischen uns und den Zivilisten kommt, verantwortlich dafür, dass wir die Fabrik zusammen verlassen, um sechs Uhr abends vollständig versammelt und gezählt sind und rechtzeitig ins Lager zurückkommen.

Wenn es um die Holthöwer geht, sind wir und die in der Fabrik Dienst habenden Aufseherinnen uns einig. Sie mögen sie auch nicht und würden ihr nichts erzählen. Deshalb hat sie etliche Spione, die für sie arbeiten – mindestens einen in jeder Siemens-Werkshalle. Die meisten sind Häftlinge, die sich mit ihrem lächerlichen Ausspionieren ihren Unterhalt verdienen. Wir wussten von Anfang an, dass es diese Spione gibt, aber nicht, wer sie sind. Anfangs wussten wir nicht, dass die Holthöwer mit ihrem kleinen Trupp Spione tatsächlich für den Kriminalassistenten Ramdohr arbeitet, den stellvertretenden Leiter der Politischen Abteilung im Lager, der früher bei der Berliner Sittenpolizei war. Die Prostituierten hier, die es immerhin wissen müssen, erzählen, dass Ramdohrs Wechsel seines Tätigkeitsbereiches damit zu tun hat, dass Hitler alle Bordelle hat schließen lassen und alle Zuhälter und Huren ins Gefängnis oder zwecks Wiedereingliederung in die Gesellschaft in Lager wie Ravensbrück gesteckt hat.

Bei meiner Arbeit für Siemens lernte ich, wie man im Stehen schläft, wie man im Sitzen schläft und wie man sogar dann schläft, wenn man marschiert. Die einzige Beschäftigung, die hier halbwegs sinnvoll ist. Im Übrigen kann man diese endlosen Stunden gar nicht anders durchstehen. Nicht bei einem Tag, der in der Nacht beginnt und in der Nacht endet, Tag für Tag für Tag, von vier Uhr morgens bis zehn Uhr abends. Ich weiß kaum noch, wie Tageslicht aussieht.

Um vier Uhr wecken sie uns mit Gebrüll. Dann haben wir dreißig Minuten, um uns anzuziehen, uns durch die Menge anderer Häftlinge zu drängen, von denen jeder Einzelne ebenfalls durch die Menge der anderen Häftlinge drängt, und um dann zu versuchen, als Erste bei den Toiletten, danach bei den zerborstenen Waschbecken zu sein, nur für den Fall, dass es etwas Wasser geben sollte und wir uns waschen können. Dann ist vielleicht noch Zeit, um ein bisschen kalten, dünnen Kaffee zu holen und dazu die tägliche angeschimmelte Brotrinde, die sie Frühstück nennen.

Eva tänzelt in einem fort durch die Werkshalle, in der wir arbeiten, als gehörte sie dorthin und wüsste, was sie tut. Möglicherweise weiß sie das auch. Sie ist auch schon befördert worden, zur Assistentin von Herrn Stöber, dem Zivilisten, der hier das Sagen hat und der kurz vor dem Nervenzusammenbruch steht. Außer dass sie mir eine Arbeit verschafft hat, bei der ich sitzen kann, mit einem sehr netten Zivilisten, der sich alle Mühe gibt, mir beizubringen, was ich tun soll und wie ich es tun soll, sehe ich nicht, wofür eine Beförderung gut sein soll. Sie bekommt kein zusätzliches oder besseres Essen, hat keine kürzeren Arbeitszeiten und auch nicht ein paar zusätzliche Minuten, um zur Latrine zu gehen. Eva ist anderer Meinung. Sie findet es wichtig, die Zivilisten hier wissen zu lassen, dass wir, nur weil wir furchtbar aussehen, nicht unbedingt minderwertige, nutzlose Idioten sind. Sonst, so sagt sie, bringen wir sie nie dazu, aufzutauen und mit uns zum Beispiel darüber zu reden, wie es mit dem Krieg steht.

Sie hat natürlich wieder einmal Recht, aber so einfach ist das nicht. Unsere Anwesenheit führt dazu, dass den Zivilisten regelrecht unbehaglich zumute ist. Ich glaube, sie fühlen sich schuldig. Aber vielleicht fühlen sie auch gar nichts. Ich bin sicher, dass das bei Herrn Stöber, dem Boss, der Fall ist. Er ist ein hysterischer Schreihals, der einmal in der Stunde jeweils pünktlich zur vollen Stunde brüllt, dass er mit einem Haufen unterernährter, übermüdeter, ungelernter Idioten seine Termine nicht halten kann. Dieser magere, unattraktive Mann ist die Art Mensch, der nie jung, aber immer Deutscher war. Bestimmt niemand, den ich vermissen würde, wenn man ihn an die Front schicken sollte. Glücklicherweise habe ich mit ihm nichts zu tun. Ich bin nicht in seiner Abteilung. Mein Boss ist dieser nette, große, gut aussehende Mann, Herr Bahls. Herr Bahls ist Elektroingenieur und Erfinder, wie auch Stöber. Beide hatten viel zu tun mit dem, was hier jetzt hergestellt wird. Was sie in Evas Abteilung machen, ist viel zu kompliziert, um überhaupt daran zu denken; was ich und etwa fünfzig weitere Frauen machen, nennt sich Löten. Bevor ich zu Siemens kam, hatte ich nicht gewusst, was Löten bedeutet. Jetzt weiß ich es, aber mehr weiß ich wirklich nicht von dem, was hier vorgeht.

Womit wir arbeiten, ist nicht gewöhnliches Zinn oder Blei, sondern Silber und Platin. Ich glaube, deshalb machen sie auch solch ein Getue darum. Das Zeug muss ganz schön viel wert sein. Die Teile sind jeweils kleiner als mein kleiner Finger und nennen sich Heißleiter. Sie sind für ein bestimmtes Teil von einem Flugzeug vorgesehen. In der Nähe des Werkseingangs befindet sich ein riesiger Ofen, groß genug, dass ein Dutzend Leute sich dort verstecken könnte, und er wartet auf diese merkwürdig geformten kleinen Platindinger. Dahin gehen die Heißleiter, wenn wir mit ihnen fertig sind, und da werden sie dann die ganze Nacht über gebrannt.

Wenn Herr Bahls nicht gewesen wäre, der es für nötig befand, dass außer ihm jemand für den Fall, dass er einmal krank würde, das exakte Verfahren kannte und beherrschte, und der wollte, dass ich dieser

Jemand war, hätte ich nicht einmal das gewusst. Solange ich auf diese Weise Gelegenheit hatte, mich nach dem noch vor Einsetzen der Morgendämmerung stattfindenden Drill dort aufzuwärmen, sollte es mir egal sein. Für mich war das der wärmste und angenehmste Ort. Es war zugleich der Ort, an dem Herr Bahls, als er sich endlich traute, mit mir über mehr als nur Heißleiter zu reden, die kleinen Essenspäckchen versteckte, die er mitgebracht hatte. Nicht sehr viel und nichts irgendwie Außergewöhnliches, aber immerhin etwas zu essen, und ab und zu eine Blume. Da es Nicht-Befugten, einschließlich der Aufseher, verboten war, diese Brenn-Vorrichtung zu betreten und da ich gewissermaßen befugt war, fühlte ich mich dort sicher. Der einzige Ort, an dem ich noch ein paar kostbare Minuten lang mit mir allein sein durfte. Auch das war ein Luxus geworden, den man sich nur wünschen und von dem man nur träumen konnte.

Wie die anderen Zivilisten im Werk war auch Herr Bahls als langjähriger und loyaler Siemens-Mitarbeiter aus Berlin hierher geschickt worden, um das ganze Verfahren zu überwachen. Als Mensch mit Gewissen war er entsetzt über das, was er hier zu sehen bekam, schockiert angesichts der unmenschlichen, üblen Bedingungen, die wir zu erdulden hatten, und peinlich berührt, weil er gezwungen war, dabei mitzumachen. Er hatte große Mühe, so zu tun, als sei das, was wir sechs Tage in der Woche, zwölf Stunden am Tag für das Dritte Reich und für Siemens taten, keine Sklavenarbeit. Er hatte nicht gewusst, dass er in unmittelbarer Nähe eines Konzentrationslagers arbeiten würde mit Insassen eines Konzentrationslagers, noch dazu nur mit Frauen. Er war kein Held, und doch riskierte er so manches, wenn er derart viel mit mir redete und mir brachte, was er konnte. Er war ein guter Deutscher, dessen einziges Verbrechen es war, nicht früh genug Fragen gestellt zu haben.

Dieser Mann hasste die Juden nicht, auch nicht die Ausländer. Was er hasste, waren der Krieg und der Preis des Sieges, egal wessen Sieges. »Was das an Menschen kostet«, sagte er, »ist viel zu viel.« Der gute Herr Bahls, was weiß er denn schon, was das alles an Menschen gekostet hat? Er hat wie alle Deutschen zehn blutgetränkte Jahre mit dem Hitler-Irrsinn gelebt. Und erst jetzt, nachdem er hungrige Frauen in Gefängniskleidung gesehen, ihre Erniedrigung miterlebt und sogar eine Jüdin kennen gelernt hat, erst jetzt fängt er an, sich zu wundern, weshalb er sich nicht schon früher gewundert hat. Dieser Deutsche ist einer von den besseren, vielleicht sogar von den besten, aber keineswegs die Ausnahme. Auch er hat sich, wie all die anderen Wissenschaftler, hinter dem Mantel der Wissenschaft versteckt und schlaue Dinge für das erfunden, was er am meisten hasst: den Krieg. Wie kann er diese Widersprüche miteinander vereinen?

Die Frauen, die in seiner Abteilung arbeiten, sind hauptsächlich Französinnen und Deutsche. Mit diesen anderen redet er kaum. Die Französinnen leisten hervorragende Arbeit bei der Sabotage dieser wichtigen Erfindung, indem sie im Schneckentempo arbeiten. Natürlich weiß Herr Bahls davon, tut aber so, als ob er es nicht bemerkt. Im Übrigen spricht er nicht Französisch. Die deutschen Häftlinge können ihre Arbeit gar nicht schnell genug oder gut genug erledigen oder überhaupt davon genug bekommen. Sie haben sich freiwillig gemeldet und tun das alles fürs Vaterland – ihr Vaterland, das sie hierher geschickt hat.

Es gibt noch einen anderen Zivilisten hier aus Berlin und von der Firma Siemens: Frau Linke. Sie ist Büroleiterin in unserer Werkshalle, verantwortlich für alle Sekretärinnen, nur gibt es keine einzige Sekretärin hier. Also muss sie alles allein machen. Frau Linke, deren Mann irgendwo an der russischen Front ist und die sich noch gut an Stalingrad erinnert, macht sich große Sorgen. Sie sähe es lieber, wenn er gegen die Amerikaner, die Engländer oder die Franzosen kämpfen würde; sie sähe es lieber, wenn er gegen irgendjemanden kämpfen würde, nur nicht gegen die Russen. Es ist interessant, was für große Angst die Deutschen vor den Russen haben. Allein schon bei der Erwähnung des Wortes zittern sie, weil sie wissen, was ihre Soldaten den Russen angetan haben. Die Geschichten von all der Brutalität, all den Plünderungen, all den Brandstiftungen, all den Vergewaltigungen der Frauen und all dem Mord im großen Stil an unschuldigen Leuten kommen jetzt mit jedem zurückkehrenden Soldaten auf sie zurück. Jetzt sind sie nicht mehr stolz darauf. Jetzt sind sie überzeugt, dass die Russen ihnen dasselbe antun werden, und sie sind wie gelähmt vor Angst, besonders Frau Linke.

Kommandoführerin Holthöwer, deren Mann ebenfalls an der russischen Front ist, verbringt ihre Tage damit, mit der Gewalt eines Tornados durch die Werkshallen zu donnern. Ständig ist sie wutentbrannt, ständig kurz davor, alles in Reichweite kaputt zu schlagen, und wenn es der Kopf von irgendjemandem wäre. Ich glaube, sie hat einfach zu viel Energie in sich. Die Holthöwer ist ebenfalls verantwortlich für das Schaufeln von Kohle, die außerhalb der Siemens-Werkshallen aufgestapelt ist und bewacht wird, als wäre es reines Gold. Die Kohlen sind nicht dazu da, uns zu wärmen, sondern für das Zeug, das hier hergestellt wird. Für uns hätten sie keine einzige Kohle verfeuert.

Wer im Kohlentrupp arbeitet, tut das zur Strafe. Die Vergehen, derer die Frauen sich schuldig gemacht haben, reichen von Reden bis zu lange in der Latrine bleiben und ähnlich schrecklichen Verbrechen. Was auch immer es war, die Strafe ist zu erschöpfend für Frauen. Ihre halb erfrorenen Hände können kaum die Schaufel heben. Aber das ist nur ein Teil der Arbeit. Nachdem sie die Kohlen auf die Karren geschaufelt haben, müssen sie sie auch noch wegschleppen, wie Pferde. Es fehlen nur noch Geschirr und Zügel.

Wie es mit dem Krieg tatsächlich steht, darüber kann ich nichts Genaues in Erfahrung bringen, denn die einzigen, die das wissen, sind die deutschen Generäle, und von denen kenne ich keinen. Auch Herr Bahls nicht. Er würde gern seine Familie aus Berlin herausschaffen, bevor die Bomben der Alliierten die Stadt in einen Trümmerhaufen verwandeln. Herr Bahls glaubt nämlich, dass die entscheidende Schlacht dort stattfinden wird.

Jeder Tag dauert ewig; jede Stunde weitere grauenvolle sechzig Minuten, die es durchzustehen und zu ertragen gilt, und ich verstehe einfach nicht, weshalb Roosevelt und Churchill dem nicht ein Ende setzen. Kümmert es denn keinen? Eva sagt, sie gäbe wer weiß was darum, wenn sie mich nicht jeden Morgen um vier Uhr fragen hören würde: »Wie lange noch?« Sie sagt, es ist zu bedrückend und deprimierend. Aber in einem Block aufzuwachen, in dem es so kalt ist, dass sich sogar die Läuse beschweren, ist eben bedrückend und deprimierend. Kaputte Fenster (ich schlafe direkt neben einem), ein nicht funktionierender Kanonenofen, ständiger Hunger und die trübselige, nie enden wollende Dunkelheit.

Der Winter 1943/44 war der längste meines Lebens. Während überall im Lager genügend Gerüchte darüber zu hören waren, dass Deutschland an allen Fronten Niederlagen hinnehmen musste und der Krieg so gut wie vorüber war, gab es etwas, von dem wir nie genug hörten: alliierte Flugzeuge am deutschen Himmel. Einige gab es zwar, aber nie genug für den endgültigen Freudenschrei. Wenn die Luftschutzsirenen bei Siemens ertönten, liefen die Zivilisten in die Luftschutzräume, die für sie gebaut worden waren. Wir mussten bleiben, durften nicht einmal unter einen Tisch kriechen. Nicht, dass wir uns um diese Regel groß gekümmert hätten. Wer sollte das denn erfahren? Der Spion, den sie zu uns gesteckt hatten? Schlimmstenfalls saßen wir im selben Boot. In guten und in schlechten Tagen ... bis eine Bombe uns scheidet. Das zu wissen hatte etwas auf perverse Art Tröstliches an sich.

Ich habe mich oft gefragt, ob die Piloten, die über die hölzernen Fabriken von Siemens geflogen sind, gewusst haben, wer und was sich da unten befand. Wenn sie eines Tages die Wahl gehabt hätten, entweder alles mitsamt der zweitausend Häftlinge darin in Schutt und Asche zu bombardieren oder sich die Chance entgehen zu lassen, wie hätten sie dann wohl entschieden?

Außer der Holthöwer – die am liebsten einundzwanzig Paar Füße gehabt hätte, um gleichzeitig in allen einundzwanzig Werkshallen zu sein – gab es einundzwanzig weitere Aufseherinnen. Eine pro Werkshalle. Zweifellos hatten sie den denkbar langweiligsten Arbeitsplatz. Sie hatten absolut nichts zu tun. Außer über ihre Aufgaben konnten sie mit niemandem über etwas reden. So blieb für sie nichts weiter zu tun als immer wieder durch die Werkshalle zu gehen und uns über die Schulter zu schauen, damit wir nicht trödelten. Diese Aufseherinnen wechselten recht häufig. Aus Langeweile, nehme ich an.

Frau Linkes Bitte um eine Mitarbeiterin wurde schließlich stattgegeben. Man sagte ihr, sie könne sich eine von uns aussuchen. Natürlich wollte sie jemanden mit Erfahrung, und so kam sie auf mich. Was für eine Laune des Schicksals, dass Frau Linke eingefleischter Filmfan war, eine große Bewunderin des Theaters und ganz verrückt nach Schauspielern. Das einzige, worüber sie redete, wenn sie nicht darüber redete, was für Angst sie vor den Russen hatte, waren Filme, Theater und Schauspieler. Ich nehme an, das hielt sie davon ab, vollends überzuschnappen. Als also Eva unter Zuhilfenahme beträchtlicher Übertreibung durchblicken ließ, was für eine berühmte Schauspielerin ich sei, stand ihre Wahl sofort fest. Herr Bahls bekam eine andere zum Löten, und ich zog in Frau Linkes Büro mit den Glaswänden um, wo ich kaum etwas anderes zu tun hatte, als ihr vom Film und von der Bühne zu erzählen. Sie war völlig begeistert. Um den Schein zu wahren, machte ich ein wenig Ablage. Herr Bahls war so freundlich, mich weiterhin die Zeitschaltuhr beim Brennofen betätigen zu lassen, also konnte ich weiterhin hinausschlüpfen, um mich aufzuwärmen und ein paar gestohlene Augenblicke des Nachdenkens zu genießen. Unter den gegebenen Umständen war es wahrscheinlich das Beste, was ich erhoffen konnte. Und doch gab es keine einzige Minute, in der mir die unmenschlichen Bedingungen und die prekäre Lage, die unser Leben bestimmten, nicht bewusst waren.

Meine nicht eingeplante Begegnung Auge in Auge mit der Holthöwer fand statt, kurz nachdem ich Frau Linkes Geschichtenerzählerin geworden war. Die Auseinandersetzung hatte nichts damit zu tun, dass ich Geschichten erzählte statt als Sekretärin zu arbeiten, sondern lächerlicherweise mit Evas und meiner Frisur, den ganzen knapp acht Zentimetern davon. Die Holthöwer lief nicht deshalb Amok, weil wir uns trauten, beinahe menschlich auszusehen, wie Frauen noch dazu, und das an einem Ort, an dem es auch Männer gab, sondern weil unser Haar lockig war. Sogar eine Idiotin hätte sich den Grund dafür denken können. Unser Haar war von Natur aus lockig. Dachte sie etwa, wir gingen in einen Frisiersalon, vielleicht in Fürstenberg, der Stadt in der Nähe von Ravensbrück?

Eines Tages gegen Mittag, als sie ihre erbärmlichen Runden beendet hatte, platzte sie ins Büro, warf nur einen Blick auf mich und explodierte: »Was glaubst du eigentlich, was das hier ist? Eine Fabrik oder ein Ort, an dem du deinen Lockenkopf spazieren tragen kannst? Glaub' ja nicht, bloß weil du hier in einem Büro sitzt (ich stand), kannst du hier erscheinen, wie es dir gefällt. Deine Haare müssen glatt sein, vollkommen glatt! Die Haare von allen hier müssen glatt sein! Du bist ein verdammter Häftling, und du bist hier, um zu arbeiten, nicht um anzugeben!«

In dem Moment fiel ihr Blick auf Eva, die gerade wegtauchen wollte, und ohne auch nur einmal Luft zu holen, machte sie mit ihrem Ausbruch weiter. Sie beendete ihre Gardinenpredigt, die laut genug war, dass man sie bis England hätte hören können, mit der Androhung härtester Strafe, falls wir »bis morgen nicht diese ekelhaften Locken entfernt« hätten. Damit stürmte sie hinaus.

Stille … vollkommene Stille … Die Maschinen hatten angehalten … Alles hatte angehalten. In der gesamten Werkshalle war kein einziges Geräusch zu hören. Weil ich mitten in dem Büro mit den Glaswänden stand, schauten mich alle an. Als hätte man mich in einem Schaufenster ausgestellt. Es war peinlich, demütigend, ärgerlich, und, was am allerschlimmsten war, es würde sich nicht ändern lassen.

Später fand ich einen zauberhaften poetischen Brief neben der Zeitschaltuhr des Brennofens. Er war von Herrn Bahls. Er schrieb, dass nach vielen Monaten grauer und düsterer Tage nun endlich die Sonne herausgekommen sei und er gesehen habe, wie sie mein Haar erleuchtete, als ich beim Fenster stand. »Ihr Haar schimmerte golden«, schrieb er, »und war nur umso schöner.« Dann schrieb er noch, er würde, obwohl er wisse, dass das gefühllose Herz der Holthöwer kälter sei als der Winterfrost und ihre Augen wegen ihrer schwarzen Seele blind gegenüber der Schönheit, mit ihr reden und alles in Ordnung bringen, und ich solle bitte keine Angst haben oder mir Sorgen machen. Ich war wirklich gerührt. Fast hätte ich vergessen können, dass er Deutscher war. Den Brief hätte ich gern behalten, traute mich aber nicht. Also lernte ich ihn auswendig, um ihn Eva aufzusagen.

Frau Linke verlor kein einziges Wort, aber sie wirkte ein wenig erschüttert und mehr als nur ein wenig durcheinander. Ich glaube, in dem Augenblick schämte sie sich, eine von denen zu sein. Bevor wir für diesen Tag Schluss machten, nahm sie aus ihrer Handtasche eine Haarbürste, legte sie mir in den Schoß und flüsterte: »Versuchen Sie es damit«, und dann ging sie.

Als ich Herrn Bahls' Brief aufsagte, reagierte Eva so: »Der Schmock ist verliebt in dich. Golden, du liebe Güte. Du siehst aus wie ein aufgeblähtes rosa Huhn.« »Rosa Huhn« hatte sie mich vorher schon öfter genannt; aufgebläht bisher noch nicht. Ich wusste, dass das ihre Rache für mein tägliches »Wie lange noch?« war. Übrigens hatte sie wahrscheinlich Recht. Karottenrote Augenbrauen und Wimpern in einem Gesicht voller Sommersprossen, dazu flammend rote, ganz kurze Locken, da kann man schon an ein Huhn denken – vor allem wenn man Hunger hat. »Aufgebläht« war auch ziemlich nah an der Wahrheit. Nicht in dem Sinn, als ob ich aussah, als sei ich mit heißer Luft vollgepumpt, sondern eher voller Wasser, voller Wassereinlagerungen, wie man das in der Welt dort draußen nennen würde. Der Befehl war von der Lagerleitung gekommen, und so gab man in der Küche ständig etwas in unseren Fraß, das eigentlich für Pferde bestimmt war und das uns stärker, dicker, besser und sehr viel gesünder aussehen ließ. Wie der Weihnachtsbaum und die Bepflanzung mit Blumen diente auch das ausschließlich Propagandazwecken, um den neutralen Ländern zu demonstrieren, wie gut wir aussahen. Ich weiß ja nicht, wie das bei Pferden anschlägt, aber bei uns war damit bestenfalls ein Teilerfolg vorzuweisen. Wer, vor dem Krieg, schlank gewesen war wie ich, wurde jetzt aufgebläht; wer wie Eva etwas kräftiger gewesen war, wurde schlank. Ob nun Haut und Knochen oder füllig, in Hitlers Boxring waren wir alle Federgewichte ...

Eva und ich machten die ganze Nacht kein Auge zu. Wir bürsteten und bürsteten unsere jämmerlichen acht Zentimeter langen Haare und versuchten, sie glatt zu ziehen. Das einzige Ergebnis waren schließlich schmerzende Arme. Ständig machten wir das Haar nass, bis das Wasser an uns heruntertropfte, und wir waren uns sehr wohl bewusst, dass das bleibende Resultat entweder Eiszapfen auf dem Kopf oder Lungenentzündung sein würden.

Es lief nicht so, wie wir uns das vorgestellt hatten. Wir hatten schon vor, uns ein paar Kopftücher zu organisieren (also zu stehlen), um unser Haar zu verstecken. Keine Chance! Wer solch ein kostbares Accessoire besaß, nahm es keinen Moment vom Kopf. Außerdem hätten wir nachts ohnehin keines finden können. Nachdem wir alle anderen Möglichkeiten und uns selbst erschöpft hatten und wir uns erinnerten, dass Frauen überall in der Welt horrende Summen zahlten, um sich das Haar in Locken legen zu lassen, beschlossen wir einfach, es darauf ankommen zu lassen.

Dies war kein Tag, auf den ich mich freute. Nicht, dass meine Tage sonst Anlass zur Freude gegeben hätten. Nur wenn die Holthöwer tot umfallen würde, wären wir an jenem Morgen gerettet gewesen. Aber nichts hätte ihr ferner liegen können. Sie wartete nicht einmal, bis sie ihre Runden beendet hatte. Sie wehte herein mit der Energie eines windbetriebenen Kraftwerkes und blieb erst stehen, als sie direkt vor mir stand. Ihr purpurrotes Gesicht, nur eine Nasenlänge von mir entfernt, sah aus wie ein überreifer Granatapfel. Ein paar Sekunden lang starrte sie auf mein Haar. Dann schlug sie mir direkt ins Gesicht, und mein Kopf wirbelte herum. Einen Moment lang konnte ich vor Schmerz nichts sehen, dann verlor ich das Gleichgewicht. Das Geräusch des Schlages klang mir immer noch in den Ohren, als ich ihr einen Augenblick später die Faust ins Gesicht schlug.

Es war reiner Instinkt und hatte nichts zu tun mit dem, was sich in meinem Bewusstsein abspielte – so als hätte mein Arm die Kontrolle übernommen und ganz ohne mein Zutun meine Faust geführt. Ich begriff, was ich getan hatte, aber glauben konnte und wollte ich es dennoch nicht. Als ich meine Haltung zurückgewonnen hatte, musste sie noch mit ihrer Fassung ringen. Wie betäubt und völlig verblüfft starrte sie mich an. Ihre Gesichtsfarbe hatte sich von purpurrot zu kränklich weiß verändert. Ihr Mund war halb geöffnet, und sie sog die Luft ein. Dadurch sah sie aus, als hätte sie einen Angelhaken verschluckt. Keinen Moment wandte sie den Blick von mir ab, nicht einmal als sie nach ihrer Pistole griff. Sie umklammerte das Halfter, wartete, versteifte sich, dann drückte sie die Schultern zurück, drehte sich um und stolzierte hinaus.

Noch lange Zeit danach sah ich sie das Halfter umklammern. Die Waffe hatte sie nicht gezogen, aber sie war ganz bestimmt nahe daran gewesen. Ich nahm an, sie würde jetzt das Nächstbeste tun: mich dem Kommandanten melden und sein Schießkommando das Erschießen erledigen lassen … in dem stillen Wald … bei Nacht.

Meine Mithäftlinge unterdrückten ihr ungläubiges Staunen. Viele Herzschläge später sah ich, als ich mich setzte, dass Frau Linke leise weinte. Tränen rannen ihr die geschminkten Wangen hinunter, während Herr Stöber, der tobsüchtige komische Kauz, wieder einmal einen seiner Anfälle hatte. Diesmal ging es um die uns, den Lagerinsassen, auferlegten Disziplinarmaßnahmen, gegen die er wetterte. Die wollte er aus seiner Fabrik heraushalten. Was meinen poetischen Chef Herrn Bahls anging, der sich von der Holthöwer immer fern gehalten hatte, so sah er aus, als sei er gerade auf der Beerdigung seines besten Freundes gewesen. Diejenigen, die dieses morgendliche Duell ganz verpasst hatten, waren Eva und die Aufseherin, die für die Werkshalle verantwortlich war. Sie waren im Vorratsraum – Eva, um Vorräte zu holen, die Aufseherin, um aufzupassen, dass sie sich nicht irgendetwas anderes holte.

An dem Tag kam die Holthöwer nicht mehr zurück. Jedesmal, wenn die Tür aufging, sackte mir das Herz in die Magengrube. Erst am nächsten Morgen sah ich sie wieder. Sie stand bei einer Gruppe von Frauen, die darauf warteten, dass sie bei den Latrinen an die Reihe kamen. Es lagen gut sechzig Meter und einhundert Häftlinge zwischen uns. Und doch sah sie mich genauso deutlich wie ich sie. Ihr Gesicht war völlig ausdruckslos, als ob sie sich im Leerlauf bewegte. Aber trotzdem hatte sie den Blick fest auf mich gerichtet und nur auf mich, bis ich mich völlig gleichgültig gab und mich umdrehte.

Die Holthöwer meldete mich nicht. Nicht an jenem Tag, und auch danach nicht. Und von der Zeit an ließ sie mich in Ruhe. Ich rechnete nicht damit, dass das Ganze gut ausgehen würde. Auch Eva nicht. Und auch sonst keiner! Aber sich gegen sie zu behaupten, war das nicht die wichtigste Lektion, die ich in Auschwitz gelernt hatte? Ob absichtlich oder nicht, ob geplant oder nicht, es war das einzige, was funktionierte.

Er war in der Werkshalle gewesen, als mein Zusammenstoß mit der bösartigen Holthöwer stattfand. Er war vorher schon dagewesen, und ich hatte ihn auch vorher schon gesehen, ihn aber nicht weiter beachtet. Es gab keinen Grund, weshalb ich ihn hätte beachten sollen. Soweit ich wusste, war er nur ein weiterer Ingenieur aus einer der anderen Siemens-Werkhallen. Ein Besucher. Was keineswegs ungewöhnlich war. Die ganze Zeit kam irgendjemand herein, unterhielt sich mit den anderen Ingenieuren, aber nie mit uns. Aber dieser hier schien, so meinte Eva, weitaus interessierter an uns zu sein als an seinen Kollegen. Noch vor dem Vorfall mit den Locken hatte er sie angesprochen, hatte ihr Fragen gestellt: Wie lange sie schon in Ravensbrück sei und wie lange bei Siemens, und was für Häftlinge sich in diesem Konzentrationslager befanden.

Da Evas Stellung als Stöbers Assistentin ihr erlaubte, in der Halle herumzugehen, ohne Verdacht zu erregen, und da die meisten Aufseherinnen häufige Pausen einlegten, konnte er, der Neugierige, ohne allzu große Mühe Evas Bekanntschaft suchen. Aber ich musste erst geschlagen werden und diese Vorzugsbehandlung zurückgeben, bevor er uns genug traute, um uns zu sagen, wer er war. Der ein Meter neunzig große Teddy – das, so sagte er, sei sein Name – mit dem rabenschwarzen, lockigen Haar war nach eigenem stolzen Bekenntnis Kommunist. Für Siemens arbeitete er als Kontrolleur und überwachte die Produktion in den einundzwanzig Werkshallen; für die Kommunisten arbeitete er im Bereich der Nachforschung, sammelte Informationen und gab sie weiter. Sein Gewicht, etwa zweihundert Pfund, trug er mit Würde. Alles in allem wirkte er eher wie ein Mann, der sich auf einem Berg mehr zu Hause fühlte als in einer Fabrik oder einem Labor. Er schien ein bisschen ungeschickt zu sein. Ständig stolperte er über seine eigenen Füße. Seine Augen, so schwarz wie sein Haar, waren hellwach und sahen sich in einem fort Ausschau haltend um. Nicht verschlagen, aber wachsam. Er war jung, Mitte zwanzig, und ob nun Teddy sein richtiger Name war oder nicht, er passte zu ihm – er war ein großer, ein klitzekleines bisschen vertrottelter Teddybär.

Er wusste, dass wir einen Spion unter uns hatten. Er wusste, das es in jeder Werkshalle einen gab. Leider wusste er nicht, wer diejenige war, mit der wir gestraft waren. Sein aktueller Auftrag – nicht die Überwachung der Produktion, sondern die Aufgabe, zu der sein Gewissen ihn geführt hatte – bestand darin, hier Verwandte hochrangiger politischer Prominenz oder anderer Berühmtheiten ausfindig zu machen. Dazu brauchte er ein paar forsche, couragierte, beherzte Frauen, die sich hier gut auskannten, ein paar Dumme – uns! Er erklärte uns, er gehöre zum deutschen Untergrund, dessen Bedeutung man nicht unterschätzen sollte. Weshalb das Ganze so bedeutend sein sollte, sagte er nicht, nur dass es so sei. Auch wie wir diese Verwandten der Prominenz finden sollten, erklärte er uns nicht, nur dass wir es unbedingt tun müssten. Wir glaubten durchaus, dass es von entscheidender Wichtigkeit war – weshalb sollte er uns sonst wohl darum bitten? Weiter erklärte er, dass Deutschland dabei sei, den Krieg zu verlieren und dass praktisch jeder das wisse, vor allem das Militär. Die meisten Generäle wollten nicht mehr weitermachen, nur noch der verrückte Hitler. Teddy informierte uns über die neuesten Entwicklungen im Kriegsgeschehen, Neuigkeiten, die er nicht dem deutschen Radio oder den Propagandaverlautbarungen entnommen hatte.

Und so rekrutierte uns Teddy in der ersten Aprilwoche des Jahres 1944. Bevor der Monat um war, hatten wir ein Netzwerk von einem Dutzend Frauen, die für uns arbeiteten. Die Bezahlung war für alle die gleiche: freier Eintritt zu meinen Sonntagabend-Konzerten – und bei der Gelegenheit gaben sie an mich weiter, was sie herausgefunden hatten. Die meisten waren Tschechinnen mit einem glühenden Hass auf die Deutschen, den ich wirklich bewunderte. Eva und Lydia warben sie an. Die Frauen, die alle fließend Deutsch beherrschten, sich aber weigerten, die Sprache zu sprechen, hörten aufmerksam zu und schnüffelten herum. Und diese Tätigkeit führte sie direkt bis zu den Büros in den Vordergebäuden, wo die Wärterinnen und Sekretärinnen, die richtigen Wärterinnen und Sekretärinnen, arbeiteten.

Wenn sich ihnen Probleme in Form einer Insassin in den Weg stellten, die das Gewissen zu sehr plagte, luden sie diejenige zu einem meiner Konzerte ein, die mir innerhalb kürzester Zeit eine solche Zuhörerschar bescherten, dass ich auch Frühvorstellungen geben musste. Die Neuigkeit von meinen Gesangsauftritten verbreitete sich schnell, und bevor ich noch wusste, wie mir geschah, brachen Streitigkeiten aus, weil die Frauen unbedingt hinein wollten. Mehr als einmal sah ich Uniformen neben unserer gestreiften Häftlingskleidung im Publikum, und mehr als einmal standen sie da und hörten zu. Und doch hatte ich Angst, ich würde schließlich, wie in Mecheln, vor den Nazi-Bonzen auftreten müssen, und weil ich genau wusste, dass Teddy nicht wollte, dass wir irgendwie die Aufmerksamkeit auf uns lenkten, beschränkte ich die Zahl meiner Auftritte, indem ich, ganz und gar nicht zu Unrecht, Zeitmangel und Müdigkeit vorschützte.

Indem wir für Teddy Erkundigungen einzogen, erfuhren wir, dass in diesem Nazi-Teich tatsächlich einige dicke Fische schwammen. Die meisten kamen aus Frankreich und aus Belgien. Ihre Namen sagten uns mit nur einer Ausnahme wenig. Und dieser eine Name war de Gaulle. Nein, General de Gaulle befand sich nicht hier in Ravensbrück, aber seine Nichte und etwa ein halbes Dutzend weiterer Mitglieder der engeren Familie. Wer davon wusste, sprach von ihnen nur als von der »de-Gaulle-Clique«. Eines Tages sollte ich ihnen selber Auge in Auge gegenüberstehen, wenn ich ihnen auch nie offiziell vorgestellt werden sollte. Als es dann soweit war, wusste ich längst, dass sie tatsächlich die waren, als die man sie uns beschrieben hatte.

Eva und ich fanden nicht, dass wir ein zu gefährliches Spiel spielten. Eher enttäuschend als gefährlich, fanden wir. Enttäuschend, weil man uns über die Hintergründe im Dunkeln ließ.

Gegen Ende April, an einem regnerischen Sonntagnachmittag, wurde meine Frühvorstellung nach draußen verlegt, und alle kamen, auch die Insassen mehrerer anderer Blocks. Die Vorstellung begann, auch wenn sie anders ausfallen sollte als alle Vorstellungen, an denen ich bisher je teilgenommen hatte.

Da standen wir also, ordentlich aufgereiht wie die Mädchen aus der Tanztruppe, nett dreinschauen und lächeln sollten wir, und da waren sie, drei blitzblanke deutsche Offiziere, die nach Freiwilligen Ausschau hielten – vielen Freiwilligen für ihre Bordelle. Allein der Gedanke war reichlich gewöhnungsbedürftig. Während ich dastand, dachte ich: ›Da sind sie ja zu den Richtigen gekommen. Wir haben ganze Schwadronen von Huren hier! Höchste Zeit, dass diese Faulpelze ihre Ruhepause aufgeben und sich wieder an die Arbeit machen. Wieder da anfangen, wo sie aufgehört haben. Zum Wohle ihres Vaterlandes und zum Wohle dieser armen sexhungrigen deutschen Offiziere.‹ Das Engagement sollte über sechs Monate laufen, und es würde ein sehr lohnendes Geschäft sein. Sechs Monate zu essen bekommen, angezogen und ausgezogen werden, sechs Monate Seife erhalten und Toilettenpapier, und man dürfte sich das Haar wachsen lassen. Sechs Monate in einem Bett schlafen, in einer Wanne baden. Und kein stundenlanges Ausharren beim Appell mehr. Das stellte der Sprecher der drei uns in Aussicht.

Es klang so viel versprechend, dass es mir fast Leid tat, keine der Auserwählten zu sein. Nicht, dass sie ausdrücklich um Prostituierte gebeten hätten. Mitmachen durften alle! Sie wollten bloß genügend Freiwillige. Der Sprecher erklärte ebenfalls, dass diejenigen, die mit ganzem Herzen bei der Sache waren, hinterher freigelassen werden könnten. Die anderen würden nach Ravensbrück zurückgeschickt, ohne sich allzu angeschlagen fühlen zu müssen. Bevor er diejenigen aufforderte, die Hand zu heben, die bereit waren mitzugehen, betonte er noch, dass sie nicht denselben Haufen von Huren wollten, den sie vorher hatten. Keine abgearbeitete Ausschussware in ihren Bordells.

Ich war sicher, es würde mehr als genug Freiwillige geben. Ich hatte mich getäuscht. Zu viele Hände blieben unten. Die drei Offiziere betonten wieder und wieder die Vorzüge dieser lustvollen Arbeit, als würde ihre Beförderung davon abhängen. Sie gingen von Reihe zu Reihe, musterten uns, als wären wir lebloses Fleisch, kopflose Leiber, an denen man sich gütlich tun konnte. So ging es weiter und weiter, weiter und weiter, bis ihre Geduld am Ende war und sie damit drohten, die Ware selbst auszusuchen.

Und plötzlich war es kein weit hergeholter, alberner Witz mehr, über den man lachen und sich Anekdoten erzählen konnte. Plötzlich begriff ich, dass wir alle hier Freiwild waren und jederzeit jede Beliebige von uns ausgewählt werden konnte. Um Haaresbreite hätte ich aus erster Hand erfahren, wie man sich als Hure für ein ganzes Regiment deutscher Offiziere fühlte. Und Eva und Lydia erging es ebenso. Der Sprecher hatte uns hervorgezogen und meinte, dass wir ein sehr hübsches Trio abgäben. Mir zitterten die Knie, und schnell öffnete ich die obersten Knöpfe meines Kleides und zeigte ihm die hässlichen wunden Stellen über meinen Brüsten. Mehr war nicht nötig. Er stieß mich zurück und marschierte mit weit ausholenden Schritten schnell zur nächsten Reihe. Mit neuen Freiwilligen aus einem anderen Block fand dort die Sache dann ihr Ende.

Weshalb hatten sie solche Mühe, diese verlockenden Arbeitsplätze zu besetzen? Wegen der Geschichten, die diejenigen mit zurückgebracht hatten, die dort gewesen waren. Geschichten unglaublicher Perversionen, unvorstellbarer Grausamkeit und schamloser Orgien, die Tag für Tag, Nacht für Nacht dort abliefen. Erst wenn diese feschen Offiziere sinnlos betrunken waren, konnten sich die Frauen ein wenig ausruhen. Aber es waren nicht allein nur die Geschichten, die sie erzählten. Es war die Art, wie sie nach diesen sechs Monaten aussahen, krank und verängstigt, als habe sich jeder Augenblick ihres elenden Lebens dort in ihr Gesicht, ihre verschleierten Augen und ihr böse zugerichtetes Fleisch eingegraben. Gar nicht so wenige hatten sich das Leben genommen oder waren dort einfach gestorben. Meist keine Berufsmäßigen. So viel zur Moral im Dritten Reich.

5.

Es war Dienstag. Nicht irgendein Dienstag, sondern der Dienstag, der als der Tag in die Geschichte eingehen sollte, an dem die alliierten Streitkräfte in Frankreich einfielen: der Beginn der Invasion der Alliierten in Europa, der 6. Juni 1944.

Das erzählte uns Teddy. Wir waren nicht sicher, was das zu bedeuten hatte, aber weil in unserer Werkshalle alle herumliefen, als wüssten sie nicht mehr, wo vorn und hinten war, und weil die Aufseherinnen im Lager ganz nervös wurden, mussten es gute Neuigkeiten sein. Wie lange mochte es noch dauern, bis die alliierten Streitkräfte durch die Tore von Ravensbrück marschierten und uns befreiten? Das Wort »frei« müsste eigentlich sehr viel mehr Buchstaben haben, um dessen tiefe Bedeutung besser zum Ausdruck zu bringen. Nur wer nicht frei ist, wird das verstehen.

Der 6. Juni war auch der Tag, an dem die Lagerleitung festsetzte, dass Mannschaft und Maschinen von jetzt an vierundzwanzig Stunden am Tag durcharbeiten sollten. Irgendwer im Dritten Reich musste beschlossen haben, dass das Zeug, was wir herstellten, schneller und in größerer Menge benötigt wurde. Und die Leute von Siemens waren nur zu gerne bereit, dem Wunsch nachzukommen. Teddy erklärte uns, dass Siemens, ein deutsches Familienunternehmen, auf dem Gebiet von Erfindungen und des Ingenieurwesens ähnlich wie Krupp einen weltweit herausragenden Ruf genoss. Und wie Krupp hatte sich Siemens in die Riege skrupelloser Kriegsgewinnler eingereiht. Ob sie je an uns denken oder an die Löhne, die wir nicht bekommen, während sie sich Milliarden in die Tasche stecken? Nach dem Krieg würde ich gern einmal einen dieser Siemens-Leute treffen, und zwar an einem Ort, an dem er sich nicht hinter seinem Firmensiegel verstecken kann, und ihn dann fragen: Wie steht es mit Wiedergutmachung? Wie steht es mit der Begleichung einer nicht zu widerlegenden Schuld?

Ich war in der Nachtschicht gelandet, noch bevor ich überhaupt darüber nachdenken konnte. Dieser Wechsel von Tag- zu Nachtschicht muss sehr rasch passiert sein, und rückblickend war es wohl auch gut so. Es war einfach herrlich, dass ich dem morgendlichen Gebrüll »Aufwachen, ihr Faulpelze« und dem Appell aus dem Weg gehen konnte. Ein weiterer eindeutiger Vorteil bestand darin, dass ich keine Angst mehr davor haben musste, dass die Holthöwer über mich herfiel. Und in dem fast leeren Block gab es dann ausnahmsweise einmal auch kein Geschiebe und Gedränge – und keinen, der unsanft mit mir umging. Ich hatte Platz, kostbaren Platz ganz für mich allein. Platz, um mich auszustrecken ... und Platz zum Schlafen.

Jetzt bei Siemens in der Nachtschicht zu arbeiten war ein Unterschied wie Tag und Nacht. Nicht weil es Nacht war, sondern weil es weniger autoritär zuging und weniger Spannungen gab. Außerdem wurde nicht in allen Werkshallen mit voller Kraft gearbeitet; in meiner zum Beispiel nicht. In Evas Abteilung wurde gar nicht gearbeitet. Also hatte auch Eva nichts zu tun. Sie saß da mit ihrem Boss Herrn Stöber, der auf sie nicht verzichten konnte.

Ich sollte vertrauliche Sekretärin des führenden Rundfunktechnikers sein. Ein weiteres Geheimprojekt. So geheim, dass nur dieses ›Genie‹, oder ein noch größeres, die Notizen entziffern konnte – Notizen, die ich ins Reine zu tippen hatte. Als ich zum ersten Mal einen Blick darauf warf, war mir klar, dass das keine so gute Idee war. Teddys Idee natürlich. Aber Teddy hatte seine Gründe. Den Hauptgrund fand ich heraus, als ich zum ersten Mal das winzige Büro im hinteren Teil der Werkshalle betrat, welches das ›Genie‹ benutzte.

Da stand es, auf dem Schreibtisch mit der Schreibmaschine, neben der Schreibtischlampe. Stand einfach nur da ... an diesem Ort ... zu dieser Zeit. Ein funktionierendes Kurzwellenradio. Wenn ich mich nur trauen würde, könnte ich die BBC einstellen und England hören. Allein vom Anschauen des Radios wurde mir schon ganz komisch und merkwürdig zumute. Und ein paar Nächte lang tat ich auch weiter nichts – schaute es einfach nur an. Es kam mir so vor, als wollte das ›Genie‹, dass ich Radio hörte, so wie der Mann sich nächtelang nicht blicken ließ, wie er mich mit diesem Verbindungsglied zur Außenwelt, der richtigen Welt, allein ließ, es mir überließ, ob ich nun einschaltete und den Sender der Wahrheit fand oder nicht. Er war ein schweigsamer Mensch, dieser geniale Ingenieur, dessen richtigen Namen ich nie erfuhr. Er war in den Vierzigern, hatte schütteres Haar, tief liegende graue Augen und eine riesige, dicke Brille, die fast sein ganzes Gesicht verdeckte.

Gleich am ersten Abend gab er mir den Schlüssel zu seinem Büro. Ich wurde Expertin darin, ein Kurzwellenradio zu bedienen und

Radio zu hören, während ich gleichzeitig die ganze Nacht hindurch tippte, ohne zu wissen, wie man tippte. Letzteres war eine hervorragende Übung für zwei von meinen Fingern, eine Einführung in die grundlegenden Funktionen einer Schreibmaschine. Die handgeschriebenen Notizen des Ingenieurs waren voller Symbole, Ziffern und Zeichen, von denen ich die Hälfte auf der Maschine nicht finden konnte, weil sie gar nicht da waren. Ein wenig Erfindungssgeist meinerseits war gefragt – und reichlich Glück.

Ich hatte auch noch andere Aufgaben. Für Frau Linke gab es einiges an Ablage zu erledigen, und Herrn Bahls gegenüber musste das Versprechen gehalten werden, den Ofen auszustellen, bevor ich am nächsten Morgen in der Frühe ging. Ansonsten saß ich nachts meist im Büro und versuchte zu vergessen, was für Konsequenzen es haben würde, beim Radiohören erwischt zu werden. Gleichzeitig bemühte ich mich herauszufinden, was sie wirklich im Radio sagten. Sie redeten viel von der Invasion in Frankreich und darüber, dass Rommel jetzt nicht mehr in Afrika, sondern in Frankreich war. Dabei saß ich in Deutschland! Was war denn mit Deutschland?

Es gab sie in allen Größen, Gestalten und Formen. Blonde, Brünette, Junge und nicht mehr ganz so Junge. Es muss die Uniform gewesen sein, die ihnen dieses uniforme Aussehen gab, den Aufseherinnen der Nachtschicht. Sie tauschten sie häufiger aus, als ich auf die Latrine gehen konnte. Sie stellten dieselbe Frage – Was ich jetzt gerade mache? –, saßen auf demselben Stuhl, nickten zur selben Zeit ein und marschierten in der Werkshalle auf und ab, haargenau so oft wie diejenigen, die vor ihnen dagewesen waren. Schwestern im Drill – alle mit Gehirnwäsche durch denselben Herrn und Meister.

So war es kaum überraschend, dass mich das »Guten Tag, wie geht's?« der neuesten Aufseherin doch einigermaßen verblüffte. Sie fragte nicht, was ich gerade täte, sondern marschierte geradewegs in Frau Linkes Büro, zog sich einen Stuhl heran, setzte sich und fing sofort an, mich nach meinen Pflichten auszufragen. Um sie wieder loszuwerden, übertrieb ich die schwierige, vertrauliche Arbeit, die ich für das ›Genie‹ erledigen musste, sowie all die anderen enormen Aufgaben des Tages, die die Chefs mir auferlegt hatten. Ich wurde sie nicht wieder los, aber sie war höchst beeindruckt und sagte, sie habe sofort gewusst, dass ich sehr intelligent sei. Dann forderte sie mich auf, mich neben sie zu setzen und mir alles über mein Leben zu erzählen. Sie sagte, sie wolle, dass wir Freundinnen würden und erklärte, dass sie aus einem anderen Lager hierher versetzt worden sei und dass sie hoffe, in Ravensbrück bleiben zu können. Sie sagte, sie wohne in einem dieser reizenden kleinen Häuschen außerhalb des Lagers. Sie deutete an, dass sie einiges an Gewicht mit sich herumtrage. Das war gar nicht nötig, das sah man auch so. Bevor die Nacht um war, hatten wir über alle möglichen Themen geredet, von berühmten holländischen Malern über große italienische Komponisten, herausragende deutsche Schriftsteller und bedeutende Philosophen, bis hin zu überragenden Psychoanalytikern, ohne je Sigmund Freud, den Juden, zu erwähnen.

Während der nächsten Nächte änderte sich daran kaum etwas. Ein oder zweimal versuchte sie, mir in das hintere Büro zu folgen, doch jedesmal wenn sie mitkam, war zufällig auch der Ingenieur da, und so zog sie sich schnell in das Büro mit den Glaswänden zurück. Von dort aus hatte sie den idealen Überblick und konnte die Frauen bei der Arbeit beobachten, ohne selbst beobachtet zu werden. Sie war Ende dreißig, würde nie einen Schönheitswettbewerb gewinnen, war unverheiratet und ganz und gar nicht versessen darauf, das zu ändern. Sie brachte mir belegte Brote und hausgemachte Plätzchen, mit denen sie auch nie einen Preis gewinnen würde, aber immerhin verging die Zeit schneller. So schnell, dass ich zweimal vergaß, den Ofen abzustellen. Ich wusste, dass Herr Bahls dafür die Verantwortung übernehmen würde. Wenn das herauskam, würde er den Preis dafür bezahlen müssen. Sie hatten schon für weniger als das Männer an die russische Front geschickt. Im Übrigen stand viel zu viel auf dem Spiel. Denn nicht nur wegen des Radios hatte Teddy gewollt, dass ich in die Nachtschicht wechselte. Das Allerwichtigste für ihn war, dass ich dem Spitzel nicht über den Weg lief. Früher oder später würde dieser nämlich jemanden vorweisen müssen, um weiterhin seinen Judaslohn zu kassieren. Was Teddy wirklich Sorgen bereitete, waren meine kumpelhafte Beziehung zu den deutschen Zivilisten und meine verheerende Auseinandersetzung mit der Holthöwer. »Du bist wirklich weit genug gegangen«, sagte er zu mir. »Wir müssen dich endlich aus der Gefahrenzone bringen.«

Ich begriff es einfach nicht. Ich weiß, ich hätte es eigentlich verstehen müssen, aber ich verstand es einfach nicht. Die Anspielungen der freundlichen Aufseherin waren einfach zu subtil. Andeutung um Andeutung, schlau verpackte Worte und Sätze, die einem Monolog ähnelten oder dem verblüffenden Prolog zu irgendeinem geheimnisvollen Theaterstück. Eine Woche hatte sie gewartet, bevor sie mit diesen Wortspielen mit all den verborgenen Bedeutungen begann. Meine nicht vorhandene Reaktion überraschte sie wohl, und da sie sich offenbar nicht sicher war, ob ich wirklich nicht verstanden hatte oder einfach nur so tat als ob, beschloss sie, das Risiko einzugehen und die Frage ganz direkt zu stellen: »Wissen Sie eigentlich, wovon ich rede?« Es war nicht ihre schlichte Frage, die das Alarmsignal in meinem Kopf in Gang setzte. Es war die Tatsache, dass sie plötzlich näher rückte und mir in aller Entschiedenheit die Hand auf den Schenkel legte. Da begriff ich, was ich nie hatte begreifen wollen. Worauf es dieses freundliche Fräulein, diese Nachtschicht-Aufseherin, abgesehen hatte, war mein Körper. Mein unterernährter, aufgeblähter, überanstrengter und schmerzender Körper. Was für eine auf den Kopf gestellte, verrückte Welt war dies doch geworden. Und was sollte ich jetzt machen? Sollte ich sagen: ›Ich habe keine Ahnung, wovon Sie reden, also reden Sie nicht mehr davon?‹

Ich konnte meinen Schenkel in Sicherheit bringen, indem ich mein Bein aus ihrer Reichweite zog, und sagte nichts. »Ich kann Ihnen helfen. Ich kann Ihnen entscheidend helfen. Sie können mir vertrauen.« Natürlich, bis zum Erschießungskommando konnte ich ihr trauen. Ihre Hand hatte sich wieder meines Schenkels bemächtigt. Es fühlte sich an wie der Griff eines Mannes. Das konnte ich nicht leiden.

Dann erzählte sie mir, dass sie schon wisse, was sie tue, und dass sie nur das Beste für mich wolle. Sie habe einen Plan, wie sie mich aus dem Lager hinausbringen könne, so dass wir uns in ihrem reizenden kleinen Häuschen treffen könnten. Wir würden Mozart hören – das war das Erschießungskommando nicht wert –, Tee trinken und Plätzchen essen und einander genießen. Nicht unser Beisammensein, sondern *uns* wollten wir genießen. Dann fühlte sie sich noch verpflichtet, mir zu sagen, dass sie ein paar nette kleine Freundinnen in dem anderen Lager gehabt habe und ganz genau wisse, wie man da vorgehen müsse. »Schließlich ist es doch ganz normal, seine Bedürfnisse nach körperlicher Lust zu befriedigen«, fuhr sie fort. »Wir alle haben gewisse Begierden. Immerhin sind wir ja alles nur Menschen.«

Die Frau mit den falschen Hormonen fühlte sich verpflichtet, mir bis ins Detail zu erzählen, wie sie beim Zuwegebringen dieses kleinen Tête-à-Tête in ihrem zauberhaften Häuschen vorgehen wollte. Zunächst würde sie mir eine Uniform besorgen – meine Größe, nicht ihre –, die ich morgens anziehen könnte, wenn alle anderen weg waren und das Lager praktisch leer stand. Ich würde mich hinter dem Block umziehen, wo sie auf mich warten wollte. Dann würden wir zwei durch das Lager spazieren und schließlich zum Tor hinaus, wir zwei zusammen. Ihrer Meinung nach gab es keinen einzigen Grund, weshalb uns jemand anhalten sollte. Meiner Meinung nach gab es keinen einzigen Grund, weshalb ich das mitmachen sollte, es sei denn, ich könnte hinausgehen und immer weiter gehen … weggehen mit viel Geld in den Taschen, Lebensmittelmarken, Reiseerlaubnis und hervorragend gefälschten Ausweispapieren. Und genau das sagte ich ihr dann auch. Sie antwortete, wir sollten es sachte angehen lassen und mit dem beginnen, womit es keinerlei Schwierigkeiten geben würde, nämlich mit Teetrinken zu zweit. Sie sagte noch, ich könne ja ein paar Tage lang darüber nachdenken. Als ich Eva davon erzählte, musste sie lachen, sie war sicher, es könne nur ein Witz sein, und dann wollte sie wissen, ob sie mitkommen dürfe. »Mitkommen nicht«, sagte ich ihr. »Aber du kannst an meiner Stelle gehen!« Sie lehnte ab.

Eva, Lydia und ich steckten die Köpfe zusammen und versuchten, eine Möglichkeit zu finden, wie ich aus diesem unappetitlichen Dilemma herauskommen könnte. Was konnte ich denn schon machen? Sie saß am längeren Hebel, und dieses freizügige Fräulein hatte die Macht, mein elendes Leben noch elender zu machen, wenn ich sie abwies. Sie konnte mich melden und mir die ganze Schuld zuschieben. Konnte sagen, dass ich diejenige gewesen sei, die den Annäherungsversuch gemacht hätte. Natürlich könnte ich Einspruch erheben, aber das würde mir gar nicht gut bekommen. Ich war alles andere als versessen darauf herauszufinden, wie die Strafe ausfallen mochte, wenn man die Moral einer übergewichtigen Nachtschicht-Aufseherin des Dritten Reiches mit eigenem Häuschen untergraben hatte. Nachgeben und erwischt werden, bevor etwas passiert wäre; nachgeben und nach meinem Besuch in dem zauberhaften Häuschen erwischt werden; oder gar nicht erwischt werden. Was für Wahlmöglichkeiten! Keine Möglichkeit, mit der ich hätte leben können, keine Möglichkeit, für die ich mein Leben aufs Spiel gesetzt hätte, und erst recht keine Möglichkeit, die mich aus Ravensbrück fortbringen würde, weit, weit fort …

Ich beschloss, ich würde versuchen, Zeit zu gewinnen, und ihr sagen, dass ich noch länger darüber nachdenken müsste. Außerdem wollte ich die Spionin erwähnen, die, wie wir alle wussten, tagsüber durch die Fabrik gestreift war, neuesten Gerüchten zufolge ihre Spionagetätigkeit aber inzwischen bei Nacht ausübte. Wieso sollte ich ihr nicht erzählen, für wen dieses Geschöpf tatsächlich arbeitete? Das sollte genügen! Diese Information dürfte ihr soviel Angst machen, dass sie ihre sich verirrenden Hände wohl im Schoß behielt.

In der darauf folgenden Nacht erzählte ich ihr davon. Ihre Reaktion war totale Empörung, allerdings nicht gegen mich gerichtet, sondern gegen die Spionin, gegen die Gestapo und gegen jeden, der sich solch verabscheuenswürdiger Praktiken bediente. Allein schon die Vorstellung, dass jemand uns beobachten könnte, erschütterte sie schwer.

In den kommenden Nächten behielt sie zwar ihre Hände bei sich, aber ihre Liebeserklärungen stellte sie nicht ein – ständig redete sie über die Liebe, die sie für mich empfand, und die Liebe, die wir beide gemeinsam leben sollten. Eines Sonntagvormittags tauchte sie vor dem Block auf, rief nach mir und wartete dann, dass ich herauskam. Eva und ich hatten gerade unsere Pritsche gerichtet, als sie hereinkam. Sie sagte, sie wolle einmal sehen, wo ich schlief, mit wem ich mir das Bett teilte, und wolle sich außerdem davon überzeugen, dass mit mir alles in Ordnung sei. Wer von den Frauen im Block diese peinliche Szene mitangesehen hatte, würde natürlich nie mehr aufhören, darüber zu reden. Ich bat sie, nicht mehr zu kommen; sie kam trotzdem. Immer Sonntags, jeden Sonntag. Weil Eva ihren Schlafplatz direkt neben mir hatte, beschloss sie, dass Eva der Grund dafür sein müsse, dass ich mich so sehr zierte. Ich gab mir nicht die Mühe, den Irrtum zu korrigieren, sondern war dankbar für ihre völlig unbegründete, hartnäckige Überzeugung, dass Eva und ich ein Paar seien. Wir würden ein paar Gerüchte über uns in die Welt setzen, um auf diese Weise jede Wiederholung dieser Art von Unannehmlichkeit, nicht nur mit den Aufseherinnen, sondern auch mit den anderen Häftlingen, zu vermeiden.

So unerwartet, wie ich in die Nachtschicht gelangt war, so fand ich mich bald wieder zurück in der Tagesschicht. Es war inzwischen Sommer. Hitlers Schergen in ihren Schaftstiefeln marschierten immer noch über den Kontinent; immer noch verfehlten Bomben militärische Ziele und trafen stattdessen Zivilisten, womit das Überbevölkerungsproblem gelöst wurde; und immer noch wurden Unschuldige verhaftet, deportiert und ermordet. Die Killer-Tour war – genau wie der Krieg – alles andere als vorbei.

Auch die tägliche Routine in den Siemens-Fabriken hatte sich nicht geändert. Herr Bahls kümmerte sich immer noch um sein Heißleiter-Zeug, und Frau Linke wollte, obwohl sie sich wegen der Russen immer noch um ihren Mann sorgte, wieder und wieder Geschichten vom Film hören. Und ja, die Spionin, so erfuhr ich, war immer noch unter uns. Dafür war Teddy verschwunden und wurde nicht mehr gesehen. Eva erzählte, Teddy sei überzeugt gewesen, dass man ihn beobachtete. Ich beschloss, lieber zu glauben, dass er nicht in einem Konzentrationslager gelandet war oder sich hatte erschießen lassen, und dass er davongekommen war und sich in Sicherheit befand. Er schien zu sehr Profi zu sein, um sich erwischen zu lassen.

Meine liebeskranke Freundin behielt ihre wöchentlichen Besuche in meinem Block bei, und gerade als ich schon fast davon überzeugt war, dass ihr Interesse an mir rein menschlicher Art war und nichts mit Sex zu tun hatte, verschwand auch sie. Gerüchte über ihre sexuellen Vorlieben waren ihr von ihrem vorherigen Lager vorausgeeilt, und genau diese Vorlieben waren ursprünglich auch der Grund dafür gewesen, dass man sie überhaupt nach Ravensbrück versetzt hatte. Später erfuhr ich dann, dass man sie wegen moralischer Bedenken schon eine ganze Weile im Auge hatte, und zwar nicht nur, weil sie die Homosexualität befürwortete, sondern sie auch offen praktizierte.

Die Nachtschicht wurde ganz abgeschafft. Das arme Ingenieur-Genie! Seine Notizen habe ich nie zu Ende abgetippt. Vielleicht hatte er Glück, und sie haben ihm eine richtige Sekretärin zugewiesen.

Neue Gerüchte machten wieder einmal die Runde. Keiner wusste, wer sie als Erster aufgebracht hatte, und jetzt gab es, ohne Radio und ohne Teddy, auch kaum Chancen, irgendetwas davon zu bestätigen. Das neueste Gerücht besagte, dass eine Gruppe hochrangiger deutscher Offiziere und sogar Generäle ein Attentat auf Hitler versucht hätten. Leider schlug es fehl, und das personifizierte Böse war noch am Leben. Das Gerücht über Hitler machte im Juli 1944 die Runde. Einen Monat später kamen die Französinnen in meinem Block mit dem nächsten Gerücht. Sie schworen hoch und heilig, dass Frankreich befreit worden und ihr geliebtes Paris wieder eine freie Stadt sei. Wenn das stimmt, freue ich mich natürlich für sie, trotzdem kann ich nicht anders, ich frage mich, was uns, die wir hier festsitzen, das nützen kann. Frankreich ist frei! Und was ist mit Holland? So lange habe ich schon nichts mehr von zu Hause gehört. Keine Pakete, nicht einmal halb leere, und auch keine zensierten Briefe. Ist meine Familie noch dort? »Gesund und munter«? Ist überhaupt noch jemand gesund und munter? Diese qualvolle Existenz ist mir verhasst, dieser Balanceakt auf dem Drahtseil des Lebens. Wann ist es endlich vorbei? Wie lange noch ...?

Kein Gerücht sind die brandneuen Blocks, die sie mitten im Wald, nur etwa fünf Minuten von den Fabriken entfernt, vor kurzem errichtet haben. Es sind zehn an der Zahl, zehn für die zweitausend Frauen, die im Werk arbeiten. Sie sind wesentlich kleiner als die Blocks im Lager und nicht unterteilt. Die Latrinen befinden sich draußen, das wird im Winter, der sich bereits ankündigt, unsere Widerstandsfähigkeit auf die Probe stellen, aber wenigstens sind die Waschbecken und Wasserhähne nicht kaputt. Und im Augenblick funktioniert auch noch die Heizung im Block. Wir werden aus dem Lager geführt und in diese völlig abgelegenen neuen Unterkünfte gebracht. Die Straße, die zu Siemens führt, ist nur einen Steinwurf entfernt, und doch sind die Blocks von der Straße aus uneinsehbar. Weshalb so versteckt, während die Fabriken offen dastehen, so dass alle Welt und jeder halbblinde Pilot sie sehen können?

Wir haben jetzt eine »Hausmutter«, eine Aufseherin, die im Block selbst wohnt. Jeder Block hat eine. Was für eine herrliche Stelle wäre das für meine freizügige, unanständige Nachtschicht-Aufseherin bei Siemens gewesen. Die Aufseherin in unserem Block ist ihr vom Körperumfang her ähnlich, aber sonst eine exakte Kopie all der anderen verrückten Hitler-Fräuleins. Nach einer Weile kann man sie kaum noch auseinanderhalten, als seien sie alle der Gebärmutter desselben Drachens entstiegen. Alles Schwestern des Höllenschlunds, eingekauft und bezahlt vom wahnsinnigen Adolf.

Außer dass wir früher anfangen mussten und später aufhörten, war alles beim Alten. Die Zeit, die wir auf dem Weg dorthin einsparen, verbringen wir jetzt damit, mehr zu arbeiten. Ist es besser, einfacher? Wie die Franzosen sagen: »*le même, le même*«, es war genau dasselbe.

Mein Geburtstag kam und ging – wieder einmal. Ich werde mich nie daran gewöhnen. Ich werde nie glauben können, dass das, was mir hier passiert, alles wirklich passiert. Fast anderthalb Jahre marschiere ich jetzt schon Hand in Hand mit Elend und Angst, am Rande des Todes. Jeder Tag eine Ewigkeit, jede Woche ein Auf-Immer, jeder Monat noch einmal anderthalb Jahre.

In dem Jahr setzte der Winter früh ein, als könne er es nicht erwarten, die Erde mit seinem jungfräulichen weißen Tuch zu bedecken und den blutgetränkten Boden zu verbergen. Es sieht so friedlich aus. Wird der Schnee Frieden bringen? Seit Anfang November fällt der Schnee, und die erhabenen großen Kiefern haben sich alle in marmorgleiche Statuen verwandelt. Was für ein Anblick. Die Luft riecht frisch und klar – unverdorben, neugeboren. Alles Teil des riesengroßen Betruges. Die Natur macht mit beim Spiel des schönen Scheins und des So-tun-als-Ob. Wir tun, als ob diese friedvolle Landschaft genau das ist, was sie zu sein scheint. Still und heiter. Aber wir wissen es besser, wir alle! Wir hinterlassen unsere Fußspuren im Schnee, wenn wir im schattenhaften Dunkel der Nacht durch den Wald zur Straße marschieren, hinauf zu den Siemens-Werken. Und wenn wir im schattenhaften Dunkel der Nacht wieder zurückmarschieren, die Straße hinunter, durch den Wald, sind unsere Fußspuren verschneit oder vom Wind weggetrieben. Wie viel Schnee ist nötig, um die Verbrechen einer Nation zu verbergen?

Das junge Mädchen, das sie uns mit einer Gruppe weiterer neuer Häftlinge vom Lager heraufgeschickt haben, wird nicht viele Fußspuren hinterlassen. Das steht geschrieben im sorgenvollen Gesicht der Kleinen, in ihren fiebrigen, glänzenden, dunklen großen Augen und ihrem mageren, zitternden Körper. Bis Weihnachten schafft sie es nicht mehr. Eva und ich tun für sie, was wir können. Beim Marschieren stützen wir sie, damit sie nicht fällt. Wir ziehen sie vorwärts, und ihre Füße schleifen hinterher. Da sind Spuren, wo ihre winzigen Füße den Boden berührt haben, Spuren wie von einem Kinderschlitten. Bei Siemens sitzt sie über die Heißleiter gebeugt und träumt von zu Hause. Herr Bahls ist sehr nett und schirmt sie ab vor der schikanösen Aufseherin, die ihr ständig auf den Fersen ist. Sie ist erst vierzehn und die einzige Polin, die sie heraufgeschickt haben. Die anderen sind Deutsche mit dubioser Vergangenheit. Die Welt, aus der sie stammt, ist genauso klein wie sie – eine Mama, eine Zwillingsschwester. Die Stadt, aus der sie stammt, ist genauso klein, ein winziger Fleck auf der Landkarte. Sie ist noch nie von zu Hause weggewesen, noch nie getrennt gewesen von den zwei Menschen, die sie am meisten liebt.

Sie ist der winzige Spatz, der aus dem Nest gefallen ist, das kleine Rehkitz, das in der Falle des Jägers festsitzt. Ich erkenne in ihr jedes verängstigte, leidende Kind und jede verlorene Seele, die einem das Herz bluten lässt. Sie heißt Esther. Esther weiß weder, wie sie hierher gekommen ist, noch weshalb, noch wo sie sich befindet. Sie ist außerordentlich erschöpft von den vielen Tagen und Nächten, in denen sie von einem Ort zum anderen reisen musste … und vom vielen Weinen. Sie weiß nicht, wo ihre Mutter und ihre Zwillingsschwester sind, und begreift nicht, weshalb sie ganz allein ist. Esther erzählt Eva und mir immer wieder, sie sei ein artiges Mädchen und könne nicht begreifen, weshalb Gott sie bestrafen wolle. Eva besorgte ihr einen Schlafplatz direkt neben unserem, so dass wir ein Auge auf sie haben können, und wenn ich sie nachts weinen höre, rücke ich näher und nehme sie in die Arme. Sie wiegt nicht einmal so viel wie eine Feder. Bald schon wird überhaupt nichts mehr dasein, was man halten kann, und das Einzige, was man von ihr noch sehen wird, werden ihre Augen sein. Ihre wunderschönen, seelenvollen, fragenden Augen …

Es ist Weihnachtszeit – noch ein verdammtes unheiliges und ganz und gar nicht Stille-Nacht-Weihnachten! Ein Arbeitstag wie jeder andere – für uns und für die Deutschen in den Fabriken. Alle sind deprimiert und wären am liebsten bei ihren Familien und würden gern alles andere vergessen. Gegen Mittag bittet mich Frau Linke, »Stille Nacht, Heilige Nacht« zu singen, nicht nur für sie, sondern für die ganze Werkshalle. Die schikanöse Aufseherin ist einverstanden und alle anderen auch. Ich halte das für eine seltsame Bitte, aber ich singe trotzdem. Eine Ankündigung gab es nicht. In dem Moment, in dem ich beginne, stehen die Maschinen wie auf wortlosen Befehl hin still. Es ist vollkommen ruhig. Keine Bewegung, kein Geräusch, nur meine Stimme, die dieser jämmerlichen Truppe, diesen Opfern von Hitlers Krieg, das Lied von der himmlischen Ruh' vorsingt. Während meine Stimme in der Werkshalle ertönt und ein lang anhaltendes Echo hinterlässt, schaue ich ihnen in die Gesichter und weiß, dass sie in Gedanken auf dem Nachhauseweg waren. Dass sie die drei gesegneten Minuten lang, die das Lied dauerte, zu Hause waren und Weihnachten feierten … in himmlischer Ruh'.

Heiligabend. Keine Geschenke unter dem Baum. Kein Baum. Keine gerösteten Kastanien, keine Kinder, die Weihnachtslieder singen, kein Stechpalmenkranz an der Tür. Nichts außer abgestandenen Erinnerungen und einem schmerzenden Herzen. Die Stimmung im Block ist gedrückt und düster. Es dürfte kein Weihnachten geben, solange die Welt von grausigem Gemetzel heimgesucht wird. Es ist eine Zeit voller Melancholie. Die Erde unter dem Schnee ist eine Decke aus gefrorenen Gliedmaßen.

Sogar unsere Hausmutter ist niedergeschlagen und ganz verschlossen. Eva und ich bringen Esther ins Bett, legen ihr einen kalten Stofffetzen auf die Stirn. Sie ist eiskalt, und gleichzeitig glüht sie, aber wenigstens bekommt sie nichts mit von dieser Heiligen Nacht. Esther ist jüdisch-orthodox und sehr religiös. Dieser Tage nicht gerade sonderlich vorteilhaft. Die Stimme der Kleinen ist inzwischen sehr schwach, und doch betet sie in einem fort, so laut sie kann.

Die Aufseherin möchte, dass ich noch einmal »Stille Nacht, Heilige Nacht« singe und alles, was ich sonst noch gern vortragen würde. Für heute hat sie ihre Uniform ausgezogen.

Mit besonderen Feiertagen geht eine besondere Art von Einsamkeit einher. Wie ein mächtiger Durst oder Hunger, voll von nagendem Schmerz, erbarmungslos und anhaltend wie ein Brunnen ohne Boden. Wenn sie uns doch nur durch solche Tage durchschlafen ließen …

Der kleine Soldat, der draußen vor dem Block Wache stand, sah genauso erbarmungswürdig und einsam aus wie wir anderen alle – noch ein Resnick? Er war nicht viel älter als Esther und schien hier genauso fehl am Platz wie das große Gewehr, das er trug. Das erste Mal war er mir aufgefallen, als ich zum Fenster hinausschaute und die niedergedrückte Abendstimmung fortsang. Bisher hatte ich noch keinen Soldaten dort stehen sehen. Wieso bewachten sie uns und nicht die Fabriken?

Es war eine dieser unversöhnlichen, eisigen Nächte, die einem die Knochen gefrieren ließen und den Atem in Eis verwandelten. Die in Stiefel steckenden Füße des kleinen Soldaten waren in dem Schnee eingegraben, wie auch die Hälfte seiner Beine. Seine Hände ohne Handschuhe, die das Gewehr umklammerten, waren halb erfroren. Sein jugendliches Gesicht, das zum bewölkten Himmel aufsah, war so blau wie die Kälte, die ihn umhüllte. Er hatte ein solch junges, verlorenes, trauriges Gesicht. Wie ich ihn so durch das geschlossene Fenster beobachtete, fiel mir dieses wunderschöne Lied von Franz Lehár aus dem *Zarewitsch* ein. Also sang ich es. Sang von dem einsamen Soldaten, der Wache stand, allein in der Nacht, am Wolgastrand. Er bittet darum, dass man ihm einen Engel hinunterschickt, nur einen von dem dort oben, der doch so viele hat. Konnte er durch die zugigen Ritzen unterhalb des Fensters etwas davon hören, der Junge, den ich ebenfalls Resnick nennen werde? Er war genau wie der, der mich damals in meinem Theater bewacht hatte, und wie der bei der Wachstube an der belgischen Grenze.

Erster Weihnachtsfeiertag: An diesem Morgen fehlt jemand. Ein Paar Fußspuren weniger, ein Menschenkind weniger auf dieser Welt. Esther ist nicht mehr unter uns. Vergangene Nacht hat sie uns verlassen. Möglicherweise hat sie gewartet, bis alle schliefen. Das hätte ihr ähnlich gesehen, sich im Dunkeln davonzuschleichen, um nur ja niemanden zu stören. Ich bin überzeugt davon, dass die Nacht eine gute Zeit ist, um diesen unbarmherzigen Planeten zu verlassen …

Unsere Hausmutter beziehungsweise Aufseherin, die wieder ihre übliche Uniform trägt und sich auch entsprechend aufführt, hat versucht, Esther zu wecken. Sie stand vor der Pritsche der Kleinen, packte sie bei den Schultern, schüttelte und schlug den zerbrechlichen, leblosen Körper, während sie der »faulen Polin« zuschrie: »Schwing deine stinkenden Knochen aus dem Bett!« Wie eine Wahnsinnige, die völlig die Fassung verloren hatte, hämmerte sie wieder und wieder auf das reglose Mädchen ein. Es war ein entsetzliches, irres Schauspiel, und beim Zusehen konnte einem das Blut gefrieren. Schließlich mischte sich Eva ein. Scheinbar zufällig stolperte sie gegen die Aufseherin und sagte: »Sie ist tot.« Sofort ließ die Frau Esthers schlaffen Körper fallen und kreischte: »Ich habe sie nicht umgebracht! Ich habe ihr nichts getan! Weshalb rührt sie sich denn nicht? Sag ihr, sie soll sich rühren!« Noch einmal sagte Eva zu ihr, dass Esther tot sei. Dann beugte sich Eva herunter und schloss der Kleinen die weit offen stehenden, auf ewig verlorenen Augen. Eines der Mädchen im Block sprach ein Gebet.

Es ist Weihnachten … und ein jüdisches Kind ist jetzt im Himmel. Frohe Weihnachten …

Mitte Januar 1945 landeten zwei altgediente Konzentrationslager-Insassen, die beide inzwischen Expertinnen auf dem Gebiet der Überlebensstrategien waren, plötzlich »im Bunker«. Damit hatten beide bis jetzt noch keine Erfahrung gemacht. Bis das Tor hinter ihnen zuschlug, hatten sie nicht einmal mit Bestimmtheit gewusst, dass ein Bunker überhaupt existierte. Natürlich waren Gerüchte im Umlauf gewesen, und nicht alle diese Gerüchte waren in gedämpftem Ton oder zurückhaltend verbreitet worden.

Eva und ich waren zwei erfahrene Insassen, immun gegen alle neuen Kümmernisse, jedenfalls dachten wir das. Was den Bunker anging, so mussten wir zu unserer beiderseitigen Bestürzung feststellen, dass er tatsächlich existierte, was später die ganze Welt erfahren sollte.

Der Bunker befand sich auf dem Lagergelände, allerdings in einiger Entfernung zu den Blocks und zu allem, was sonst das Lager ausmachte, und es handelte sich dabei um ein befestigtes, zweigeschossiges Gefängnisgebäude aus Stein, das tief in die Erde eingelassen war. Wie bei Gefängnissen üblich, gab es im Bunker etliche Zellen mit Gängen davor. Es gab keinerlei Gemeinschaftseinrichtungen, weder drinnen noch draußen. Die Unterkünfte waren von der Außenwelt abgeschieden, so wie alles, was dort vor sich ging.

Als die Aufseherin, die uns von Siemens abführte, uns mitteilte, dass wir unter Arrest stünden, fiel mir dazu nichts weiter ein, als dass die Spionin in unserer Werkshalle sich endlich ihr Verräter-Brot verdient hatte. Nur neun Monate hatte sie dazu gebraucht. Die Aufseherin brachte uns in den Bunker, und als wir sie fragten, wessen man uns beschuldigte, versicherte sie uns, dass wir das noch zu gegebener Zeit herausfinden würden. Was an ihrer Aussage nicht stimmte, war die Tatsache, dass man von »gegebener« Zeit wohl nicht reden konnte.

Eine Zelle ist eine Zelle ... oder etwa nicht? Hier nicht. Hier ist alles ganz anders. Hier drinnen ist eine Zelle ein Verlies – ein kaltes, düsteres, uneinnehmbares Grab. Ein etwa zweieinhalb mal anderthalb Meter großer offener Sarg mit einer Decke anstelle eines Deckels. Die Zelle ist tief in dicke Steinwände eingebaut, und wenn es nach ihnen geht, soll niemand etwas von dem erfahren, was hier vor sich geht. Ein Ort, an dem Grausamkeit und Folter nicht die Ausnahme, sondern die Regel sind. Was für eine hervorragende Art, ein Geständnis zu erlangen, ob es nun etwas zu gestehen gibt oder nicht.

»Überredungskunst« – so nennen sie das hier. In diesem Zeitalter der Aufklärung, diesem wundersamen zwanzigsten Jahrhundert, haben sie hier in diesem Bunker das finstere Mittelalter wieder zum Leben erweckt.

Die Zelle, in die man Eva und mich gesteckt hatte, lag an der Außenseite des Bunkers, die Richtung Berlin ging. Wir befanden uns fast am hintersten Ende. Über uns waren die deutschen Soldaten, die angeblich allerlei böse Dinge getrieben und ihren Führer verärgert hatten, indem sie nicht mehr für ihr Vaterland kämpfen wollten. Nicht kämpfen zu wollen, Punkt. All diejenigen, die immer weiter in die falsche Richtung marschiert waren, weg von den Schlachtfeldern. Die Zellen ganz oben und näher am Ausgang waren reserviert für hochrangige Regierungsangehörige verschiedener Staaten, die gegen Hitler waren, und von diesen Leuten gab es einige hier, dazu noch einflussreiche politische Gegner, darunter auch Deutsche. Bald erfuhr ich die Namen von einigen und den Grund dafür, dass man sie hier festhielt. Ich erfuhr auch den Grund dafür, dass sie, und nur sie, in den Zellen ganz nah beim Ausgang untergebracht waren. Es hatte mit den Flugzeugen und den Bomben zu tun – russischen Flugzeugen, um genau zu sein. Auf ihrem Weg zur Bombardierung Berlins flogen sie direkt über uns hinweg, den ganzen Winter hindurch, Tag und Nacht, Nacht und Tag, wir lagen direkt auf ihrem Weg. Es brauchte keinen erfahrenen Kampfpiloten, um zu erkennen, dass wir alles andere als in Sicherheit waren, was die Örtlichkeit betraf. Weder in Sicherheit vor den Russen, die ihre Ziele verfehlten oder Bomben verloren, noch vor den deutschen Flugabwehrgeschützen. Möglicherweise haben sie gewusst, dass sich dort unten ein Konzentrationslager befand, und wollten es nicht treffen, aber was war mit uns, ganz unten in den Tiefen des Bunkers, wer wusste denn Bescheid über *uns*?

Die Gestapo in Berlin, die wusste Bescheid. Es war ihr Bunker, ihre Operation, sie führten die Verhaftungen durch. Zwar befand sich die Einrichtung innerhalb des Lagers, hatte aber mit dem Lager nichts zu tun. Was auch immer in dem Bunker geschah, geschah unabhängig vom Lager, und die Gestapo bestimmte hier das Gesetz. Und die Gestapo wollte auch diese prominenten Häftlinge nicht an die Bomben verlieren, ganz gleich wessen Bomben. Denn sie waren die Spielmarken der Gestapo im Verhandlungspoker und sollten eingelöst werden, wenn die ruhmreichen Tage des Dritten Reiches vorüber waren und die gesamte Armee sich auf den Weg in die andere Richtung machte. Diese Häftlinge waren hier, damit die Gestapo sie schnell hinausbringen konnte.

Bei der Einlieferung hatten sie keine Broschüren mit den interessanten Daten und Fakten über diesen Bunker ausgeteilt. Was auch immer wir an Informationen zusammentrugen, kam kleckerweise, aus vielen Quellen, hauptsächlich daher, dass wir den sprechenden Wänden zuhörten …

In der Zelle, in die der alte Wärter mit dem unentwegten Grinsen uns geführt hatte, gab es bereits eine Bewohnerin. Größe und großzügige Ausstattung der Zelle – ein Feldbett mit Strohsack und ein Stuhl – schienen nahezulegen, dass sie nur für einen Insassen gedacht war. Dennoch führte man Eva und mich hinein und sagte uns, wir sollten uns ganz wie zu Hause fühlen. Die junge Frau, die auf dem Stuhl saß, einer menschlichen Maus verblüffend ähnlich sah und auch die Stimme dazu hatte, freute sich über die Gesellschaft. Sie stand sofort auf und bot uns ihr Bett und den Stuhl an sowie, noch wichtiger, den halb kaputten Nachtstuhl in der Ecke. Nicht einmal drei Sekunden brauchten wir, um zu sehen, was sich sonst noch in der Zelle befand: die übliche, jetzt geschlossene Öffnung in der Tür als Durchreiche für das Essen; eine schmutzige Glühbirne an einem schmalen

Draht, die von der Sargdeckel-Decke hing; ein kahler Steinboden und kahle Steinwände. Keine Spuren auf dem Fußboden, keine Namen an den Wänden. Nichts weiter.

Die junge Frau, Renate, die aus der Nähe von Frankfurt stammte, verschwendete keine Zeit, sondern erzählte uns gleich, dass auch sie Insassin des Konzentrationslagers sei. Ihr Verbrechen, wie sie es nannte, bestand darin, dass sie bei einem Aufseher Zigaretten, die sie von zu Hause bekommen hatte, gegen die Kleidung eintauschte, die sie jetzt trug. Der Aufseher, so erzählte sie, war jetzt oben bei den anderen bösen Jungs. Mit der Mütze, dem Mantel und den Stiefeln sah sie aus, als sei sie gerade im Begriff, zum Einkaufen auszugehen.

»Ich soll zugeben, dass ich versucht habe zu fliehen«, beklagte sich das Mäuschen Renate, »und dass da etwas zwischen Hans und mir war. Was soll ich denen denn sagen?« Dann erzählte sie weiter, dass man ihr gesagt hätte, man würde ihr nicht wehtun, wenn sie nur gestand. Bevor uns eine Antwort darauf einfiel, fragte Renate, welches Verbrechen wir begangen hatten. Wir sagten, wir hätten gar nichts getan und wüssten nicht, weshalb wir hier seien.

Zuerst bat Renate, dann bestand sie darauf, dass wir es ihr sagten, denn wie sonst solle sie wissen, dass sie uns vertrauen könne. Sie müsse einfach ihr Herz ausschütten, so sagte sie jedenfalls, und sie erwartete von uns, dass wir das auch täten. Als uns das Abendessen durch die Türklappe hineingereicht worden war, hatte sie die Worte »vertraut mir« mindestens hundertmal benutzt.

Spät am Abend wurde die schmuddelige Glühbirne ausgeschaltet, und wir verbrachten die erste Nacht auf dem eisigen Boden dieses fürchterlichen Raumes – und tasteten in der Dunkelheit herum.

Renate wartete bis zum zweiten Tag, ehe sie uns eine detaillierte Beschreibung der Folterkeller gab, die sie, so schwor sie, mit eigenen Augen gesehen hatte. Was sie erzählte, erinnerte mich an irgendeine Horror-Geschichte aus dem Londoner Tower. Zunächst war da der Kreuzigungskeller, in dem man an ein großes Holzkreuz gebunden wurde, das an der Wand hing; dann der Raum zum Wassertreten, wo man die Wahl hatte, entweder Wasser zu treten oder zu ertrinken; das Wahrheitsbett, auf dem Spritzen mit Wahrheitsserum verabreicht wurden; und schließlich der Prügeltisch. Da lag man dann, splitternackt, mit dem Gesicht nach unten, und bekam seine besondere

Ration Prügel mit einer geflochtenen, schweinsledernen Peitsche verabreicht.

Allerdings erzählte uns Renate nicht, dass diese amüsanten Beschäftigungen nicht dazu bestimmt waren, uns nur ein bisschen mit ihnen bekannt zu machen, sondern uns fertigzumachen. Da war noch das schnelle, ganz bestimmt weniger schmerzhafte Erschießungskommando. Aber leider nicht immer anstelle der Folter, sondern danach ...

Am nächsten Morgen verließ uns Renate. Sie wurde in eine andere Zelle verlegt, wie unser ewig grinsender Wärter uns erzählte. Er meinte, wir sollten froh sein, dass sie weg wäre. »Das war nicht eure Freundin«, brummelte der Alte, während er das Tablett mit dem wässrigen Kaffee und der steinharten Brotscheibe durchschob. Er sagte noch, dass sie für »die« arbeitete und dass es ihre Aufgabe gewesen sei, uns zum Sprechen zu bringen und ihr zu gestehen, was wir angestellt hatten. »Die glauben, dass Häftlinge anderen Häftlingen alles erzählen«, fügte er irgendwie belustigt hinzu. »Na ja, manche machen es, andere nicht. Manche sind einfach, andere nicht, und wieder andere würden ihre eigene Mutter für einen warmen Mantel verkaufen. Die hier hätte euch für weit weniger verkauft. Seid froh, dass sie weg ist.«

Das mit Renate überraschte uns nicht sehr. Frauen wie Renate und die bei Siemens, die häufig selbst gegen die Regeln verstoßen hatten, waren nichts weiter als Schachfiguren für die Gestapo. Nicht, dass sie je etwas wirklich Schwerwiegendes getan hätten; nur gegen alberne kleine Regeln hatten sie verstoßen, indem sie eine Zigarette oder einen Strumpf gestohlen hatten. Wenn man sie erwischte, bot man ihnen einen Handel an, eine Chance, ihr Vergehen wieder gutzumachen. Vergebung im Austausch für das Ausspionieren ihrer Kameraden – und eine Mütze und einen Mantel noch dazu.

Ich war nicht so recht überzeugt, dass beide Seiten etwas bekamen, was das Geld wert gewesen wäre – die Spitzel, weil sie einiges erfinden mussten, um überhaupt etwas vorzuweisen zu haben, und die anderen, Gestapo und so weiter, weil sie sowieso nicht mehr als die Hälfte glaubten. Sie hatten da so ein Sprichwort, diese Fahnder, diese Geheimpolizei des Führers. Sie sagten: »Wir lieben den Verrat, aber nicht den Verräter!« Was bedeutete, dass all die Renates in ihren Diensten nach einer Weile auch nicht mehr allzu gut dastanden.

Noch am selben Nachmittag holten sie auch Eva heraus. Der Aufseher, der sie holen kam, war wesentlich jünger als unser Wärter und auch weniger gesprächig. Ein wortloses Heranwinken war alles, was er zuwege brachte. Ich horchte auf das *Klack, Klack* seiner Stiefel und das dumpfe Stapfen von Evas Holzschuhen, als sie davongingen, bis ich sie nicht mehr hörte.

6.

Ich war allein. Zum ersten Mal seit über zwanzigeinhalb Monaten war ich allein. Allein gelassen, auf mich zurückgeworfen, praktisch ohne zu wissen, wo ich mich befand. Die Folge war, dass ich mich äußerst verwundbar fühlte, erschreckend isoliert und seltsam vergessen. Und doch war allein zu sein das, was ich mir jeden einzelnen Tag in diesen zwanzigeinhalb Monaten gewünscht hatte. In Mecheln hatte ich mir das gewünscht, in Auschwitz, aber vor allem hier in Ravensbrück, wo die ständig anwachsenden Häftlingsmassen mich regelrecht wahnsinnig gemacht hatten. Ich nehme an, jetzt hatte ich, was ich mir gewünscht hatte. Lydia hätte gesagt: »Wen die Götter lieben, dessen Wünsche lassen sie in Erfüllung gehen.« Habe ich mir das Falsche gewünscht, oder haben mich die falschen Götter erhört? Eva beharrte weiterhin darauf, dass dies eine großartige Zeit ist. »Stell dir doch nur einmal vor, was für Geschichten wir unseren Enkeln erzählen können«, sagte sie. Manchmal trieb sie mich geradezu in den Wahnsinn mit ihrer positiven Lebensauffassung. Ich fragte mich, mit was für heiteren Vorhersagen sie wohl ankommen würde, wenn sie jetzt hier wäre.

Kurz vor Einbruch der Nacht kamen sie auch mich holen und brachten mich in eine Zelle ganz vorn im Gebäude. Da spielten zwei uniformierte SS-Leute »netter Polizist, böser Polizist« und sagten, meine beste Freundin habe bereits gestanden. Natürlich rieten sie mir, am besten auch zu gestehen. Was für ein uralter Trick! Als Gefängnis-Neuling wäre ich möglicherweise darauf hereingefallen, aber nicht nach all der Zeit. Nicht jetzt, nicht wo ich mir inzwischen längst ein paar eigene schlaue Gefängnistricks angeeignet hatte. Ehrlich gesagt hielt ich es für dumm, dass sie es überhaupt versuchten. Viel dümmer noch, als uns mit dieser Renate zusammenzulegen. Wir sollten ihnen die Namen all derjenigen nennen, mit denen wir bei Siemens Kontakt gehabt hatten. Das schien reichlich merkwürdig, da sie diese Leute ja ohnehin kannten und Akten über sie angelegt hatten. Jeder wusste, dass sie das machten. Aber offenbar waren ein paar davon verloren gegangen – Akten ebenso wie Leute –, wobei Teddy die Liste anführte. Sie hatten nach ihm gesucht und nach den Zivilisten, mit denen er Kontakt aufgenommen hatte. Den Widerstand, der ihrer Meinung nach nicht existierte, erwähnten die beiden SS-Leute nicht.

Sie wollten alles wissen, was wir Teddy erzählt hatten. Vor allem hatten sie es darauf abgesehen, die Namen von Häftlingen in unserem Lager herauszufinden, die mit ausländischen Würdenträgern verwandt waren, die Namen von Sozialisten, die Namen von Kommunisten. Ich sagte ihnen nichts. Liebend gern hätte ich gesagt: ›Wenn meine beste Freundin schon gestanden hat, weshalb zum Teufel brauchen sie dann mich?‹ Aber natürlich sagte ich das nicht. Ich konnte sie ja nicht merken lassen, dass ich ihr Spiel durchschaut hatte. Außerdem wollte ich nach über einer Stunde von diesem zermürbenden Unsinn unbedingt hier heraus. Sogar meine düstere, einsame Zelle fing langsam an, mir verlockend zu erscheinen.

Nachdem sie mir äußerst unangenehme Konsequenzen für den Fall in Aussicht gestellt und angedroht hatten, dass ich beim nächsten Mal nicht kooperativer wäre, ließen sie mich gehen.

Das einzig Gute an diesem Tag war die Tatsache, dass auch Eva zurückgekommen war. Noch nie zuvor war ich so froh gewesen, jemanden zu sehen. Sie hatte dieselbe Farce durchgestanden wie ich, mit einer kleinen Variante. Während der ersten paar Stunden hatte man sie allein gelassen. Als dieselben zwei SS-Leute schließlich auftauchten, erzählten sie ihr denselben Unsinn wie mir: »Ihre Freundin hat schon gestanden«, sie sollte denken, dass die zwei in der Zeit, in der sie allein gewesen war, mich verhört hatten. Das glaubte sie genauso wenig wie ich und erzählte ihnen dasselbe wie ich. Nichts.

Eine stockdüstere, unterirdische Zelle, weggesperrt von der Welt, ist das der geeignete Ort, um über die Zukunft zu sprechen? Natürlich nicht! Aber genau das tat Eva mitten in dieser eisigen Nacht. Über uns jubelten die deutschen Soldaten, die sich unerlaubt von der Truppe entfernt oder sonstwie Schande über sich gebracht hatten, den russischen Piloten zu: »Hurra! Da kommen schon wieder die russischen Flieger!« Während ich versuchte, mich zu entscheiden, ob ich nun mehr unter dem Hunger oder unter der Kälte litt, beharrte Eva darauf, von der nur eben um die Ecke liegenden Zukunft zu reden. Ihre Zukunft hatte sogar einen Namen: Britta, Tore – und Sommer. Britta und Tore Warren waren Freunde von Eva, und sie hatten das Glück, aus einem Land zu stammen, in dem es keinen Krieg gab, einem Land namens Schweden.

Auf einer sommerlichen Kreuzfahrt durch die griechische Inselwelt hatten sie sich kennen gelernt und sich gleich angefreundet. Das Ehepaar hatte sie eingeladen, den ganzen kommenden Sommer auf ihrer wunderschönen Insel nicht weit von Stockholm entfernt zu verbringen, aber es ergab sich, dass Eva den Sommer stattdessen in Auschwitz verbrachte.

Jenseits aller Logik schaffte sie es irgendwie, das Unmögliche möglich erscheinen zu lassen. Zwar räumte Eva ein, dass sie von ihren Freunden eine ganze Weile schon nichts mehr gehört hatte, dass die beiden aber ganz bestimmt weder sie noch die Einladung auf ihre hübsche Insel vergessen hatten. Ach ja, die zwei waren Millionäre! Mit Yachten, vielen Autos, vielen Dienstboten und einem kleinen Sohn, der Charles hieß. Britta und Tore Warren, die im *Who's Who* standen, waren – und das war das beste – die Freunde meiner besten Freundin.

Eva redete und redete immer weiter über sie, bis sie auf eine schwer zu erklärende Weise für mich ganz real wurden, so als würde auch ich sie kennen. »Sobald wir frei sind, fahren wir zu ihnen. Wir verbringen den Sommer dort. Liegen in der Sonne, schwimmen, schlafen und essen. Ja, das machen wir! Schwimmen, schlafen und essen, schlafen und essen! Essen! Essen! Essen, bis wir platzen …«

Eine Weile dachten Eva und ich, dass wir uns allein schon vom Aufenthalt hier unten irgendeine fürchterliche unbekannte Krankheit eingefangen hatten. Eine Zellenkrankheit! Das dachten wir, weil wir den ganzen nächsten Vormittag nicht gezittert hatten. Im Gegenteil, uns war ungewöhnlich warm, als ob wir Fieber hätten, aber weder unsere Stirn noch unsere Hände fühlten sich heiß an, und geschwitzt hatten wir auch nicht. Uns war behaglich und warm zumute. Wir wussten nicht, was wir davon halten sollten, bis unser Wärter, mit einem weiteren Feldbett und Decken bewaffnet, uns verriet, dass man ihm befohlen hatte, uns die Sachen zu bringen und die Zelle zu heizen. »Seht ihr«, strahlte er, »so übel sind die gar nicht. Gebt denen, was die wollen, und die lassen euch in Ruhe.« Damit marschierte er hinaus.

Bis zum Nachmittag ließen sie uns in Ruhe, und dann gab es, diesmal in umgekehrter Reihenfolge, dasselbe Spiel mit demselben Ergebnis. Sie glaubten uns nicht, und sie wussten, dass wir das wussten. Wir wussten außerdem, dass wir zwar zweimal nur mit Drohungen davongekommen waren, aber dass das nicht das Ende sein würde.

Vierundzwanzig Stunden später wurde Eva noch einmal abgeholt und nicht wieder zurückgebracht. Weder die beiden Feldbetten mit den Decken noch die heiße Suppe (die tatsächlich richtige Suppe war), weder das Brot, das nicht älter als eine Woche war, noch die warme Zelle vermochten das unheimliche Gefühl zu vertreiben, das ich angesichts des unmittelbar Bevorstehenden hatte. Nicht meine Überzeugung, dass das Schlimmste noch kommen würde und alles andere nur ein Vorspiel gewesen war, machte mir Sorgen, sondern die Tatsache, dass ich es allein durchstehen musste, ohne Eva. Ich fühlte mich völlig ungeschützt, als ginge ich ohne Schild in eine Schlacht.

Sie holten mich nach Mitternacht. Den langen Gang hinunter, dorthin, wo die Treppe nach oben führte, dann nach draußen und in die Nacht hinaus folgte ich dem Soldaten. Die Mondscheibe, die auf die gefrorene Erde herabschien, und das Licht der Taschenlampe in der Hand des Soldaten waren unser einziges Licht. Der eisige Wind und die winterliche Luft trafen mich mit voller Wucht. Die Luft fuhr mir schneidend ins Gesicht, drang peitschend durch meine hauchdünne Gefängniskluft und wand sich mir um die nackten Beine. Es fühlte sich an, als habe jemand Eimer mit Eis über mir ausgekippt. Es tat weh und nahm mir den Atem. In dem gefrorenen Schnee hinterließ ich keine Fußspuren. Nichts, das meine Anwesenheit hier verraten hätte. Ich horchte auf Geräusche. Es gab keine. Nichts, nur das Knirschen unter meinen Füßen, das klang, als würde jemand stöhnen.

Wir überquerten eine Straße und gingen durch den Winterwald und blieben dann stehen am Fuß eines steilen Hügels. Vor uns führten unzählige primitiv gehauene schmale Holzstufen und ein wackeliges

Geländer bis ganz nach oben. Als der Soldat mich holte, war ich in Versuchung gewesen, ihn zu fragen, wohin er mich brachte, war aber gleichzeitig überzeugt, er würde sowieso nicht antworten. Aber jetzt, angesichts dessen, was mir bevorstand, fragte ich ihn doch, und tatsächlich antwortete er: »Nach da oben«. Er hob den Arm und deutete den ganzen Weg hoch.

So manches ging mir durch den Kopf, während wir diese gefährlich baufälligen Stufen hinaufkletterten. Ich wollte sie eigentlich zählen, aber nach den ersten zweihundert gab ich auf. Ich dachte an Eva, fragte mich, wo sie wohl sein mochte und ob sie auch diesen Aufstieg hatte mitmachen müssen. Vor allem aber dachte ich an die geheimnisvollen Schüsse. Die Schüsse, die wir im Lager Nacht für Nacht für Nacht hörten, ohne zu wissen, woher sie kamen und wer da erschossen wurde.

Ich schaffte es, die scheinbar endlosen hunderte von Stufen zu erklimmen und dabei nur ein paar Mal auszurutschen. Ich wusste, dass wir oben angekommen waren, als die Stufen und das Geländer aufhörten und meine Füße auf ebenen Grund traten. Nach etwa zwanzig Metern kamen wir zu einem Haus. Da die Elemente ihren eigenen kleinen Krieg führten, Nebel gegen Wind, Wind gegen Nebel, und der Mond inzwischen ganz verschwunden war, hätte da oben eine ganze Stadt sein können, und ich hätte sie nicht gesehen. Der Soldat öffnete etwas, das höchstwahrscheinlich die Vordertür des Hauses war, führte mich in einen kleinen, spärlich erleuchteten Flur und ging dann sofort wieder. Ich hatte kaum Gelegenheit, mich umzuschauen, als eine durchdringende Stimme brüllte: »Reinkommen.«

Er stand hinter einem riesigen Schreibtisch. An beiden Enden des Tisches und auf dem Boden lagen aufgehäuft überall Papiere, alle in hoch aufgestapelten Mappen. Der Mann hatte den Blick auf einen aufgeklappten Aktenordner unmittelbar vor sich gerichtet. Als er sich darüber beugte, fiel mir auf, dass sich sein rotblondes Haar lichtete und die Kopfhaut darunter glänzend und rosa war.

Der riesige Schreibtisch nahm fast den ganzen Raum ein. Auf dem Holzfußboden gab es keinen Teppich, keine Bilder an den Wänden, nicht einmal eines vom Führer. Da war nichts sonst, nur dieser Mann, die unüberschaubare Zahl von Aktenordnern und eine dicke, doppelt geflochtene Peitsche quer über dem Schreibtisch. Er trug eine

SS-Uniform voller Ordensbänder und Abzeichen. Aber ganz gleich wie er oder dieser Raum aussah, mir war klar, dass dies ein Ort war, zu dem viele gekommen waren, den aber nur wenige verlassen hatten.

»Näher kommen«, brüllte er. »Steh nicht da an der Tür herum! Ich bin Kriminalkommissar Ramdohr. Sagt dir der Name etwas? Hast du schon von mir gehört?« Das Wort »Ja« blieb mir im Hals stecken. Ich wollte sprechen, aber es kam nichts heraus. Nun schaute er nicht mehr in seinen Aktenordner, sondern sah stattdessen mich an und wiederholte seine Frage. Diesmal gelang mir ein Kopfnicken. Da sagte er: »Ich sehe, du warst in Auschwitz. Da bist du ja dem Totengräber von der Schippe gesprungen.« Sein Tonfall veränderte sich. Ich glaubte sogar, Bewunderung und einen gewissen Respekt in seiner Stimme zu erkennen, als ob mich die Tatsache, dass ich das Todeslager überlebt hatte, zu einer würdigeren Gegnerin machte. »Na schön«, fügte er hinzu, »jetzt wissen wir also beide, dass du ganz schön zäh bist.«

Hier allein mit ihm zu sein, erschreckte mich zu Tode. Sein Ruf als das verderbteste, verabscheuenswerteste aller Ungeheuer war Ursache dieser Angst. Er war Oberster Leiter der Sittenpolizei in Berlin, der Boss der Holthöwer. Wie tritt man einem Mann mit grenzenloser Macht gegenüber, der sich niemandem gegenüber verantworten muss? Ich war mir vollkommen bewusst, dass er mich vergewaltigen und foltern, mich mit seiner Peitsche totprügeln konnte und dass er ungeschoren davonkommen würde, weil es keine Zeugen gab, die je gegen ihn aussagen würden, und das machte es so schwer für mich, mit dieser ganzen Situation umzugehen. Ich hatte geglaubt, dass ich nach Auschwitz nie mehr vor irgendjemandem oder irgendetwas Angst haben würde. Aber Auge in Auge diesem Mann gegenüberzustehen, in der Falle gefangen und völlig hilflos, ohne Möglichkeit, mich zu wehren, das machte mir Angst.

Kriminalkommissar Ramdohr, von durchschnittlicher Größe, etwa Mitte dreißig, schob seinen Stuhl zurück, nahm seine Peitsche auf, ging um seinen Schreibtisch herum und blieb direkt vor mir stehen. Dreimal sauste die Peitsche in kaum mehr als ein paar Zentimetern Abstand an meinem Gesicht vorbei. Ich hörte das Zischen, spürte, wie die Luft ähnlich einem plötzlichen Windstoß an mir vorbeirauschte. Dreimal hielt ich den Atem an, aber weder blinzelte ich, noch schloss ich die Augen, und ich wich keinen Zentimeter. Unverwandt schaute ich ihn direkt an …

Während des gesamten Verhörs war die Peitsche – Schweinsleder, so teilte er mir voller Stolz mit – in seiner Hand und kam nur selten zur Ruhe. Meist ließ er sie um Haaresbreite und blitzschnell an meinem Gesicht vorbeizischen, während er mir gleichzeitig Fragen entgegenschleuderte. Auch er wollte Namen. Die Namen derjenigen, von denen ich Informationen erhalten und an die ich Informationen weitergegeben hatte.

Die Befragung dauerte die ganze Nacht an. Kein einziges Mal wandte er seine wässrig blauen Augen von mir ab und war nie mehr als einen knappen halben Meter von mir entfernt. Immer wieder brüllte er, es stände alles in meiner Akte (der Akte, die offen auf seinem Schreibtisch lag), und selbst wenn es so viele Stunden dauerte, wie es Stunden gab, und so viele Nächte, wie es Nächte gab, würde er seine Antworten bekommen. Wie, das sagte er nicht.

Einmal zeigte er mir ein offizielles Dokument mit Hakenkreuzstempel oben und unten. Er ließ es mich lesen. Da stand: »Tod durch Erschießung«. Die Namen darauf waren Evas und mein Name und dazu noch zwei weitere Namen, die mir unbekannt waren. In dem Schriftstück wurden wir folgender Vergehen beschuldigt: erstens der Zugehörigkeit zu einer an Sabotageakten beteiligten Untergrundorganisation und zweitens der wissentlichen Zurückhaltung bedeutender, für die Sicherheit des Dritten Reiches unerlässlicher Informationen. Unterzeichnet war das Dokument von Heinrich Himmler. Ich antwortete nicht. Ich war wie betäubt, zu erschöpft, um zu antworten. Im Übrigen war ich mir keineswegs sicher, dass das Schriftstück authentisch war. Expertin, was Himmlers Unterschrift anging, war ich nicht gerade. Das in dicken, großen Buchstaben gedruckte Dokument sah ein wenig wie ein Telegramm aus. Wie dem auch sei, ich empfand es als beinahe schmeichelhaft, dass ein solch wichtiger Mensch wie Himmler ins Spiel gebracht worden war.

Als er genug hatte, machte er Schluss für diese Nacht. Der Soldat, der aus dem Nichts auftauchte, brachte mich den Hügel hinunter und in meine Zelle zurück. Er muss mich mehr getragen haben, als dass ich gegangen war. Ich fiel auf die Pritsche und sank sofort in einen tiefen, traumlosen Schlaf. In den darauf folgenden Wochen wurden meine Ausdauer und meine Willenskraft Tag für Tag immer wieder auf eine harte Probe gestellt. Die Premiere dieses systematischen Rituals, das der Mann auf dem Hügel routiniert handhabte, um mich zu brechen, fand gleich in der nächsten Nacht statt.

Es begann mit unserem Wärter, der kam und die Feldbetten hinaustrug. Dann folgten die Strohsäcke und danach die Decken, die Heizung der Zelle und schließlich die verdammte, hin und her baumelnde Glühbirne. Über zwei Wochen saß ich und stand ich, ging auf und ab und schlief auf dem harten, kalten Fußboden dieser unbeleuchteten, eisigen Zelle, allein, und wartete darauf, dass die Lungenentzündung mich von meinem Elend erlöste. Ich bekam keine Lungenentzündung.

Ich glaube, ich begriff recht früh, dass ich mein eigenes Todesurteil unterschreiben würde, wenn ich Ramdohr die gewünschten Namen nannte. Wenn er sie erst einmal hatte, wäre ich für ihn nicht mehr von Nutzen. Meine einzige Chance zu überleben, zwar knapp, aber immerhin zu überleben, bestand also darin, dass ich schwieg. Als ich meine Überlebenschancen unter den gegenwärtigen Umständen abwog, nahmen sie mir das Essen fort – nicht alles, aber das meiste. Drei Wochen hatte ich so existiert, nicht ganz tot, aber auch nicht ganz lebendig, da rationierten sie die ohnehin schon rationierten Rationen. Statt mir mein täglich Brot zu geben, gaben sie mir nur jeden vierten Tag zu essen. Der alte Wärter bezeichnete diese jüngste Einschränkung als eine Maßnahme, die sie ergriffen, um mir zu helfen, die Dinge auf ihre Weise zu sehen. Außerdem versicherte er mir, dass die Methode mit hervorragenden Ergebnissen erprobt worden sei.

Nachdem man Eva und mich getrennt hatte, versuchte ich, beim alten Wärter etwas über sie in Erfahrung zu bringen. Jedesmal, wenn er kam, erkundigte ich mich nach ihr. Doch er weigerte sich, mir irgendwelche Auskünfte zu erteilen. Ich war recht sicher, dass sie aus demselben Grund wie ich noch am Leben war, und doch wollte ich unbedingt wissen, wie sie zurechtkam. Was Eva anging, so erzählte mir der Alte überhaupt nichts.

In meiner düsteren Zelle wurden Tag und Nacht eins. Alles wurde eins. Ein und dasselbe. Dieselben paar Schritte, die ich schon tausendmal gemacht hatte, ein paar Schritte vor, ein paar Schritte zurück, derselbe Hunger und dieselbe Kälte als meine einzigen Gefährten, derselbe zwielichtige Dämmerzustand, ob ich nun schlief oder wach war, und dieselbe Verwirrung über das, was hier vor sich ging.

Die Stufen den Hügel hinauf blieben auch dieselben. Bei jedem Gang dort hinauf schienen es mehr Stufen geworden zu sein, und es wurde schwerer und immer schwerer, sie hinaufzuklettern. Oft musste der Soldat mich einen Teil des Weges ziehen, und selbst dann musste ich zwischendurch immer wieder ausruhen. Meine Beine machten einfach nicht mehr mit, außerdem hatte ich Schwindelanfälle. Ich wurde immer schwächer. Wie oft bin ich diesen Hügel hinaufgekrochen, wie viele peitschenschwingende Befragungen und Verhöre bei Kriminalkommissar Ramdohr stand ich durch? Nach der vierten hörte ich auf zu zählen.

Wären da nicht das Dröhnen der russischen Flugzeuge über uns gewesen und die deutschen Soldaten im Bunker, die ihnen jedesmal zujubelten, wäre ich in ein tiefes Loch von Verzweiflung gefallen und hätte wahrscheinlich den Kontakt mit dem letzten Rest der Welt völlig verloren. Aber das hielt mich aufrecht. Es war wirklich wie der Atem des Lebens – das, und die Klopfzeichen, die von der anderen Seite der Zellenwand zu mir drangen. Das Klopfen fing erst viel später an, erst als ich schon längst jegliches Zeitgefühl verloren hatte, und auch sonst alles, was man verlieren konnte. Zuerst ärgerte ich mich über das Klopfen, denn ich konnte mich nicht mehr an das zu meiner Pfadfinderzeit gelernte Morse-Alphabet erinnern, aber dann machten die Zeichen mir den Kopf klar und riefen alte Erinnerungen wieder wach. Ich verstand nie alles von dem, was mein Zellennachbar mir mitteilen wollte, aber darauf kam es auch gar nicht an. Worauf es ankam, war die Tatsache, dass ich nicht die einzige hier unten war und dass ich mich, obwohl ich immer noch allein war, nun nicht mehr allein fühlte.

Immer holten sie mich in der Nacht. Nicht einmal am Morgen, nicht einmal bei Tageslicht. Das wusste ich wegen der Dunkelheit draußen. Außerdem antwortete mir der Soldat immer, wenn ich ihn nach der Uhrzeit fragte: »Zwei oder drei Uhr morgens.«

Der Aufseher, der meine Zellentür öffnete, um mich zu einem weiteren Verhör abzuholen, war weder der alte Wärter noch der Soldat, den ich sonst gesehen hatte. Wer auch immer er war, er zeigte keinerlei

Interesse an mir und an seiner Arbeit, und er schien es auch nicht besonders eilig zu haben. Als wir den schwach beleuchteten Korridor hinuntergingen, sah ich etliche Zellentüren meiner Zelle gegenüber weit offen stehen. Obwohl ich mir keine Mühe gab, meine Überraschung und Neugier zu verbergen, schenkte der Aufseher auch dieser Sache keine Beachtung. Einige Zellen standen leer; andere beherbergten männliche Gefangene. Jeweils einer pro Zelle, manche trugen deutsche Uniformen, andere normale Straßenkleidung. Unter den Zivilisten hielt ich Ausschau nach einem bekannten Gesicht, und so starrte ich jeden einzelnen hemmungslos an. Die meisten starrten zurück, nickten und lächelten. Als ich im Zeitlupentempo an ihnen vorbeiging, meinte ich, eines dieser Gesichter schon einmal gesehen zu haben. Vor der entsprechenden offenen Zellentür blieb ich daher stehen und starrte noch eine Weile.

Der Mann in der Zelle war sehr alt und wirkte sehr zerbrechlich, und er schien ganz in Gedanken versunken. Um die Schultern hatte er eine Decke gehängt, und in den Händen hielt er ein Buch. Je länger ich ihn anschaute, umso sicherer war ich, dass ich ihn schon oft gesehen hatte. Aber wo ich ihn unterbringen sollte, wusste ich nicht. In jeder Zelle, in die ich hineinschauen konnte, sah ich ein Bett und Bettzeug und ein leeres Essenstablett auf dem Fußboden, und obwohl ich mir nicht erklären konnte, weshalb man ihre Zellentüren offenstehen ließ, war ich doch schließlich überzeugt, dass all diese Männer wichtige Persönlichkeiten waren. Bedeutende Gegner von Hitlers Drittem Reich. Die Elite.

Dies war der bisher schlimmste Aufstieg. Eisig, stürmisch, und jeder Schritt tückischer als der vorangegangene. Während ich mich noch mit verkrampften Händen an den Mantel des Soldaten klammerte, gaben meine Beine unter mir nach. Ich lag mehr auf dem rutschigen Boden, als dass ich stand, kroch mehr, als dass ich kletterte, schnaufte mehr, als dass ich atmete. Gleich nachdem das mit den Klopfzeichen an meiner Wand begonnen hatte, fing ich mit Gymnastikübungen an, weil ich mir sagte, ich müsse geistig und körperlich in gutem Zustand sein. Aber in Wahrheit arbeiteten sowohl mein Körper als auch mein Geist eindeutig im Leerlauf, was mich nur immer wieder still dieselbe alte Frage stellen ließ: Wie lange noch?

Der Mann, der hinter Ramdohrs riesigem Schreibtisch saß, war nicht Ramdohr. Er war jünger, viel größer und athletischer. Auch er hatte meine Akte vor sich liegen. Er las darin, und ohne aufzuschauen, erklärte er mir: »Die Spielchen sind vorbei. Entweder sagst du uns jetzt, was wir wissen wollen, oder du kriegst ab, was auch deine Freundin abgekriegt hat.«

Zwei Gedanken gingen mir gleichzeitig durch den Kopf. Erstens, irgendwas ist mit Eva passiert; zweitens, er muss Holländer sein. Sein Akzent war überdeutlich. Ohne auf seine verwirrende und verstörende Erklärung einzugehen und indem ich mir allergrößte Mühe gab, einnehmend zu klingen, sagte ich: »Sie sind aus Holland! Das ist ja großartig. Woher kommen Sie? Ich bin in Amsterdam zu Hause.« Ich hatte Holländisch gesprochen, und das hatte ihn verwirrt. Einen Moment lang unterbrach er, was immer er mir androhen wollte. Dann setzte er da wieder ein, wo er aufgehört hatte, zum Teil mit denselben alten Drohungen, die auch Ramdohr benutzt hatte, nur viel lauter, aber ohne Peitsche. Da begriff ich, dass er nicht deshalb auf Ramdohrs Stuhl sitzen durfte, weil er nett war. Das war er nicht. Er war niederträchtig, verachtenswert und erschreckend ordinär, seiner selbst allerdings nicht ganz sicher. Ich hatte so eine Ahnung, dass das hier wohl ziemlich neu für ihn war.

Ihn auf Holländisch anzusprechen hatte mir nicht mehr eingebracht, als dass er auf Holländisch zurückbrüllte, und als ich ihn nach meiner Freundin fragte, bekam ich nur ein »Halt's Maul« auf Deutsch zu hören, aber er bearbeitete mich nur halb so lang, wie Ramdohr das immer gemacht hatte. »Achtundvierzig Stunden!« schrie er, bevor er mich gehen ließ. »Dann redest du entweder, oder es ergeht dir wie deiner Freundin.«

Dass ich stolpernd, rutschend, hinfallend den Hügel mit dem ungehaltenen Soldaten vor mir hinunterging, hielt mich nicht davon ab, mir schreckliche Sorgen wegen Eva zu machen. Ich weiß nicht, woher ich es wusste, dass der Holländer nicht gelogen hatte, ich wusste es einfach! Nicht einen einzigen Gedanken verschwendete ich an seine Achtundvierzig-Stunden-Drohung oder an etwas anderes. Ich dachte nur daran, dass ich unbedingt herausfinden musste, was sie Eva angetan hatten. Als ich wieder in meiner Zelle war, wartete ich eine Weile, und dann fing ich an, gegen die Tür zu hämmern, eine andere Möglichkeit hatte ich nicht. Ich hämmerte und trat, hämmerte und trat, und als ich damit eine kleine Ruhepause einlegte, schrie ich. Schließlich kamen sie, der wachhabende Aufseher und der alte Wärter. Sie brüllten mich an, und ich brüllte zurück. Ich brüllte, dass ich es nicht länger ertragen könne und dass sie genauso gut jetzt gleich mit mir machen könnten, was sie mit meiner Freundin gemacht hatten, um das Ganze endlich zu Ende zu bringen. Ich rief so laut ich konnte, beschuldigte sie, dass sie sie umgebracht hätten. Ich war mir sehr wohl bewusst, dass ich viel Aufmerksamkeit auf mich zog, wenn schon nicht im ganzen Bunker, so doch bestimmt bei den Männern in ihren unverschlossenen Zellen, und so gab ich alles, was ich zu geben hatte.

Der Aufseher war überzeugt, dass ich durchgedreht war, und wollte den Arzt holen, aber der Wärter, der sich nicht so leicht täuschen ließ, wies ihn an, mir stattdessen etwas Wasser zu bringen. Als er weg war, flüsterte der Alte: »Ihre Freundin ist am Leben. Sie haben ihr fünfundzwanzig Hiebe verpasst! Sie kommt schon wieder in Ordnung, nur die Nieren nicht. Die taugen zu nichts mehr.« Ich fragte, ob er sicher sei, dass sie lebte, und er bestätigte es noch einmal. Außerdem wollte ich ihn noch nach dem Neuen und nach Ramdohr fragen, aber da kam der Aufseher schon mit dem Wasser zurück. Weil ich mich oder den Alten wirklich nicht in ernsthafte Schwierigkeiten bringen wollte, trank ich das Wasser, sagte, es ginge mir schon viel besser, und trat in meine Zelle zurück.

Achtundvierzig Stunden später war ich wieder im Lager.

Die Erste, die ich sah, nachdem sich meine Augen wieder an das Tageslicht gewöhnt hatten, war Eva. Sie stand innerhalb des kleinen, fast unsichtbaren Tores, das den Bunker mit dem Lagergelände verband, und wartete auf mich. Wir waren so froh, uns endlich wiederzusehen, aber der Wärter, der uns hinausgeführt hatte, ließ uns keine Zeit für unser freudiges Wiedersehen. Er bestand darauf, dass wir uns sofort im Hauptbüro meldeten und uns von einer der Frauen dort einen Block zuweisen ließen. Inoffiziell vertraute er uns an, dass der Bunker geschlossen werde und dass man uns deshalb ins Lager zurückgeschickt hatte. Als wir ihn fragten, weshalb sie den Bunker schlossen, sagte er leise: »Die Russen kommen«, seufzte und ging zurück in seinen Bunker.

Die meisten Frauen, die im Büro arbeiteten, kannte ich. Sie waren zu meinen Abendkonzerten gekommen, bevor man Eva und mich zu Siemens verlegt und uns schließlich zu dreimonatiger Einzelhaft weggeschlossen hatte. Auch die Frauen, die in den Büros arbeiteten, waren Häftlinge; privilegierte Häftlinge auf vertraulichem Posten mit Zugang zu vertraulichen Informationen. Ich war nicht sicher, ob sie sich an mich erinnern würden. Der Wärter hatte uns ein Blatt Papier gegeben, das wir im Büro vorzeigen sollten. Darauf stand weiter nichts als unser Name und der Vermerk, dass wir aus dem Bunker entlassen worden waren. Aber aus Gründen, die ich nicht hätte erklären können, wäre es mir lieber gewesen, anonym zu bleiben.

Irgendetwas stimmte nicht. Das Lager wirkte verändert. Ganz und gar nicht so, wie ich es in Erinnerung hatte. Was sich verändert hatte, waren die Leute. Es waren weit mehr hier als je zuvor, und sie alle standen einfach nur herum. Frauen – so viele Frauen! Manche trugen ihre Häftlingskleidung, andere ihre eigenen Kleider. Alle Altersgruppen. Und alle sahen müde, erschöpft und verwirrt aus.

Aber die Frauen in den Büros hatten sich nicht verändert. Sie waren immer noch dieselben, nur ein bisschen hektischer und ebenfalls verwirrt. Der allerersten Frau im allerersten Büro gaben wir das Entlassungspapier; mit einem leichten Kopfnicken nahm sie es entgegen, aber das war, wie wir bald merken sollten, alles, was sie aufnahm. Während ich zuhörte, wie sie auf ihre Schreibmaschinen einhackten und in einem fort schnatterten, dachte ich, dass es fast wie im wirklichen Leben sei, fast so, als habe man einen regulären Arbeitsplatz in einer regulären Firma, wobei sie sicher glaubten, dass es genau das war.

Schließlich erzählte uns eine der Frauen, die dort arbeiteten – sie hieß Fredericke und hatte nette Erinnerungen an mich und meine Lieder –, wohin wir gehen sollten, riet uns aber dringend, uns möglichst außer Sichtweite zu halten und keinerlei Aufmerksamkeit zu erregen. Sie meinte, wir hätten »verdammtes Glück« gehabt, dass wir noch am Leben waren, dass es aber in dieser Situation besser für uns gewesen wäre, im Bunker zu bleiben. »Die sind alle völlig durchgedreht. Die sind richtig in Panik! Keiner weiß mehr, auf wen er noch hören soll!« Dann erklärte sie uns, dass all diese Frauen da draußen Häftlinge aus anderen Konzentrationslagern seien, Evakuierte. Ihre Theorie war, dass die Deutschen vermeiden wollten, dass die Alliierten, die immer näher rückten, die Frauen fänden, und deshalb hätten sie sie gesammelt und auf den Weg nach Ravensbrück geschickt. Manche auf Lastwagen, andere hatten tagelang laufen müssen. »Wir werden die Letzten sein«, fuhr sie fort. »Um uns kümmern sie sich ganz zum Schluss. Deshalb bringen sie die hierher. Schlimm, wie sie die einfach hier bei uns abladen, als wenn wir nicht sowieso schon überfüllt wären. Wo sollen wir die denn nur alle unterbringen? Sie auf die Lagerstraßen legen wie einen großen Teppich? Und wer gibt ihnen was zu essen? Wovon? Die Fässer sind leer, da ist nichts mehr übrig. Ach, was soll's, das kümmert ja doch keinen!« Ihr Bedürfnis, Dampf abzulassen und ihrer Enttäuschung Luft zu machen, hätte für Eva und mich zu keinem besseren Zeitpunkt kommen können. Nach Neuigkeiten ausgehungert, aber durch nichts mehr zu erschüttern, klammerten wir uns an jedes Wort und gaben ihr unsere ungeteilte Aufmerksamkeit.

Bevor wir gingen, nahmen wir ihr das Versprechen ab, uns über alle Veränderungen zu informieren. Bei der Gelegenheit fragte ich sie dann ganz beiläufig, ob sie irgendetwas über Kriminalkommissar Ramdohr gehört habe. Das hatte sie, und für ein Lied, das ich ganz für sie allein singen sollte, wollte sie mir alles erzählen, was sie wusste. Tatsachen, so schwor sie hoch und heilig, keine Gerüchte.

Im Vorratsraum hinter den Büros sang ich ihr das Lied vor, das sie hören wollte. Meine Stimme war schwach, wacklig, zitterte stark, aber das machte Fredericke nichts aus. Sie führte uns in ein leer stehendes Büro, und über einer Tasse Tee, die sie selbst aufgesetzt hatte – es gab eine Scheibe Toast mit einer Andeutung von Marmelade dazu –, erzählte sie uns vom Krieg. Nicht von dem großen Hitler-Krieg, der in der halben Welt ausgetragen wurde, sondern von dem kleinen Krieg zwischen Ramdohr und Suhren, dem Lagerkommandanten von Ravensbrück. Auch in diesem Krieg ging es, wie in jedem Krieg, um Macht: die Macht, das Sagen zu haben, die Macht, sich vor niemandem verantworten zu müssen. Dass der Kommandant und Ramdohr sich nicht sonderlich leiden konnten, war verständlich. Suhren mochte die Gestapo nicht – keiner außer der Gestapo mochte die Gestapo. Und Ramdohr gefiel es nicht, vom Kommandanten beobachtet zu werden. Da beide den jeweils anderen loswerden wollten, bespitzelten sie sich gegenseitig, statt einander umzubringen. Wer den meisten Dreck ausgraben, wer seinem Gegner am meisten anhängen konnte, würde am Ende gewinnen.

Fredericke erzählte, es sei eine ganze Weile so gegangen, und schließlich habe Suhren, der Lagerkommandant, trotz eines ganzen Heeres von Ramdohrs Spitzeln, gewonnen. Der mächtige Ramdohr, der sich für unbesiegbar gehalten hatte, hatte sich erwischen lassen. Man hatte ihn nicht nur mehr als einmal in den Armen einer Gefangenen entdeckt, sondern es stellte sich außerdem heraus, dass seine Taschen und Schreibtischschubladen voll von allerlei Wertgegenständen waren, die man für das Dritte Reich auf die Seite geschafft hatte. Mit anderen Worten, er hatte gestohlen. Und zwar so viel, meinte Fredericke, dass er ein angenehmes Polster für schlechte Zeiten angelegt hatte. Da ursprünglich alles von uns, den Häftlingen, gestohlen worden war, könnte man argumentieren, dass er es im Grunde genommen nur noch einmal gestohlen hatte. Und da er nicht dumm war, wird er vermutlich genau dieses Argument vorgebracht haben. Aber offenbar hat es ihm wenig genützt.

Auf dem Weg nach draußen trafen wir noch eine Frau, die hier arbeitete und sich an mich erinnerte, und da sie offensichtlich annahm, dass ich mehr wusste, als es tatsächlich der Fall war, fragte sie mich geradeheraus, ob es stimme, dass Feldmarschall Erwin von Witzleben und Carl Friedrich Goerdeler, Bürgermeister von Leipzig, beide maßgeblich an dem Attentat auf Hitler beteiligt, immer noch im Bunker festgehalten würden und ob ich sie mit eigenen Augen gesehen habe. Weil ich nicht zugeben wollte, dass ich nicht die geringste Ahnung hatte, erzählte ich ihr, ich hätte etliche Deutsche in Uniform dort gesehen. Aber da ich eine Uniform nicht von der anderen unterscheiden könne und außerdem nicht wisse, wie sie aussahen, sei ich nicht sicher, wer diese Männer waren. Da sagte sie: »Tja, ich glaube ganz bestimmt, dass sie es gewesen sind. Und wenn sie jetzt nicht mehr dort sind, hat man sie erschossen.« Da platzte Eva mit ihrem Wissen heraus: »Sie waren es, ganz bestimmt! Ich habe andere über sie reden hören. Karl Seitz ist auch dagewesen!« Karl Seitz war Sozialdemokrat, der frühere Präsident der konstituierenden Nationalversammlung Österreichs und Bürgermeister von Wien zu der Zeit, als ich noch ein kleines Mädchen war.

Karl Seitz war da gewesen – natürlich war er das! Er war der Mann, den ich zu erkennen geglaubt hatte, ohne zu wissen, woher ich ihn kannte. Der alte, gebrechliche Mann in der offen stehenden Zelle mit der Decke um die Schultern und dem Buch im Schoß, das war er gewesen. Zweimal hatte ich ihn als Kind gesehen. Es war anlässlich einer größeren Veranstaltung gewesen, bei der meine Ballettgruppe etwas hatte vorführen sollen. Nach der Darbietung war er hinter die Bühne gekommen, und wir wurden ihm alle vorgestellt. Ich weiß noch, dass ich knickste, dass er lächelte und dass er nett war. Als ich mich an diese freien, unbeschwerten Tage meiner frühen Kindheit, an diese glücklichen Momente meiner Vergangenheit erinnerte, wurde mir erst recht bewusst, wie gefahrvoll und bedrückend die Gegenwart für mich war, und natürlich auch für ihn, den einst so verehrten Bürgermeister meiner Heimatstadt – Karl Seitz.

Bei dem uns zugewiesenen Block erwarteten uns zwei Häftlinge. Wie selbsternannte Aufseherinnen führten sie sich auf und teilten uns mit, dass wir eindeutig nicht willkommen seien. Sie benahmen sich widerwärtig anmaßend und erklärten uns, dass sie keine schmutzigen, verlausten Kriminellen mehr aufnehmen wollten, davon hätten sie schon genug. Da die beiden selbst einen ziemlich unordentlichen und ungewaschenen Eindruck machten und da ein paar von den anderen Frauen, die im Türbereich herumstanden, auch nicht besser aussahen und alles um sie herum ohnehin nach Mülldeponie roch, hielten Eva und ich es nicht für der Mühe wert, uns gegen sie durchzusetzen. Wir ließen sie einfach stehen und gingen zum nächsten Block, und zum nächsten … und zum nächsten … und zum nächsten.

Überall wo wir hinkamen, war es mehr oder weniger dasselbe. Dicht an dicht Frauen, dicht an dicht krankhafte, Übelkeit erregende Gerüche, dicht an dicht auf einen Haufen gezwängtes Elend. Wir machten die Runde von einem Ende des Lagers zum anderen, aber das einzige Ergebnis war, dass die Frauen entweder nicht bereit waren, Platz für uns zu schaffen, oder dass es sich um ein verstecktes Eckchen ganz ohne Raum zum Atmen handelte. Wir waren auf dem Rückweg zu Frederickes Büro in der Hoffnung, dass sie uns sagen könnte, was wir jetzt tun und wohin wir gehen sollten, als ich eine große, schwere Frau eine andere ältliche, zerbrechliche kleine Gefangene zusammenschlagen sah. Sie hatte sie zu Boden geworfen und versuchte, ihr die Jacke herunterzureißen. Die arme Frau konnte nichts gegen die Angreiferin ausrichten. In eine Schlägerei verwickelt zu werden war das Letzte, was ich wollte. Weder hatte ich die Kraft noch Lust dazu, und doch war da etwas an dieser kleinen, wehrlosen, grauhaarigen Frau, das mich veranlasste, ihr beizuspringen. Ich trat die große Frau in die Seite, und bevor sie noch wusste, wie ihr geschah, griff Eva sie von hinten an. Da ließ sie die Jacke los, schüttelte Eva ab und flüchtete kreischend. Verblüfft sahen wir uns an, wir hatten gar nicht mehr gewusst, dass wir zu so etwas fähig waren, und schickten der erbärmlichen, feigen Angreiferin etwa ein Dutzend Drohungen hinterher, stellten ihr schlimme Verletzungen in Aussicht, falls sie der verängstigten Frau je noch einmal zu nahe kommen sollte.

Die kleine Frau, die Gemma Glück hieß, beharrte darauf, dass ich ihr das Leben gerettet hatte, sie umarmte und küsste mich, wiederholte wieder und wieder, was für ein tapferes kleines Wesen ich doch sei und dass Gott mich und meine Familie von jetzt an segnen und beschützen werde. Da fiel er mir auf einmal ein, der Grund, weshalb ich ihr hatte helfen wollen: Sie erinnerte mich an meine Mutter. Nicht, dass sie sich ähnlich sahen, das taten sie nicht, ganz und gar nicht, und doch hätte sie meine Mutter sein können. Mama. Seit vielen Monaten hatte ich schon nichts mehr von ihr gehört, wusste nicht, wo sie sich befand und ob sie überhaupt in Sicherheit war. Sie könnte überall sein, und falls sie … Gütiger Himmel, falls sie wirklich in einem dieser grauenvollen Lager war, dann würde sich da vielleicht irgendein junges Mädchen um sie kümmern, ihr zur Seite stehen, wenn sie Hilfe brauchte.

Mama hatte ganz bestimmt keine – oder nur sehr wenig – Hilfe, als Papa gestorben war. Nach seinem Tod war aus unserem Zuhause eine Insel des Kummers geworden. Er hatte noch das kleinste bisschen Glück mit sich genommen. Und als wäre das nicht schon deprimierend genug, war da auch noch das praktische Problem, Papas Geschäft weiterzuführen. Sowohl seine Möbelfabrik als auch das Geschäft selbst brauchten eine neue Leitung, und Mama versuchte, dem gerecht zu werden. Aber ihre Gedanken waren nicht auf die Welt der Möbel gerichtet. Mama war nicht im Stande, ihr unabänderliches Geschick anzunehmen, so vernachlässigte sie das Geschäft und flüchtete sich in die Welt des Spirituellen. Bei ihrer Suche nach jenem anderen Ort ging sie von einer Séance zur nächsten und von einem Medium zum anderen. Unerbittlich folgte sie ihnen. Von ihrem eigenen Kummer und dem unwägbaren Bemühen getrieben, Papa zu »erreichen«, verbrachte sie ihre Tage und Abende in entlegenen Bereichen, sehr weit fort von uns. Wir brauchten unsere Mutter; sie brauchte Erlösung von ihrem Schmerz. Da Mama mehr und mehr Zeit mit dem Versuch verbrachte, »Kontakt aufzunehmen«, und praktisch keine Zeit mit der Leitung der Firma, lag die einzige Alternative darin, jemand anderen mit der Geschäftsleitung zu beauftragen.

Ein Herr Kurzberg wurde Geschäftsführer von Papas Unternehmen. Eine nahe liegende Wahl; er wusste nicht nur viel über Möbel, sondern was noch wichtiger war, er war Papas engster Geschäftsfreund gewesen. Herr Kurzberg war ein Mann in den Vierzigern, allein stehend, gut aussehend, mit einem äußerst entwaffnenden Lächeln, und er nahm seine neue Position sehr ernst. Mama war höchst erfreut und ernannte ihn bald zum gleichberechtigten Partner. Aus lauter Dankbarkeit bot der neue Partner an, Mamas ganze geschäftlichen Angelegenheiten zu regeln. Dankbar und erleichtert nahm sie an. Mama mochte ihn, weil er kein Fremder war. Wir mochten ihn, weil er ein fantastisches Motorrad hatte und uns auf Fahrten durch die Stadt mitnahm. In jenen Tagen beständiger Traurigkeit waren diese Fahrten eine willkommene Abwechslung. Er war gut zu uns, und er war gut zu Mama. Er kaufte uns Geschenke und belästigte Mama nie mit solch kleinlichen Details wie der Frage, wohin das Geld ging.

Herr Kurzberg war ein Gauner. Mama zu bestehlen war ein Klacks für ihn, aber Papas Freund nahm sich nicht nur einen Klacks, sondern alles. Eines Tages gab es das Geschäft nicht mehr, und ein äußerst wohlhabender Herr Kurzberg verließ Mama, uns und das Land. Dieses reichlich katastrophale Vorkommnis wurde zu Hause mit keinem Wort erwähnt. Eine flüchtige Bemerkung, dass Mama das Geschäft »verkauft« habe, das war alles.

Mamas Stolz war ungeheuer, und sie hielt die Fassade aufrecht. Wir blieben in unserer teuren Wohnung; es kam mir nie in den Sinn, dass Kosten senken der Grund sein könnte. Dass unser Flügel verschwand und unser Unterricht nicht fortgeführt wurde, war kein Anhaltspunkt für mich. Mama versuchte, den Lebensunterhalt zu verdienen, aber trotz ihrer ernsthaften Bemühungen wurde mein nicht allzu großzügiger Verdienst als Kinderdarstellerin zur Haupteinnahmequelle der Familie. In jenen Tagen arbeiteten Frauen kaum, und Damen ihres gesellschaftlichen Standes schon gar nicht, und Mama war eine Dame. Sie klammerte sich an ihren Panzer aus Stolz, kam was da wollte, und folgte mit dem Gehorsam eines gut dressierten Hundes den Lebensregeln der Oberschicht. Diese Regeln waren ihre Rettung – und ihre Hölle. Diese unwiderruflichen Klassenunterschiede machten einen Snob aus mir und trieben Mama in die verbotene Welt der Arbeiterklasse. Da runzelte keiner die Stirn angesichts ihrer wenig einträglichen Bemühungen, denn es wusste keiner davon. Ihre vornehmen Bekannten würden es nie wagen, ihre Welt der Salons und schweren Vorhänge zu verlassen. Und wir, ihre Kinder, was für einen Grund sollten wir haben, uns in die niederen Gefilde zu begeben?

Ich war fast zehn, kam gerade von einer Sportveranstaltung und befand mich außerhalb unserer üblichen Gegend, als ich auf dem Weg zu einer Straßenbahnhaltestelle Mama vor einem Hauseingang entdeckte. Das geschah so unerwartet, dass ich einen Augenblick lang dachte, mit meinen Augen müsse etwas nicht in Ordnung sein. Da war etwas an ihr, das so gar nicht Mama entsprach. Eine andere Mutter, aber zum Teufel, es war tatsächlich meine Mutter. Sie verkaufte Eiskrem aus einem großen Behälter, mitten auf der Straße. Neben ihr, auf einem kleinen Klapptisch, häuften sich ganze Stapel von Eistüten. Völlig verblüfft sah ich zu, wie sie Eiskrem anbot, für einen Pfennig die Kugel mit Eistüte – sie hielt Fußgänger an und wedelte ihnen mit der Eistüte vor dem Gesicht herum, als sei es die Nationalflagge. Was für ein erbarmungswürdiger Anblick! Verzweifelt wünschte ich mir, dieses Bild aus meinem Bewusstsein zu löschen, aber das wollte mir nicht gelingen. Mama sah furchtbar aus. So schwermütig. Da waren neue Falten auf ihrem Gesicht; ihre früher so herrlichen Lippen hatten sich in zwei dünne Striche verwandelt, ohne Form und ohne Farbe. Wie sie so dastand, in ihrem verblichenen Baumwollkleid mit dem Blumenmuster, war sie nicht mehr die Dame, die ich immer mit Papa gesehen hatte. Papas Dame trug Chiffon und Seide und hübsche Sonnenschirmchen zum Schutz vor der Sonne. Papas Dame gab Feste und war eine Königin, wunderschön, von allen geliebt.

Plötzlich sah Mama mich auch. Sie war so verblüfft, dass ihr ihre Pfennigs-Eiskremtüte aus der Hand fiel und auf den Bürgersteig klatschte. Ihre müden, schmerzlich um Verzeihung bittenden Augen entschuldigten sich immer wieder dafür, dass sie keine andere Möglichkeit gefunden hatte, ihre Kinder zu ernähren. Diesen kläglichen Gesichtsausdruck konnte ich nicht ertragen. Nur ein paar Sekunden starrte sie mich an. Dann veränderten sich ihre Augen unvermittelt von traurig zu hart und undurchdringlich. Ohne ein Wort zu sagen, schaute sie weg, griff in den großen Behälter, holte eine neue Eiskugel heraus und fuhr steif mit ihrer erniedrigenden Arbeit fort.

Papas Dame hatte ganz schön viel Mumm, aber das dachte ich damals noch nicht.

Mumm! Das brauchte meine neue Lager-Mama Gemma Glück unbedingt. Sie war Amerikanerin, in den USA geboren und aufgewachsen. Als ich sie das zum ersten Mal sagen hörte, dachte ich, dass womöglich mit meinem Gehör etwas nicht stimmte. Also was, so wollte ich sie fragen, machte sie dann in Deutschland in einem deutschen Konzentrationslager, aber bevor ich ihr meine Frage stellen konnte, erzählte uns Mrs. Glück, dass sie mit einem Ungarn, der in Budapest lebte, verheiratet war und dass ihr Mann ungarischer Polizeipräsident war. Ihr Mädchenname, so sagte sie, sei La Guardia. Als wäre das noch nicht erstaunlich genug, fügte sie hinzu, dass der Bürgermeister von New York, Fiorello La Guardia, ihr Bruder sei.

Vor einigen Wochen war Gemma Glück mit hunderten, möglicherweise tausenden anderer ungarischer Frauen von Budapest aus hierher gebracht worden. Alles Jüdinnen! Wieso erst jetzt, wieso nicht schon vorher, als sie mit der Deportation und Ermordung der Juden begannen? Das, so erklärte die reizende Dame, habe damit zu tun, dass Hitler einen Vertrag gebrochen hatte, den er ganz zu Anfang des Krieges mit der ungarischen Regierung geschlossen hatte. Der Vertrag verpflichtete Hitler und seine Henkersgesellen dazu, keinem einzigen Juden ein Haar zu krümmen, im Gegenzug sollte er seine Waffen und seine Truppen unbegrenzt passieren lassen können. Ungarn, so Gemma weiter, sei strategisch von großer Bedeutung für die Deutschen gewesen, also ließen sie die Juden in Ruhe. Von großer Bedeutung *gewesen*, aber das war nun nicht mehr der Fall. Und deshalb hatte man auch sie alle geholt. Sie fügte noch hinzu, dass das Ende des Krieges bevorstehe und dass alle, die Deutschen eingeschlossen, das wüssten. Die Frage sei, würden wir durchhalten? Darauf wusste Gemma Glück keine Antwort.

Fredericke war fort. Alle aus dem Gebäude waren fort. Die Büros waren geschlossen, und plötzlich war es dunkel geworden. Noch nicht Nacht, aber Abend, und noch immer hatten Eva und ich keinen Platz gefunden. Es muss die schiere Verzweiflung gewesen sein, die uns zu dem fast versteckt liegenden Tor zurückkehren ließ, hinter dem sich der Bunker befand. Wir läuteten die kleine Glocke, klopften an das Tor und riefen dem alten Wärter zu, er solle uns doch bitte, bitte hineinlassen. Das war nun ganz gewiss ein reichlich verrücktes Unterfangen. Verrückter noch war allerdings, dass wir es gar nicht als verrückt empfanden. Wir konnten nur daran denken, wieviel Platz sie dort drin hatten und dass es besser sein musste, als sich auf eine der Lagerstraßen zu betten, und das ohne Bettzeug, neben einen der Blocks, wo uns jemand ganz bestimmt davonjagen würde, wenn nicht gar Schlimmeres. Außerdem hatten wir beide kein Fünkchen Kraft und auch keinen klaren Gedanken mehr übrig. »Das reicht jetzt wirklich!« sagte Eva und hämmerte gegen das Tor und läutete die Glocke.

Nach einer Weile tauchte der alte Wärter tatsächlich auf. Diesmal war sein Lächeln eingefroren, und er schaute vollkommen verblüfft drein. Wir erzählten ihm, weshalb wir zurückgekommen seien, was er nur unter großen Schwierigkeiten begreifen konnte. Immer wieder schüttelte er den Kopf und brummelte: »Ihr wollt zurück, ihr wollt zurück?« Wir gaben uns Mühe, ihm zu versichern, dass es ja nur für diese Nacht sei und dass er uns einfach hineinlassen müsse, aber auch das schien er nicht zu verstehen. Äußerst ärgerlich. Da lag er, in unserer Reichweite, nur ein paar Meter entfernt: ein ganzer Bunker, leer. Eine leere Zelle mit Feldbetten, Decken und Kissen. Aber so sah er das nicht. Er sagte, es liege nicht in seiner Entscheidungsgewalt, wünschte uns Glück und ging wieder fort.

Es hatte angefangen zu regnen, die Art Regen, der erst aufhört, wenn er alle Lagerstraßen in einen schlammigen Fluss verwandelt hat. Das zwang uns, Sofortmaßnahmen zu ergreifen, egal wie praktisch oder klug. Ohne uns weiter zu beraten, beschlossen wir, uns auf den Weg zur Kleiderkammer zu machen und zu versuchen, uns durch ein Fenster hineinzuschleichen. Die ganze Nacht war der Raum verschlossen und während dieser Stunden hoffentlich auch unbewohnt, eine durchaus sinnvolle Entscheidung, vor allem, wenn man an die Ansammlung sauberer, trockener Kleidung dachte. Andere Kleider brauchten wir genauso dringend wie etwas zu essen und Schlaf. Der einzige Nachteil war die Lage: Die Kleiderkammer befand sich rechts von dem Block, in dem die Zeugen Jehovas untergebracht waren. Mit ihrem nicht enden wollenden näselnden Singsang, der nie Hitlers Ende prophezeite, sondern immer nur das Ende der Welt, waren sie die letzten hier, denen wir begegnen wollten.

Eine gut ein Meter achtzig hohe Mauer trennte die Kleiderkammer von dem Block zur Linken. Wir hatten eigentlich nach einem Fenster Ausschau gehalten, als wir die Mauer entdeckten. Wirklich verblüffend. Da wir nie zuvor neue Kleider aus der Kleiderkammer bekommen hatten, da wir nie zuvor hier gewesen waren, konnten wir auch nicht wissen, dass da eine Mauer hochgezogen worden war. Noch wichtiger allerdings die Frage, weshalb? Die Fenster der Kleiderkammer waren von innen verriegelt und die Tür dreifach versperrt. Nicht so der ummauerte Block. Ein schlichter Riegel, wie man ihn an manchen Palisadenzäunen hat, war das einzige. Bis auf die Haut durchnässt tasteten wir uns in der Dämmerung, die als Vorbote der Nacht schon hereingebrochen war, an der Mauer vorbei, dann an dem Block entlang, bis wir die Tür gefunden hatten. Wir stießen sie auf und gingen hinein. Wo wir waren, wussten wir nicht, es war uns aber auch egal.

Wir waren zur richtigen Zeit in den richtigen Block gekommen, und das aus zwei Gründen: Erstens teilten sie gerade die berühmte wässrige Kartoffelschalensuppe mit der üblichen Scheibe altbackenen Brotes aus, und zweitens warfen sie uns nicht hinaus. Wir hatten kaum Gelegenheit, der Frau, die für das Abendessen verantwortlich war, zu sagen, woher wir kamen, da gab sie auch schon Alice, dem Mädchen neben sich, Anweisung, uns Suppenschalen, Löffel und trockene Kleidung zu bringen. Wir dankten ihr natürlich für ihre Freundlichkeit und sagten ihr, dass sie das nicht bereuen würde, woraufhin sie antwortete, dass *sie* es sicher nicht bereuen würde, aber vielleicht wir. Dann füllte sie unsere Schalen bis zum Rand, gab uns zwei uralten Scheiben Brot und wies uns unsere Pritschen zu.

Diese waren nicht oben und standen auch nicht zusammen. Meine Pritsche befand sich genau in der Mitte vom Block, Evas fast ganz vorn. Ich hatte nur eine Nachbarin, Eva zwei. Wir waren zu erschöpft, um uns groß umzuschauen. Ich aß, während ich schon halb schlief, zog mich mit geschlossenen Augen aus und war fest eingeschlafen, bevor noch die Lichter ausgingen.

Am nächsten Morgen waren meine Kleider verschwunden! Nicht nur die nassen, sondern auch die trockenen. Auch meine Schuhe waren weg. Man sagte mir, ich hätte noch Glück gehabt, dass ich meine Unterhosen noch hatte, und ich sollte sie mir lieber an den Körper kleben, sonst wären die auch bald weg. Eines der Mädchen wollte mir ein Bild von meinen Kleidern zeichnen, damit ich wenigstens ein Souvenir hätte. Bald fand ich heraus, dass sie diese Art Überraschung hier jeden Morgen servierten, anstelle des Frühstücks. Ich fand auch heraus, dass der Morgen hier nicht wie im übrigen Lager mit diesem Appell-Unsinn vergeudet wurde. Der frühe Morgen bedeutete hier: Lasst uns die Verrückten rausholen und uns ein bisschen amüsieren.

Sie versammelten sich jeden Morgen nach Sonnenaufgang, ob die Sonne nun aufging oder nicht, ob der Boden voller Pfützen und Matsch oder voller Schnee war. Sie kamen in voller Uniform, Kompanieführer mit ihren glänzenden Orden und Abzeichen und ihrem überheblichen Grinsen. Sie wollten sich ein Schauspiel über den Wahnsinn anschauen, gespielt von denen, die wahnsinnig geworden waren …

Das Programm wechselte nie, auch die Spieler waren immer dieselben. Jeden Tag dasselbe. Das musste es auch sein, denn das war Teil des Ablaufs. Er änderte sich nicht und hörte auch nicht auf. Das Schauspiel fand draußen statt, und es begann mit den blinden Läuferinnen, aber wirklich blind waren sie nicht, und laufen konnten sie auch nicht: Man hatte ihnen die Augen verbunden, damit sie nichts sahen, und ihre Füße waren zusammengebunden, damit sie nicht laufen konnten. Das machte den Nazis am meisten Spaß, sie hopp-hopp-hopp herumhüpfen zu sehen. Zu beobachten, wie sie gegeneinander stießen, fielen und versuchten, wieder aufzustehen. Es ging darum, das Rennen zu gewinnen, es ans andere Ende der Mauer zu schaffen, ohne die Mauer zu berühren. Die Gewinnerin würde die größte Wurst ganz Deutschlands bekommen … mit Sauerkraut! Keine gewann – keine hätte je gewinnen können. In dem Augenblick, in dem sich wundersamerweise eine losgemacht und die Hälfte des Weges zurückgelegt hatte, streckte ein Nazi das Bein vor und brachte sie zu Fall.

Danach kamen die Ringerinnen. Treten und Schlagen war nicht nur gestattet, sondern wärmstens empfohlen. Auch Schreien, je lauter, desto besser. Alle schrien, wenn sie verletzt wurden, und alle mussten schreien, wenn sie die jeweils andere verletzten. Sie wurden von denen bejubelt, die sie in diesen Kampf gehetzt hatten, aber ein Ringkampf war es nicht, sondern eine blutige Schlägerei. Jeden Morgen rann den Frauen Blut aus Mund und Nase, jeden Morgen schlugen sie aufs Neue wie verrückt aufeinander ein. Wer eine Runde unverletzt durchstand, würde die größte Wurst ganz Deutschlands bekommen … mit Sauerkraut. Keine gewann. Keine kam unverletzt davon.

Diese Frauen, die kaum besser waren als die Missgeburten im Monstrositätenkabinett, hatten mehr verloren als ihre Familie und ihr Hab und Gut. Sie hatten den Verstand verloren, hier in Ravensbrück. Als sie herkamen, waren sie noch ganz gesund gewesen. Wer weiß, was sie gesehen und erduldet hatten, was ihren Verstand veranlasst hatte, einfach vollständig den Schalter umzulegen?

In der Vorstellung gab es auch zwei Soloauftritte. Die eine war die Stripperin und die andere Aschenputtel. So nannte man sie: die Stripperin und Aschenputtel. Die Stripperin war eine Diebin, noch dazu eine gute. Sie strippte und zog dabei die Kleider aus, die sie in der Nacht zuvor ihren Mithäftlingen gestohlen hatte. Das tat sie, weil ihr die sadistischen Schweine vom Dritten Reich gesagt – und sich dabei vor Lachen ausgeschüttet hatten –, dass sie all die Kleider behalten und in Lagen übereinander tragen dürfe – vorausgesetzt, sie hatte sechs Teile von jedem Kleidungsstück. Natürlich musste sie die Kleidungsstücke vorzeigen: Jeden Morgen, wieder und immer wieder, wollten sie den Beweis; und so zog sie sich aus, eine Frau, die aussah wie ein geschwollener Ballon kurz vor dem Platzen. Dann stand sie nackt und zitternd im brutalen Morgenlicht, während die Jungs sie zu ihrer eigenen Gaudi stießen und schubsten, was sie mit derben Bemerkungen begleiteten, wobei sie nie vergaßen, sie daran zu erinnern, dass sie es am Morgen darauf eben einfach besser machen müsse.

Sie kam aus Polen, diese irre Diebin, und sie hatte die Pritsche neben meiner. Na ja, wenigstens wusste ich jetzt, was mit meinen Kleidern passiert war – den nassen und den trockenen.

Aschenputtel, so erfuhr ich, kam aus der Nähe von Warschau. Listig und verschlagen wie die Stripperin war sie nicht, sondern süß, scheu, höflich, ein reines Kind. Teresa, so hieß sie, verbrachte ihre Tage damit, in den Gängen vom Block hin und her zu gehen und alle um ein Paar Schuhe zu bitten. Schuhe, die passten. »Sie sagen, wenn ich nette Schuhe habe, darf ich nach Hause gehen«, erzählte sie allen in einem fort. »Bitte, gib mir doch deine Schuhe, damit ich nach Hause gehen kann, ja? Ohne Schuhe wollen sie mich nicht gehen lassen. Bitte!«

Teresa und ihre Schuhe waren das Finale der morgendlichen Unterhaltung: wie sie den ganzen Weg zurück nach Polen ging. Jeden Morgen zeigte sie ihnen ein anderes Paar, ging damit, ob sie nun passten oder nicht. Ob ihr die Schuhe nun von den mageren kleinen Füßen fielen oder ob sie sie drückten, die Nazi ließen sie gehen, oft stundenlang, denn Polen ist weit weg und sie sollte lieber sichergehen, dass sie auch richtig passten. »Wieder nicht die richtigen«, sagte man ihr, egal was für Schuhe sie trug. »Ordentliches Schuhwerk, Aschenputtel, ordentlich und hübsch! Hübsche Schuhe für ein hübsches Mädchen! Musst es eben noch mal versuchen, gib dir mehr Mühe.«

Alice, das freundliche Mädchen vom Vorabend, klärte uns über die andere Seite des Blocks auf, den so genannten Strafblock. Dort waren die Häftlinge alle entweder Lesbierinnen, die Pech gehabt hatten, Diebinnen, die Pech gehabt hatten, oder beides. Auf jeden Fall Pech gehabt, weil sie erwischt worden waren. Da dort für uns sowieso kein Platz gewesen wäre, brauchten wir uns keine Sorgen zu machen, welche Seite besser gewesen wäre. Ein Problem weniger.

Evas Pritsche, so fühlte Alice sich genötigt zu erzählen, war gerade erst frei geworden. Alice behauptete, dass die ehemalige Inhaberin des Bettes immer noch hier sein könnte, hätte sie sich nicht geweigert, auf Händen und Knien zu kriechen, wie die Aufseher ihr das befohlen hatten. Sie wollten von ihr auch, dass sie bellte und jaulte wie ein wahnsinniger Hund, was sie ebenfalls verweigerte. Stattdessen biss sie einen von ihnen in die rechte Wange. Also brachten sie sie hinaus in den Wald und erschossen sie, wie einen wahnsinnigen Hund.

Nach diesem schockierenden Bericht verließen wir den Block eine Weile und gingen Fredericke besuchen, um sie wissen zu lassen, wo wir geblieben waren. Aber was noch wichtiger war, wir brauchten unbedingt die Wundersalbe für Evas übel zugerichteten Rücken und die Wunden an meinen Füßen, die immer schlimmer wurden – aber möglichst ohne auch nur in die Nähe des Krankenhauses zu gehen.

Die Ereignisse der vergangenen vierundzwanzig Stunden waren so unberechenbar gewesen, dass ich die Folgen der Prügel, die Eva bekommen hatte, erst später am Vormittag zu sehen bekam und dann auch erst ihren Bericht darüber hörte. Was für entsetzliche Schmerzen muss sie gelitten haben! Sie hatten sie nackt ausgezogen, sie mit Lederriemen mit dem Gesicht nach unten auf einem Tisch festgebunden und hatten ihr fünfundzwanzig besonders brutale Hiebe mit einer dicken schweinsledernen Peitsche verabreicht. Sehr langsam, sehr hart. Noch unglaublicher war, dass sie sie vorher untersucht hatten. Das Herz, den Blutdruck, alles. Wahrscheinlich wollten sie sichergehen, dass sie nicht vor ihren Augen tot umfiel. Diese ehrenwerte Aufgabe war die Pflicht von Dr. Gebhart. Er hatte entschieden, wieviel die Delinquentin aushalten könne, und er war auch von Anfang bis zum Ende anwesend. Zeugen waren auch zugegen gewesen. Zwei Herren von der Gestapo, dazu eine Aufseherin und natürlich der Prügelnde selbst.

Meine wunden Stellen an der Brust waren wunderbarerweise von selbst geheilt, so dass ich mir jetzt nur noch Sorgen um einen schlimmen linken Fuß und eine noch schlimmere untere Wadenhälfte machen musste. Die offene Stelle auf meiner Wade war gewachsen und gewachsen und war jetzt ein hässliches, böse entzündetes, sehr schmerzendes tiefes Loch. Es war schon eine ganze Weile da; als wir noch bei Siemens arbeiteten, hatte Eva die Wunde mit gestohlenen schmutzigen, öligen Maschinenlumpen behandelt – saubere gab es keine. Wahrscheinlich hätte es eine bessere Behandlung gegeben, aber keine, die uns zugänglich gewesen wäre. Höchstwahrscheinlich war uns eine solche immer noch nicht zugänglich, trotzdem mussten wir es versuchen, ohne in Sichtweite des Krankenhauses zu gelangen.

Wir trafen Fredericke an ihrem Schreibtisch an, sie saß da und sah völlig verwirrt und durcheinander aus. Sie war sprachlos, wenigstens ein paar verstörende Augenblicke lang. Dann stand sie auf, ging ein paar Mal hin und her, blieb stehen, und fast ohne zu atmen flüsterte sie: »Roosevelt ist gestorben.«

Mir blieb fast das Herz stehen. Evas Reaktion war ein durchdringendes »Nein!«, das sich wie eine Sirene anhörte. Sie war nicht fassungslos oder verblüfft, sie war wütend! Eva glaubte Fredericke nicht, nicht einmal den Göttern selbst hätte sie geglaubt, hätten sie ihr das erzählt. Auch ich glaubte ihr nicht. Es war zu unwahrscheinlich, zu unerwartet. Wir hatten nicht einmal die Möglichkeit in Betracht gezogen. Es konnte einfach nicht sein – doch nicht Roosevelt! Doch nicht der größte Präsident des bedeutendsten Landes der Welt! Wie sollte jetzt der Krieg zu Ende gehen, wenn er tot war? Wie sollte es jetzt einen Sieg der Alliierten geben, wenn er tot war, und wie sollten wir ihm jetzt dafür danken, dass er uns hatte retten wollen? Nicht nur uns, die Juden, sondern die Unterdrückten, die Niedergeknechteten überall.

Bevor wir Fredericke verließen, sagten wir ihr noch, dass die einzige Unterkunft, in der sie uns hatten aufnehmen wollen, der Block der Irren war, woraufhin sie antwortete: »Ihr müsst wahnsinnig sein!« Dann riet sie uns, ganz besonders vorsichtig zu sein, weil möglicherweise jemand auf die glorreiche Idee kommen könnte, den Block abzufackeln. Als wir fragten, ob dieser Jemand ein verrückter Häftling oder ein verrückter Deutscher sein könnte, überlegte sie eine Weile und sagte dann: »Wahrscheinlich beides!« Nach der aufmunternden Bemerkung dachten wir, dass wir für einen Vormittag aufregende Neuigkeiten genug gehabt hatten, und so gingen wir hinaus und machten uns auf die Suche nach Gemma Glück.

Wir fanden sie genau da, wo wir sie am Vortag zurückgelassen hatten, ihre Jacke war noch ganz, und keine üblen Schlägerinnen in der Nähe. Die schlechten Nachrichten brauchten wir ihr nicht zu überbringen. Sie wusste schon davon. Jemand von der Lagerleitung hatte es ihr vergangenen Abend erzählt, und ja, es stimmte. Franklin D. Roosevelt war am 12. April 1945 gestorben, und an dem Tag verlor die Welt einen großen Politiker.

Gemma Glück war untröstlich. Sie hatte ihn persönlich gekannt, so war sein Tod zur falschen Zeit für sie besonders tragisch. Da wir uns selber genauso schlecht fühlten wie sie, gelang es uns nicht allzu gut, sie zu trösten.

Traurig und bedrückt gingen wir in unseren Block zurück. Da saßen wir dann und grübelten. Medizin hatten wir keine bekommen, hatten Fredericke nicht einmal um Hilfe beim Besorgen von Medikamenten gebeten, hatten weiter nichts gemacht als über Roosevelt und die möglichen Folgen seines zum falschen Zeitpunkt eingetretenen Todes nachzudenken.

Gemma und ich wurden sehr gute Freundinnen. Ich mochte sie wirklich sehr. Sie war so reizend, so verletzlich, so mütterlich, und doch waren es Eva und ich, die sich um sie kümmerten, und nicht umgekehrt. Sie war nicht sehr kräftig, und eine besonders clevere Gefangene war sie auch nicht, und sie und ich, wir wussten beide, dass sie sich allein unmöglich lange halten könnte. Aber darüber redeten wir nie. Einmal zeigte sie mir ein Bild von ihrem Zwillingsbruder, das sie in ihrer Jackentasche versteckt aufbewahrte. Ich weiß noch, dass ich darauf starrte und immer weiter darauf starrte, weil ich einfach nicht glauben konnte, wie ähnlich sich die beiden sahen. Sie waren beide klein und rundlich, hatten dunkle Augen und einen dunklen Teint, und so erinnerten sie mich beide an einen süßen Vollmilchschokoladenpudding. Ich fragte sie, ob die Verantwortlichen hier wüssten, wer ihr Bruder war, denn wenn ja, würden sie doch sicher darauf achten wollen, dass sie bei guter Gesundheit blieb, so dass sie sie gegen einen der ihren austauschen konnten. Sie antwortete, sie habe keinem davon erzählt, auch habe sie keine Ahnung, was die hier wussten. Bald wurde mir klar, dass meine neue Freundin genauso viel Angst davor hatte, sie könnten es herausfinden, wie davor, dass sie es nicht herausfanden. Wie dem auch sei, sie hatte gehofft, ihre amerikanischen Brüder würden sie befreien.

Zwölf weitere Tage vergingen. Zwölf weitere Tage frühmorgendlicher Unterhaltung für die Hitler-Jungs mit den Läuferinnen und den Ringerinnen, der Stripperin und dem kleinen Aschenputtel, das immer noch nach dem passenden Schuh suchte, um nach Hause gehen zu können. Zwölf weitere Nächte, in denen man uns die Kleidung klaute, in denen seltsam klingendes Stöhnen und Klagen eine unruhige Stille durchbrach, Nächte, in denen wir, obwohl wir hellwach waren, davon träumten, dass die Russen wirklich kämen, dass es alles vorbei sei und dass wir alle, mit oder ohne Schuhe, wieder nach Hause gehen könnten.

Am vierundzwanzigsten Morgen unseres Aufenthaltes in diesem ummauerten Block mit seinen erbarmungswürdigen, gestörten Insassen, kam jemand aus Fredericks Büro mit einer Botschaft für uns, in der es hieß: »Macht, dass ihr da raus kommt und bleibt draußen.« Das mussten wir uns nicht zweimal sagen lassen. Ohne unsere tägliche Suche nach dem Versteck der Stripperin zu beenden – sie versteckte die Kleidung nie zweimal hintereinander am selben Platz –, gingen wir sofort hinaus.

Inzwischen waren die Lagerstraßen so überfüllt, dass man kaum vorwärtskam, ohne jemandem den Weg zu verstellen. Neuankömmlinge, die jeden Tag lastwagenweise eintrafen, wurden abgeladen und dann mitten im Lager stehen gelassen, ohne einen Platz, wo sie sich ausruhen oder ihren müden Körper betten konnten. Niemand wusste, wieviele gekommen waren. Niemand wusste oder kümmerte sich darum, wieviele insgesamt hier waren. Die Rede war von achtzig- bis einhunderttausend – in einem Lager, in dem nur fünfundzwanzigtausend Platz hatten.

Als wir mit Fredericke über die zunehmend grauenvollen Bedingungen hier zu sprechen versuchten, zuckte sie mit den Schultern und sagte: »Was kann ich schon dagegen tun?« Aber in letzter Zeit waren sie mit den Neuankömmlingen anders umgegangen. Sie brachten sie immer noch auf Lastwagen oder zu Fuß ins Lager, luden sie immer noch ab, aber dann stellten sie sie einfach wieder in Reih und Glied auf und ließen sie aus dem Lager hinausmarschieren, in den Wald, wo sie sie erschossen, hunderte und hunderte auf einmal. »Es war einfach kein Platz für sie da«, sagte eine Aufseherin entschuldigend.

Es mag sein, dass Fredericke in vielen Fällen nicht wusste, was sie hätte tun sollen, über vieles wusste sie dagegen sehr wohl Bescheid. Dass sie im Hauptbüro arbeitete, verschaffte ihr Zugang zu wertvollen Informationen, die sie gern, denn sie war ein richtiges kleines Plappermäulchen, mit uns und anderen teilte. Es überläuft mich eiskalt, wenn ich denke, was hätte passieren können, wenn Fredericke uns nicht diese Nachricht geschickt hätte. Denn an jenem Morgen wurden all die anderen armen Seelen aus unserem Block zu einem Frühlings-Picknick in den hübschen Wald gebracht. Sie lachten, sangen und winkten. Keiner sah sie je wieder.

IV. Teil

Zwanzig Kilometer bis Lübeck

1.

Die Neuigkeiten, die in den nächsten Tagen die Runde machten, schossen in so schneller Folge durch das Lager, dass wir kaum noch Schritt halten konnten. Während Eva und ich immer noch hektisch nach einer Unterkunft suchten, leider ohne allen Erfolg, schienen sich jetzt die Gerüchte »Die Russen kommen! Die Russen kommen!« als Tatsache zu erweisen. Die einzige, die sich darüber nicht freute, war Fredericke, die die Befreiung von Ravensbrück nicht als das Ende einer Zeit des Schreckens sah, sondern nur als ein weiteres Unheil, das uns zustoßen würde. Wenn es nämlich soweit wäre, davon war sie fest überzeugt, würde ein Heer nicht zu bändigender Frauen das Tor stürmen, und zwar genau in dem Augenblick, in dem die russischen Streitkräfte zum Angriff übergingen. Sie prophezeite das schlimmstmögliche Chaos und hatte bereits überlegt, dass von zehntausend Amok laufenden Frauen mindestens die Hälfte zu Tode getrampelt würde.

Fredericke hatte schon ernsthaft daran gedacht, mit einer in der Hierarchie ganz unten stehenden Aufseherin die Uniformen zu tauschen, hier hinauszumarschieren und den ganzen Weg bis Berlin zu gehen. Da kam sie nämlich her. Obwohl Hitlers Lieblingsstadt rund um die Uhr bombardiert wurde und wahrscheinlich nichts weiter als Berge von Schutt übrig waren, glaubte sie immer noch, es sei dort sicherer als im Lager.

An dem Morgen wurde ich von einem neuen Aufseher zu einem Gebäude aus Stein geführt, das hinter dem Bunker lag und das mir vorher noch nicht aufgefallen war. Wie eine brave, kleine Gefangene folgte ich dem ernsthaften Aufseher die drei Treppenaufgänge hinauf und einen langen Korridor entlang, direkt in ein Büro, ohne mich auch nur einmal nach dem Grund zu fragen. Der Mann hinter dem Schreibtisch wirkte jovial, und was noch besser war, er trug nicht die verhasste schwarze SS-Uniform. Allerdings hatte auch er reichlich Abzeichen in hübschen Farben auf der Brust, dazu einen einsamen Orden, und um sich herum genug Papiere, so dass er auf irgendwie sympathische Art wichtig wirkte. In der rechten Hand hielt er einen großen braunen Umschlag, etwas größer als zwanzig mal fünfundzwanzig Zentimeter.

Er winkte mich näher heran, lächelte und erklärte, er habe wunderbare Neuigkeiten für mich. Nach dieser verblüffenden Eröffnung reichte er mir den Umschlag und sagte, das Ganze sei jetzt, da die Mitteilung unmittelbar aus Berlin komme, offiziell. Er rechnete im Grunde nicht mit einer Antwort, obwohl er genauso nett klang wie er aussah, und so fuhr er mit seiner kleinen Rede fort: »Wir wissen, dass diese Unterlagen echt sind, wir haben das überprüft. Nehmen Sie sie und lassen Sie sie nicht mehr aus den Augen. Die könnten Ihnen immer noch das Leben retten.«

Er lachte leise in sich hinein, beugte sich vor und meinte glucksend mit der Art von Vertraulichkeit, die normalerweise engen Freunden vorbehalten ist: »Hat sich endlich zu Ihnen bekannt, was, Ihr alter Herr, Ihr Vater? Hat sich einen Ruck gegeben, was? Unehelich geboren, wie?« Dann kam er mit dem Mund praktisch in mein Ohr und flüsterte: »Na, halb so schlimm, immer noch besser als Jüdin zu sein.«

Mein Mund war vollkommen ausgetrocknet. Ich konnte nicht einmal mehr schlucken. Meine Zunge klebte wie angeleimt am Gaumen und machte so jede Reaktion oder Antwort meinerseits unmöglich. Glücklicherweise rettete der Aufseher, der Zeuge dieser seltsamen Begegnung geworden war, die Situation. »Komm«, sagte er hellsichtig, während er fest meinen Arm packte und mich hinausführte.

Kaum war ich allein, da öffnete ich den Umschlag und nahm die Papiere heraus. Da waren sie, alles vollständig, die Originalunterlagen. Sie waren von Ungarn aus durch Deutschland nach Holland gereist, waren mir dann von Holland aus, eigenhändig transportiert von meiner unerschrockenen Freundin Margit, nach Mecheln in Belgien gefolgt, dann nach Auschwitz in Polen und schließlich nach Ravensbrück in Deutschland. Sie waren wirklich weit herumgekommen. Da hatte man mir also nun das Original in der Originalsprache Ungarisch und in der deutschen Übersetzung, mit dem Stempel des königlich-ungarischen Notars sowie mit dem Hakenkreuz samt Adler, das Wer, Was, Wann und Wo alles zukommen lassen.

Allerdings zwei Jahre zu spät. Ich ließ die Papiere tatsächlich nicht mehr aus den Augen, und ich habe sie immer noch bei mir, viele Kriege später. Was war denn nun das Gute daran? Ich brauchte mir keine Mühe mehr zu machen, den Namen zu lernen: Karl Hagymasi.

Eva brach fast zusammen, als ich ihr die Unterlagen zeigte und ihr die Neuigkeiten mitteilte. Eine ganze Weile lang blieb ihr der Mund offen stehen, und dann, sie hatte ja nichts Besseres zu tun, fing sie an zu lachen. Die Ironie dieser Laune des Geschicks erreichte ihren Höhepunkt, als zum ersten Mal überhaupt Pakete vom amerikanischen Roten Kreuz ins Lager gelassen und unter den Juden verteilt wurden. Nur unter den Juden.

Dank meines neuen Status (arische Väter, ob nun gekauft oder echt, waren nicht Teil des Abkommens) bekam ich gar nichts, und Eva hörte mit dem Lachen auf, als auch sie nichts bekam. Es war nicht genug für alle da, sagten sie. Wovon es auch nicht mehr genug gab, das waren Juden. Lebendige Juden! Präsident Roosevelt hatte eine genaue Aufstellung darüber verlangt, wie viele noch übrig waren, und solch eine Aufstellung zu präsentieren bereitete nun der mörderischen Herrenrasse, die inzwischen gar nicht mehr großspurig oder siegessicher war, schreckliche Mühe. Wieso jetzt, wo Roosevelt doch tot war, und wieso überhaupt?

Das muss man sich einmal vorstellen – Juden, unersetzlich! Gesund und munter, wenn auch nur gerade so, waren sie plötzlich etwas wert. Wer vor einem Augenblick noch dazu verurteilt gewesen war, erschossen zu werden, bekam jetzt zu essen und wurde menschenwürdig behandelt. Es gab Duschen, saubere Kleidung und etwas, das einem richtigen Bett so ähnlich sah wie schon lange nichts mehr in unserem Leben. Ich möchte wetten, einige dachten sogar, sie seien gestorben und im Himmel gelandet.

Wer profitierte von diesem letzten, hektischen Versuch, kurz vor dem Tag des Jüngsten Gerichts die Waagschalen noch schnell in die andere Richtung zu bewegen? Nur die Neuankömmlinge. Eva nicht. Ich nicht …

Ein paar Ratten verließen bereits das sinkende Schiff und machten sich auf und davon. Sie nahmen mit, was immer sie mit ihren diebischen Fingern noch greifen konnten. Nur nicht ihr Hakenkreuz und ihre Uniform – die ließen sie zurück. Als Andenken und als besonderes Souvenir schnappten sich einige Aufseherinnen noch schnell unsere attraktive Gefängniskleidung, zogen sie an und behielten sie auch an. Sie stand ihnen, wirkte wie für sie gemacht.

Eine, die nicht weglief, sich nicht versteckte und auch nicht so tat, als sei sie eine von uns, war eine junge Aufseherin, die sich weigerte, ihren Posten wie diese anderen Fräulein zu verlassen, sie blieb, nicht um uns zu bewachen, sondern um zu helfen. Sie war unermüdlich, engagiert und bemerkenswert unbekümmert angesichts der Tatsache, dass ihre ruhmreiche Zeit fast schon vorüber war. »Zeit, für alles zu bezahlen«, sagte sie, als man sie fragte, weshalb sie blieb, wo sie doch wie alle anderen auf Nummer sicher hätte gehen können.

Ich erinnere mich noch gut an sie, und zwar nicht, weil sie uns in einen Block brachte, in dem es richtige Feldbetten und richtiges Bettzeug gab (was früher einmal ausschließlich den Aufsehern vorbehalten war) und uns dort bleiben ließ. Auch nicht, weil sie viele Stunden damit zubrachte, mein Bein zu behandeln, das immer schlimmer wurde – und für das wir leider immer noch keine Medikamente hatten –, auch nicht wegen der Lebensmittel, die sie für uns stahl. Ich erinnere mich an sie, weil sie, wie immer sie hieß und wo immer sie auch herkam, von all den Nazi-Hexen, die mir in jenen Höllenjahren begegneten, und die ich nie vergessen werde, die einzige war, die – wie sie selbst sagte – gewillt war, »für ihre Sünden zu bezahlen«. Die einzige! Wenn wir sie bei ihrer Arbeit beobachteten, hatte ich so manches Mal den Eindruck, dass sie nicht auf Erlösung, sondern einfach nur auf Strafe aus war. Vielleicht war die Strafe ja auch ihre Erlösung. Sie war so ganz anders als die anderen. In sich gekehrt und seltsam, und doch konnte man so einfach mit ihr ins Gespräch kommen.

»Wie sind Sie eigentlich eine von denen geworden?«, fragte ich ohne die geringste Angst vor Maßregelung. Ihr gelang ein nachdenkliches Lächeln auf ihrem netten, ansonsten ausdruckslosen Gesicht. Dann zeigten sich einige Fältchen auf ihrer Stirn, ganz feine Fältchen, als seien sie eigens eingezeichnet worden, um ihrem Gesicht mehr Charakter und Vornehmheit zu verleihen. Sie überlegte eine

Weile und ließ ihre blassblauen Augen fortwandern von dem Platz, an dem wir beide standen. Schließlich antwortete sie ohne Traurigkeit, aber auch ohne gespieltes Bedauern in ihrer kehligen Stimme: »Ich weiß nicht.«

Ich hatte gerade mein Feldbett gemacht, als sie plötzlich nach mir griff. Sie umklammerte meine Hand und schrie: »Sie dürfen mir nie vergeben! Sie dürfen nie Deutschland vergeben, und auch denen nicht, die untätig dabeistanden und es haben geschehen lassen! Sie müssen der Welt davon berichten, alle müssen wissen, was wir getan haben. Das müssen Sie einfach!«

Sie lebte im Gefängnis ihres eigenen Gewissens, und so war sie schon jetzt eingesperrt. Das arme Fräulein. Sie wird keinen Trost finden – in ihrer Zukunft nicht und auch nicht in ihrer Vergangenheit. Ich habe in dem Augenblick nicht wissen können, wann mein Albtraum zu Ende gehen würde, aber ich wusste, dass ihr Albtraum, der gerade erst begann, ewig dauern würde.

Gemma Glück war fort! Sie verschwand mitten in der Nacht. Fredericke meinte, man habe sie aus Sicherheitsgründen Gott weiß wohin transportiert. Sie hatten vor, sie gegen eine Handvoll von ihren eigenen Henkersknechten einzutauschen. Das überraschte mich nicht allzu sehr. Als Zwillingsschwester von Fiorello La Guardia war meine liebe Freundin und Lager-Mama zum wertvollen Tauschobjekt geworden.

Schon zum vierten Mal kam nun dieselbe Durchsage über den Lautsprecher. Zum vierten Mal hatte ich sie gehört, und zum vierten Mal hatte ich sie nicht verstehen können. Wenigstens den wichtigen Teil davon. Zu viel anderes um uns herum. Zu viele Ohren betäubende Geräusche, durch nichts zu übertreffendes, Lärm und Mark erschütterndes Geschrei übertönten die Durchsage immer wieder. Ich hörte, wie immer wieder die Wörter »Franzosen, Holländer und Belgier« wiederholt wurden, aber nicht, was diese Wörter zu bedeuten hatten. Ich konnte mir nicht einmal denken, ob es etwas Gutes für die Franzosen, Holländer und Belgier sein würde.

Eva, die zu diesen Ländern keinerlei Verbindung hatte, tat etwas sehr Vernünftiges. Sie hörte gar nicht erst hin. Sie hörte nicht hin, Fredericke hörte nicht hin, unsere Aufseherin, das gute Fräulein, hörte nicht hin. Nur Renie, eine Holländerin, die immer vergnügt und munter und immer ganz Ohr war, hörte hin. Und Renie hatte tatsächlich von Anfang an hingehört, als das Ganze nicht mehr als ein Gerücht war. Ich kannte Renie zwar nicht, aber sie kannte mich noch aus der guten alten Zeit meines Theaters, ein übrig gebliebener Fan von mir.

Ich hatte beschlossen, diese ganze Lautsprecher-Angelegenheit zu vergessen und mit Eva zu unserem Block zurückzugehen, als Renie hinter uns herkam und schrie: »Du gehst ja in die falsche Richtung! Da drüben ist es!« Und während sie Eva völlig ignorierte, drehte sie mich schwungvoll um und bestand darauf, dass ich ihr folgte. Renie bemerkte zwar mein Zögern und meine Verwirrung, aber sie hüpfte immer weiter, als sei sie ein Ball, und rief: »Ja, begreifst du denn nicht? Du darfst hier raus! Jetzt! Du bist Holländerin! Und wenn nicht, dann tu eben so. Du bist Schauspielerin – das kannst du doch!«

Mit einem »Das erkläre ich dir später« und offenbar bereit, ein Hundert-Kilometer-Rennen mitzumachen und zu gewinnen, zog sie mich mit sich, Eva war ganz dicht hinter uns, und blieb erst stehen, als wir auf der anderen Seite des Lagerplatzes waren. Wir waren nicht die Ersten dort. Nicht die Ersten und nicht die Einzigen.

Sie waren zu hunderten gekommen. Standen einfach da und redeten. Sprachen Französisch, Holländisch, Wallonisch oder Flämisch – redeten, redeten nach Herzenslust. Keine einzige sprach auch nur ein einziges Wort Deutsch.

Die meisten wussten bereits, worum es bei dieser Versammlung von Ausländern ging. Wer es nicht wusste, fand es auf dieselbe Art heraus wie ich: Eine erzählte es schließlich. Eva und ich hatten von all dem keine Ahnung gehabt, weil wir, als diese Gerüchte sich auszubreiten begannen, alle Hände voll mit Überleben zu tun hatten, zuerst im Bunker und dann in der Klappsmühle.

Wie soll man ein wahrhaft unglaubliches Gerücht nennen, das eines Tages wahr wird? Wahrhaft unglaublich, so muss man es nennen! Und wie soll man den nennen, der es wahr werden lässt? *Bernadotte, Graf Folke Bernadotte!* Ein Name, der es verdient, dass man sich an ihn erinnert, ein Mann, der es verdient, dass man ihn nie vergisst. Ein Schwede aus einem neutralen Land, ein Schwede, der Anteil nahm, aus einem Land, das Anteil nahm. Nicht bloß ein wohlhabender, einflussreicher Graf, nicht bloß ein Internationalist und Neffe von König Gustaf V., Schwedens regierendem Monarchen, sondern ein Mann mit einer Mission. In den Anfangstagen des Krieges war er es, der die Evakuierung aller Skandinavier aus Auffanglagern und anderen unangenehmen Einrichtungen in die Wege leitete, und er war es auch, der ein Friedensangebot aus Großbritannien und den Vereinigten Staaten an Heinrich Himmler überbracht hatte.

Doch all das hätte uns kaum etwas genützt, wäre da nicht sein starkes Engagement und seine wichtige Rolle im schwedischen Roten Kreuz gewesen. Während er seinem eigenen Volk zur Freiheit verhalf, wollte er ebenfalls alle inhaftierten Franzosen, Holländer und Belgier befreien. Dieses Abkommen sollte in Form eines Austausches in die Tat umgesetzt werden. Wir gegen deutsche Gefangene. Leider hatte er keinen Erfolg. Damals noch nicht. Ganz gleich wie offensichtlich für den Rest der Welt die Niederlage des Dritten Reiches war, Himmler wollte noch keine Zugeständnisse machen. Daher auch kein Tauschhandel. Graf Bernadotte gab nicht auf. Hinter den Türen von Gott weiß was für Leuten verhandelte er immer weiter, bis Hitler und Himmler, die keine Trumpfkarten mehr auszuspielen hatten, schließlich zustimmten.

Die magische Zahl? Siebenhundert! So viel wollte das schwedische Rote Kreuz beim ersten Mal herausbringen. Siebenhundert Frauen heute, siebenhundert morgen und danach viele weitere Male jeweils siebenhundert, bis auch die letzten draußen waren. Sie würden uns nach Schweden bringen, so hieß es, nach Evas Schweden, wo ihre Freunde – und die Freiheit – wohnten. Es war wirklich ein Wunder.

Sie riefen die Namen nicht alphabetisch auf, es war ihnen auch egal, wie viel von jeder Nationalität jeweils kamen. Wer zuerst da war, wurde auch zuerst genommen, das war alles. Das Einzige, was man brauchte, war irgendein unverschämter Vorwand, um vom Ende der Menschenmenge ganz nach vorn zu kommen. Keine wollte zurückbleiben. Keine wollte noch länger warten, nicht einmal bis morgen.

Die Holztische mit den Klappstühlen dahinter erinnerten mich an Mecheln. Die deutschen Offiziere, die auf den Stühlen saßen, erinnerten mich an Mecheln. Es erinnerte mich an den Tag, als sie uns in Viehwaggons steckten und uns in die Hölle von Auschwitz transportierten.

Mit viel Hilfe von der vergnügten, munteren Renie und einer beträchtlichen Chuzpe, die Eva und ich aufbrachten, verschafften wir uns einen recht guten Platz in der Mitte der Reihe. Während wir warteten, kam es mir in den Sinn, dass ich gar keine richtige Holländerin war und dass Holländisch sprechen und im Land gelebt zu haben möglicherweise nicht genügen würde. Allerdings kam es mir auch in den Sinn, dass die Wahrscheinlichkeit, dass irgendwer hier eine richtige Geburtsurkunde hatte, nicht nur verschwindend gering, sondern ganz unmöglich war. Also redete ich mir ein, dass ich mir wirklich keinerlei Sorgen machen müsse, jedenfalls nicht, was mich betraf. Bei Eva sah die Sache schon ganz anders aus. Wie ein ungarischer Akzent ist auch der tschechische immer herauszuhören, egal welche Sprache ein Tscheche oder Ungar spricht, und sogar der dümmste Deutsche ist in der Lage, das zu erkennen.

Während ich Eva meine Amsterdamer Adresse ins Gedächtnis einhämmerte und sie wieder und wieder daran erinnerte, dass wir Kusinen waren, nahm ich noch einmal Renies Bedürfnis, mir zu helfen, in Anspruch und lieh mir ihr Kopftuch, das ich Eva schnell um den Hals band. Wir wollten eine Halsentzündung als bestmögliche Ausrede benutzen, um Eva vom Sprechen und die Offiziere vom Fragenstellen abzuhalten, und so kamen wir langsam den gefürchteten Holztischen näher und immer näher.

Genau wie die Soldaten in Mecheln schauten auch diese hier nicht ein einziges Mal von ihrer Liste auf. Sie fragten mich nach meiner Nationalität (Niederländisch natürlich), nach der Stadt, in der ich wohnte, und nach der genauen Adresse. Das war alles! Wenn man bedachte, was auf dem Spiel stand, behandelten sie doch, so fand ich, die Bedeutung eines solchen Ereignisses reichlich mechanisch. Aber dank ihres mangelnden Interesses bekam ich Eva schnell an ihnen vorbei, indem ich auf ihren Hals deutete und ihnen ohne einmal Luft holen zu müssen erklärte, dass sie eine Halsentzündung habe, eine Verwandte sei und dass wir zusammen wohnten.

Wir waren durchgekommen! Es war fast beängstigend, wie einfach es gewesen war. Entweder hatten sie geglaubt, was wir ihnen erzählt hatten, oder es war ihnen egal gewesen. Möglicherweise mussten sie ja auch nur auf eines achten, nämlich darauf, dass wir siebenhundert an der Zahl waren. Keine mehr, keine weniger. Was auch immer der

Grund gewesen sein mochte, an dem Tag hatte das Wort »Nächste« einen ganz besonders herrlichen Klang.

Nur ein kurzer Fußweg eine Straße entlang, die sich einen Hügel hinaufwand, führte uns aus unserem Lager in ein bedeutend kleineres. Ich hatte nicht einmal gewusst, dass hier oben überhaupt ein Lager war. Wir erfuhren bald, dass wir im Grunde dort gar nicht hätten bleiben sollen. Wir sollten Ravensbrück verlassen und auf die bequemen, brandneuen Busse des schwedischen Roten Kreuzes warten – das jedenfalls sagte man uns –, und zwar vor dem Tor des Lagers Ravensbrück. Man hatte uns auch gesagt, dass wir abfahren würden, sobald die Busse ankämen, was jeden Augenblick der Fall sein müsse. Daraus wurde nichts! Nachdem Sekunden zu Minuten und Minuten zu Stunden geworden waren und von den Bussen weit und breit immer noch nichts zu sehen war, ließen sie uns in dieses völlig menschenleere, geisterähnliche Lager hochmarschieren. Dort führten sie uns dann zum letzten Block am hintersten Ende des Lagers, befahlen uns, hineinzugehen, uns zu entspannen – und zu warten.

Wir gingen hinein, und wir warteten auch, nur zu entspannen, das schaffte keine. Tausend Fragen, und nicht eine einzige Antwort, schwirrten uns durch den Kopf wie zahllose Schwärme nervöser, zwitschernder Vögel, hin und her, wieder und wieder um den Block herum. Die einzige, die kein Wort sagte, war Eva. Sie hatte Angst, entdeckt zu werden von einer, deren Schwester oder Freundin hatte zurückbleiben müssen, weil sie deren Platz gestohlen hatte, und so hielt sie das Kopftuch fest um ihren Kopf gezogen und den Mund geschlossen. Die Aufseher, die uns begleitet hatten, waren verschwunden. Sie waren wieder hinuntergegangen, nachdem sie uns noch einmal versichert hatten, dass wir im Grunde so gut wie frei seien.

So gut wie … Und frei, um was zu tun? … Frei, um wohin zu gehen? … Das konnte eigentlich keine Freiheit sein.

Nachdem das Warten sich zu etwas entwickelt hatte, was die Unruhigeren unter uns nicht länger ertragen konnten, gingen die so gut wie Freien, von Renie geführt und mit Eva und mir im Schlepptau, hinaus, um sich ein wenig umzuschauen. Viel zu sehen gab es nicht. Eine Miniaturausgabe dessen, was wir unten gehabt hatten, nichts was im Gedächtnis haften blieb, außer der Tatsache, dass das, was auch immer an Sachen in den leeren Blocks zurückgelassen worden war, Männersachen waren. Zerschlissene, alte Häftlingshemden und -hosen von Männern, Halstücher von Männern und der eine oder andere Karton vom amerikanischen Roten Kreuz, der immer noch nach Schokolade und Seife roch. Und in der verlassenen Wachstube am Eingang ein Kalender mit Bildern von nackten Mädchen.

Ein Konzentrationslager für Männer, das war das hier. Und wo waren sie, die Männer? Hatte man sie gehen lassen, nach Hause gehen lassen oder nur bis zum nächsten Wald gehen lassen? Und lagen nun da in dem schmelzenden, blutverschmierten Schnee bei den ersten Frühlingsblumen. Vielleicht bei Stiefmütterchen, ganz wie die, die ich in dem längst vergangenen Wald meiner Kinderzeit mit Papa gefunden hatte. Blutgetränkte Erde, blutgetränkte Blumen; was für eine Art, die Freiheit willkommen zu heißen.

Gegen Mittag brachten sie uns Suppe und dasselbe altbackene Brot, das wir auch schon bekommen hatten, als wir noch nicht »so gut wie frei« waren.

Der Tag zog sich hin. Die Anspannung im Block reichte von kaum erträglich bis vollkommen unerträglich. Wuchernde Spekulationen der wildesten Art machten aus dem Versuch, die Hoffnung aufrechtzuerhalten, eine reine Farce. Dieses Sitzen am Rande eines gemeinschaftlichen Nervenzusammenbruchs war es schließlich, das uns dazu brachte, den Block wieder zu verlassen, wir waren fest entschlossen, das Ganze lieber anderswo abzuwarten.

Mehrmals waren wir das Lager der Länge nach auf und ab gegangen, als sich zunächst eine kleine Gruppe von Männern in schlecht sitzender, schäbiger Zivilkleidung zu uns gesellte und später noch einige einzelne Männer. Sie alle waren Häftlinge aus anderen Konzentrationslagern – Lagern, die bald befreit würden, Lagern, die von Lagerleitung und Aufsehern verlassen worden waren, Lagern, aus denen diese Männer vor ihrem Abtransport ins Jenseits geflohen waren. Die meisten waren Tschechen oder Polen, und alle versuchten sie nach Hause zu gelangen. Sie wussten nicht, in welche Richtung sie zu gehen hatten oder wie weit. Das einzige, was sie wussten und wofür sie sich interessierten, war die Tatsache, dass sie, endlich, frei waren! Sie würden jederzeit kämpfen, um in Freiheit zu bleiben, um in Freiheit zu leben und in Freiheit zu sterben. Sie hatten Hunger, sie froren, und sie waren erschöpft, aber Mut und Verstand waren ungebrochen.

Einer fragte immer wieder, ob wir seine Frau kannten. Er glaubte, dass man auch sie nach Auschwitz geschickt hatte. Hatten wir sie gesehen? Hatten wir die hübsche Brünette mit dem hübschen kastanienbraunen Haar und dem unwiderstehlichen Lächeln gesehen? Auf der Suche nach ihr war er schon in vielen Lagern gewesen und wollte weitersuchen.

Immer wieder versuchte ich mich zu erinnern, ob ich in Auschwitz jemals jemanden hatte lächeln sehen.

Der Mann, der in das Lager marschiert kam, lange nachdem die anderen weitergegangen waren, wäre sehr viel lieber von niemandem gesehen worden. Hätte er sich unsichtbar machen können, er hätte es getan. Später gab er zu, dass er sich größte Mühe gab, so wenig wie möglich gesehen zu werden. Er war schon länger unterwegs als die, die vor ihm hier gewesen waren, hatte einen weiteren Weg zurückgelegt, und nur er allein wusste, wie weit er noch zu gehen hatte. Er war jung, athletisch, spreizte sich mehr als ein mit Preisen ausgezeichneter Gockel, und er wollte niemanden merken lassen, wo er gewesen war, woher er ursprünglich stammte und was er durchgemacht und verloren hatte. »Was vorbei ist, ist vorbei«, sagte er immer und schüttelte von sich ab, was auch immer an Erinnerungen ihn begleiten mochte. »Das Morgen ist wichtig, nicht das Gestern.« Die rechte Hand hatte er in der Tasche eines Mantels vergraben, der, da bin ich ganz sicher, jemand anderem gehörte. Nach einigen Minuten des Überlegens zog er die Hand heraus, grinste dümmlich und zeigte uns den größten, strahlendsten Diamanten, den ich je gesehen hatte. Er bedeckte fast seine ganze Handfläche. Er zeigte uns, was er noch nie zuvor jemandem gezeigt hatte: seine reiche Zukunft, seinen gestohlenen Diamanten. Nur dass er ihn nicht als gestohlen betrachtete. Er hielt ihn einfach nur für eine kleine Wiedergutmachung, einen Ausgleich für das, was sie ihm schuldeten. Er schwor, dass er sich den Rest dieser geplünderten Kriegsbeute später holen würde, weil er wusste, wo diese Nazi-Dummköpfe sie versteckt hatten. »Ich werde reich sein!«, erzählte er uns ständig, immer und immer wieder. »Ich werde der reichste Mann von allen sein!«

Um den Block in der Nähe der Wachstube hatten wir uns nicht gekümmert, als wir uns das erste Mal im Lager umgesehen hatten, und zwar wegen der verriegelten Fenster, die mit Brettern vernagelt waren.

Dass die Möglichkeit bestehen könnte, dass sich dort noch jemand aufhielt, war uns nicht in den Sinn gekommen. Aber da waren sie: zwei Tschechen. Nicht vergessen oder zurückgelassen, sondern verantwortlich für alles, was jetzt hier passierte oder später noch passieren würde. Sie waren aufgetaucht nur Sekunden, nachdem »der reichste Mann von allen« seine kostbare, in ein zerschlissenes Taschentuch gewickelte Beute wieder in seine Tasche gesteckt hatte. Er nahm sie nie wieder heraus, genauso wenig wie die Hand, mit der er sie umklammert hielt. Ich bin überzeugt, er hätte sich lieber die Hand abhacken lassen, ehe er jemandem gestattet hätte, ihn von diesem Diamanten zu trennen. Der zuversichtliche Fremde, der nicht begierig war, neue Bekanntschaften zu schließen oder Fragen zu beantworten, war gegangen. Er würde an einem weniger belebten Ort auf den Frieden warten.

Die beiden Tschechen, Sascha und Daniel, waren äußerst angetan davon, ein paar Frauen zu treffen, die, so sagten sie scherzhaft, aus nicht allzu großer Nähe wie richtige Mädchen aussahen. Und sie waren doppelt angetan, als sie erfuhren, dass Eva ebenfalls aus der Tschechoslowakei stammte, und so luden sie uns gleich ein, den Abend mit ihnen in ihrem »Privatquartier« zu verbringen. Man hatte ihnen befohlen, sich freiwillig zum Hierbleiben zu melden, um sich um die Kranken zu kümmern, die auch gezwungen waren zurückzubleiben. Die Ironie an der Sache war, dass diese Häftlinge alle ganz gesund gewesen waren bis zu dem Tag, an dem die Rot-Kreuz-Pakete aus Amerika eintrafen. Die ausgehungerten Männer teilten sich die Lebensmittel nicht ein, sondern schlangen alles auf einmal hinunter. Zu viel, zu früh, oder besser gesagt, nicht früh genug. Das tragische Resultat: Durchfall, Ruhr. Was für eine Art, das Ende willkommen zu heißen. Was für eine Art, einen Neuanfang zu begrüßen. Was für ein Preis für ein Stück Butter.

Während Eva die Einladung der beiden begeistert annahm, rechnete ich immer noch damit, bis zum Abend weit fort von hier zu sein, und so antwortete ich: »Danke, aber heute Abend werden wir nicht mehr hier sein.« Sie meinten, dass sie hofften, ich hätte Recht, aber nur für den Fall, dass ich nicht Recht hatte, sollten wir trotzdem kommen, und, was noch wichtiger war, unbedingt darauf achten, nach Einbruch der Dunkelheit zu kommen und niemandem etwas davon zu erzählen. »Wir wollen feiern«, flüsterten sie, obwohl niemand sonst in der Nähe war, und so klang die Einladung sehr geheimnisvoll und mysteriös. Wir plauderten ein wenig, oder vielmehr, Eva plauderte, ihre Halsentzündung hatte sie völlig vergessen, sie war froh, wieder sprechen zu können, vor allem in ihrer Muttersprache.

Ich wollte es nicht hören – keine wollte es hören. Wir wollten es nicht, aber wir hörten es trotzdem: Das schwedische Rote Kreuz war weit und breit nicht zu sehen. »Morgen«, sagten sie zu uns. »Höchstwahrscheinlich kommen sie morgen.« Und was war heute Nacht? »Heute Nacht«, sagten sie, »bleibt ihr hier. Sucht euch einen Platz und legt euch schlafen. Wir sagen euch Bescheid, wenn sie kommen.« Wenn es das Problem gelöst hätte, denjenigen zu erwürgen, der uns die ärgerliche Nachricht überbracht hatte, dann hätten wir es getan, einmütig.

Sascha und Daniel tat es kein bisschen Leid, dass wir nicht abgefahren waren. Da die kranken Männer ihre einzige Gesellschaft waren, hatten sie großes Interesse daran, sich ein wenig aufheitern zu lassen. Sie hatten den Block mit den verriegelten Fenstern, die frühere Krankenabteilung, für sich privat hergerichtet. Dank ihrer eigenen Findigkeit und der großzügig bemessenen Vorräte, die die Nazis zurückgelassen hatten, war ihr Quartier wirklich angenehm, gut ausgestattet und sehr privat. Als erstes boten sie uns einen Drink an, einen sehr großen Drink. Ein ganzes Wasserglas voll mit etwas Farb- und Geschmacklosem. Ich trank, als sei es Wasser. Eva auch. Ich spürte keinerlei Reaktion, nicht einmal nach dem dritten Glas. Wenn ich an meine normalerweise peinliche Unfähigkeit dachte, mehr als ein paar Gläser von allem möglichen Alkoholischen zu trinken, war diese Unfähigkeit, mich anders zu fühlen beziehungsweise überhaupt etwas zu fühlen, für mich noch verblüffender als die grotesken Umstände dieses unseres ersten Treffens. Wir hatten ein paar Käsekräcker geknabbert, die den langen Weg von Amerika recht gut überstanden hatten, aber weil wir uns an diese armen Männer und den Grund für ihre Ruhr erinnerten, aßen wir sonst nichts.

Fünfzig Trinksprüche und fünf Gläser von diesem geschmacklosen Zeug später stürmte ein sehr nüchterner deutscher Aufseher herein (er und ich waren die einzigen Nüchternen hier) und teilte uns mit höchst besorgter Stimme mit, dass eine »Kontrolle« bevorstehe. Eva, die gegenüber dem hundertprozentig alkoholischen Inhalt dieses farblosen Zeugs offenbar weniger immun war als ich, begrüßte den deutschen Aufseher mit: »Heil Hitler! Kommen Sie, wir trinken was«, während Sascha und Daniel dem verängstigten Aufseher immer wieder zuriefen: »Halt sie ein paar Minuten auf, sonst kriegst du keinen Schnaps mehr von uns.«

Kurz bevor der Aufseher hereingeplatzt war, hatten Eva und ihre zwei Landsleute getanzt. Sie hatten getanzt, sich amüsiert, allerdings nicht allzu brav – und waren tatsächlich ziemlich betrunken.

Das Wort »Kontrolle« wirkte nachhaltiger als eine eiskalte Dusche. Es war immer noch eines der ernüchterndsten Worte, ganz egal in welcher Sprache es gesprochen wurde. Einer von den beiden packte Eva, der andere mich, und noch bevor auch nur eine Minute vergangen war, gehörten der nette Raum, die nette Gesellschaft und die leeren Gläser schon der Vergangenheit an. Zu der einen Tür gingen wir hinaus, einen kurzen dunklen Flur entlang und dann zu einer anderen Tür hinein. Ich merkte, wie ich plötzlich entweder von Sascha oder von Daniel hochgehoben und auf etwas abgesetzt wurde, das der Operationstisch eines Chirurgen oder einfach nur eine Stahlplatte hätte sein können. Kurz bevor er mich mit etwas zudeckte, das sich wie ein Laken anfühlte, flüsterte mein Gastgeber des heutigen Abends: »Gib keinen Mucks von dir, rühr dich nicht, atme nicht.«

Ich merkte sofort, dass Eva nicht bei mir war und dass ich, was mich noch mehr verstörte, in diesem eisigen Dunkel nicht allein war. Mein Instinkt sagte mir, dass auch noch andere hier sein mussten, andere, die keinen Mucks von sich gaben, die sich nicht rührten und nicht atmeten. In dem Augenblick wünschte ich mir wirklich, ich hätte mich betrinken können, hätte mich bis zur Bewusstlosigkeit betrinken können, damit ich nie hätte herausfinden müssen, was hier vor sich ging. Was mich beinahe wirklich dazu brachte, endgültig mit dem Atmen aufzuhören, war die deutliche Wahrnehmung eines anderen Körpers neben mir. Und nur Sekunden später war da das verstörende Gefühl von Körperkontakt mit einem stillen, sich nicht rührenden, nicht atmenden nackten Mann, der sich dasselbe Laken mit mir teilte, und da blieb mir beinahe das Herz stehen. Ein toter Mann – ein Leichnam! Mausetot und so kalt wie der Tisch, auf den man uns gelegt hatte. Ich war in einer Leichenhalle.

Kurz nachdem ich herausgefunden hatte, wo ich mich befand, ging die Tür auf. Es waren Schritte zu hören, dann sah ich, wie sich ein Lichtstrahl über das Laken bewegte, während ich gleichzeitig forsche Männerstimmen hörte, die fragten, wer hier sei. Die beiden Tschechen antworteten sofort: »Leichen«. Dann, beiläufig: »Die sind alle tot hier. Wir warten nur darauf, dass uns jemand sagt, was wir mit ihnen machen sollen.«

»Seht zu, dass ihr die loswerdet«, sagte einer der Deutschen ruhig. Und dann waren sie weg. Sie waren nicht weit in den Raum hineingekommen, sondern waren bei der Tür stehen geblieben und hatten sich da unterhalten. Es war fast schon hell, als Sascha, nüchterner, als er je zuvor in seinem Leben gewesen war, mich endlich holen kam. Ich werde nie genau wissen, wie es mir gelang, die Nacht in der Leichenhalle zu überleben oder wie ich den Weg zurück zum Block schaffte. Eva war auch gerade gekommen. Sie war in einem anderen Raum gewesen, auch einer Leichenhalle, aber sie hatte ihren eigenen Tisch gehabt und die ganze Nacht geschlafen. »Na los, schlaf dich aus«, hatte Daniel ihr gesagt. »Ich gebe dir mein Wort, du wirst nicht gestört werden.« Und ob sie auch bei ihr reingeschaut hatten oder nicht, daran konnte sie sich nicht erinnern!

Was nun die Deutschen betraf, die für diese unvergessliche Nacht die Verantwortung hatten, so waren sie ursprünglich gar nicht gekommen, um jemanden zu überprüfen, weder die Lebenden noch die Toten. Sie waren gekommen, weil irgendein Großmaul ihnen erzählt hatte, dass es hier Alkohol gab. Und so hatten sie ihn sich geholt. Das ganze Zeug! Sie haben es bis zum letzten Tropfen ausgetrunken.

Wir standen draußen vor dem Eingangstor von Ravensbrück, alle siebenhundert Frauen. Wenigstens bis hierhin hatten wir es geschafft. Ich hatte kaum Zeit gehabt, mich in den Block zurückzuschleichen und zu überlegen, ob ich nun jemandem von meiner unheimlichen, gespenstischen Nacht erzählen sollte oder nicht, als die Aufseher kamen und uns wieder hinuntermarschieren ließen. Und da stand ich nun, und bis auf ein paar Wochen war es fast genau zwei Jahre her, dass ich Amsterdam verlassen hatte. Es war Frühling gewesen damals, und eine Ahnung von Freiheit hatte in der Luft gelegen. Es war wieder Frühling, und wieder lag eine Ahnung von Freiheit in der Luft.

Die Frauen um mich herum plapperten in einem fort. Es hörte sich an wie das Geschnatter einer Gänseherde bei einem Familientreffen. Einem fröhlichen Treffen. Sie redeten über alte Erinnerungen und neue Hoffnungen, über die Gefahren von gestern und das Glück von morgen. Sie redeten über all das, worüber sie vorher nicht zu reden gewagt hatten.

Während sie schwatzten, hielt ich den Blick auf die Straße gerichtet, über die unsere Retter kommen sollten. Den ganzen Vormittag stand ich da und schaute und wartete. Bis zum späten Nachmittag hatte ich den Blick auf die Straße geheftet. Da war das Geschnatter meiner Gefährtinnen dann versiegt. Ruhelos und nervös gingen sie wieder und wieder auf und ab. Diese Schweden und ihr Rotes Kreuz ließen sich wirklich Zeit damit, hierher zu uns zu kommen, und das Warten war für uns alle höchst problematisch geworden. Ich musste mir klar machen, dass wir diesmal wenigstens auf etwas warteten, das das Warten lohnte. Außerdem, was hätten wir sonst schon tun können? Auf eines hatten wir uns alle gemeinsam geeinigt: Zurückgehen würden wir nicht. Nicht in das überfüllte Frauenlager, nicht in das leere Männerlager. Was auch kommen mochte, wir wollten draußen bleiben. Hierbleiben, bis sie uns holten.

Das schon schwindende Licht des Tages brachte sie zu uns. Zehn alte Lastwagen chauffiert von zehn erschöpften Männern. Nur gut, dass wir zu diesem Zeitpunkt selber auch schon völlig entkräftet waren, sonst hätten wir mit all der zurückgedrängten Enttäuschung und dem aufgestauten Wunsch, unsere Dankbarkeit zum Ausdruck zu bringen, unsere Retter noch behindert. Trotzdem stürmten die Frauen die Lastwagen, drängten sich um die Fahrer und die Verantwortlichen der Aktion, als hätten sie einen Angriff, und nicht eine Begrüßung im Sinn. Fast wirkte es wie die panikartige Flucht aufgescheuchter Tiere. Eva und ich beteiligten uns nicht an der Attacke. Eva, weil wir es immer noch für besser hielten, einen Zusammenstoß mit einigen anderen aus der Gruppe zu vermeiden, und ich wegen meiner derben Holzschuhe, die mir zwei Nummern zu groß waren und die es mir unmöglich machten, Schritt zu halten. Also beobachteten wir die Hektik quasi von der Seitenlinie aus und blieben am Straßenrand stehen, obwohl wir genauso versessen darauf waren, an einen der Fahrer näher heranzukommen.

»Spricht hier jemand Englisch?« Ich hatte seine grüne Militärschirmmütze, die ihn als Offizier vom Dienst auswies, schon gesehen, bevor ich ihn sprechen hörte. Nicht ihn gesehen, nur seine Mütze. Weil sich zu viele aufgeregte Frauen um ihn drängten, so dass er, obwohl sie alle viel kleiner waren, Mühe hatte, sich den überschwänglichen Dankesbekundungen zu entziehen. In der Zwischenzeit rieb ich mir entgeistert und völlig verblüfft immer wieder die Augen, ich wollte sichergehen, dass sie mich nicht trogen. Das taten sie nicht!

Egal wie weit hergeholt es angesichts von Zeit und Ort sein mochte, was ich gesehen und erkannt hatte, war tatsächlich ein Amerikaner. In Uniform – ein amerikanischer Soldat!

Geradewegs vor einem deutschen Konzentrationslager, fast zwei Wochen vor dem offiziellen Kriegsende, während deutsche Aufseher uns immer noch bewachten, Bombardierungen stattfanden und immer noch heftige Kämpfe tobten und das »Sieg-Heil«-Geplärre immer noch nicht erstickt war – beim bloßen Anblick eines kleinen Zipfelchens Amerika hätte ich am liebsten aufschreien mögen. So gern hätte ich das getan, überlegte es mir dann aber anders. Stattdessen hob ich, nachdem er noch einmal gefragt und wieder keine Antwort erhalten hatte, die Hand und rief: »Ja, ich, ich spreche Englisch!«

Da teilte sich die Menschenmenge um ihn, und die Frauen ließen ihn durch. Er war fantastisch! Gebräunt, breitschultrig, attraktiv, mit kraftvollem, entschlossenem Gesicht, aber unfähig, sein Entsetzen angesichts unseres elenden Aussehens zu verbergen. Wir waren die ersten Frauen aus einem Konzentrationslager, die er zu Gesicht bekam.

Er hieß John D. Jackson und stammte aus Bossier City, Louisiana. Er war der erste Amerikaner, den ich je traf, und der einzige Held, den ich je kennen lernte. Ohne ihn hätte dieses Buch nicht geschrieben werden können. Ohne ihn hätte die wahre Geschichte, und all das, was gesagt werden musste, nicht erzählt werden können. Ohne ihn hätte ich nicht den Rest meines Lebens genießen können, denn ohne ihn wäre ich nicht mehr am Leben.

John bat mich, den anderen zu sagen, dass wir keine Zeit zu verlieren hatten. Die Lage war nicht gerade rosig. Sechsunddreißig Stunden hatten sie gebraucht, um zu uns zu gelangen. Die meisten Brücken waren gesprengt, und es gab nur noch wenige passierbare

Straßen, auf denen sie hatten fahren können. Unsere Retter trauten sich nicht, erst auszuruhen. Dann wurden wir dem Offizier vom Dienst vom schwedischen Roten Kreuz und seinem Assistenten vorgestellt. Beide waren jung, blond, engagiert, sehr freundlich und fest entschlossen, uns hier herauszubringen. Es wurde Befehl gegeben, dass wir sofort aufzubrechen hatten. Keine Zeit für Fragen und Antworten, keine Zeit erst zu debattieren, wer auf welchem Lastwagen fahren würde. Es hieß nur: »Beeilt euch! Los, los, los!«

Erster Aufenthalt: Lübeck. Da sollten wir uns über Nacht ausruhen und dann nach Dänemark weiterfahren, bevor wir schließlich unser endgültiges Ziel erreichten: Schweden. Lübeck, relativ nah an der dänischen Grenze, war eine offene Stadt und damit verhältnismäßig sicher. Denn nach internationalem Recht wird jede Stadt, die gegen feindliche Übernahme nicht verteidigt wird, als offene Stadt angesehen und bleibt von Bombardierung und sonstigen Angriffen verschont.

Auf jedem der zehn Lastwagen befanden sich etwa siebzig Frauen. Die beiden schwedischen Offiziere und die Kranken saßen jeweils neben den Fahrern, die anderen hinten auf dem Lastwagen. Die schweren Planen der Wagen, die mit großen roten Kreuzen bedeckt waren, konnten sowohl aus der Luft als auch vom Boden aus mühelos gesehen werden. Nur noch ein schwacher Schimmer Tageslicht war übrig, und in diesem Lichtschimmer rollten wir an, bewegten uns fort. Fort von Ravensbrück, fort von all dem, was wir zu erdulden gehabt hatten, fort von diesem verfluchten Höllenloch. Ich schaute auf das Tor, bis es ganz verschwand, von der Nacht geschluckt wurde oder vielleicht auch von feurigen Drachenzungen geschluckt wurde, wie den Drachenzungen in Auschwitz, die die Kinder von Warschau geschluckt hatten.

Zwei Stunden etwa waren wir unterwegs gewesen, als aus dem Nichts deutsche Panzer, Kübelwagen und Fußtruppen auftauchten. Ihr Konvoi, mit mehr roten Kreuzen übersät als unserer, drängte sich zwischen uns, und so im Zickzack überall herumfahrend, hofften sie auf sicheres Geleit für ihren Rückzug. Natürlich versuchten wir, sie abzuschütteln, aber sie hatten offenbar auf uns gewartet. Als wir sie nicht loswerden konnten, verließen wir die Straße, bogen in einen dichten Wald ein und hielten an. Da teilte uns dann ein verärgerter und besorgter schwedischer Offizier mit, dass wir die Nacht im Wald verbringen und uns einen Platz zum Schlafen suchen müssten. So hatte er es entschieden, aber das war nicht der ursprüngliche Plan gewesen. Unser Anführer rechnete damit, dass die »deutschen Mistkerle« es sich nicht leisten könnten, Zeit zu vergeuden, dass sie sofort weiterfahren müssten. Hier zu bleiben wäre also unsere beste Chance, sie loszuwerden. Und loswerden mussten wir sie.

Es war kein Geheimnis, dass Rot-Kreuz-Transporte nicht angegriffen werden durften. Ebenso wenig war es ein Geheimnis, dass die 1864 unterzeichnete Genfer Konvention ein Regelwerk für den Schutz von Kranken, Verwundeten und Gefangenen in Kriegszeiten bereitgestellt hatte. Mit anderen Worten, kein Bombardement, kein Gefecht, keine irgendwie geartete Einmischung, weder auf einen sich fortbewegenden, noch auf einen stillstehenden Transport. Aber woher wussten sie es überhaupt? Woher wusste das deutsche Militär, wo wir herkamen, wohin wir wollten und welche Straßen wir benutzen würden? Unser Lagerkommandant hatte es ihnen erzählt! Er hatte die Nachricht verbreitet. Es jedem erzählt, der zuhören wollte, und das deutsche Militär hatte natürlich zugehört. Die Ironie an der Sache war, dass es nicht einmal die Schuld des Lagerkommandanten war. Er tat nur, was von ihm erwartet wurde – das heißt, die Ankündigung über unsere Abfahrt per Radio durchzugeben. »Achtung! Achtung! Siebenhundert weibliche Häftlinge verlassen jetzt Ravensbrück. Sie stehen unter dem Schutz des schwedischen Roten Kreuzes und fahren die Strecke …« Und dann nannte er die Straßen. Vielleicht wäre keine Ankündigung besser gewesen.

Es war eine äußerst ungewöhnliche Nacht. Nicht ganz so grotesk wie die vorangegangene Nacht, nur nicht sehr wirklich. Ich hatte mir einen Platz unter einem Baum gesucht, nicht allzu weit von der Straße entfernt. Eva hatte sich unter einen anderen Baum gelegt und war sofort eingeschlafen. Die Glückliche! Das Kampfgetöse in nicht allzu großer Entfernung hallte immer wieder durch die Nacht, während John neben mir mit Wörtern wie »Zu Hause … Vereinigte Staaten … Freiheit« die Schrecken des Krieges vertreiben wollte.

Er redete mit mir über den Krieg, in dessen Verlauf er in Afrika gekämpft hatte, seine Gefangennahme und darüber, wie er durch einen Kriegsgefangenen-Austausch unter der Schirmherrschaft von

Graf Bernadotte freigelassen wurde. Von da an sei er für die Organisation gefahren und habe immer wieder versucht, den schwachen Funken der Menschlichkeit am Leben zu erhalten. Er redete mit mir über sein Zuhause, über seine Mutter und darüber, wie es sei, in Amerika zu leben. Er erzählte, dass man sich drüben nicht bei der Polizei melden müsse oder für dieses und jenes um Erlaubnis zu bitten habe, weil man frei sei – wirklich frei. Er erzählte auch, dass fast jeder in den USA ein Auto besitze. Nicht nur die ganz Reichen, sondern jeder. Dann fragte er nach mir, nach meinem Zuhause, meinem Heimatland, wollte wissen, wie lange ich in den Lagern gewesen sei und weshalb. Er schien ganz versessen darauf, alles Mögliche darüber in Erfahrung zu bringen, und doch fragte er nicht ein einziges Mal: »Wie schlimm war es wirklich?« oder »Was haben sie mit euch gemacht?« Vielleicht spürte er, was ich durchgemacht hatte, ohne es ganz zu begreifen. Wie ich aussah, wie wir alle aussahen, sagte es vielleicht besser, sagte alles.

Plötzlich kam es mir in den Sinn, dass ich mich nicht mehr in einem Spiegel betrachtet, geschweige denn überhaupt einen Spiegel gesehen hatte, seit mir meine Puderdose in Mecheln gestohlen worden war und Boden mich mit dem Mehl gedemütigt hatte. Was noch schlimmer war, ich hatte nicht einmal daran gedacht. Und dort, in diesem deutschen Wald, dem Ende dieses kolossalen Albtraumes so nah, während ich die Nacht mit Freund und Feind zugleich unter dunklem, trübem Himmel verbrachte, wünschte ich mir nicht etwas zu essen, wollte auch nicht ausruhen, sondern einfach nur wieder schön zu sein. Schön für ihn, diesen großherzigen Mann.

Wir redeten die ganze Nacht. Er hatte den Arm um mich gelegt und mir seinen schweren Soldatenmantel um die Schultern gehängt, um mich zu wärmen, und ich begriff, dass es vollkommen egal war, wie ich aussah. Er bemitleidete mich nicht. Er wollte nur, dass ich seine Anteilnahme spürte und dass ich wusste, ich könne mich bei ihm sicher fühlen. Mit jeder Minute, die verging, erhob sich aus ewigem Schlaf ein lang vergessenes Bedürfnis nach Nähe, ein Bedürfnis danach, mit einem anderen Menschen das zu teilen, was während dieser unendlichen, schrecklichen Zeit weggeschlossen gewesen war, und dieses Bedürfnis verlangte nun wieder nach seinem Recht. Ich war hellwach, und längst verblasste Erinnerungen wichen einem neuen, wehmütigen Sehnen, neuen Hoffnungen und neuem Streben. Der Fremde an meiner Seite, der von ach so weit herkam, hatte in dieser ach so befremdlichen, sternlosen Nacht meine Hand gehalten, mich sicher und warm gehalten und mir mit jedem hingetupften Wort Amerika nahe gebracht.

John war von Anfang an dabei gewesen. Er hatte viel gesehen und war schnell erwachsen geworden. Er hasste den Krieg und das, was er den Menschen antat und was die Menschen einander antaten. Dieser Krieg, so sagte er, müsse für die ganze Menschheit geführt werden. Nach seinem Rang habe ich ihn nie gefragt. Er war so klug, so beherrscht und, wie so viele von Schlachten gezeichnete Soldaten, schon sehr alt. Er war vielen Frauen begegnet, aber keiner Dame, so räumte er ein, nicht bis er mich kennen lernte. Nichts von dem, was er sagte, war trivial oder oberflächlich; und seine Berührung zielte nicht darauf ab, dass ich mich unbehaglich fühlen oder gar Angst haben sollte. Er war fürsorglich, warmherzig, stark und hatte etwas Beruhigendes an sich. Ein Gottesgeschenk und genauso, wie ein Held sein sollte.

Bevor wir bei Morgengrauen unsere Weiterfahrt antraten, bat mich John, die Sache mit Schweden zu vergessen und bei ihm in Lübeck zu bleiben, bis der Krieg vorbei wäre, und dann mit ihm in die Staaten zu gehen. »Nur noch ein paar Tage«, sagte er immer wieder. »Nur noch ein paar Tage.«

Dann ging es wieder auf die Lastwagen, und eine sehr müde, aber überschwängliche Gruppe machte sich erneut auf den Weg. Wir lachten, sangen, scherzten und waren uns voll und ganz bewusst, dass wir endlich frei waren, und machten aus jedem Atemzug in dieser neuen Freiheit eine Jubelfeier des Lebens. Wir waren ganz gewiss der fröhlichste Konvoi, der je durch einen Krieg fuhr.

Und dann passierte es: Wir fuhren direkt hinein in den letzten Stützpunkt der Deutschen. Die von beiden Seiten durch dichte Wälder gut geschützte Straße war sehr schmal. Wir sahen sie erst, als wir praktisch unmittelbar vor ihnen waren. Hochrangige Offiziere und Generäle winkten uns hektisch zu, riefen uns zu, wir sollten machen, dass wir wegkämen, aber es war zu spät. Britische Flugzeuge, die aus fünfzig Meter Höhe Bomben abwarfen, trafen das Zielgebiet genau in dem Augenblick, als wir durchfuhren.

Es war eine riesige Explosion. Die Erde bebte. Ich hörte Schreie aus den brennenden Lastwagen, sah abgetrennte Arme und Beine von den schlaffen Körpern losgelöst wie kaputtes Spielzeug in die Luft geschleudert werden, auf dem Boden landen und wie eine gewaltige unwirkliche Decke über der blutdurchtränkten Erde liegen. Das grausige Geräusch stöhnender Frauen, die unter umgekippten Lastwagen mit sich noch drehenden Rädern begraben lagen, war überall. Soldaten, die in ihrem eigenen Strom von Blut ertranken, klammerten sich grotesk an ihre Gewehre, während deutsche Generäle immer wieder befahlen: »Feuer! Feuer!«

Ich wurde von meinem Lastwagen geschleudert und landete in etwa fünfzehn Metern Entfernung in einem Sandloch. Schmerzen hatte ich keine. Ich weiß nicht mehr, wie lange ich dort saß, ehe John mich fand. Er sah fürchterlich aus! Schwarz und schmutzig – als sei er aus einem Kamin geklettert. Er wollte wissen, ob ich in Ordnung sei. Es war eine Frage, aber es klang wie ein Befehl. Ich hatte keine Stimme mehr, und als die Worte endlich kamen, kamen sie stotternd: »Ja, ich … ich glaube … schon.« Ich stotterte weiter und hörte mich John fragen, was passiert sei und wie schlimm es sei. Er wusste es nicht. »Das weiß keiner im Moment!« rief er. Er riss mich hoch, mit dem ausgestreckten Arm deutete er auf den Wald jenseits der Straße. »Lauf! Lauf! Ich kann nicht bei dir bleiben! Ich muss herausfinden, wer noch übrig ist – ich muss helfen … Lauf!« Damit führte er mich auf die andere Straßenseite und ging.

Da das Ausmaß der Katastrophe mir noch nicht voll und ganz ins Bewusstsein gedrungen war, marschierte ich immer weiter, ohne klaren Gedanken daran, wohin ich ging und weshalb. Weder hatte ich Angst, noch war ich hysterisch. Ich fühlte absolut nichts. Losgelöst, als gehörte ich einfach nicht mehr dazu, und so ging ich wie von Luft getragen immer weiter. Die Zeit war für mich stehen geblieben, als die Bomben fielen, und sie setzte erst wieder ein, als das erste Aufblitzen der Realität wiederkehrte.

Ich saß unter einem Baum, das verwundete Bein hielt ich ausgestreckt und wunderte mich, wieso ich nur einen Schuh hatte. Das war alles, was mir in dem Augenblick Sorgen bereitete. Erkenntnis und Erinnerung kehrten nur langsam zurück. Während ich auf das Rinnsal hässlicher gelber Flüssigkeit starrte, das mir von der Wunde das

Bein herunterlief, fragte ich mich, ob Eva womöglich meinen anderen Schuh hatte und wo der schmutzige Lappen sein mochte, den ich um meine Wunde gebunden hatte. Ich fragte mich auch, wo Eva sein mochte, weshalb ich sie nicht vorher vermisst und wann ich sie zuletzt gesehen hatte.

Rückblickend bin ich sicher, dass ich, zunächst wenigstens, glaubte, ich sei nicht mehr am Leben. Vielleicht war es das völlige Fehlen irgendwelcher Beschwerden oder Schmerzen, und dazu die Benommenheit. Oder vielleicht dachte ich das auch nur wegen dieses höchst merkwürdigen Gefühls, gewichtslos zu sein, beinahe in der Luft zu schweben wie die Assistentin eines Zauberers. Am merkwürdigsten war – und auch da bin ich mir sicher –, dass es mich kein bisschen beunruhigte. Es war so leicht, tot zu sein. Viel leichter, als am Leben zu sein. Solange ich dachte, ich sei gestorben, machte ich mir ganz bestimmt keinen Augenblick lang Sorgen um das Leben oder meine Existenz. Aber als ich noch am Leben war, hatte ich viel Zeit damit zugebracht, an den Tod und das Sterben zu denken.

Allmählich kehrte das Bewusstsein wieder ganz zurück. Meine Ohren nahmen Geräusche wahr, wie das Rascheln von Laub, mit dem der Wind spielte. Meine Augen fingen an zu sehen, wie die Sträucher sich bewegten, wie Zweige und Äste in verspieltem Tanz vor und zurück schwangen, und dann erwachte der Wald zum Leben.

Hinter jedem Baum und Strauch deutsche Soldaten. Eine Militäreinheit von Flugabwehr-Bodentruppen, perfekt getarnt, um mit den Farben des Waldes zu verschmelzen, hatte Stellung dort bezogen. Und mitten unter ihnen war ich, leichte Beute in einer Schießbude! Sie müssen auf den nächsten Angriff gewartet haben. Die Waffen hatten sie nach oben gerichtet, sie waren bereit, die Briten vom Himmel herunterzuschießen, und mich beachteten sie überhaupt nicht, oder besser gesagt, sie wandten den Blick nicht von dem im Augenblick stillen Himmel ab. Diese Wirklichkeit war allzu erschreckend, um in sie zurückzukehren. Die mit jedem pochenden Herzschlag zunehmende Wahrscheinlichkeit, tatsächlich umgebracht zu werden – ob von einer befreundeten, alliierten Bombe oder einem nervösen, nicht so befreundeten deutschen Soldaten –, machte mich ganz schwindlig im Kopf. Eine Zeit lang sah ich die hin und her schwingenden, laubbedeckten Zweige auf ihren Helmen ihren Totentanz tanzen, bis ich begriff, dass es ganz allein an mir lag, aus diesem Trugwald wieder herauszukommen. Nach einem gedämpften »Bitte nicht jetzt, nicht hier, das darf einfach nicht sein«, kroch ich auf dem Bauch, Zentimeter für Zentimeter, aus dem Wald heraus.

Wieder auf der Straße erwartete mich das Chaos. Blut, Tränen, brennende Reifen, rußgeschwärzte Bäume und überall, wohin ich schaute, leblose Gestalten mit den toten, offenen Augen voller Sand und Staub. Es war die Hölle! In diesem Labyrinth der Verwirrung begann ich nach Eva und John zu suchen. Ihn fand ich über seinen besten Freund gebeugt, der am Leben, aber blind war. Die deutschen Generäle schlugen immer noch die Hacken zusammen, salutierten vor unseren Soldaten, die überlebt hatten, und entschuldigten sich. »Was für eine Tragödie.« Sie befahlen dem Rest ihrer Truppe, unseren Verwundeten zu helfen, die Straße zu räumen und die noch funktionstüchtigen Lastwagen aus den Gräben zu holen. Durch dieses ganze Durcheinander gingen deutsche Zivilisten, die von zu Hause geflüchtet waren, bevor die Russen zu ihnen gelangten, in aller Ruhe über unsere Toten hinweg, stießen und traten die Verwundeten, stahlen unsere amerikanischen Rot-Kreuz-Pakete und alles, was sie sonst noch finden konnten.

Kurz darauf sah ich Eva. Sie lieferte sich einen Ringkampf mit einem heulenden deutschen Fräulein, das ein Lebensmittelpaket gestohlen hatte. Eva war ganz in Ordnung, oder besser, sie war soweit in Ordnung, wie man es nach solch einer Katastrophe sein konnte.

Unsere Medikamentenvorräte waren vernichtet, und unter den Deutschen gab es keinen Arzt, nicht einmal einen Sanitäter. Die Deutschen selbst hatten schwere Verluste hinnehmen müssen. Wir alle waren gefangen, und die Zeit lief ab für alle von uns. Wir mussten hier raus, und wir mussten Hilfe holen. Die britischen Flugzeuge würden bestimmt zurückkommen und diesen letzten strategischen Posten wieder und wieder angreifen, bis keiner mehr übrig war, nicht einmal ein die Hacken zusammenschlagender, salutierender »Tut-mir-so-Leid«-General der Deutschen.

Wir waren nur zwanzig Kilometer von Lübeck entfernt. Ärzte, Vorräte, Transportmöglichkeiten und Hilfe warteten dort auf uns. Ärgerlicherweise hatten wir jetzt nicht mehr genügend Fahrzeuge. Acht von unseren Lastwagen hatten Totalschaden erlitten, und die anderen beiden – einer davon der von John – waren nur einigermaßen funktionstüchtig. So war es nicht mehr möglich, alle Leute weiterzutransportieren. Jemand entschied, wir sollten die Toten und Schwerverwundeten zurücklassen und die Lastwagen nur mit denjenigen beladen, die noch gehen konnten. Es war keine Zeit, um die zu trauern, die zurückblieben, keine Zeit, denen, die noch am Leben waren, zu versprechen, dass wir sie holen lassen würden. Es hieß: jetzt oder nie!

Die Fahrer brüllten: »Auf die Wagen mit ihnen! Auf die Wagen mit ihnen!« Frauen, die wie eine Herde verängstigter Tiere herumliefen, wurden in die Lastwagen gestopft, während ich, die ich selber nicht allzu ruhig und gelassen war, immer wieder versuchte, die Anweisungen zu verstehen, die John mir zurief – irgendetwas in der Art, dass ich den anderen sagen sollte, wir müssten beim ersten Geräusch von Flugzeugmotoren von den Wagen springen und Deckung suchen. Ich gab mir alle Mühe, die Anweisung weiterzugeben, obwohl nur wenige zuhörten.

Eva und ich waren die letzten. Zu viele Frauen auf dem Lastwagen. Eingeengt und mit kaum genug Platz zum Luftholen klammerten Eva und ich uns verzweifelt fest. Als Beobachtungsposten hatten sich die anderen Fahrer auf die Motorhaube gesetzt, und so fuhren wir endlich ab.

Die Straße nach Lübeck war eine staubige alte Landstraße mit Kartoffeläckern zu beiden Seiten. Es war kochend heiß, und die unter der Plane dicht gedrängt stehenden Frauen waren unruhig. Überall in Europa, nicht nur auf den Autobahnen, sondern auch auf den kleinen Nebenstraßen, gab es Schilder, die die Entfernungen anzeigten. Jeweils eine Markierung pro Kilometer – so dass man immer wusste, wie weit man schon gekommen war und wie weit man noch zu fahren hatte. Diese zwanzig Kilometer waren die längsten meines Lebens.

Die beiden Lastwagen, die in genauso schlechtem Zustand waren wie wir, rumpelten und ratterten, stießen uns herum, als wären wir Gummibälle, bewegten sich aber nicht schneller vorwärts als langsame Schnecken. Zum Festhalten hatten wir nichts weiter als den Rand der Pritsche, und so waren wir vollauf beschäftigt damit, nicht hinauszufallen. Die Sonne schien gleißend hell. Ihre Strahlen taten mir in den Augen weh und verbrannten mir das Gesicht. Von einem trockenen, unbarmherzigen Wind aufgepeitschte Staubwolken schlugen uns hart und unablässig entgegen.

Die Straße selbst machte den Eindruck, als sei der gesamte Krieg hier an Ort und Stelle ausgetragen worden. Überall nur umgekippte Panzer, in denen die toten Soldaten noch fest steckten. Die Gräben waren voller kaputter Ausrüstungsgegenstände, voller Waffen und voller lebloser Körper. Tote Soldaten, mit Schmutz und verkrustetem Blut bedeckt, hingen über ihren Maschinengewehren; tote Pferde mit weit aufgerissenen Augen, die ins Nichts starrten, mit klaffenden Mäulern und gebleckten Zähnen, als lachten sie über den Wahnsinn der Menschen. Nirgends ein Lebenszeichen – nur Chaos und Zerstörung. Beinahe wirkte es inszeniert. Als habe jemand die Situation choreographiert.

Neunzehn Kilometer: Der Lastwagen ächzte und stöhnte immer weiter, stieß Rauch aus wie eine altersschwache Lokomotive. Einigen Frauen wurde es übel, und sie mussten sich übergeben. Kein Luftzug drang bis zu ihnen durch, und die Dunkelheit gab ihnen das Gefühl, in der Falle zu sitzen.

Achtzehn Kilometer: Ich wünschte, ich hätte noch diesen schmutzigen Lappen, der um mein krankes Bein gewickelt war. Jetzt hatte ich nichts mehr, um die Wunde abdecken zu können. Der Eiter lief mir das Bein herunter. Es schmerzte wie die Hölle, und wo war überhaupt mein anderer Schuh?

Siebzehn Kilometer: Meine Lippen waren aufgesprungen und trocken und fühlten sich an wie Pergament. Meine Zunge war geschwollen, und ich konnte kaum schlucken. Irgendetwas stimmte auch nicht mit meinem Gaumen. Er fühlte sich rau an und schien voller Blasen zu sein. Eva schrie andauernd, dass jemand sie trete und versuche, sie vom Lastwagen zu stoßen.

Sechzehn Kilometer: Noch mehr tote Soldaten. Ich musste an das Lied denken, dass Herbert für mich geschrieben hatte. *Die Legende vom unbekannten Soldaten*: »Wofür hast du gekämpft … wofür bist du gestorben … keiner schert sich einen Dreck darum … keiner kennt deinen Namen …« Wie passend. Man hätte sie zudecken oder sie begraben sollen. Irgendjemand hätte das tun sollen.

Fünfzehn Kilometer: Auch ich bin getreten worden! Die Frauen auf dem Wagen, die um jeden Zentimeter Platz kämpfen, stießen und kratzten in einem fort. Andauernd schrien sie: »Ich halte das nicht aus! Haltet den Wagen an! Lasst mich raus – lasst mich raus!« Ihr Wunsch ging in Erfüllung. Die Flugzeuge hörte ich im selben Augenblick, als ich das Quietschen der Bremsen hörte, und bevor mich jemand stieß, sprang ich von allein hinunter. Alle sprangen und stolperten sofort in alle Richtungen davon. John packte mich, und Augenblicke später lagen wir beide mit dem Gesicht nach unten in einem Kartoffelacker, sein Körper bedeckte meinen vollständig. »Rühr dich nicht«, flüsterte er. Rühren? Ich traute mich nicht einmal, Luft zu holen.

Ich bekam reichlich von der guten alten deutschen Erde zu schmecken, während die Flugzeuge wie lärmende Vogelschwärme steil über uns aufstiegen und in Richtung desselben Zielgebiets flogen. »Gütiger Himmel«, sagte John leise, »das überlebt keiner.« Nur für einen kurzen Moment hatte er den Kopf gehoben, und als er ihn wieder senkte, war sein Gesicht ganz dicht an meinem. Mit ausgestreckten Armen und Beinen lagen wir da, wie zwei ineinander verschmolzene Kreuze. Ich sah den Schweiß auf seiner Stirn, die pochenden Adern an seiner Schläfe, spürte seinen Atem, spürte alles von ihm. Lange, lange Zeit blieben wir so. Ein Mann, eine Frau, die so taten, als seien sie tot, die aber doch so lebendig und einander so nah waren.

Wir gingen erst wieder zu den Lastwagen zurück, als die Flugzeuge, nachdem sie eine zweite Runde gedreht hatten, außer Sicht- und Hörweite waren. Kamen genauso viele zurück, wie ausgeschwärmt waren? Was war mit ihren Verlusten – in fünfzig Meter Höhe müssen auch sie ein leichtes Ziel gewesen sein.

Einige Frauen wehrten sich tatsächlich: Sie wollten nicht wieder auf die Lastwagen zurück. Unverständlich vielleicht, aber es war ihnen inzwischen egal. Sie waren an ihre Grenzen gestoßen.

Vierzehn Kilometer: Wir kamen an einer Gestalt auf der Straße vorbei – einem alten Mann mit weißem Bart und Stock, der ein Schild vor der Brust trug: »Blind«. Er wirkte so Mitleid erregend und verloren. Den Bruchteil einer Sekunde lang hatte ich das Bedürfnis zu rufen: »Halt, lasst uns den Mann mitnehmen!« Aber dann ging dieser Moment der Menschlichkeit vorbei, und in mir waren nur noch Wut und unbändiger Hass. »Deutscher, lausiger, mieser Deutscher. Stirb,

stirb doch.« Er wirkte jämmerlich grotesk, wie er da so allein die Straße des Todes entlangtrottete.

Dreizehn Kilometer: Die Straße wurde immer holpriger, und mir wurde schwindliger von Minute zu Minute, als würde ich auf dem Kopf stehend Achterbahn fahren. Ich konnte nicht aufhören zu zittern, aber nicht wegen der Fahrt. Meine Kehle brannte und ebenso mein Gesicht und das tiefe, eitrige Loch in meinem Bein. Einige Frauen stießen mich zur Seite und sprangen heraus. Ich wurde geschlagen und herumgeschubst. Ich sah nur noch verschwommen ... Die Kilometerzahlen am Straßenrand konnte ich nicht mehr erkennen. Das einzige, woran ich mich von den letzten zwölf Kilometern noch erinnerte, waren die gleißende Sonne und der Schmerz ...

Lübeck! Wir hatten es geschafft. Begrüßt wurden wir mit überschwänglicher Freude und mit genauso viel Verwirrung. Alle gleichzeitig kamen sie auf uns zugerannt. Ärzte, Schwestern, Frauen vom Roten Kreuz, die schwere Kessel voll mit heißer Suppe trugen; ihre Arme hatten sie uns eifrig entgegengestreckt, um uns von den Lastwagen herunterzuhelfen. Aus dem Innern des Wagens bahnten sich die noch verbliebenen Frauen ihren Weg aus dem Dunkeln heraus und boxten sich hinein ins Licht.

Ich wurde hinuntergestoßen. In den Armen einer Rot-Kreuz-Frau wurde ich aufgefangen, nur Sekunden bevor ich in der kochenden Suppe landete, das Schlimmste konnte ich gerade noch verhindern. Aber meine Gefängniskleidung war vollkommen durchnässt, und ich verlor den einen Schuh, der mir noch geblieben war.

Immer wieder schien John mich zu finden. Er sah so müde und so erschöpft aus, als habe er ganz allein, ohne alle Hilfe, jeden Krieg von Anbeginn der Zeit an geführt. Er hob mich hoch und brachte mich zu einer Bank in der Nähe. Da erzählte er mir, dass sich die Pläne schon wieder geändert hätten: Wir könnten jetzt nicht mehr in Lübeck bleiben. Die Nachricht von unserem furchtbaren Unglück musste schneller gereist sein als wir, und man ging davon aus, dass Lübeck, die offene Stadt, in dieser Nacht bombardiert würde. Von wem, das wusste er nicht. Uns blieb keine Zeit mehr für uns, nicht einmal mehr ein Tag, nicht einmal mehr eine Nacht. In dieser Angelegenheit hatten wir nicht zu bestimmen. Ich müsste weiterfahren; er müsste bleiben. Während Johnny sich meine Adresse auf ein Stückchen Papier kritzelte, bedrängte er mich, nicht in Schweden zu bleiben, sondern nach Hause, nach Amsterdam, zu fahren, so dass er wüsste, wo er mich finden könne. »Da treffen wir uns dann«, sagte er und lächelte ein ganz klein wenig.

Vor den Toren der Stadt, in einem nahe gelegenen Wald in Richtung dänische Grenze, warteten dänische Fahrer, die uns nach Kopenhagen bringen wollten.

Ich konnte nicht mehr gehen. Johnny trug mich auf dem Arm wie ein krankes Kind, acht Kilometer durch die Stadt in den Wald hinein, wo die Busse standen. Da setzte er mich auf einen Fensterplatz und ließ meinen Kopf langsam auf ein Kissen sinken, dann setzte er sich neben mich. Beide hatten wir keine Kraft mehr. Einige kostbare Augenblicke lang sahen wir uns nur an. In seinen blutunterlaufenen Augen sah ich die Qual jedes einzelnen Menschen, der die grausige Unbarmherzigkeit des Krieges durchlitten hatte. Ich sah den Schmerz, den er angesichts der Tatsache empfand, dass er sich von unseren gemeinsamen Momenten lösen musste, ohne je die Chance zu haben, auch nur einen einzigen zurückbekommen zu können, und ich sah die Traurigkeit tief in ihm, den Kummer über die unwiederbringlichen Jahre, die der Krieg uns beiden gestohlen hatte.

Er kniete sich vor mich hin, nahm sich eine Kette mit Marke vom Hals und hängte sie mir um. Es war seine Erkennungsmarke, die so genannte »Hundemarke«. Nicht die aus Metall, sondern die aus Plastik. Aber der Name war derselbe, die Adresse war dieselbe, alles war dasselbe. »Das bin ich«, sagte er. »Verlier es nicht. Und lass es dir von keinem wegnehmen, bewahr es gut auf, für immer.« Dann sagte er mir noch, dass ich, wenn ich nichts von ihm hören würde, seiner Mutter schreiben solle. Ein paar verzauberte Sekunden lang hielt er mich im Arm, strich mir über das sonnenverbrannte Gesicht, und mit zarter, sachter Müdigkeit küsste er meine aufgesprungenen Lippen.

Ich sah und hörte nie wieder etwas von ihm. Tief im Innern habe ich immer gewusst, dass er es in dieser letzten Nacht in Lübeck nicht mehr geschafft hat …

Wurde mein Held von befreundetem Geschützfeuer getötet? Und falls ja, war der Tod deshalb dann weniger tödlich? Weniger dauerhaft? Und hat seine Mutter, als sie davon erfuhr, weniger Tränen vergossen?

Als das Leben für mich wieder ganz von vorn anfing, in einer anderen Zeit an einem anderen Ort, schrieb ich an Johnny. Ich schrieb an seine Mutter und an das Kriegsministerium in Washington, D. C., aber ich erhielt nie eine Antwort. Ich bewahrte seine Erkennungsmarke auf, und ich habe sie immer noch, dieses ungewöhnliche Andenken an diesen ungewöhnlichen Mann, der mich beschützte. Manchmal, wenn ich allein bin, sehe ich sie mir an. Ich berühre sie, lese die Adresse, denke an ihn und sage seinen Namen: *John D. Jackson aus Bossier City, Louisiana* … Johnny, so hieß er …

Über das katastrophale Ende unseres Transports berichteten Radiosender in ganz Europa. In Dänemark, das immer noch unter deutscher Besatzung stand, wurden die Flaggen auf Halbmast gesetzt, genauso wie in Schweden. In London hörte meine Zwillingsschwester Elli die BBC, als sie die Namen aller Überlebenden auflisteten, die sicher in Schweden angekommen waren. Sie war die erste, die erfuhr, dass ich am Leben war. Es muss ein ziemlicher Schock für sie gewesen sein. Von dem Tag an, als ich Amsterdam verließ, bis zum Tag der Radiosendung hatte sie nicht gewusst, wo ich war und was mit mir passiert war.

Bilanz der Toten und Verwundeten

Tot:

Ein schwedischer Rot-Kreuz-Offizier und sein Assistent
Drei amerikanische Fahrer
Zweihundertvierzig befreite Konzentrationslager-Insassen

Verwundet:

Ein amerikanischer Soldat, verlor einen Arm
Ein amerikanischer Soldat, erblindete
Ein amerikanischer Soldat, starker Blutverlust aus Bauchwunden
Zweihundertsechzig weibliche Häftlinge, schwer verwundet
Achtzig weibliche Häftlinge, leicht verwundet, gehfähig
Hundertzwanzig weibliche Häftlinge, wundersamerweise unverletzt

Nach der Katastrophe trauerten viele in anderen Ländern mit uns. Unser Rot-Kreuz-Transport war der erste, dem es vor Kriegsende gelang, Häftlinge aus einem Konzentrationslager herauszubringen. Der erste, der letzte, der einzige.

Epilog

Am 8. Mai 1945 läuteten die Kirchenglocken in Göteborg in Schweden, unserer letzten Station, lauter und lauter als je zuvor. Sie läuteten überall im ganzen Land, überall auf der ganzen Welt. An dem Tag waren die Flugzeuge, die über die Stadt flogen, keine Bomber, sondern Friedensboten.

Der Krieg ist aus

schrieben die Flugzeuge in den Himmel

Die Welt ist frei

Ich hatte es geschafft! Das Schicksal war auf meiner Seite. Es wollte, dass ich am Leben blieb, damit ich den anderen nicht nur vom nicht aufzuwiegenden Wert des Lebens und jedes einzelnen Menschen erzählen konnte, sondern auch für diejenigen sprechen konnte, die keine Gelegenheit hatten, für sich zu sprechen.

Das war mir nicht gleich klar. Das einzige, was ich unmittelbar nach dem Krieg wollte, war fortzukommen. Also zog ich nach Amerika. Je mehr Entfernung ich zwischen mich und meine Vergangenheit legte, so glaubte ich damals, desto schwerer wäre es für meine Vergangenheit, mich zu finden. Das stimmte natürlich nicht. Sie war immer bei mir, denn ich bin die Vergangenheit, und alles, was ich denke und tue, denke und tue ich aufgrund meiner Vergangenheit. Ich bin ihre Erinnerung und ihre Mahnung.

Dass ich vor nunmehr über dreißig Jahren nach Amsterdam und an mein Theater, die Schouwburg, zurückging, bedeutete, dass ich endlich an meinen Ausgangspunkt zurückgekehrt war und schließlich beginnen konnte, über mich zu schreiben und über diejenigen, die nicht mehr lebten: die, die mir nahe standen, und die, die ich nie gekannt habe.

Man schätzt, dass für etwa siebzigtausend Juden dieses Theater der letzte Aufenthaltsort in der Heimat war.

Nach dem Krieg war das Theater unter dem Namen Picadilly wiedereröffnet worden. Doch die Ankündigung einer Galapremiere löste eine erschreckende Reaktion aus. Wütende Amsterdamer, vom Rest des holländischen Untergrunds angeführt, drohten damit, das Haus in die Luft zu sprengen. Königin Juliana schickte ihren Minister, der unverzüglich alle Vorstellungen absagen ließ. Als Theater sollte die Schouwburg nie wieder geöffnet werden.

Während der nächsten zehn Jahre, als zahllose Bürgergruppierungen heftig darüber debattierten, was mit dem unglückseligen Gebäude geschehen sollte, stand es einfach nur so da.

Erst 1962 fand mein Theater zu seiner endgültigen Bestimmung. Zum Gedenken an jene siebzigtausend Juden, die von den Nazis von hier abtransportiert wurden, ist ein Schrein von außergewöhnlicher Schlichtheit errichtet worden.

Wo früher einmal das Publikum so bequem gesessen hatte, gibt es keine bequemen Stühle mehr. Da ist nur noch eine große Rasenfläche. Tröstlich für das sorgenvolle Herz erstreckt sie sich ganz bis – zur Bühne?

Es gibt keine Buntglasfenster, keine plastischen künstlerischen Effekte, die die Besucher blenden. Da ist nur die ergreifende Gegenwart realistischer Symbole, die ihre Geschichte erzählen. Das und die Stille. Hier drinnen spricht die Stille. Vielleicht kann das nicht jeder hören. Ich konnte es. Sie sprach zu mir aus jedem Winkel dieses visionären Tempels, dieses ruhigen, heiligen Ortes.

An der einen Seite des ehemaligen Foyers befinden sich drei Grabsteine, stellvertretend für einen Vater, eine Mutter und ein Kind, die von hier fortgingen und nie mehr zurückkamen; sie rufen den Jungen eine Mahnung entgegen. Siebzigtausend Mahnungen an alle jungen Leute. Sie sind die Vergangenheit.

Aus Israel hergeschickte frische neue Pflanzen und junge moosähnliche Sämlinge befinden sich auf der anderen Seite. Sie stellen die Zukunft dar. Sie umarmen die Hoffnung, sie weben einen Neuanfang für diejenigen, die noch zu hoffen wagen.

An einer schmalen steinernen Wand hinter den Grabsteinen hält das ewige Licht Wache. Das wird es immer tun, bis in alle Ewigkeit, denn unsere Toten sind, immer und bis in alle Ewigkeit, tot.

Auf einem steinernen Aufsatz, ruhend auf einem Sockel in Form des Davidsterns, steht der Obelisk. Er ist mit Kränzen und Blumen überhäuft. Auf einer schwarzen Tafel steht zu lesen:

Zum Gedenken an alle,
die zwischen 1940 und 1945
von hier abtransportiert wurden

Dieser heilige Schrein hat kein Dach; der Himmel darüber ist sein Dach. Keine von Menschen gemachte Decke verbirgt seine düsteren Geheimnisse. Es scheint ganz und gar richtig zu sein, nur den Himmel auf ihn herabschauen zu lassen.

Aus der großartigen, fröhlich-heiteren und dennoch so verheerenden Vergangenheit meines Theaters, aus seinen Trümmern und Ruinen wurden Ziegelsteine aus den Originalwänden gerettet und wiederum zu Wänden zusammengefügt. Sie umschließen beide Seiten der ehemaligen Bühne. Unsymmetrisch wie ausgetretene Stufen erheben sie sich, und leider sind diese Ziegelsteine das niederschmetterndste Symbol all des zerstörten Lebens.

Doch bei aller Traurigkeit ist die Trauer hier nicht das Leitmotiv. Erinnerung ist es. Friede und Gelassenheit. Noch nicht gelebtes Leben …

Brauchte ich volle dreißig Jahre, um über all das zu schreiben? Oder habe ich einfach nach dreißig Jahren mit dem Schreiben erst richtig angefangen? Beides. Die Zeit hatte keine Rolle gespielt. Damals nicht. Heute allerdings sehr wohl.

Wieso heute? Wieso will ich nach beinahe einem halben Jahrhundert, dass alle Menschen auf der Welt meine Geschichte hören? Weil trotz der Tatsache, dass ich wie ein außer Kontrolle geratener Zug durchs Leben gerast bin, um die Jahre wieder aufzuholen, die die Nazis mir gestohlen haben, die Zeit jetzt auch mich eingeholt hat.

Ich weiß nicht, wie viel Zeit mir noch bleibt. Aber ich weiß, dass von uns – den Überlebenden – nur noch wenige übrig sind.

Die Leute sagten immer, dass ich einer verlorenen Generation angehörte, und sie hatten Recht. Nun, es scheint, ich habe mich allmählich weiterentwickelt. Jetzt gehöre ich der letzten Generation an. Die letzte von denen, die die mörderischen Jahre durchlebt und lebendig erhalten haben. Was wird passieren, wenn es uns nicht mehr gibt? Wer wird dann den Kampf gegen die Erben der Nazis fortsetzen? Unsere Erben, überhaupt irgendjemand? Wie weit hat uns das NIE MEHR WIEDER gebracht? Wie viel weiter müssen wir noch gehen? Hört überhaupt noch irgendjemand zu?

Jetzt an meinem Lebensabend ist es Zeit, sich zu erinnern. Das bedeutet nicht, dass ich das Buch über diese fantastische Reise schließe, auf die das Schicksal mich geschickt hat, oder dass ich mich gemütlich in einen Schaukelstuhl zurückziehe. Ich werde nie vergessen, was die Welt mir zugesteht, und genauso wenig werde ich nun, da meine Glanzzeit überschritten ist, einfach abtreten. Keinen einzigen Herzschlag, der mir zusteht, werde ich auslassen, keine einzige Gelegenheit, meine Geschichte zum Gedenken an diejenigen zu erzählen, deren gequälte Schreie immer noch in meiner Seele widerhallen.

Und vor allem werde ich das Leben nie für eine Selbstverständlichkeit halten; und außerdem will ich nie vergessen, wieviel Glück ich habe, noch am Leben zu sein.

Zum Gedenken an jene,
die nie vergessen werden sollten:

Margit Heinrich,
meine tapfere Freundin.

In den letzten Kriegstagen wurde Margit nach Auschwitz transportiert, weil sie zahlreichen Juden das Leben gerettet hatte. Dort erkrankte sie an Tuberkulose. Im Winter 1947 starb sie in einem Schweizer Sanatorium, in Davos, wo sie auch begraben ist.

Ferry Nagy,
mein Ritter in der glänzenden Rüstung.

In derselben Woche, in der Margit starb, erhielt ich ein Telegramm vom Roten Kreuz: »Auf der Flucht erschossen.«

Eva Aman,
für immer meine beste Freundin.

In den schlimmsten und in den besten Tagen blieb unsere Freundschaft unerschütterlich. Im Mai 1993 starb Eva unerwartet in Frankfurt.

Herbert Nelson,
mein Freund, mein Ehemann.

Kurz nachdem wir nach Amerika auswanderten, nahm Herbert eine Stelle als Autor für *The Voice of America* an, wo er sehr erfolgreich bis zu seinem Tod in New York im Jahr 1991 arbeitete.

John D. Jackson – Johnny,
mein amerikanischer Soldat.

Meine Familie.

Im Alter von siebenundachtzig Jahren starb *Mama* in Wien.

Elli, meine Zwillingsschwester, starb unerwartet am 2. Oktober 1992 in London, einen Tag nach unserem Geburtstag, den wir zum ersten Mal nach sechsundfünfzig Jahren gemeinsam hatten feiern wollen.

Käte, meine ältere Schwester, lebt in Montreal. Am 19. Februar 1994 feierte sie ihren achtzigsten Geburtstag.

Zum Gedenken an jene,
denen nie vergeben werden soll:

Das Dritte Reich,
seine Mörder und jene, die Bescheid wussten, aber wegschauten –
wer immer sie sein mögen.